Lehr- und Handbücher der Statistik

Herausgegeben von
Universitätsprofessor Dr. Rainer Schlittgen

Bisher erschienene Werke:

Böhning, Allgemeine Epidemiologie
Caspary · Wichmann, Lineare Modelle
Chatterjee · Price (Übers. Lorenzen), Praxis der Regressionsanalyse, 2. Auflage
Degen · Lorscheid, Statistik-Aufgabensammlung, 3. Auflage
Hartung, Modellkatalog Varianzanalyse
Harvey (Übers. Untiedt), Ökonometrische Analyse von Zeitreihen, 2. Auflage
Harvey (Übers. Untiedt), Zeitreihenmodelle, 2. Auflage
Heiler · Michels, Deskriptive und Explorative Datenanalyse
Miller (Übers. Schlittgen), Grundlagen der Angewandten Statistik
Naeve, Stochastik für Informatik
Oerthel · Tuschl, Statistische Datenanalyse mit dem Programmpaket SAS
Pflaumer · Heine · Hartung, Statistik für Wirtschafts- und Sozialwissenschaften: Deskriptive Statistik
Pflaumer · Heine · Hartung, Statistik für Wirtschafts- und Sozialwissenschaften: Induktive Statistik
Pokropp, Lineare Regression und Varianzanalyse
Rasch · Herrendörfer u. a., Verfahrensbibliothek, Band I und Band 2
Rinne, Wirtschafts- und Bevölkerungsstatistik, 2. Auflage
Rüger, Induktive Statistik, 3. Auflage
Rüger, Test- und Schätztheorie, Band I: Grundlagen
Schlittgen, Statistik, 8. Auflage
Schlittgen, Statistische Inferenz
Schlittgen · Streitberg, Zeitreihenanalyse, 8. Auflage
Schürger, Wahrscheinlichkeitstheorie

Fachgebiet Biometrie

Herausgegeben von Dr. Rolf Lorenz

Bisher erschienen:

Bock, Bestimmung des Stichprobenumfangs
Brunner · Langer, Nichtparametrische Analyse longitudinaler Daten

Test- und Schätztheorie
Band I: Grundlagen

Von
Universitätsprofessor
Dr. Bernhard Rüger

R. Oldenbourg Verlag München Wien

Professor Dr. Bernhard Rüger
Institut für Statistik
Universität München

Die Deutsche Bibliothek - CIP-Einheitsaufnahme

Rüger, Bernhard:
Test- und Schätztheorie / von Bernhard Rüger. – München ; Wien :
Oldenbourg
(Lehr- und Handbücher der Statistik)

Bd. 1. Grundlagen. - 1999
ISBN 3-486-23650-4

1. Nachdruck 2012

Rosenheimer Straße 145, D-81671 München
Telefon: (089) 45051-0, Internet: www.oldenbourg-verlag.de

Gedruckt auf säure- und chlorfreiem Papier
Gesamtherstellung: Books on Demand GmbH Norderstedt

ISBN 3-486-23650-4
ISBN 978-3-486-23650-7
eISBN 978-3-486-39970-1

Für Renate und

für Jan und Linda

Vorwort

Dieses Buch ist aus Vorlesungen zur Test- und Schätztheorie entstanden, die der Autor seit nunmehr zehn Jahren an der Universität München vor allem für Studenten höherer Semester der Studienrichtungen Statistik, Mathematik und Informatik regelmäßig durchführt. Entsprechend wendet sich das Buch an solche Leser, die neben gewissen Vorkenntnissen im Umgang mit elementaren Test- und Schätzverfahren vor allem über eine umfassende Grundausbildung in der Analysis (Differential- und Integralrechnung), linearen Algebra und insbesondere Wahrscheinlichkeitsrechnung verfügen. Ohne diese Grundkenntnisse ist eine allgemeine und anspruchsvolle Einführung in die Test- und Schätztheorie, wie sie dem Niveau eines Universitätsstudiums entspricht, undenkbar.

Die vorausgesetzten Kenntnisse aus der Wahrscheinlichkeitsrechnung erstrecken sich ungefähr auf die Kapitel I, II, III und VI in dem Lehrbuch von Bauer [1991]. Dazu erforderlich sind auch elementare Kenntnisse aus der Maß- und Integrationstheorie, höchstens im Umfang der ersten drei Kapitel bei Bauer [1990]. Dieser Teil der Maß- und Integrationstheorie wird oft in Lehrbücher zur Wahrscheinlichkeitsrechnung einbezogen, so etwa bei den empfehlenswerten Monographien von Gänßler und Stute [1977], Loève [1977] und Billingsley [1995]. In dem vorliegenden Buch zur Test- und Schätztheorie wird die Maß- und Integrationstheorie so sparsam wie möglich verwendet. Auf Meßbarkeitsfragen wird überhaupt nicht eingegangen, auf Maße nur in soweit, als sie unumgänglicher Bestandteil der Wahrscheinlichkeitsrechnung sind und auf allgemeine Integrale bezüglich eines Maßes (Maß-Integrale) nur zur geschlossenen Behandlung von Integralen über beliebige (Radon-Nikodym-)Dichten. Das allgemeine Maß-Integral ist oft schon Gegenstand moderner Analysisvorlesungen. Daher genügen zum Verständnis des Buches die Kenntnis der Differential- und Integralrechnung einschließlich des Maß-Integrals und vor allem eine gründliche Kenntnis der Wahrscheinlichkeitsrechnung bis hin zu bedingten Verteilungen und allgemeinen Radon-Nikodym-Dichten. Über weite Strecken des Buches ist nur die Kenntnis der elementaren Wahrscheinlichkeitsrechnung erforderlich, wie sie etwa in den sehr empfehlenswerten Monographien von Pfanzagl [1988], Casella und Berger [1990], Kapitel 1-5, oder Stirzaker [1994] vorliegt.

Ursprünglich war geplant, ein Lehrbuch zur Test- und Schätztheorie in einem geschlossenen Band erscheinen zu lassen. Dieses Vorhaben hat sich wegen des ungeheuer großen Stoffumfanges dieses zentralen Gebietes der modernen Statistik als undurchführbar erwiesen. Geplant ist nun ein zwei- oder dreibändiges Werk 'Test- und Schätztheorie', von dem der vorliegende Band I 'Grundlagen' die beiden ersten Kapitel enthält. Das Gesamtwerk verfolgt ein großes Ziel. Das Verstehen Statistischer Methoden, hier der Test- und Schätzverfahren, die Durchdringung ihrer theoretischen Grundlagen, die Beurteilung ihrer Sicherheit und Genauigkeit und die Entscheidung über ihre Anwendbarkeit.

Der vorliegende Band ist den Grundlagen statistischer Inferenz gewidmet. Das erste Kapitel enthält die Begriffe und Annahmen, die zur modellmäßigen Beschreibung von Beobachtungen als Realisationen zufälliger Größen (Stichproben) erforderlich sind: Verteilungsannahmen, Verteilungsfamilien, Suffizienz, Vollständigkeit, Ancillarity, Invarianz und die beiden zentralen Informationsbegriffe, die Information einer Verteilung nach Shannon und die Information einer Stichprobe nach Fisher. Inhalt des zweiten Kapitels sind die eigentlichen inferenztheoretischen Grundlagen. Neben allgemeinen (auch philosophischen) Fragen und Prinzipien, die mit dem Inferenzproblem verbunden sind, stehen hier die wichtigsten verschiedenen Inferenzkonzepte der Statistik im Mittelpunkt: Klassische Inferenz, Likelihood-Inferenz, Bayes-Inferenz und Entscheidungstheoretische Inferenz. Dabei wird die klassische Inferenz im Vergleich zu den drei anderen Inferenzkonzepten wesentlich verkürzt dargestellt, da sie die zentrale Rolle im zweiten (und dritten) Band spielen wird. Eine besondere Aufmerksamkeit wird auch den nichtinformativen a priori Verteilungen und den mit ihnen verbundenen Problemen ('Paradoxa') geschenkt. In dem zweiten Kapitel soll, vor allem auch mit der Charakterisierung der Inferenzkonzepte, herausgestellt werden, daß die Statistik ihre eigenen 'innerstatistischen' Grundlagen besitzt, die nicht in der Mathematik beheimatet sind. Die Mathematik stellt zwar der Statistik unentbehrliche Hilfsinstrumente zur Verfügung, vor allem das Instrument der Wahrscheinlichkeitsrechnung, sie bietet aber keineswegs die Grundlage der Statistik. Das Verhältnis zwischen Statistik und Mathematik entspricht demjenigen zwischen Physik und Mathematik: Die Mathematik ist eine Hilfswissenschaft für die Physik, aber nicht Grundlage der Physik.

Der Autor war darum bemüht, die zentralen Begriffe, Annahmen (Axiome oder Voraussetzungen) und Sätze, auf denen die Statistische Inferenz beruht, nicht nur (möglichst) exakt zu formulieren, sondern auch ihre intuitiven und inhaltlichen Bedeutungen und Interpretationen zu beschreiben. Dazu dienen vor allem auch die 74 ausführlich ausgearbeiteten Beispiele mit 34 Abbildungen. Oft besitzen die Beispiele eine über die Theorie hinausgehende Bedeutung, oft decken sie auch eine besondere Problematik oder sogar Widersprüchlichkeit eines statistischen Verfahrens auf. Die angeführten Sätze werden in der Regel auch bewiesen, insbesondere dann, wenn die Beweise zum Verständnis des Satzes beitragen.

Ein wesentliches Anliegen des Autors war auch das Aufspüren und Aufdecken von Grenzen der verschiedenen Theorien oder Konzepte über Statistische Inferenz. Man kann eben nicht erwarten, in einer einzigen Theorie alle Arten zufälliger Beobachtungen (Stichproben) adäquat erfassen und auswerten zu können. Daher ist es besonders wichtig, die Stärken und Schwächen der verschiedenen Inferenzkonzepte herauszustellen und auf diese Weise die Konzepte voneinander abzugrenzen. Auch die klassische (Kolmogoroffsche) Wahrscheinlichkeitstheorie selbst, die in allen vorgestellten Inferenzkonzepten verwendet wird, stößt in ihrer Anwendung zur Beschreibung partiellen oder unsicheren Wissens auf typische Grenzen. Diese werden besonders deutlich, wenn man die verschiedenen Ansätze studiert, nach denen die Situation von Nichtwissen (Unkenntnis) durch Wahrscheinlichkeitsverteilungen charakterisiert werden soll, eine Aufgabe, der die nichtinformativen a priori Verteilungen verpflichtet sind. Nur wer die Grenzen einer Theorie erfährt, kennt die Theorie wirklich. Die Idealisierung einer Theorie als omnipotentes Machtinstrument führt zwangsläufig zu einem Mißbrauch ihrer Anwendung mit teilweise verheerenden, mindestens aber unkontrollierbaren Folgen in der Praxis.

Zu völlig unübersehbaren Auswirkungen mit unter Umständen schweren Fehlern in der empirischen Forschungspraxis führt die naive 'theoriefreie' Anwendung statistischer Verfahren auf Beobachtungsdaten, eine Vorgangsweise, die durch die Verfügbarkeit statistischer Programmpakete am PC verführerisch nahegelegt wird und entsprechend weit verbreitet ist. Oft läßt man sich hier von dem völlig unwissenschaftlichen Effizienzkriterium leiten, aus der vorliegenden Stichprobe, deren Erhebung teuer und aufwendig war, möglichst viele 'statistisch signifikante' Ergebnisse herauszupressen. Meistens wird dabei nicht nur übersehen, daß die statistischen Verfahren, welche die signifikanten Ergebnisse liefern sollen, an jeweils verschiedene Voraussetzungen gebunden sind, die kaum alle von ein und derselben Stichprobe erfüllt sein dürften, sondern auch außer acht gelassen, daß die Anwendung mehrerer Verfahren auf eine einzige Stichprobe die Fehlerwahrscheinlichkeit deutlich erhöht, so daß die erreichten Signifikanzaussagen stark abgeschwächt werden müssen und oft sogar keine Signifikanzen mehr enthalten.

Mißbräuchliche Anwendungen statistischer Verfahren und Fehlinterpretationen ihrer Ergebnisse werden durch die Beachtung ihrer theoretischen Grundlagen vermieden. Nur eine theoriebezogene Darstellung der Statistik, ihrer Methoden und vor allem auch ihrer Inferenzkonzepte, auf denen die Methoden beruhen, läßt die Voraussetzungen und Grenzen statistischer Verfahren erkennen. Daher haben die theoretischen Grundlagen statistischer Inferenz, denen dieser Band gewidmet ist, eine ganz entscheidende Bedeutung. Das Buch richtet sich an alle Leser, die sich mit diesen Grundlagen auseinandersetzen wollen.

Abschließend möchte ich meinen Dank an alle aussprechen, die mir direkt oder indirekt bei der Fertigstellung des Buches geholfen haben. An erster

Stelle ist hier meine Mitarbeiterin Frau *Dr. Andrea Schöpp* zu nennen, der ich zu ganz besonderem Dank verpflichtet bin. Sie ist mir nicht nur bei der Abfassung des Manuskriptes mit Rat und Tat zur Seite gestanden, sondern hat vor allem die druckfertige Vorlage mit dem LATEX-Textverarbeitungssystem hergestellt und auf Fehler kontrolliert, die Abbildungen mit Hilfe eigener numerischer Bestimmungen angefertigt und einbezogen und alle später notwendig gewordenen Korrekturen eingearbeitet. Dabei bewies sie im Umgang mit LATEX, PC und Autor ein gleichermaßen großes Geschick und beeindruckende Geduld. Für ihr großes Engagement und ihren unermüdlichen Einsatz möchte ich mich an dieser Stelle ganz herzlich bedanken. Ein ganz großer, herzlicher Dank gilt meiner Sekretärin Frau *Brigitte Maxa*, die mich während der Zeit, in der ich an dem Buch arbeitete, auf sehr rücksichtsvolle Weise besonders stark von Verwaltungsaufgaben am Institut entlastet hat. Außerdem wurde von ihr eine sehr sorgfältige Fehlerkontrolle des textlichen Manuskriptteils vorgenommen. Ein weiterer Dank richtet sich an den Oldenbourg-Verlag, insbesondere an Herrn *Martin Weigert*, für eine reibungslose und tolerante Zusammenarbeit, und an Herrn *Professor Dr. Rainer Schlittgen* für die Aufnahme des Buches in die von ihm herausgegebene Reihe 'Lehr- und Handbücher der Statistik'. Schließlich gilt ein besonderer Dank Herrn *Professor Dr. Kurt Weichselberger*, dessen Schüler ich lange Zeit gewesen bin. Viele wesentliche Erkenntnisse vor allem über die Grundlagen der Statistik und Grenzen der klassischen Wahrscheinlichkeitsrechnung verdanke ich seinen Vorlesungen, Seminaren und jüngsten Vorträgen und Diskussionen. Zu guter Letzt möchte ich einen sehr herzlichen Dank an Frau *Dipl.-Psych. Renate Brauch* richten, die in mir den Wunsch lebendig hielt, das Buch mit einem annehmbaren, 'endlichen' Zeitaufwand fertigzustellen.

München — Bernhard Rüger

Inhaltsverzeichnis

Kapitel 1

Grundlegende Begriffe und Annahmen

1.1 Grundmodell und Verteilungsannahme

1.1.1 Problemstellung und Grundannahme

Auf nahezu allen Gebieten empirisch orientierter Wissenschaften und Forschungen werden statistische Methoden angewandt. Dabei kommen die verschiedensten statistischen Verfahren zum Einsatz, angefangen von einer einfachen Aufbereitung der beobachteten Daten in Form von Tabellen und Häufigkeitsverteilungen bis hin zu einer komplexen Analyse von Abhängigkeitsstrukturen in multivariaten Modellen. Allgemein besitzt jede umfassende statistische Untersuchung drei grundsätzliche Aufgabenbereiche, welche die Fragen zum Gegenstand haben: Auf welche Weise sollen wir die Daten erheben? Wie können wir die Daten möglichst informativ darstellen? Was sagen uns die Daten? Jede Frage enthält neben Aspekten des betreffenden empirischen Forschungsgebietes vor allem auch solche, die allgemein formaler, statistisch methodischer Natur sind: Sie weisen die Statistik als eine Wissenschaft aus, in der Grundlagen und Methoden zur Analyse empirisch gewonnener Daten entwickelt werden - Statistik als Methodenlehre der Empirie. Charakteristisch für die Statistik ist dabei die zentrale Rolle, die sie dem Problem der Unsicherheit in einer Datenanalyse zuweist. Eine statistische Analyse von Beobachtungsdaten schließt prinzipiell die Untersuchung ihrer Unsicherheit mit ein.

Für Unsicherheiten in der empirischen Forschung gibt es eine ganze Fülle verschiedener Ursachen. Aus der Sicht der Anwendung stehen darunter auch

Fragen der Art im Mittelpunkt, wie gut und genau der eigentliche Untersuchungsgegenstand überhaupt durch die Beobachtungsgrößen erfaßt wird. Dazu gehören Fragen nach der Validität und Reliabilität der beobachteten Meßgrößen und das Problem ihrer adäquaten Skalierung. Aus statistisch methodischer Sicht treten diese Aspekte mehr in den Hintergrund. Hier stehen vielmehr solche Formen von Unsicherheit im Zentrum, die ihren Ursprung in den folgenden drei Quellen haben.

Die erste besteht in dem Stichprobencharakter der Daten und wird kurz Stichprobenfehler genannt. In der Regel resultieren die beobachteten Daten aus einer Stichprobe, die durch eine Auswahl aus einer Grundgesamtheit oder eine Durchführung bestimmter Versuche zustandekommt, so daß auch andere als die vorliegenden Daten hätten beobachtet werden können. Anders ausgedrückt: Bei einer erneuten 'Ziehung' einer Stichprobe ergeben sich im allgemeinen andere Beobachtungsdaten, die zu analysierende Datenmenge steht in Abhängigkeit von der jeweiligen Stichprobe; sie variiert mit den verschiedenen möglichen Stichproben. In die Analyse der Beobachtungsdaten ist dieses potentielle Variationsverhalten als Unsicherheitsfaktor einzubeziehen. Dazu ist erforderlich, daß das zugrundeliegende Stichprobenverfahren ganz bestimmte Voraussetzungen erfüllt, wenigstens aber eine Zufallsstichprobe im allgemeinen Sinne ist.

Die zweite Quelle von Unsicherheiten liegt in Meß- oder Beobachtungsfehlern, die man bei der Datenerhebung begehen kann; man nennt sie Fehler in den Beobachtungsgrößen (Variablen). Solche Fehler kommen einerseits durch falsche oder ungenaue Messungen selbst zustande, können andererseits aber auch durch falsche Abgrenzungen einer Grundgesamtheit, durch irrtümliche Mehrfachzählungen oder einfach durch Rundungen entstehen. Eine andere Art von Meßfehlern ergibt sich in Situationen, in denen man eine Größe, die man beobachten will, nicht beobachten kann (latente Variable) und durch eine andere, ihr möglichst ähnliche beobachtbare Größe ersetzt; der Unterschied zwischen den beiden Größen läßt sich als Meßfehler auffassen. Modelle mit latenten Variablen, allgemein Modelle mit Fehlern in den Variablen, werden auf den verschiedensten Gebieten dazu benutzt, funktionale Beziehungen oder Einflüsse zwischen den Variablen zu untersuchen. Derartige Modelle sind mittlerweile umfassend theoretisch erforscht worden; man vergleiche dazu Schneeweiß und Mittag [1986], Fuller [1987], Nakhaeizadeh und Vollmer [1990], Leamer [1994] und Carroll, Ruppert und Stefanski [1995]. Die Unsicherheit, die durch fehlerbehaftete Daten entsteht, kann natürlich nur dann in der Datenanalyse berücksichtigt werden, wenn über das Verhalten der Meßfehler, ihre Werte und Schwankungen, Vorkenntnisse vorliegen oder geeignete Annahmen getroffen werden.

Ein dritter Ursachenkomplex für die Entstehung von Unsicherheiten liegt in der Unvollständigkeit unseres Wissens über die reale Situation, in der die Daten beobachtet werden. Auch wenn darüber gewisse Kenntnisse vorliegen, bedarf es zusätzlicher Annahmen, die zusammen mit den Vorkenntnissen zu einem Modell führen, das die Bedingungen beschreiben soll, unter denen die Beobachtungen zustande kommen. Hier sind zwei Arten von Unsicherheiten zu unterscheiden.

Die eine betrifft die Frage, wie gut das Modell mit der Wirklichkeit übereinstimmt. Sie führt zur Untersuchung der Robustheit statistischer Analyseverfahren. Im Mittelpunkt steht dabei das Problem, wie stark sich schon geringfügige Abweichungen zwischen Modell und Wirklichkeit auf die Ergebnisse der Analyse auswirken, anders ausgedrückt, wie empfindlich ein Verfahren auf Modellfehler reagiert. In diesem Sinne relativ unempfindliche Verfahren nennt man robust. Die Theorie robuster Verfahren ist weit entwickelt worden, man vergleiche dazu vor allem Huber [1981], Hampel et al. [1986] und Rieder [1994].

Die andere Art von Unsicherheit betrifft die Vorkenntnisse über die Realität (Grundgesamtheit, Experiment), aus der die Daten stammen. Diese Kenntnisse sind selbst oft unsicher oder liegen in unscharfer Form vor. Ihre Behandlung führt auf das weite Gebiet verschiedener Theorien über unsicheres Wissen mit den zentralen Fragen, wie unsicheres Wissen überhaupt formuliert werden soll und welchen Regeln es in seiner Verarbeitung gehorcht. Einen besonderen Motivationsschub bekam dieses Gebiet durch die Entwicklung von 'Künstlicher Intelligenz' mit der formalen Beschreibung von 'Expertenwissen', das mit verschiedenen Graden von Unsicherheit behaftet ist, und den Regeln zur Verarbeitung dieses Wissens in 'Expertensystemen'. Hier sind vor allem die Dempster-Shafer Regeln nach Shafer [1976], die Regeln des Expertensystems MYCIN nach Buchanan und Shortlife [1985] und die weit verbreitete Theorie der 'Fuzzy Logic' nach Zadeh [1965] zu erwähnen. Diese Theorien, die oft an den Bedürfnissen bestimmter Expertensysteme orientiert sind, stützen die Beschreibung von Unsicherheit primär nicht auf eine Wahrscheinlichkeitstheorie. Ihnen stehen Theorien gegenüber, die sich an einen Wahrscheinlichkeitsbegriff anlehnen, allerdings nicht an den herkömmlichen Kolmogoroffschen Begriff von Wahrscheinlichkeit. Zu nennen sind hier die Theorie der Kapazitäten nach Choquet [1953/54], die Theorie der partiellen Information, die in Kofler und Menges [1976, 1980] und Kofler [1989] vorgestellt wird, die Regeln zur Kombination von Wissen in Form von Wahrscheinlichkeitsintervallen, wie man sie bei Weichselberger und Pöhlmann [1990] findet, und die Theorien von Walley [1991, 1996a] über unpräzise Wahrscheinlichkeiten und Unsicherheitsmaße. Eine konsequente Weiterentwicklung auf diesem Gebiet stellen die Arbeiten und die Monographie von Weichselberger [1995, 1996, 1998/99] dar; hier wird eine Theorie der Intervallwahrscheinlichkeit axiomatisch begründet und zu einer Verallgemeinerung der bisherigen Wahrscheinlichkeitsrechnung ausgeformt.

Beispiel 1.1 Bernoulli-Experiment

Ein Zufallsexperiment, bei dem ein Ereignis A mit Wahrscheinlichkeit p eintritt, wird n mal durchgeführt, wobei die einzelnen Durchführungen (Versuche) unabhängig voneinander erfolgen. (Spezialfall: Aus einer Urne mit N Kugeln, M schwarzen und $N - M$ weißen, werden in Form einer reinen Zufallsauswahl mit Zurücklegen n Kugeln gezogen; das Ereignis A bedeutet, daß bei einer Ziehung eine schwarze Kugel gezogen wird, $p = M/N$.) Wir betrachten die Zufallsvariablen

$$X_i = \begin{cases} 1 & \text{falls beim } i\text{-ten Versuch A eintritt} \\ 0 & \text{falls beim } i\text{-ten Versuch A nicht eintritt} \end{cases} \qquad (i = 1, \ldots, n)$$

Dies sind n unabhängige, null-eins-verteilte Zufallsvariablen mit $P(X_i = 1) = p$ und $P(X_i = 0) = 1 - p$ für jedes i (Bernoulli-Variablen). Bekanntlich ist $\sum X_i$, die Anzahl der Erfolge, für jeden festen Wert p binomialverteilt mit den Parametern n und p ($B(n;p)$-verteilt). Wir unterscheiden die folgenden Fälle von Unsicherheiten.

Fall A: p bekannt; Beobachtungen fehlerfrei

Hier liegen keine Unsicherheiten der oben erwähnten Arten vor: Die Bedingungen, unter denen die Beobachtungen zustande kommen, sind vollständig bekannt, die Beobachtungen selbst werden fehlerfrei durchgeführt. Der Fall erfordert keine statistischen Verfahren mit induktiven Schlußweisen. Auch die vor der Durchführung der Versuche bestehende Unsicherheit über die zukünftigen Beobachtungen läßt sich rein wahrscheinlichkeitstheoretisch und damit deduktiv bearbeiten. Eine Prognose zum Beispiel über die Anzahl Z der Erfolge, die beobachtet werden, wird aus der Verteilung von Z hergeleitet, also der $B(n;p)$-Verteilung, die hier vollständig bekannt ist.

Fall B: p unbekannt; Beobachtungen fehlerfrei

In dieser Standardsituation der klassischen Inferenzstatistik will man aus den Beobachtungen eine Aussage über p gewinnen, d.h. über die Wahrscheinlichkeitsverteilung (das 'Gesetz'), unter der die Beobachtungen zustande gekommen sind. Dieser induktive Schluß kann sich allein auf die Beobachtung der Anzahl Z der Erfolge stützen, die wegen $Z = \sum X_i$ wieder $B(n;p)$-verteilt ist, nun aber mit unbekanntem p. In Umkehrung zu Fall A schließt man hier also von Z auf p. Beispielsweise verwendet man als Schätzung $\widehat{p}$ für p die relative Häufigkeit der Erfolge in der Stichprobe: $\widehat{p} = Z/n$. Wir werden sehen, daß dies die beste Schätzung für p ist, vorausgesetzt, daß über p keinerlei Vorkenntnisse vorliegen, so daß für p uneingeschränkt und ohne jede subjektive oder objektive Vorbewertung jede reelle Zahl des Einheitsintervalles in Betracht kommt.

Fall C: p unbekannt; Beobachtungen fehlerbehaftet

Wir gehen nun davon aus, daß der Ausgang eines Versuches nur noch mit der Wahrscheinlichkeit r richtig beobachtet wird: Tritt bei einem Versuch das Ereignis A ein, so wird mit Wahrscheinlichkeit r auf A erkannt, mit Wahrscheinlichkeit $1-r$ auf $\bar{A}$ (nicht A); tritt $\bar{A}$ ein, so wird ebenfalls mit der Wahrscheinlichkeit r auf $\bar{A}$ und mit $1-r$ auf A erkannt. (Im Spezialfall der Ziehung von Kugeln aus einer Urne kann man sich etwa vorstellen, daß durch die Ziehung die Farbe der Kugel mehr oder weniger stark 'verschmutzt' wird und man die richtige Farbe nur noch mit Wahrscheinlichkeit r erkennt.) Zusätzlich zu den Bernoulli-Variablen $X_1, \ldots, X_n$, welche die Realität der Stichprobe beschreiben, hat man hier noch die Zufallsvariablen

$$Y_i = \begin{cases} 1 & \text{falls beim } i\text{-ten Versuch } A \text{ beobachtet wird} \\ 0 & \text{falls beim } i\text{-ten Versuch } \bar{A} \text{ beobachtet wird} \end{cases} \quad (i = 1, \ldots, n)$$

einzuführen, welche die aus der Stichprobe gewonnenen Beobachtungen angeben. Wir nehmen an, daß die Beobachtungsfehler in den n Versuchen unabhängig gemacht werden. Dann sind auch die $Y_1, \ldots, Y_n$ unabhängige, null-eins-verteilte Zufallsvariablen, nun aber mit der Wahrscheinlichkeit

$$\begin{aligned} P(Y_i = 1) &= P(Y_i = 1 \mid X_i = 1)P(X_i = 1) \\ &\quad + P(Y_i = 1 \mid X_i = 0)P(X_i = 0) \\ &= rp + (1-r)(1-p) = (2r-1)p + (1-r) =: \pi \end{aligned}$$

und $P(Y_i = 0) = 1 - \pi$. Wie in Fall B soll aus den Beobachtungen eine Aussage über das unbekannte p gewonnen werden, wie dort stützt man sich dabei auch hier allein auf die Anzahl Z der Erfolge, die beobachtet werden. Diese Zufallsvariable ist wegen $Z = \sum Y_i$ nun $B(n;\pi)$-verteilt. Damit ergibt sich zunächst für π als beste Schätzung $\hat{\pi} = Z/n$. Ist r bekannt und ungleich 1/2 so erhält man daraus

$$\widehat{p} = \frac{1}{2r-1}\frac{Z}{n} - \frac{1-r}{2r-1}$$

als beste Schätzung für p. Im Fall $r = 1$ (fehlerfreie Beobachtungen) geht $\widehat{p}$ über in Z/n, die Schätzung in Fall B. Im Fall $r = 0$ ist $\widehat{p} = 1 - Z/n$. Ist $r = 1/2$, so ist $\pi = 1/2$ unabhängig von p, die Beobachtungen hängen nicht ab von p, folglich läßt sich p aus den Beobachtungen auch nicht schätzen, d.h. $\widehat{p}$ bleibt unbestimmt. Ein besonderes Problem entsteht, wenn r unbekannt ist: In diesem Fall sind die Parameter r und p nicht mehr identifizierbar, zu jedem festen Wert von π gibt es mehrere (sogar unendlich viele) Wertepaare r und p, die diesen π-Wert ergeben. Getrennte Schätzungen für r und p sind sinnlos.

Fall D: Vorkenntnisse über p vorhanden; Beobachtungen fehlerfrei

Sind vor der Beobachtung der Stichprobe irgendwelche Informationen über den unbekannten Parameter p vorhanden, so sollten diese in die Auswertung der Stichprobe einbezogen werden. Solche Vorkenntnisse können in ganz unterschiedlichen Formen vorliegen. Zwei besonders typische Arten von Vorinformationen sind die Kenntnis einer a priori Verteilung des Parameters oder diejenige eines Intervalles für den Parameter.

In einer a priori Verteilung des Parameters, einer Verteilung auf der Menge aller möglichen Parameterwerte (hier dem Einheitsintervall), werden subjektive oder objektive Vorkenntnisse darüber ausgedrückt, mit welchen Wahrscheinlichkeiten für den Parameter die verschiedenen Werte oder Wertebereiche in Frage kommen. Wir werden später darauf eingehen, auf welche Weise ein solches Vorwissen in die Konstruktion von Schätzungen oder Tests eingeht. Es soll aber an dieser Stelle schon betont werden, daß Vorkenntnisse in Form einer Gleichverteilung als a priori Verteilung, obwohl diese Verteilung keinen Parameterwert oder -bereich vor einem anderen auszeichnet, nicht gleichbedeutend sind mit der Situation, in der überhaupt kein Vorwissen über p vorliegt (Fall B). Soll zum Beispiel eine Schätzung für p gewonnen werden, so erhält man im Fall, daß keine Vorkenntnisse vorhanden sind, als beste Schätzung $\widehat{p} = Z/n$, im Fall eines Vorwissens in Form einer (a priori) Gleichverteilung aber $\widehat{p} = (Z+1)/(n+2)$.

Eine andere Art, Vorkenntnisse über p auszudrücken, besteht in der Aussage 'p liegt zwischen a und b', wobei a und b zwei bekannte Zahlen im Einheitsintervall sind mit $a < b$. (Der Extremfall $a = b$ ist mit Fall A identisch und kann hier außer acht bleiben.) Diese Art von Vorwissen führt zu sehr komplizierten Problemen in der Test- und Schätztheorie. So ist zum Beispiel die intuitiv naheliegende Schätzung

$$\widehat{p}(Z) = \begin{cases} a & \text{falls} \quad Z/n \leq a \\ Z/n & \text{falls} \quad a < Z/n < b \\ b & \text{falls} \quad Z/n \geq b \end{cases}$$

nicht die beste Schätzung für p; sie ist sogar unzulässig, worunter zu verstehen ist, daß es eine Schätzung gibt, die für jeden Wert von p besser als $\widehat{p}(Z)$ ist. Man vergleiche dazu etwa Moors [1981] oder Charras und Eeden [1991]. Es entsteht der Eindruck, daß eine so einfache Art, unsicheres Wissen durch die Angabe eines Intervalles zu formulieren, nicht gut zusammenpaßt mit den Methoden der Verarbeitung dieses Wissens in der klassischen Test- und Schätztheorie, die neben anderen Grundlagen auf der herkömmlichen Wahrscheinlichkeitsrechnung aufbaut. □

In der Test- und Schätztheorie, die eine zentrale Rolle für die statistische Datenanalyse spielt und für die statistische Inferenz das Hauptgebiet schlechthin darstellt, wird zur Beschreibung der verschiedenen Situationen von Unsicherheiten, in denen die Beobachtungen zustande kommen, ein einheitliches Modell zugrundelegt, das in der sogenannten Grundannahme der (induktiven) Statistik festgelegt ist. Zu ihrer Formulierung werden die einzelnen Beobachtungen, die als reelle Zahlen vorausgesetzt werden, zu einem Zahlentupel x zusammengefaßt. Die *Grundannahme* lautet:

Die Beobachtung x wird als Realisation einer Zufallsgröße X aufgefaßt, deren Verteilung nicht oder nicht vollständig bekannt ist. Die vor der Beobachtung vorliegenden Kenntnisse über die Verteilung von X werden in einer *Verteilungsannahme* wiedergegeben; diese besteht in der Angabe einer Menge (Klasse, Familie) $\mathfrak{P}$ von Verteilungen mit der Voraussetzung, daß die Verteilung von X zu $\mathfrak{P}$ gehört.

Die Menge aller möglichen Realisationen (Werte) x von X wird *Stichprobenraum* genannt und mit $\mathfrak{X}$ bezeichnet. Er wird als meßbarer Raum vorausgesetzt, d.h. über $\mathfrak{X}$ wird stets eine geeignete σ-Algebra $\mathfrak{B}$ als gegeben angenommen. Die Verteilung von X ist eine Verteilung auf $\mathfrak{X}$, genauer auf $(\mathfrak{X}, \mathfrak{B})$. Entsprechend handelt es sich bei $\mathfrak{P}$ um eine Familie von Verteilungen auf $(\mathfrak{X}, \mathfrak{B})$.

In den meisten Fällen kann man davon ausgehen, daß $\mathfrak{X}$ eine Teilmenge des ℓ-dimensionalen reellen Zahlenraumes $\mathbb{R}_\ell$ mit endlicher Dimension ℓ ist. Dann ist im Fall $\mathfrak{X} = \mathbb{R}_\ell$ für $\mathfrak{B}$ die σ-Algebra $\mathfrak{B}_\ell$ der Borelschen Mengen des $\mathbb{R}_\ell$ und im Fall $\mathfrak{X} \subset \mathbb{R}_\ell$ die entsprechende Spur-σ-Algebra der Borelschen Mengen wählbar. Auch in allgemeineren Fällen läßt sich stets eine geeignete σ-Algebra über $\mathfrak{X}$ finden. Wir lassen die damit zusammenhängenden Fragen außer acht und sprechen einfach von dem Stichprobenraum $\mathfrak{X}$ als einem meßbaren Raum. Auch der Urbildraum $(\Omega, \mathfrak{A})$ als meßbarer Raum, auf dem X als meßbare Abbildung $\Omega \to \mathfrak{X}$ definiert ist, tritt in der Statistik in den Hintergrund.

Sowohl x als auch X wird *Stichprobe* genannt, x die beobachtete Stichprobe (Situation nach der Beobachtung) und X die Zufallsgröße Stichprobe (Situation vor der Beobachtung). Oft verwendet man die Schreibweise $x = (x_1, \ldots, x_n)$ und $X = (X_1, \ldots, X_n)$; damit ist gemeint, daß x aus n Beobachtungen $x_1, \ldots, x_n$ besteht, unter denen x_i Realisation einer Zufallsgröße X_i ist ($i = 1, \ldots, n$) und die $X_1, \ldots, X_n$ zu dem Tupel X zusammengefaßt sind. Ist jedes x_i und damit auch X_i eindimensional, so ist $\ell = n$; anderenfalls ist $\ell > n$.

Hat jedes der $X_1, \ldots, X_n$ dieselbe Verteilung, so nennt man die Stichprobe identisch verteilt oder eine Stichprobe aus einer nach dieser Verteilung verteilten Grundgesamtheit. Sind die $X_1, \ldots, X_n$ voneinander unabhängig, so nennt man auch die Stichprobe ('in sich') unabhängig. Sind die $X_1, \ldots, X_n$ unabhängig und identisch verteilt (independent and identically distributed, kurz *i.i.d.*), so nennt man auch die Stichprobe ebenso. In der Regel liegt der Beobachtung ein ein- oder mehrdimensionales Untersuchungsmerkmal Y zugrunde, das an n Merkmalsträgern oder in n Versuchen beobachtet wird (mit den Ergebnissen $x_1, \ldots, x_n$) und selbst wieder als Zufallsgröße aufgefaßt wird. Man nennt dann $X = (X_1, \ldots, X_n)$ und $x = (x_1, \ldots, x_n)$ eine Stichprobe von Y und n den Stichprobenumfang. Im Fall einer identisch verteilten Stichprobe von Y hat jedes X_i dieselbe Verteilung wie Y; es liegt eine Stichprobe aus einer gemäß Y verteilten Grundgesamtheit vor.

In die Verteilung von X gehen zwei Komponenten ein, die Verteilung des Untersuchungsmerkmals Y und das Stichprobenverfahren, mit dem die Beobachtungen gewonnen werden. Entsprechend kommen in der Verteilungsannahme $\mathfrak{P}$ sowohl Vorkenntnisse über Y als auch Voraussetzungen an die Stichprobe zum Ausdruck. Je größer die Familie $\mathfrak{P}$ ist, die zugrundegelegt wird, desto geringer sind die Vorkenntnisse über Y bzw. desto schwächer sind die Voraussetzungen an die Stichprobe.

Das *Grundproblem* jeder statistischen Inferenz, insbesondere der Test- und Schätztheorie, besteht in der Entwicklung von Verfahren, mit denen Schlüsse von der Beobachtung x auf die Verteilung von X gewonnen werden können. Die Schlüsse stellen Aussagen über die Verteilung von X oder über Parameter dieser Verteilung dar, die natürlich schärfer sein sollen als die vor der Beobachtung gültige Aussage 'die Verteilung von X gehört zu $\mathfrak{P}$'. Das Grundproblem umfaßt die folgenden Fragen:

Mit welcher Verteilungsannahme werden die Vorkenntnisse über das Untersuchungsmerkmal und die Bedingungen an die Stichprobe adäquat erfaßt?

Wie soll ein Verfahren für einen Schluß von der Beobachtung auf die unbekannte Verteilung, unter der die Beobachtung zustande kam, (ein Schluß von der Stichprobe auf die Grundgesamtheit) konstruiert werden?

Wie groß ist der Sicherheitsgrad des benutzten Schlußverfahrens? Nach welchem Kriterium soll man überhaupt die Verläßlichkeit oder allgemein die Güte eines Schlußverfahrens beurteilen?

Gibt es unter den gegebenen Voraussetzungen ein bestes (möglichst verläßliches) Schlußverfahren? Falls ja, welches ist es?

1.1.2 Verteilungsannahmen

Die Antworten auf die Fragen des Grundproblems der statistischen Inferenz hängen sehr stark von der zugrundeliegenden Verteilungsannahme ab. Es gibt Verteilungsannahmen, die eine weitgehende Lösung des Grundproblems gestatten, die mit anderen Worten theoretisch gut zugänglich sind, und solche, für die das nicht der Fall ist. Ob die eigentliche Aufgabe einer Verteilungsannahme, die vorliegende Beobachtungssituation möglichst adäquat zu beschreiben, auch immer durch eine theoretisch gut zugängliche Verteilungsannahme erfüllt werden kann, muß im Einzelfall entschieden werden. Sicherlich sind hier Kompromisse zwischen Theorie und Praxis notwendig.

Erstaunlicherweise gibt es zwischen der Lösbarkeit des Grundproblems und einer Verteilungsannahme $\mathfrak{P}$ keine allgemein gültige Beziehung der Art: Je schärfer die Verteilungsannahme (d.h. je kleiner die Verteilungsfamilie $\mathfrak{P}$), desto weitgehender oder vollständiger die Lösung des Grundproblems. Ist das Grundproblem für eine gegebene Verteilungsannahme $\mathfrak{P}$ lösbar, so bleibt diese Lösbarkeit nicht notwendig erhalten, wenn man von $\mathfrak{P}$ auf eine schärfere Verteilungsannahme mit einer Verteilungsfamilie $\mathfrak{P}_0 \subset \mathfrak{P}$ übergeht. Positiv ausgedrückt: Auch schwache Verteilungsannahmen sind oft theoretisch gut zugänglich.

Hier sollen zunächst zwei Arten der Darstellung einer Verteilungsannahme $\mathfrak{P}$ vorgestellt werden, die parametrische Darstellung, die stets möglich ist, und die Darstellung durch Dichten, die an die Voraussetzung der Dominiertheit von $\mathfrak{P}$ gebunden ist.

Eine Verteilungsannahme $\mathfrak{P}$ heißt *(formal) parametrisch* mit einem *Parameterraum* $\Theta \subseteq \mathbb{R}_r$, wenn es eine bijektive (umkehrbar eindeutige) Abbildung von Θ in $\mathfrak{P}$ gibt. Das Bild von θ bezeichnet man mit P_θ. Die Abbildung heißt *Parametrisierung* von $\mathfrak{P}$ und θ der *Parameter* von P_θ. Man stellt $\mathfrak{P}$ in der Form

$$\mathfrak{P} = \{P_\theta : \theta \in \Theta\} \tag{1.1}$$

dar. Nach der Dimension r des Parameters heißt $\mathfrak{P}$ auch *r-parametrig*. Eine solche Parametrisierung ist theoretisch eigentlich immer möglich, nämlich immer dann, wenn der Stichprobenraum $\mathfrak{X}$ ein vollständiger, separabler metrischer Raum ist und auf $\mathfrak{X}$ die von den offenen Mengen erzeugte σ-Algebra zugrundgelegt wird, eine Voraussetzung, die in allen praxisrelevanten Fällen erfüllt ist. Der wichtigste Fall eines solchen Stichprobenraumes liegt vor, wenn $\mathfrak{X} \subseteq \mathbb{R}_\ell$ und als σ-Algebra die der Borelschen Mengen gegeben ist. Dann kann die Verteilung von X auch durch die dazugehörige Verteilungsfunktion $F(x)$ festgelegt und $\mathfrak{P}$ in der Form

$$\mathfrak{P} = \{F(x;\theta) : \theta \in \Theta\} \tag{1.2}$$

dargestellt werden.

Eine Verteilungsfamilie $\mathfrak{P}$ heißt *dominiert*, wenn es ein σ-finites Maß ν auf $\mathfrak{X}$ gibt, das jede Verteilung $P \in \mathfrak{P}$ dominiert, d.h. daß mit $\nu(B) = 0$ stets auch $P(B) = 0$ ist und zwar für alle $P \in \mathfrak{P}$. Nach dem Satz von Radon-Nikodym können wir die Verteilungen einer dominierten Verteilungsfamilie durch ihre

Dichten $f(x)$ bezüglich eines gemeinsamen Maßes, des dominierenden Maßes ν, darstellen und damit $\mathfrak{P}$ in der Form

$$\mathfrak{P} = \{f(x;\theta) : \theta \in \Theta\} \tag{1.3}$$

schreiben. Im Standardfall $\mathfrak{X} \subseteq \mathbb{R}_\ell$ spielen die beiden folgenden Typen dominierter Verteilungsannahmen eine besonders wichtige Rolle.

$\mathfrak{P} = \{P_\theta : \theta \in \Theta\}$ besteht aus Lebesgue-stetigen (kurz: stetigen) Verteilungen. Hier ist ν das Lebesgue-Maß (genauer: das ℓ-dimensionale Lebesgue-Maß λ_ℓ) und $f(x;\theta)$ die Lebesgue-Dichte (klassische Dichte) von P_θ.

$\mathfrak{P} = \{P_\theta : \theta \in \Theta\}$ besteht aus diskreten Verteilungen mit der Eigenschaft, daß $D := \{x : P_\theta(x) > 0 \text{ für ein } \theta \in \Theta\}$ eine abzählbare Menge ist. Die Menge D ist die Vereinigung der Träger von P_θ, wobei über alle $\theta \in \Theta$ vereinigt wird; D kann als 'gemeinsamer Träger' der Verteilungen von $\mathfrak{P}$ aufgefaßt werden. Hier ist ν das Zählmaß ζ auf D und $f(x;\theta)$ die Wahrscheinlichkeitsfunktion von P_θ.

Aus praktischer Sicht wird die parametrische Darstellung einer Verteilungsannahme erst sinnvoll, wenn die Parametrisierung (als Abbildung von Θ in $\mathfrak{P}$) *stetig* ist, was anschaulich gesprochen bedeutet, daß für zwei (beliebig) nahe beieinander liegende Parameterwerte θ' und θ'' auch stets die Verteilungen $P_{\theta'}$ und $P_{\theta''}$ beliebig nahe beieinander liegen. Zur genauen Definition der Stetigkeit einer Parametrisierung benötigt man eine Metrik auf $\mathfrak{P}$ oder allgemein auf der (jedes $\mathfrak{P}$ umfassenden) Menge aller Verteilungen auf $\mathfrak{X}$, durch die der Abstand zwischen zwei Verteilungen erklärt wird. Darauf gehen wir hier nicht näher ein, sondern verweisen etwa auf Witting [1985], S. 60f. und S. 135-143. Wir weisen aber darauf hin, daß es mehrere verschiedene solche Metriken gibt und entsprechend unterschiedliche Definitionen für die Stetigkeit einer Parametrisierung. Unter diesen lassen sich die beiden wichtigsten Stetigkeitsbegriffe auch ohne Bezugnahme auf Metriken erklären, wenn man sich auf Verteilungsannahmen der Form (1.2) oder (1.3) beschränkt; sie lauten:

Eine Verteilungsannahme der Form (1.2) heißt *stetig parametrisiert (im schwachen Sinne)*, wenn $F(x;\theta)$ stetig in θ ist. Eine dominierte Verteilungsannahme der Form (1.3) heißt *stetig parametrisiert (im starken Sinne)*, wenn $f(x;\theta)$ stetig in θ ist. Die Forderung an $F(x;\theta)$ bzw. $f(x;\theta)$, stetig in θ zu sein, soll dabei für jedes $x \in \mathfrak{X}$ gelten mit Ausnahme einer Menge von x Werten, die unter allen Verteilungen von $\mathfrak{P}$ das Maß Null hat.

Im Standardfall $\mathfrak{X} \subseteq \mathbb{R}_\ell$ gilt: Mit *nichtparametrischen* Verteilungsannahmen sind solche gemeint, die weder im starken noch im schwachen Sinne stetig parametrisiert werden können.

Beispiel 1.2 Bernoulli-Experiment; Binomialverteilung

Wir betrachten ein Bernoulli-Experiment (vgl. Beispiel 1.1) nun stets unter der Voraussetzung, daß die Beobachtungen fehlerfrei sind und (falls keine anderen Angaben gemacht werden) über p keine Vorkenntnisse vorliegen. Die Stichprobe $X = (X_1, \ldots, X_n)$ besteht aus den Bernoulli-Variablen $X_1, \ldots, X_n$, die jeweils nur die Werte 0 oder 1 annehmen, so daß als Stichprobenraum $\mathfrak{X}$ die Menge aller n-Tupel $x = (x_1, \ldots, x_n)$ bestehend aus Nullen und Einsen festgelegt werden kann. Die Verteilung von X ist diskret mit dem unbekannten Parameter $\theta = p$. Parameterraum ist $\Theta = [0; 1]$. Die Wahrscheinlichkeitsfunktion von X lautet:

$$\begin{aligned} f(x;p) = P(X = x) &= P(X_1 = x_1) \cdots P(X_n = x_n) \\ &= p^{x_1}(1-p)^{1-x_1} \cdots p^{x_n}(1-p)^{1-x_n} \\ &= p^z(1-p)^{n-z} \end{aligned}$$

mit $z := \sum x_i$. Die Familie $\mathfrak{P} = \{f(x;p) : 0 \leq p \leq 1\}$, welche die Verteilungsfamilie bildet, ist dominiert durch das Zählmaß ζ auf $\mathfrak{X}$ und (im starken Sinne) stetig parametrisiert. Für festes p hängt der Wert von $f(x;p)$ nur von $z = \sum x_i$ ab, also nur von der Anzahl (und nicht von der Reihenfolge) der beobachteten Erfolge. Daher ist es naheliegend, von vornherein nur die Zufallsvariable $Z = \sum X_i$ zu betrachten und auf diese den Schluß von der Stichprobe auf das unbekannte p zu gründen. Wir werden später sehen, daß Z die gesamte Information der Stichprobe X über p enthält. Bekanntlich ist Z binomialverteilt mit den Parametern n und p, so daß die Familie $\mathfrak{P}^Z$ der Verteilung von Z lautet: $\mathfrak{P}^Z = \{B(n;p) : 0 \leq p \leq 1\}$. □

Beispiel 1.3 Geometrische Verteilung

Ein Zufallsexperiment, bei dem ein Ereignis A mit Wahrscheinlichkeit p eintritt, wird so oft durchgeführt, bis zum erstenmal A beobachtet wird, wobei die einzelnen Versuche voneinander unabhängig sind. Sei Z die Anzahl der dazu erforderlichen Versuche, z Realisation von Z. Stellt man die einzelnen Versuche durch Bernoulli-Variablen dar, so besteht eine beobachtete Stichprobe x aus einem z-Tupel $x = (0, \ldots, 0, 1)$, der Stichprobenraum $\mathfrak{X}$ ist Teilmenge von $\mathbb{R}_1 \cup \mathbb{R}_2 \cup \mathbb{R}_3 \cup \ldots$, also nicht Teilmenge eines endlich dimensionalen reellen Zahlenraumes. Da aber zwischen den Realisationen x und z eine eindeutige Beziehung besteht, kann man $\mathfrak{X}$ durch die Menge $\mathbb{N} = \{1, 2, 3, \ldots\}$ der Werte von Z ersetzen, also durch eine Teilmenge des $\mathbb{R}_1$. Die Versuchsbedingung wird durch die Zufallsvariable Z eindeutig beschrieben. Die Verteilung von Z ist diskret mit der Wahrscheinlichkeitsfunktion

$$f(z;p) = p(1-p)^{z-1}. \tag{1.4}$$

Sie wird *geometrische Verteilung mit dem Parameter p* genannt. Der Erwartungswert ist $EZ = 1/p$ und die Varianz $\text{VarZ} = (1-p)/p^2$. Es liegt eine dominierte, (im starken Sinne) stetig parametrisierte Verteilungsannahme vor. □

Beispiel 1.4 Normalverteilung (Ein-Stichproben-Problem)

Wir betrachten ein metrisch skaliertes eindimensionales Untersuchungsmerkmal Y und nehmen an, daß Y normalverteilt ist. Diese Annahme ist nach dem Zentralen Grenzwertsatz näherungsweise erfüllt, wenn Y eine additive Überlagerung vieler voneinander unabhängig wirkender Zufallseinflüsse ist. Die $N(\mu; \sigma^2)$-Verteilung von Y hat die Dichte

$$h(y; \mu, \sigma^2) = \frac{1}{\sigma\sqrt{2\pi}} \exp\left\{-\frac{1}{2}\left(\frac{y-\mu}{\sigma}\right)^2\right\} \tag{1.5}$$

mit $\mu = EY$ und $\sigma^2 = VarY$. Wir betrachten eine i.i.d. Stichprobe $X = (X_1, \ldots, X_n)$ von Y *(Gauß-Experiment)*. Auch die Verteilung von X hängt dann nur von μ und σ^2 ab. Wir nehmen hier an, daß μ und σ^2 unbekannt sind, so daß der zweidimensionale Parameter $\theta = (\mu, \sigma^2)$ vorliegt mit dem Parameterraum $\Theta = \mathbb{R} \times \mathbb{R}^+$. Die Dichte von X an der Stelle $x = (x_1, \ldots, x_n)$ lautet wegen $f(x; \theta) = h(x_1; \theta) \cdots h(x_n; \theta)$:

$$f(x; \theta) = \left(\frac{1}{\sigma\sqrt{2\pi}}\right)^n \exp\left\{-\frac{1}{2}\sum\left(\frac{x_i-\mu}{\sigma}\right)^2\right\}. \tag{1.6}$$

Sie stellt eine n-dimensionale Normalverteilung dar mit dem Erwartungswertvektor $(\mu, \ldots, \mu)$ und der Kovarianzmatrix $\sigma^2 I$, wobei I die $(n \times n)$-Einheitsmatrix ist. Die Verteilungsannahme $\mathfrak{P} = \{f(x; \theta) : \theta \in \Theta\}$ ist dominiert durch das n-dimensionale Lebesgue-Maß und (im starken Sinne) stetig parametrisiert. Wir führen die beiden bekannten Stichprobenfunktionen $\bar{X}$ (Stichprobenmittel) und S^2 (Stichprobenvarianz) ein:

$$\bar{X} = \frac{1}{n}\sum X_i \quad \text{und} \quad S^2 = \frac{1}{n-1}\sum (X_i - \bar{X})^2. \tag{1.7}$$

Ihre Realisationen bezeichnen wir mit $\bar{x}$ und s^2. Wegen

$$\sum (x_i - \mu)^2 = (n-1)s^2 + n(\bar{x} - \mu)^2 \tag{1.8}$$

erhalten wir für $f(x; \theta)$ die Darstellung

$$f(x; \theta) = \left(\frac{1}{\sigma\sqrt{2\pi}}\right)^n \exp\left\{-\frac{1}{2\sigma^2}\left[(n-1)s^2 + n(\bar{x} - \mu)^2\right]\right\}. \tag{1.9}$$

Für festes θ hängt der Wert von $f(x;\theta)$ also nur von $\bar{x}$ und s^2 ab. Also ist es naheliegend, sich bei der Auswertung der Stichprobe allein auf diese beiden Werte zu stützen, so daß man auch von vornherein nur die beiden Zufallsvariablen $\bar{X}$ und S^2 hätte betrachten können, die zusammen die gesamte Information der Stichprobe über θ enthalten. Für $\bar{X}$ und S^2 gelten unter der vorliegenden Normalverteilungsannahme die Aussagen (*Satz von Student*):

$$\bar{X} \text{ ist } N\left(\mu; \frac{\sigma^2}{n}\right)\text{-verteilt.} \tag{1.10}$$

$$\frac{n-1}{\sigma^2}S^2 \text{ ist } \chi^2_{n-1}\text{-verteilt.} \tag{1.11}$$

$$\bar{X} \text{ und } S^2 \text{ sind unabhängig.} \tag{1.12}$$

Daraus ergibt sich die Verteilung von S^2 als die mit dem Faktor $\sigma^2/(n-1)$ gestreckte χ^2_{n-1}-Verteilung und die Verteilung von $(\bar{X}, S^2)$ als das Produkt der Verteilungen von $\bar{X}$ und S^2. □

Beispiel 1.5 (Lebesgue-)Stetige Verteilung

Von einem eindimensionalen Untersuchungsmerkmal Y sei nur bekannt, daß es eine (Lebesgue-)stetige Verteilung besitzt; die (Lebesgue-)Dichte $h(y)$ von Y ist unbekannt. Als Stichprobe $X = (X_1, \ldots, X_n)$ wird eine i.i.d. Stichprobe von Y vorausgesetzt, so daß für die n-dimensionale (Lebesgue-)Dichte $f(x)$ von X die Beziehung gilt:

$$f(x) = h(x_1) \cdots h(x_n) \quad \text{mit } x = (x_1, \ldots, x_n)\,. \tag{1.13}$$

Die Verteilungsannahme $\mathfrak{P}$ besteht aus allen stetigen Verteilungen, deren Dichte diese Produktform aufweist, wobei h beliebig ist. $\mathfrak{P}$ ist dominiert, aber nichtparametrisch. □

Beispiel 1.6 Verteilung mit stetiger Verteilungsfunktion

Von einem eindimensionalen Untersuchungsmerkmal Y sei nur bekannt, daß es eine Verteilung mit stetiger Verteilungsfunktion $H(y)$ besitzt. Als Stichprobe $X = (X_1, \ldots, X_n)$ wird eine i.i.d. Stichprobe von Y angenommen, so daß X eine n-dimensionale Verteilungsfunktion $F(x)$ der Gestalt

$$F(x) = H(x_1) \cdots H(x_n) \quad \text{mit } x = (x_1, \ldots, x_n) \tag{1.14}$$

besitzt. Die Verteilungsannahme $\mathfrak{P}$ besteht aus allen Verteilungen, deren Verteilungsfunktion diese Produktform aufweist bei unbekanntem (stetigen) H. $\mathfrak{P}$ ist nicht dominiert und nichtparametrisch. □

1.1.3 Exponentialfamilien

Verteilungsannahmen $\mathfrak{P}$, die eine Exponentialfamilie bilden, bieten besonders günstige Voraussetzungen für die Lösung des Grundproblems der statistischen Inferenz und werden deswegen zur Modellierung der Stichprobensituation besonders gern herangezogen. Darüber hinaus lassen sich oft auch Verteilungsannahmen, die eine allgemeinere Verteilungsfamilie bilden, durch eine Exponentialfamilie approximieren, ein Vorgang, der vergleichbar ist mit der nach dem zentralen Grenzwertsatz gültigen Normalverteilungsapproximation. Exponentialfamilien stellen eine Verallgemeinerung der Normalverteilungsfamilien dar.

Eine dominierte Verteilungsfamilie $\mathfrak{P} = \{P_\theta : \theta \in \Theta\}$ heißt *Exponentialfamilie*, wenn sich ihre Dichten bezüglich eines geeigneten dominierenden Maß ν auf folgende Gestalt bringen lassen:

$$f(x;\theta) = b(x)c(\theta)\exp\{\gamma_1(\theta)T_1(x) + \ldots + \gamma_k(\theta)T_k(x)\}\,. \tag{1.15}$$

Dabei sind $b(x)$, $T_1(x), \ldots, T_k(x)$ reellwertige (meßbare) Funktionen auf $\mathfrak{X}$ und $c(\theta), \gamma_1(\theta), \ldots, \gamma_k(\theta)$ reellwertige Funktionen auf Θ mit $b(x) \geq 0$ und $c(\theta) > 0$. Entsprechend erklären wir die Abbildungen

$$\gamma : \Theta \longrightarrow \mathbb{R}_k \quad \text{durch} \quad \gamma(\theta) := (\gamma_1(\theta), \ldots, \gamma_k(\theta))\,,$$

$$T : \mathfrak{X} \longrightarrow \mathbb{R}_k \quad \text{durch} \quad T(x) := (T_1(x), \ldots, T_k(x))\,,$$

und sprechen von einer Exponentialfamilie *in* $T(x)$ *und* $\gamma(\theta)$. Man nennt den transformierten Parameter $\gamma = \gamma(\theta)$ auch den *natürlichen Parameter* der Exponentialfamilie; er besitzt als Wertebereich den transformierten Parameterraum $\gamma(\Theta) := \{\gamma(\theta) : \theta \in \Theta\}$, eine Teilmenge des $\mathbb{R}_k$.

Da $b(x)$, der einzige Faktor in (1.15), der Null werden kann, unabhängig von θ ist, haben alle Verteilungen P_θ einer Exponentialfamilie denselben Träger. (Eine Familie mit Verteilungen, deren Träger von θ abhängt, kann also keine Exponentialfamilie bilden.) Darüber hinaus sind je zwei Verteilungen $P_{\theta'}$ und $P_{\theta''}$ in einer Exponentialfamilie *äquivalent*, d.h. für jedes meßbare $B \subseteq \mathfrak{X}$ gilt: $P_{\theta'}(B) = 0$ genau dann wenn $P_{\theta''}(B) = 0$.

Zu einer Exponentialfamilie $\mathfrak{P}$ mit ν-Dichte $f(x;\theta)$ der Gestalt (1.15) führen wir ein weiteres σ-finites und $\mathfrak{P}$ ebenfalls dominierendes Maß ein, nämlich

$$\tilde{\nu}(B) := \int_B b(x)d\nu \qquad (B \subseteq \mathfrak{X} \text{ meßbar})\,. \tag{1.16}$$

Dieses ist sogar *äquivalent* mit jedem $P_\theta \in \mathfrak{P}$ (für jedes B gilt: $\tilde{\nu}(B) = 0$ genau dann wenn $P_\theta(B) = 0$). Die Dichten $\tilde{f}(x;\theta)$ von P_θ bezüglich $\tilde{\nu}$ haben dann die Gestalt

$$\tilde{f}(x;\theta) = c(\theta)\exp\{\gamma_1(\theta)T_1(x) + \ldots + \gamma_k(\theta)T_k(x)\} \tag{1.17}$$

bzw. mit $\gamma_0(\theta) := log c(\theta)$

$$\tilde{f}(x;\theta) = \exp\{\gamma_o(\theta) + \gamma_1(\theta)T_1(x) + \ldots + \gamma_k(\theta)T_k(x)\}\,. \tag{1.18}$$

Alle wesentlichen Eigenschaften einer Exponentialfamilie ergeben sich aus der Gestalt dieses Exponenten. Insbesondere hängen die besten Schätzungen und Tests nur von der k-dimensionalen Stichprobenfunktion $T = T(X) = (T_1(X), \ldots T_k(X))$ ab, die durch den Exponenten in (1.15) oder (1.17) gegeben ist. Aus diesem Grund soll die Dimension k dieser Stichprobenfunktion nicht unnötig groß sein. Eine Reduktion von k ist möglich, wenn die Funktionen $1, \gamma_1(\theta), \ldots, \gamma_k(\theta)$ *oder* die Funktionen $1, T_1(x), \ldots, T_k(x)$ linear abhängig sind, wobei die letztgenannte Abhängigkeit nur bis auf Ausnahmemengen $N \subset \mathfrak{X}$ zu gelten braucht, für die $P_\theta(N) = 0$ für alle θ gilt, d.h. bis auf $\tilde{\nu}$-Nullmengen. Man definiert daher:

Eine Exponentialfamilie heißt (*strikt*) *k-parametrig*, wenn ihre Dichten auf eine Gestalt (1.15) oder (1.17) gebracht werden können, in welcher sowohl die Funktionen $1, \gamma_1(\theta), \ldots, \gamma_k(\theta)$ linear unabhängig auf Θ sind als auch die Funktionen $1, T_1(x), \ldots, T_k(x)$ auf dem Komplement einer jeden $\tilde{\nu}$-Nullmenge linear unabhängig sind.

Die erste der genannten Unabhängigkeitsforderungen bedeutet, daß es keine reellen Zahlen $\alpha_0, \alpha_1, \ldots, \alpha_k$ (mit Ausnahme von $\alpha_0 = \alpha_1 = \ldots = \alpha_k = 0$) geben darf mit der Eigenschaft

$$\alpha_1\gamma_1(\theta) + \ldots + \alpha_k\gamma_k(\theta) = \alpha_0 \quad \text{für alle } \theta \in \Theta\,.$$

Man nennt dann $\gamma_1(\theta), \ldots, \gamma_k(\theta)$ auch *affin unabhängig*. Diese Eigenschaft bedeutet, daß $\gamma(\Theta)$ nicht Teilmenge irgendeines $(k-1)$-dimensionalen affinen Teilraumes des $\mathbb{R}_k$ ist. Affine Unabhängigkeit liegt z.B. vor, wenn die $\gamma_1(\theta), \ldots, \gamma_k(\theta)$ unabhängig voneinander (eindimensionale) Intervalle durchlaufen, die nicht auf einen Punkt entartet sind. Die zweite Bedingung besagt, daß es keine $\tilde{\nu}$ -Nullmenge N und keine reellen Zahlen $a_0, a_1, \ldots, a_k$ (bis auf $a_0 = a_1 = \ldots = a_k = 0$) geben darf mit der Eigenschaft

$$a_1T_1(x) + \ldots + a_kT_k(x) = a_0 \quad \text{für alle } x \in \mathfrak{X} \setminus N\,.$$

Die Funktionen $T_1(x), \ldots, T_k(x)$ sind dann auf $\mathfrak{X} \setminus N$ *affin unabhängig*. Dies ist der Fall, wenn die Kovarianzmatrix $Cov_\theta T$ nichtsingulär ist, wobei es wegen der paarweisen Äquivalenz der Verteilungen von $\mathfrak{P}$ genügt, die Nichtsingularität für *ein* $\theta \in \Theta$ zu überprüfen. Auf diese Weise lassen sich beide Bedingungen oft mit einfachen Mitteln nachweisen.

Die *Parametrigkeit* k einer Exponentialfamilie liegt eindeutig fest und ist eine charakteristische Größe der betreffenden Familie. Dagegen ist die Dimension r des Parameters θ einer beliebigen Verteilungsannahme $\mathfrak{P}$ keine durch $\mathfrak{P}$ eindeutig bestimmte Größe. Sie hängt davon ab, in welcher Form man die Verteilungen von $\mathfrak{P}$ darstellt. Ist $\mathfrak{P}$ eine Exponentialfamilie, so wird für die Verteilungen, genauer ihre Dichten, eine bestimmte Form vorausgesetzt und auf diese Weise die Dimension k des Parameters γ eindeutig festgelegt. Dabei kann durchaus der Fall eintreten, daß die Dimension r des ursprünglichen Parameters θ nicht mit der Dimension k des natürlichen Parameters γ der Exponentialfamilie übereinstimmt. Der Fall $r \neq k$ führt oft zu erheblichen Problemen bei der Suche nach besten Schätzungen oder Tests.

Der Wertebereich $\gamma(\Theta)$ des natürlichen Parameters $\gamma = \gamma(\theta)$ läßt sich auf den sogenannten natürlichen Parameterraum erweitern. Dazu beachten wir, daß die Dichten (1.17) in Abhängigkeit von $\gamma = (\gamma_1, \ldots, \gamma_k)$ die Gestalt

$$\tilde{f}(x; \gamma) = \tilde{c}(\gamma) \exp\{\gamma_1 T_1(x) + \ldots + \gamma_k T_k(x)\} \tag{1.19}$$

haben, wobei die Abbildung $\tilde{c}$ implizit definiert ist durch $\tilde{c}(\gamma) = c(\gamma(\theta))$ für alle θ mit $\gamma = \gamma(\theta)$. Der *natürliche Parameterraum* Γ besteht aus allen auch über die möglichen Werte $\gamma(\theta)$ hinausgehenden Punkte $\gamma = (\gamma_1, \ldots, \gamma_k)$ des $\mathbb{R}_k$, für die das $\tilde{\nu}$-Integral über $\exp\{\gamma_1 T_1(x) + \ldots + \gamma_k T_k(x)\}$ einen endlichen und von Null verschiedenen Wert $w(\gamma)$ hat. In Γ sind genau alle Punkte γ enthalten, für die mit Hilfe des Normierungsfaktors $\tilde{c}(\gamma) = 1/w(\gamma)$ auf der rechten Seite von (1.19) überhaupt eine Dichte erklärt werden kann. Offensichtlich ist $\gamma(\Theta) \subseteq \Gamma$. Nicht selten liegt der Fall vor, daß $\gamma(\Theta)$ eine echte Teilmenge von Γ ist.

Satz 1.1 *Der natürliche Parameterraum* Γ *einer* k*-parametrigen Exponentialfamilie ist eine konvexe Teilmenge des* $\mathbb{R}_k$*, die innere Punkte, also auch ein nicht-entartetes* k*-dimensionales Intervall enthält.*

Zum Beweis vergleiche man etwa Witting [1985], S. 150. Man beachte, daß sich die in diesem Satz genannten Eigenschaften von Γ im allgemeinen nicht auf die Teilmenge $\gamma(\Theta)$ übertragen lassen.

Sei $\mathfrak{P} = \{P_\theta : \theta \in \Theta\}$ eine k-parametrige Exponentialfamilie in $T(x)$ und $\gamma(\theta)$ mit natürlichem Parameterraum Γ und den ν-Dichten $f(x;\theta)$ bzw. $\tilde{\nu}$-Dichten $\tilde{f}(x;\gamma)$ gemäß (1.15) bzw. (1.19). Für eine Funktion $g : \mathfrak{X} \longrightarrow \mathbb{R}$ können wir den mit P_θ gebildeten Erwartungswert

$$E_\theta g(X) = \int g(X) dP_\theta = \int g(x) f(x;\theta) d\nu \tag{1.20}$$

statt von $\theta \in \Theta$ auch in Abhängigkeit von $\gamma = \gamma(\theta)$ schreiben und dann auf die Parameterwerte $\gamma \in \Gamma$ ausdehnen:

$$E_\gamma g(X) = \int g(x)\tilde{f}(x;\gamma)d\tilde{\nu}. \tag{1.21}$$

Für $\gamma = \gamma(\theta)$, also auf $\gamma(\Theta)$, gilt natürlich $E_\gamma g(X) = E_\theta g(X)$. Ist nun g eine Funktion, für die $E_\gamma g(X)$ existiert und endlich ist, wenigstens für alle γ im Inneren von Γ, so besitzt $\mathfrak{P}$ unter den gegebenen Voraussetzungen die folgende

> *Regularitätseigenschaft:* Für alle γ im Inneren von Γ ist $E_\gamma g(X)$ als Funktion von γ beliebig oft nach γ differenzierbar. Die Ableitungen dürfen bestimmt werden, indem man unter dem Integral nach γ differenziert. (1.22)

Diese Eigenschaft enthält vor allem die Regel, daß bei der Bildung der Ableitung von $E_\gamma g(X)$ die Reihenfolge von Differentiation und Integration vertauscht werden darf. (Den Beweis von (1.22) findet man bei Lehmann [1986], S. 59, oder auch bei Pfanzagl [1994], S. 24. Man vergleiche dazu auch die umfassende Monographie über Exponentialfamilien von Barndorff-Nielsen [1978].) Die Regularitätseigenschaft hat weitreichende Konsequenzen auch für die Konstruktion optimaler Tests und Schätzungen, die auf der Stichprobenfunktion (Statistik) $T = T(X)$ aufbauen.

Unter den gegebenen Voraussetzungen werden die Verteilungen P_γ^T von T durch das Bildmaß $\tilde{\nu}^T$ dominiert. Zur Bestimmung der dazugehörigen Dichten $\tilde{f}_T(t;\gamma)$ beachten wir, daß die $\tilde{\nu}$-Dichten $\tilde{f}(x;\gamma)$ von X in (1.19) nur über $T(x)$ von x abhängen. Deswegen erhalten wir nach der Transformationsformel für Integrale die Beziehung $\tilde{f}_T(t;\gamma) = \tilde{f}(T(x);\gamma)$ für alle $t = T(x)$. Wegen (1.19) haben damit die $\tilde{\nu}^T$- Dichten von T die Form

$$\tilde{f}_T(t;\gamma) = \tilde{c}(\gamma)\exp\{\gamma_1 t_1 + \ldots + \gamma_k t_k\}. \tag{1.23}$$

Im Exponenten steht hier das Skalarprodukt der Vektoren $\gamma = (\gamma_1, \ldots, \gamma_k)$ und $t = (t_1, \ldots, t_k)$. Diese einfache Gestalt der Dichten von T gestattet den Nachweis wichtiger Eigenschaften von T. Die Dichte (1.23) läßt sich für $\gamma = \gamma(\theta)$ natürlich auch mit dem ursprünglichen Parameter θ parametrisieren und rücktransformieren auf eine Dichte $f_T(t;\theta)$ bzgl. des Bildmaßes ν^T. Zusammenfassend haben wir damit gezeigt:

Satz 1.2 *Ist $\mathfrak{P} = \{P_\theta : \theta \in \Theta\}$ eine k-parametrige Exponentialfamilie in $T = T(x)$ und $\gamma = \gamma(\theta)$, so bildet $\mathfrak{P}^T = \{P_\theta^T : \theta \in \Theta\}$ eine k-parametrige Exponentialfamilie in der Identität $V(t) = t$ und γ. Bei Parametrisierung durch γ können die Dichten von P_θ^T auf die Gestalt (1.23) gebracht werden.*

Der nächste Satz macht eine Aussage über die Momente von $T = (T_1, \ldots, T_k)$; Ausgangspunkt ist wieder eine k-parametrige Exponentialfamilie $\mathfrak{P}$ in T und γ. Zu seiner Herleitung betrachten wir die zu T gehörige momenterzeugende Funktion oder Laplace-Transformierte

$$L_T(v; \gamma) = E_\gamma \exp\{v_1 T_1 + \ldots + v_k T_k\} \tag{1.24}$$

die natürlich nur für solche $v = (v_1, \ldots, v_k) \in \mathbb{R}_k$ erklärt ist, für die der Erwartungswert existiert und endlich ist. Aus (1.23) ergibt sich die Darstellung

$$L_T(v; \gamma) = \tilde{c}(\gamma) \int \exp\{(\gamma_1 + v_1)t_1 + \ldots + (\gamma_k + v_k)t_k\} d\tilde{\nu}^T . \tag{1.25}$$

Daran erkennt man, daß für jedes γ im Inneren von Γ die Laplace-Transformierte für alle v in einer Umgebung des Nullpunktes erklärt ist. Für diese v und γ läßt sich wegen Satz 1.2 die Regularitätseigenschaft (1.22) auf (1.24) anwenden, woraus sich ergibt, daß $L_T(v; \gamma)$ beliebig oft nach γ differenzierbar ist; weil aber der Integrand in (1.25) symmetrisch in γ und v ist, folgt daraus die (beliebig häufige) Differenzierbarkeit auch nach v wenigstens an der Stelle $v = 0$. Bekanntlich ist dieser Sachverhalt eine hinreichende Bedingung dafür, daß die Momente beliebig hoher Ordnung von T existieren und endlich sind. Zusammen mit der in (1.22) enthaltenen Vertauschbarkeitsregel erhalten wir den

Satz 1.3 *Sei $\mathfrak{P}$ eine k-parametrige Exponentialfamilie in $T = (T_1, \ldots, T_k)$ und $\gamma = (\gamma_1, \ldots, \gamma_k)$. Für alle γ im Inneren des natürlichen Parameterraums Γ gilt: Die Statistik T besitzt Momente beliebig hoher Ordnung. Als Funktion von γ sind diese beliebig oft nach γ differenzierbar; die Ableitungen dürfen durch Differentiation unter dem betreffenden Integral gebildet werden.*

Der folgende Satz ist oft hilfreich, wenn man nachweisen will, daß eine vorliegende Verteilungsannahme $\mathfrak{P}$ eine Exponentialfamilie bildet. Darüber hinaus zeigt er für den Fall einer i.i.d. Stichprobe $X = (X_1, \ldots, X_n)$, daß die Parametrigkeit k einer Exponentialfamilie unabhängig vom Stichprobenumfang n ist.

Satz 1.4 *Ist $X = (X_1, \ldots, X_n)$ eine unabhängige Stichprobe, in der die Verteilungen eines jeden X_i eine Exponentialfamilie bilden, so stellen auch die Verteilungen von X eine Exponentialfamilie dar. Ist insbesondere $X = (X_1, \ldots, X_n)$ i.i.d. Stichprobe von Y und bilden die Verteilungen von Y eine k-parametrige Exponentialfamilie in $T_1(y), \ldots, T_k(y)$ und $\gamma = (\gamma_1, \ldots, \gamma_k)$, so stellen die Verteilungen von X eine k-parametrige Exponentialfamilie dar und zwar in $T(x) = (\sum_{i=1}^n T_1(x_i), \ldots, \sum_{i=1}^n T_k(x_i))$ und ebenfalls in γ.*

Der Beweis ergibt sich unmittelbar aus der Definition einer (k-parametrigen) Exponentialfamilie, wenn man die bekannte Darstellung der gemeinsamen Dichte unabhängiger Zufallsgrößen $X_1, \ldots, X_n$ als das Produkt der n einzelnen Dichten von X_i verwendet.

Beispiel 1.7 Bernoulli-Experiment; Binomialverteilung

Im Bernoulli-Experiment (vgl. Beispiel 1.2) läßt sich die Wahrscheinlichkeitsfunktion $f(x;p)$ der Stichprobe $X = (X_1, \ldots, X_n)$ für alle $0 < p < 1$ darstellen als

$$f(x;p) = p^z(1-p)^{n-z} = (1-p)^n \exp\left\{(log\frac{p}{1-p})z\right\} \tag{1.26}$$

mit $z = \sum x_i$. Daran erkennt man in Vergleich mit (1.15), daß eine einparametrige Exponentialfamilie vorliegt in $T(x) = \sum x_i$ und $\gamma(p) = log[p/(1-p)]$, wenn man als Parameterraum Θ für $\theta = p$ das offene Einheitsintervall zugrundelegt. (Im Fall einparametriger Exponentialfamilien setzen wir $T = T_1$ und $\gamma = \gamma_1$.) Hier stimmen die Dimensionen von θ und γ überein. Der transformierte Parameter $\gamma(\theta)$ hat den Wertebereich $\gamma(\Theta) = \mathbb{R}$; also ist auch der natürliche Parameterraum $\Gamma = \mathbb{R}$. In Ergänzung dazu beachte man, daß die Funktion $b(x)$ in (1.15) hier identisch 1 ist und deswegen das Maß $\tilde{\nu}$ in (1.16) mit dem dominierenden Maß $\nu = \zeta$, dem Zählmaß auf $\mathfrak{X}$, übereinstimmt; damit hat

$$\int \exp\{\gamma T(x)\} d\tilde{\nu} = \sum_{z=0}^{n} \binom{n}{z} e^{\gamma z}$$

für alle $\gamma \in \mathbb{R}$ einen endlichen, positiven Wert. Die Familie $\mathfrak{P}^Z = \{B(n;p) : 0 < p < 1\}$ der Verteilungen von $Z = \sum X_i$ bildet eine Exponentialfamilie in z und γ. Die Zufallsgröße Z besitzt Momente beliebig hoher Ordnung. Geht man von dem abgeschlossenen Einheitsintervall als Parameterraum für p aus, so bilden die Verteilungen von X und auch diejenigen von Z keine Exponentialfamilie mehr; denn die Träger der Verteilungen unterscheiden sich in den drei Fällen $p = 0$, $p = 1$ und $0 < p < 1$. Ist auch noch n ein unbekannter Parameter, so liegt (auch im Fall $0 < p < 1$) ebenfalls keine Exponentialfamilie vor, auch keine zweiparametrige, da die Träger der Verteilungen von n abhängen. □

Beispiel 1.8 Normalverteilung (Ein-Stichproben-Problem)

Im Gauß-Experiment des Beispiels 1.4 ist $X = (X_1, \ldots, X_n)$ i.i.d. Stichprobe eines $N(\mu; \sigma^2)$-verteilten Untersuchungsmerkmals Y. Wir nehmen zunächst an, daß μ *und* σ^2 *unbekannt* sind und setzen $\theta = (\mu; \sigma^2)$. Die Dichten $h(y; \theta)$ von Y lassen sich auf die Gestalt

$$h(y;\theta) = \frac{1}{\sigma\sqrt{2\pi}} \exp\left\{-\frac{1}{2}\left(\frac{\mu}{\sigma}\right)^2\right\} \exp\left\{\frac{\mu}{\sigma^2}y - \frac{1}{2\sigma^2}y^2\right\} \tag{1.27}$$

bringen, an der man in Vergleich mit (1.15) erkennt, daß die Familie der Verteilungen von Y, also die Klasse aller eindimensionalen Normalverteilungen, eine zweiparametrige Exponentialfamilie bildet in $T_1(y) = y$, $T_2(y) = y^2$ und in $\gamma_1(\theta) = \mu/\sigma^2$ und $\gamma_2(\theta) = -1/2\sigma^2$. Der transformierte Parameter $\gamma = \gamma(\theta) = (\gamma_1(\theta), \gamma_2(\theta))$ hat wie θ selbst die Dimension 2. Sein Wertebereich ist $\gamma(\Theta) = \mathbb{R} \times \mathbb{R}^-$; er fällt hier mit dem natürlichen Parameterraum Γ zusammen. (Denn das Integral $\int \exp\{\gamma_1 y + \gamma_2 y^2\} dy$, auf das es hier ankommt, hat genau für $(\gamma_1, \gamma_2) \in \mathbb{R} \times \mathbb{R}^-$ einen endlichen, positiven Wert.) Aus Satz 1.4 ergibt sich, daß die Verteilungen von X ebenfalls eine zweiparametrige Exponentialfamilie bilden und zwar in $T(x) = (\sum x_i, \sum x_i^2)$ und γ.

Ist σ^2 *bekannt*, so bilden die Verteilungen von X eine einparametrige Exponentialfamilie in $\sum x_i$ und μ/σ^2.

Ist μ *bekannt*, so bilden die Verteilungen von X eine einparametrige Exponentialfamilie in $\sum(x_i - \mu)^2$ und $-1/2\sigma^2$.

Die erste Aussage ergibt sich wieder aus Satz 1.4 mit Hilfe von (1.25); hierzu kann nämlich nun der Faktor $\exp\{-y^2/2\sigma^2\}$, der keinen unbekannten Parameter mehr enthält, 'vorgezogen' werden zu einem 'Faktor b' wie in (1.15) vorgesehen. Die zweite Aussage ergibt sich unmittelbar aus (1.6). □

Beispiel 1.9 Normalverteilung (Zwei-Stichproben-Problem)

$X = (X_1, \ldots, X_n)$ und $Y = (Y_1, \ldots, Y_m)$ seien zwei i.i.d. Stichproben, in denen die X_i jeweils nach $N(\mu_1, \sigma_1^2)$ und die Y_j nach $N(\mu_2, \sigma_2^2)$ verteilt sind, $i = 1, \ldots, n$ und $j = 1, \ldots, m$. Die beiden Stichproben X und Y sollen voneinander unabhängig sein. Oft handelt es sich dabei um Stichproben eines Untersuchungsmerkmals, die unabhängig voneinander aus zwei verschiedenen Grundgesamtheiten gezogen werden (unverbundene Stichproben). Die Gesamtstichprobe (X, Y) ist ein $(n+m)$-dimensionaler normalverteilter Zufallsvektor, seine Realisationen (x, y) bestehen aus $x = (x_1, \ldots, x_n)$ und $y = (y_1, \ldots, y_m)$. Wir unterscheiden vier Fälle, je nachdem, ob bekannt ist, daß $\mu_1 = \mu_2$ und/oder $\sigma_1^2 = \sigma_2^2$ gilt.

Fall A: $\mu_1 = \mu_2$ und $\sigma_1^2 = \sigma_2^2$

Dieser Fall stellt genau die Situation des Beispiels 1.8 dar mit unbekanntem $\mu := \mu_1 = \mu_2$ und $\sigma^2 := \sigma_1^2 = \sigma_2^2$ (und dem Stichprobenumfang $n + m$). Es liegt eine zweiparametrige Exponentialfamilie vor.

Fall B: $\sigma_1^2 = \sigma_2^2$ und μ_1, μ_2 beliebig

Der unbekannte Parameter $\theta = (\mu_1, \mu_2, \sigma^2)$ mit $\sigma^2 := \sigma_1^2 = \sigma_2^2$ hat die Dimension 3. Die gemeinsame Verteilung der Stichprobe (X, Y) ist das Produkt aus $N(\mu_1; \sigma^2)$-Verteilungen (n Faktoren) und $N(\mu_2; \sigma^2)$-Verteilungen (m Faktoren). Ihre Dichte läßt sich darstellen als

$$\begin{aligned} f(x, y; \theta) &= \left(\frac{1}{\sigma\sqrt{2\pi}}\right)^{n+m} \exp\left\{-\frac{1}{2\sigma^2}[n\mu_1^2 + m\mu_2^2]\right\} \\ &\cdot \exp\left\{\frac{\mu_1}{\sigma^2}\sum x_i + \frac{\mu_2}{\sigma^2}\sum y_j - \frac{1}{2\sigma^2}\left[\sum x_i^2 + \sum y_j^2\right]\right\} . \end{aligned} \tag{1.28}$$

Daran erkennt man, daß eine dreiparametrige Exponentialfamilie vorliegt in $T(x, y) = (\sum x_i, \sum y_j, \sum x_i^2 + \sum y_j^2)$ und $\gamma(\theta) = (\mu_1/\sigma^2, \mu_2/\sigma^2, -1/2\sigma^2)$. Die Dimensionen von γ und θ stimmen überein.

Fall C: $\mu_1 = \mu_2$ und σ_1^2, σ_2^2 beliebig

Der unbekannte Parameter $\theta = (\mu, \sigma_1^2, \sigma_2^2)$ mit $\mu := \mu_1 = \mu_2$ hat wieder die Dimension 3. Die gemeinsame Verteilung von (X, Y) ist das Produkt aus $N(\mu; \sigma_1^2)$-Verteilungen (n-Faktoren) und $N(\mu; \sigma_2^2)$-Verteilungen (m-Faktoren). Ihre Dichte läßt sich darstellen als

$$\begin{aligned} f(x, y; \theta) &= \left(\frac{1}{\sigma_1\sqrt{2\pi}}\right)^{n} \left(\frac{1}{\sigma_2\sqrt{2\pi}}\right)^{m} \exp\left\{-\frac{n\mu^2}{2\sigma_1^2} - \frac{m\mu^2}{2\sigma_2^2}\right\} \\ &\cdot \exp\left\{\frac{\mu}{\sigma_1^2}\sum x_i + \frac{\mu}{\sigma_2^2}\sum y_j - \frac{1}{2\sigma_1^2}\sum x_i^2 - \frac{1}{2\sigma_2^2}\sum y_j^2\right\} \end{aligned} \tag{1.29}$$

Daran erkennt man, daß hier eine überraschenderweise vierparametrige Exponentialfamilie vorliegt in $T(x, y) = (\sum x_i, \sum y_j, \sum x_i^2, \sum y_j^2)$ und in $\gamma(\theta) = (\mu/\sigma_1^2, \mu/\sigma_2^2, -1/2\sigma_1^2, -1/2\sigma_2^2)$. Die Komponenten von T und γ sind affin unabhängig, so daß keine Reduzierung der Parametrigkeit möglich ist. Die Dimension von γ ist größer als die von θ.

Fall D: μ_1 und μ_2 sowie σ_1^2 und σ_2^2 beliebig

Der unbekannte Parameter $\theta = (\mu_1, \mu_2, \sigma_1^2, \sigma_2^2)$ ist vierdimensional. Die Dichte $f(x, y, \theta)$ hat die Gestalt (1.29), wenn man in den beiden Exponenten jeweils das erste μ durch μ_1 und das zweite μ durch μ_2 ersetzt. Daran erkennt man, daß eine vierparametrige Exponentialfamilie vorliegt in demselben $T(x, y)$ wie in Fall C und in $\gamma(\theta) = (\mu_1/\sigma_1^2, \mu_2/\sigma_2^2, -1/2\sigma_1^2, -1/2\sigma_2^2)$. Hier stimmen die Dimensionen von θ und γ überein. Die statistische Behandlung von Fall D ist wesentlich einfacher als die von Fall C, obwohl in Fall D weniger Vorkenntnisse vorliegen als in Fall C. (Die Verteilungsfamilie unter Fall C ist eine echte Teilmenge der Verteilungsfamilie unter Fall D.) □

Beispiel 1.10 Zweidimensionale Normalverteilung

Wir betrachten eine i.i.d. Stichprobe $(X_1, Y_1), \ldots (X_n, Y_n)$ vom Umfang n eines zweidimensionalen normalverteilten Untersuchungsmerkmals (U, V) mit den Parametern $\mu_1 = EU$, $\mu_2 = EV, \sigma_1^2 = VarU, \sigma_2^2 = VarV$ und $\rho =$ Korrelationskoeffizient zwischen U und V $(\sigma_1\sigma_2\rho = cov(U, V))$. Wir gehen davon aus, daß alle fünf Parameter unbekannt sind. Man kann zeigen, daß hier eine fünfparametrige Exponentialfamilie vorliegt in $T = (T_1, \ldots, T_5)$ und $\gamma = (\gamma_1, \ldots, \gamma_5)$ mit

$$
\begin{aligned}
T_1 &= \sum x_i & \text{und} \quad & \gamma_1 = [\mu_1/\sigma_1^2 - \rho\mu_2/\sigma_1\sigma_2]/(1-\rho^2), \\
T_2 &= \sum y_i & \text{und} \quad & \gamma_2 = [\mu_2/\sigma_2^2 - \rho\mu_1/\sigma_1\sigma_2]/(1-\rho^2), \\
T_3 &= \sum x_i^2 & \text{und} \quad & \gamma_3 = -1/2(1-\rho^2)\sigma_1^2, \\
T_4 &= \sum y_i^2 & \text{und} \quad & \gamma_4 = -1/2(1-\rho^2)\sigma_2^2, \\
T_5 &= \sum x_i y_i & \text{und} \quad & \gamma_5 = \rho/\sigma_1\sigma_2(1-\rho^2).
\end{aligned}
$$

Das Beispiel läßt sich verallgemeinern auf den Fall eines m-dimensionalen normalverteilten Untersuchungsmerkmals mit $r = m(m+2)/2$ Parametern. Sind diese sämtlich unbekannt, so liegt eine ebenfalls r-parametrige Exponentialfamilie vor. □

1.1.4 Familien mit monotonen Dichtequotienten

Eine einparametrige dominierte Verteilungsfamilie $\mathfrak{P} = \{P_\theta : \theta \in \Theta\}$ heißt *Familie mit (streng) monotonen Dichtequotienten in* T, wenn bei geeigneter Wahl des dominierenden Maßes und der dazugehörigen Dichten für $\mathfrak{P} = \{f(x;\theta) : \theta \in \Theta\}$ gilt: Es gibt eine reellwertige Funktion $T = T(x)$ derart, daß für je zwei $\theta' < \theta''$ der Dichtequotient $Q(x) := f(x;\theta'')/f(x;\theta')$ eine (streng) monoton wachsende Funktion von $T(x)$ ist und zwar wenigstens für fast alle x, womit gemeint ist: höchstens mit Ausnahme einer Menge von x-Werten, die sowohl unter $P_{\theta'}$ als auch unter $P_{\theta''}$ das Maß Null hat. (Eine monoton wachsende Funktion nennt man auch *isoton*, der Quotient $Q(x)$ heißt auch *Likelihood-Quotient.*) Verteilungsannahmen, die eine Familie mit monotonen Dichtequotienten bilden, ermöglichen auf besonders einfache Weise die Konstruktion optimaler Tests im Fall einer sogenannten einseitigen Fragestellung, in der Hypothesen der Form $\theta \le \theta_0$ gegen $\theta > \theta_0$ überprüft werden. Bevor wir auf spezielle Beispiele von Familien mit monotonen Dichtequotienten eingehen, zeigen wir den folgenden

Satz 1.5 *Eine einparametrige Exponentialfamilie in $T(x)$ und $\gamma(\theta)$ besitzt streng monotone Dichtequotienten in T, wenn $\gamma(\theta)$ streng monoton wachsend in θ ist.*

Der Beweis ergibt sich aus der wegen (1.15) unter Beachtung von $T = T_1$ und $\gamma = \gamma_1$ gültigen Darstellung

$$\frac{f(x;\theta'')}{f(x;\theta')} = \frac{c(\theta'')}{c(\theta')} \exp\left\{[\gamma(\theta'') - \gamma(\theta')]\, T(x)\right\} . \tag{1.30}$$

Wird eine einparametrige Exponentialfamilie in $T(x)$ und $\gamma(\theta)$ mit ihrem natürlichen Parameter γ parametrisiert, so besitzt sie stets monotone Dichtequotienten in T; denn für je zwei $\gamma' < \gamma''$ ergibt sich gemäß (1.19) die Beziehung

$$\frac{f(x;\gamma'')}{f(x;\gamma')} = \frac{\tilde{c}(\gamma'')}{\tilde{c}(\gamma')} \exp\left\{(\gamma'' - \gamma')T(x)\right\} . \tag{1.31}$$

In diesem Sinne kann man festhalten: *Jede einparametrige Exponentialfamilie besitzt monotone Dichtequotienten.* Auch die Umkehrung dieser Aussage ist unter zusätzlichen schwachen Regularitätsvoraussetzungen gültig, wie bei Borges und Pfanzagl [1963] gezeigt wird.

Beispiel 1.11 Hypergeometrische Verteilung

Aus einer Urne mit N Kugeln, darunter M schwarzen, werden n Kugeln in Form einer *reinen (uneingeschränkten) Zufallsauswahl* ohne Zurücklegen gezogen. Ein solches Auswahlverfahren wird durch die Forderung definiert, daß jede gleich große Teilmenge der Grundgesamtheit die gleiche Wahrscheinlichkeit besitzt, in die Stichprobe zu gelangen. Wir betrachten wie im Bernoulli-Experiment die Zufallsvariablen

$$X_i = \begin{cases} 1 & \text{falls beim } i\text{-ten Zug eine schwarze Kugel gezogen wird,} \\ 0 & \text{falls beim } i\text{-ten Zug keine schwarze Kugel gezogen wird} \end{cases}$$

($i = 1, \ldots, n$). Jedes X_i besitzt dieselbe Null-Eins-Verteilung $P(X_i = 1) = M/N$ und $P(X_i = 0) = (N - M)/N$, jedoch sind die $X_1, \ldots, X_n$ nicht unabhängig. Die gemeinsame Wahrscheinlichkeitsfunktion $f(x; M)$ von $X = (X_1, \ldots, X_n)$ bei $x = (x_1, \ldots, x_n)$ lautet mit $z = \sum x_i$:

$$f(x;M) = \frac{1}{\binom{n}{z}} \frac{\binom{M}{z}\binom{N-M}{n-z}}{\binom{N}{n}} . \tag{1.32}$$

Dabei wird $\theta = M$ als unbekannter Parameter aufgefaßt; N und n seien bekannt. Parameterraum ist $\Omega = \{0, 1, \ldots, N\}$. Diese Verteilungsannahme bildet keine Exponentialfamilie; denn der Träger der Verteilung von X, das ist die Menge aller x, für die z zwischen $max\{0; n-(N-M)\}$ und $min\{n, M\}$ liegt, hängt vom Parameter M ab. Es liegt aber eine Verteilungsfamilie mit streng monotonen Dichtequotienten vor und zwar in $Z = \sum X_i$. Für $\theta' = M$ und $\theta'' = M + 1$ folgt dies aus der Beziehung

$$\frac{f(x; M+1)}{f(x; M)} = \frac{M+1}{N-M} \cdot \frac{N-M-(n-z)}{M+1-z},$$

die gültig ist für alle x aus der Vereinigung der beiden Träger, wenn man dem Quotienten im Fall $z = M + 1$ den Wert ∞ zuordnet. Und für weiter auseinanderliegende $\theta' = M$ und $\theta'' = M + m$ ergibt sich dies daraus wegen

$$\frac{f(x; M+m)}{f(x; M)} = \frac{f(x; M+m)}{f(x; M+m-1)} \cdot \frac{f(x; M+m-1)}{f(x; M+m-2)} \cdots \frac{f(x; M+1)}{f(x; M)}.$$

Die Verteilungsfamilie erfüllt nicht die bei Borges und Pfanzagl [1963] unterstellten Regularitätsvoraussetzungen. Die Werte von $f(x; M)$ hängen nur über $z = \sum x_i$ von der beobachteten Stichprobe x ab, so daß man von vornherein die Auswertung der Stichprobe allein auf die Zufallsgröße $Z = \sum X_i$ stützen kann. Die dazugehörige Verteilungsfamilie $\mathfrak{P}^Z$ der Verteilungen von Z, das sind die hypergeometrischen Verteilungen $H(n; M; N)$, besitzt ebenfalls streng monotone Dichtequotienten in Z und zwar mit den gleichen Dichtequotienten wie die ursprüngliche Familie der Verteilungen von X. □

Beispiel 1.12 Gleichverteilung

Gegeben sei eine i.i.d. Stichprobe $X = (X_1, \ldots, X_n)$ eines reellwertigen Untersuchungsmerkmals Y, das auf dem Intervall $[a; b]$ gleichverteilt ist. Wir unterscheiden die folgenden einparametrischen Verteilungsannahmen.

Fall A: $a = 0$ bekannt, $b = \theta$ unbekannt

Für $x = (x_1, \ldots, x_n)$ mit $x_i \in \mathbb{R}^+$ lautet die Dichte von X:

$$f(x; \theta) = \begin{cases} 1/\theta^n & \text{falls} \quad T(x) \le \theta \\ 0 & \text{sonst} \end{cases} \tag{1.33}$$

mit $T(x) := max\{x_1, \ldots, x_n\}$. Also gilt für zwei $\theta' < \theta''$

$$\frac{f(x; \theta'')}{f(x; \theta')} = \begin{cases} (\theta'/\theta'')^n & \text{falls} \quad T(x) \le \theta', \\ \infty & \text{falls} \quad \theta' < T(x) \le \theta'', \end{cases}$$

so daß eine Verteilungsfamilie mit (schwach!) monotonen Dichtequotienten in $T(x)$ vorliegt.

Fall B: $a = -\theta$, $b = +\theta$, θ unbekannt

Hier ist $|Y|$ auf $[0; \theta]$ gleichverteilt, so daß sich dieser Fall auf Fall A zurückführen läßt. Damit liegt eine Verteilungsfamilie mit (schwach) monotonen Dichtequotienten in $T(x) := max\{|x_1|, \ldots, |x_n|\}$ vor.

Fall C: $a = \theta$, $b = \theta + 1$, θ unbekannt

Hier liegt nur für $n = 1$ eine Verteilungsfamilie mit monotonen Dichtequotienten vor, für alle $n \geq 2$ dagegen nicht; vgl. Witting [1985] S. 210.

In allen drei Fällen liegt keine Exponentialfamilie vor, da die Träger der betreffenden Verteilungen von θ abhängen. □

Beispiel 1.13 Poisson-Verteilung

Sei Y ein Poisson-verteiltes Untersuchungsmerkmal mit unbekanntem Parameter $\mu = EY$. Die Wahrscheinlichkeitsfunktion von Y lautet

$$h(y; \mu) = \frac{\mu^y}{y!} e^{-\mu} = \frac{1}{y!} e^{-\mu} \exp\{y \log \mu\} . \tag{1.34}$$

Die Verteilungen von Y bilden eine einparametrige Exponentialfamilie in y selbst und in streng monoton wachsendem $\gamma(\mu) = \log \mu$. Nach Satz 1.4 bilden daher die Verteilungen einer i.i.d. Stichprobe $X = (X_1, \ldots, X_n)$ von Y eine einparametrige Exponentialfamilie in $T(x) = \sum x_i$ und $\gamma(\mu)$, also nach Satz 1.5 eine Familie mit monotonen Dichtequotienten in $T(x)$. □

1.1.5 Invariante Verteilungsfamilien

Bei vielen statistischen Erhebungen gibt es zur Beobachtung oder Messung der Stichprobenwerte keine natürliche, eindeutig feststehende Meßskala, so daß man vor der Durchführung der Erhebung mehr oder weniger willkürlich eine bestimmte Skala vereinbaren muß. Der Willkürlichkeit einer solchen Vereinbarung entspricht die Angabe einer Menge von zugelassenen Transformationen mit der Maßregel, zwei Skalen als äquivalent anzusehen, wenn sie durch eine zugelassene Transformation aufeinander abgebildet werden können. Eine Skala liegt dann nur bis auf die zugelassenen Transformationen fest.

Bekannteste Beispiele sind die Längen- und Temperaturmessung. Bei der Messung einer Länge Y liegt die Skala (z.B. Meter, Zoll, Inch) nur bis auf lineare Transformationen $y \longmapsto by$ mit positivem b fest. Bei der Messung einer Temperatur Y ist die Skala (z.B. Celsius, Reaumur, Fahrenheit) nur bis auf affine Transformationen $y \longmapsto by + a$ mit positivem b und beliebigem a bestimmt. Oft liegt eine Skala sogar nur bis auf monotone Transformationen fest (Messung der Stärke eines Erdbebens, Messung des Härtegrades von Stahl, Beurteilung eines Leistungstests, usw.).

In allen derartigen Situationen ist die Forderung sinnvoll, daß die aus der Stichprobe gewonnene Aussage entweder unabhängig von der speziellen Skalenwahl ist oder aber bei einer zugelassenen Skalentransformation die gleiche Transformation erfährt. Im ersten Fall nennt man das Verfahren, mit dem die Stichprobe ausgewertet wird, *invariant* und im zweiten *äquivariant* gegenüber den zugelassenen Skalentransformationen. Vergleicht man z.B. mit einem statistischen Test die Wirkung zweier fiebersenkender Medikamente, so soll der Vergleich unabhängig von der speziellen Wahl der Temperaturskala sein, der Test also invariant gegenüber affinen Transformationen. Interessiert man sich in einem anderen Beispiel für den Mittelwert μ der Körperlängen einer Population, so soll die Schätzung $\widehat{\mu}$ aus einer Stichprobe äquivariant gegenüber linearen Transformationen sein, d.h. sich bei Skalentransformation $y \longmapsto by$ gemäß $\widehat{\mu} \longmapsto b\widehat{\mu}$ transformieren. Auf invariante Tests und äquivariante Schätzungen können wir erst an späterer Stelle eingehen. Hier betrachten wir die wesentlich einfachere Frage, welche Eigenschaft die Verteilungsannahme haben soll, um der beschriebenen Offenheit in der Wahl der Skalierung gerecht zu werden.

Sei $X = (X_1, \ldots, X_n)$ eine Stichprobe (eines Untersuchungsmerkmals Y) und $\mathfrak{P} = \{P_\theta : \theta \in \Theta\}$ die Familie der Verteilungen von X. Der Transformation einer Skala (und damit der Zufallsgröße Y) entspricht eine Transformation g des Stichprobenraumes auf sich; die zugelassenen Skalentransformationen gehen über in eine Klasse $\mathfrak{G}$ von zugelassenen Transformationen $g : \mathfrak{X} \longrightarrow \mathfrak{X}$, von denen wir voraussetzen, daß sie bijektiv und mitsamt ihrer Inversen g^{-1} meßbar sind. Wir schreiben $gx := g(x)$ und $gX := g(X)$. Die Verteilungen der Zufallsgröße gX bezeichnen wir mit P_θ^g, so daß also

$$P_\theta^g(B) = P_\theta(g^{-1}(B)) \quad \text{für alle meßbaren } B \subset \mathfrak{X}$$

gilt. Mit $\mathfrak{P}^g$ bezeichnen wir die Familie der Verteilungen von gX, also $\mathfrak{P}^g = \{P_\theta^g : \theta \in \Theta\}$. Die Verteilungsfamilie $\mathfrak{P}$ geht bei Anwendung der Transformation g in die Verteilungsfamilie $\mathfrak{P}^g$ über. Damit lautet die Definition der gewünschten Eigenschaft von $\mathfrak{P}$, die der durch $\mathfrak{G}$ beschriebenen Skalierungswillkür gerecht wird: Die Verteilungsannahme $\mathfrak{P}$ heißt *invariant gegenüber der Klasse* $\mathfrak{G}$ von Transformationen, wenn für alle $g \in \mathfrak{G}$ gilt: $\mathfrak{P}^g = \mathfrak{P}$.

Mit $g_1 \circ g_2$ bezeichnen wir die Komposition zweier Transformationen g_1 und g_2, also $g_1 \circ g_2(x) = g_2(g_1(x))$. Ist $\mathfrak{P}$ invariant gegenüber $\mathfrak{G}$, so gilt für zwei g_1 und g_2 aus $\mathfrak{G}$ die Beziehung $\mathfrak{P}^{g_1 \circ g_2} = (\mathfrak{P}^{g_1})^{g_2} = \mathfrak{P}^{g_2} = \mathfrak{P}$ und für ein g aus $\mathfrak{G}$ die Gleichung $\mathfrak{P} = \mathfrak{P}^{g \circ g^{-1}} = (\mathfrak{P}^g)^{g^{-1}} = \mathfrak{P}^{g^{-1}}$. Damit ergibt sich aus der

Invarianz von $\mathfrak{P}$ gegenüber einer Klasse $\mathfrak{G}$ stets die Invarianz gegenüber der kleinsten Gruppe von Transformationen (mit '$\circ$' als Gruppenverknüpfung), welche die Klasse $\mathfrak{G}$ umfaßt. Daher darf man ohne Beschränkung davon ausgehen, daß es sich bei der gegebenen Klasse um eine *Gruppe* $\mathfrak{G}$ handelt. Man spricht also von der *Invarianz gegenüber einer Gruppe von Transformationen.*

Zum Nachweis der Invarianz von $\mathfrak{P}$ gegenüber einer Gruppe $\mathfrak{G}$ genügt es, die Beziehung $\mathfrak{P}^g \subseteq \mathfrak{P}$ für alle $g \in \mathfrak{G}$ zu zeigen; denn damit ergibt sich bereits $\mathfrak{P} = \mathfrak{P}^{g^{-1}\circ g} = (\mathfrak{P}^{g^{-1}})^g \subseteq \mathfrak{P}^g$, zusammen also $\mathfrak{P}^g = \mathfrak{P}$. Die Parametrisierung von $\mathfrak{P}$ durch $\theta \in \Theta$ ist eine bijektive Abbildung von Θ auf $\mathfrak{P}$. Daher ist $\mathfrak{P}$ genau dann invariant gegenüber $\mathfrak{G}$, wenn es zu jedem $g \in \mathfrak{G}$ und jedem $\theta \in \Theta$ genau ein Element $\theta' \in \Theta$ gibt mit $P_\theta^g = P_{\theta'}$. Damit wird jedem $g \in \mathfrak{G}$ eine Abbildung $\bar{g} : \Theta \longrightarrow \Theta$ zugeordnet mit $\bar{g}\theta := \bar{g}(\theta) = \theta'$. Die Menge $\bar{\mathfrak{G}}$ dieser Abbildungen $\bar{g}$ bildet wieder eine Gruppe. Insbesondere ist jede Abbildung $\bar{g}$ bijektiv. Hat X die Verteilung mit dem Parameter θ, so hat gX diejenige Verteilung, die X unter dem Parameter $\bar{g}\theta$ besitzt.

Beispiel 1.14 Invarianz der Normalverteilung

Wir betrachten wie in Beispiel 1.4 ein $N(\mu;\sigma^2)$-verteiltes Untersuchungsmerkmal Y mit unbekannten μ und σ^2. Die Familie der Verteilungen von Y ist invariant gegenüber der Gruppe der affinen Transformationen $y \longmapsto by+a$ mit positivem b und beliebigem a. Die Verteilung P_θ mit $\theta = (\mu, \sigma^2)$ einer i.i.d. Stichprobe $X = (X_1, \ldots, X_n)$ von Y ist die n-dimensionale Normalverteilung mit dem Erwartungswertvektor $(\mu, \ldots, \mu)$ und der Kovarianzmatrix $\sigma^2 I$. Die Familie $\mathfrak{P}$ dieser Verteilungen ist invariant gegenüber der Gruppe der Transformationen

$$g : \mathfrak{X} \longrightarrow \mathfrak{X}, \quad x \longmapsto gx = (bx_1 + a, \ldots, bx_n + a)\,. \tag{1.35}$$

Die von g induzierte Transformation $\bar{g}$ auf dem Parameterraum lautet $\bar{g}\theta = (b\mu + a, b^2\sigma^2)$. □

Beispiel 1.15 Lokations- und Skalenfamilien

Wir betrachten wieder eine i.i.d. Stichprobe $X = (X_1, \ldots, X_n)$ eines reellwertigen Untersuchungsmerkmals Y. Ist $H(y)$ die Verteilungsfunktion von Y, so ist $F(x) = H(x_1) \cdots H(x_n)$ diejenige von X, so daß durch die Festlegung einer Familie der Verteilungen von Y die Verteilungsfamilie $\mathfrak{P}$ von X eindeutig bestimmt ist. Wir betrachten die folgenden Verteilungsannahmen bzgl. Y.

Fall A: Lokationsfamilie

Die Verteilung von Y sei bis auf eine beliebige Verschiebung bekannt: $H(y;\theta) = H_0(y - \theta)$ mit festem bekanntem H_0 und unbekanntem Translationsparameter $\theta \in \mathbb{R}$. Die Verteilungsfamilie von Y ist invariant gegenüber der

Gruppe der Translationen $y \longmapsto y + a$ mit $a \in \mathbb{R}$, die Verteilungsfamilie $\mathfrak{P}$ von X ist invariant gegenüber der Gruppe der Transformationen $x \longmapsto (x_1 + a, \ldots, x_n + a)$. Der Parameter θ transformiert sich dabei auf $\theta + a$: Hat Y die Verteilungsfunktion $H_0(y - \theta)$, so besitzt $Y + a$ die Verteilungsfunktion $H_0(y - [\theta + a])$.

Fall B: Skalenfamilie

Die Verteilung von Y sei bis auf die Skalierungseinheit bekannt, d.h. $H(y;\theta) = H_0(y/\theta)$ mit festem bekanntem H_0 und unbekanntem Skalierungsparameter $\theta \in \mathbb{R}^+$. Die Verteilungsfamilie von Y ist invariant gegenüber der Gruppe der linearen Abbildungen $y \longmapsto by$ mit positivem b, die Verteilungsfamilie von X entsprechend gegenüber der Gruppe der linearen Transformationen $x \longmapsto (bx_1, \ldots, bx_n) = bx$. Der Parameter θ transformiert sich dabei auf $b\theta$: Hat Y die Verteilungsfunktion $H_0(y/\theta)$, so besitzt bY die Verteilungsfunktion $H_0(y/[b\theta])$.

Fall C: Lokations-Skalen-Familie

Aus der Kombination von Fall A und Fall B entsteht die folgende Annahme über die Verteilung von Y:

$$H(y;\theta) = H_0\left(\frac{y-\xi}{\tau}\right) \quad \text{mit } \theta = (\xi, \tau), \tag{1.36}$$

wobei $\xi \in \mathbb{R}$ ein unbekannter Translationsparameter und $\tau \in \mathbb{R}^+$ ein unbekannter Skalierungsparameter ist. Diese Verteilungsfamilie von Y ist invariant gegenüber der Gruppe der affinen Transformationen $y \longmapsto by + a$ mit positivem b und beliebigem a, die Verteilungsfamilie von X entsprechend gegenüber der Gruppe der Transformationen $x \longmapsto (bx_1 + a, \ldots, bx_n + a)$. Der Parameter θ transformiert sich dabei gemäß $(\xi, \tau) \longmapsto (b\xi + a, b\tau)$: Hat Y die Verteilungsfunktion $H_0((y - \xi)/\tau)$ so besitzt $bY + a$ die Verteilungsfunktion $H_0((y - [b\xi + a])/[b\tau])$. Ein Spezialfall einer solchen Lokations-Skalen-Familie ist die Normalverteilungsfamilie im letzten Beispiel: Hier ist H_0 die Verteilungsfunktion der $N(0;1)$-Verteilung und $\xi = \mu$ sowie $\tau = \sigma$. □

Beispiel 1.16 Permutationsinvarianz; Vertauschbarkeit

Ist $X = (X_1, \ldots, X_n)$ eine n-dimensionale i.i.d. Stichprobe, so bleibt die Verteilung P von X, also die gemeinsame Verteilung der $X_1, \ldots, X_n$ unverändert, wenn man die Komponenten $X_1, \ldots, X_n$ untereinander vertauscht. Einer solchen Veränderung der Reihenfolge entspricht eine Permutation π der Koordinaten des Stichprobenraumes. Diese $n!$ Permutationen bilden eine Gruppe $\mathfrak{S}_n$. Für die Verteilung P^π von πX gilt also: $P^\pi = P$ für alle $\pi \in \mathfrak{S}_n$.

Allgemein nennt man die gemeinsame Verteilung P einer n-dimensionalen Zufallsgröße $X = (X_1, \ldots, X_n)$ *permutationsinvariant* und ihre Komponenten $X_1, \ldots, X_n$ *vertauschbar*, wenn für jede Permutation π der n Koordinaten gilt: Die Verteilung P^π von πX stimmt mit P überein. Offensichtlich ist der Begriff der Vertauschbarkeit eine Verallgemeinerung des Unabhängigkeitsbegriffes. Ein Beispiel für vertauschbare, aber nicht unabhängige Zufallsgrößen sind die null-eins-verteilten Zufallsvariablen $X_1, \ldots, X_n$ einer reinen Zufallsauswahl ohne Zurücklegen in Beispiel 1.11. Ihre gemeinsame Verteilung (hypergeometrische Verteilung) hängt gemäß (1.32) nur über $z = \sum x_i$ von $x = (x_1, \ldots, x_n)$ ab und ist daher permutationsinvariant.

In einer Verteilungsannahme $\mathfrak{P} = \{P_\theta : \theta \in \Theta\}$ über eine permutationsinvariante Zufallsgröße $X = (X_1, \ldots, X_n)$ gilt elementweise $P_\theta^\pi = P_\theta$ für jedes θ und alle $\pi \in \mathfrak{S}_n$. Also ist eine solche Verteilungsfamilie $\mathfrak{P}$ erst recht invariant gegenüber $\mathfrak{S}_n$. Darüber hinaus bleibt Raum für eine weitere Invarianzforderung bezüglich einer Gruppe $\mathfrak{G}$ von Transformationen g, sofern diese mit der Permutationsinvarianz verträglich sind, d.h. die Form $gx = (hx_1, \ldots, hx_n)$ haben, in der jede Komponente von x derselben Transformation $h : \mathbb{R} \longrightarrow \mathbb{R}$ unterworfen wird.

Ein Beispiel dafür ist etwa die folgende Verteilungsannahme, die vielen sogenannten *nichtparametrischen Verfahren* zugrunde liegt: Von einem reellwertigen Untersuchungsmerkmal Y mit beliebiger (unbekannter) stetiger Verteilungsfunktion $H(y)$ wird eine i.i.d. Stichprobe $X = (X_1, \ldots, X_n)$ beobachtet oder auch nur eine Stichprobe mit vertauschbaren Variablen $X_1, \ldots, X_n$, von denen jede dieselbe Verteilung wie Y hat. Dann ist die Verteilungsfamilie von X nicht nur (elementweise!) invariant gegenüber $\pi \in \mathfrak{S}_n$, sondern auch (als Familie!) invariant gegenüber der Gruppe $\mathfrak{G}$ aller Transformationen $gx = (hx_1, \ldots, hx_n)$ mit stetigen, streng monoton wachsenden Funktionen $h : \mathbb{R} \longrightarrow \mathbb{R}$; denn für solche h besitzt mit Y auch hY eine stetige Verteilungsfunktion. Diese Verteilungsannahme wird einer Situation gerecht, in der die Skala von Y nur bis auf stetige, streng monotone Skalentransformationen h feststeht. □

1.2 Suffizienz und Vollständigkeit

1.2.1 Einführung

Für die Auswertung der Beobachtung x einer Stichprobe X sind in den meisten Fällen nicht alle Einzelheiten der in x vorliegenden Daten entscheidend, sondern nur ein gewisser, für die betreffende Fragestellung wesentlicher Bestandteil. Die Beobachtung x läßt sich dann reduzieren, indem man x durch eine Stichprobenfunktion $T(x)$ ersetzt und den Schluß aus der beobachteten Stichprobe nur auf $T(x)$ stützt. Eine solche Reduktion steht unter der

Forderung, daß mit ihr kein Verlust an Information bzw. keine Einbuße an Qualität des Schlußverfahrens einhergeht. Erfüllt eine Stichprobenfunktion T diese Forderung, so nennt man sie suffizient (ausschöpfend). Diese wünschenswerte Eigenschaft ist natürlich noch genau zu definieren.

Allgemein versteht man unter einer Stichprobenfunktion oder *Statistik* T eine (meßbare) Abbildung des Stichprobenraumes $\mathfrak{X}$ in einen (meßbaren) Raum $\mathfrak{T}$, wobei neben der σ-Algebra $\mathfrak{B}$ über $\mathfrak{X}$ eine geeignete σ-Algebra $\mathfrak{C}$ über $\mathfrak{T}$ vorausgesetzt wird (z.B. die feinste σ-Algebra, d.h. die mit 'den meisten' Teilmengen von $\mathfrak{T}$, bzgl. der T noch $\mathfrak{B}$-meßbar ist). In den meisten Fällen ist T ein k-dimensionaler Zufallsvektor und $(\mathfrak{T}, \mathfrak{C}) = (\mathbb{R}_k, \mathfrak{B}_k)$.

Grundlage der Definition des Suffizienzbegriffes ist die Verteilungsannahme $\mathfrak{P} = \{P_\theta : \theta \in \Theta\}$. Unter der Information einer Stichprobe versteht man natürlich die Kenntnisse, welche die Stichprobe über die unbekannte Verteilung von X vermittelt, also über P_θ bzw. θ; auch der Schluß aus der Stichprobe stellt eine Aussage über P_θ bzw. θ dar. Der angestrebte Erhalt an Information oder die beabsichtigte Wahrung der Schlußqualität bezieht sich damit eng auf die vorliegende Verteilungsfamilie $\mathfrak{P}$, so daß auch die Frage, ob eine Statistik suffizient ist, ganz entscheidend von $\mathfrak{P}$ abhängt; man spricht daher von der Suffizienz für $P \in \mathfrak{P}$ oder für $\theta \in \Theta$.

Ein naheliegender Weg, die Suffizienz zu definieren, besteht in der Einführung eines formalisierten Begriffes der Information, mit dem erklärt werden kann, was es bedeutet, daß beim Übergang von x auf $T(x)$ kein Informationsverlust entsteht. Die dazu geeignete Formalisierung der Information führt auf den Begriff der Fisher-Information, mit der wir uns in den Abschnitten 1.3.2 und 1.3.3 befassen; dabei gehen wir insbesondere auf ihren Zusammenhang mit der Suffizienz ein. Die Fisher-Information ist jedoch an Regularitätseigenschaften der Verteilungsfamilie $\mathfrak{P}$ gebunden, so daß ein auf sie aufbauender Suffizienzbegriff nur eingeschränkt verwendbar wäre. Dieser Weg scheidet deshalb aus, in der Definition der Suffizienz taucht ein (formalisierter) Informationsbegriff nicht auf. Zur Interpretation von Suffizienz machen wir gleichwohl regen Gebrauch von einem intuitiv-anschaulichen Begriff der Information.

Ein anderer Weg zur Definition der Suffizienz könnte in der Einführung eines Gütebegriffes bestehen, mit dem erfaßt werden kann, was es bedeutet, daß beim Übergang von x auf $T(x)$ die Güte eines Schlußverfahrens nicht leidet. Genauer ausgedrückt könnte man mit einem solchen Gütebegriff erklären: T ist suffizient, wenn es zu jedem auf der ursprünglichen Beobachtung x beruhendem Schlußverfahren ein mindestens so gutes Verfahren gibt, das nur auf $T(x)$ basiert. Dieser Weg scheitert daran, daß es kein derartiges allgemeines Gütekriterium für statistische Verfahren (Tests, Schätzungen, Konfidenzbereiche) gibt. Innerhalb der Testtheorie existiert zwar noch ein durchgehendes, prinzipiell auf alle Tests anwendbares Instrument zum Gütevergleich, nämlich die Gütefunktion eines Tests; hier könnte man also versuchen, die Suffizienz einer Statistik T dadurch zu erklären, daß es zu jedem auf x basierendem Test einen solchen mit gleicher Gütefunktion gibt, der nur auf $T(x)$ basiert. Auf diesen (tatsächlich bestehenden) Zusammenhang gehen wir im testtheoretischen Teil des Lehrbuches näher ein (Stichwort: Satz von Bahadur). Innerhalb der Schätztheorie, auch unter Einschränkung auf die Theorie der Punktschätzungen, gibt es jedoch kein allgemeines Kriterium zum Gütevergleich von Schätzungen. Erst recht gilt dies für eine allgemeine Theorie statistischer Inferenz, in der die Suffizienz als grundlegender Begriff ihren Platz einnehmen soll.

Der Weg, der zum Ziel einer allgemeinen Definition des Suffizienzbegriffes führt, basiert allein auf der zugrundeliegenden Verteilungsannahme. Ausgangspunkt ist die durch das statistische Grundmodell höchst plausible Annahme (eine Art 'Axiom' der Inferenzstatistik), daß ein Bestandteil der Stichprobe nur dann Kenntnisse über das unbekannte θ vermitteln kann, wenn seine Verteilung von θ abhängt; anderenfalls wäre ja seine Beobachtung unbeeinflußt von θ zustandegekommen. Soll nun eine Statistik T die ganze Information der Stichprobe X über θ enthalten, so darf bei Kenntnis des Wertes von T die *zusätzliche* Kenntnis von X *keine weitere* Information über θ abgeben, eine Bedingung, die aufgrund der genannten Annahme durch die Forderung erfüllt wird, daß die bedingte Verteilung von X unter der Bedingung $T = t$ unabhängig von θ ist. Ist das für jeden möglichen Wert von T der Fall, so nennt man T *suffizient für* $\theta \in \Theta$ bzw. *für* $\mathfrak{P}$. Auf diese Definition, die noch etwas (für praktische Zwecke unwesentlich) verallgemeinert werden kann, gehen wir im nächsten Abschnitt näher ein.

Man beachte, daß durch die Beobachtung x der Wert $T(x)$ eindeutig feststeht, aber nicht umgekehrt durch die Angabe eines Wertes t von T auch die beobachtete Stichprobe x eindeutig bestimmt ist, vielmehr i.a. die Urbildmenge $T^{-1}(\{t\}) = \{x : T(x) = t\}$ aus mehreren Punkten besteht. Die bedingte Verteilung von X unter $T = t$ ist die Verteilung der x-Werte auf dieser Urbildmenge. Ist T suffizient, so ist diese Verteilung unabhängig von θ; damit liefert die genaue Lage der Beobachtung x auf der Teilmenge $\{x : T(x) = t\}$ keine zusätzlichen (über den Wert $t = T(x)$ hinausgehenden) Kenntnisse über θ; die Angabe des Wertes t von $T(x)$ genügt, ist 'erschöpfend' für die Auswertung der Stichprobe.

Wir betrachten noch einmal aus anderer Sicht, welche inhaltliche Bedeutung der Aussage zukommt, daß eine auf diese Weise definierte suffiziente Statistik die gesamte Information der Stichprobe enthält. Dazu stellen wir uns vor, daß neben der Verteilungsannahme $\mathfrak{P} = \{P_\theta : \theta \in \Theta\}$ von der Beobachtung x der Stichprobe X nur der Wert $t = T(x)$ einer Statistik T mitgeteilt wird, die vollständigen, in x enthaltenen Daten aber vergessen oder verschwiegen werden. Der Empfänger dieser Mitteilung versucht, die ursprüngliche Beobachtung zu rekonstruieren, indem er sie durch eine simulierte Beobachtung x' ersetzt, wobei x' Realisation einer Zufallsgröße X' sein soll, welche dieselbe Verteilung wie X besitzt. Damit dies gelingt, hat man die Simulation von x' für jeden in Frage kommenden Wert t von T mit der bedingten Verteilung von X unter $T = t$ durchzuführen; dann nämlich stimmt nach dem Satz der totalen Wahrscheinlichkeit die nichtbedingte Verteilung von X' mit der (nichtbedingten) Verteilung P_θ von X überein. Zur Durchführung der Simulation muß man also voraussetzen, daß die bedingte Verteilung von X unter $T = t$ bekannt, d.h. unabhängig von θ ist, was genau dann zutrifft, wenn T suffizient ist. Mit anderen Worten: Allein aufgrund der Kenntnisse der Werte $T(x)$ einer suffizienten Statistik T ist es möglich, eine Zufallsgröße X' per Simulation zu konstruieren, welche dieselbe Verteilung und damit die gleiche Information wie X besitzt.

Aus unseren Überlegungen ergibt sich unmittelbar, daß die Stichprobe X selbst und jede andere eineindeutige Stichprobenfunktion T suffiziente Statistiken sind. (Für solche Statistiken besteht $T^{-1}(\{t\})$ aus genau einem Punkt x_t, dem Urbildpunkt der inversen Abbildung an der Stelle t, so daß die bedingte Verteilung von X unter $T = t$ die von θ unabhängige Einpunktverteilung in Punkt x_t ist.) Allgemein enthalten zwei Statistiken T und U, die sich eineindeutig aufeinander abbilden lassen, dieselbe Information aus der Stichprobe; ist eine von ihnen suffizient, so auch die andere. Dieser Sachverhalt läßt sich verallgemeinern, wenn man berücksichtigt, daß es bei der eineindeutigen Beziehung zwischen T und U auf sogenannte $\mathfrak{P}$-Nullmengen nicht ankommt.

Ausgehend von einer Familie $\mathfrak{P} = \{P_\theta : \theta \in \Theta\}$ von Verteilungen P_θ auf $\mathfrak{X}$ führt man folgende Definitionen ein: Eine (meßbare) Menge $N \subset \mathfrak{X}$ heißt $\mathfrak{P}$-*Nullmenge*, wenn für alle $\theta \in \Theta$ gilt: $P_\theta(N) = 0$. Zwei Statistiken T und U heißen $\mathfrak{P}$-*fast überall gleich*, Schreibweise: $T = U$ $\mathfrak{P}$-f.ü. oder einfach $T = U$ (falls $\mathfrak{P}$ feststeht), wenn für alle x mit Ausnahme einer $\mathfrak{P}$-Nullmenge gilt: $T(x) = U(x)$. Zwei Statistiken T und U heißen $\mathfrak{P}$-*äquivalent* oder einfach *äquivalent* (falls $\mathfrak{P}$ feststeht), wenn sich T und U mit Ausnahme einer $\mathfrak{P}$-Nullmenge eineindeutig aufeinander abbilden lassen. Zwei äquivalente Statistiken enthalten dieselbe Information, ist eine von ihnen suffizient, so auch die andere.

Beispiel 1.17 Suffizienz im Bernoulli-Experiment

Wir betrachten das Bernoulli-Experiment aus Beispiel 1.2 mit der dort angegebenen Verteilungsfamilie $\mathfrak{P} = \{f(x;p) : 0 \leq p \leq 1\}$. Wir haben schon darauf hingewiesen, daß die Anzahl der Erfolge $Z = \sum X_i$ die gesamte Information der Stichprobe $X = (X_1, \ldots, X_n)$ über den unbekannten Parameter p enthält. Die bedingte Verteilung von X unter $Z = z$ ist durch die bedingten Wahrscheinlichkeiten $P(X = x \mid Z = z)$ bestimmt; diese lauten (vgl. Beispiel 1.2)

$$\begin{aligned} P(X = x \mid Z = z) &= \frac{P(X = x, Z = z)}{P(Z = z)} = \frac{P(X = x)}{P(Z = z)} \\ &= \frac{p^{\sum x_i}(1-p)^{n-\sum x_i}}{\binom{n}{z} p^z (1-p)^{n-z}} = \frac{1}{\binom{n}{z}} \end{aligned} \tag{1.37}$$

falls $\sum x_i = z$ und $P(X = x \mid Z = z) = 0$ sonst; sie sind unabhängig von p. Also ist die Statistik Z suffizient. Für einen festen Wert z besteht die Urbildmenge $Z^{-1}(\{z\})$ aus allen n-Tupeln $x = (x_1, \ldots, x_n)$ mit z Einsen und $n-z$ Nullen, enthält also $\binom{n}{z}$ Elemente. Auf dieser Menge sind die Stichproben x gleichverteilt: Unter der Bedingung $Z = z$ hat jede Reihenfolge der z Erfolge und $n - z$ Nichterfolge die gleiche Wahrscheinlichkeit (1.37). □

Beispiel 1.18 Suffizienz der Ordnungsstatistik

Gegeben sei eine n-dimensionale Stichprobe $X = (X_1, \ldots, X_n)$ mit vertauschbaren Stichprobenvariablen $X_1, \ldots, X_n$ (vgl. Beispiel 1.16) und ansonsten beliebiger Verteilungsannahme $\mathfrak{P}$. Wir führen die Ordnungsstatistik (order statistic) T ein, die einer Beobachtung $x = (x_1, \ldots, x_n)$ die nach wachsender Größe geordneten Beobachtungswerte $x_{[]} = (x_{[1]}, \ldots, x_{[n]})$ zuordnet: $T(x) = x_{[]}$. Durch die Bedingung $T = t$ werden hier die n Beobachtungswerte bis auf ihre Reihenfolge genau festgelegt, so daß die Urbildmenge $T^{-1}(\{t\})$ aus allen x besteht, die durch Permutationen der Komponenten von $t = (t_1, \ldots, t_n)$ zustandekommen. Befinden sich unter den $t_1, \ldots, t_n$ genau m verschiedene Werte mit den Häufigkeiten $\nu_1, \ldots, \nu_m$ (so daß $\nu_1 + \ldots + \nu_m = n$ gilt), so gibt es $(n!)/(\nu_1! \cdots \nu_m!)$ verschiedene Permutationen von $t_1, \ldots, t_n$, mithin ebenso viele Elemente in $T^{-1}(\{t\})$. Wegen der Vertauschbarkeit der $X_1, \ldots, X_n$ besitzt jedes $x \in T^{-1}(\{t\})$ die gleiche Wahrscheinlichkeit, d.h.:

$$P(X = x \mid T = t) = \frac{\nu_1! \cdots \nu_m!}{n!}. \tag{1.38}$$

Also ist die bedingte Verteilung von X unter $T = t$ unabhängig von $P \in \mathfrak{P}$: Die Ordnungsstatistik ist suffizient. (Kann aufgrund einer speziell gewählten Verteilungsannahme $\mathfrak{P}$ davon ausgegangen werden, daß für jedes $P \in \mathfrak{P}$ die Wahrscheinlichkeit, lauter verschiedene Werte zu beobachten, gleich 1 ist, so erhält man: $P(X = x \mid T = t) = 1/n!$)

Das Beispiel enthält als Spezialfälle die Situation einer i.i.d. Stichprobe und die einer reinen Zufallsstichprobe ohne Zurücklegen. Der erste Spezialfall enthält als Sonderfall das Beispiel 1.7, der zweite das Hypergeometrische Verteilungsmodell in Beispiel 1.11. In beiden genannten Beispielen gilt nämlich für die Anzahl Z der Erfolge bzw. der schwarzen Kugeln in der Stichprobe die Beziehung $Z(x) = z$ genau dann, wenn die Ordnungsstatistik T lautet: $T(x) = (0, \ldots, 0, 1, \ldots, 1)$ mit $n - z$ Nullen und z Einsen, so daß sich mit

$m = 2, \nu_1 = n - z$ und $\nu_2 = z$ für $P(X = x \mid T = t) = P(X = x \mid Z = z)$ aus (1.38) in Übereinstimmung mit (1.37) der Wert $((n-z)!z!)/n! = 1/\binom{n}{z}$ ergibt. Das Beispiel läßt sich verallgemeinern auf den Fall, daß es sich bei den vertauschbaren $X_1, \ldots, X_n$ um Zufallsvektoren handelt; man vergleiche dazu Pfanzagl [1994], S. 18. □

1.2.2 Suffizienz

Ausgangspunkt der allgemeinen Definition des Suffizienzbegriffes ist eine Verteilungsannahme $\mathfrak{P} = \{P_\theta : \theta \in \Theta\}$ über die Stichprobe X, also eine Familie von Verteilungen P_θ auf dem Stichprobenraum $\mathfrak{X}$, genauer auf dem meßbaren Raum $(\mathfrak{X}, \mathfrak{B})$. Ist $T = T(x)$ eine Statistik, also eine meßbare Abbildung von $(\mathfrak{X}, \mathfrak{B})$ in $(\mathfrak{T}, \mathfrak{C})$, so bilden für jedes feste $\theta \in \Theta$ und $B \in \mathfrak{B}$ die bedingten Wahrscheinlichkeiten

$$P_\theta(B|t) = P_\theta(X \in B|T = t) \tag{1.39}$$

eine in t meßbare Funktion ($\mathfrak{C}$-meßbare Funktion). Die Statistik T heißt *suffizient* für $\mathfrak{P}$ (für Θ oder für θ), wenn es (für jedes $\theta \in \Theta$ und $B \in \mathfrak{B}$) eine Festlegung dieser Funktion der bedingten Wahrscheinlichkeiten gibt, die unabhängig von θ ist. Kurz gesagt: T ist suffizient, wenn die bedingten Wahrscheinlichkeiten $P_\theta(B|t)$ unabhängig von θ sind. (Der Einfachheit halber bezeichnen wir die auf der rechten Seite in (1.39) stehenden Wahrscheinlichkeiten auf dem Urbildraum Ω von X mit demselben Symbol P_θ wie die auf der linken Seite stehenden Wahrscheinlichkeiten auf dem Bildraum $\mathfrak{X}$.)

Ist $\mathfrak{X}$ Teilmenge des $\mathbb{R}_\ell$ oder doch wenigstens eines vollständigen, separablen metrischen Raumes und wird $\mathfrak{B}$ als die durch die offenen Teilmengen von $\mathfrak{X}$ erzeugte σ-Algebra gewählt, so lassen sich für jedes feste θ die bedingten Wahrscheinlichkeiten $P_\theta(B|t)$ zu einer Verteilung, der *bedingten Verteilung von X unter T*, zusammenfassen. Diese ist einerseits für jedes feste B eine in t meßbare Funktion und andererseits für jedes feste t (mit Ausnahme einer Nullmenge $N \subset \mathfrak{T}$, d.h. einer meßbaren Menge N mit $P_\theta^T(N) = 0$) eine Verteilung auf $\mathfrak{X}$, die bedingte Verteilung von X unter $T = t$. Von der Existenz der bedingten Verteilung von X unter T wollen wir in Zukunft stets ausgehen und legen deswegen ein für allemal zugrunde:

> *Voraussetzung:* $\mathfrak{X}$ ist ein vollständiger, separabler metrischer Raum, ein sogenannter *polnischer* Raum, und $\mathfrak{B}$ die von den offenen Teilmengen von $\mathfrak{X}$ erzeugte σ-Algebra. Auch der meßbare Raum $(\mathfrak{X}, \mathfrak{B})$ heißt dann *polnisch*. Standardfall: $(\mathfrak{X}, \mathfrak{B}) = (\mathbb{R}_\ell, \mathfrak{B}_\ell)$. (1.40)

Unter dieser Voraussetzung, die in wohl allen praktischen Fällen erfüllbar ist, erhalten wir als *äquivalente Definition* der Suffizienz: *Eine Statistik T ist* *genau dann suffizient, wenn es eine Festlegung der bedingten Verteilung von X unter T gibt, die unabhängig von θ ist.* Mit anderen Worten: T ist suffizient, wenn für jedes t die bedingte Verteilung von X unter $T = t$ vollständig bekannt ist.

Nach dieser Definition hat man zum Nachweis der Suffizienz einer Statistik T die bedingte Verteilung von X unter $T = t$ zu bestimmen und nachzuprüfen, ob diese unabhängig von θ ist. Abgesehen von den Schwierigkeiten, die in der Bestimmung bedingter Verteilungen auftreten können, besitzt dieser Weg zum Suffizienznachweis eine weitere, oft Probleme verursachende Schwäche: Die Statistik T, von der vermutet wird und nachgewiesen werden soll, daß sie suffizient ist, muß bekannt sein. Ein Verfahren zur Ermittlung suffizienter Statistiken stellt dieser Weg nicht dar. Deswegen wird der Definition von Suffizienz ein Kriterium an die Seite gestellt, das sogenannte Neyman-Kriterium, mit dem sich nicht nur die Bestimmung der bedingten Verteilungen umgehen läßt, sondern auch ein Weg eröffnet wird, auf dem eine suffiziente Statistik gefunden werden kann, und zwar nicht nur irgendeine suffiziente Statistik, sondern eine solche, die eine möglichst weitgehende Reduktion der Stichprobe erlaubt.

Das Neyman-Kriterium ist nicht uneingeschränkt anwendbar, sondern an die Voraussetzung gebunden, daß als Verteilungsannahme über die Stichprobe X eine dominierte Verteilungsfamilie $\mathfrak{P} = \{P_\theta : \theta \in \Theta\}$ vorliegt, so daß die Verteilungen P_θ von X durch ihre Dichten $f(x;\theta)$ bezüglich eines (σ-finiten) dominierenden Maßes ν dargestellt werden können. An der funktionalen Gestalt der Dichten läßt sich dann erkennen, welche Statistiken suffizient sind. Auf die Frage, wie man unter diesen suffizienten Statistiken eine möglichst stark reduzierende finden kann, gehen wir im nächsten Abschnitt ein.

Satz 1.6 ***(Neyman-Kriterium)*** *Liegt über die Stichprobe X eine dominierte Verteilungsannahme $\mathfrak{P} = \{P_\theta : \theta \in \Theta\}$ vor, so ist eine Statistik $T = T(x)$ genau dann suffizient, wenn sich (für jedes $\theta \in \Theta$) die Dichten $f(x;\theta)$ von X (mit Ausnahme einer $\mathfrak{P}$-Nullmenge) faktorisieren lassen gemäß*

$$f(x;\theta) = h(x) \cdot g(T(x);\theta) \tag{1.41}$$

wobei $h(x)$ eine von θ unabhängige (meßbare) Funktion auf $\mathfrak{X}$ und $g(t;\theta)$ eine (meßbare) Funktion auf $\mathfrak{T}$ ist.

Den Beweis dieses Satzes findet man bei Lehmann [1986], S. 54f. oder bei Witting [1985], S. 343ff.. Die Grundidee des Beweises läßt sich wie folgt skizzieren. Sei ν das dominierende Maß von $\mathfrak{P}$ mit den ν-Dichten $f(x;\theta)$ von X. Die Verteilungen von $T = T(x)$ werden durch das Bildmaß ν^T dominiert; ihre Dichten bezeichnen wir mit $f_T(t;\theta)$. Die gemeinsamen Verteilungen von

X und T werden durch das Produktmaß $\nu \otimes \nu^T$ dominiert; ihre Dichten bezeichnen wir mit $f_{X,T}(x,t;\theta)$. Die bedingten Verteilungen von X unter $T = t$ werden wiederum durch ν dominiert; ihre Dichten bezeichnen wir mit $f_{X|T}(x|t;\theta)$. Dann gelten (mit Ausnahme entsprechender Nullmengen) die Beziehungen

$$\begin{aligned} f_{X,T}(x,t;\theta) &= f_{X|T}(x|t;\theta) \cdot f_T(t;\theta) \\ f_{X,T}(x,t;\theta) &= \begin{cases} f(x;\theta) & \text{falls} \quad t = T(x) \\ 0 & \text{sonst} \end{cases} \end{aligned}$$

(letztere, weil mit x auch $T(x)$ eindeutig feststeht), so daß (wieder mit Ausnahme entsprechender Nullmengen) folgt:

$$f(x;\theta) = f_{X|T}(x|t;\theta) \cdot f_T(t;\theta) \quad \text{mit} \quad t = T(x)\,. \tag{1.42}$$

In dieser Beziehung (Faktorisierung) ist der erste Faktor auf der rechten Seite genau dann unabhängig von θ und damit eine Funktion $h(x)$ wie im Neyman-Kriterium gefordert, wenn T suffizient ist. Der zweite Faktor in (1.42) ist stets von der Form $g(t;\theta) = g(T(x);\theta)$. Aus der Beweisskizze ergibt sich noch der

Satz 1.7 ***(Zusatz zum Neyman-Kriterium)*** *Unter den gegebenen Voraussetzungen läßt sich im Neyman-Kriterium der erste Faktor $h(x)$ als die bedingte Dichte von X unter $T = t$ (mit $t = T(x)$) und der zweite Faktor $g(t;\theta)$ als die Randdichte von T festlegen.*

Beispiel 1.19 Neyman-Kriterium im Bernoulli-Experiment

Im Bernoulli-Experiment liegt eine dominierte Verteilungsannahme vor (vgl. Beispiel 1.2) und die Anzahl Z der Erfolge ist suffizient (vgl. Beispiel 1.17). Die Faktorisierung nach dem Neyman-Kriterium hat hier entweder die Form $f(x;p) = p^z(1-p)^{n-z}$, also mit $h(x) \equiv 1$ und $g(z;p) = p^z(1-p)^{n-z}$ oder aber im Sinne des obigen Zusatzes zum Neyman-Kriterium die Gestalt

$$\begin{aligned} f(x;p) = P(X = x) &= P(X = x | Z = z) \cdot P(Z = z) \\ &= \frac{1}{\binom{n}{z}} \binom{n}{z} p^z (1-p)^{n-z} \end{aligned}$$

mit $h(x) = 1/\binom{n}{z}$ als Dichte der bedingten Verteilung ($z = \sum x_i$) und $g(z;p) = \binom{n}{z} p^z (1-p)^{n-z}$ als Dichte (Randdichte) von Z. □

Beispiel 1.20 Suffizienz bei Normalverteilung (Ein-Stichproben-Problem)

Wir betrachten das Gauß-Experiment des Beispiels 1.4, in dem eine i.i.d. Stichprobe $X = (X_1, \ldots, X_n)$ eines $N(\mu; \sigma^2)$-verteilten Untersuchungsmerkmals Y vorliegt. Zunächst betrachten wir den Fall, daß μ und σ^2 unbekannt sind. Es liegt eine dominierte Verteilungsannahme vor (vgl. Beispiel 1.4). Die Dichte $f(x; \theta)$ wurde in der Beziehung (1.9) dargestellt als eine Funktion $g(T(x); \theta)$ mit $T(x) = (\bar{x}, s^2)$ und $\theta = (\mu, \sigma^2)$. Damit liegt eine Faktorisierung der Art (1.41) mit $h(x) \equiv 1$ vor, so daß nach dem Neyman-Kriterium die Statistik $T = (\bar{X}, S^2)$ suffizient für $\theta = (\mu, \sigma^2)$ ist. Hier wäre die direkte Verwendung der Definition zum Nachweis der Suffizienz von T wesentlich umständlicher gewesen, weil die Berechnung der bedingten Verteilung von X unter $T = t = (\bar{x}, s^2)$ mit einigem Aufwand verbunden ist. Für diese bedingte Verteilung ergibt sich die Gleichverteilung auf einer bestimmten $(n-2)$-dimensionalen 'Hyperfläche' im $\mathbb{R}_n$, die sich als Schnittmenge der beiden folgenden Teilmengen des $\mathbb{R}_n$ ergibt: der $(n-1)$-dimensionalen Hyperebene, die aus allen $x \in \mathbb{R}_n$ mit fest gegebenem $\bar{x}$ besteht, und der Kugeloberfläche, die aus allen $x \in \mathbb{R}_n$ mit fest gegebenem $\sum x_i^2 = (n-1)s^2 + n\bar{x}^2$ besteht. Diese Verteilung ist unabhängig von μ und σ^2. Später werden wir auch die Statistik $V = (\sum X_i, \sum X_i^2)$ betrachten, die äquivalent zu T und damit ebenfalls suffizient ist. (Zwischen V und T besteht die eineindeutige Beziehung $\sum X_i = n\bar{X}$ und $\sum X_i^2 = (n-1)S^2 + n\bar{X}^2$.) Ist σ^2 bekannt, so ergibt sich ebenfalls aus (1.9) eine Faktorisierung der Art (1.41), nämlich

$$f(x; \mu) = \left(\frac{1}{\sigma\sqrt{2\pi}}\right)^n \exp\left\{-\frac{(n-1)s^2}{2\sigma^2}\right\} \cdot \exp\left\{-\frac{n(\bar{x}-\mu)^2}{2\sigma^2}\right\},$$

so daß nach dem Neyman-Kriterium $\bar{X}$ suffizient für μ ist. Bei bekanntem μ schließlich ergibt sich aus der Darstellung (1.6) in Beispiel 1.4 wieder mit Hilfe des Neyman-Kriteriums, daß $S_\mu^2 = \frac{1}{n}\sum(X_i - \mu)^2$ suffizient für σ^2 ist. □

Beispiel 1.21 Suffizienz bei Poisson-Verteilung

Gegeben sei die i.i.d. Stichprobe $X = (X_1, \ldots, X_n)$ eines Poisson-verteilten Untersuchungsmerkmals Y mit unbekanntem Parameter λ, eine Verteilung, die wir mit $\text{Po}(\lambda)$ bezeichnen. Die Wahrscheinlichkeitsfunktion

$$y \longmapsto \frac{\lambda^y}{y!} \exp\{-\lambda\}\,, \quad y \in \{0, 1, 2, \ldots\}$$

von Y ist Dichte bzgl. des Zählmaßes ζ_0 auf $\mathbb{N}_0 = \{0, 1, 2, \ldots\}$, und die

Wahrscheinlichkeitsfunktion

$$f(x;\lambda) = \prod_{i=1}^{n} \frac{\lambda^{x_i}}{x_i!} \exp\{-\lambda\} = \frac{\lambda^{\sum x_i}}{x_1! \cdots x_n!} \exp\{-n\lambda\}$$

von X ist Dichte bzgl. des Zählmaßes ζ auf $\mathbb{N}_0 \times \ldots \mathbb{N}_0$. ($\zeta$ ist das n-fache Produkt von ζ_0.) Sie läßt sich faktorisieren gemäß (1.41) in

$$f(x;\lambda) = \frac{1}{x_1! \cdots x_n!} \cdot \lambda^{\sum x_i} \exp\{-n\lambda\},$$

so daß nach dem Neyman-Kriterium $T(x) = \sum x_i$ suffizient ist. Die Statistik $T = \sum X_i$ ist nach $\text{Po}(n\lambda)$ verteilt, in der gemäß Satz 1.7 (Zusatz zum Neyman-Kriterium) vorgenommenen Faktorisierung

$$f(x;\lambda) = \frac{t!}{x_1! \cdots x_n!} \left(\frac{1}{n}\right)^t \cdot \frac{(n\lambda)^t}{t!} \exp\{-n\lambda\}$$

(mit $t = \sum x_i$) stellt der zweite Faktor die Dichte von T dar, so daß der erste Faktor die bedingte Dichte von X unter $T = t$ ist. Daran erkennt man: Die bedingte Verteilung von X unter $T = t$ ist die Multinomialverteilung $M(m; p_1, \ldots, p_n)$ mit den Parametern $m = t$ und $p_1 = \ldots = p_n = \frac{1}{n}$. □

Wir gehen nun davon aus, daß nicht nur der Stichprobenraum, sondern auch die Wertebereiche von Statistiken polnische Räume sind. Auch wenn diese praktisch stets erfüllbare Annahme nicht für jede der folgenden Beziehungen und Sätze benötigt wird, soll sie der Einfachheit halber ein für allemal als Voraussetzung gesetzt werden. Ist über X die Verteilungsannahme $\mathfrak{P} = \{P_\theta : \theta \in \Theta\}$ gegeben, so bezeichnen wir mit P_θ^T die Verteilung von T und mit $P_\theta^{X|t}$ die bedingte Verteilung von X unter $T = t$ bei gegebenem θ. Ist die letztere unabhängig von θ, so schreiben wir dafür $P^{X|t}$. Wird $\mathfrak{P}$ durch ein (σ-finites) Maß ν dominiert mit den ν-Dichten $f(x;\theta)$, so bezeichnen wir die entsprechenden bedingten ν-Dichten von $P_\theta^{X|t}$ bzw. $P^{X|t}$ mit $f(x|t;\theta)$ bzw. $f(x|t)$ und die ν^T-Dichte von P_θ^T mit $f_T(t;\theta)$. Schreibweisen unter Verwendung von Dichten stehen im folgenden unter der Voraussetzung, daß eine dominierte Verteilungsannahme vorliegt. Ist $U = U(x)$ eine *reellwertige* Statistik, deren Erwartungswert

$$E_\theta U = \int U(x) dP_\theta = \int U(x) f(x;\theta) d\nu \tag{1.43}$$

für jedes θ existiert, so läßt sich der bedingte Erwartungswert $E_\theta[U|T = t]$ von U unter der Bedingung $T = t$ darstellen als

$$E_\theta[U|T = t] = \int U(x)dP_\theta^{X|t} = \int U(x)f(x|t;\theta)d\nu\,. \tag{1.44}$$

Nach dem Satz von iterierten Erwartungswerten gilt

$$E_\theta U = E_\theta E_\theta[U|T]\,. \tag{1.45}$$

Darin werden die drei Erwartungswerte 'E_θ' mit je verschiedenen Verteilungen gebildet, wie es in der ausführlicheren Schreibweise

$$\int_{\mathfrak{X}} U(x)dP_\theta = \int_{\mathfrak{T}}\int_{\mathfrak{X}} U(x)dP_\theta^{X|t}dP_\theta^T \tag{1.46}$$

von (1.45) zum Ausdruck kommt; unter Verwendung von Dichten stellt sich (1.46) in der Form

$$\int_{\mathfrak{X}} U(x)f(x;\theta)d\nu = \int_{\mathfrak{T}}\int_{\mathfrak{X}} U(x)f(x|t;\theta)d\nu f_T(t;\theta)d\nu^T \tag{1.47}$$

dar bzw. bei Anwendung des Satzes von Fubini als

$$\int_{\mathfrak{X}} U(x)f(x;\theta)d\nu = \int_{\mathfrak{T}\times\mathfrak{X}} U(x)f(x|t;\theta)f_T(t;\theta)d(\nu\otimes\nu^T)\,. \tag{1.48}$$

Ist $V = V(x)$ eine weitere reellwertige Statistik mit existierendem Erwartungswert $E_\theta V$, die nur über die Werte $t = T(x)$ von x abhängt (V läßt sich dann wahlweise als Abbildung $V(x) = V(T(x))$ auf $\mathfrak{X}$ oder als Abbildung $V(t)$ auf $\mathfrak{T}$ auffassen), so ist unter der Bedingung $T = t$ die Abbildung V eine Konstante und daher

$$E_\theta[VU|T = t] = V(t)E_\theta[U|T = t]\,. \tag{1.49}$$

Ist speziell $U = I_B$ die Indikatorfunktion einer meßbaren Menge $B \in \mathfrak{B}$, so daß $E_\theta U = P_\theta(B)$ ist, so ergeben sich aus (1.44) die bedingten Wahrscheinlichkeiten (1.39):

$$E_\theta[I_B|T = t] = P_\theta^{X|t}(B) = P_\theta(B|t) \tag{1.50}$$

und (1.45) geht mit der Schreibweise (1.46) über in den Satz von der totalen Wahrscheinlichkeit, nämlich

$$P_\theta(B) = \int_{\mathfrak{T}} P_\theta(B|t)dP_\theta^T . \tag{1.51}$$

Ist T *suffizient* für $\theta \in \Theta$, so gibt es eine von θ unabhängige Festlegung $E[U|T = t]$ des bedingten Erwartungswertes von U unter $T = t$, nämlich gemäß (1.44)

$$E[U|T = t] = \int U(x)dP^{X|t} = \int U(x)f(x|t)d\nu . \tag{1.52}$$

Dann gehen (1.45) und (1.49) über in

$$E_\theta U = E_\theta E[U|T] \tag{1.53}$$

$$E_\theta[VU|T = t] = V(t)E[U|T = t] \tag{1.54}$$

sowie (1.50) und (1.51) in

$$E[I_B|T = t] = P(B|t) \tag{1.55}$$

$$P_\theta(B) = \int_{\mathfrak{T}} P(B|t)dP_\theta^T \tag{1.56}$$

1.2.3 Minimalsuffizienz

Eine Statistik, auf die man sich bei der Auswertung einer Stichprobe stützt, soll nicht nur die ganze Information der Stichprobe enthalten, also suffizient sein, sondern auch den Schluß aus der Stichprobe möglichst stark vereinfachen, indem sie die Stichprobe so weit wie möglich (auf ihren 'kleinsten' wesentlichen Bestandteil) reduziert. Eine Statistik mit diesen beiden Eigenschaften soll minimalsuffizient heißen. Zur genaueren Definition haben wir zu klären, was es innerhalb der Klasse von suffizienten Statistiken bedeutet, daß eine Statistik stärker reduziert als eine andere.

Ausgangspunkt ist wieder eine Verteilungsannahme $\mathfrak{P} = \{P_\theta : \theta \in \Theta\}$ über die Stichprobe X. Wir betrachten eine Statistik T, die suffizient für $\mathfrak{P}$ ist, und eine Statistik U mit der Eigenschaft, daß mit ihr T dargestellt werden kann als $T = H(U)$. Dabei ist H eine (meßbare) Abbildung vom Wertebereich von U in den Wertebereich von T. Dann ist überall dort, wo U konstant ist, auch T konstant, so daß die Konstanzbereiche von T eine gröbere Zerlegung des Stichprobenraumes bilden als diejenigen von U und damit T den Stichprobenraum stärker reduziert als U (es sei denn, daß H eineindeutig ist, so daß T und U gleich stark reduzieren). Darüber hinaus ist mit T auch U suffizient. Denn für ein festes u folgt aus der Bedingung '$U = u$' die Bedingung '$T = H(u) =: t$' und damit ist, weil die bedingte Verteilung von X unter $T = t$ unabhängig von θ ist, erst recht die bedingte Verteilung von X unter $U = u$ unabhängig von θ. Damit kommen wir zu der Definition (die sich auf die gegebene Verteilungsannahme $\mathfrak{P}$ bezieht):

Eine Statistik T heißt *minimalsuffizient*, wenn sie suffizient ist und es zu jeder anderen suffizienten Statistik U eine Abbildung H gibt mit $T = H(U)$.

Man beachte, daß in dieser Definition nach den Vereinbarungen von Abschnitt 1.2.1 die Beziehung $T = H(U)$ nur $\mathfrak{P}$-fast überall zu gelten braucht. Sind T und $\tilde{T}$ zwei Statistiken, die sich (mit Ausnahme einer $\mathfrak{P}$-Nullmenge) eineindeutig aufeinander abbilden lassen, also $\mathfrak{P}$-äquivalent sind, so ergibt sich aus der Definition der Minimalsuffizienz, daß mit T auch $\tilde{T}$ minimalsuffizient für $\mathfrak{P}$ ist.

Im folgenden betrachten wir auch Teilmengen $\mathfrak{P}_0$ von der zugrundeliegenden Verteilungsfamilie $\mathfrak{P}$. Die Frage, wie sich die Suffizienz für $\mathfrak{P}$ und die Suffizienz für $\mathfrak{P}_0$ zueinander verhalten, ist klar und einfach zu beantworten; aus der Definition der Suffizienz ergibt sich unmittelbar der Vergleich: Ist T suffizient für $\mathfrak{P}$, so auch für $\mathfrak{P}_0$, aber nicht umgekehrt. Für die Minimalsuffizienz ist die entsprechende Frage nicht so leicht zu beantworten: Im allgemeinen folgt weder aus der Minimalsuffizienz für $\mathfrak{P}$ diejenige für $\mathfrak{P}_0$ noch umgekehrt. Kompliziert wird der Vergleich vor allem deswegen, weil $\mathfrak{P}_0$ und $\mathfrak{P}$ i.a. verschiedene Nullmengen besitzen: Eine $\mathfrak{P}$-Nullmenge ist zwar stets auch $\mathfrak{P}_0$-Nullmenge, aber umgekehrt muß eine $\mathfrak{P}_0$-Nullmenge nicht notwendig auch $\mathfrak{P}$-Nullmenge sein. Die in der Definition der Minimalsuffizienz geforderte Beziehung '$T = H(U)$ $\mathfrak{P}$-f.ü.' stellt daher i.a. eine stärkere Forderung dar als die Beziehung '$T = H(U)$ $\mathfrak{P}_0$-f.ü.'. Die damit verbundenen Probleme treten nicht auf (wie der folgende Satz 1.8 zeigt), wenn $\mathfrak{P}_0$ und $\mathfrak{P}$ genau die gleichen Nullmengen besitzen; man nennt dann $\mathfrak{P}_0$ und $\mathfrak{P}$ äquivalent. Allgemein definiert man:

Zwei Familien $\mathfrak{P}_1$ und $\mathfrak{P}_2$ von Verteilungen P auf einem Meßraum $(\mathfrak{X}, \mathfrak{B})$ heißen *äquivalent*, wenn sie dieselben Nullmengen besitzen, d.h. wenn für jede meßbare Menge $N \subset \mathfrak{X}$ die Beziehung gilt: $P(N) = 0$ für alle $P \in \mathfrak{P}_1$ genau dann, wenn $P(N) = 0$ für alle $P \in \mathfrak{P}_2$.

Wir kommen nun zu zwei Sätzen, deren kombinierte Anwendung in vielen Fällen den Nachweis einer minimalsuffizienten Statistik gestattet.

Satz 1.8 *Gegeben sei eine Verteilungsannahme $\mathfrak{P}$ und eine zu $\mathfrak{P}$ äquivalente Verteilungsfamilie $\mathfrak{P}_0 \subset \mathfrak{P}$. Ist dann T suffizient für $\mathfrak{P}$ und minimalsuffizient für $\mathfrak{P}_0$, so ist T minimalsuffizient für $\mathfrak{P}$.*

Beweis: Ist U irgendeine für $\mathfrak{P}$ suffiziente Statistik, so ist U erst recht suffizient für $\mathfrak{P}_0$, und daher gibt es eine Abbildung H mit $T = H(U)$ $\mathfrak{P}_0$-f.ü., wegen der Äquivalenz von $\mathfrak{P}_0$ und $\mathfrak{P}$ also auch mit $T = H(U)$ $\mathfrak{P}$-f.ü.. □

Satz 1.9 *Sei $\mathfrak{P}_0$ eine endliche Menge von Verteilungen auf $\mathfrak{X}$ mit den Dichten $f(x;\theta_0), f(x;\theta_1), \ldots, f(x;\theta_k)$, die alle denselben Träger besitzen. Dann ist die Statistik $Q : \mathfrak{X} \longrightarrow \mathbb{R}_k$ mit*

$$Q(x) := \left(\frac{f(x;\theta_1)}{f(x;\theta_0)}, \ldots, \frac{f(x;\theta_k)}{f(x;\theta_0)}\right) \quad \textit{falls } f(x;\theta_0) > 0$$

(und $Q(x) = (0, \ldots, 0)$ sonst) minimalsuffizient für $\mathfrak{P}_0$.

Beweis: Jede endliche, sogar jede abzählbar unendliche Menge von Verteilungen ist dominiert, so daß sich die Verteilungen von $\mathfrak{P}_0$ durch Dichten darstellen lassen. (Man vergleiche dazu die Überlegungen zu Satz 1.11 in Anschluß an Beispiel 1.24.) Wir dürfen uns auf die Menge aller x mit $f(x;\theta_0) > 0$ beschränken. Mit $h(x) = f(x;\theta_0)$ und $g(Q(x);\theta_j) = f(x;\theta_j)/f(x;\theta_0)$ für $j = 0, 1, \ldots, k$ gilt $f(x;\theta_j) = h(x)g(Q(x);\theta_j)$ für alle j. Also ist Q nach dem Neyman-Kriterium suffizient für $\mathfrak{P}_0$. Ist U irgendeine andere suffiziente Statistik für $\mathfrak{P}_0$, so ergibt sich aus dem Neyman-Kriterium angewandt auf U, daß $Q(x)$ nur von $U(x)$ abhängt, also darstellbar ist als $Q = H(U)$. Also ist Q minimalsuffizient. □

Die Statistik Q läßt sich oft stark vereinfachen. An der Gestalt der Dichtequotienten in Q läßt sich nämlich in vielen Fällen eine einfachere Statistik T erkennen oder eine bekannte Statistik T wiederentdecken, die mit Q in einer eineindeutigen Beziehung steht, eventuell mit Ausnahme einer $\mathfrak{P}_0$-Nullmenge, so daß Q und T $\mathfrak{P}_0$-äquivalent sind und T ebenfalls minimalsuffizient für $\mathfrak{P}_0$ ist. Damit erhalten wir aus den beiden Sätzen 1.8 und 1.9 den folgenden Satz, welcher das angekündigte Verfahren zum Nachweis einer minimalsuffizienten Statistik für eine gegebene Verteilungsannahme $\mathfrak{P}$ zum Inhalt hat.

Satz 1.10 *Gegeben seien $\mathfrak{P}_0$ und Q wie in Satz 1.9 und eine Statistik T, die $\mathfrak{P}_0$-äquivalent zu Q ist; außerdem sei $\mathfrak{P}_0$ eine zur Verteilungsannahme $\mathfrak{P}$ äquivalente Teilmenge von $\mathfrak{P}$. Ist dann T suffizient für $\mathfrak{P}$, so ist T minimalsuffizient für $\mathfrak{P}$.*

Beispiel 1.22 Minimalsuffizienz bei Normalverteilung

Wir betrachten das Gauß-Experiment in Beispiel 1.4, die Verteilungsannahme $\mathfrak{P}$ besteht aus der Menge aller (n-dimensionalen) Normalverteilungen mit den Dichten

$$f(x;\mu,\sigma^2) = \left(\frac{1}{\sigma\sqrt{2\pi}}\right)^n \exp\left\{-\frac{1}{2\sigma^2}\sum(x_i-\mu)^2\right\}.$$

Jede dieser Verteilungen besitzt dieselben Nullmengen (die Verteilungen sind paarweise äquivalent), so daß jede (nichtleere) Teilmenge von $\mathfrak{P}$ äquivalent zu $\mathfrak{P}$ ist.

Fall A: μ unbekannt, σ^2 bekannt

Als $\mathfrak{P}_0$ wählen wir die Teilmenge von $\mathfrak{P}$, die aus den beiden Verteilungen mit den Dichten $f(x;0,\sigma^2)$ und $f(x;1,\sigma^2)$ besteht. Für die eindimensionale Statistik $Q(x)$ gilt

$$Q(x) = f(x;1,\sigma^2)/f(x;0,\sigma^2) = \exp\left\{-\frac{n}{2\sigma^2}\right\}\exp\left\{\frac{n\bar{x}}{\sigma^2}\right\}.$$

$Q(x)$ ist eine (überall!) eineindeutige Funktion von $\bar{x}$, die Statistiken Q und $\bar{X}$ sind äquivalent, jede der beiden ist minimalsuffizient für $\mathfrak{P}_0$. Weil $\bar{X}$ nach Beispiel 1.20 suffizient für $\mathfrak{P}$ ist, erhalten wir: $\bar{X}$ ist minimalsuffizient für $\mathfrak{P}$.

Fall B: μ und σ^2 unbekannt

Als $\mathfrak{P}_0$ wählen wir die Menge, die aus den drei Verteilungen mit den Dichten $f(x;0,1)$, $f(x;1,1)$ und $f(x;0,2)$ besteht. Die zweidimensionale Statistik $Q(x)$ besitzt die Komponenten

$$\begin{aligned} f(x;1,1)/f(x;0,1) &= \exp\left\{-\frac{n}{2}\right\}\exp\left\{\sum x_i\right\} \\ f(x;0,2)/f(x;0,1) &= \left(1/\sqrt{2}\right)^n \exp\left\{\frac{1}{4}\sum x_i^2\right\} \end{aligned}$$

und ist eine (überall) eineindeutige Funktion von $(\sum x_i, \sum x_i^2)$. Also sind die Statistiken Q und $(\sum X_i, \sum_i X_i^2)$ äquivalent, jede von ihnen ist minimalsuffizient für $\mathfrak{P}_0$. Aus Beispiel 1.20 wissen wir, daß $(\sum X_i, \sum X_i^2)$ suffizient für $\mathfrak{P}$ ist. Also ist diese Statistik und auch die mit ihr in eineindeutiger Beziehung stehende Statistik $(\bar{X}, S^2)$ minimalsuffizient für $\mathfrak{P}$. □

Beispiel 1.23 Minimalsuffizienz bei Cauchy-Verteilung

Gegeben sei eine i.i.d. Stichprobe $X = (X_1, \ldots, X_n)$ eines reellwertigen Untersuchungsmerkmals Y, das Cauchy-verteilt ist mit unbekanntem Parameter (Median) θ. Die Lebesgue-Dichte von Y lautet

$$y \longmapsto \frac{1}{\pi} \frac{1}{1+(y-\theta)^2},$$

diejenige von X ist

$$f(x;\theta) = \pi^{-n} \prod_{i=1}^{n} \frac{1}{1+(x_i-\theta)^2}, \quad x = (x_1, \ldots, x_n).$$

Letztere hängt nicht von der Reihenfolge der $x_1, \ldots, x_n$ ab, hat also die Gestalt $g(T(x);\theta)$ mit $T = X_{[\,]}$ als Order-Statistik. Nach dem Neyman-Kriterium ist daher T suffizient. (Man vergleiche dazu auch Beispiel 1.18, nach dem in dem hier vorliegenden stetigen Fall gilt: $P(X = x|T = t) = 1/n!$ ist unabhängig von θ.) Wir wollen zeigen, daß die Order-Statistik minimalsuffizient ist. Dazu betrachten wir innerhalb der vorliegenden Verteilungsannahme $\mathfrak{P}$ eine Teilmenge $\mathfrak{P}_0$, die aus den Verteilungen mit den Parametern $\theta_0 = 0$ und $\theta_1, \ldots, \theta_k$ besteht. $\mathfrak{P}_0$ ist äquivalent zu $\mathfrak{P}$ (die Verteilungen in $\mathfrak{P}$ sind wie in Beispiel 1.22 paarweise äquivalent), die zu $\mathfrak{P}_0$ gehörige Statistik $Q = (Q_1, \ldots, Q_k)$ hat die Komponenten

$$Q_j(x) = f(x;\theta_j)/f(x;0) = \prod_{i=1}^{n} \frac{1+x_i^2}{1+(x_i-\theta_j)^2}.$$

Wir zeigen, daß für ein $k > 2n$ diese Statistik in einer eineindeutigen Beziehung zur Order-Statistik steht, d.h. daß $Q(v) = Q(x)$ genau dann gilt, wenn $v = (v_1, \ldots, v_n)$ eine Permutation von $x = (x_1, \ldots, x_n)$ ist. Die Minimalsuffizienz der Order-Statistik ergibt sich dann aus Satz 1.10. Die Beziehung $Q(v) = Q(x)$ bedeutet, daß für $\theta \in \{\theta_1, \ldots, \theta_k\}$ gilt:

$$\prod_{i=1}^{n} \frac{1+(v_i-\theta)^2}{1+v_i^2} = \prod_{i=1}^{n} \frac{1+(x_i-\theta)^2}{1+x_i^2}.$$

Hier stehen auf beiden Seiten Polynome in θ vom Grad $2n$; ihre Übereinstimmung für k verschiedene θ-Werte mit $k > 2n$ bedeutet, daß sie identisch sind, d.h. für alle $\theta \in \mathbb{R}$ gilt:

$$\frac{\prod_{i=1}^{n}[1+(v_i-\theta)^2]}{\prod_{i=1}^{n}[1+(x_i-\theta)^2]} = \frac{\prod_{i=1}^{n}[1+v_i^2]}{\prod_{i=1}^{n}[1+x_i^2]} \quad \text{(ist unabhängig von } \theta).$$

Dies ist genau dann der Fall, wenn im Quotienten auf der linken Seite jede Potenz von θ im Zähler und im Nenner denselben Koeffizienten besitzt. Und letzteres ist äquivalent damit, daß $v_1, \ldots, v_n$ mit $x_1, \ldots, x_n$ bis auf Vertauschungen übereinstimmen. □

Beispiel 1.24 Minimalsuffizienz bei (Lebesgue-)stetiger Verteilung

Sei $X = (X_1, \ldots, X_n)$ eine i.i.d. Stichprobe eines reellwertigen Untersuchungsmerkmals Y, von dem nur bekannt ist, daß es eine (Lebesgue-)stetige Verteilung besitzt. Für diese dominierte Verteilungsannahme $\mathfrak{P}$ ist die Order-Statistik nach Beispiel 1.23 suffizient. Die Teilmenge $\mathfrak{P}_0$ der Cauchy-Verteilungen aus Beispiel 1.23 ist äquivalent zu $\mathfrak{P}$. Da die Order-Statistik minimalsuffizient für $\mathfrak{P}_0$ ist, ist sie nach Satz 1.8 auch minimalsuffizient für $\mathfrak{P}$. □

Satz 1.9 läßt sich wesentlich verallgemeinern, nämlich auf eine abzählbare Menge $\mathfrak{P}_0$ von Verteilungen auf $\mathfrak{X}$, die nicht denselben Träger zu besitzen brauchen. Dazu die folgenden Überlegungen.

Jede abzählbare Menge $\mathfrak{P}_0 = \{P_{\theta_j} : j = 1, 2, \ldots\}$ von Verteilungen P_{θ_j} auf $\mathfrak{X}$ läßt sich dominieren, sogar durch eine zu $\mathfrak{P}_0$ äquivalente Verteilung auf $\mathfrak{X}$, nämlich z.B. durch die Verteilung P_0 mit $P_0(B) := \sum_{j=1}^{\infty} 2^{-j} P_{\theta_j}(B)$. Daher können wir $\mathfrak{P}_0$ in der Form $\mathfrak{P}_0 = \{f(x;\theta_j) : j = 1, 2, \ldots\}$ darstellen, wobei $f(x;\theta_j)$ die Dichte von P_{θ_j} bezüglich irgendeines dominierenden Maßes ν ist. Mit $f_0(x)$ bezeichnen wir die ν-Dichte von P_0; sie lautet: $f_0(x) = \sum_{j=1}^{\infty} 2^{-j} f(x;\theta_j)$.

Bei Aussagen, die $\mathfrak{P}_0$ betreffen, dürfen wir uns o.B.d.A. auf die Menge aller x mit $f(x;\theta_j) > 0$ für mindestens ein j beschränken, d.h. auf die Menge aller x mit $f_0(x) > 0$. Dann ist für jedes j der Quotient $Q_j(x) := f(x;\theta_j)/f_0(x)$ wohldefiniert. Der folgende Satz enthält neben der angesprochenen Verallgemeinerung von Satz 1.9 die entsprechende Verallgemeinerung von Satz 1.10.

Satz 1.11 *Innerhalb der Verteilungsannahme $\mathfrak{P}$ sei eine abzählbare und zu $\mathfrak{P}$ äquivalente Teilmenge $\mathfrak{P}_0$ von Verteilungen mit den Dichten $f(x;\theta_j)$ gegeben. Dann ist die Statistik $Q(x) = (Q_1(x), Q_2(x), \ldots)$ mit*

$$Q_j(x) = f(x;\theta_j)/f_0(x) \quad \textit{und} \quad f_0(x) = \sum_{j=1}^{\infty} 2^{-j} f(x;\theta_j)$$

minimalsuffizient für $\mathfrak{P}_0$. Ist T eine für $\mathfrak{P}$ suffiziente Statistik, die $\mathfrak{P}_0$-äquivalent zu Q ist, so ist T minimalsuffizient für $\mathfrak{P}$.

Beweis: (Man vergleiche auch die Beweise der Sätze 1.9 und 1.10.) Mit $h(x) := f_0(x)$ und $g(Q(x); \theta_j) := Q_j(x)$ gilt die Faktorisierung $f(x; \theta_j) = h(x)g(Q(x); \theta_j)$, $j = 1, 2, \ldots$, so daß nach dem Neyman-Kriterium Q suffizient für $\mathfrak{P}_0$ ist. Sei U eine andere, für $\mathfrak{P}_0$ suffiziente Statistik mit der Faktorisierung $f(x; \theta_j) = \tilde{h}(x)\tilde{g}(U(x); \theta_j)$, $j = 1, 2, \ldots$, gemäß dem Neyman-Kriterium. Wegen $f_0(x) = \tilde{h}(x) \sum 2^{-j} \tilde{g}(U(x); \theta_j)$ hängt dann Q nur von U ab. Die Aussage über die Minimalsuffizienz von T ergibt sich, da T minimalsuffizient für $\mathfrak{P}_0$ ist, wieder aus Satz 1.8. □

Beispiel 1.25 Minimalsuffizienz bei Gleichverteilung

Wir betrachten wie in Beispiel 1.12 eine i.i.d. Stichprobe $X = (X_1, \ldots, X_n)$ eines auf dem Intervall $[a; b] \subset \mathbb{R}$ gleichverteilten Untersuchungsmerkmals Y.

Fall A: $a = 0, b = \theta, \Theta = \mathbb{R}^+$

$T = X_{[n]} = \max\{X_1, \ldots, X_n\}$ ist minimalsuffizient. Die Suffizienz von T folgt aus der Darstellung (1.33) der Dichte $f(x; \theta)$ in Beispiel 1.12, nach der $f(x; \theta)$ nur von $T(x)$ und θ abhängt. Die Minimalsuffizienz von T weisen wir in Beispiel 1.26 nach.

Fall B: $a = -\theta, b = +\theta, \Theta = \mathbb{R}^+$

$T = \max\{|X_1|, \ldots, |X_n|\}$ ist minimalsuffizient. Die Suffizienz von T ergibt sich aus der folgenden Darstellung der Dichte:

$$f(x; \theta) = \begin{cases} (2\theta)^{-n} & \text{falls} \quad T(x) \leq +\theta \\ 0 & \text{sonst}. \end{cases}$$

Man beachte darin, daß $T(x) \leq +\theta$ genau dann gilt, wenn $-\theta \leq x_i \leq +\theta$ für alle i gilt. Die Minimalsuffizienz von T weisen wir wieder in Beispiel 1.26 nach.

Fall C: $a = \theta, b = \theta + 1, \Theta = \mathbb{R}$

$T = (X_{[1]}, X_{[n]})$ ist minimalsuffizient. Die Suffizienz von T folgt aus der Darstellung der Dichte von X in der Form

$$f(x; \theta) = \begin{cases} 1 & \text{falls} \quad x_{[n]} - 1 \leq \theta \leq x_{[1]} \\ 0 & \text{sonst}, \end{cases}$$

an der man erkennt, daß die Dichte selbst nur von $T(x)$ und θ abhängt. Zum Nachweis der Minimalsuffizienz von T wenden wir Satz 1.10 an mit $\mathfrak{P}_0 = \{f(x; \theta) : \theta \in \mathfrak{Q}\}$, wobei $\mathfrak{Q}$ die Menge der rationalen Zahlen bedeutet. Wir haben zu zeigen, daß T mit der Statistik Q aus Satz 1.10 $\mathfrak{P}_0$-äquivalent ist. Q hängt als minimalsuffiziente Statistik nur von T ab. Zum Nachweis der umgekehrten Aussage haben wir zu zeigen, daß für zwei x und x' mit $Q(x) = Q(x')$ auch $T(x) = T(x')$ ist. Angenommen: $x_{[1]} < x'_{[1]}$. Dann gibt es ein $\theta \in \Omega$ mit $x_{[1]} < \theta \leq x'_{[1]}$ und $x'_{[n]} - 1 \leq \theta$, so daß für dieses θ im Widerspruch zu $Q(x) = Q(x')$ gelten würde: $f(x;\theta) = 0$ und $f(x';\theta) = 1$. Analog führt man die Annahme $x_{[1]} > x'_{[1]}$ zum Widerspruch, so daß zusammen folgt: $x_{[1]} = x'_{[1]}$. Auf entsprechende Weise wird $x_{[n]} = x'_{[n]}$ nachgewiesen.

Fall D: $a = \theta_1, b = \theta_2, \Theta = \{\theta = (\theta_1, \theta_2) : \theta_1 < \theta_2\} \subset \mathbb{R}_2$

$T = (X_{[1]}, X_{[n]})$ ist minimalsuffizient. Die Suffizienz von T folgt aus der Gestalt der Dichte

$$f(x;\theta) = \begin{cases} (\theta_2 - \theta_1)^{-n} & \text{falls} \quad \theta_1 \leq x_{[1]} \text{ und } \theta_2 \geq x_{[n]} \\ 0 & \text{sonst}, \end{cases}$$

die auch hier nur über $T(x)$ von x abhängt. Die Minimalsuffizienz von T ergibt sich mit Hilfe von Satz 1.8 aus Fall C. □

Liegt eine dominierte Verteilungsannahme vor, so läßt sich für eine suffiziente Statistik das Neyman-Kriterium anwenden. Daher ist die Frage naheliegend, ob man nicht an der entsprechenden Faktorisierung mehr oder weniger direkt erkennen kann, ob die betreffende Statistik sogar minimalsuffizient ist. Die Beantwortung dieser Frage ist der Inhalt des nächsten Satzes, den man bei Pfanzagl [1994], S. 14 findet. Dazu erinnern wir daran, daß sowohl der Stichprobenraum $\mathfrak{X}$ als auch der Wertebereich einer Statistik T als polnische Räume vorausgesetzt werden.

Satz 1.12 *Sei $\mathfrak{P}$ dominiert, $\mathfrak{P} = \{f(x;\theta) : \theta \in \Theta\}$ und T eine suffiziente Statistik für $\mathfrak{P}$ mit einer Faktorisierung $f(x;\theta) = h(x)g(T(x);\theta)$ nach dem Neyman-Kriterium, für die gilt: Es gibt eine abzählbare Teilmenge $\Theta_0 \subset \Theta$ derart, daß für je zwei $t = T(x)$ und $t' = T(x')$ die Folgerung*

$$g(t;\theta) = g(t';\theta) \quad \textit{für alle } \theta \in \Theta_0 \textit{ impliziert } t = t' \tag{1.57}$$

Gültigkeit hat. Dann ist T minimalsuffizient für $\mathfrak{P}$.

Mit den hier behandelten Verfahren zum Nachweis minimalsuffizienter Statistiken lassen sich zwei verschiedene Aufgaben bearbeiten und vielfach lösen: erstens die direkte Suche und Konstruktion einer minimalsuffizienten Statistik und zweitens die Nachprüfung, ob eine gegebene (suffiziente) Statistik minimalsuffizient ist. Ein weiteres wichtiges Verfahren dieser Art, mit dem allerdings nur die zweite Aufgabe gelöst werden kann, ist Gegenstand des nächsten Abschnittes. Darüber hinaus werden wir in Abschnitt 1.2.6 in dem besonders wichtigen Fall, daß als Verteilungsannahme eine Exponentialfamilie vorliegt, eine Möglichkeit kennenlernen, wie man an der Gestalt der Verteilung eine minimalsuffiziente Statistik unmittelbar erkennen kann. Hier soll abschließend noch die ganz allgemeine Frage beantwortet werden, unter welchen (möglichst schwachen) Voraussetzungen an eine vorliegende Verteilungsannahme überhaupt eine minimalsuffiziente Statistik existiert. Unter unserer generellen Voraussetzung (1.40) gibt darauf der folgende Satz eine Antwort. Die mit in den Satz aufgenommene Aussage über die Eindeutigkeit minimalsuffizienter Statistiken haben wir bereits nachgewiesen.

Satz 1.13 *Zu jeder dominierten Verteilungsannahme $\mathfrak{P}$ existiert eine (bis auf $\mathfrak{P}$-Äquivalenz eindeutig bestimmte) minimalsuffiziente Statistik. Diese hat (bis auf $\mathfrak{P}$-Äquivalenz) die Gestalt der Statistik Q aus Satz 1.11.*

Zum mathematisch tiefgehenden Beweis verweisen wir auf Pfanzagl [1994], S. 13 oder Witting [1985], S. 362ff. unter Bezug auf S. 135ff.. Er besteht aus zwei wesentlichen Schritten. Im ersten wird nachgewiesen, daß unter den gegebenen Voraussetzungen die Verteilungsfamilie $\mathfrak{P}$ eine abzählbare Teilmenge $\mathfrak{P}_0$ enthält, die dicht in $\mathfrak{P}$ ist. Damit ist gemeint, daß es zu jeder Verteilung $P \in \mathfrak{P}$ eine Verteilung $P_0 \in \mathfrak{P}_0$ gibt, die zu P einen beliebig kleinen Abstand hat. Da wir den Begriff eines Abstandes zwischen Verteilungen nicht eingeführt haben (man vergleiche dazu die Hinweise in Abschnitt 1.1.2), bleibt die Definition der Dichtheit unvollkommen. Allerdings können wir auch ohne einen Abstandsbegriff für Verteilungen eine hinreichende Bedingung dafür, daß $\mathfrak{P}_0$ dicht in $\mathfrak{P}$ ist, aufstellen. Bezogen auf die Darstellungen $\mathfrak{P} = \{f(x;\theta) : \theta \in \Theta\}$ und $\mathfrak{P}_0 = \{f(x;\theta) : \theta \in \Theta\}$ gilt nämlich: $\mathfrak{P}_0$ ist dicht in $\mathfrak{P}$, wenn es zu jedem $\theta \in \Theta$ eine Folge $\theta_n \in \Theta_0$ gibt mit $f(x;\theta_n) \longrightarrow f(x;\theta)$ für alle x mit Ausnahme einer $\mathfrak{P}$-Nullmenge. Im zweiten Schritt des Beweises zu Satz 1.13 wird dann nachgewiesen, daß die für $\mathfrak{P}_0$ minimalsuffiziente Statistik Q aus Satz 1.11 auch minimalsuffizient für $\mathfrak{P}$ ist.

1.2.4 Vollständigkeit

Der Begriff der Vollständigkeit ist auf den ersten Blick eher formal mathematischer Natur und scheint sich einer statistischen Interpretation zu entziehen. Gleichwohl spielt er innerhalb der Grundlagen statistischer Inferenz eine erhebliche Rolle. In den wichtigsten Sätzen über die Existenz und Eindeutigkeit optimaler Test- oder Schätzverfahren werden als eine hinreichende Bedingung vollständige und suffiziente Statistiken vorausgestzt – minimalsuffiziente Statistiken reichen dazu als Voraussetzung nicht aus. (Jede vollständige und suffiziente Statistik ist auch minimalsuffizient, aber umgekehrt ist nicht jede minimalsuffiziente Statistik auch vollständig.) Das Theorem von Basu, auf das wir in Abschnitt 1.2.5 eingehen, stellt eine treffende Interpretation der Vollständigkeit aus statistisch-inferentieller Sicht dar. Dabei wird auch deutlich, worin sich die minmalsuffizienten von den vollständigen und suffizienten Statistiken unterscheiden.

Zur Definition der Vollständigkeit gehen wir von einer Familie $\mathfrak{P} = \{P_\theta : \theta \in \Theta\}$ von Verteilungen P_θ auf $(\mathfrak{X}, \mathfrak{B})$ aus und einer Statistik $T = T(x)$ mit der durch $\mathfrak{P}$ bestimmten Verteilungsfamilie $\mathfrak{P}^T = \{P_\theta^T : \theta \in \Theta\}$ und dem Wertebereich $\mathfrak{T}$. Wir betrachten reellwertige (meßbare) Funktionen h auf $\mathfrak{X}$, die nur von den Werten von T abhängen, und schreiben dafür $h = h(T(x))$ oder, wenn wir h als Funktion auf $\mathfrak{T}$ auffassen, $h = h(t)$. Die *Statistik* T heißt *vollständig* für $\mathfrak{P}$ oder für Θ, wenn für jede derartige Funktion h gilt:

$$\text{Aus } E_\theta h(T) = 0 \text{ für alle } \theta \text{ folgt } h(t) = 0 \ \mathfrak{P}^T\text{-f.ü.}. \tag{1.58}$$

Man nennt dann auch die *Verteilungsfamilie* $\mathfrak{P}^T$ selbst *vollständig*. Ist speziell T die identische Abbildung, so ist $\mathfrak{P}^T = \mathfrak{P}$; der Begriff der Vollständigkeit ist also auch für die ursprüngliche Verteilungsfamilie $\mathfrak{P}$ und damit für eine beliebige Familie von Verteilungen auf irgendeinem Meßraum erklärt.

In Ergänzung zu (1.58) erinnern wir an die Beziehung

$$E_\theta h(T) = \int h(t) dP_\theta^T = \int h(T(x)) dP_\theta \tag{1.59}$$

und weisen darauf hin, daß die Aussage '$h(t) = 0$ $\mathfrak{P}^T$-f.ü.' mit der Aussage '$h(T(x)) = 0$ $\mathfrak{P}$-f.ü.' äquivalent ist.

Die Vollständigkeit einer Statistik T hängt nur von der Familie $\mathfrak{P}^T$ ihrer Verteilungen ab, ist also im Gegensatz zur Suffizienz Eigenschaft einer Verteilungsklasse. Sie besagt im wesentlichen, daß $\mathfrak{P}^T$ hinreichend viele verschiedene Verteilungen P_θ^T, mit denen $E_\theta h(T)$ gebildet wird, besitzen muß, also hinreichend groß sein muß, damit in (1.58) die Prämisse stark genug ist, um zu der dort genannten Konklusion zu führen. Andererseits hängt jedoch auch die Konklusion in (1.58) von $\mathfrak{P}^T$ ab; auch hier wird mit der Aussage '$h(t) = 0$ $\mathfrak{P}^T$-f.ü.' um so mehr verlangt, je größer $\mathfrak{P}^T$ ist; denn mit einer Vergrößerung von $\mathfrak{P}^T$ ist i.a. eine Verkleinerung des Systems der $\mathfrak{P}^T$-Nullmengen verbunden. Nur wenn das nicht der Fall ist, d.h. bei Äquivalenz der betrachteten Verteilungsfamilien, bleibt die Vollständigkeit einer Verteilungsfamilie bei ihrer Vergrößerung i.a. erhalten. Nun hängt für eine fest gegebene Statistik T die Familie $\mathfrak{P}^T$ nur von der zugrundeliegenden Verteilungsannahme $\mathfrak{P}$ ab. Für eine Teilfamilie $\mathfrak{P}_0 \subset \mathfrak{P}$ gilt auch $\mathfrak{P}_0^T \subset \mathfrak{P}^T$; darüber hinaus folgt aus der Äquivalenz von $\mathfrak{P}_0$ und $\mathfrak{P}$ diejenige von $\mathfrak{P}_0^T$ und $\mathfrak{P}^T$. Unsere vergleichenden Betrachtungen liefern daher den zu Satz 1.8 analogen

Satz 1.14 *Sei $\mathfrak{P}_0$ eine Teilmenge von $\mathfrak{P}$, die äquivalent zu $\mathfrak{P}$ ist. Ist T vollständig für $\mathfrak{P}_0$, so ist T auch vollständig für $\mathfrak{P}$.*

Der nächste Satz enthält den bereits angesprochenen Zusammenhang zwischen der Vollständigkeit und der Minimalsuffizienz einer Statistik T. Wir beschränken uns dabei auf den für praktische Zwecke wohl ausreichenden Fall, daß der Wertebereich von T der $\mathbb{R}_k$ oder der $\mathbb{R}_\infty = \mathbb{R} \times \mathbb{R} \times \ldots$ ist, so daß T dargestellt werden kann als $T = (T_1, \ldots, T_k)$ oder $T = (T_1, T_2, \ldots)$ mit reellwertigen Komponenten T_j. Solche Statistiken sollen abkürzend *k-dimensional* heißen, $1 \leq k \leq \infty$. Ihre Wertebereiche sind polnische Räume. Eine Verallgemeinerung auf den Fall einer Statistik, deren Wertebereich ein beliebiger polnischer Raum ist, findet man bei Pfanzagl [1994], S. 15.

Satz 1.15 *Sei $\mathfrak{P}$ eine dominierte Verteilungsfamilie und $T = T(x)$ eine k-dimensionale Statistik ($1 \leq k \leq \infty$), die vollständig und suffizient für $\mathfrak{P}$ ist. Dann ist T auch minimalsuffizient für $\mathfrak{P}$.*

Beweis: Sei U eine minimalsuffiziente Statistik für $\mathfrak{P} = \{P_\theta : \theta \in \Theta\}$. Eine solche existiert wegen der Dominiertheit von $\mathfrak{P}$ nach Satz 1.13. Wegen der Suffizienz von T hängt U nur von T ab. Für jede Komponente T_j von T hängt dann auch $h(T) := T_j - E[T_j|U]$ nur von T ab. Nach dem Satz vom iterierten Erwartungswert (vgl. (1.45) oder (1.53)) gilt für alle θ: $E_\theta h(T) = E_\theta T_j - E_\theta E[T_j|U] = E_\theta T_j - E_\theta T_j = 0$. Wegen der Vollständigkeit von T folgt daraus $h(T) = 0$ bzw. $T_j = E[T_j|U]$. Also hängt T_j nur von U ab. Da das für jede Komponente von T gilt, hängt T selbst nur von U ab und ist wie U minimalsuffizient. (U und T sind äquivalent.) □

Von dem Begriff der Vollständigkeit gibt es die folgende schwächere Version: Eine Statistik T heißt *beschränkt vollständig* für $\mathfrak{P}$ oder Θ, wenn für jede beschränkte reellwertige Funktion $h = h(t)$ die Folgerung (1.58) gilt.

Satz 1.15 bleibt gültig, wenn für T statt der Vollständigkeit nur die beschränkte Vollständigkeit vorausgesetzt wird. Man vergleiche dazu wieder Pfanzagl [1994], S. 15.

Beispiel 1.26 Vollständigkeit bei Gleichverteilung

Wie in den Beispielen 1.12 und 1.25 betrachten wir eine i.i.d. Stichprobe $X = (X_1, \ldots, X_n)$ eines auf dem Intervall $[a; b]$ gleichverteilten Untersuchungsmerkmals Y. Es liegt eine dominierte Verteilungsannahme vor. Wir unterscheiden wie in Beispiel 1.25 vier Fälle.

Fall A: $a = 0,\ b = \theta,\ \Theta = \mathbb{R}^+$

$T = X_{[n]} = \max\{X_1, \ldots, X_n\}$ ist vollständig. Zum Beweis dieser Aussage bestimmen wir zunächst die Verteilung von T. Für die Verteilungsfunktion von T gilt: $F_T(t;\theta) = P_\theta(T \leq t) = P_\theta(X_1 \leq t, \dots, X_n \leq t) = (t/\theta)^n$ für $0 \leq t \leq \theta$. Also besitzt T die Dichte

$$f_T(t;\theta) = \begin{cases} nt^{n-1}/\theta^n & \text{für } 0 < t < \theta \\ 0 & \text{sonst}. \end{cases} \tag{1.60}$$

Sei $h(t)$ eine reellwertige Funktion mit $E_\theta h(T) = 0$ für alle θ. Zu zeigen ist, daß dann $h(t) = 0$ $\mathfrak{P}^T$-f.ü., d.h. $h(t) = 0$ für alle $t > 0$ gilt (mit Ausnahme einer Menge vom Lebesgue-Maß Null, eine Ausnahme, die auch im folgenden zugelassen ist). Sind h^+ und h^- der Positiv- bzw. Negativteil von h, so daß $h(t) = h^+(t) - h^-(t)$ gilt, so ist wegen (1.60) genau dann $E_\theta h(T) = 0$ wenn

$$\int_0^\theta h^+(t)t^{n-1}dt = \int_0^\theta h^-(t)t^{n-1}dt\,.$$

Weil dies für alle $\theta > 0$ gilt und weil die Integrationsbereiche $(0,\theta]$ einen durchschnittsstabilen Erzeuger von $\mathfrak{B}_1 \cap \mathbb{R}^+$ bilden, erhalten wir für alle Borelschen Mengen $B \subseteq \mathbb{R}^+$ die Beziehung

$$\int_B h^+(t)t^{n-1}dt = \int_B h^-(t)t^{n-1}dt\,.$$

Daraus ergibt sich, daß auch die Integranden auf beiden Seiten übereinstimmen, so daß $h^+(t) = h^-(t)$ und damit $h(t) = 0$ folgt. Es ist ganz nützlich, die Folgerung '$E_\theta h(t) = 0$ für alle θ impliziert $h(t) = 0$ für alle t' noch einmal auf andere Art zu beweisen, allerdings eingeschränkt auf stetige Funktionen $h(t)$, $t > 0$, weil bei diesem Beweis besonders klar wird, auf welche Weise das θ in der Prämisse von dem t in der Konklusion 'übernommen' wird. Differenziert man die Identität $E_\theta h(t) \equiv 0$ auf beiden Seiten nach θ, so ergibt sich aus (1.60) mit Hilfe der Produktregel:

$$\begin{aligned} 0 &= \frac{d}{d\theta}E_\theta h(T) = \frac{d}{d\theta}\int_0^\theta h(t)nt^{n-1}\theta^{-n}dt = \\ &= \theta^{-n}h(\theta)n\theta^{n-1} + \int_0^\theta h(t)nt^{n-1}dt\left(\frac{d}{d\theta}\theta^{-n}\right) = \\ &= \frac{n}{\theta}h(\theta) + \theta^n E_\theta h(T)\left(\frac{d}{d\theta}\theta^{-n}\right) = \frac{n}{\theta}h(\theta)\,. \end{aligned}$$

Also ist $h(\theta) = 0$ für alle $\theta > 0$.

Fall B: $a = -\theta,\ b = +\theta,\ \Theta = \mathbb{R}^+$

$T = \max\{|X_1|, \dots, |X_n|\}$ ist vollständig. Denn $|Y|$ ist auf dem Intervall $[0;\theta]$ gleichverteilt, so daß das hier vorliegende T dieselbe Verteilung wie das im

Fall A besitzt. Da T auch suffizient ist (vgl. Beispiel 1.25), folgt auch wieder die Minimalsuffizienz von T.

Fall C: $a = \theta,\ b = \theta + 1,\ \Theta = \mathbb{R}$

$T = (X_{[1]}, X_{[n]})$ ist zwar minimalsuffizient (vgl. Beispiel 1.25), aber nicht vollständig. Denn z.B. für

$$h(T) := X_{[n]} - X_{[1]} - \frac{n-1}{n+1}$$

ist $E_\theta h(T) = 0$ für alle θ. Letzteres gilt wegen $E_\theta X_{[n]} = \theta + n/(n+1)$ und $E_\theta X_{[1]} = \theta + 1/(n+1)$, wie man aus (1.64) erhält.

Fall D: $a = \theta_1,\ b = \theta_2,\ \Theta = \{\theta = (\theta_1, \theta_2) : \theta_1 < \theta_2\} \subset \mathbb{R}_2$

$T = (X_{[1]}, X_{[n]})$ ist vollständig. Zum Nachweis dieser Aussage bestimmen wir zunächst die Verteilung von T, also die gemeinsame Verteilung von $(X_{[1]}, X_{[n]})$. Dazu transformieren wir X_i in die auf $[0; 1]$ gleichverteilten Zufallsvariablen $Z_i := (X_i - \theta_1)/(\theta_2 - \theta_1)$ und betrachten für die Stichprobe $Z = (Z_1, \ldots, Z_n)$ die Statistiken $Z_{[1]}$ und $Z_{[n]}$. Dafür gilt für alle $0 < u < v < 1$:

$$P(Z_{[1]} > u, Z_{[n]} \leq v) = P(u < Z_1 \leq v, \ldots, u < Z_n \leq v) = (v-u)^n .$$

Für die gemeinsame Verteilungsfunktion von $Z_{[1]}$ und $Z_{[n]}$ erhalten wir daraus für alle $0 < u < v < 1$:

$$\begin{aligned} F_{Z_{[1]}, Z_{[n]}}(u, v) &= P(Z_{[n]} \leq v) - P(Z_{[1]} > u, Z_{[n]} \leq v) \\ &= v^n - (v-u)^n . \end{aligned}$$

Für die gemeinsame Dichte $f_{Z_{[1]}, Z_{[n]}}(u, v)$ ergibt sich damit wegen

$$f_{Z_{[1]}, Z_{[n]}}(u, v) = \frac{\partial^2}{\partial u \partial v} F_{Z_{[1]}, Z_{[n]}}(u, v) \qquad \text{die Beziehung}$$

$$f_{Z_{[1]}, Z_{[n]}}(u, v) = \begin{cases} n(n-1)(v-u)^{n-2} & \text{falls } 0 < u < v < 1 \\ 0 & \text{sonst .} \end{cases} \tag{1.61}$$

Durch Integration über v (in den Grenzen von u bis 1) erhalten wir daraus für die Dichte von $Z_{[1]}$:

$$f_{Z_{[1]}}(u) = \begin{cases} n(1-u)^{n-1} & \text{falls } 0 < u < 1 \\ 0 & \text{sonst} \end{cases} \tag{1.62}$$

und durch Integration über u (in den Grenzen von 0 bis v) ergibt sich aus (1.61) für die Dichte von $Z_{[n]}$ in Übereinstimmung mit (1.62):

$$f_{Z_{[n]}}(v) = \begin{cases} nv^{n-1} & \text{falls } 0 < v < 1 \\ 0 & \text{sonst}. \end{cases} \tag{1.63}$$

Daraus ergeben sich die Erwartungswerte

$$EZ_{[n]} = \int_0^1 vnv^{n-1}dv = \frac{n}{n+1}$$
$$EZ_{[1]} = \int_0^1 un(1-u)^{n-1}du = \frac{1}{n+1},$$

so daß schließlich wegen der Rücktransformation

$$X_{[1]} = (\theta_2 - \theta_1)Z_{[1]} + \theta_1\,, \quad X_{[n]} = (\theta_2 - \theta_1)Z_{[n]} + \theta_1$$

die Erwartungswerte von $X_{[1]}$ und $X_{[n]}$ lauten:

$$\begin{aligned} EX_{[1]} &= \theta_1 + \frac{1}{n+1}(\theta_2 - \theta_1) \\ &\text{und} \\ EX_{[n]} &= \theta_1 + \frac{n}{n+1}(\theta_2 - \theta_1)\,. \end{aligned} \tag{1.64}$$

Mit derselben Rücktransformation ergibt sich aus der Dichte (1.61) mit dem Transformationssatz für Dichten das Ergebnis

$$f_{X_{[1]},X_{[n]}}(t_1, t_2) = n(n-1)\left[\frac{t_2 - t_1}{\theta_2 - \theta_1}\right]^{n-2} \tag{1.65}$$

falls $\theta_1 < t_1 < t_2 < \theta_2$ und Null sonst. Diese Dichte verschwindet für alle (t_1, t_2) außerhalb der Menge $D_\theta := ([\theta_1, \theta_2] \times [\theta_1, \theta_2]) \cap C$ mit $C := \{(t_1, t_2) : t_1 < t_2\}$, die ein rechtwinkliges Dreieck im $\mathbb{R}_2$ bildet, dessen Hypothenuse auf der Winkelhalbierenden liegt. Die Gesamtheit dieser Dreiecke bildet einen durchschnittsstabilen Erzeuger von $\mathfrak{B}_2 \cap C$. Daher folgt für eine reellwertige Funktion $h(t) = h(t_1, t_2)$ mit $E_\theta h(T) = 0$, d.h. mit

$$\int_{D_\theta} h^+(t_1, t_2)(t_2 - t_1)^{n-2}dt_1dt_2 = \int_{D_\theta} h^-(t_1, t_2)(t_2 - t_1)^{n-2}dt_1dt_2$$

für alle θ, daß auch gilt:

$$\int_B h^+(t_1, t_2)(t_2 - t_1)^{n-2}dt_1dt_2 = \int_B h^-(t_1, t_2)(t_2 - t_1)^{n-2}dt_1dt_2$$

für alle $B \in \mathfrak{B}_2 \cap C$. Und daraus ergibt sich dann $\mathfrak{P}^T$-f.ü., daß $h^+(t_1, t_2) = h^-(t_1, t_2)$, mithin $h(t) = 0$ sein muß. Damit ist die Vollständigkeit von T nachgewiesen. □

Anmerkung: In diesem Beispiel haben wir von bestimmten Eindeutigkeitsaussagen maßtheoretischer Sätze (Maßerweiterungssatz, Satz von Radon-Nikodym) Gebrauch gemacht, die auch sonst häufig zum Nachweis der Vollständigkeit einer Statistik Verwendung finden. Diese sollen hier in Erinnerung gerufen werden.

1) Sind ν_1 und ν_2 zwei σ-finite Maße auf irgendeinem Meßraum $(\mathfrak{X}, \mathfrak{B})$ und ist $\mathfrak{D}$ ein durchschnittsstabiler Erzeuger von $\mathfrak{B}$, so folgt aus $\nu_1(D) = \nu_2(D)$ für alle $D \in \mathfrak{D}$ auch $\nu_1(B) = \nu_2(B)$ für alle $B \in \mathfrak{B}$.

2) Ist ν ein σ-finites Maß auf $(\mathfrak{X}, \mathfrak{B})$ und sind g_1 und g_2 zwei nichtnegative reellwertige (meßbare) Funktionen auf $\mathfrak{X}$, so werden durch $\nu_1(B) = \int_B h_1 d\nu$ und $\nu_2(B) = \int_B h_2 d\nu$ zwei σ-finite Maße ν_1 und ν_2 auf $(\mathfrak{X}, \mathfrak{B})$ definiert. Ihre ν-Dichten h_1 und h_2 sind ν-f.ü. eindeutig bestimmt, d.h. aus $\nu_1(B) = \nu_2(B)$ für alle $B \in \mathfrak{B}$ folgt $h_1 = h_2$ ν-f.ü..

1.2.5 Ancillarity

Ausgehend von einer Verteilungsannahme $\mathfrak{P} = \{P_\theta : \theta \in \Theta\}$ über die Stichprobe X nennt man eine Statistik $V = V(x)$ *ancillary* für $\mathfrak{P}$ oder Θ, wenn die Verteilung von V nicht von θ abhängt, also bekannt ist. Eine solche Statistik enthält für sich allein keine Information über θ und stellt damit in gewisser Weise das Gegenteil einer suffizienten Statistik dar. Auf diesen Sachverhalt haben wir bereits in Abschnitt 1.2.1 bei der Einführung des Suffizienzbegriffes mit einer Art 'Axiom' der Inferenzstatistik hingewiesen. Hier wollen wir das Verhältnis zwischen Ancillarity und Suffizienz näher untersuchen.

Eine suffiziente Statistik soll die Stichprobe ohne Informationsverlust reduzieren, eine minimalsuffiziente Statistik soll diese Reduktion so weit wie möglich treiben. Daher ist die Vermutung naheliegend, daß eine minimalsuffiziente Statistik T keine ancillary Bestandteile ('nichts Überflüssiges') mehr enthält, d.h. daß es keine ancillary Statistik V gibt, die allein von T abhängt, also die Form $V = V(T)$ hat (natürlich mit Ausnahme einer Konstanten, die trivialerweise ancillary ist). Diese Vermutung ist im allgemeinen nicht richtig, wie Beispiel 1.27 zeigt, trifft aber zu, wenn man für T zusätzlich die Vollständigkeit voraussetzen kann, wie Satz 1.17, eine Folgerung aus dem Satz von Basu, zeigt. Auf diese Weise erhält auch die Vollständigkeit das Attribut einer Reduktion: Eine vollständige minimalsuffiziente Statistik bewirkt eine noch (etwas) stärkere Reduktion der Stichprobe als eine nichtvollständige minimalsuffiziente Statistik.

Die nicht ganz einfach zu durchschauende Beziehung zwischen Ancillarity und Suffizienz (insbesondere Minimalsuffizienz) wird durchsichtiger, wenn wir in Augenschein nehmen, was es heißt, daß eine ancillary Statistik V *für sich allein* keine Information über θ enthält. Einerseits bedeutet das, daß die alleinige Kenntnis von $V(x)$ an Stelle von x keine Information über θ liefert, d.h. keine statistisch abgesicherten Schlüsse von der Stichprobe auf das unbekannte θ ermöglicht. Andererseits bedeutet das aber nicht, daß $V(x)$ im Vergleich zu einer anderen Statistik $U(x)$ keinerlei Information über θ enthält, die nicht auch schon in $U(x)$ enthalten wäre. Vielmehr wird die kombinierte Statistik $(U(x), V(x))$ im allgemeinen mehr Information über θ enthalten als $U(x)$ allein, auch dann, wenn V ancillary ist. Nicht selten liegt sogar der Fall vor, daß die kombinierte Statistik (U, V) suffizient (sogar minimalsuffizient) ist, wobei U eine nichtsuffiziente und V eine ancillary Statistik ist. Dazu das

Beispiel 1.27 Ancillarity bei Gleichverteilung auf $[\theta; \theta + 1]$

Wir betrachten die i.i.d. Stichprobe $X = (X_1, \ldots, X_n)$ aus Beispiel 1.25, Fall C. Dort haben wir bereits gezeigt, daß die Statistik $T = (X_{[1]}, X_{[n]})$ suffizient, sogar minimalsuffizient ist. Dann ist auch die mit T in einer eineindeutigen Beziehung stehende Statistik (U, V) mit $U = X_{[1]}$ und $V = X_{[n]} - X_{[1]}$ minimalsuffizient, 'obwohl' U allein nicht suffizient und V eine ancillary Statistik ist, wie wir gleich zeigen werden. Für die Dichte von T erhalten wir aus (1.65):

$$f_T(t_1, t_2) = \begin{cases} n(n-1)(t_2 - t_1)^{n-2} & \text{falls } \theta < t_1 < t_2 < \theta + 1 \\ 0 & \text{sonst}. \end{cases}$$

Daraus ergibt sich mit Hilfe des Faltungssatzes für die Dichte von V für alle $0 < v < 1$:

$$\begin{aligned} f_V(v) &= \int f_T(u, u+v)du = \int_\theta^{\theta+1-v} n(n-1)v^{n-2}du \\ &= n(n-1)v^{n-2}(1-v). \end{aligned}$$

Die Verteilung von V, es handelt sich um die Beta-Verteilung auf dem Einheitsintervall mit den Parametern $n - 1$ und 2, ist unabhängig von θ. Wir wollen in diesem Beispiel erläutern, was es heißt, daß die ancillary Statistik V eine zusätzliche, über U hinausgehende (hier sogar ganz wesentliche) Information über θ enthält: Ist aus der Stichprobe x nur der Wert $u = U(x) = x_{[1]}$ bekannt, so läßt sich (mit Sicherheit) auf die Aussage '$\theta \leq u$' schließen; ist aber zusätzlich auch noch der Wert $v = V(x) = x_{[n]} - x_{[1]}$ bekannt, so läßt sich (mit Sicherheit) die wesentlich präzisere Aussage '$u + v - 1 \leq \theta \leq u$' aufstellen. (Die Kenntnis von $v = V(x)$ für sich allein würde keinen Schluß auf θ zulassen mit Ausnahme der trivialen Aussage $-\infty < \theta < +\infty$.) □

Satz 1.16 ***(Theorem von Basu)*** *Gegeben sei eine Verteilungsannahme $\mathfrak{P} = \{P_\theta : \theta \in \Theta\}$. Ist T eine vollständige und suffiziente Statistik für $\mathfrak{P}$ und V eine ancillary Statistik für $\mathfrak{P}$, so sind T und V (stochastisch) unabhängig (für jede Verteilung in $\mathfrak{P}$).*

Beweis: Zu zeigen ist, daß für jedes $\theta \in \Theta$ die bedingte Verteilung $P_\theta^{V|t}$ von V unter der Bedingung $T = t$ mit der nichtbedingten Verteilung P_θ^V von V übereinstimmt und zwar für jedes t mit Ausnahme einer $\mathfrak{P}^T$-Nullmenge. Sei A eine meßbare Teilmenge im Bildraum von V. Da V ancillary ist, hängt $\pi_A := P_\theta^V(A) = P_\theta(V \in A)$ nicht von θ ab. Da T suffizient ist, hängt $p_A(t) := P_\theta^{V|t}(A) = P_\theta(V \in A|T = t)$ nicht von θ ab. Die Funktion $h(t) := p_A(t) - \pi_A$ ist eine meßbare Funktion von t. Dafür gilt nach dem Satz von der totalen Wahrscheinlichkeit (vgl. (1.51) oder (1.56)):

$$E_\theta h(T) = \int P_\theta(V \in A|T = t)dP_\theta^T - \pi_A = 0 \quad \text{für alle} \quad \theta .$$

Da T vollständig ist, folgt daraus: $h(t) = 0$ $\mathfrak{P}^T$-f.ü., d.h. $P_\theta(V \in A|T = t) = P_\theta(V \in A)$ $\mathfrak{P}^T$-f.ü. für alle θ. □

Satz 1.17 ***(Folgerung aus Basu's Theorem)*** *Ist die Statistik T vollständig und suffizient für $\mathfrak{P}$, so ist jede Statistik $V = V(T)$, die ancillary für $\mathfrak{P}$ ist, eine Konstante ($\mathfrak{P}^T$-f.ü.).*

Beweis: Sei A eine beliebige (meßbare) Teilmenge im Bildraum von V. Die Wahrscheinlichkeiten $P^V(A) = P_\theta(V \in A)$ und $P^{V|t}(A) = P_\theta(V \in A|T = t)$ sind wie im Beweis zu Satz 1.16 unabhängig von θ. Nach dem Theorem von Basu sind T und V unabhängig, so daß $P^{V|t}(A) = P^V(A)$ $\mathfrak{P}^T$-f.ü. gilt. Daraus ergibt sich, weil V nur von T abhängt, die Beziehung

$$P^V(A) = P^{V|t}(A) = \begin{cases} 1 & \text{falls } V(t) \in A \\ 0 & \text{sonst} \end{cases} \qquad \mathfrak{P}^t\text{-f.ü.}.$$

Also ist P^V unabhängig von t die Einpunktverteilung im Punkt $V(t)$; das aber ist nur möglich, wenn $V(t)$ für alle t denselben Wert hat (mit Ausnahme einer $\mathfrak{P}^T$-Nullmenge). □

Der Beweis enthält den folgenden, eigentlich selbstverständlichen Zusammenhang:

Die funktionale, also deterministische Abhängigkeit impliziert die stochastische Abhängigkeit.

Neben seiner herausragenden Bedeutung für das Verständnis von Ancillarity, Minimalsuffizienz und Vollständigkeit enthält das Theorem von Basu auch ein Verfahren, mit dem die Unabhängigkeit zweier Statistiken T und V nachgewiesen werden kann, ohne die gemeinsame Verteilung von T und V bestimmen zu müssen. Man hat dazu zu zeigen, daß T vollständig und suffizient und V ancillary ist. Allerdings ist der Vollständigkeitsnachweis von T oft schwierig, so daß sich dieses Verfahren nur lohnt, wenn man im gegebenen Fall bereits eine vollständige Statistik kennt. Letzteres ist glücklicherweise für eine ganze Klasse von Verteilungsannahmen der Fall, wie wir im nächsten Abschnitt sehen werden. Der Nachweis der Unabhängigkeit mit Hilfe des Theorems von Basu läßt sich oft durch die folgende Modifikation erheblich vereinfachen.

Liegt eine Verteilungsannahme $\mathfrak{P} = \{P_\theta : \theta \in \Theta\}$ mit mehrdimensionalem Parameter vor, so kann man θ zerlegen in $\theta = (\eta, \zeta)$ und für jedes feste ζ die Teilfamilie $\mathfrak{P}_\zeta = \{P_{(\eta,\zeta)} : (\eta, \zeta) \in \Theta\} \subset \mathfrak{P}$ betrachten. Ist dann für jedes feste ζ die Statistik T vollständig und suffizient für $\mathfrak{P}_\zeta$ und die Statistik V ancillary für $\mathfrak{P}_\zeta$, die Verteilung von V also zwar von ζ, nicht aber von η abhängig, so sind nach dem Theorem von Basu für jedes feste ζ die Statistiken T und V stochastisch unabhängig für alle $P_{(\eta,\zeta)} \in \mathfrak{P}_\zeta$ und damit schließlich stochastisch unabhängig für alle $P_\theta \in \mathfrak{P}$.

Beispiel 1.28 Unabhängigkeit von $\bar{X}$ und S^2 bei Normalverteilung

Wir betrachten das Gauß-Experiment in Beispiel 1.4 mit unbekannten μ und σ^2, also mit $\theta = (\mu, \sigma^2)$ als Parameter und $\Theta = \mathbb{R} \times \mathbb{R}^+$ als Parameterraum. Die Verteilungsfamilie $\mathfrak{P} = \{f(x; \theta) : \theta \in \Theta\}$ besteht aus den Dichten (1.6). Natürlich wissen wir bereits nach dem Satz von Student, daß $\bar{X}$ und S^2 bei dieser Verteilungsannahme unabhängig sind. Gleichwohl wollen wir an diesem Fall die Anwendung des Theorems von Basu illustrieren. Die Verteilung von S^2 hängt wegen (1.11) nur von σ^2 ab, nicht aber von μ. Daher ist S^2 für jedes feste σ^2 eine ancillary Statistik für die Teilfamilie $\mathfrak{P}_{\sigma^2} = \{f(x; \mu, \sigma^2) : \mu \in \mathbb{R}\}$. Andererseits ist für jedes feste σ^2 die Statistik $\bar{X}$ suffizient und vollständig für $\mathfrak{P}_{\sigma^2}$; man vergleiche dazu die Beispiele 1.20 und 1.30. Also sind $\bar{X}$ und S^2 stochastisch unabhängig. □

Zwei Bemerkungen sollen das Theorem von Basu noch ergänzen. Erstens ist anzumerken, daß das Theorem gültig bleibt, wenn man statt der Vollständigkeit nur die *beschränkte Vollständigkeit* für T voraussetzt. Die entsprechende Fassung des Satzes von Basu findet man bei Lehmann [1986], S. 191. Und zweitens soll darauf hingewiesen werden, daß auch die folgende *Umkehrung* des Theorems von Basu gilt: *Ist T suffizient für $\mathfrak{P}$ und V unabhängig von T, so ist V ancillary für $\mathfrak{P}$.* Der Beweis dieser Aussage ergibt sich daraus, daß unter den gegebenen Voraussetzungen an T und V die Wahrscheinlichkeiten $P_\theta(V \in A) = P(V \in A | T = t)$ unabhängig von θ sind.

Schließlich sei noch erwähnt, daß es einige andere (in der Regel schwächere) Versionen der Begriffe Ancillarity, Vollständigkeit und Suffizienz gibt. Untersuchungen dazu findet man bei Basu [1978], Lehmann [1981], Lehmann [1986], Chap. 10, und Lehmann und Scholz [1992]. Die grundlegenden Arbeiten von Basu, die das nach ihm genannte Theorem und auch die erwähnte Umkehrung enthalten, sind 1955 und 1958 erschienen.

1.2.6 Suffizienz in Exponentialfamilien

Mit verschiedenen Darstellungen und analytischen Eigenschaften von Exponentialfamilien haben wir uns ausführlich in Abschnitt 1.1.3 befaßt. Wir erinnern daran, daß eine Exponentialfamilie stets dominiert ist und ihre Verteilungen durch Dichten bzgl. eines dominierenden Maßes ν dargestellt werden. Hier soll die Frage im Mittelpunkt stehen, wie man an der Gestalt der Dichten einer Exponentialfamilie unmittelbar eine suffiziente Statistik erkennen kann und unter welchen Voraussetzungen diese Statistik minimalsuffizient oder sogar vollständig ist. Der folgende Satz gibt darauf eine umfassende Antwort.

Satz 1.18 *Gegeben sei eine Exponentialfamilie* $\mathfrak{P} = \{f(x;\theta) = \theta \in \Theta\}$ *in* $T(x) = (T_1(x), \ldots, T_k(x))$ *und* $\gamma(\theta) = (\gamma_1(\theta), \ldots, \gamma_k(\theta))$*. Dann gilt:*

a) T ist suffizient.

b) Ist $\mathfrak{P}$ *strikt k-parametrig, so ist T minimalsuffizient.*

c) Ist $\mathfrak{P}$ *strikt k-parametrig und enthält* $\gamma(\Theta)$ *als Teilmenge des* $\mathbb{R}_k$ *innere Punkte, so ist T vollständig.*

Beweis: Aussage a) ergibt sich wegen der Gestalt (1.15) der Dichten $f(x;\theta)$ direkt aus dem Neyman-Kriterium. Aussage b) wird mit Hilfe von Satz 1.10 bewiesen. Dazu betrachten wir eine $(k+1)$-elementige Teilmenge $\mathfrak{P}_0 = \{f(x;\theta^{(j)}) : j = 0, 1, \ldots, k\}$ mit der für $\mathfrak{P}_0$ minimalsuffizienten k-dimensionalen Statistik $Q(x)$ gemäß Satz 1.9. Ihre Komponenten $Q_j(x)$ haben wegen (1.15) die Gestalt

$$Q_j(x) = \frac{f(x;\theta^{(j)})}{f(x;\theta^{(0)})} = \frac{c(\theta^{(j)})}{c(\theta^{(0)})} \exp\left\{\sum_{i=1}^{k}\left[\gamma_i(\theta^{(j)}) - \gamma_i(\theta^{(0)})\right] T_i(x)\right\}$$

$(j = 1, \ldots, k)$. Daher ist $Q(x)$ äquivalent mit der k-dimensionalen Statistik $V(x)$, die aus den Komponenten

$$V_j(x) = \sum_{i=1}^{k}\left[\gamma_i(\theta^{(j)}) - \gamma_i(\theta^{(0)})\right] T_i(x)$$

besteht ($j = 1, \ldots, k$), und $V(x)$ selbst wiederum äquivalent mit $T(x) = (T_1(x), \ldots, T_k(x))$, wenn die $(k \times k)$-Matrix

$$M = \left(\gamma_i(\theta^{(j)}) - \gamma_i(\theta^{(0)})\right)_{i=1,\ldots,k, j=1,\ldots,k}$$

nichtsingulär ist. Eine Teilmenge $\mathfrak{P}_0$, für die M vollen Rang k hat, existiert aber wegen der k-Parametrigkeit von $\mathfrak{P}$. (Die k-Parametrigkeit bedeutet nämlich insbesondere, daß die $\gamma_1(\theta), \ldots, \gamma_k(\theta)$ affin unabhängig sind, so daß die Menge $\gamma(\Theta)$ der k-dimensionalen Parametervektoren $\gamma(\theta)$ nicht Teilmenge eines affinen Teilraumes des $\mathbb{R}_k$ von kleinerer Dimension als k sein kann. Daher gibt es in $\gamma(\Theta)$ Parametervektoren $\gamma(\theta^{(0)}), \gamma(\theta^{(1)}), \ldots, \gamma(\theta^{(k)})$ derart, daß die Vektoren $\gamma(\theta^{(1)}) - \gamma(\theta^{(0)}), \ldots, \gamma(\theta^{(k)}) - \gamma(\theta^{(0)})$ linear unabhängig sind.) Also ist (bei geeigneter Wahl von $\mathfrak{P}_0$) T äquivalent mit Q und deswegen ebenfalls minimalsuffizient für $\mathfrak{P}_0$. Da aber jede (nichtleere) Teilmenge von $\mathfrak{P}$ äquivalent zu $\mathfrak{P}$ ist (die Verteilungen von $\mathfrak{P}$ sind paarweise äquivalent), folgt die Minimalsuffizienz von T für $\mathfrak{P}$. Zum Beweis der Aussage c) können wir wegen (1.16) und (1.19) davon ausgehen, daß die ν-Dichten von $\mathfrak{P}$ in der Form

$$f(x;\gamma) = c(\gamma) \exp\{\gamma_1 T_1(x) + \ldots + \gamma_k T_k(x)\}$$

mit $\gamma \in \gamma(\Theta)$ vorliegen. Weil $\gamma(\Theta)$ als Teilmenge des $\mathbb{R}_k$ innere Punkte enthält, liegt auch ein offenes (nicht-entartetes) k-dimensionales Intervall in $\gamma(\Theta)$. Da $\mathfrak{P}$ invariant ist gegenüber linearen Transformationen des Parameters γ, dürfen wir davon ausgehen, daß dieses Intervall die Form

$$J = \{\gamma = (\gamma_1, \ldots, \gamma_k) : -d < \gamma_i < d\,,\ \ i = 1, \ldots, k\}$$

mit einem $d > 0$ hat. Sei nun $h(t)$ eine reellwertige Funktion auf dem Bildraum von T mit der Eigenschaft: $E_\gamma h(T) = 0$ für alle γ. Zu zeigen ist, daß dann $h(t) = 0$ $\mathfrak{P}^T$-f.ü. gilt. Mit der Zerlegung $h(t) = h^+(t) - h^-(t)$ geht $E_\gamma h(T) = 0$ über in

$$\int \exp\left\{\sum \gamma_i t_i\right\} h^+(t) d\nu^T = \int \exp\left\{\sum \gamma_i t_i\right\} h^-(t) d\nu^T .$$

Durch Einsetzen von $\gamma = (0, \ldots, 0)$ ergibt sich daraus insbesondere $\int h^+(t) d\nu^T = \int h^-(t) d\nu^T =: c$, wobei $0 < c < +\infty$ vorausgesetzt werden kann. (Der Fall $c = +\infty$ scheidet wegen $E_\gamma H(T) = 0$ aus, und der Fall $c = 0$ würde $h^+ = h^- = 0$ und damit bereits die Behauptung $h = 0$ nach sich ziehen.) Also werden durch

$$P^+(A) = \frac{1}{c} \int_A h^+(t) d\nu^T \quad \text{und} \quad P^-(A) = \frac{1}{c} \int_A h^-(t) d\nu^T$$

zwei Verteilungen auf dem Bildraum von T definiert mit

$$\int \exp\left\{\sum \gamma_i t_i\right\} dP^+ = \int \exp\left\{\sum \gamma_i t_i\right\} dP^-$$

(mindestens) für alle $\gamma \in J$. Hierin steht auf der linken Seite die momenterzeugende Funktion (Laplace-Transformierte) von P^+, auf der rechten diejenige von P^-, so daß aus der Übereinstimmung dieser beiden auf einem Intervall J, das den Nullpunkt enthält, die Übereinstimmung von P^+ und P^- folgt. (Den entsprechenden Eindeutigkeitssatz für momenterzeugende Funktionen findet man für den eindimensionalen Fall bei Billingsley [1995], S. 388 und für den k-dimensionalen Fall bei Barndorff-Nielsen [1978], S. 107. Man vergleiche dazu auch einen Satz bei Richter [1966], S. 322, dessen Aussage mit dem Eindeutigkeitssatz äquivalent ist.) Aus der Gleichheit von $P^+(A)$ und $P^-(A)$ für alle meßbaren A im Bildraum von T folgt schließlich $h^+ = h^-$, also $h = 0$. □

Anmerkung: Eine strikt k-parametrige Exponentialfamilie, deren Parameterraum $\gamma(\Theta)$ als Teilmenge des $\mathbb{R}_k$ keine inneren Punkte enthält, heißt '*curved exponential family*'. In einer derartigen Familie werden die Komponenten $\gamma_1(\theta), \ldots, \gamma_k(\theta)$ von $\gamma(\theta)$ durch Bedingungen eingeschränkt, die bewirken, daß die Parameterwerte $\gamma(\theta)$ auf einer Kurve oder gekrümmten Fläche im $\mathbb{R}_k$ liegen. In den meisten Fällen bestehen diese Bedingungen aus (nichtlinearen!) funktionalen Abhängigkeiten unter den $\gamma_1(\theta), \ldots, \gamma_k(\theta)$. Die minimalsuffiziente Statistik $T(x) = (T_1(x), \ldots, T_k(x))$ einer 'curved exponential family' kann vollständig sein oder auch nicht. In vielen Fällen, so auch innerhalb der folgenden Beispiele, ist die betreffende Statistik nicht vollständig. Bei Pfanzagl [1994], S. 28 findet man ein Beispiel für eine 'curved exponential family' mit einer vollständigen minimalsuffizienten Statistik. Dort wird auch ein Satz (S. 29f.) bewiesen, der Bedingungen angibt, unter denen die minimalsuffiziente Statistik $T = (T_1, \ldots, T_k)$ nicht vollständig ist. Die Bedingungen sind: Die Verteilungen von T sind stetig gegenüber dem k-dimensionalen Lebesgue-Maß; zwischen den Komponenten von $\gamma(\theta)$ besteht eine funktionale Abhängigkeit in Form eines *Polynoms*.

Beispiel 1.29 Normalverteilung mit bekanntem Variationskoeffizienten (curved exponential family)

Wir betrachten eine i.i.d. Stichprobe $X = (X_1, \ldots, X_n)$ eines normalverteilten (eindimensionalen) Untersuchungsmerkmals Y, dessen Variationskoeffizient bekannt ist, so daß Y eine $N(\mu; \tau^2\mu^2)$-Verteilung mit unbekanntem μ und bekanntem τ besitzt. Aus Beispiel 1.8 erhalten wir, daß die Verteilungen von X eine Exponentialfamilie bilden und zwar in $T(x) = (\sum x_i, \sum x_i^2)$ und $\gamma = (\gamma_1, \gamma_2)$ mit $\gamma_1 = 1/\tau^2\mu$ und $\gamma_2 = -1/2\tau^2\mu^2$. Da sowohl die Komponenten von T als auch die von γ affin unabhängig sind, liegt eine (strikt) zweiparametrige Exponentialfamilie vor. Also ist $T = (\sum X_i, \sum X_i^2)$ minimalsuffizient. Zwischen γ_1 und γ_2 besteht die (nichtlineare) Beziehung $\gamma_1/\gamma_2 = -2\mu = -2/\tau^2\gamma_1$ bzw. $\tau^2\gamma_1^2 + 2\gamma_2 = 0$, so daß der Wertebereich von (γ_1, γ_2) eine Parabel im $\mathbb{R}_2$ ist, also keine inneren Punkte enthält. Mit Hilfe von Satz 1.18c) läßt sich nicht nachweisen, daß T vollständig ist. Daß T tatsächlich nicht vollständig ist, ergibt sich an Hand von $h(T) = (\sum X_i)^2 - c\sum X_i^2$ mit $c = (\tau^2 + n)/(\tau^2 + 1)$; denn $h(T)$ ist (für $n \geq 2$) nicht identisch Null und $E_\mu h(T) = n\tau^2\mu^2 + n^2\mu^2 - cn(\tau^2\mu^2 + \mu^2) = n\mu^2[(\tau^2 + n) - c(\tau^2 + 1)] = 0$ für alle μ. □

Beispiel 1.30 Vollständigkeit bei Normalverteilung (Ein-Stichproben-Problem)

Sei $X = (X_1, \ldots, X_n)$ eine i.i.d. Stichprobe mit $N(\mu; \sigma^2)$-verteilten Stichprobenvariablen. Wir verwenden die Ergebnisse von Beispiel 1.8.

Bei *bekanntem* σ^2 liegt eine einparamtrige Exponentialfamilie in $\sum x_i$ und $\gamma(\mu) = \mu/\sigma^2$ vor, so daß $\sum X_i$ oder auch $\bar{X}$ minimalsuffizient ist; da $\{\gamma(\mu) : \mu \in \mathbb{R}\} = \mathbb{R}$ ein offenes Intervall ist (also innere Punkte enthält), ist $\sum X_i$ oder auch $\bar{X}$ vollständig.

Bei *bekanntem* μ liegt eine einparametrige Exponentialfamilie in $\sum(X_i - \mu)^2$ und $\gamma(\sigma^2) = -1/2\sigma^2$ vor, so daß $\sum(X_i - \mu)^2$ oder auch $S_\mu^2 = \frac{1}{n}\sum(X_i - \mu)^2$ minimalsuffizient ist; da $\{\gamma(\sigma^2) : \sigma^2 \in \mathbb{R}^+\} = \mathbb{R}^-$ ein offenes Intervall ist, ist $\sum(X_i - \mu)^2$ oder auch S_μ^2 vollständig.

Sind *μ und σ^2 unbekannt*, so liegt eine zweiparametrige Exponentialfamilie in $(\sum x_i, \sum x_i^2)$ und $\gamma(\mu, \sigma^2) = (\mu/\sigma^2, -1/2\sigma^2)$ vor, so daß $(\sum X_i, \sum X_i^2)$ minimalsuffizient ist; da $\{\gamma(\mu, \sigma^2) : \mu \in \mathbb{R}, \sigma^2 \in \mathbb{R}^+\} = \mathbb{R} \times \mathbb{R}^-$ ein zweidimensionales offenes Intervall ist, ist $(\sum X_i, \sum X_i^2)$ vollständig. Dieselben Eigenschaften besitzt die Statistik $(\bar{X}, S^2)$, da sie mit $(\sum X_i, \sum X_i^2)$ in einer eineindeutigen Beziehung steht. □

Beispiel 1.31 Minimalsuffizienz und Vollständigkeit bei Normalverteilung (Zwei-Stichproben-Problem)

Wir betrachten zwei voneinander unabhängige normalverteilte i.i.d. Stichproben $X = (X_1, \ldots, X_n)$ und $Y = (Y_1, \ldots, Y_m)$, in denen die X_i nach $N(\mu_1; \sigma_1^2)$ und die Y_j nach $N(\mu_2; \sigma_2^2)$ verteilt sind. Wir verwenden die Ergebnisse von Beispiel 1.9 und unterscheiden drei Fälle.

Fall A: $\sigma_1^2 = \sigma_2^2 = \sigma^2$ und μ_1, μ_2 beliebig; $\theta = (\mu_1, \mu_2, \sigma^2)$

Es liegt eine dreiparametrige Exponentialfamilie vor und zwar in $T(x;y) = (\sum x_i, \sum y_j, \sum x_i^2 + \sum y_j^2)$ und $\gamma(\theta) = (\mu_1/\sigma^2, \mu_2/\sigma^2, -1/2\sigma^2)$, so daß $T(X,Y)$ minimalsuffizient ist. Da $\gamma(\Theta) = \mathbb{R} \times \mathbb{R} \times \mathbb{R}^-$ ein dreidimensionales offenes Intervall ist (also im $\mathbb{R}_3$ innere Punkte enthält), ist $T(X,Y)$ vollständig. Dieselben Eigenschaften wie $T(X,Y)$ hat auch die mit $T(X,Y)$ in einer eineindeutigen Beziehung stehende Statistik $(\bar{X}, \bar{Y}, \bar{S}^2)$, mit

$$\bar{S}^2 = \left[\sum (X_i - \bar{X})^2 + \sum (Y_i - \bar{Y})^2\right] / (n + m - 2) \tag{1.66}$$

als gewogenem Mittel aus den beiden Stichprobenvarianzen

$$S_1^2 = \frac{1}{n-1} \sum_{i=1}^{n} (X_i - \bar{X})^2 \quad \text{und} \quad S_2^2 = \frac{1}{m-1} \sum_{j=1}^{m} (Y_j - \bar{Y})^2 .$$

Fall B: $\mu_1 = \mu_2 = \mu$ und σ_1^2, σ_2^2 beliebig; $\theta = (\mu, \sigma_1^2, \sigma_2^2)$

Es liegt eine vierparametrige Exponentialfamilie vor und zwar in $T(x,y) = (\sum x_i, \sum y_j, \sum x_i^2, \sum y_j^2)$ und $\gamma(\theta) = (\mu/\sigma_1^2, \mu/\sigma_2^2, -1/2\sigma_1^2, -1/2\sigma_2^2)$. Daher ist $T(X,Y)$ oder auch $U(X,Y) := (\bar{X}, \bar{Y}, S_1^2, S_2^2)$ minimalsuffizient. (Zwischen T und U besteht eine eineindeutige Beziehung.) Der Wertebereich $\gamma(\Theta)$ ist eine Teilmenge des $\mathbb{R}_4$, die keine inneren Punkte, also auch kein nichtentartetes vierdimensionales Intervall enthält. Denn zwischen den Komponenten $\gamma_1, \ldots, \gamma_4$ von $\gamma(\theta)$ besteht die Beziehung $\gamma_1/\gamma_2 = \gamma_3/\gamma_4$ (Polynom zweiten Grades), durch die $\gamma(\Theta)$ auf eine 'dreidimensionale gekrümmte Fläche (Hyperfläche)' innerhalb des $\mathbb{R}_4$ eingeschränkt wird.

Es liegt eine 'curved exponential family' vor. Deswegen läßt sich nicht mit Hilfe von Satz 1.18c) nachweisen, daß $T(X,Y)$ vollständig ist. Tatsächlich ist das auch nicht der Fall, denn $\bar{X} - \bar{Y}$ ist eine Funktion, die nur von T abhängt, nicht ($\mathfrak{P}$-f.ü.) identisch Null ist, mit der Eigenschaft: $E_\theta(\bar{X} - \bar{Y}) = 0$ für alle θ.

Fall C: $\mu_1, \mu_2, \sigma_1^2, \sigma_2^2$ beliebig; $\theta = (\mu_1, \mu_2, \sigma_1^2, \sigma_2^2)$

Hier liegt eine vierparametrige Exponentialfamilie in $T(x,y)$ wie in Fall B und in $\gamma(\theta) = (\mu_1/\sigma_1^2, \mu_2/\sigma_2^2, -1/2\sigma_1^2, -1/2\sigma_2^2)$ vor, so daß auch hier $T(X,Y)$ oder $(\bar{X}, \bar{Y}, S_1^2, S_2^2)$ minimalsuffizient ist. Da $\gamma(\Theta) = \mathbb{R} \times \mathbb{R} \times \mathbb{R}^- \times \mathbb{R}^-$ ein vierdimensionales offenes Intervall ist, sind die beiden angegebenen Statistiken hier auch vollständig. □

Beispiel 1.32 Minimalsuffizienz und Vollständigkeit der Ordnungsstatistik

In Beispiel 1.18 haben wir für eine sehr allgemeine Verteilungsannahme, nämlich lediglich unter der Voraussetzung einer Stichprobe $X = (X_1, \ldots, X_n)$ mit vertauschbaren $X_1, \ldots, X_n$, die Suffizienz der Ordnungsstatistik $T = X_{[\,]}$ nachgewiesen. Hier wollen wir für (etwas) speziellere Verteilungsannahmen auch die Vollständigkeit und damit die Minimalsuffizienz von T beweisen. Wir betrachten in den ersten drei Fällen eine i.i.d. Stichprobe $X = (X_1, \ldots, X_n)$ eines reellwertigen Untersuchungsmerkmals Y, so daß die Verteilungsfamilie $\mathfrak{P}$ von X genau aus den Produktverteilungen besteht, die n-faches Produkt der Verteilung von Y sind, und $\mathfrak{P}$ eindeutig bestimmt wird durch eine Verteilungsannahme $\mathfrak{P}^Y$ über die eindimensionalen Verteilungen von Y.

Fall A: $\mathfrak{P}^Y$ besteht aus allen Lebesgue-stetigen Verteilungen

Für diese Verteilungsannahme haben wir bereits in Beispiel 1.24 nachgewiesen, daß die Ordnungsstatistik T minimalsuffizient ist. Zum Nachweis der Vollständigkeit von T beachten wir, daß $\mathfrak{P}^Y$ die (strikt) n-parametrige Exponentialfamilie mit den Lebesgue-Dichten

$$h(y;\gamma) = b(y)c(\gamma)\exp\{\gamma_1 y + \gamma_2 y^2 + \ldots + \gamma_n y^n\}$$

mit $\gamma \in \mathbb{R}_n$ und $b(y) = \exp\{-y^{2n}\}$ enthält, wobei $c(\gamma)$ ein Normierungsfaktor ist. Diese Dichten sind definiert, weil $\int b(y)\exp\{\gamma_1 y + \ldots + \gamma_n y^n\}dy$ aufgrund der Wahl von $b(y)$ endlich ist. Dann ist nach Satz 1.4 auch die in $\mathfrak{P}$ enthaltene Familie $\mathfrak{P}_0 = \{f(x;\gamma) = h(x_1;\gamma)\cdots h(x_n;\gamma) : \gamma \in \mathbb{R}_n\}$ eine (strikt) n-parametrige Exponentialfamilie und zwar in $U(x) = (\sum x_i, \sum x_i^2, \ldots, \sum x_i^n)$ und in $\gamma \in \mathbb{R}_n$, so daß nach Satz 1.18 die Statistik U vollständig für $\mathfrak{P}_0$ ist. Da wegen $b(y) > 0$ für alle y die Familie $\mathfrak{P}_0$ äquivalent zu $\mathfrak{P}$ ist, ergibt sich auch die Vollständigkeit von U für $\mathfrak{P}$. Und daraus ergibt sich schließlich die Vollständigkeit der Ordnungsstatistik T, weil zwischen T und U eine eineindeutige Beziehung besteht.

Fall B: $\mathfrak{P}^Y$ besteht aus allen Verteilungen, die von einem festen stetigen Maß ν auf $(\mathbb{R}, \mathfrak{B})$ dominiert werden

Natürlich setzen wir ein dominierendes Maß stets als σ-finit voraus. Ein Maß ν auf $(\mathbb{R}, \mathfrak{B})$ heißt stetig, wenn $\nu(\{y\}) = 0$ für alle $y \in \mathbb{R}$ gilt. Die in Fall A definierten Lebesgue-Dichten $h(y;\gamma)$ lassen sich ebensogut als ν-Dichten auffassen. Damit erhält man wie unter Fall A, daß auch hier $\mathfrak{P}$ eine (strikt) n-parametrige Exponentialfamilie $\mathfrak{P}_0$ in $U(x)$ und γ enthält, mit dem oben angegebenen U und mit $\gamma \in \mathbb{R}_n$, so daß wieder nach Satz 1.18 die Statistik U und damit auch die Ordnungsstatistik T miminalsuffizient und vollständig für $\mathfrak{P}$ ist. (Die Voraussetzung der Stetigkeit von ν wird als hinreichende Bedingung dafür gebraucht, daß die angegebene Exponentialfamilie strikt n-

parametrig ist; letzteres ist nicht notwendig auch dann der Fall, wenn sich das Maß ν auf einige Punkte in $\mathbb{R}$ konzentriert, da dies eine ν-fast überall bestehende affine Abhängigkeit der Monome $y, y^2, \ldots, y^n$ im Exponenten von $h(y;\gamma)$ zur Folge haben kann.)

Fall C: $\mathfrak{P}^Y$ besteht aus allen Verteilungen mit stetiger Verteilungsfunktion

a) Hier ergibt sich die Vollständigkeit der Ordnungsstatistik T wie folgt (vgl. Witting [1985], S. 359). Sei ν eine feste Verteilung aus $\mathfrak{P}^Y$ und $\mathfrak{P}^Y_\nu$ die Menge aller von ν dominierten Verteilungen. (Man beachte: $\nu \in \mathfrak{P}^Y_\nu$.) Dann ist T wie unter Fall B vollständig für die durch $\mathfrak{P}^Y_\nu$ bestimmte Verteilungsannahme $\mathfrak{P}_\nu$ über X. Wegen $\mathfrak{P}^Y_\nu \subset \mathfrak{P}^Y$, also auch $\mathfrak{P}_\nu \subset \mathfrak{P}$ erhalten wir daher: Ist der Erwartungswert einer Funktion $g(T)$ für alle Verteilungen aus $\mathfrak{P}$ gleich Null, so ist $g(T) = 0$ $\mathfrak{P}^T_\nu$-f.ü. bzw. $g(T(x)) = 0$ $\mathfrak{P}_\nu$-f.ü., insbesondere also auch $g(T(x)) = 0$ $(\nu \otimes \ldots \otimes \nu)$-f.ü.. Da diese Folgerung für jedes $\nu \in \mathfrak{P}^Y$ gültig ist, erhalten wir: $g(T(x)) = 0$ $\mathfrak{P}$-f.ü. (denn $\mathfrak{P}$ besteht genau aus den Produktverteilungen $\nu \otimes \ldots \otimes \nu$ mit $\nu \in \mathfrak{P}^Y$). Also ist T vollständig (und damit auch minimalsuffizient).

b) Es ist ganz lehrreich, diesem etwas abstrakten Beweis der Vollständigkeit von T noch einen konstruktiveren an die Seite zu stellen, zumal dieser zweite Beweis auf den allgemeineren Fall D führt. Dazu weisen wir zunächst darauf hin, daß eine Funktion $g(x)$ in Abhängigkeit von $x = (x_1, \ldots, x_n)$ genau dann nur von der Ordnungsstatistik abhängt, also in der Form $g(x) = g(T(x))$ darstellbar ist, wenn $g(x)$ *symmetrisch* in den Argumenten $x_1, \ldots, x_n$ bzw. *invariant gegenüber allen Permutationen* π von $(x_1, \ldots, x_n)$ ist. Die Verteilungen in $\mathfrak{P}^Y$ identifizieren wir durch ihre (eindimensionale) Verteilungsfunktion $H = H(y)$, diejenigen in $\mathfrak{P}$ durch $F(x) = H(x_1) \cdots H(x_n)$. Sei nun $g(x)$ eine symmetrische Funktion mit $E_F g(X) = 0$ für alle F in $\mathfrak{P}$, d.h. mit

$$\int g(x_1, \ldots, x_n) dH(x_1) \cdots dH(x_n) = 0 \tag{1.67}$$

für alle $H \in \mathfrak{P}^Y$. Setzt man hier eine konvexe Kombination $\alpha_1 H_1 + \ldots + \alpha_n H_n$ für H ein mit $H_i \in \mathfrak{P}^Y$ und $0 \leq \alpha_i \leq 1$ für alle i sowie $\sum \alpha_i = 1$ (eine solche gehört wieder zu $\mathfrak{P}^Y$), so folgt:

$$\begin{aligned} 0 &= \int g(x_1, \ldots, x_n) d\left[\sum \alpha_i H_i\right](x_1) \cdots d\left[\sum \alpha_i H_i\right](x_n) \\ &= \sum_{i_1=1}^{n} \cdots \sum_{i_n=1}^{n} \alpha_{i_1} \cdots \alpha_{i_n} \int g(x_1, \ldots, x_n) dH_{i_1}(x_1) \cdots dH_{i_n}(x_n). \end{aligned}$$

Dieser Ausdruck stellt ein Polynom in $(\alpha_1, \ldots, \alpha_n)$ dar, das nur dann identisch Null sein kann, wenn alle seine Koeffizienten Null sind. Für den Koeffizienten von $\alpha_1 \cdots \alpha_n$ heißt das:

$$\sum_{i_1,\ldots,i_n} \int g(x_1,\ldots,x_n) dH_{i_1}(x_1)\cdots dH_{i_n}(x_n) = 0\,,$$

wobei sich die Summation über alle Permutationen $(i_1,\ldots,i_n)$ von $(1,\ldots,n)$ erstreckt. Da in dieser Summe wegen der Symmetrie von g alle Summanden übereinstimmen, muß jeder von ihnen gleich Null sein, so daß sich

$$\int g(x_1,\ldots,x_n) dH_1(x_1)\cdots H_n(x_n) = 0 \tag{1.68}$$

ergibt, wobei $H_1,\ldots,H_n$ beliebige stetige (eindimensionale) Verteilungsfunktionen sind. Man beachte, daß die Verallgemeinerung von (1.67) auf (1.68) nur an die Voraussetzung gebunden ist, daß $\mathfrak{P}^Y$ gegenüber konvexen Linearkombinationen abgeschlossen ist. Ist nun $F(x) = H(x_1)\cdots H(x_n)$ eine beliebige Verteilung aus $\mathfrak{P}$, so setzen wir für jedes H_i in (1.68) die folgende stetige Verteilungsfunktion ein:

$$H_i(y) = \begin{cases} H(y)/H(b_i) & \text{falls} \quad y \le b_i \\ 1 & \text{falls} \quad y > b_i\,, \end{cases}$$

wobei $b_1,\ldots,b_n$ beliebige reelle Zahlen sind mit $H(b_i) > 0$ für alle i. Damit geht dann (1.68) über in

$$\begin{aligned} &\textstyle\int_{-\infty}^{b_n} \cdots \int_{-\infty}^{b_1} g(x_1,\ldots,x_n) dH(x_1)\cdots dH(x_n) \\ &\qquad = \textstyle\int_{(-\infty;b]} g(x) dF(x) = 0 \end{aligned} \tag{1.69}$$

für alle solche $b = (b_1,\ldots,b_n)$. Da diese n-dimensionalen Intervalle $(-\infty; b]$ einen durchschnittsstabilen Erzeuger der Borelschen σ-Algebra $\mathfrak{B}_n$ (eingeschränkt auf den Träger von F) bilden, erhalten wir schließlich $g(x) = 0$ F-f.ü. und, weil F beliebig war, $g(x) = 0$ $\mathfrak{P}$-f.ü..

c) Die Ordnungsstatistik ist auch suffizient und vollständig, wenn man für $\mathfrak{P}^Y$ die Menge *aller* Verteilungen auf $(\mathbb{R}, \mathfrak{B})$ zugrundelegt. Die Vollständigkeit läßt sich mit demselben Verfahren wie unter b) nachweisen, die Suffizienz erhält man wieder aus Beispiel 1.18.

Fall D: Die Stichprobe $X = (X_1,\ldots,X_n)$ besteht aus unabhängigen, reellwertigen $X_1,\ldots,X_n$ mit beliebigen stetigen Verteilungen

Wir identifizieren die Verteilungen wieder durch ihre Verteilungsfunktionen. Die Verteilungsannahme $\mathfrak{P}$ besteht aus allen Verteilungsfunktionen der Gestalt $F(x) = H_1(x_1)\cdots H_n(x_n)$ mit stetigen (eindimensionalen) Verteilungsfunktionen $H_1,\ldots,H_n$. Der Erwartungswert $E_F g(X)$ einer reellwertigen Funktion $g(x)$ hat dann die Gestalt (1.68). Damit ergibt sich die Vollständigkeit der Ordnungsstatistik T wie unter b) in Fall C (wobei man unmittelbar mit (1.68) starten kann). Die Suffizienz von T folgt wieder aus Beispiel 1.18. Auch in diesem Fall bleibt die Suffizienz und Vollständigkeit von T erhalten, wenn man für jedes X_i eine beliebige Verteilung zuläßt. □

Die *Dimension einer (minimal)suffizienten Statistik* hat einen ganz entscheidenden Einfluß darauf, wie stark eine Stichprobe ohne Informationsverlust reduziert werden kann. Mit einigen Bemerkungen über diese Dimension wollen wir die Theorie suffizienter Statistiken ergänzen. Das geschieht gerade in diesem Abschnitt, weil die Frage nach der Dimension suffizienter Statistiken eng mit Exponentialfamilien zusammenhängt. Wir beschränken uns dabei auf i.i.d. Stichproben $X = (X_1, \ldots, X_n)$ eines reellwertigen Untersuchungsmerkmals Y.

In einer (strikt) k-parametrigen Exponentialfamilie gibt es nach Satz 1.18 eine (minimal)suffiziente Statistik der Dimension k, also einer Dimension, die unabhängig von n ist, so daß sich die n Stichprobenwerte ohne Informationsverlust auf k Werte reduzieren lassen, wenn der Regelfall $n > k$ vorliegt. Es stellt sich die Frage, wie weit eine solche, äußerst wünschenswerte Reduktion an die Voraussetzung einer Exponentialfamilie gebunden ist. Anders ausgedrückt: Gibt es, auch wenn keine Exponentialfamilie als Verteilungsannahme vorliegt, eine (minimal)suffiziente Statistik mit einer von n unabhängigen Dimension k? Einige unserer bisherigen Beispiele zeigen, daß sich diese Frage nicht ohneweiteres mit ja oder nein beantworten läßt. In Beispiel 1.25 liegt eine Verteilungsannahme vor, die keine Exponentialfamilie bildet und eine solche Reduktion der Dimension gestattet. In den Beispielen 1.23, 1.24 und 1.32 liegen Verteilungsannahmen vor, die eine derartige Reduktion nicht erlauben, für die vielmehr die Dimension der minimalsuffizienten Statistik stets genauso groß ist wie der Stichprobenumfang n. Eine allgemeinere, über das Studium von Einzelfällen hinausgehende Antwort auf die gestellte Frage kann also nur unter zusätzlichen Annahmen (Regularitätsbedingungen) nachgewiesen werden.

Erste Untersuchungen dazu gehen auf Darmois [1935], Koopman [1936] und Pitman [1936] zurück, die wichtigsten späteren Ergebnisse stammen von Dynkin [1961], Brown [1964], Barndorff-Nielsen und Pedersen [1968], Andersen [1970] und Hipp [1974]. Vereinfacht ausgedrückt wird in diesen Arbeiten unter verschiedenen Regularitätsbedingungen an die Verteilungsannahme und/oder auch an die suffiziente Statistik nachgewiesen, daß die Exponentialfamilien die einzigen Verteilungsannahmen darstellen, welche die gewünschte Reduktion erlauben. Daß nicht nur die Verteilungsannahme, sondern auch die betreffende suffiziente Statistik gewisse Regularitätsbedingungen erfüllen muß, allein schon deswegen, damit ihre Dimension eine feststehende Größe ist, ergibt sich aus der Existenz einer stetigen Funktion von $\mathbb{R}_k$ in den $\mathbb{R}_1$, die mit Ausnahme einer λ_k-Nullmenge überall eineindeutig ist; man vergleiche dazu

Denny [1964]. Von den verschiedenen Resultaten der genannten Arbeiten wollen wir hier nur ein besonders wichtiges angeben, das bei Barndorff-Nielsen und Pedersen [1968] bewiesen wird. Wir schließen uns dabei Lehmann [1991], S. 44 an. Die Sätze von Dynkin, auf die hier besonders hingewiesen werden soll, findet man auch bei Zacks [1971], S. 60ff.. Wir gehen von der folgenden Regularitätsbedingung an die Verteilungsannahme und einer sogenannten Stetigkeitseigenschaft der suffizienten Statistik aus.

Regularitätsbedingungen: $X = (X_1, \ldots, X_n)$ ist i.i.d. Stichprobe eines reellwertigen Untersuchungsmerkmals Y mit Lebesgue-stetigen Verteilungen, dessen Verteilungsfamilie $\mathfrak{P}^Y = \{h(y;\theta) : \theta \in \Theta\}$ folgende Eigenschaften hat: Der Parameterraum Θ ist eine offene Teilmenge des $\mathbb{R}_r$, die Verteilungen in $\mathfrak{P}^Y$ haben einen von θ unabhängigen Träger, und ihre Dichten $h(y;\theta)$ sind stetig differenzierbar nach y (für jedes feste θ). Eine solche Verteilungsfamilie $\mathfrak{P}^Y$ und auch die von ihr eindeutig bestimmte Verteilungsannahme $\mathfrak{P}$ über X wollen wir *Dynkin-regulär* nennen.

Stetigkeitseigenschaft: Eine für eine Dynkin-reguläre Verteilungsannahme $\mathfrak{P}$ suffiziente m-dimensionale Statistik T heißt *stetig bzgl.* $\mathfrak{P}$, wenn sie als Abbildung von $\mathfrak{X}$ in den $\mathbb{R}_m$ stetig ist und wenn die mit ihr gebildete Faktorisierung nach dem Neyman-Kriterium ausnahmslos für alle $x \in \mathfrak{X}$ Gültigkeit hat.

Satz 1.19 *Über die Stichprobe $X = (X_1, \ldots, X_n)$ liege eine Dynkin-reguläre Verteilungsannahme $\mathfrak{P}$ vor. Es existiere eine für $\mathfrak{P}$ suffiziente m-dimensionale und bzgl. $\mathfrak{P}$ stetige Statistik T, deren Dimension m unabhängig von n ist für alle $n > m$. Dann bildet $\mathfrak{P}$ eine (strikt) k-parametrige Exponentialfamilie mit $k \leq m$; dabei gilt $k = m$, wenn T minimalsuffizient ist.*

Zum Beweis dieses Satzes verweisen wir auf Barndorff-Nielsen und Pedersen [1968]. Ein vergleichbares Ergebnis für Verteilungsannahmen mit diskreten Verteilungen wurde von Andersen [1970] erzielt. Die oben erwähnten Beispiele 1.23 und 1.25 verdeutlichen den Inhalt dieses Satzes: Die Cauchy-Verteilungen des Beispiels 1.23 bilden eine Dynkin-reguläre Verteilungsannahme, aber keine Exponentialfamilie; minimalsuffiziente Statistik ist, wie wir gezeigt haben, die Ordnungsstatistik, deren Dimension gleich dem Stichprobenumfang n ist. Die Gleichverteilungen des Beispiels 1.23 bilden zwar keine Exponentialfamilien, stellen aber auch keine Dynkin-regulären Verteilungsannahmen dar, so daß Satz 1.19 nicht anwendbar ist; damit in Einklang steht, daß minimalsuffiziente Statistiken existieren, deren Dimension m unabhängig von n ist (in den Fällen A und B des Beispiels ist $m = 1$, in den Fällen C und D ist $m = 2$).

1.2.7 Suffizienz und Invarianz

In diesem Abschnitt betrachten wir Verteilungsannahmen $\mathfrak{P} = \{P_\theta : \theta \in \Theta\}$ über die Stichprobe X, die invariant sind gegenüber einer Gruppe $\mathfrak{G}$ von Transformationen $g : \mathfrak{X} \longrightarrow \mathfrak{X}$. In Abschnitt 1.1.5 haben wir die Einführung invarianter Verteilungsfamilien begründet und erklärt, weshalb man in solchen Fällen die Stichprobe mit einem äquivarianten oder invarianten Verfahren auswerten soll. Dieser Forderung entspricht eine Auswertung, die sich auf eine äquivariante bzw. invariante Statistik stützt. Die Definition dieser beiden Eigenschaften ergänzen wir durch die Einführung des Begriffes der Maximalinvarianz.

Eine Statistik T heißt *äquivariant* unter $\mathfrak{G}$, wenn für alle x und v in $\mathfrak{X}$ und $g \in \mathfrak{G}$ gilt: Aus $T(x) = T(v)$ folgt $T(gx) = T(gv)$. Eine Statistik T heißt *invariant* unter $\mathfrak{G}$, wenn für alle $x \in X$ und $g \in \mathfrak{G}$ gilt: $T(gx) = T(x)$. Eine Statistik T heißt *maximalinvariant* unter $\mathfrak{G}$, wenn T invariant ist und für alle x und x' in $\mathfrak{X}$ gilt: Aus $T(x) = T(x')$ folgt $x' = gx$ für ein geeignetes $g \in \mathfrak{G}$. Man erkennt unmittelbar, daß aus der Maximalinvarianz die Invarianz und aus der Invarianz die Äquivarianz folgt.

Diese Eigenschaften einer Statistik lassen sich mit Hilfe der durch $\mathfrak{G}$ erzeugten Bahnen (orbits) in $\mathfrak{X}$ veranschaulichen. Für ein festes $x \in \mathfrak{X}$ heißt $\mathfrak{G}x = \{gx : g \in \mathfrak{G}\}$ die *Bahn von* x, die durch $\mathfrak{G}$ erzeugt wird. Sie bildet die Menge aller Punkte $x' \in \mathfrak{X}$, die von x aus durch ein $g \in \mathfrak{G}$ erreicht werden können im Sinne von $x' = gx$. Bezeichnet man zwei solche Punkte x und x' als *äquivalent*, so erhält man wegen der Gruppeneigenschaften von $\mathfrak{G}$ eine Äquivalenzrelation auf $\mathfrak{X}$, deren Äquivalenzklassen mit den Bahnen übereinstimmen. Für je zwei x und v in $\mathfrak{X}$ sind die Bahnen $\mathfrak{G}x$ und $\mathfrak{G}v$ entweder identisch oder disjunkt. Die Bahnen bilden eine Zerlegung von $\mathfrak{X}$.

T ist genau dann äquivariant unter $\mathfrak{G}$, wenn zu jedem $g \in \mathfrak{G}$ eine Transformation $\tilde{g}$ existiert, die den Bildraum $\mathfrak{T}$ von T auf sich abbildet und mit g 'gleichgeschaltet' ist, nämlich $\tilde{g}T(x) := T(gx)$. Die Menge dieser Transformationen $\tilde{g}$ stellt wieder eine Gruppe dar, die von ihr erzeugten Bahnen in $\mathfrak{T}$, die eine Zerlegung von $\mathfrak{T}$ bilden, entsprechen genau den Bahnen von $\mathfrak{G}$ in $\mathfrak{X}$: Eine äquivariante Statistik T bildet die Bahnen in $\mathfrak{X}$ genau auf die Bahnen in $\mathfrak{T}$ ab.

T ist genau dann invariant unter $\mathfrak{G}$, wenn T auf jeder Bahn in $\mathfrak{X}$ konstant ist. Die Transformation $\tilde{g}$ auf dem Bildraum von T ist dann die identische Abbildung (für jedes $g \in \mathfrak{G}$). Eine Statistik T ist genau dann maximalinvariant, wenn sie auf jeder Bahn konstant ist und für jede Bahn einen jeweils anderen (konstanten) Wert annimmt. Sie besitzt unter allen invarianten Statistiken die 'meisten' verschiedenen Werte. Die Konstanzbereiche einer maximalinvarianten Statistik fallen genau mit den Bahnen zusammen, zwei maximalinvariante Statistiken besitzen dieselben Konstanzbereiche.

Jede invariante Statistik T hängt von x allein über eine maximalinvariante Statistik U ab, besitzt also die Darstellung $T(x) = T(U(x))$. Und umgekehrt ist jede Statistik mit einer solchen Darstellung invariant.

Die Verteilungen der transformierten Stichprobe gX wurden in Abschnitt 1.1.5 mit P_θ^g bezeichnet und zu der Familie $\mathfrak{P}^g = \{P_\theta^g : \theta \in \Theta\}$ zusammengefaßt. Die Invarianz von $\mathfrak{P}$ gegenüber $\mathfrak{G}$ bedeutet gerade, daß für jedes $g \in \mathfrak{G}$ gilt: $\mathfrak{P}^g = \mathfrak{P}$. Weiterhin wurde dort jeder Transformation $g : \mathfrak{X} \longrightarrow \mathfrak{X}$ aus der Gruppe $\mathfrak{G}$ eine Transformation $\bar{g} : \Theta \longrightarrow \Theta$ zugeordnet, für die gerade gilt: $P_\theta^g = P_{\bar{g}\theta}$ für alle $\theta \in \Theta$. ($\bar{g}\theta$ ist der Parameter, den die Verteilung von gX besitzt, wenn die Verteilung von X den Parameter θ hat.) Die Menge der Transformationen $\bar{g}$ bildet wieder eine Gruppe, die von $\mathfrak{G}$ induzierte Gruppe $\bar{\mathfrak{G}}$. Den Bahnen als Teilmengen von $\mathfrak{X}$ entsprechen die folgenden Teilmengen (Bahnen) in Θ bzw. $\mathfrak{P}$: Für ein festes $\theta \in \Theta$ heißt $\bar{\mathfrak{G}}\theta = \{\bar{g}\theta : \bar{g} \in \bar{\mathfrak{G}}\}$ die *Bahn von* θ und $\{P_{\bar{g}\theta} : \bar{g} \in \bar{\mathfrak{G}}\} = \{P_\theta^g : g \in \mathfrak{G}\}$ die *Bahn von* P_θ , die durch $\bar{\mathfrak{G}}$ bzw. $\mathfrak{G}$ erzeugt wird.

Ist T invariant unter $\mathfrak{G}$, so stimmt für jedes $g \in \mathfrak{G}$ die Verteilung von $T(gX)$ mit derjenigen von $T(X)$ überein und ist damit unabhängig von g. Also gilt: *Eine invariante Statistik ist ancillary für jede feste Bahn in* $\mathfrak{P}$ *bzw. in* Θ.

Die Verteilung einer invarianten Statistik T hängt nur in sehr eingeschränkter, gewissermaßen vergröberter Form vom Parameter θ ab; nicht mit jeder Veränderung von θ ändert sich auch die Verteilung von T; genauer formuliert: Für je zwei θ und θ' mit $\theta' = \bar{g}\theta$ für ein $\bar{g} \in \bar{\mathfrak{G}}$ stimmen die Verteilungen von T überein. Daher stellt sich die Frage, ob es einen 'neuen Parameter' $\gamma = \gamma(\theta)$ mit einem vergröberten Parameterraum $\gamma(\Theta)$ gibt, von dem allein die Verteilung einer invarianten Statistik abhängt. Dafür bietet sich auf ganz natürliche Weise ein sogenannter maximalinvarianter Parameter $\gamma = \gamma(\theta)$ an: Eine Transformation $\gamma : \Theta \longrightarrow \mathbb{R}_k$ heißt invariant unter $\bar{\mathfrak{G}}$ (oder $\mathfrak{G}$), wenn γ auf jeder Bahn in Θ konstant ist; sie heißt maximalinvariant, wenn sie invariant ist und auf jeder Bahn einen jeweils anderen Wert annimmt; in diesem Fall wird auch $\gamma = \gamma(\theta)$ als transformierter Parameter *maximalinvariant* genannt. Als Antwort auf die gestellte Frage beweisen wir den

Satz 1.20 *Ist T invariant unter $\mathfrak{G}$ und $\gamma(\theta)$ maximalinvariant unter $\bar{\mathfrak{G}}$, dann hängt die Verteilung von T nur von $\gamma(\theta)$ ab.*

Beweis: Sei $\gamma(\theta) = \gamma(\theta')$; dann gibt es ein $\bar{g} \in \bar{\mathfrak{G}}$ mit $\theta' = \bar{g}\theta$. Damit folgt: $P_{\theta'}(T(X) \in B) = P_{\bar{g}\theta}(T(X) \in B) = P_\theta(T(gX) \in B) = P_\theta(T(X) \in B)$. □

Je mehr Parameterwerte θ und θ' durch eine Transformation $\bar{g}$ miteinander verbunden sind im Sinne von $\theta' = \bar{g}\theta$, desto gröber ist die Zerlegung von Θ in die durch von $\bar{\mathfrak{G}}$ erzeugte Bahnen. Eine extreme Situation liegt vor, wenn es zu je zwei θ und θ' ein $\bar{g} \in \bar{\mathfrak{G}}$ gibt mit $\theta' = \bar{g}\theta$; eine solche Gruppe $\bar{\mathfrak{G}}$ heißt *transitiv* auf Θ. In dieser Situation ist $\bar{\mathfrak{G}}\theta = \Theta$ für jedes feste θ, die Zerlegung von Θ besteht aus einer einzigen Bahn, der maximalinvariante Parameter $\gamma(\theta)$ ist eine Konstante (unabhängig von θ). Damit erhalten wir als Folgerung aus Satz 1.20 den

Satz 1.21 *Ist $\bar{\mathfrak{G}}$ transitiv auf Θ, so ist jede invariante Statistik ancillary für $\mathfrak{P}$ bzw. für Θ.*

Beispiel 1.33 Äqui- und Invarianz bei Normalverteilung

Wir betrachten die i.i.d. Stichprobe $X = (X_1, \ldots, X_n)$ eines $N(\mu; \sigma^2)$-verteilten Untersuchungsmerkmals Y mit unbekannten μ und σ^2. Der Parameter $\theta = (\mu, \sigma^2)$ besitzt den Parameterraum $\Theta = \mathbb{R} \times \mathbb{R}^+$. Die Statistik $(\bar{X}, S^2)$ ist nach Beispiel 1.22 suffizient. Die Verteilungsannahme ist invariant gegenüber der Gruppe von Transformationen der Gestalt (1.35) wie in Beispiel 1.14 angegeben. Diese Gruppe besteht aus allen Transformationen des $\mathbb{R}_n$ auf sich, die durch Translationen und Streckungen zustande kommen. Wir unterscheiden die folgenden Fälle.

Fall A: Gruppe der Translationen

Sei $\mathfrak{G}$ die Gruppe der Translationen $gx = (x_1 + a, \ldots, x_n + a)$ mit $a \in \mathbb{R}$. Für ein festes x besteht die Bahn $\mathfrak{G}x$ aus der um 45° gegen jede Achse geneigten Geraden durch den Punkt x. Die von $\mathfrak{G}$ induzierte Gruppe $\bar{\mathfrak{G}}$ besteht aus den Transformationen $\bar{g}(\mu, \sigma^2) = (\mu + a, \sigma^2)$. Für jedes feste $\theta = (\mu, \sigma^2)$ besteht die Bahn von θ aus der Geraden $\{(\mu + a, \sigma^2) : a \in \mathbb{R}\}$; anders ausgedrückt: Für jedes feste σ^2 bildet die Gerade $\{(\mu, \sigma^2) : \mu \in \mathbb{R}\}$ eine Bahn in Θ. Die Statistik $T(x) = \bar{x}$ ist äquivariant; man erkennt dies an der Beziehung $T(gx) = \bar{x} + a$. Die Statistik $D(x) = (x_1 - \bar{x}, \ldots, x_n - \bar{x})$, die aus den Differenzen zwischen den Beobachtungswerten und ihrem Mittelwert besteht, ist offensichtlich invariant; sie ist sogar maximalinvariant, denn aus $D(x) = D(x')$ folgt $x' = (x'_1, \ldots, x'_n) = (x_1 + a, \ldots, x_n + a) = gx$, wenn man $a = \bar{x}' - \bar{x}$ setzt. Die Statistik $U(x) = s^2 = \sum(x_i - \bar{x})^2/(n-1)$ ist ebenfalls invariant, aber nicht maximalinvariant; denn z.B. ist $U(x) = U(-x)$, aber es gibt kein $g \in \mathfrak{G}$ mit $gx = -x$. Als invariante Statistik ist S^2 eine ancillary Statistik für jede Bahn in Θ, d.h. für $\{(\mu, \sigma^2) : \mu \in \mathbb{R}\}$ bei gegebenem σ^2. In der Tat hängt die Verteilung von S^2 nur von σ^2 und nicht von μ ab. Man bestätigt unmittelbar, daß $\gamma(\mu, \sigma^2) = \sigma^2$ maximalinvarianter Parameter ist. Die minimalsuffiziente Statistik $(\bar{X}, S^2)$ besteht aus der äquivarianten Statistik $\bar{X}$ und der invarianten Statistik S^2 und ist selbst äquivariant.

Fall B: Gruppe der Streckungen

Sei $\mathfrak{G}$ die Gruppe der Streckungen $gx = (bx_1, \ldots, bx_n) = bx$ mit $b \neq 0$. Wir dürfen uns auf $x \neq (0, \ldots, 0)$ beschränken. Für jedes feste x besteht die Bahn $\mathfrak{G}x$ aus der Geraden, die durch den Nullpunkt und den Punkt x bestimmt ist. Die von $\mathfrak{G}$ induzierte Gruppe $\bar{\mathfrak{G}}$ besteht aus den Transformationen

$\bar{g}(\mu,\sigma^2) = (b\mu, b^2\sigma^2)$. Für jedes feste $\theta = (\mu,\sigma^2)$ besteht die Bahn von θ aus der Parabel $\{(b\mu, b^2\sigma^2) : b \in \mathbb{R}, b \neq 0\}$. Anders ausgedrückt: Die Bahnen in Θ bestehen aus den Parabeln $\{(\mu,\sigma^2) : \sigma = \tau\mu\}$ mit jeweils gegebenen Variationskoeffizienten τ. Die Statistiken $T(x) = \bar{x}$ und $U(x) = s^2$ sind äquivariant; man erkennt dies an den Beziehungen $T(gx) = b\bar{x}$ und $U(gx) = b^2 s^2$ (mit $s^2 = s^2(x)$). Also ist die minimalsuffiziente Statistik $(\bar{X}, S^2)$ ebenfalls äquivariant. Offensichtlich ist die Statistik $Q(x) = (x_1/\bar{x}, \ldots, x_n/\bar{x})$ (wir dürfen von $\bar{x} \neq 0$ ausgehen, weil $\{x \in \mathfrak{X} : \bar{x} = 0\}$ eine $\mathfrak{P}$-Nullmenge bildet). Sie ist auch maximalinvariant, denn aus $Q(x) = Q(x')$ folgt $x' = bx$ mit $b = \bar{x}'/\bar{x}$. Häufiger als Q wird die Statistik $\bar{X}/S$ verwendet, die offenbar ebenfalls invariant ist, aber nicht maximalinvariant. Letzteres erkennt man daran, daß $\bar{X}/S$ auch gegenüber anderen, nicht zu $\mathfrak{G}$ gehörenden Transformationen invariant ist, z.B. gegenüber einer Permutation der Komponenten von x. Als invariante Statistik ist $\bar{X}/S$ eine ancillary für jede Bahn in Θ. In der Tat hängt die Verteilung von $\bar{X}/S$ nur vom Variationskoeffizienten τ ab; denn $\sqrt{n}\bar{X}/S$ besitzt die nichtzentrale t-Verteilung mit $n-1$ Freiheitsgraden und dem Nichtzentralitätsparameter $\sqrt{n}\mu/\sigma = \sqrt{n}/\tau$. Man bestätigt unmittelbar, daß $\gamma(\mu,\sigma^2) = \tau$ maximalinvarianter Parameter ist. - Alle Eigenschaften der angegebenen Statistiken und auch diejenige von τ bleiben erhalten, wenn man sich auf die Gruppe der Streckungen mit $b > 0$ beschränkt.

Fall C: Gruppe der Translationen/Streckungen

Sei $\mathfrak{G}$ die (volle) Gruppe, die aus allen Kombinationen von Translationen und Streckungen besteht, also aus den Transformationen der Gestalt $g(x_1,\ldots,x_n) = (bx_1 + a, \ldots, bx_n + a)$ mit $b \neq 0$ (oder auch nur $b > 0$) und beliebigem a. Die von $\mathfrak{G}$ induzierte Gruppe $\bar{\mathfrak{G}}$ besteht aus den Transformationen $\bar{g}(\mu,\sigma^2) = (b\mu + a, b^2\sigma^2)$. Sie ist transitiv auf Θ, so daß jede invariante Statistik eine ancillary für ganz Θ ist. Also sind $\bar{X}$, S^2 und $\bar{X}/S$ keine invarianten Statistiken. Sie sind äquivariant, wovon man sich leicht überzeugen kann. Auch die minimalsuffiziente Statistik $(\bar{X}, S^2)$ ist hier wieder äquivariant. Als eine invariante, sogar maximalinvariante Statistik erweist sich

$$T(x) = \left(\frac{x_2 - \bar{x}}{x_1 - \bar{x}}, \ldots, \frac{x_n - \bar{x}}{x_1 - \bar{x}}\right).$$

Die Invarianz von T ergibt sich unmittelbar; Maximalinvarianz liegt vor, weil aus $T(x) = T(x')$ folgt: $(x_1', \ldots, x_n') = (bx_1 + a, \ldots, bx_n + a)$ wenn man $b = (x_1' - \bar{x}')/(x_1 - \bar{x})$ und $a = (x_1\bar{x}' - \bar{x}x_1')/(x_1 - \bar{x})$ wählt. Geht man von der Gruppe der angegebenen Transformationen mit $b > 0$ aus, so ergibt sich als eine weitere invariante (aber nicht maximalinvariante) Statistik die *Rangstatistik* $R(x) = (r_1, \ldots, r_n)$ mit $r_i(x) =$ Rangzahl von x_i, das ist die Stelle (Platzziffer), an der x_i innerhalb der Ordnungsstatistik steht. □

Beispiel 1.34 Maximalinvarianz der Ordnungs- und Rangstatistik

Wir betrachten die i.i.d. Stichprobe $X = (X_1, \ldots, X_n)$ eines reellwertigen Untersuchungsmerkmals Y mit (zunächst) beliebiger Verteilungsannahme $\mathfrak{P}^Y$. Die Verteilungsfamilie $\mathfrak{P}$ von X bestehen dann aus den Produktverteilungen, die n-faches Produkt der Verteilung von Y sind (vgl. auch Beispiel 1.16 und 1.32).

a) $\mathfrak{P}$ ist invariant gegenüber der Gruppe der Permutationen π der Koordinaten des Stichprobenraumes. Unter dieser Gruppe ist die Ordnungsstatistik $T(x) = (x_{[1]}, \ldots, x_{[n]})$ maximalinvariant; denn erstens gilt $T(\pi x) = T(x)$ für alle π und zweitens folgt aus $T(x) = T(x')$, daß x und x' aus denselben Werten $x_1, \ldots, x_n$ besteht, also x und x' bis auf eine Permutation der Komponenten übereinstimmen. Die Maximalinvarianz von T hängt nicht von der Verteilungsfamilie $\mathfrak{P}^Y$ ab. Dagegen ist, wie wir in Beipiel 1.32 gesehen haben, T nur für ganz bestimmte Familien $\mathfrak{P}^Y$ (minimal)suffizient. Daß es hier überhaupt Situationen gibt, in denen Invarianz und Suffizienz sich nicht ausschließen, hat seinen Grund in der 'Kleinheit' der Gruppe der Permutationen und in der dadurch implizierten Vielfältigkeit der von ihr erzeugten Bahnen.

b) Sei $\mathfrak{P}^Y$ die Familie aller stetigen Verteilungen. Diese ist invariant gegenüber der Gruppe aller Transformationen $y \longmapsto h(y)$ mit einer stetigen, streng monoton wachsenden Funktion h. Wir dürfen den Stichprobenraum auf alle x mit lauter verschiedenen Komponenten $x_1, \ldots, x_n$ einschränken. Die Verteilungsannahme $\mathfrak{P}$ ist invariant gegnüber der Gruppe aller Transformationen $x \longmapsto gx = (h(x_1), \ldots, h(x_n))$ mit h wie oben. Unter dieser Gruppe ist die Rangstatistik $R(x)$ maximalinvariant. Denn einmal gilt $R(gx) = R(x)$ für alle g, weil x_i innerhalb der Ordnungsstatistik $T(x)$ genau dann an der Stelle r_i steht, wenn $h(x_i)$ innerhalb von $T(gx)$ ebenfalls an der Stelle r_i steht. Zum anderen folgt aus $R(x) = R(x')$, daß die Komponenten $x_1, \ldots, x_n$ von x und die Komponenten $x'_1, \ldots, x'_n$ von x' dieselbe Anordnung ihrer Größe nach aufweisen, z.B. $x_{i_1} < \ldots < x_{i_n}$ und $x'_{i_1} < \ldots < x'_{i_n}$; dann gibt es aber eine streng monoton wachsende Funktion h mit $x'_i = h(x_i)$ für alle i, also auch $x' = gx$. Natürlich ist die Rangstatistik im allgemeinen nicht suffizient. □

In den beiden Beispielen sind wir auch auf die Beziehung zwischen Suffizienz und Äquivarianz bzw. Invarianz eingegangen. Dabei hat sich gezeigt, daß eine minimalsuffiziente Statistik auch äquivariant ist und daß nur in Ausnahmefällen (bei sehr weit gefaßten Verteilungsannahmen und verhältnismäßig kleinen Transformationsgruppen) minimalsuffiziente Statistiken invariant sein können. Der folgende Satz zeigt, daß unter einer gewissen Voraussetzung an die Verteilungsannahme ganz allgemein aus der Minimalsuffizienz die Äquivarianz folgt, allerdings in einer etwas schwächeren Version dieses Begriffs. Die ganz naheliegende Abschwächung besteht darin, daß $\mathfrak{P}$-Nullmengen als Ausnahmemengen bei der Äquivarianzeigenschaft zugelassen werden.

Ist P eine Verteilung auf dem Stichprobenraum $\mathfrak{X}$, so heißt eine Statistik T *$\mathfrak{P}$-f.ü.-äquivariant* unter einer Gruppe $\mathfrak{G}$ von Transformationen $g : \mathfrak{X} \longmapsto \mathfrak{X}$, wenn die Implikation 'aus $T(x) = T(v)$ folgt $T(gx) = T(gv)$' für alle $g \in \mathfrak{G}$ und alle $x, v \in \mathfrak{X}$ gültig ist mit Ausnahme von x- und v-Werten, die zu einer P-Nullmenge gehören, die durchaus von g abhängen kann. Eine Statistik T heißt *$\mathfrak{P}$-äquivariant* unter $\mathfrak{G}$, wenn T für jede Verteilung $P \in \mathfrak{P}$ P-f.ü.-äquivariant unter $\mathfrak{G}$ ist.

Satz 1.22 *Sei $\mathfrak{P}$ eine gegenüber einer Gruppe $\mathfrak{G}$ invariante Verteilungsfamilie mit paarweise äquivalenten Verteilungen. Dann ist jede für $\mathfrak{P}$ minimalsuffiziente Statistik $\mathfrak{P}$-äquivariant unter $\mathfrak{G}$.*

Den Beweis dieses Satzes findet man bei Pfanzagl [1994], S. 52.

Die eingangs erwähnte Forderung, sich bei der Auswertung der Stichprobe auf äqui- oder invariante Statistiken zu stützen, wird zu einem *Prinzip der Reduktion durch Äqui- bzw. Invarianz* erhoben: Liegt eine invariante Verteilungsfamilie vor, so wird die Stichprobe zur Gewinnung einer Schätzung auf eine äquivariante Statistik und zur Gewinnung eines Tests auf eine invariante Statistik reduziert und nur innerhalb der Klasse der sogenannten äquivarianten Schätzungen bzw. invarianten Tests das jeweils optimale Auswertungsverfahren bestimmt. Wir gehen darauf in den entsprechenden Abschnitten über Schätzungen bzw. Tests näher ein. Hier soll die Reduktion durch Äqui- bzw. Invarianz mit der Reduktion durch Suffizienz verglichen werden. Dazu die folgenden Anmerkungen.

1) Im Gegensatz zur Reduktion durch Suffizienz wird bei der Reduktion durch Invarianz auch der Parameterraum reduziert: Er wird auf den Wertebereich des maximalinvarianten Parameters $\gamma(\theta)$ eingeschränkt. Nach Satz 1.20 hängt nämlich die Verteilung einer invarianten Statistik nur von $\gamma(\theta)$ ab. Daher werden bei der Reduktion durch Invarianz alle θ-Werte identifiziert, die denselben Wert $\gamma(\theta)$ besitzen, und nur solche θ-Werte unterschieden, die auf verschiedenen Bahnen in Θ liegen. Auf diese Weise können nur noch ganz bestimmte, für die gegebene Situation typische Fragestellungen an den unbekannten Parameter behandelt werden.

2) Läßt sich die Reduktion durch Suffizienz der Reduktion durch Äqui- bzw. Invarianz vorschalten? Genauer ausgedrückt: Hängt eine beste äquivariante Schätzung und ein bester invarianter Test nur von einer suffizienten Statistik ab? Zu diesem Problem – die Frage läßt sich nur unter zusätzlichen Voraussetzungen positiv beantworten – vergleiche man Ferguson [1967], S. 157f., Lehmann [1986], S. 290 mit den dort angegebenen Arbeiten von Hall, Wijsman und Gosh [1965], Berk [1972], Landers und Rogge [1973] sowie Hooper [1982], das Theorem 6 bei Lehmann [1986], S. 301 und Lehmann [1991], S. 162 und 178. Eine Teilantwort auf die gestellte Frage wird oft durch Satz 1.22

ermöglicht und zwar auf folgendem Wege (die Voraussetzungen des Satzes sollen erfüllt sein): Eine beste Schätzung U hängt in der Regel nur von einer minimalsuffizienten Statistik T ab, ist also darstellbar als $U = h(T)$, so daß an Hand der Funktion h geklärt werden kann, ob sich die nach Satz 1.22 gegebene Äquivarianzeigenschaft von T auf U überträgt. Ist das der Fall, so ist U eine beste äquivariante Schätzung, die nur von einer suffizienten Statistik abhängt.

3) Wir betrachten wie unter 2) eine invariante Verteilungsannahme, unter der sich beide Prinzipien der Reduktion, die durch Suffizienz und die durch Äqui- bzw. Invarianz, anwenden lassen: Kommt es dabei auf die Reihenfolge ihrer Anwendungen an? Führen beide Reihenfolgen zu derselben Gesamtreduktion der Stichprobe? Hängt die Optimierung eines Schätz- bzw. Testverfahrens von der Reihenfolge ab, in der die beiden Reduktionen vorgenommen werden? Zu diesen Fragen ist anzumerken, daß nur unter stark einschränkenden Voraussetzungen, eigentlich nur in ganz bestimmten Beispielen die Reihenfolge der Reduktionen keine Rolle spielt. Dieser Umstand läßt sich allein schon daran ermessen, daß in der Regel ein optimales Schätz- oder Testverfahren ('optimal' im Sinne ganz allgemeiner Kriterien der Schätz- oder Testtheorie) nur von einer suffizienten, nicht aber nur von einer äqui- bzw. invarianten Statistik abhängt. Dementsprechend stellt bei der Suche nach einem optimalen Verfahren die Reduktion durch Suffizienz keine Einschränkung dar, während diejenige durch Äqui- bzw. Invarianz eine starke Einschränkung bedeutet. Die Reihenfolge, in der zuerst das Prinzip der Suffizienz und danach das der Äqui- bzw. Invarianz angewandt wird, ist daher zur Bestimmung eines besten Schätz- bzw. Testverfahrens weitaus günstiger als die umgekehrte Reihenfolge.

4) Die Reduktion durch Suffizienz ist ein ganz allgemein anwendbares Prinzip. Die Reduktion durch Äqui- bzw. Invarianz ist dagegen nur sehr speziell anwendbar: Sie ist an die Voraussetzung einer Verteilungsannahme gebunden, die gegenüber einer Gruppe von Transformationen invariant ist. An welch starke Einschränkungen die Reduktion durch Äqui- bzw. Invarianz in Verbindung mit dem Suffizienzprinzip gebunden ist, zeigt neben unseren Überlegungen unter 3) insbesondere der folgende Sachverhalt, der auf Dynkin [1951], Pfanzagl [1972] und Hipp [1975] zurückgeht: Wenn es eine äquivariante suffiziente Statistik gibt, die reellwertig und stetig ist, dann kann die zugrundeliegende Verteilungsannahme dargestellt werden als Lokationsfamilie von Normalverteilungen oder als Skalenfamilie von Gammaverteilungen.

5) Zusammenfassend können wir feststellen: Das Prinzip der Reduktion durch Äqui- oder Invarianz sollte nur dann Verwendung finden, wenn sich die Transformationengruppe, unter der die Verteilungsannahme invariant ist, aus dem jeweiligen Sachzusammenhang ergibt. Neben Permutationen der Stichprobe spielen dabei zulässige Skalentransformationen die Hauptrolle, darunter vor allem Translationen, Streckungen, affine oder monotone Transformationen.

1.3 Information

1.3.1 Information einer Verteilung

In der Informationstheorie, die ihre Begründung durch die Arbeiten von Shannon [1948] und Wiener [1948] sowie Shannon und Weaver [1949] erfuhr, werden mathematische (vor allem auch wahrscheinlichkeitstheoretische) Gesetze und Probleme der Verarbeitung und Übermittlung von Nachrichten behandelt. Diese Theorie findet überall dort ihre Anwendung, wo technische, elektronische oder biologische Systeme der Übertragung von Signalen, Informationen oder Bildern untersucht werden. Wesentlicher Bestandteil der Informationstheorie sind Elemente der elementaren Wahrscheinlichkeitsrechnung. Darüber hinaus steht die Informationstheorie über den Entropiebegriff in einer Beziehung zur Thermodynamik, ein Zusammenhang, der im wesentlichen durch die auf Boltzmann [1896] zurückgehende wahrscheinlichkeitstheoretische Fassung des zweiten Hauptsatzes der Wärmelehre gegeben ist. Unter den Gebieten, mit denen es die Informationstheorie zu tun hat, taucht die statistische Inferenz (wenigstens primär) nicht auf. Wir verlassen daher den bisher gesteckten Rahmen der induktiven Statistik, wenn wir uns in diesem Abschnitt dem Informationsbegriff zuwenden, wie er innerhalb der Informationstheorie entwickelt wurde. Insbesondere ist hier, wenn wir von Information sprechen, nicht die Information einer Stichprobe über einen unbekannten Verteilungsparameter gemeint, die sich auf eine gegebene Verteilungsannahme bezieht und von der im Zusammenhang mit dem Suffizienzbegriff die Rede gewesen ist.

Im Mittelpunkt steht zunächst die Frage, *wie die Informationsmenge, die in einer Nachricht enthalten ist, gemessen werden soll.* Da es in einer formalen Informationstheorie auf den Inhalt der Nachricht nicht ankommt, lautet die einfachste und wie sich zeigen wird auch zweckmäßige Antwort auf diese Frage: durch die *Länge der Nachricht*, d.h. durch die Anzahl der Zeichen, die benötigt werden, um die Nachricht zu formulieren. Da diese Länge jedoch von dem benutzten Zeichenmaterial abhängt, muß man sich zuerst einmal auf ein bestimmtes Zeichensystem einigen, mit dem die Nachrichten übermittelt werden. Dazu hat man das minimale Zeichensystem, das nur aus einer Null und einer Eins besteht, zugrundegelegt. Eine Variable, die nur die Werte 0 und 1 annehmen kann, heißt *Binärzeichen.* Damit legt man dann fest: Die *Information(smenge) einer Nachricht soll durch die Anzahl der Binärzeichen gemessen werden, die zur Formulierung der Nachricht erforderlich sind.* Die Einheit der Information ist also ein Binärzeichen, genannt *ein bit.*

Nach der Vereinbarung auf das benutzte Zeichensystem $\{0, 1\}$ hängt die Länge einer Nachricht, also die Anzahl der zu ihrer Übermittlung *erforderlichen* Binärzeichen, noch von dem *Vorwissen über die Nachricht* ab, das der Empfänger vor ihrem Erhalt besitzt. Je größer dieses Vorwissen ist, desto kürzer kann man sich bei der Abfassung der Nachricht fassen, desto kleiner ist mithin die Information der Nachricht. Vor dem Erhalt der Nachricht herrscht beim Empfänger eine mehr oder weniger große Ungewißheit oder Unsicherheit über die betreffende Nachricht, die Nachricht ist noch unbestimmt, wir sagen dazu auch: der Empfänger oder das System Sender/Empfänger befindet sich in einem *Zustand der Unbestimmtheit.* Als Bezeichnung für das Maß der Unbestimmtheit verwendet man den aus der Thermodynamik stammenden Begriff *Entropie.* Mit den beiden *Begriffen* Information und Entropie sind zwar verschiedene Sachverhalte oder Vorgänge gemeint, gleichwohl stimmen die beiden *Maße* Information und Entropie im Sinne von

$$Gewonnene\ Information\ =\ Beseitigte\ Entropie$$

überein, so daß wir im Sinne von Maßen Information und Entropie (bis auf ihr Vorzeichen) gleichsetzen dürfen. Obwohl einer Informations*zunahme* eine Entropie*abnahme* entspricht und deswegen in manchen Lehrbüchern die Information mit der negativen Entropie gleichgesetzt wird, wollen wir, wie es üblich ist, beide Maße mit demselben (positiven) Vorzeichen versehen und von der Gleichheit *Information = Entropie* ausgehen. Die unterschiedliche Bedeutung der beiden Größen wird dabei nicht übersehen.

Um zu einer ersten, auf Hartley [1928] zurückgehenden Formel für die Information bzw. Entropie zu kommen, gehen wir von der folgenden einfachen Situation aus: Dem Empfänger ist bekannt, daß eine Nachricht, die er bekommen soll, aus einem Element ω einer endlichen Grundmenge Ω besteht. Weitere Vorkenntnisse, z.B. über die jeweilige Wahrscheinlichkeit, mit der ein Element als Nachricht übertragen wird, liegen nicht vor. Dann gilt für die Information $J(\{\omega\})$ der Nachricht ω oder die Entropie $H(\Omega)$ des Zustandes vor der Sendung der Nachricht die *Formel von Hartley*

$$J(\{\omega\}) = H(\Omega) = \log_2 N\,, \quad N = \text{Anzahl der Elemente von } \Omega\,. \quad (1.70)$$

Die Formel dient in der gegebenen Situation als Definition des Informations- bzw. Entropiemaßes. Zu ihrer Rechtfertigung haben wir nachzuweisen, daß zur Formulierung einer Nachricht ω wenigstens approximativ $\log_2 N$ Binärzeichen erforderlich sind. Dazu die folgenden drei Überlegungen.

1) In dem Spezialfall, daß die Anzahl N der Elemente von Ω eine Zweierpotenz ist, gelingt der gewünschte Nachweis unmittelbar: Ist nämlich $N = 2^m$, so lassen sich mit genau $m = \log_2 N$ Binärzeichen die Elemente von Ω und damit jede Nachricht charakterisieren. (Es gibt genau 2^m verschiedene m-Tupel von Nullen und Einsen.)

2) Ist N keine Zweierpotenz, so daß es nur eine natürliche Zahl m gibt mit $2^{m-1} < N < 2^m$, so werden zur Darstellung der Elemente von Ω ebenfalls m

Binärzeichen benötigt. Wegen $m - 1 < \log_2 N < m$ stimmt hier $\log_2 N$ nur näherungsweise mit der Anzahl der erforderlichen Binärzeichen überein.

3) Auf folgende Weise kann diese Näherung zu einer Approximation verschärft werden, die im Grenzfall zu einer Gleichheit führt. Wir betrachten den realistischen Vorgang einer mehrmaligen Übertragung von Nachrichten, wobei die einzelnen Nachrichten Elemente von Ω sind. Eine Sendung von k Einzelnachrichten nennen wir zusammenfasssend eine *Nachrichtenkette* der Länge k. Eine solche ist darstellbar als Element von Ω^k, dem k-fachen kartesischen Produkt der Grundmenge Ω. Wieviele Binärzeichen sind dazu erforderlich? Auf diese Frage gibt es zwei Antworten. Stellt man zuerst die Elemente von Ω durch Binärzeichen dar, wozu wie unter 2) wieder m Zeichen benötigt werden, und verwendet dann diese Darstellung zur Formulierung der Nachrichtenkette, so lautet die Antwort: Es werden $k \cdot m$ Binärzeichen benötigt. Man kann aber auch, und das ist der ökonomischere Weg, unmittelbar die N^k Elemente von Ω^k durch Binärzeichen charakterisieren; dazu werden n_k Zeichen gebraucht, wenn n_k die natürliche Zahl mit $2^{n_k-1} < N^k < 2^{n_k}$ bedeutet; letzteres ist äquivalent mit $k \log_2 N < n_k < k \log_2 N + 1$, woraus folgt:

$$\lim_{k \longrightarrow \infty} \frac{n_k}{k} = \log_2 N \tag{1.71}$$

D.h.: Die durchschnittliche Anzahl n_k/k von Binärzeichen, die pro Einzelnachricht in einer Nachrichtenkette der Länge k erforderlich sind, konvergiert mit wachsendem k gegen $\log_2 N$. In dieser Konvergenz nähert sich die Folge n_k/k von oben dem Grenzwert $\log_2 N$ an. Auf lange Sicht kommt man also mit 'fast' $\log_2 N$ Binärzeichen pro einzelner Nachricht aus.

Die Hartleysche Formel ist ein Spezialfall der nun zu behandelnden Formel von Shannon. Zu ihrer Begründung gehen wir davon aus, daß dem Empfänger neben einer endlichen Grundmenge $\Omega = \{\omega_1, \ldots, \omega_N\}$, deren Elemente die möglichen Nachrichten sind, auch eine Wahrscheinlichkeitsverteilung $\pi = (p_1, \ldots, p_N)$ auf Ω bekannt ist mit der Eigenschaft: p_i ist die Wahrscheinlichkeit, mit der die Nachricht ω_i gesendet wird $(i = 1, \ldots, k)$. Wie soll unter diesen Vorkenntnissen die Information einer einzelnen Nachricht ω_i definiert werden?

Zur Beantwortung dieser Frage betrachten wir die obige Situation, die zur Formel von Hartley führte und in der über die Wahrscheinlichkeiten der einzelnen Nachrichten nichts bekannt war. Konkretisiert man diese Unkenntnis durch die Annahme, daß jedes Element von Ω mit der gleichen Wahrscheinlichkeit $p_i = 1/N$ gesendet wird (hier liegt eigentlich eine Verschärfung der Vorkenntnisse vor, deren Rechtfertigung mit Hilfe des Prinzips vom unzureichenden Grund problematisch ist), so läßt sich die Information der Nachricht ω_i nach der Hartley-Formel mit $J(\{\omega_i\}) = \log_2 N = \log_2(1/p_i)$ identifizieren. Es ist plausibel, diesen Zusammenhang auch im Fall einer beliebigen

Verteilung $\pi = (p_1, \dots, p_N)$ zu verwenden. Dann erhält man für die verschiedenen Nachrichten $\omega_1, \dots, \omega_N$ im allgemeinen auch verschiedene Informationen $J(\{\omega_1\}) = \log_2(1/p_1), \dots, J(\{\omega_N\}) = \log_2(1/p_N)$. Je unwahrscheinlicher eine Nachricht ist, desto größer ist ihre Information.

Auf einem a posteriori Standpunkt, bei dem man sich nur für die Situation nach Erhalt der Nachricht interessiert, könnte man sich mit dieser unterschiedlichen Bewertung der Nachrichten zufrieden geben. Auf einem a priori Standpunkt (Situation vor der Nachrichtenübertragung) ist das jedoch nicht möglich. Hier stellt sich die Frage nach *einer* Maßzahl für die Information, die der Empfänger mit der Sendung einer Nachricht zu bekommen *erwarten* kann. Vor allem aber hat eine solche Maßzahl ganz zentrale Bedeutung, wenn das System Sender/Empfänger und insbesondere die Entropie des Systems bewertet werden soll. Dafür bietet sich nach unseren Überlegungen der Erwartungswert der einzelnen Informationen $J(\{\omega_1\}), \dots, J(\{\omega_N\})$ an, den man als die *Information* $J(\pi)$ bzw. *Entropie* $H(\pi)$ *der Verteilung* π erklärt. Damit erhalten wir die *Formel von Shannon*

$$J(\pi) = H(\pi) = \sum p_i \log_2 \frac{1}{p_i} = -\sum p_i \log_2 p_i \,. \tag{1.72}$$

In dem Spezialfall, in dem $\pi = (p_1, \dots, p_N)$ die Gleichverteilung auf Ω, also $p_i = 1/N$ für alle i ist, stimmen die Hartleysche und die Shannonsche Formel überein.

Zur eigentlichen Rechtfertigung der Formel von Shannon als Definition der Information bzw. Entropie einer Verteilung haben wir einen Zusammenhang zwischen ihr und der Anzahl der Binärzeichen nachzuweisen, die zur Darstellung einer Nachricht erforderlich sind. Dieser Zusammenhang ist nicht mehr so einfach herzustellen, wie es oben bei der Rechtfertigung der Formel von Hartley der Fall gewesen ist, allein schon deswegen, weil sich herausstellt, daß es nicht ökonomisch ist, für jede Nachricht $\omega_1, \dots, \omega_N$ die gleiche Anzahl von Binärzeichen zu verwenden, wenn die Wahrscheinlichkeiten für die Nachrichten verschieden sind. Es zeigt sich vielmehr, daß es am günstigsten ist, für die Binärdarstellung einer Nachricht ω_i eine Anzahl von Binärzeichen zu verwenden, die möglichst gut (näherungsweise) mit $\log_2(1/p_i)$ übereinstimmt ($i = 1, \dots, N$). Die damit verbundenen Probleme führen uns in das Gebiet der Codierung, das wir nun kurz streifen müssen.

Wir nennen $\Omega = \{\omega_1, \dots, \omega_N\}$ ein Alphabet und $\omega_1, \dots, \omega_N$ seine Buchstaben. Eine Nachricht besteht nun aus Sätzen (Aussagen), die aus Wörtern bestehen, die mit den Buchstaben $\omega_1, \dots, \omega_N$ gebildet werden. Die gegebene Verteilung $\pi = (p_1, \dots, p_N)$ entspricht (im Grenzwert) den relativen Häufigkeiten, mit denen die Buchstaben in einer sehr langen Nachricht auftreten.

Unter einer *Codierung* (Binärcodierung) von Ω, genauer von (Ω, π), versteht man eine eineindeutige Darstellung der Buchstaben von Ω durch Kombinationen, genauer: Tupel aus Nullen und Einsen. Das m_i-Tupel, das innerhalb einer Codierung von Ω den Buchstaben ω_i darstellt, heißt Codewort oder Code von ω_i und m_i heißt die Länge des Codewortes. Der Erwartungswert

$$m = \sum m_i p_i \tag{1.73}$$

heißt die *mittlere Codewortlänge* (Codierungslänge) der betreffenden Codierung. Je kleiner m ist, desto sparsamer (ökonomischer) ist die Codierung.

Eine Codierung ist natürlich nur dann sinnvoll, wenn jede mit ihr codierte Nachricht vom Empfänger auch wieder fehlerfrei decodiert werden kann. Eine derartige Codierung heißt *entzifferbar.* Daß nicht jede Codierung allein schon aufgrund ihrer Eineindeutigkeit der Zuordnung von Buchstaben zu Null-Eins-Tupeln bereits entzifferbar ist, hat seinen Grund darin, daß in einer Nachricht die Codewörter der einzelnen Buchstaben hintereinander (ohne Abstände) ausgesendet werden, und der Empfänger auf irgendeine Weise erkennen muß, wo ein Codewort aufhört und das nächste anfängt. Dazu ist der Empfänger auf jeden Fall dann in der Lage, wenn innerhalb der Codierung kein Codewort mit dem *Anfang* eines anderen, längeren Codewortes übereinstimmt. Eine solche Codierung heißt *irreduzibel.* Jede irreduzible Codierung ist also entzifferbar. (Umgekehrt muß natürlich nicht jede entzifferbare Codierung auch irreduzibel sein. Beispielweise stellt eine spiegelschriftlich geschriebene irreduzible Codierung eine entzifferbare Codierung dar, die nicht irreduzibel ist; durch die Spiegelung einer irreduziblen Codierung entsteht nämlich eine Codierung, innerhalb der kein Codewort mit dem *Ende* eines anderen, längeren Codewortes übereinstimmt.)

Beispiel 1.35 Codierungen und Shannon-Information

Wir betrachten das Alphabet $\Omega = \{A, B, C, D, E, F, G, H\}$ mit der Verteilung $\pi = (p_1, \ldots, p_8)$, die zusammen mit einigen Codierungen von Ω in der Tabelle angegeben ist. Für die Shannon-Information bzw. Entropie von π erhalten wir nach (1.72) den Wert $J(\pi) = H(\pi) = 2.75$. Die Standardcodierung I ist natürlich entzifferbar und auch irreduzibel. In ihr hat jedes Codewort die Länge 3, mithin ist auch die mittlere Codewortlänge $m = 3$. Die Codierung II ist irreduzibel, also auch entzifferbar. Darin gilt für die Codewortlänge m_i eines jeden Buchstaben ω_i gerade: $m_i = \log_2(1/p_i)$. Also stimmt hier (1.73) mit (1.72) überein: $m = 2.75$. Die Codierung III ist durch Spiegelung der Codierung II entstanden; sie ist entzifferbar, aber nicht irreduzibel, ansonsten aber mit Codierung II gleichwertig. Die Codierung IV schließlich hat zwar eine kleinere mittlere Codewortlänge, ist aber nicht entzifferbar und damit unbrauchbar.

i	(Ω,π) ω_i	p_i	Codierung I Codewort	Länge	Codierung II Codewort	Länge	Codierung III Codewort	Länge	Codierung IV Codewort	Länge
1	A	1/8	000	3	100	3	001	3	000	3
2	B	1/16	001	3	1100	4	0011	4	001	3
3	C	1/16	010	3	1101	4	1011	4	010	3
4	D	1/8	100	3	101	3	101	3	100	3
5	E	1/4	011	3	00	2	00	2	01	2
6	F	1/16	101	3	1110	4	0111	4	101	3
7	G	1/16	110	3	1111	4	1111	4	110	3
8	H	1/4	111	3	01	2	10	2	11	2
			$m = 3$		$m = 2.75$		$m = 2.75$		$m = 2.5$	

□

In dem folgenden Satz, zu dessen Beweis wir auf Ash [1965], S. 36ff. verweisen, wird der angekündigte Zusammenhang zwischen Information bzw. Entropie und dem Aufwand (der Länge) einer Codierung wiedergegeben, durch den die Formel von Shannon als Definition für die Information bzw. Entropie ihre Rechtfertigung erfährt.

Satz 1.23 *Sei m die mittlere Codewortlänge einer Codierung von (Ω, π) und $H(\pi)$ die Entropie (Information) der Verteilung $\pi = (p_1, \ldots, p_N)$.*

a) Für jede entzifferbare Codierung gilt: $m \geq H(\pi)$.

b) Genau dann gibt es eine entzifferbare Codierung mit $m = H(\pi)$, wenn jedes p_i in π eine ganzzahlige Potenz von $1/2$ ist.

c) Es gibt stets eine irreduzible (mithin auch entzifferbare) Codierung mit $H(\pi) \leq m < H(\pi) + 1$.

Nach Aussage a) dieses Satzes ist $H(\pi)$ eine untere Schranke für den Codierungsaufwand, gemessen durch die mittlere Codewortlänge einer entzifferbaren Codierung. Die Aussage b) zeigt, daß diese Schranke scharf ist, allerdings nur in dem sehr weit gefaßten Sinne, daß es Verteilungen π mit einer dazu passenden Codierung gibt, für welche die untere Schranke $H(\pi)$ gerade angenommen wird. In der Aussage c) wird festgestellt, daß es *zu jeder Verteilung* π eine geeignete Codierung gibt, deren mittlere Codewortlänge in der Nähe von $H(\pi)$ liegt, wenn man mit 'Nähe' ein relativ großes Intervall der Länge 1 meint. Dieser Sachverhalt läßt sich aber, ähnlich wie oben bei der Rechtfertigung der Hartleyschen Formel, noch wesentlich verschärfen. Mit Hilfe der Doppelungleichung in Aussage c) läßt sich nämlich auch für die Shannon-Information $H(\pi)$ die (1.71) entsprechende Grenzwertaussage

$$\lim_{k \longrightarrow \infty} \frac{m(k)}{k} = H(\pi) \tag{1.74}$$

nachweisen. Darin bedeutet $m(k)$ die mittlere Codewortlänge einer geeigneten (d.h. möglichst günstigen) Codierung von Ω^k, also von Nachrichten, die aus k Buchstaben des Alphabets Ω bestehen, wobei als Verteilung auf Ω^k das k-fache Produkt π^k der Verteilung π zugrundegelegt ist. Genauso wie in der Aussage (1.71) hat man auch für die Gültigkeit von (1.74) von einer Codierung von Ω^k auszugehen, muß also mit wachsendem k die Codierung jedesmal neu einrichten, so daß eine ganze Folge von Codierungen entsteht. Unter derartigen Folgen gibt es dann nach (1.74) solche, die 'auf lange Sicht' mit einem möglichst geringen Codierungsaufwand auskommen, dessen mittlere Codewortlänge pro Buchstabe asymptotisch gleich $H(\pi)$ ist.

Satz 1.24 ***(Diskreter Extremalsatz):*** *Unter allen Verteilungen auf $\Omega = \{\omega_1, \ldots, \omega_N\}$ besitzt die (diskrete) Gleichverteilung maximale Entropie.*

Beweis: Sei $\pi = (p_1, \ldots, p_N)$ eine beliebige Verteilung auf Ω und π_0 die Gleichverteilung auf Ω, für die $H(\pi_0) = \log_2 N$ gilt. Zu zeigen ist die Ungleichung

$$H(\pi) = \sum p_i \log_2(1/p_i) \leq \log_2 N = H(\pi_0)\,. \tag{1.75}$$

Dazu betrachten wir eine diskrete Zufallsvariable Z mit der Verteilung

$$P(Z = 1/p_i) = p_i\,, \qquad i = 1, \ldots, N\,.$$

Dafür erhalten wir, da $\log_2 z$ eine (strikt) konkave Funktion ist, mit Hilfe der Jensenschen Ungleichung (siehe etwa Lehmann [1991], S. 50):

$$\sum p_i \log_2(1/p_i) = E \log_2 Z \ \leq \ \log_2 EZ = \log_2 \sum (1/p_i) p_i = \log_2 N\,.$$

In dieser Ungleichung steht genau dann das Gleichheitszeichen, wenn Z mit Wahrscheinlichkeit 1 konstant ist, d.h. wenn $p_1 = \ldots = p_N$ gilt. □

Wir wollen nun den Informations- oder Entropiebegriff, den wir bisher nur für diskrete Verteilungen mit endlichen Trägern kennengelernt haben, auf beliebige Verteilungen verallgemeinern. Dazu betrachten wir eine Zufallsgröße X und ihre Verteilung P mit der ν-Dichte $f(x)$. Im diskreten Fall ist $f(x)$ die Wahrscheinlichkeitsfunktion von X und ν das Zählmaß auf dem Träger von P, im stetigen Fall ist ν das Lebesgue-Maß und $f(x)$ die klassische (Lebesgue-)Dichte von X. Mit der Information oder Entropie der Verteilung P sollen wieder übereinstimmende Größen unterschiedlicher Bedeutung erfaßt werden, die wir mit $H(P)$ oder bevorzugt $H(X)$ bezeichnen: Die Entropie $H(X)$ stellt die Unsicherheit oder Unbestimmtheit über eine zukünftige Beobachtung x

von X dar, die durch die Verteilung P gegeben ist, die Information $H(X)$ charakterisiert die zu erwartende Kenntnis, die mit einer Beobachtung x von X gewonnen wird, also die zu erwartende Aufhebung der Unsicherheit. (Beide Bedeutungen beziehen sich auf die Situation vor der Beobachtung von X, die a priori Situation.)

Um ganz allgemein die Entropie oder Information $H(X)$ einer Zufallsgröße X einführen zu können, müssen wir allerdings von der Vorstellung Abstand nehmen, daß mit $H(X)$ die Anzahl der Binärzeichen oder die mittlere Länge der Codierung erfaßt wird, die (mindestens) erforderlich ist, um die möglichen Werte von X durch Null-Eins-Tupel darzustellen. Im allgemeinen kann X nämlich unendlich viele verschiedene Werte annehmen, so daß zu ihrer Codierung auch unendlich viele Binärzeichen erforderlich wären und nichts anderes übrig bliebe, als $H(X) = \infty$ zu setzen, wenn die angesprochene Vorstellung gültig bleiben sollte. Auf diese Weise hätten etwa alle (Lebesgue-)stetigen Verteilungen, ja sogar alle Verteilungen mit einer stetigen Verteilungsfunktion die Entropie 'Unendlich' und könnten in Hinblick auf ihre Entropie nicht mehr unterschieden werden. Um ein derart inoperationales Maß für die Entropie auszuschließen, hat man in dem allgemeinen Fall, in dem X unendlich viele verschiedene Werte annehmen kann, auf einer 'Entropie-Skala' einen anderen Nullpunkt festzulegen als in dem bisher betrachteten Spezialfall, in dem X nur endlich viele verschiedene Werte annimmt.

Im letztgenannten Spezialfall soll natürlich die bisherige Definition (1.72) erhalten bleiben. Daraus ergibt sich: *Die Entropie der Einpunktverteilung hat den Wert Null.* Diese Festlegung der Entropie Null entspricht genau unseren Vorstellungen von der Entropie als einem Maß für die Unbestimmtheit einer Verteilung. Genauso gut entspricht es unserer Anschauung, daß es in dem bisher betrachteten Spezialfall *keine Verteilungen mit negativer Entropie gibt.*

Im allgemeinen Fall lassen sich diese intuitiven Vorstellungen über die Entropie nicht mehr aufrecht erhalten. So ergibt sich im stetigen Fall für die Entropie Null die folgende Festlegung (siehe Beispiel (1.37a)): *Die Entropie der stetigen Gleichverteilung auf dem Einheitsintervall hat den Wert Null.* Entsprechend treten hier auch *Verteilungen mit negativer Entropie* auf, eben solche, die informativer sind als die eben erwähnte Gleichverteilung.

Auf diese Weise entsteht die unbefriedigende Situation, daß es Verteilungen gibt, deren Entropien auf verschiedenen Skalen gemessen werden, so daß die Unbestimmtheiten solcher Verteilungen nicht unmittelbar durch ihre Entropiemaße verglichen werden könnnen. Diesem Nachteil einer Mehrdeutigkeit der Entropie-Skala steht als Vorteil nicht nur die erwünschte Endlichkeit der Entropien vieler stetiger Verteilungen gegenüber, sondern auch eine einheitliche formale Darstellung der Entropie $H(X)$, die eine strikte Verallgemeinerung der Shannonschen Formel (1.72) darstellt: Für eine Zufallsgröße X mit der ν-Dichte $f(x)$ erklärt man als *Entropie* oder *(Shannon-)Information (der*

Verteilung) von X die Größe

$$H(X) = -\int f(x)\log_2 f(x)d\nu = -E\log_2 f(X)\,. \tag{1.76}$$

Wie schon erwähnt bezieht sich $H(X)$ sowohl als Entropie- wie auch als Informationsmaß auf die a priori Situation. Dieser Sachverhalt wird auch an der Erwartungswertbildung in (1.76) deutlich. In der a posteriori Situation erklärt man $J(x) := -\log_2 f(x)$ als die (Shannon-)Information der Beobachtung x von X, so daß $H(X)$ gerade der Erwartungswert von $J(X)$ wird.

Wir werden im nächsten Abschnitt von der Freiheit Gebrauch machen, in der Darstellung von $H(X)$ und $J(X)$ den Logarithmus dualis '$\log_2$' durch den natürlichen Logarithmus 'log' zu ersetzen, eine Freiheit, die durch den Verzicht auf den Zusammenhang zwischen Entropie und Codierung entsteht.

$H(X)$ hängt nur von der Verteilung von X ab, stellt also einen *Parameter der Verteilung* dar. Dieser unterscheidet sich aber ganz wesentlich von den sonst üblichen Parametern, die auf die Momente der Verteilung aufbauen, von denen der Erwartungswert EX und die Varianz $VarX$ die bekanntesten sind. In die Parameter EX und $VarX$ gehen nämlich die Werte x, die von X angenommen werden, auf entscheidende Weise mit ein (EX soll ja die Lage und $VarX$ die Streuung dieser Werte beschreiben), während das für den Parameter $H(X)$, wenigstens seinem Aufbau und Zweck nach, nicht der Fall ist. Dieser prinzipielle Unterschied kommt in voller Schärfe zur Geltung, wenn X eine Zufallsgröße ist, die nur endlich viele, sagen wir wieder N verschiedene Werte annimmt. In diesem Fall hängt $H(X)$ nach (1.72) außer von N nur von den Wahrscheinlichkeiten $p_1, \ldots, p_N$ ab, mit denen X seine Werte annimmt, nicht aber von den Werten selbst. Insbesondere ist $H(X)$ unabhängig davon, wie groß die Abstände zwischen den möglichen Werten von X sind, während $VarX$ von diesen Abständen gerade entscheidend beeinflußt wird. Daher trifft auch die naheliegende Vermutung nicht zu, daß zwischen $H(X)$ und $VarX$ irgendeine Monotoniebeziehung der Art 'je größer die Varianz, desto größer die Entropie' besteht.

Beispiel 1.36 Entropie und Varianz einer Zweipunktverteilung

Wir betrachten eine reellwertige Zufallsgröße X, welche die beiden Werte x_1 und x_2 mit den Wahrscheinlichkeiten p bzw. $1-p$ annimmt (Zweipunktverteilung). Ihre Entropie $H(X)$ lautet:

$$H(X) = -[p\log_2 p + (1-p)\log_2(1-p)]\,.$$

Sie ist unabhängig von x_1 und x_2. Für die Varianz von X erhalten wir (nach elementarer Rechnung) die von x_1 und x_2 abhängige Größe

$$VarX = p(1-p)(x_2 - x_1)^2 .$$

Schon in diesem einfachen Fall lassen sich (durch Variation von p, x_1 und x_2) Verteilungen angeben, für die eine größere Entropie mit einer kleineren Varianz einhergeht. □

Die prinzipielle Verschiedenheit von Entropie und Varianz tritt im Fall allgemeiner Verteilungen nicht mit derselben Schärfe zutage wie im Fall diskreter Verteilungen mit endlichen Trägern. Hier kommen nämlich durch die Bildung des ν-Integrals in (1.76) auch 'Abstände' zwischen den x-Werten ins Spiel, die mit dem dominierenden Maß ν gemessen werden. (Der Integrand in (1.76) wird durch diese Abstände nicht beeinflußt!) Im stetigen Fall etwa geht (1.76) über in

$$H(X) = -\int f(x)\log_2 f(x)dx \tag{1.77}$$

und stellt für ein reellwertiges X eine Fläche dar, in welche die Abstände der x-Werte durchaus eingehen. Daher ist hier im Unterschied zum Fall einer diskreten Verteilung mit endlichem Träger die *Entropie nicht invariant gegenüber einer eineindeutigen Transformation von* X. Auf diesen Umstand, der als ein Defizit des Entropiebegriffes angesehen werden kann, kommen wir noch einmal in Abschnitt 2.5.3 zurück.

Der dargelegte Sachverhalt wirft auch ein Licht auf die Frage, welche Verteilungen denn in Hinblick auf ihre Unbestimmtheit mit dem Entropiemaß (1.76) verglichen werden dürfen. Die (unvollständige) Antwort lautet: Der Vergleich zweier Entropien ist *nur dann* sinnvoll, wenn in (1.76) mit demselben dominierenden Maß ν integriert wird. (Diese Bedingung ist allerdings nur notwendig und nicht hinreichend.) Auf jeden Fall ist aber der Vergleich von Entropien innerhalb der Klasse aller (Lebesgue-)stetigen Verteilungen durchgängig sinnvoll.

Beispiel 1.37 Die Entropien einiger stetiger Verteilungen

a) Für eine auf dem Intervall $[a;b]$ *gleichverteilte* Zufallsvariable X ist

$$H(X) = -E\log_2(1/(b-a)) = \log_2(b-a) .$$

b) Für eine mit dem Parameter λ *exponentialverteilte* Zufallsvariable X erhalten wir:

$$H(X) = -E\log_2\left(\lambda e^{-\lambda X}\right) = -\log_2\lambda + \lambda EX\log_2 e = \log_2(e/\lambda) .$$

c) Für eine mit den Parametern μ und σ^2 *normalverteilte* Zufallsvariable X gilt:

$$\begin{aligned} H(X) &= -E\log_2\left(\frac{1}{\sqrt{2\pi\sigma^2}}\exp\left\{-\frac{1}{2}\left[\frac{X-\mu}{\sigma}\right]^2\right\}\right) \\ &= \log_2\sqrt{2\pi\sigma^2}+\frac{1}{2}E\left[\frac{X-\mu}{\sigma}\right]^2\log_2 e \\ &= \log_2\sqrt{2\pi e\sigma^2}. \end{aligned}$$

□

In Analogie zum Extremalsatz 1.24 für diskrete Verteilungen (mit endlichem Träger) gilt für stetige Verteilungen der folgende

Satz 1.25 ***(Stetiger Extremalsatz)****: Unter allen (Lebesgue-)stetigen eindimensionalen Verteilungen, deren Dichte außerhalb eines beschränkten Intervalles $[a;b]$ verschwindet, besitzt die (stetige) Gleichverteilung auf $[a;b]$ maximale Entropie.*

Beweis: Sei X eine reellwertige, (Lebesgue-)stetige Zufallsgröße mit einer Dichte $f(x)$, die außerhalb von $[a;b]$ verschwindet, M diejenige Teilmenge in $[a;b]$, auf der $f(x)$ positiv ist, und λ das eindimensionale Lebesgue-Maß. Dann ergibt sich, da '$\log_2$' eine (strikt) konkave Funktion ist, mit Hilfe der Jensenschen Ungleichung (siehe wieder Lehmann [1991], S. 50):

$$\begin{aligned} H(X) &= E\log_2[1/f(X)] \leq \log_2 E[1/f(X)] \\ &= \log_2\int_M [1/f(x)]\,f(x)d\lambda = \log_2\lambda(M) \leq \log_2(b-a). \end{aligned}$$

Letzteres ist aber nach Beispiel 1.37a) die Entropie der Gleichverteilung auf $[a;b]$. In dieser Ungleichung steht genau dann (überall) das Gleichheitszeichen, d.h. $H(X)=\log_2(b-a)$, wenn erstens $[1/f(X)]$ mit Wahrscheinlichkeit 1 konstant ist, d.h. wenn X stetig gleichverteilt ist, und zweitens $\lambda(M)=b-a$ gilt, d.h. die betreffende Gleichverteilung eine solche auf $[a;b]$ ist. □

Auch für die beiden anderen Verteilungen des Beispiels 1.37 sind gewisse Extremalsätze gültig: Die Exponentialverteilung mit dem Parameter λ besitzt maximale Entropie unter allen stetigen Verteilungen auf der positiven Halbachse, die den fest vorgegebenen Erwartungswert $\mu = 1/\lambda$ besitzen. Und die $N(\mu;\sigma^2)$-Verteilung besitzt maximale Entropie unter allen stetigen Verteilungen mit vorgegebenem Erwartungswert μ und vorgegebener Varianz σ^2. Wir kommen darauf in Abschnitt 2.5.3 zurück.

Wir wollen nun die Begriffsbildung der Entropie noch etwas ausdehnen. Dazu betrachten wir zwei Zufallsgrößen X und Y, die auf demselben Wahrscheinlichkeitsraum erklärt sind. Durch (1.76) ist dann auch die *gemeinsame Entropie* $H(X, Y)$ *von* X *und* Y erklärt. Man hat dazu nur in (1.76) an Stelle von $f(x)$ die gemeinsame Dichte $f(x, y)$ von X und Y einzusetzen und den Erwartungswert mit der gemeinsamen Verteilung von X und Y zu bilden (Integration über x und y). Ganz entsprechend ergibt sich aus (1.76) auch die *bedingte Entropie* $H(X|Y)$ *von* X *unter* Y. Dazu hat man in (1.76) an Stelle von $f(x)$ die bedingte Dichte $f(x|y)$ einzusetzen, den Erwartungswert mit der bedingten Verteilung von X unter der Bedingung $Y = y$ zu bilden (Integration über x) und dann noch die Erwartungswertbildung mit der Randverteilung von Y vorzunehmen (Integration über y). Für diese verschiedenen Entropien gelten die Aussagen des folgenden Satzes, die auch unseren intuitiven Vorstellungen entsprechen.

Satz 1.26 *Gegeben seien zwei Zufallsgrößen* X *und* Y *mit einer endlichen gemeinsamen Entropie* $H(X, Y)$. *Dann sind auch die Entropien* $H(X)$, $H(Y)$ *und* $H(X|Y)$ *endlich, und es gelten die Aussagen:*

a) $H(X|Y) = H(X, Y) - H(Y)$.

b) $H(X|Y) \leq H(X)$, *wobei das Gleichheitszeichen genau dann gilt, wenn* X *und* Y *unabhängig sind.*

c) $H(X, Y) = H(X) + H(Y)$, *falls* X *und* Y *unabhängig sind (Additivität der Entropie bzw. Information).*

Zum Beweis verweisen wir auf Ash [1965], Chap. 8. Natürlich ergibt sich Aussage c) aus den Aussagen a) und b).

Die Einführung der Entropie einer beliebigen Verteilung durch die Formel (1.76) wurde im wesentlichen dadurch gerechtfertigt, daß mit ihr eine strikte Verallgemeinerung der Entropieformel (1.72) vorliegt und damit eine einheitliche formale Definition der Entropie einer Verteilung gewährleistet ist. Diese Rechtfertigung erscheint noch durch stärkere Argumente ergänzungsbedürftig zu sein, vor allem deswegen, weil im allgemeinen kein unmittelbarer Zusammenhang mehr zwischen der Entropie und dem Codierungsaufwand gegeben ist.

Eine solche zusätzliche Rechtfertigung besteht in einer axiomatischen Begründung der Definition (1.76). Dazu werden z.B. die in Satz 1.26 angegebenen Eigenschaften der Entropie zusammen mit gewissen weiteren Eigenschaften als Axiome gefordert. Damit wird dann nachgewiesen, daß die Größe (1.76) das einzige Funktional ist, welches diese Axiome erfüllt. Eine solche axiomatische Begründung findet man schon bei Shannon [1948] und Wiener

[1950], eine ausführliche Diskussion dazu bei Rényi [1966]. Es gibt verschiedene Axiomensysteme, die zur Entropiedefinition (1.76) führen. Unter diesen spielt die Forderung der Additivität der Entropie bzw. Information eine entscheidende Rolle.

Eine andere Rechtfertigung, die ebenfalls bei Rényi [1966] abgehandelt wird, besteht in der Möglichkeit, die Entropie einer stetigen Verteilung durch die Entropie einer diskreten Verteilung mit endlichem Träger zu approximieren. Eine solche Approximation ist allerdings nur mittelbar möglich, nämlich unter Berücksichtigung der oben erwähnten Umskalierung (Nullpunktverschiebung) der Entropieskala, die beim Übergang vom diskreten Fall (mit endlichem Träger) auf den stetigen Fall erforderlich ist. Geschieht dies auf geeignete Weise, so kann man (1.76) durch einen Grenzübergang aus (1.72) gewinnen.

1.3.2 Information einer Stichprobe

Der Informationsbegriff im letzten Abschnitt war deduktiver Natur. Mit ihm wurde die Information erfaßt, die in einer gegebenen Verteilung einer Zufallsgröße über eine zukünftige Beobachtung derselben enthalten ist. Gegenstand dieses Abschnittes ist ein gerade umgekehrter, induktiv geprägter Begriff von Information, dessen Inhalt die Information einer Beobachtung (Stichprobe) einer Zufallsgröße über die unbekannte Verteilung derselben ist. Ausgangspunkt ist wie stets eine Verteilungsannahme $\mathfrak{P} = \{P_\theta : \theta \in \Theta\}$ über die Stichprobe X.

Mit der Information, die in einer Stichprobe X über den unbekannten Parameter θ enthalten ist, haben wir uns schon oft befaßt. Das war vor allem der Fall im Zusammenhang mit der Einführung des Suffizienzbegriffes in Abschnitt 1.2.1 und des Begriffs einer ancillary Statistik in Abschnitt 1.2.5. Die charakteristischen Aussagen dieser Abschnitte greifen wir hier noch einmal auf:

Eine Statistik kann grundsätzlich nur dann Informationen der Stichprobe über θ enthalten, wenn die Verteilung dieser Statistik überhaupt von θ abhängt. Anders ausgedrückt: Eine Statistik V ist ancillary für Θ und enthält (für sich allein) keine Information der Stichprobe über θ, wenn die Verteilung von V unabhängig von θ ist.

Eine Statistik T ist suffizient und enthält die gesamte Information der Stichprobe X über θ, wenn die bedingte Verteilung von X unter $T = t$ nicht von θ abhängt.

Hier soll nun der Begriff 'Information einer Stichprobe' formal definiert werden und zwar derart, daß die betreffende Information zu einer quantitativen

Größe wird. Dabei soll die intuitive Bedeutung, in der bisher von der Information einer Stichprobe die Rede war, erhalten bleiben. Insbesondere sollen die typischen Aussagen über Suffizienz, Ancillarity und Information auch bei Verwendung des formal definierten Begriffes 'Information' Gültigkeit behalten. Es muß betont werden, daß Suffizienz und Ancillarity (und auch Minimalsuffizienz und Vollständigkeit) eine wesentlich allgemeinere und grundsätzlichere Bedeutung für die induktive Statistik haben als ein formalisierter Informationsbegriff. Eine Einschränkung erfährt der letztere Begriff nämlich vor allem durch seine Bindung an relativ stark einschränkende Regularitätsvoraussetzungen an die zugrundeliegende Verteilungsfamilie.

Wir beschränken uns in diesem Abschnitt auf den einfachen Fall einer Verteilungsannahme $\mathfrak{P} = \{P_\theta : \theta \in \Theta\}$ mit *reellem Parameter* θ, also mit $\Theta \subset \mathbb{R}$. Vorausgesetzt werden die folgenden *Regularitätseigenschaften*:

1) $\mathfrak{P}$ ist durch ein (σ-finites) Maß ν dominiert, also darstellbar als $\mathfrak{P} = \{f(x;\theta) : \theta \in \Theta\}$.

2) Θ ist ein (endliches oder unendliches) offenes Intervall.

3) Die Verteilungen von $\mathfrak{P}$ haben alle denselben Träger, so daß auch $C := \{x : f(x;\theta) > 0\}$ unabhängig von θ ist.

4) Die Dichten $f(x;\theta)$ sind für jedes $x \in C$ zweimal nach θ differenzierbar, die betreffenden Ableitungen sind integrierbar über x bzgl. ν, wobei die betreffenden Differentiationen und Integrationen vertauschbar sind, d.h.:

$$\int \frac{d}{d\theta} f(x;\theta) d\nu = \frac{d}{d\theta} \int f(x;\theta) d\nu = 0 \qquad (1.78)$$

$$\int \frac{d^2}{d\theta^2} f(x;\theta) d\nu = \frac{d}{d\theta} \int \frac{d}{d\theta} f(x;\theta) d\nu = 0\,. \qquad (1.79)$$

Eine Verteilungsfamilie $\mathfrak{P}$ mit diesen Eigenschaften nennen wir *Fisher-regulär*.

Diese Regularitätseigenschaft stellt im wesentlichen eine etwas abgeschwächte Version der Regularitätseigenschaft von Exponentialfamilien dar; man vergleiche dazu Abschnitt 1.1.3, insbesondere (1.22). Danach gilt: Wird eine Exponentialfamilie durch ihren natürlichen Parameter $\gamma = \gamma(\theta)$ parametrisiert und als Parameterraum das Innere des natürlichen Parameterraumes Γ zugrundegelegt, so ist sie Fisher-regulär. Für die ursprüngliche Darstellung einer Exponentialfamilie mit dem Parameter θ und Parameterraum Θ bedeutet dies: Eine Exponentialfamilie ist Fisher-regulär, wenn Θ ein offenes Intervall und $\gamma(\theta)$ zweimal nach θ differenzierbar ist. Unter diesen im allgemeinen erfüllten Voraussetzungen können wir festhalten: Eine Exponentialfamilie ist i.a. Fisher-regulär.

Ein Beispiel für eine Fisher-reguläre Verteilungsfamilie, die keine Exponentialfamilie ist, stellen die Cauchy-Verteilungen in Beispiel 1.23 dar.

Ist über die Stichprobe $X = (X_1, \ldots, X_n)$ eine Fisher-reguläre Verteilungsannahme $\mathfrak{P} = \{f(x;\theta) : \theta \in \Theta\}$ gegeben, so nennt man für jedes feste $x \in C$

$$K(\theta; x) := \frac{d}{d\theta} \log f(x;\theta) = \frac{d}{d\theta} f(x;\theta) \;/\; f(x;\theta) \tag{1.80}$$

die *Score-Funktion der Beobachtung* x und die dazugehörige Zufallsgröße $K(\theta; X)$ die *Score-Funktion der Stichprobe* X. Sie gibt für jeden Parameterwert θ die relative Veränderung der Dichte an und kann als ein Maß dafür angesehen werden, wie gut man aufgrund einer Beobachtung x die verschiedenen Dichten (Verteilungen, Parameterwerte) *lokal* (in der Umgebung eines gegebenen Parameterwertes θ) *trennen* kann. Daher spielt die Score-Funktion eine wichtige Rolle für die Konstruktion von Tests und bei der Beurteilung der Genauigkeit einer Schätzung. Hier dient sie als Grundlage zur Definition der Fisher-Information. Bevor wir dazu kommen, beweisen wir noch zwei elementare Eigenschaften der Score-Funktion:

$$E_\theta K(\theta; X) = 0 \tag{1.81}$$

$$Var_\theta K(\theta; X) = -E_\theta \frac{d}{d\theta} K(\theta; X) . \tag{1.82}$$

Beweis: $E_\theta K(\theta; X) = \int K(\theta; x) f(x;\theta) d\nu = \int \frac{d}{d\theta} f(x;\theta) d\nu = 0$ wegen (1.78). Zum Nachweis von (1.82) verwenden wir die Beziehung

$$\frac{d^2}{d\theta^2} \log f(x;\theta) = \frac{d}{d\theta} \left[\frac{\frac{d}{d\theta} f(x;\theta)}{f(x;\theta)} \right] = \frac{\frac{d^2}{d\theta^2} f(x;\theta)}{f(x;\theta)} - \left[\frac{\frac{d}{d\theta} f(x;\theta)}{f(x;\theta)} \right]^2 .$$

Damit und mit Hilfe von (1.79) und (1.81) erhalten wir

$$\begin{aligned} Var_\theta K(\theta; X) &= E_\theta [K(\theta; X)]^2 = \int \left[\frac{\frac{d}{d\theta} f(x;\theta)}{f(x;\theta)} \right]^2 f(x;\theta) d\nu \\ &= \int \frac{d^2}{d\theta^2} f(x;\theta) d\nu - \int \frac{d^2}{d\theta^2} \log f(x;\theta) f(x;\theta) d\nu \\ &= -E_\theta \frac{d}{d\theta} K(\theta; X) . \qquad \square \end{aligned}$$

Zur Definition der Fisher-Information wird eine Fisher-reguläre Verteilungsannahme $\mathfrak{P} = \{f(x;\theta) : \theta \in \Theta\}$ über X vorausgesetzt. Für jedes feste $x \in C$ heißt dann

$$I(\theta; x) := -\frac{d}{d\theta} K(\theta; x) = -\frac{d^2}{d\theta^2} \log f(x;\theta) \tag{1.83}$$

die *Fisher-Information der Beobachtung* x über den Parameter θ. Der Erwartungswert der entsprechenden Zufallsgröße $I(\theta; X)$ heißt die (erwartete)

Fisher-Information $I_X(\theta)$ über θ; dafür erhalten wir unter Berücksichtigung von (1.82) und (1.81) die Darstellungen

$$I_X(\theta) = E_\theta I(\theta; X) = Var_\theta K(\theta; X) = E_\theta K^2(\theta; X)\,. \tag{1.84}$$

$I(\theta; x)$ stellt die Information der beobachteten Stichprobe x über θ dar und bezieht sich damit auf die Situation nach der Beobachtung der Stichprobe (*a posteriori* Standpunkt); $I_X(\theta)$ ist der Erwartungswert der Information über θ, die man erhalten wird, wenn eine Stichprobe X beobachtet werden wird, bezieht sich also auf die Situation vor der Beobachtung der Stichprobe (*a priori* Standpunkt).

Im Gegensatz zur Score-Funktion $K(\theta; X)$ ist die Fisher-Information $I_X(\theta)$ keine Zufallsgröße, sondern stellt eine durch die Verteilungsannahme $\mathfrak{P}$ bestimmte (deterministische) Funktion von θ dar. Statt $I_X(\theta)$ wäre daher auch die Bezeichnung $I_{\mathfrak{P}}(\theta)$ angebracht. Wir bevorzugen die Schreibweise $I_X(\theta)$ und nennen $I_X(\theta)$ die Fisher-Information *der Stichprobe* X oder kurz die *Information von* X, um diese Größe auf einfache Weise von der Information $I_T(\theta)$ einer Statistik $T = T(X)$ unterscheiden zu können. Bevor wir darauf eingehen, haben wir noch die inhaltliche Bedeutung der sehr formal gefaßten Definition der Fisher Information aufzuschließen. Dazu bieten sich die folgenden Interpretationen an.

a) Interpretation als Trenninformation

Aus der oben angegebenen Interpretation der Score-Funktion ergibt sich unmittelbar, daß $K^2(\theta; x)$ ein Maß dafür ist, wie gut man in der Umgebung von θ (d.h. lokal) die verschiedenen Dichten $f(x; \theta)$ trennen kann, wenn die Beobachtung x vorliegt. Als Erwartungswert von $K^2(\theta; X)$ stellt daher $I_X(\theta)$ ein Maß dafür dar, wie gut man in der Umgebung von θ die Dichten wird trennen können, wenn eine Stichprobe beobachtet werden wird. In diesem Sinne kann die Fisher-Information als *lokale Trenninformation* aufgefaßt werden.

b) Interpretation als Krümmungsradius

Wir nehmen an, daß für jede Beobachtung x die Dichte $f(x; \theta)$ als Funktion von θ ein eindeutig bestimmtes Maximum besitzt, und bezeichnen die Maximalstelle mit $\widehat{\theta}$. Später werden wir $\widehat{\theta}$ die *Maximum-Likelihood-Schätzung* für θ aufgrund der Beobachtung x nennen. Wir 'normieren' $f(x; \theta)$ durch die Bildung des Quotienten $f(x; \theta)/f(x; \widehat{\theta})$ auf Werte zwischen 0 und 1 und entwickeln den Logarithmus dieser Normierung, also die Funktion

$$k(\theta; x) := \log \frac{f(x; \theta)}{f(x; \widehat{\theta})} = \log f(x; \theta) - \log f(x; \widehat{\theta})$$

an der Stelle $\widehat{\theta}$; dabei ist x nach wie vor fest. Bis auf Glieder höherer Ordnung erhalten wir dann mit Hilfe von (1.83):

$$k(\theta;x) \approx \frac{1}{2}(\theta-\widehat{\theta})^2 \frac{d}{d\theta^2} k(\widehat{\theta};x) = -\frac{1}{2}(\theta-\widehat{\theta})^2 I(\widehat{\theta};x). \tag{1.85}$$

Also stimmt $k(\theta;x)$ in der Umgebung von $\widehat{\theta}$ näherungsweise mit einer (nach unten geöffneten) Parabel überein, die ihren Scheitel an der Stelle $\widehat{\theta}$ hat und den *Krümmungsradius* $1/I(\widehat{\theta};x)$ besitzt. Je größer die Information $I(\widehat{\theta};x)$ für eine Beobachtung x ist, desto stärker ist diese Parabel gekrümmt und desto schärfer zeichnet sich mithin $k(\widehat{\theta};x)$ in der Umgebung von $\widehat{\theta}$ als Maximum ab. Übertragen auf die Dichte $f(x;\theta)$ bedeutet das: Je größer die Information $I(\widehat{\theta};x)$ ist, desto 'schärfer' oder 'genauer' wird die Maximum-Likelihood-Schätzung.

c) Interpretation als inverse Varianz

Der unter b) beschriebene Zusammenhang läßt sich auch wahrscheinlichkeitstheoretisch interpretieren. Dazu bringen wir die Approximation (1.85) durch Rücktransformation auf $f(x;\theta)$ in die Form

$$f(x;\theta) \approx f(x;\widehat{\theta}) \exp\left\{-\frac{1}{2} I(\widehat{\theta};x)(\theta-\widehat{\theta})^2\right\}. \tag{1.86}$$

Darin stellt die rechte Seite bis auf einen Normierungsfaktor die Dichte einer Normalverteilung dar und zwar mit dem Erwartungswert $\widehat{\theta}$ und der Varianz $1/I(\widehat{\theta};x)$; wir schreiben dafür symbolisch

$$f(x;\theta) \overset{a}{\sim} N(\widehat{\theta}; 1/I(\widehat{\theta};x)). \tag{1.87}$$

Diese Beziehung können wir nun folgendermaßen deuten: Nach der Beobachtung x verhält sich der unbekannte Parameter θ in der Umgebung von $\widehat{\theta}$ wie eine Zufallsgröße, die approximativ (und bis auf einen Normierungsfaktor) normalverteilt ist. Diese approximierende Verteilung besitzt den Erwartungswert $\widehat{\theta}$ und als *Varianz die Inverse der Fisher-Information* $I(\widehat{\theta};x)$. Je größer diese Information ist, desto kleiner ist die Varianz dieser Verteilung und desto genauer oder sicherer, so kann man erwarten, wird der Schluß aus der Beobachtung x auf die Schätzung $\widehat{\theta}$ für das unbekannte θ.

d) Interpretation durch die Shannon-Information

Zu gegebenem θ, also bei bekannter Dichte $f(x;\theta)$ ist die Shannon-Information $J(x;\theta)$ einer Beobachtung x im letzten Abschnitt in Anschluß an (1.76) definiert worden als $J(x;\theta) = \log[1/f(x;\theta)]$. Für zwei verschiedene

Parameterwerte θ und θ' ergibt sich daher als Unterschied der Shannon-Informationen die Größe $J(x;\theta') - J(x;\theta) = \log[f(x;\theta)/f(x;\theta')]$; dabei ist x fest. Je größer dieser Unterschied zu einem gegebenem θ bezüglich eines θ' ausfällt, desto informativer ist in einem gewissen Sinne die Beobachtung x für das gegebene θ relativ zu θ'. Der Erwartungswert des Unterschiedes, d.h. $E_\theta \log[f(X;\theta)/f(X;\theta')]$, wird die *Kullback-Leibler-Information* für θ relativ zu θ' genannt; sie soll mit $KL(\theta;\theta')$ bezeichnet werden. Diese Größe steht mit der Fisher-Information $I_X(\theta)$ in dem folgenden approximativen Zusammenhang:

$$KL(\theta;\theta+\Delta\theta) \approx \frac{1}{2}[\Delta\theta]^2 I_X(\theta)\,, \tag{1.88}$$

Dabei steht in (1.88) das Gleichheitszeichen bis auf Glieder höherer Ordnung, d.h. bis auf Glieder der Größenordnung $O([\Delta\theta]^3)$. Dieser Zusammenhang wird wohl zum erstenmal bei Savage [1954], S. 234ff. aufgedeckt, spätere Beweise dazu findet man bei Kullback [1959], S. 26ff. oder Zacks [1971], S. 212ff.. Die Monographie von Kullback [1959] stellt eine umfangreiche Einführung der Informationstheorie unter statistischen Gesichtspunkten dar. Zur besonderen Bedeutung der Kullback-Leibler-Information in der Schätztheorie verweisen wir auf Kester [1980] und Rüschendorf [1988].

Wir führen nun auch die Fisher-Information $I_T(\theta)$ einer Statistik $T = T(X)$ ein. Die Verteilungen von T werden durch das Bildmaß ν^T dominiert, besitzen also ν^T-Dichten $f_T(t;\theta)$, so daß die dazugehörige Verteilungsfamilie $\mathfrak{P}^T$ darstellbar ist als $\mathfrak{P}^T = \{f_T(t;\theta) : \theta \in \Theta\}$. Unter der vorausgesetzten Fisher-Regularität von $\mathfrak{P}$ gilt: *Auch $\mathfrak{P}^T$ ist Fisher-regulär.* Zu dem nicht einfachen Nachweis dieser Aussage verweisen wir auf Witting [1985], Abschnitt 1.8, insbesondere auf die Seiten 172 und 184f.. Damit läßt sich die Definition von $I_T(\theta)$ auf diejenige von $I_X(\theta)$ zurückführen, indem man $\mathfrak{P}^T$ an Stelle von $\mathfrak{P}$ verwendet. Auf diese Weise erhalten wir an Stelle von (1.80):

$$K_T(\theta;t) = \frac{d}{d\theta}\log f_T(t;\theta) \tag{1.89}$$

ist die *Score-Funktion von $t = T(x)$*. Die dazugehörige Zufallsgröße $K_T(\theta;T)$ ist die *Score-Funktion von T*. Und an Stelle von (1.84) ergibt sich:

$$I_T(\theta) = I_{T(X)}(\theta) = Var_\theta K_T(\theta;T) = E_\theta K_T^2(\theta;T) \tag{1.90}$$

ist die *Fisher-Information von $T = T(X)$* über θ. Sie stellt die erwartete Information (a priori Standpunkt) über θ dar, die man aus der Stichprobe erhält, wenn die Beobachtungen x auf die Werte $T(x)$ reduziert werden, also statt x nur $T(x)$ zur Kenntnis genommen wird. Daher ergibt sich intuitiv die

Abschätzung: $I_{T(X)}(\theta) \leq I_X(\theta)$ für alle θ. Darauf gehen wir weiter unten in dem 'Hauptsatz über die Fisher-Information' ein. Zu seinem Beweis benötigen wir vier Aussagen, die auch jede für sich eine eigenständige, besondere Bedeutung besitzen.

Die erste betrifft noch einmal die ursprüngliche Verteilungsannahme $\mathfrak{P}$: Aus der Fisher-Regularität von $\mathfrak{P}$ ergeben sich die Vertauschbarkeitseigenschaften (1.78) und (1.79) nicht nur für die dort angeführten Integrale über ganz $\mathfrak{X}$, sondern auch für Integrale über irgendeine (meßbare) Teilmenge $B \subset \mathfrak{X}$, d.h. es gelten die Beziehungen

$$\int_B \frac{d}{d\theta} f(x;\theta)d\nu = \frac{d}{d\theta}\int_B f(x;\theta)d\nu = \frac{d}{d\theta}P_\theta(B) \tag{1.91}$$

$$\int_B \frac{d^2}{d\theta^2} f(x;\theta)d\nu = \frac{d}{d\theta}\int_B \frac{d}{d\theta} f(x;\theta)d\nu = \frac{d^2}{d\theta^2}P_\theta(B)\,. \tag{1.92}$$

Den Beweis dazu findet man wieder bei Witting [1985] in Abschnitt 1.8, S. 164f.. Entsprechende Vertauschbarkeitsregeln gelten dann auch für die Dichten $f_T(t;\theta)$ der Familie $\mathfrak{P}^T$.

Die zweite Aussage betrifft die Score-Funktion von T: Sie steht mit der Score-Funktion von X in der Beziehung

$$K_T(\theta;t) = E_\theta[K(\theta;X)|T=t]\,. \tag{1.93}$$

Zu ihrem Beweis beachten wir, daß nach Definition des bedingten Erwartungswertes für jede (meßbare) Menge A im Bildbereich von T die Gleichung

$$\int_A E_\theta[K(\theta;X)|T=t]dP_\theta^T = \int_{T^{-1}(A)} K(\theta;x)dP_\theta$$

gilt. Darin läßt sich mit den gerade angegebenen Vertauschbarkeitsregeln die rechte Seite umformen in

$$\begin{aligned}
\int_{T^{-1}(A)} K(\theta;x)dP_\theta &= \int_{T^{-1}(A)} K(\theta;x)f(x;\theta)d\nu \\
&= \int_{T^{-1}(A)} \frac{d}{d\theta}f(x;\theta)d\nu = \frac{d}{d\theta}P_\theta(T^{-1}(A)) \\
&= \frac{d}{d\theta}P_\theta^T(A) = \int_A \frac{d}{d\theta}f_T(t;\theta)d\nu^T \\
&= \int_A K_T(\theta;t)f_T(t;\theta)d\nu^T = \int_A K_T(\theta;t)dP_\theta^T\,.
\end{aligned}$$

Zusammen ergibt sich für jede (meßbare) Menge A die Beziehung

$$\int_A E_\theta[K(\theta;X)|T=t]dP_\theta^T = \int_A K_T(\theta;t)dP_\theta^T\,,$$

woraus (1.93) folgt.

Die dritte Aussage hat eine interessante Darstellung von $I_T(\theta)$ zum Inhalt. Mit Hilfe des Satzes vom iterierten Erwartungswert und wegen (1.93) erhalten wir für die Kovarianz der beiden Score-Funktionen $K(\theta;X)$ und $K_T(\theta;T)$ die Beziehung

$$\begin{aligned} E_\theta[K(\theta;X)K_T(\theta;T(X))] &= E_\theta E_\theta[K(\theta;X)K_T(\theta;T(X))|T(X)] \\ &= E_\theta[K_T(\theta;T(X))E_\theta[K(\theta;X)|T(X)]] \\ &= E_\theta[K_T^2(\theta;T(X))]\,, \end{aligned}$$

d.h.

$$cov_\theta[K(\theta;X),K_T(\theta;T(X))] = I_{T(X)}(\theta)\,. \tag{1.94}$$

Die vierte Aussage schließlich stellt schon einen wesentlichen Teil des Beweises des Hauptsatzes dar; sie lautet

$$I_X(\theta) - I_{T(X)}(\theta) = Var_\theta[K(\theta;X) - K_T(\theta;T(X))] \tag{1.95}$$

und ergibt sich mit Hilfe von (1.94); denn danach gilt:

$$Var_\theta[K(\theta;X) - K_T(\theta;T(X))] = I_X(\theta) - 2I_{T(X)}(\theta) + I_{T(X)}(\theta)\,.$$

Wir betrachten nun noch den Fall, in dem $I_{T(X)}(\theta) = I_X(\theta)$ für alle θ gilt. Dann ergibt sich aus (1.95), daß mit Ausnahme einer ν-Nullmenge N_θ von x-Werten gilt: $K(\theta;x) = K_T(\theta;T(x))$ für jedes feste θ. Wir wollen annehmen, daß in einer solchen Situation die Ausnahmemenge N_θ unabhängig von θ festgelegt werden kann, so daß für jedes θ die Beziehung

$$K(\theta;x) = K_T(\theta;T(x)) \quad \text{für alle} \quad x \in \mathfrak{X}\setminus N \tag{1.96}$$

mit $\nu(N) = 0$ und damit $K(\theta;X) = K_T(\theta;T(X))$ gilt. Nach diesen Vorbereitungen kommen wir zu dem

Satz 1.27 ***(Hauptsatz über die Fisher-Information)*** *Gegeben sei eine Fisher-reguläre Verteilungsannahme $\mathfrak{P}$ über die Stichprobe X mit einer Score-Funktion $K(\theta;X)$ und einer für alle θ endlichen Fisher-Information. Dann gelten für die Fisher-Information $I_{T(X)}(\theta)$ einer Statistik $T = T(X)$ die Aussagen* *a)* $I_{T(X)}(\theta) \leq I_X(\theta)$ *für alle* θ.

b) Ist T *suffizient für* $\mathfrak{P}$, *so gilt* $I_{T(X)}(\theta) = I_X(\theta)$ *für alle* θ.

c) Gilt $I_{T(X)}(\theta) = I_X(\theta)$ *für alle* θ *und zusätzlich die Annahme (1.96), so ist* T *suffizient für* $\mathfrak{P}$.

Beweis: Die Ungleichung a) ergibt sich unmittelbar aus (1.95). Die Aussage b) erhält man mit Hilfe des Neyman-Kriteriums zusammen mit seinem in Satz 1.7 angegebenen Zusatz; danach gilt nämlich, wenn T suffizient ist, die Faktorisierung $f(x;\theta) = h(x)f_T(T(x);\theta)$, woraus sich durch Logarithmierung und anschließender Differentiation nach θ ergibt: $K(\theta;x) = K_T(\theta;T(x))$, und zwar jedesmal für alle θ und alle x mit Ausnahme einer festen, von θ unabhängigen ν-Nullmenge N. Also ist $K(\theta;X) = K_T(\theta;T(X))$ und damit $I_X(\theta) = Var_\theta K(\theta;X) = Var_\theta K_T(\theta;T(X)) = I_{T(X)}(\theta)$ für alle θ. Die Aussage c) ergibt sich, indem man (1.96) für jedes feste $x \in \mathfrak{X}\setminus N$ über θ integriert; unter Berücksichtigung einer geeigneten Integrationskonstanten $\tilde{h}(x)$ erhält man:

$$\begin{aligned} \log f(x;\theta) &= \log f_T(T(x);\theta) + \tilde{h}(x) \quad \text{bzw.} \\ f(x;\theta) &= f_T(T(x);\theta)\cdot h(x) \quad \text{mit} \quad h(x) = \exp\{\tilde{h}(x)\}\,, \end{aligned}$$

womit sich nach dem Neyman-Kriterium T als suffizient erweist. □

Der Satz zeigt, daß sich *die Suffizienz im wesentlichen durch den Erhalt der Fisher-Information charakterisieren läßt*: Ist T suffizient, so ist $I_T(\theta) = I_X(\theta)$, und ist $I_T(\theta) = I_X(\theta)$, so ist (unter einer zusätzlichen Plausibilitätsannahme) T suffizient. Der Beweis des Satzes zeigt, daß die Charakterisierung der Suffizienz mit Hilfe der Score-Funktion ohne eine zusätzliche Annahme gelingt: Eine Statistik T ist genau dann suffizient, wenn ihre Score-Funktion mit derjenigen von X übereinstimmt. Als Folgerung ergibt sich: Suffiziente Statistiken besitzen übereinstimmende Score-Funktionen.

Beispiel 1.38 Information im Bernoulli-Experiment

Im Bernoulli-Experiment (vgl. Beispiele 1.2, 1.17 und 1.19), dessen Parameterraum hier auf das offene Einheitsintervall eingeschränkt wird, lautet die Verteilung (die Wahrscheinlichkeitsfunktion) der Stichprobe X: $f(x;p) = p^z(1-p)^{n-z}$ mit $z = \sum x_i$. Daraus ergibt sich die Score-Funktion

$$\begin{aligned} K(p;x) &= \frac{d}{dp}\log f(x;p) = \frac{d}{dp}[z\log p + (n-z)\log(1-p)] \\ &= z/p - (n-z)/(1-p) = \frac{z-np}{p(1-p)}\,, \end{aligned}$$

also

$$K(p; X) = (Z - np)/p(1-p) \quad \text{mit} \quad Z = \sum X_i\,. \tag{1.97}$$

Wegen $VarZ = np(1-p)$ ist $VarK(p;X) = np(1-p)/p^2(1-p)^2$, so daß sich für die Fisher-Information

$$I_X(p) = n/p(1-p) \tag{1.98}$$

ergibt. Die Statistik Z ist suffizient, so daß nach dem Hauptsatz (Aussage b)) folgt: $I_Z(p) = I_X(p)$ für alle p. Zur Bestätigung zeigen wir, daß die Score-Funktion von Z mit derjenigen von X übereinstimmt. Wegen $f_Z(z;p) = \binom{n}{z} p^z (1-p)^{n-z}$ ergibt sich nämlich:

$$\begin{aligned} K_Z(p; z) &= \frac{d}{dp} \log f_Z(z; p) \\ &= \frac{d}{dp}\left[\log\binom{n}{z} + z\log p + (n-z)\log(1-p)\right] \\ &= \frac{d}{dp}[z\log p + (n-z)\log(1-p)] = K(p; x)\,. \end{aligned}$$

□

Beispiel 1.39 Information im Gauß-Experiment (σ^2 bekannt)

Im Gauß-Experimet (vgl. Beispiel 1.4 und 1.20), von dessen Parametern μ und σ^2 wir hier σ^2 als bekannt voraussetzen, lautet die Dichte der Stichprobe X:

$$f(x; \mu) = \left(\frac{1}{\sigma\sqrt{2\pi}}\right)^n \exp\left\{-\frac{1}{2}\sum\left(\frac{x_i - \mu}{\sigma}\right)^2\right\}.$$

Daraus ergibt sich die Score-Funktion

$$\begin{aligned} K(\mu; x) &= \frac{d}{d\mu}\log f(x;\mu) = \frac{d}{d\mu}\left[-n\log(\sigma\sqrt{2\pi}) - \frac{1}{2}\sum\left(\frac{x_i-\mu}{\sigma}\right)^2\right] \\ &= +\frac{1}{2\sigma^2}\sum 2(x_i - \mu) = n(\bar{x} - \mu)/\sigma^2\,, \end{aligned}$$

also

$$K(\mu; X) = n(\bar{X} - \mu)/\sigma^2\,. \tag{1.99}$$

Wegen $Var\bar{X} = \sigma^2/n$ ist $VarK(\mu; X) = n^2\sigma^2/n\sigma^4$, so daß die Fisher-Information

$$I_X(\mu) = VarK(\mu; X) = n/\sigma^2 \tag{1.100}$$

lautet. Auch hier ergeben sich aus der Suffizienz von $\bar{X}$ die Beziehungen $K_{\bar{X}}(\mu; \bar{X}) = K(\mu; X)$ und $I_{\bar{X}}(\mu) = I_X(\mu)$ für alle μ. □

Satz 1.28 *Gegeben seien eine Fisher-reguläre Verteilungsannahme $\mathfrak{P}$ über die Stichprobe X und Statistiken $T_1(X)$, $T_2(X)$ und $V(X)$. Dann gilt:*

a) Ist V ancillary für $\mathfrak{P}$, so ist $I_V(\theta) = 0$ für alle θ.

b) (Additivität der Information) Sind T_1 und T_2 unabhängig, so gilt:

$$I_{(T_1,T_2)}(\theta) = I_{T_1}(\theta) + I_{T_2}(\theta) \quad \textit{für alle } \theta\,. \tag{1.101}$$

c) Ist $X = (X_1, \ldots, X_n)$ eine i.i.d. Stichprobe, so gilt für alle θ:

$$I_X(\theta) = nI_{X_1}(\theta) \tag{1.102}$$

Beweis: Aussage a) ergibt sich daraus, daß die Dichte $f_V(v; \theta)$ einer ancillary Statistik V unabhängig von θ ist und daher $K_V(\theta; v) \equiv 0$ ist. Aussage c) folgt aus Aussage b). Zum Beweis von b) beachten wir zunächst, daß wegen der Unabhängigkeit von T_1 und T_2 gilt:

$$\begin{aligned} K_{(T_1,T_2)}(\theta; (t_1, t_2)) &= \frac{d}{d\theta} \log[f_{T_1}(t_1; \theta) \cdot f_{T_2}(t_2; \theta)] \\ &= \frac{d}{d\theta} \log f_{T_1}(t_1; \theta) + \frac{d}{d\theta} \log f_{T_2}(t_2; \theta) \\ &= K_{T_1}(\theta; t_1) + K_{T_2}(\theta; t_2)\,. \end{aligned}$$

Da mit T_1 und T_2 auch $K_{T_1}(\theta; T_1)$ und $K_{T_2}(\theta; T_2)$ unabhängig sind, folgt daraus

$$Var_\theta K_{(T_1,T_2)}(\theta; (T_1, T_2)) = Var_\theta K_{T_1}(\theta; T_1) + Var_\theta K_{T_2}(\theta; T_2)\,,$$

d.h. die Behauptung unter b). □

Am Ende des Abschnittes machen wir noch auf einen wichtigen Sachverhalt aufmerksam: *Die Fisher-Information hängt von der speziellen Parametrisierung der Verteilungsannahme ab.* Sie ändert sich i.a., wenn man die (Fisher-reguläre) Verteilungsfamilie $\mathfrak{P} = \{f(x; \theta) : \theta \in \Theta\}$ durch einen anderen

Parameter $\gamma = \gamma(\theta)$ an Stelle von θ darstellt, wobei $\gamma(\theta)$ als eine eineindeutige Transformation vorausgesetzt wird. (Die Dichte $f(x;\theta)$ stimmt natürlich mit $f(x;\gamma(\theta))$ überein.) Bezeichnen wir mit $\tilde{I}_X(\gamma) = \tilde{I}_X[\gamma(\theta)]$ die Fisher-Information von X über $\gamma = \gamma(\theta)$ und wie bisher mit $I_X(\theta)$ diejenige über θ, so ist i.a. $\tilde{I}_X[\gamma(\theta)] \neq I_X(\theta)$, obwohl im Sinne einer Parametrisierung die Parameter θ und $\gamma(\theta)$ äquivalent sind. Ist insbesondere $\gamma(\theta)$ für alle θ differenzierbar mit einer nirgends verschwindenden Ableitung $\gamma'(\theta)$, so gilt:

$$\tilde{I}_X[\gamma(\theta)] \cdot [\gamma'(\theta)]^2 = I_X(\theta)\,. \tag{1.103}$$

Denn mit Hilfe der 'Kettenregel' erhält man

$$\begin{aligned}\tilde{I}_X[\gamma(\theta)] \cdot [\gamma'(\theta)]^2 &= Var_{\gamma(\theta)}\left[\frac{d}{d\gamma(\theta)}\log f(X;\gamma(\theta)) \cdot \gamma'(\theta)\right] \\ &= Var_\theta\left[\frac{d}{d\theta}\log f(X;\theta)\right] = I_X(\theta)\,.\end{aligned}$$

Beispiel 1.40 Information im Gauß-Experiment (μ bekannt)

Wir betrachten das Gauß-Experiment (s.o.) mit bekanntem μ und $\theta = \sigma^2$ als unbekanntem Parameter. Aus der Gestalt der Dichte $f(x;\sigma^2)$ ergibt sich die Score-Funktion

$$\begin{aligned}K(\sigma^2;x) &= \frac{d}{d(\sigma^2)}\log f(x;\sigma^2) \\ &= \frac{d}{d(\sigma^2)}\left[-\frac{n}{2}\log(2\pi\sigma^2) - \frac{1}{2\sigma^2}\sum(x_i-\mu)^2\right] \\ &= -\frac{n}{2\sigma^2} + \frac{1}{2\sigma^4}\sum(x_i-\mu)^2\,,\end{aligned}$$

also

$$K(\sigma^2;X) = \frac{n}{2\sigma^4}(S_\mu^2 - \sigma^2) \quad \text{mit} \quad S_\mu^2 = \frac{1}{n}\sum(X_i-\mu)^2\,. \tag{1.104}$$

Wegen $VarS_\mu^2 = 2\sigma^4/n$ ist $VarK(\sigma^2;X) = 2n^2\sigma^4/4n\sigma^8$, so daß sich

$$I_X(\sigma^2) = VarK(\sigma^2;X) = n/2\sigma^4 \tag{1.105}$$

ergibt. Parametrisiert man die Verteilungsannahme mit $\sigma = \gamma(\theta) = \sqrt{\theta}$, so erhält man die Score-Funktion

$$\begin{aligned}\tilde{K}(\sigma;X) &= \frac{d}{d\sigma}\left[-\frac{n}{2}\log(2\pi\sigma^2) - \frac{1}{2\sigma^2}\sum(x_i-\mu)^2\right] \\ &= -\frac{n}{\sigma} + \frac{1}{\sigma^3}\sum(x_i-\mu)^2\,,\end{aligned}$$

also

$$\tilde{K}(\sigma; X) = \frac{n}{\sigma^3}(S_\mu^2 - \sigma^2),$$

und daraus

$$\tilde{I}_X(\sigma) = 2n/\sigma^2. \tag{1.106}$$

Dieses Ergebnis hätten wir auch aus der Beziehung (1.103) herleiten können, die hier wegen $\gamma'(\theta) = 1/2\sqrt{\theta} = 1/2\sigma$ und (1.105) lautet: $\tilde{I}_X(\sigma)[1/2\sigma]^2 = n/2\sigma^4$, woraus (1.106) folgt. □

1.3.3 Informationsmatrix

Wir haben die Fisher-Information $I_X(\theta)$ bisher nur für einen reellen Parameter θ behandelt. Von dieser Einschränkung wollen wir uns nun befreien und die betreffende Information auch für eine Verteilungsannahme $\mathfrak{P} = \{P_\theta : \theta \in \Theta\}$ mit einem Parametervektor $\theta = (\theta_1, \ldots, \theta_r)$ einer Dimension $r \geq 2$ einführen. Diese Verallgemeinerung von ein- auf mehrdimensionale Parameter kann relativ knapp gehalten werden. Einerseits können wir nämlich dabei auf die Interpretationen des Informationsbegriffes verzichten. Hier genügt der Hinweis, daß sich die verschiedenen Interpretationen der Fisher-Information vom ein- auf den mehrdimensionalen Fall sinngemäß übertragen lassen. Und andererseits können in diesem Abschnitt die Beweise wesentlich kürzer gefaßt, teilweise auch weggelassen werden, weil sich die meisten Beweisschritte des letzten Abschnittes wiederverwenden lassen.

Wir setzen voraus, daß $\mathfrak{P}$ *Fisher-regulär* ist, d.h. die folgenden *Regularitätseigenschaften* besitzt, die denjenigen des eindimensionalen Falles genau entsprechen:

1) $\mathfrak{P}$ ist durch ein (σ-finites) Maß ν dominiert, also darstellbar als $\mathfrak{P} = \{f(x; \theta) : \theta \in \Theta\}$.

2) Θ ist ein (endliches oder unendliches) offenes Intervall im $\mathbb{R}_r$.

3) Die Verteilungen von $\mathfrak{P}$ haben alle denselben Träger, so daß auch $C := \{x : f(x; \theta) > 0\}$ unabhängig von θ ist.

4) Die Dichten $f(x; \theta)$ sind für jedes $x \in C$ in allen Komponenten von θ zweimal stetig partiell differenzierbar, die betreffenden Ableitungen sind integrierbar über x bzgl. ν, wobei die betreffenden Differentiationen und Integrationen vertauschbar sind, d.h. für $i = 1, \ldots, r$ und $j = 1, \ldots, r$ die

Beziehungen gelten:

$$\int \frac{\partial}{\partial\theta_i} f(x;\theta)d\nu = \frac{\partial}{\partial\theta_i} \int f(x;\theta)d\nu = 0 \tag{1.107}$$

$$\int \frac{\partial^2}{\partial\theta_i\partial\theta_j} f(x;\theta)d\nu = \frac{\partial}{\partial\theta_j} \int \frac{\partial}{\partial\theta_i} f(x;\theta)d\nu = 0 \tag{1.108}$$

Unter dem *Score-Vektor* (der *Score-Funktion*) *der Beobachtung* x versteht man die r-dimensionale Funktion

$$\begin{aligned} K(\theta;x) &= (K_1(\theta;x), \ldots, K_r(\theta;x)) \quad \text{mit} \\ K_i(\theta;x) &= \frac{\partial}{\partial\theta_i} \log f(x;\theta)\,, \quad i = 1, \ldots, r\,. \end{aligned} \tag{1.109}$$

Die Zufallsgröße $K(\theta;X)$ heißt *Score-Vektor der Stichprobe* X. Für ihre Komponenten $K_i(\theta;X)$ gelten die Beziehungen $E_\theta K_i(\theta;X) = 0$ und

$$\begin{aligned} cov_\theta[K_i(\theta;X), K_j(\theta;X)] &= -E_\theta \frac{\partial}{\partial\theta_i} K_j(\theta;X) \\ &= -E_\theta \frac{\partial^2}{\partial\theta_i\partial\theta_j} \log f(X;\theta) \end{aligned} \tag{1.110}$$

Sie entsprechen den Beziehungen (1.81) und (1.82) in Abschnitt 1.3.2 (eindimensionaler Fall) und werden analog wie dort bewiesen. Unter der *Fisherschen Informationsmatrix der Beobachtung* x über den Parameter θ (*a posteriori* Situation) versteht man die symmetrische $(r \times r)$-Matrix

$$I(\theta;x) = \left(-\frac{\partial^2}{\partial\theta_i\partial\theta_j} \log f(x;\theta) \right)_{i=1,\ldots,r,j=1,\ldots,r}. \tag{1.111}$$

Vor der Beobachtung der Stichprobe sind die Elemente dieser Matrix und damit die Matrix selbst eine (von X abhängige) Zufallsgröße, wir schreiben dafür $I(\theta;X)$ an Stelle von $I(\theta;x)$. Der Erwartungswert $E_\theta I(\theta;X)$ dieser Matrix (die Erwartungswertbildung einer Matrix wird elementweise vorgenommen, der Erwartungswert einer Matrix ist also gleich der Matrix der Erwartungswerte ihrer Elemente) stellt die *Fishersche Informationsmatrix* vor der Beobachtung dar (*a priori* Situation); wir bezeichnen sie mit $I_X(\theta)$. Die Elemente dieser Matrix stehen auf der rechten Seite von (1.110) mit $i = 1, \ldots, r$ und $j = 1, \ldots, r$. Also stimmt aufgrund der linken Seite von (1.110) die Matrix $I_X(\theta)$ mit der Kovarianzmatrix $Cov_\theta K(\theta;X)$ des Score-Vektors überein. Wir erhalten:

$$I_X(\theta) = E_\theta I(\theta;X) = Cov_\theta K(\theta;X)\,. \tag{1.112}$$

Für eine Statistik $T = T(X)$ werden der Score-Vektor und die Informationsmatrix auf analoge Weise eingeführt: Unter dem *Score-Vektor* $K_T(\theta;t)$ *der* mit T transformierten *Beobachtung* $t = T(x)$ versteht man die r-dimensionale Funktion

$$\begin{aligned} K_T(\theta;t) &= (K_{T;1}(\theta;t),\ldots,K_{T;r}(\theta;t)) \quad \text{mit den Komponenten} \\ K_{T;i}(\theta;t) &= \frac{\partial}{\partial\theta_i}\log f_T(t;\theta)\,, \quad i=1,\ldots,r\,. \end{aligned} \tag{1.113}$$

Die dazugehörige Zufallsgröße $K_T(\theta;T)$ heißt der *Score-Vektor der Statistik* T. Dessen Kovarianzmatrix heißt *Fishersche Informationsmatrix* von T und wird mit $I_T(\theta)$ oder $I_{T(X)}(\theta)$ bezeichnet:

$$I_T(\theta) = I_{T(X)}(\theta) = Cov_\theta K_T(\theta;T)\,. \tag{1.114}$$

Zu dieser Begriffsbildung merken wir an, daß auch hier wieder (wie im letzten Abschnitt) aus der Fisher-Regularität von $\mathfrak{P}$ diejenige von $\mathfrak{P}^T$ folgt. Die zentralen vergleichenden Aussagen über $I_X(\theta)$ und $I_T(\theta)$ sind Gegenstand des Hauptsatzes über die Informationsmatrix. Den Schlüssel zu seinem Beweis stellt die folgende Beziehung dar:

$$I_X(\theta) - I_{T(X)}(\theta) = Cov_\theta[K(\theta;X) - K_T(\theta;T(X))]\,. \tag{1.115}$$

Sie entspricht der Beziehung (1.95) im eindimensionalen Fall und läßt sich ganz analog wie jene beweisen, indem man für die Elemente der Kovarianzmatrix auf der rechten Seite von (1.115) die (1.94) entsprechende Beziehung berücksichtigt.

Für eine Statistik T mit $I_T(\theta) = I_X(\theta)$ für alle θ erhalten wir aus (1.115), daß mit Ausnahme einer ν-Nullmenge N_θ von x-Werten gilt: $K(\theta;x) = K_T(\theta;T(x))$ für jedes feste θ. Wie schon im eindimensionalen Fall garantiert in dieser Situation erst die zusätzliche Annahme, daß die Ausnahmemengen N_θ unabhängig von θ festgelegt werden können, also die Annahme

$$K(\theta;x) = K_T(\theta;T(x)) \quad \text{für alle } x \in \mathfrak{X}\setminus N \tag{1.116}$$

mit $\nu(N) = 0$, die *Übereinstimmung der beiden Score-Vektoren* $K(\theta;X)$ *und* $K_T(\theta;T)$.

Wir erinnern daran, daß Kovarianzmatrizen symmetrische, positiv semidefinite Matrizen darstellen. Für solche Matrizen läßt sich eine Ordnungsrelation '$\leq$' einführen, die sogenannte *Löwner-Ordnung*, indem man erklärt: Für zwei symmetrische, positiv semidefinite $(r \times r)$-Matrizen A und B soll $A \leq B$ genau dann gelten, wenn $B - A$ positiv semidefinit ist, d.h. wenn für alle $v = (v_1,\ldots,v_r) \in \mathbb{R}_r$ die quadratische Form $v(B-A)v'$ nichtnegativ ist.

Mit dieser Ordnungsrelation ist nicht die Vergleichbarkeit *aller* Matrizen des erwähnten Typs gewährleistet. Umso bemerkenswerter ist die stets vorhandene Vergleichsmöglichkeit von $I_X(\theta)$ und $I_{T(X)}(\theta)$ aufgrund von (1.115).

Nach diesen Vorbereitungen lassen sich die Aussagen des bereits angekündigten Hauptsatzes genauso formulieren wie im eindimensionalen Fall.

Satz 1.29 ***(Hauptsatz über die Informationsmatrix)*** *Gegeben sei eine Fisher-reguläre Verteilungsannahme $\mathfrak{P}$ über die Stichprobe X mit einem Score-Vektor $K(\theta; X)$ und einer für alle θ endlichen (Fisherschen) Informationsmatrix $I_X(\theta)$. Dann gelten für die Informationsmatrix $I_{T(X)}(\theta)$ einer Statistik $T = T(X)$ die Aussagen:*

a) $I_{T(X)}(\theta) \leq I_X(\theta)$ für alle θ.

b) Ist T suffizient für $\mathfrak{P}$, so gilt $I_{T(X)}(\theta) = I_X(\theta)$ für alle θ.

c) Gilt $I_{T(X)}(\theta) = I_X(\theta)$ für alle θ und zusätzlich die Annahme (1.116), so ist T suffizient für $\mathfrak{P}$.

Beweis: Die Ungleichung a) ergibt sich aus (1.115). Der Nachweis der übrigen Aussagen läßt sich wie im Beweis zum Hauptsatz 1.27 erbringen, indem man die dort erwähnten Differentiationen und Integrationen auf den mehrdimensionalen Fall überträgt. □

Auch die Aussagen von Satz 1.28 bleiben gültig, wenn θ mehrdimensional ist: Die Informationsmatrix einer ancillary Statistik ist die Nullmatrix. Für zwei unabhängige Statistiken T_1 und T_2 ist die Informationsmatrix von (T_1, T_2) gleich der Summe aus der Informationsmatrix von T_1 und derjenigen von T_2 *(Additivität der Informationsmatrix)*. Und für eine i.i.d. Stichprobe $X = (X_1, \ldots, X_n)$ gilt auch für die Informationsmatrix die Beziehung

$$I_X(\theta) = nI_{X_1}(\theta) \text{ für alle } \theta\,. \tag{1.117}$$

Schließlich läßt sich auch noch die Transformationsformel (1.103) auf den mehrdimensionalen Fall übertragen: Für die Informationsmatrix $\tilde{I}_X(\gamma)$ von X über den transformierten Parameter $\gamma = \gamma(\theta)$ gilt

$$\Delta \tilde{I}_X(\gamma)\Delta' = I_X(\theta)\,. \tag{1.118}$$

Dabei ist $\gamma : \Theta \longrightarrow \mathbb{R}_r$ eine eineindeutige Transformation von θ, für die jede Komponente $\gamma_i(\theta)$ nach jeder Komponente θ_j von θ differenzierbar ist mit einer nichtsingulären Hesse-Matrix Δ.

Beispiel 1.41 Informationsmatrix im Gauß-Experiment

Wir betrachten das Gauß-Experiment (vgl. Beispiele 1.4, 1.20, 1.39 und 1.40) mit unbekannten μ und σ^2. Der Parameter $\theta = (\mu, \sigma^2)$ ist zweidimensional, die Informationsmatrix eine (2×2)-Matrix. Aus der Dichte

$$f(x;\theta) = \left(\frac{1}{\sqrt{2\pi\sigma^2}}\right)^n \exp\left\{-\frac{1}{2\sigma^2}\sum(x_i-\mu)^2\right\}$$

ergeben sich für den Score-Vektor $K(\theta;X) = (K_1(\theta;X), K_2(\theta;X))$ gemäß (1.99) bzw. (1.104) die Komponenten

$$\begin{aligned} K_1(\theta;X) &= \frac{\partial}{\partial\mu}\log f(X;\theta) = \frac{n}{\sigma^2}(\bar{X}-\mu) \quad \text{und} \\ K_2(\theta;X) &= \frac{\partial}{\partial\sigma^2}\log f(X;\theta) = \frac{n}{2\sigma^4}(S_\mu^2-\sigma^2) \quad \text{mit} \\ S_\mu^2 &= \frac{1}{n}\sum(X_i-\mu)^2 . \end{aligned}$$

Deren Varianzen lauten wie in (1.100) bzw. (1.105):

$$Var_\theta K_1(\theta;X) = \frac{n}{\sigma^2} \quad \text{und} \quad Var_\theta K_2(\theta;X) = \frac{n}{2\sigma^4} .$$

Zur Bestimmung der Kovarianz zwischen $K_1(\theta;X)$ und $K_2(\theta;X)$ beachten wir die nach (1.8) gültige Beziehung

$$S_\mu^2 = \frac{n-1}{n}S^2 + (\bar{X}-\mu)^2 \quad \text{mit} \quad S^2 = \frac{1}{n-1}\sum(X_i-\bar{X})^2$$

und die bekannte Unabhängigkeit zwischen $\bar{X}$ und S^2. Damit ergibt sich

$$cov_\theta(\bar{X}-\mu, S_\mu^2-\sigma^2) = cov_\theta(\bar{X}-\mu, (\bar{X}-\mu)^2) = E_\theta(\bar{X}-\mu)^3 = 0 ,$$

so daß auch $cov_\theta(K_1(\theta;X), K_2(\theta;X)) = 0$ ist. Zusammen erhalten wir die Fishersche Informationsmatrix

$$I_X(\mu,\sigma^2) = \begin{pmatrix} n/\sigma^2 & 0 \\ 0 & n/2\sigma^4 \end{pmatrix} . \tag{1.119}$$

□

Beispiel 1.42 Informationsmatrix der Multinomialverteilung

Wir betrachten ein Zufallsexperiment $(\Omega, \mathfrak{A}, P)$, dessen Ergebnismenge Ω zerlegt ist in $\Omega = A_1 \cup \ldots \cup A_r$ mit $p_i = P(A_i)$, $i = 1, \ldots, r$. Das Experiment wird n mal unabhängig voneinander durchgeführt. Die Stichprobe X ist hier der $(r \cdot n)$-dimensionale Zufallsvektor $X = (X_{11}, \ldots, X_{1r}, \ldots, X_{n1}, \ldots, X_{nr})$ mit null-eins-verteilten Zufallsvariablen X_{ki}, wobei X_{ki} genau dann den Wert 1 annimmt, wenn bei der k-ten Durchführung des Experimentes das Ereignis A_i eintritt. Wir können an Stelle von X auch gleich die suffiziente Statistik

$$Z = (Z_1, \ldots, Z_r) \quad \text{mit} \quad Z_i = \sum_{i=1}^{n} X_{ki}\,, \quad i = 1, \ldots, r$$

betrachten. Jedes Z_i ist $B(n; p_i)$-verteilt, Z selbst ist multinomialverteilt mit den Parametern n und $p_1, \ldots, p_r$. (Man denke z.B. an eine Urne, die Kugeln r verschiedener Farben enthält, aus der n Kugeln zufällig mit Zurücklegen gezogen werden.) Bekanntlich ist für alle $i \neq j$

$$cov(Z_i, Z_j) = -np_i p_j \,.$$

Die Wahrscheinlichkeitsfunktion $f(z; \theta)$ von Z lautet

$$f(z; \theta) = P(Z_1 = z_1, \ldots, Z_r = z_r) = \frac{n!}{z_1! \cdots z_r!} p_1^{z_1} \cdots p_r^{z_r}$$

mit $z = (z_1, \ldots, z_r)$, $z_i \in \{0, 1, \ldots, n\}$ und $\sum z_i = n$. Wegen $\sum p_i = 1$ ist der unbekannte Parameter θ nur (r-1)-dimensional; wir setzen $\theta = (p_1, \ldots, p_{r-1})$. Auch der Score-Vektor $K(\theta; Z)$ ist $(r-1)$-dimensional, die Informationsmatrix eine $(r-1) \times (r-1)$-Matrix. Berücksichtigt man in $f(z; \theta)$ die Beziehung $p_r = 1 - (p_1 + \ldots + p_{r-1})$, so ergeben sich für den Score-Vektor die Komponenten

$$K_i(\theta; Z) = \frac{\partial}{\partial p_i} \log f(Z; \theta) = \frac{Z_i}{p_i} - \frac{Z_r}{p_r} \quad (i = 1, \ldots, r-1)\,.$$

Daraus erhalten wir

$$Var K_i(\theta; Z) = \frac{np_i(1 - p_i)}{p_i^2} + \frac{np_r(1 - p_r)}{p_r^2} + 2\frac{np_i p_r}{p_i p_r} = \frac{n}{p_i} + \frac{n}{p_r}$$

und

$$\begin{aligned} cov(K_i(\theta;Z),K_j(\theta;Z)) &= cov\left(\frac{Z_i}{p_i}-\frac{Z_r}{p_r},\frac{Z_j}{p_j}-\frac{Z_r}{p_r}\right) \\ &= -\frac{np_ip_j}{p_ip_j}+\frac{np_ip_r}{p_ip_r}+\frac{np_jp_r}{p_jp_r}+\frac{np_r(1-p_r)}{p_r^2} \\ &= \frac{n}{p_r}. \end{aligned}$$

Zusammen ergibt sich damit die Informationsmatrix

$$I_X(\theta)=I_Z(\theta) = \begin{pmatrix} n/p_1 & \cdots & 0 \\ \vdots & \vdots & \vdots \\ 0 & \cdots & n/p_{r-1} \end{pmatrix} + \frac{n}{p_r}\begin{pmatrix} 1 & \cdots & 1 \\ \vdots & \vdots & \vdots \\ 1 & \cdots & 1 \end{pmatrix}. \tag{1.120}$$

Im Spezialfall $r = 2$ (Bernoulli-Experiment) geht diese Matrix über in einen Skalar, nämlich die Fisher-Information (1.98) der Binomialverteilung. □

Kapitel 2

Inferenzkonzepte

2.1 Inferenz

2.1.1 Inferenz und Induktion

Wir beginnen den Abschnitt mit einigen allgemeinen Betrachtungen über statistische Inferenz. Durch die Grundannahme der induktiven Statistik und mit der Formulierung des Grundproblems statistischer Inferenz haben wir in Abschnitt 1.1.1 erklärt: Ein statistischer Schluß ist ein Schluß von der Beobachtung x einer Stichprobe X auf die Verteilung (das Verteilungs'gesetz') der Zufallsgröße X (oft verkürzt wiedergegeben als Schluß von einer Stichprobe auf die Grundgesamtheit). Dabei stützt sich das Schlußverfahren ganz wesentlich auf die zugrundegelegte Verteilungsannahme über X (über die Grundgesamtheit). Diese relativ strenge Auffassung eines statistischen Schlusses ist vor allem charakteristisch für die (klassische) Test- und Schätztheorie und soll, dem Gegenstand des Buches entsprechend, nach wie vor gültig bleiben. Sie ist jedoch nicht generell typisch für alle Gebiete der Statistik.

In der Theorie robuster Verfahren etwa und besonders in den Theorien der statistischen Behandlung unscharfer Daten oder unsicheren Vorwissens werden zwar oft noch die Beobachtungen als Realisationen von Zufallsgrößen angesehen, über diese Zufallsgrößen werden aber in vielen Fällen keine Verteilungsannahmen mehr in der oben eingeführten strengen Form zugrundegelegt. Vielmehr werden vorhandene Unschärfen in den Beobachtungen oder Unsicherheiten im Vorwissen auch durch andere begriffliche Strukturen als Wahrscheinlichkeitsverteilungen ausgedrückt. Man vergleiche dazu neben Huber [1981], Hampel et al. [1986] und Rieder [1994] vor allem Kofler und Menges [1976, 1980], Berger [1984], Kruse und Meyer [1987], Walley [1991, 1996], Viertl [1996] und Weichselberger [1998/99]. Schließlich werden in der deskriptiven Statistik oder in der explorativen Datenanalyse Verfahren entwickelt, mit denen Schlüsse aus Beobachtungsdaten gezogen werden, ohne daß dabei die Daten überhaupt als Realisationen von Zufallsgrößen angesehen werden; eine Verteilungsannahme kommt hier von vornherein gar nicht in Frage.

Die oben angegebene Erklärung darüber, was ein statistischer Schluß ist, muß daher ausgeweitet werden. Dazu gibt es in der Literatur eine ganze Reihe verschiedener Formulierungsvorschläge, von denen die wichtigsten bei Barnett [1982], S. 1-3, zusammengestellt sind. Eine mehr oder weniger gute Zusammenfassung dieser Versionen könnte wie folgt lauten:

Ein statistischer Schluß (a statistical inference, an inferential procedure) ist ein Verfahren, mit dem *unter Berücksichtigung von Unsicherheiten* aus empirisch gewonnenen Daten Aussagen oder Entscheidungen über mögliche Bedingungen oder Gesetze, unter denen die Daten stehen, getroffen werden.

Statistische Schlüsse sind also induktive Schlüsse, oft wird deswegen die gesamte schließende Statisik auch induktive Statistik genannt. Wir wollen hier einen naiven, nichtwissenschaftstheoretischen Standpunkt einnehmen: Jede Form von Schlüssen, bei denen von Beobachtungen auf Gesetze oder Hypothesen, also von Einzelfällen auf eine allgemeine Aussage geschlossen wird, heißt *induktiv.* Die gerade umgekehrte Schlußweise wird *deduktiv* genannt. Ganz aus diesem naiven Blickwinkel heraus sind die folgenden Anmerkungen zu dem Problemkreis um Induktion, Deduktion, Beobachtung und Hypothese und der damit zusammenhängenden Rolle der statistischen Inferenz zu verstehen.

1) Mit 'Induktion' (Einführung) hat M. T. Cicero (106–43) das griechische 'ἐπαγωγή' (Herbeiführung) übersetzt. Dieser Begriff geht auf Aristoteles (384–322) zurück und besitzt ursprünglich drei unterschiedliche Bedeutungen: Einmal (wie oben) die Schlußweise von der Beobachtung einzelner Fälle auf ein allgemeines Gesetz, zum zweiten die Erschließung grundsätzlicher Prinzipien einer Theorie, bei einer axiomatischen Begründung der Theorie also die 'Herbeiführung' der Axiome, und zum dritten ein Verfahren, mit dem ein Gesprächspartner zur Anerkennung von Prämissen gebracht werden kann, auf die weitere (deduktive) Schlüsse aufbauen sollen. Von diesem Dreiklang der begrifflichen Bedeutung 'Induktion' ist im Laufe der Geschichte scheinbar nur ein Ton übriggeblieben, nämlich allein die erste Auffassung.

2) Das Induktionsproblem besteht bekanntlich in der Frage nach der Begründbarkeit oder Rechtfertigung eines induktiven Schlusses: Gibt es eine allgemeingültige Theorie, eine 'Induktive Logik', die Methoden bereit hält, mit denen ein induktiver Schluß als richtig nachgewiesen werden kann? Seit D. Hume (1711-1776) lautet die Antwort auf diese Frage: Nein! Jeder Begründung eines Induktionsschlusses liegt nämlich notwendigerweise die Annahme zugrunde, daß sich die Natur (die 'Wirklichkeit', aus der die Beobachtungen herkommen) *uniform* verhält, d.h. mindestens eine räumliche und

zeitliche Vergleichbarkeit erlaubt. Auf die Zeit bezogen bedeutet dies: Die Natur verhält sich in Zukunft ähnlich wie in der Vergangenheit, sie vollzieht keine abrupten Sprünge ('natura non facit saltus') oder, schwächer ausgedrückt, es gibt überhaupt Gesetze, deren Gültigkeit eine gewisse Dauer hat. (Dabei kommt es nicht darauf an, ob die Gesetze ihren Ursprung in der Natur haben oder in der Vorstellungswelt der Menschen.) Diese unverzichtbare *Uniformitätsannahme* ist jedoch weder rational ('deduktiv') begründbar (weil ihre Verneinung ebenso gut denkbar ist) noch empirisch ('induktiv') nachweisbar (weil sie zu diesem Nachweis bereits als Voraussetzung benötigt würde). Mit dieser, hier verkürzt wiedergegebenen Argumentation wird bei Hume [1739, 1748] die *Unlösbarkeit des Induktionsproblems* nachgewiesen. Dieses (negative?) Ergebnis wird in allen nachfolgenden Arbeiten zu diesem Problem mehr oder weniger scharf bestätigt; zu erwähnen sind hier vor allem Popper [1935], Carnap [1945, 1952], Carnap und Stegmüller [1958] sowie Stegmüller [1971]. Gleichwohl ist natürlich jede Form empirischer Erkenntnisgewinnung auf die Anwendung induktiver Schlußweisen angewiesen. Es entsteht damit das Dilemma, daß in der empirischen Forschung Prinzipien verwendet werden müssen, deren Gültigkeit grundsätzlich nicht nachweisbar ist.

3) Ein Versuch zur Auflösung dieses Dilemmas geht auf Hume selbst zurück: Die Uniformitätsannahme über die Natur wird nicht mehr dem Gebiet menschlichen Erkennens, sondern dem Bereich menschlichen Verhaltens zugewiesen und durch Gewohnheit begründet. Wir haben uns daran gewöhnt, daß Naturgesetze eine (gewisse) zeitliche Kontinuität aufweisen, und glauben und erwarten aus Erfahrung, daß Ereignisse, die in der Vergangenheit unter bestimmten Bedingungen stets (oder häufig) eingetreten sind, auch in Zukunft unter denselben Bedingungen stets (oder häufig) eintreten werden. Die Macht dieser Gewohnheit (eine Art 'rationaler Instinkt') hat ihre Wurzeln sicherlich in der Notwendigkeit menschlicher Existenz, überhaupt Gesetze in der Natur erkennen oder unterstellen zu müssen, um handelnd überleben zu können. Die Uniformitätsannahme und die Anwendung induktiver Schlüsse werden bei Hume pragmatisch begründet.

4) Ein anderer Weg zur Überwindung des Dilemmas empririscher Forschung wird in der modernen Wissenschaftstheorie aufgewiesen: Es wird nicht mehr nach einer allgemeinen Rechtfertigung des Prinzips eines Induktionsschlusses gesucht, sondern nach verschiedenen Prinzipien zur Begründung induktiver Schlußweisen, die an bestimmte Annahmen und Vorstellungen der empirischen Erkenntnisgewinnung gebunden sind. Auf diese Weise sind im Laufe der letzten gut hundert Jahre ganz unterschiedliche wissenschaftstheoretische Konzepte und Theorien entwickelt worden, die den empirischen Forschungsansatz durchleuchten und die Beziehungsstruktur zwischen Beobachtung und Hypothese, zwischen Erfahrung und Theorie behandeln. Man findet dazu beispielsweise bei Stegmüller [1973a]: die Falsifizierungstheorie von Popper (1912–1994) in Popper [1935b, 1959], die 'geläuterte' oder 'raffinierte' Falsi-

fizierungstheorie von Lakatos (1922–1974) in Lakatos [1968a, 1970], die auf den Begriff der logischen Wahrscheinlichkeit aufbauende induktive Logik von Carnap (1891–1970) in Carnap [1952], die induktivistischen Teile der Theorie der Erklärung von Hempel (geb. 1905) in Hempel [1962, 1965], die Reduktionstheorie von Sneed (geb. 1938) in Sneed [1971] und die Theorie über die Struktur wissenschaftlicher Revolutionen von Kuhn (geb. 1922) in Kuhn [1962, 1977]. Neben diesen an den Naturwissenschaften orientierten Konzepten haben die beiden folgenden, mehr geisteswissenschaftlich ausgerichteten wissenschaftstheoretischen Richtungen eine besondere Bedeutung: die empirischen Konzepte des *Pragmatismus*, der vor allem von Peirce (1839–1914) und Quine (geb. 1908) geprägt wurde, darunter die auf Peirce zurückgehende Schlußweise der *Abduktion* (welche der Induktion und Deduktion an die Seite gestellt wird) und die Konzepte von Erklärung und Verstehen in der *Hermeneutik*, die vor allem in der Psychologie und Archäologie sowie in den Geschichts- und Sozialwissenschaften angewandt werden. Die Begriffsbildung der Abduktion ist für die statistische Inferenz besonders adäquat: Hier handelt es sich um einen Schluß auf die beste (die plausibelste oder wahrscheinlichste) Erklärung unter verschiedenen, vorgegebenen Erklärungsmöglichkeiten. (Solche statistischen Schlüsse werden vor allem in den Abschnitten 2.3 und 2.4 behandelt.) Entscheidende Impulse erhielt die moderne Hermeneutik durch ihren Begründer Dilthey (1833–1911) sowie durch Husserl (1859–1938), Wittgenstein (1889–1951), Heidegger (1889–1976) und Gadamer (geb. 1900). Mit diesen verschiedenen wissenschaftstheoretischen Konzepten zur Begründung empirischen Forschens muß ein Statistiker nicht unbedingt vertraut sein, sie wurden hier deswegen aufgezählt, damit sich ein Statistiker des ungemein breiten und differenzierten Hintergrundes bewußt wird, vor dem sich die spezifisch statistischen Konzepte der Inferenz abspielen. Zu diesem Vorhaben ist als Lektüre neben Stegmüller [1973a] und Kuhn [1977] empfehlenswert: Essler [1970], Feyerabend [1978], Lakatos [1968b], Reichenbach [1938, 1983], Stegmüller [1973b, 1980] und v. Wright [1965].

5) Ein dritter Ansatz, das genannte Dilemma empirischen Forschens zu überwinden, ist bereits in den Anfängen der neuzeitlichen empirischen Naturwissenschaften vorhanden und geht unmittelbar auf G. Galilei (1564-1642) zurück. Dieser Weg besteht in einer Aufhebung des strikten Gegensatzes zwischen Erfahrung und Theorie, indem berücksichtigt wird, daß *grundsätzlich jede Erfahrung theoriegeleitet und jede Theorie erfahrungsbedingt ist.* Auch der Vorgang von Beobachtungen und die Formulierung von Hypothesen stehen miteinander in einer mehr oder weniger engen wechselseitigen Beziehung. Theorie und Erfahrung bilden ein symmetrisches Paar, eine dialektische Zweisamkeit. Es gibt weder eine unerschütterliche Theorie noch eine unerschütterliche Erfahrung. Empirisch gewonnene Erkenntnisse bestehen nicht aus der Bestätigung oder Falsifizierung von a priori Hypothesen durch Beobachtungen, sondern in dem Erklärungswert einer Wissenschaft oder eines Weltbildes, worin beides enthalten ist und miteinander ausgehandelt wird,

Hypothesen und Beobachtungen, Theorie und Erfahrung. Diese Andeutungen müssen hier genügen; eine ausführlichere, sehr treffende Darstellung dazu findet man in Feyerabend [1978], Kap. 11: 'Bemerkungen zur Geschichte und Systematik des Empirismus'. Daraus (S. 280) das folgende Zitat: 'Galilei entwickelt sowohl eine theoretische Alternative zu weitverbreiteten Ideen von der Bewegung als auch eine neue Sinnlichkeit. Beide werden den natürlichen Interpretationen und dem natürlichen Sinn als zumindest gleichberechtigt gegenübergestellt... Argumente für den Irrationalismus ergeben sich aus einer solchen Prozedur nur dann, wenn man an gewissen dogmatischen Voraussetzungen, betreffend die Überprüfung von Begriffssystemen, festhält, wenn man etwa annimmt, daß es eine ***stabile Erfahrung*** geben müsse, die als der unerschütterliche Richter in allen Fragen der Überprüfung dient. Es wird auch klar, daß die Annahme einer asymmetrischen Beziehung zwischen Erfahrung und Theorie (die Erfahrung kontrolliert die Theorie, wird aber selbst von der Theorie nicht kontrolliert) dem Falle Galilei nicht gerecht wird. Die Kopernikanische Revolution bereitet einer solchen Asymmetrie ein für allemal ein Ende. Denn hier wird sowohl die Theorie als auch die Erfahrung verändert, und die letzte wird verändert, um einer Theorie Raum zu geben, die einheitlicher, befriedigender, rationaler erscheint.'

6) Vor diesem Hintergrund wissenschaftstheoretischer Konzepte und Probleme spielt die Statistik eine ganz besondere Rolle. Sie stellt nicht nur eine außerordentlich erfolgreiche Theorie für empirische Forschungsmethoden dar, sondern ist, soweit ich sehen kann, die einzige Theorie dieser Art, die zwei Ziele in Verbindung miteinander erreicht hat: Ein pragmatisches, anwendungsbezogenes Methodenprogramm *und* eine eigenständige, eben statistische Begründung ihrer Methodologie. Diese Entwicklung konnte die Statistik nehmen, indem sie sich nach und nach aus den verschiedenen empirisch forschenden Einzelwissenschaften wie etwa der Biologie, der Psychologie, der Soziologie oder den Wirtschaftswissenschaften, herausgelöst und zu einer eigenständigen Methodenlehre entwickelt hat, in der neben allen Besonderheiten einer Biometrie, Psychometrie, Soziometrie oder Ökonometrie als Zentralgebiet eine verbindende und verbindliche statistische Methodologie etabliert wurde. Auf diese Weise ist die Statistik in ihrer heutigen modernen Form entstanden, in der sie zu recht als eine *formale Theorie der praktischen Empirie* charakterisiert werden darf. Diese Theorie wird zu einer statistischen Theorie sui generis, indem sie die Unsicherheit, die einem Schluß aus einer Beobachtung anhaftet, oder den Grad, mit dem eine Beobachtung eine Hypothese stützt, ermittelbar macht und von vornherein in die Konstruktion des Verfahrens, mit dem die Beobachtung ausgewertet werden soll, einbezieht. Die Entwicklung der dazu erforderlichen Konzepte stellt die eigentliche Aufgabe der statistischen Grundlagenforschung dar. Wir werden sehen, daß diese Aufgabe keineswegs durch Verweise auf mathematische Modelle oder Theorien wie z.B. die Kolmogoroffsche Wahrscheinlichkeitsrechnung gelöst werden kann, sondern ein inner-statistisches Anliegen ist. (Die Statistik ist

kein Teilgebiet der Mathematik.)

7) Die gerade betonte Bedeutung der Statistik als eine Theorie der Empirie erfährt durch die folgenden, eigentlich ganz selbstverständlichen Beschränkungen eine Relativierung, die auch Anlaß zur Bescheidenheit gibt. Einmal ist die Statistik natürlich kein wissenschaftstheoretisches Lehrgebäude, in dem die oben angesprochenen Probleme um Erfahrung und Theorie behandelt oder gelöst werden können. Das gilt vor allem auch für das unter 5) beschriebene Problem einer Aufhebung des Gegensatzes zwischen Erfahrung und Theorie. Prinzipiell werden in der Statistik Beobachtungen und Hypothesen einander gegenübergestellt und ihrem Wesen nach unterschieden. Diese Trennung von Beobachtung und Hypothese läßt zwar zu, daß eine Hypothese aus (früheren) Beobachtungen heraus gebildet wird, nicht aber aus den Beobachtungen, durch die sie überprüft werden soll. In diesem Sinne steht die Statistik dem empirischen Forschungsansatz der Naturwissenschaften etwas offener gegenüber als dem der Geisteswissenschaften. Zum anderen stellt die Statistik natürlich (!) keinen Versuch zu einer Lösung des unter 2) angesprochenen Induktionsproblems dar. Daher sollte man mit der Auffassung oder auch nur Bezeichnung von statistischen Schlüssen als induktiven Schlüssen sehr zurückhaltend umgehen ganz im Sinne von Stegmüller [1973b], wo es über die logischen Grundlagen des statistischen Schließens auf S. 17 heißt: 'Die Ausdrücke 'Induktion' und 'induktiv' werden wir an keiner Stelle benützen. Eines der Motive dafür ist in der Einleitung bereits angeklungen: Es ist zwecklos, sich mit einem Versuch zur Lösung des sog. Induktionsproblems herumzuschlagen. Womit wir es hier zu tun haben, ist *eine spezielle Familie von theoretischen Nachfolgerproblemen zum Induktionsproblem*, d.h. von solchen Problemen, welche *an die Stelle* des Induktionsproblems zu treten haben. Dazu gehört u.a. die Einführung eines adäquaten Bestätigungsbegriffs. Um auch nur terminologische Anklänge an vorliegende Bestätigungs- oder Bewährungstheorien zu vermeiden, werden wir von *Stützung* sprechen. Der tieferliegende Grund für die Vermeidung der Induktionsterminologie ist aber ein anderer: Es soll bei Kennern der Bemühungen Carnaps nicht der irrige Eindruck erweckt werden, als handele es sich darum, irgendeine spezielle Form der induktiven Logik auf die Statistik anzuwenden.'

2.1.2 Fragen an die statistische Inferenz

Nach den oben angedeuteten Problemen und Fragen aus wissenschaftstheoretischer Sicht wenden wir uns wieder dem Gebiet der Statistik selbst zu. Wie werden innerhalb der Statistik Schlüsse aus Beobachtungen auf Hypothesen gerechtfertigt? Worin besteht das statistische Konzept statistischer Inferenz? Angesichts der oben erkennbaren Vielfalt wissenschaftstheoretischer und philosophischer Ansätze zur Erklärung des empirischen Forschungsansatzes ist es nicht verwunderlich, daß es auf diese Frage auch innerhalb der Statistik mehrere Antworten gibt und nicht eine einzige, in sich geschlossene statistische Inferenztheorie existiert. Selbst wenn man das Gesamtgebiet der Statistik, also die deskriptive, explorative und induktive Statistik, auf die Test- und Schätztheorie einschränkt, bleiben eine ganze Reihe verschiedener Inferenzkonzepte bestehen. Die wichtigsten unter ihnen sind die klassische Inferenz, die Likelihood-Inferenz, die Bayes-Inferenz und die entscheidungstheoretische Inferenz, etwas weniger bedeutsam und teilweise nur fragmentarisch entwickelt sind die Fiduzial Inferenz, die Pivotal Inferenz und die Struktural Inferenz. Einerseits konkurrieren diese verschiedenen Inferenzkonzepte miteinander und haben teilweise sogar gegensätzliche Schulen innerhalb der Statistik hervorgebracht, die sich gegenseitig bekämpfen. Andererseits ergänzen und überlappen sich die Methoden der verschiedenen Schulen aber auch sehr stark und ergeben erst in ihrer gesamten Vielfalt ein umfassendes Bild der bisher entwickelten Grundlagen statistischer Inferenz auf dem Gebiet der Test- und Schätztheorie.

Die verschiedenen Inferenzkonzepte können durch die drei folgenden Fragen treffend beleuchtet werden. Ihre Antworten charakterisieren nicht nur die betreffenden Konzepte, sondern auch die Situationen ihrer adäquaten Anwendung.

1. Dient der Schluß aus der Beobachtung vornehmlich der Gewinnung von Erkenntnissen (kognitivistischer Zweck) oder der Herbeiführung von Entscheidungen (dezisionistischer Zweck)?

2. Soll der Schluß aus der Beobachtung auf einem Konzept oder Modell basieren, das nur objektive Elemente enthält (objektivistischer Standpunkt) oder dürfen auch subjektive Elemente in die Prämissen des Schlusses eingehen (subjektivistischer Standpunkt)?

3. Wird die Güte des Schlusses in erster Linie danach beurteilt, wie sicher der Schluß ist, d.h. wie oft er bei seiner häufigen Anwendung auf verschiedene Beobachtungen zu einer richtigen Aussage führt (frequentistische Beurteilung), oder aber vor allem danach, wie gut die eine vorliegende Beobachtung die Aussage des Schlusses stützt, wie plausibel mit anderen Worten die Aussage im Lichte der vorliegenden Beobachtung ist (nichtfrequentistische Beurteilung z.B. mit Hilfe eines Bestätigungs- oder Stützungsbegriffes)?

Die erste Frage betrifft den Zweck der Auswertung einer Beobachtung. Von statistischer Inferenz ('statistical inference') im eigentlichen, engeren Sinne spricht man nur, wenn dieser Zweck in der Gewinnung von Erkenntnissen besteht. Das Ergebnis der Auswertung besteht dann in einer *Aussage*, z.B. in der Form, wie sie als Ergebnis einer Schätzung oder eines Tests für einen unbekannten Parameter gewonnen wird, und der Schluß aus der Beobachtung steht unter dem Anspruch, Aussagen zu liefern, die einerseits möglichst zuverlässig und andererseits möglichst präzise sind. Besteht der Zweck der Auswertung der Beobachtung in der Herbeiführung einer *Entscheidung* zwischen verschiedenen Aktionen – man nennt dann die Auswertung selbst eine statistische Entscheidung ('statistical decision') oder ein statistisches Entscheidungsverfahren –, so spielt der Gewinn oder Verlust, den eine Entscheidung mit sich bringt, eine wesentliche Rolle bei der Konstruktion des Entscheidungsverfahrens, z.B. in der Weise, daß der Erwartungswert des Verlustes der Entscheidung möglichst klein sein soll. Die Alternative *'inference versus decision'* ist an das Ziel und die Beurteilung des Verfahrens, mit dem die Beobachtung ausgewertet werden soll, gerichtet und führt zu zwei grundsätzlich verschiedenen Konzepten zur Kennzeichnung der Güte und Optimalität eines Auswertungsverfahrens und damit zu zwei unterschiedlichen Formulierungen des Problems, mit welchem Verfahren die Beobachtung am besten auszuwerten ist. Die Alternative ist jedoch nicht so scharf, daß sich 'inference' und 'decision' nicht gegenseitig beeinflussen könnten oder daß sie zu ganz verschiedenen, disjunkten Klassen von Auswertungsverfahren führen würden. Vielmehr läßt sich rein formal eine 'inference' auch als 'decision' auffassen (nämlich als die Entscheidung für eine bestimmte Aussage) und mit gewissen Einschränkungen auch umgekehrt eine 'decision' als 'inference', mindestens aber inferenzgestützt. Eine besonders schöne Beschreibung von 'inference' und 'decision' findet man bei Menges [1973], S. 3: '*Inference* is the reduction of uncertainty by means of statistical experiment and observation. *Decision-making* is optimal behavior under uncertainty. Imagine uncertainty, the concept which is common to both definitions, as a dark room; inference means switching on a lamp and decision-making (cautiously) behaving in the darkness, e.g. moving around in the room without hurting oneself. Certainly these are two different problems. But they can influence one another: The more light, i.e., the better the inference, the less risk the decision bears. The inference can draw upon decision theory, in our metaphor: Switching on the light also involves decisions, which shall be optimal. This conception utilizes the decision calculus processually. One can certainly try to go for a walk in the dark room, i.e., make decisions without inference. This case would correspond to the strict decision-theoretical standpoint. Finally, one may want to switch on the light, whether one wishes to move around or not. This case corresponds to the strict inference position.'

Die zweite Frage richtet sich an das statistische Modell, mit dem das Zustandekommen von Beobachtungen erklärt oder beschrieben wird, also an die Vorkenntnisse über die Versuchsbedingungen, unter denen die Beobachtungen stehen. Vertreter des objektivistischen Standpunktes ('*Objektivisten*') werden durch die Forderung charakterisiert, daß das statistische Modell keine subjektiven, vom jeweiligen Betrachter abhängigen Komponenten enthalten darf, so daß vor allem auch vorhandene Lücken oder Unsicherheiten innerhalb der Vorkenntnisse nicht durch subjektive Annahmen geschlossen, verringert, oder auch nur ausgedrückt werden dürfen. Anhänger des subjektivistischen Standpunktes ('*Subjektivisten*') lassen dagegen zu oder machen sogar regen Gebrauch davon, daß unsichere Vorkenntnisse oder unscharfe Vorstellungen über die Vorkenntnisse durch subjektive Komponenten ausgedrückt und in das statistische Modell einbezogen werden. Sowohl Objektivisten als auch Subjektivisten verwenden bei der Aufstellung von Schätzungen und Tests das Grundmodell der Test- und Schätztheorie, wie es in Abschnitt 1.1.1 beschrieben wurde. (Die Beobachtung x ist Realisation einer Zufallsgröße X, über die eine Verteilungsannahme gegeben ist.) In beiden 'Lagern' gelten also die Beobachtung selbst und die gegebene Verteilungsannahme als etwas Objektives. Nur eventuelle Erweiterungen des Grundmodells unterscheiden sich danach, ob sie objektive oder subjektive Komponenten enthalten. Im Lager der Subjektivisten spielt als eine solche Komponente die subjektive *a priori Verteilung* die wichtigste Rolle. Diese Verteilung soll die vor der Beobachtung vorhandenen Kenntnisse, das sogenannte *a priori Wissen*, über den unbekannten Parameter wiedergeben. Aus dem a priori Wissen und der Beobachtung wird dann ein a posteriori Wissen über den Parameter gewonnen, das ebenfalls durch eine Verteilung, die sogenannte *a posteriori Verteilung* ausgedrückt wird. Wir gehen darauf bei der Besprechung der Bayes-Inferenz ausführlich ein. Allgemein stellt ein Subjektivist seinen Wissensstand über einen unbekannten Parameter gern durch eine Wahrscheinlichkeitsverteilung dar. Auch ein Objektivist kann von diesem Instrument Gebrauch machen und a priori bzw. a posteriori Verteilungen verwenden. Für ihn müssen diese Verteilungen jedoch Produkte objektivierbarer Vorgänge sein und können nicht lediglich einen vom Betrachter abhängigen Wissensstand darstellen.

Die dritte Frage schließlich wendet sich an das Kriterium, mit dem die Güte eines Schlusses bestimmt oder beurteilt wird. Bei der *frequentistischen* Beurteilungsweise wird der Schluß aus der Beobachtung stets unter dem Gesichtspunkt des Schluß*verfahrens* betrachtet, mit dem er gewonnen wurde. Ein Schlußverfahren läßt sich auf alle möglichen Beobachtungen, die unter den gleichen Versuchsbedingungen zustandekommen, anwenden und führt dann jedesmal zu Aussagen, die richtig oder falsch, bzw. zu Entscheidungen, die gut oder schlecht sein können. Wie gut ein Schlußverfahren ist, wird dann danach beurteilt, wie häufig es im Mittel oder auf lange Sicht zu richtigen Aussagen oder guten Entscheidungen führt. Und wie gut der Schluß aus der vorliegenden Beobachtung ist, wird daran gemessen, wie gut das Verfahren ist, mit dem er gewonnen wurde. Unter der frequentistischen Beurteilungsweise richtet sich also die Güte des einen Schlusses aus der einen vorliegenden Beobachtung auch danach, welche Beobachtungen sonst alle noch hätten gemacht werden könnnen und welche Schlüsse sich aus ihnen hätten ergeben können. Wie gut ein Schluß im Einzelfall ist, wird danach beurteilt, wie gut er in seiner Anwendung auf alle möglichen Fälle ist. Bei der *nichtfrequentistischen* Beurteilungsweise steht dagegen der Schluß im Einzelfall im Mittelpunkt. Hier wird die Güte eines Schlusses nur an Hand der einen Beobachtung, aus der er gewonnen wurde, beurteilt, indem ein Maß oder Grad für die Stützung oder Plausibilität, die die Beobachtung dem Schluß verleiht, bestimmt wird. Entsprechend steht einem *Sicherheitsgrad* der frequentistischen

Betrachtungsweise ein *Stützungsgrad* der nichtfrequentistischen Beurteilungsweise gegenüber. Die Tragweite dieser unterschiedlichen Beurteilungsweisen wird deutlich, wenn man beachtet, daß durch die Wahl eines Gütekriteriums festgelegt wird, welche Form der zu verwendende optimale oder möglichst gute Schluß hat, so daß durch das Gütekriterum die Aussage bzw. Entscheidung gesteuert wird, die aus der vorliegenden Beobachtung resultiert.

Die hier angesprochenen Fragen stehen im Mittelpunkt des Problemfeldes einer statistischen Inferenztheorie und werden auf dem Gebiet der Grundlagen statistischer Inferenz behandelt. Ausgangspunkt ihrer Behandlung ist die für die Statistik fundamentale Frage nach einer *Theorie der Unsicherheit.* Mit welchem theoretischen Konzept sollen Unsicherheiten behandelt werden? Ist zur Beschreibung von Unsicherheiten z.B. die klassische Kolmogoroffsche Wahrscheinlichkeitsrechnung geeignet? In der (bisher entwickelten) Test- und Schätztheorie wird versucht, die letzte Frage mit ja zu beantworten: Nicht nur die Verteilungsannahme, die das (auch!) zufällige Zustandekommen der Beobachtungen beschreibt, ist in dieser Theorie ein Konstrukt dieser Wahrscheinlichkeitsrechnung, sondern auch jede andere Form unsicheren Wissens und insbesondere die Unsicherheit der Schlüsse aus Beobachtungen werden mehr oder weniger unmittelbar durch Wahrscheinlichkeiten, die jener Wahrscheinlichkeitsrechnung entlehnt sind, wiedergegeben oder wenigstens interpretiert. Wir werden noch sehen, inwieweit damit die klassische Wahrscheinlichkeitsrechnung überfordert ist. Hier soll nur noch kurz angedeutet werden, welchen Einfluß auf die oben gestellten Fragen die verschiedenen begrifflichen Auffassungen von 'Wahrscheinlichkeit' ausüben. Dazu unterscheiden wir nach 'objektiver' und 'subjektiver' Wahrscheinlichkeit.

Eine *objektive* Wahrscheinlichkeit gibt es in drei Versionen: als klassische (a priori) Wahrscheinlichkeit, als frequentistische (a posteriori) Wahrscheinlichkeit und als logische Wahrscheinlichkeit. Die *klassische* Wahrscheinlichkeit beruht auf a priori Kenntnissen über Symmetrieeigenschaften des betreffenden Zufallsexperimentes, die das Prinzip vom unzureichenden Grund (in einem objektivistischen Sinne) anwendbar erscheinen lassen. Danach wird im Fall einer endlichen Ergebnismenge jedes einzelne Ergebnis als 'gleichmöglich' angesehen, die klassische Wahrscheinlichkeitsdefinition fällt mit der Laplace-Formel 'Anzahl der günstigen Fälle dividiert durch Anzahl der möglichen Fälle' zusammen. (Laplace selbst hat mit seiner Formel eine subjektive Wahrscheinlichkeit gemeint.) Im Fall einer unendlichen Ergebnismenge läßt sich die klassische Wahrscheinlichkeit nur unter zusätzlichen Voraussetzungen (Nebenbedingungen) definieren und führt dann, ebenfalls mit Hilfe des Prinzips vom unzureichenden Grund, zu sinnvollen Wahrscheinlichkeitsbewertungen, die aber unter Umständen uneigentliche Wahrscheinlichkeitsverteilungen darstellen (man vergleiche dazu Abschnitt 2.5.3). Zur Bestimmung der klassischen Wahrscheinlichkeit eines Ereignisses ist man nicht auf die Beobachtung von Realisationen des betreffenden Zufallsexperimentes angewiesen, die klassische Wahrscheinlichkeit ist eine *a priori Wahrscheinlichkeit.* Die *frequentistische* Wahrscheinlichkeit beruht dagegen auf Beobachtungen von (unendlich vielen) Realisationen des betreffenden Zufallsexperimentes, sie ist eine *a posteriori Wahrscheinlichkeit*. Nach dieser Auffassung ergibt sich die Wahrscheinlichkeit eines Ereignisses A aus den relativen Häufigkeiten, mit denen A in einer langen Reihe von Versuchswiederholungen eintritt. Diese Betrachtungsweise führt auf die v. Mises'sche Definition, nach der die Wahrscheinlichkeit von A gleich dem Grenzwert der relativen Häufigkeiten von A bei unendlich vielen (unabhängigen) Wiederholungen ist. Beide Versionen, die nach Laplace und die nach v. Mises, sind zwar als Definitionen von 'Wahrscheinlichkeit' problematisch, werden aber als Formeln oder Verfahren zur Bestimmung von Wahrscheinlichkeiten durch die Kolmogoroffsche Wahrscheinlichkeitsrechnung bestätigt, erstere durch die Einführung von Laplace-Experimenten, letztere durch das Gesetz der großen Zahlen. Für beide Wahrscheinlichkeitsbegriffe ist die Kolmogoroffsche Wahrscheinlichkeitsrechnung die adäquate mathematische Theorie. Allerdings sind beide Begriffe in ihrer Anwendung zur Bestimmung einer Wahrscheinlichkeit an einschneidende Voraussetzungen über das betreffende Zufallsexperiment gebunden, der erste an Symmetrieeigenschaften, der zweite an eine prinzipielle Wiederholbarkeit des Experimentes. Die *logische* Wahrscheinlichkeit schließlich, eine ebenfalls objektive Wahrscheinlichkeit, ordnet nicht mehr einem Ereignis A eine Wahrscheinlichkeit $P(A)$ zu, sondern bezieht sich stets auf zwei Ereignisse oder Aussagen A und B und wird als zweistellige Relation $P(B; A)$ eingeführt. Für diese Größe gibt es zwei ganz verschiedene Bedeutungen. Einmal wird unter $P(B; A)$ die Wahrscheinlichkeit von B unter der Annahme oder Voraussetzung A verstanden. In diesem Sinne ist auch die klassische Wahrscheinlichkeit als logische Wahrscheinlichkeit interpretierbar, nämlich dann, wenn mit A die vorausgesetzten Symmetrieeigenschaften gemeint sind. Zum anderen wird $P(B; A)$ als die Wahrscheinlichkeit der Implikation 'aus A folgt B' verstanden, also eine Wahrscheinlichkeit, die dem Schluß selbst zugeordnet wird. Unter dieser Auffassung könnte die logische Wahrscheinlichkeit dazu dienen, den Vertrauensgrad eines Schlusses aus einer Beobachtung A auf eine Aussage B zu beschreiben. Für beide Typen einer logischen Wahrscheinlichkeit fehlt bisher eine tragfähige formale (mathematische) Theorie.

Eine *subjektive* Wahrscheinlichkeit $P(A)$ wird einem Ereignis A von einer Person zugeordnet und drückt den Grad aus, mit dem die Person an das Eintreten des Ereignisses glaubt, oder auch die Chance, welche die Person dem Eintreten des Ereignisses gibt. (Strenge Subjektivisten lehnen die Interpretation der Wahrscheinlichkeit als 'Chance' von vornherein ab.) Zwei Personen werden demselben Ereignis i.a. verschiedene Wahrscheinlichkeiten zuordnen. Die Wahrscheinlichkeit $P(A)$ hängt also von der Person ab, die das betreffende Zufallsexperiment betrachtet; sie ergibt sich entweder aus den Kenntnissen, welche diese Person über das Zufallsexperiment hat, oder aus dem planerischen Verhalten der Person gegenüber zukünftigen Realisationen des Zufallsexperiments, vor allem natürlich gegenüber einem Eintreten oder Nichteintreten von A. Der verhaltenstheoretische Aspekt der subjektiven Wahrscheinlichkeit wird besonders deutlich, wenn man der betreffenden Person eine Wette auf das Eintreten von A anbietet. Dann läßt sich die Wahrscheinlichkeit $P(A)$, welche die Person dem Ereignis A beimißt, als der größte Wettquotient (Einsatz/Auszahlung) bestimmen, bei dem die Person gerade noch bereit ist, die Wette einzugehen. Diese Bestimmungsmethode für $P(A)$ ist an zwei Voraussetzungen gebunden: Die Person muß erstens eine (subjektive) Nutzenskala besitzen, auf welcher der Nutzen proportional zum Gewinn ist, und zweitens für ihre Entscheidung, die Wette einzugehen, das Erwartungswertkriterium zugrundelegen, nach dem die Wette stets dann eingegangen wird, wenn der Erwartungswert des Nutzens aus der Wette positiv ist. Eine Person kann ihre Wahrscheinlichkeiten den Ereignissen eines Zufallsexperimentes nicht völlig frei zuordnen, sondern ist an gewisse Regeln gebunden, welche die Person als rational oder ihr Verhalten als kohärent ausweisen. (Eine solche Regel lautet z.B.: Für zwei Ereignisse A und B mit $A \subset B$ muß $P(A) \leq P(B)$ gelten.) Aus diesen Regeln lassen sich verschiedene Axiomensysteme für eine Theorie subjektiver Wahrscheinlichkeiten konstruieren, in denen die erwähnte Beziehung zwischen Wahrscheinlichkeit und Wettquotient eine wesentliche Rolle spielt. Je nachdem, ob oder wie stark dabei auch noch der angedeutete Zusammenhang mit einer Nutzenskala und damit auch der Nutzenbegriff einbezogen wird, unterscheidet man zwei Arten von Axiomensystemen, die mit zwei verschiedenen Positionen in der Auffassung der subjektiven Wahrscheinlichkeit korrespondieren. In der ersten Position wird das *subjektive Wissen* oder der Glaube, den eine Person in ihrer Wahrscheinlichkeit ausdrücken will, in den Vordergund gestellt. Besondere Beachtung wird dabei dem Vorgang geschenkt, wie sich subjektives Vorwissen durch Beobachtungen verändert, also dem *Lernen durch Beobachtung*. Die entsprechenden Axiomensysteme einer Theorie der subjektiven Wahrscheinlichkeit gehen auf den Nutzenbegriff nicht ein. Diese Position wird vor allem von Ramsey [1926] und de Finetti [1937, 1964, 1972] vertreten. Die zweite Position betont den engen Zusammenhang zwischen dem *Verhalten* einer Person und ihren subjektiven Wahrscheinlichkeiten. Eine Person, so wird angenommen, verhält sich in ihren Entscheidungen angesichts ungewisser Ereignisse derart, daß der Erwartungswert ihres Nutzens möglichst groß wird. Dieser Erwartungswert hängt von den subjektiven Wahrscheinlichkeiten der Ereignisse ab und von der (subjektiven) Nutzenskala. Hier stehen *spiel-* oder *entscheidungstheoretische* Aspekte im Vordergrund. Entsprechende Axiomensysteme behandeln und erklären die Begriffe 'Wahrscheinlichkeit' und 'Nutzen' gemeinsam. Diese Position ist vor allem von Savage [1954] geprägt worden. (In seiner subjektivistisch orientierten Theorie spricht er von *personalistischen* Wahrscheinlichkeiten.) Ein erstes Axiomensystem zu subjektiver Wahrscheinlichkeit *und* Nutzen geht auf Neumann und Morgenstern [1944] zurück; nachfolgende axiomatische Begründungen findet man bei Savage [1954], Luce und Raiffa [1957] und in besonders eleganter Form bei Pfanzagl [1968]. In jeder dieser Theorien stellt die subjektive Wahrscheinlichkeit zunächst nur eine komparative Bewertung (Ordnungsrelation) dar, die sich erst bei einer geeigneten Metrisierung als eine nichtnegative, normierte, additive Mengenfunktion darstellt, für die, wie Richter [1972] gezeigt hat, durch ein plausibles Stetigkeitsaxiom auch die σ-Additivität gewährleistet werden kann. Die Kolmogoroffsche Wahrscheinlichkeitsrechnung ist für die subjektive Wahrscheinlichkeit *eine mögliche* geeignete mathematische Theorie. Eine mehr historische Betrachtung über die Verbindung zwischen Wahrscheinlichkeits- und Wettbegriff findet man bei Richter [1974/1975].

Unter den hier vorgestellten fünf verschiedenen Auffassungen von 'Wahrscheinlichkeit', drei objektivistischen und zwei subjektivistischen, gibt es auch starke Verwandtschaften und Gemeinsamkeiten, so daß nicht jede Auffassung von jeder anderen strikt getrennt werden kann. Einmal haben die beiden Versionen des subjektivistischen Wahrscheinlichkeitsbegriffes, die wissensorientierte und die verhaltensorientierte, in ihrem gemeinsamen Bezug auf Wetten und den Wettquotienten ein wirkungsvolles Bindeglied. Die Vertreter einer subjektivistischen Auffassung der Wahrscheinlichkeit - zu nennen sind hier vor allem C. Huygens (1620-1699), T. Bayes (1702-1761), J. Bernoulli (1654-1705), P. S. de Laplace (1749-1827) und in dezidierterer Weise F. Ramsey (1903-1930), B. de Finetti (1906-1986) und J. Savage (1917-1971) - stehen sich daher nicht in zwei disjunkten Lagern gegenüber. Zum anderen besitzen drei verschiedene begriffliche Prägungen von 'Wahrscheinlichkeit', die klassische, die logische und die subjektiv wissensorientierte, eine wesentliche Gemeinsamkeit im Prinzip vom unzureichenden Grund (Indifferenzprinzip). Dieses Prinzip wird nämlich unter allen drei Wahrscheinlichkeitsauffassungen dazu eingesetzt, eine unbekannte Wahrscheinlichkeit mit Hilfe der Laplace-Formel a priori zu bestimmen. Dabei wird die Anwendung des Prinzips vom unzureichenden Grund entweder durch Symmetrieeigenschaften (klassische Wahrscheinlichkeit), als logische Prämisse (logische Wahrscheinlichkeit) oder in Form subjektiven Vorwissens (subjektive Wahrscheinlichkeit) gerechtfertigt. Dieser Umstand ist sicherlich eine Erklärung dafür, daß in der geschichtlichen Entwicklung der Wahrscheinlichkeitstheorie weniger streng zwischen den Vertretern verschiedener Wahrscheinlichkeitsbegriffe unterschieden werden kann als zwischen den beiden folgenden Richtungen: den Vertretern der Möglichkeit einer *a priori Bestimmung* von Wahrscheinlichkeiten mit Hilfe des Indifferenzprinzips und ihren Gegnern, den Frequentisten unter den Wahrscheinlichkeitstheoretikern, die nur eine *a posteriori Bestimmung* der Wahrscheinlichkeit aus beobachteten relativen Häufigkeiten zulassen. Zur ersten Richtung gehören nicht nur Huygens, Bayes, Bernoulli und Laplace, die tendenziell subjektivistisch orientiert sind, partiell aber auch den Standpunkt einer logischen Wahrscheinlichkeit erkennen lassen, sondern auch reine Subjektivisten wie Ramsey und de Finetti, Objektivisten wie A. de Moivre (1667-1754), L. Euler (1707-1783), J. Lagrange (1736-1813) und C. Gauß (1777-1855), sowie die Vertreter einer logischen Wahrscheinlichkeit, G. Leibniz (1646-1716), J. v. Kries (1853-1928), J. Keynes (1883-1946), F. Waismann

(1896-1959), H. Jeffreys (1891-1989) und R. Carnap (1891-1970). Zur zweiten Richtung, den Frequentisten, zählen vor allem R. v. Mises (1883-1953), H. Reichenbach (1891-1953), A. Wald (1902-1950) und A. Kolmogoroff (1903-1987).

Wie hängen nun die drei oben gestellten zentralen Fragen an die Auswertung von Beobachtungen mit den verschiedenen Auffassungen des Begriffes Wahrscheinlichkeit zusammen? Dazu müssen hier die folgenden kurzen Hinweise genügen, die aus der obigen Beschreibung der Wahrscheinlichkeitsbegriffe folgen. Ausführliche Behandlungen dieses Themas (auch der verschiedenen Auffassungen von 'Wahrscheinlichkeit') findet man bei Barnett [1982], Carnap und Jeffrey [1971], Fine [1973], Godambe und Sprott [1971], Hacking [1965, 1975], Jeffrey [1980], Kyburg [1974], Kyburg und Smokler [1964] sowie Stegmüller [1973b, 1973c].

Die erste Frage (kognitivistischer versus dezisionistischer Zweck der Auswertung) bleibt bei Verwendung eines objektivistischen Wahrscheinlichkeitsbegriffes offen. Bei einer subjektivistischen Auffassung der Wahrscheinlichkeit wird die Antwort auf diese Frage wie folgt präjudiziert: Die Interpretation von Wahrscheinlichkeit als subjektives Wissen oder Glauben legt eine kognitivistische Zielrichtung nahe, die verhaltensorientierte Interpretation dagegen eine dezisionistische.

Die zweite Frage (objektivistischer versus subjektivistischer Standpunkt bei der Auswertung) hängt auf relativ eindeutige Weise mit der Verwendung eines bestimmten Wahrscheinlichkeitsbegriffes zusammen: Auf dem objektivistischen Standpunkt hat man ausschließlich von objektiven Wahrscheinlichkeiten auszugehen, auf dem subjektivistischen Standpunkt sind dagegen objektive und subjektive Wahrscheinlichkeiten zugelassen.

Die dritte Frage (frequentistische verus nichtfrequentistische Beurteilung der Auswertung) steht mit der Verwendung der verschiedenen Wahrscheinlichkeitsbegriffe in einem differenzierteren Zusammenhang. Die Anhänger einer frequentistischen (objektiven) Wahrscheinlichkeit werden die Güte des Schlusses aus einer Bobachtung sicherlich nach frequentistischen Gesichtspunkten beurteilen. Für Vertreter einer klassischen oder logischen (objektiven) Wahrscheinlichkeit bleibt diese Frage offen. Eine subjektivistische Interpretation der Wahrscheinlichkeit legt eine nichtfrequentistische Beurteilung der Güte eines Schlusses nahe, wobei aber die verhaltensorientierte Auffassung auch eine frequentistische Beurteilungsweise zuläßt. (Letzteres hat seinen Grund darin, daß Schlüsse in Form von Entscheidungen an Hand eines Erwartungswertes, den des Gewinnes oder Verlustes, beurteilt werden, und jeder Erwartungswert der Häufigkeitsinterpretation durch das Gesetz der großen Zahlen unterliegt, so daß eine Beurteilung 'auf lange Sicht' vorliegt.)

2.1.3 Schätzungen und Tests

Unter den Inferenzverfahren, die ganz allgemein in der induktiven Statistik zur Auswertung von Beobachtungen entwickelt wurden, stehen die *Schätz- und Testverfahren* absolut im Mittelpunkt. Ihre Bedeutung und Rolle hängt zwar von dem zugrundeliegenden Inferenzkonzept ab, ihre Verwendung ist jedoch in allen Inferenztheorien geläufig, ihre Anwendung in der Praxis mit Abstand dominierend. Schätzungen und Tests sind *allgemeine* Inferenzverfahren, deren Begründung innerhalb *spezieller* Inferenzkonzepte erfolgt. Was hat man allgemein unter Schätzungen (Punkt- und Intervallschätzungen) bzw. statistischen Tests zu verstehen?

Zur Beantwortung dieser Frage gehen wir von dem Grundmodell der induktiven Statistik aus, demzufolge die Beobachtung x Realisation einer Zufallsgröße, der Stichprobe X ist, über die eine Verteilungsannahme $\mathfrak{P}$ vorliegt. Ohne Einschränkung der Allgemeinheit gehen wir für $\mathfrak{P}$ von einer (formal) parametrischen Darstellung $\mathfrak{P} = \{P_\theta : \theta \in \Theta\}$ mit einem Parameterraum $\Theta \subset \mathbb{R}_r$ aus. Wir beschränken uns hier auf Schätzungen für bzw. Tests über den unbekannten Parameter θ selbst. (Die allgemeinere Aufgabe, einen transformierten Parameter $\delta = \delta(\theta)$ oder die Verteilung P_θ zu schätzen oder durch einen Test zu überprüfen, stellen wir zurück.) Unter den Bereichsschätzungen beschränken wir uns auf Intervallschätzungen, unter den Tests auf die in der Praxis üblichen, nichtrandomisierten Tests. In voller Allgemeinheit werden die betreffenden Begriffe in den Hauptkapiteln zu Schätzungen und Tests behandelt.

Unter einer *Punktschätzung* (einer *Schätzung*, einer *Schätzfunktion* oder einem *Schätzer*) für θ versteht man eine (meßbare) Abbildung U vom Stichprobenraum $\mathfrak{X}$ in den $\mathbb{R}_r$ (r-dimensionale Stichprobenfunktion), die jedem $x \in \mathfrak{X}$ einen *Schätzwert* $\hat{\theta} = U(x)$ zuordnet. Vor der Beobachtung wird $U = U(X)$ als Zufallsgröße aufgefaßt. Nach der Beobachtung x besteht das Ergebnis der Punktschätzung in der Aussage '$\theta = \hat{\theta}$ '.

Unter einer *Intervallschätzung* für θ versteht man eine Abbildung C auf dem Stichprobenraum $\mathfrak{X}$, die jedem $x \in \mathfrak{X}$ ein Intervall $C(x)$ im $\mathbb{R}_r$ zuordnet. Die untere und obere Grenze von $C(x)$ bezeichnen wir mit $C_1(x)$ und $C_2(x)$ und schreiben $C(x)$ stets in Form eines abgeschlossenen Intervalles $[C_1(x); C_2(x)]$, auch wenn in Einzelfällen offene oder halboffene Intervalle zugelassen sind. Die Intervallgrenzen C_1 und C_2 sind zwei r-dimensionale Stichprobenfunktionen. Vor der Beobachtung wird $C = [C_1; C_2]$ oder ausführlicher $C(X) = [C_1(X); C_2(X)]$ als ein zufälliges Intervall aufgefaßt, die Intervallgrenzen sind Zufallsgrößen. Nach der Beobachtung x ist $C(x) = [C_1(x); C_2(x)]$ ein festes Intervall, das Ergebnis der Intervallschätzung besteht in der Aussage '$\theta \in C(x)$' bzw. '$C_1(x) \leq \theta \leq C_2(x)$'.

Punkt- und Intervallschätzungen haben zwei wesentliche Eigenschaften gemeinsam: Beide Verfahren verfolgen mit der Auswertung der Beobachtung einen kognitivistischen Zweck, beide Verfahren gehen davon aus, daß ihr Anwender unvoreingenommen gegenüber dem unbekannten θ ist. Sowohl bei einer Punkt- als auch bei einer Intervallschätzung soll die in der Stichprobe enthaltene Information über θ möglichst konzentriert und vollständig wiedergegeben werden. (Gute Punkt- und Intervallschätzungen basieren auf suffizienten Statistiken.) Diese Gemeinsamkeit kommt formal auch dadurch zum Ausdruck, daß eine Intervallschätzung $C(X) = [C_1(X); C_2(X)]$ im Spezialfall $C_1(X) = C_2(X)$ in eine Punktschätzung übergeht. Ansonsten unterscheiden und ergänzen sich aber Punkt- und Intervallschätzungen in ihren Aufgaben bei der Auswertung einer Beobachtung.

Mit einer Punktschätzung soll die Frage beantwortet werden, welchen Wert $\hat{\theta}$ man an Stelle des unbekannten θ verwenden soll, wenn die Beobachtung x vorliegt. Diese Frage zielt entweder auf die Genauigkeit der Schätzung, d.h. auf kleine *Schätzfehler* $\hat{\theta} - \theta$, oder auf die Bestimmung eines Wertes $\hat{\theta}$, der durch die Beobachtung x besonders stark ausgezeichnet oder gestützt wird. Welches der beiden Ziele im Mittelpunkt steht, hängt vor allem auch von dem zugrundeliegenden Inferenzkonzept ab. Auf die entsprechenden Ansätze zur Konstruktion von Punktschätzungen gehen wir an späterer Stelle ein. Häufig liegen solche Fälle vor, in denen es ein Punktschätzverfahren gibt, mit dem beide angesprochenen Ziele gemeinsam erreicht werden können.

Eine Intervallschätzung soll die Frage beantworten, in welchem Bereich (Intervall) das unbekannte θ mit einem hohen Maß an Sicherheit oder Plausibilität zu vermuten ist, wenn die Beobachtung x vorliegt. Hier stehen zwei konkurrierende Ziele im Mittelpunkt. Das eine betrifft die Sicherheit oder Glaubwürdigkeit der Aussage '$\theta \in C(x)$', das andere die Genauigkeit oder Präzision dieser Aussage. Tendenziell gilt: Je größer das Intervall $C(x)$ ist, desto sicherer oder glaubwürdiger ist die Aussage '$\theta \in C(x)$', desto ungenauer und weniger präzise ist sie aber auch, und umgekehrt. Daher hat man Intervallschätzungen zu konstruieren, die zwischen diesen beiden Zielen einen Kompromiß herstellen. Das bekannteste Beispiel dafür ist die Konstruktion eines sogenannten Konfidenzintervalles: Hier wird ein Sicherheits- oder Vertrauensgrad γ (eine nahe bei 1 liegende Zahl zwischen 0 und 1) durch die Forderung

$$P_\theta\big(C_1(X) \leq \theta \leq C_2(X)\big) \geq \gamma \quad \text{für alle } \theta \tag{2.1}$$

vorgegeben – eine solche Intervallschätzung $C(X) = [C_1(X); C_2(X)]$ heißt *Konfidenzintervall zum Vertrauensgrad* γ – und anschließend das 'kleinste' unter den Konfidenzintervallen zu einem festen Vertrauensgrad γ konstruiert, welches 'im Mittel' die präzisesten Aussagen liefert. Darauf gehen wir in Abschnitt 2.2.2 näher ein. Andere Verfahren zur Konstruktion von Intervallschätzungen lernen wir in den Abschnitten 2.3.2 bis 2.4.3 kennen.

Unter einem *statistischen Test* versteht man ein Verfahren, mit dem verschiedene Hypothesen über den unbekannten Parameter θ durch die Beobachtung x überprüft werden sollen. Bei der Anwendung eines Tests zur Auswertung der Beobachtung steht man den möglichen Parameterwerten nicht mehr unvoreingenonmmen gegenüber, wie es bei Punkt- und Intervallschätzungen der Fall war, sondern drückt eine vorhandene Voreingenommenheit durch Hypothesen über θ aus. Im einfachsten Fall werden nur zwei Hypothesen über θ formuliert, die sogenannte *Nullhypothese* H_0 und die *Alternativhypothese* H_1. (Letztere wird oft, aber etwas unschön, die *Alternative* H_1 genannt.) Natürlich werden H_0 und H_1 als einander ausschließende Behauptungen vorausgesetzt, die von disjunkten (nichtleeren) Teilmengen von Θ erfüllt werden. Es führt zu keinen Mißverständnissen, wenn wir die Teilmenge in Θ, für die H_0 zutrifft, selbst wieder mit H_0 bezeichnen, und entsprechend mit H_1 verfahren. Damit werden H_0 und H_1 zu zwei disjunkten Teilmengen von Θ, für die oft, aber nicht notwendig $H_0 \cup H_1 = \Theta$ gilt. Ein üblicher, nichtrandomisierter Test zur Überprüfung von H_0 gegen H_1, man spricht kurz von einem *Test für* H_0 *gegen* H_1, besteht in einer Zerlegung des Stichprobenraumes $\mathfrak{X}$ in zwei (meßbare) Teilmengen K_0 und K_1, also $\mathfrak{X} = K_0 \cup K_1$, denen die folgenden Aussagen als Ergebnisse des Tests zugeordnet sind:

Für $x \in K_0$ erfolgt eine Aussage A_0 zugunsten von H_0.
Für $x \in K_1$ erfolgt eine Aussage A_1 zugunsten von H_1.

Für die Aussage A_0 und entsprechend auch für A_1 kommen verschiedene Bedeutungen und Interpretationen in Betracht, die von der betreffenden Prüfsituation und auch von dem zugrundeliegenden Inferenzkonzept abhängen. Übliche Formulierungen sind etwa:

A_0: 'H_0 wird durch die Beobachtung bestätigt', 'Die Beobachtung stützt H_0 stärker als H_1', 'H_0 ist mit der Beobachtung vereinbar' oder 'H_0 wird aufgrund der Beobachtung nicht verworfen, H_0 kann beibehalten werden'.

A_1: 'H_1 wird durch die Beobachtung bestätigt', 'Die Beobachtung stützt H_1 stärker als H_0', 'H_1 ist aufgrund der Beobachtung signifikant' oder 'H_0 wird aufgrund der Beobachtung abgelehnt und H_1 angenommen'.

Unter diesen Formulierungen gibt es Aussagenpaare A_0 und A_1, die in H_0 und H_1 symmetrisch sind, und solche, für die das nicht der Fall ist. (Wir weisen darauf hin, daß die Nichtablehnung oder Beibehaltung einer Hypothese ein schwächeres Urteil darstellt als die Annahme oder Bestätigung einer solchen.) Entsprechend gibt es Prüfsituationen und Tests, die eine symmetrische Behandlung von H_0 und H_1 vorsehen, und solche, die das nicht tun. Darauf gehen wir in den folgenden Abschnitten noch ausführlich ein. In jedem Fall kann ein Test ϕ als eine Abbildung vom Stichprobenraum $\mathfrak{X}$ in die zweielementige Menge $\{A_0, A_1\}$ aufgefaßt werden. Zur formalen Definition identifiziert man A_0 und A_1 mit reellen Zahlen, A_0 mit 0 und A_1 mit 1. Damit wird ein (nichtrandomisierter) Test ϕ als eine (meßbare) Abbildung von $\mathfrak{X}$ in $\{0, 1\}$ definiert mit

$$\phi(x) = \begin{cases} 1 & \text{für } x \in K_1 \quad (\text{Aussage } A_1), \\ 0 & \text{für } x \in K_0 \quad (\text{Aussage } A_0). \end{cases} \tag{2.2}$$

In der klassischen Testtheorie steht eine unsymmetrische Behandlung von H_0 und H_1 im Mittelpunkt. Darauf gehen wir in Abschnitt 2.2.2 näher ein.

2.1.4 Prinzipien für die statistische Inferenz

Eine ähnlich allgemeine und übergreifende Bedeutung für die verschiedenen Inferenzkonzepte, wie sie Schätzungen und Tests als Auswertungsverfahren besitzen, kommt auch bekannten Prinzipien der Inferenz zu, dem *Suffizienz-Prinzip*, dem *Konditional-Prinzip* und dem *Invarianz-Prinzip*. Diese richten sich zwar unmittelbar an das Konzept, nach dem ein Schluß aus einer Beobachtung aufzustellen ist, und greifen damit direkt in den Aufbau eines Inferenzkonzeptes ein, sie spielen aber gleichwohl eine übergeordnete Rolle, weil sie in allen Inferenzkonzepten mehr oder weniger stark beachtet werden. Bevor wir in den nächsten Abschnitten die verschiedenen Inferenzkonzepte behandeln, wollen wir daher hier diese Prinzipien erläutern.

Das erste Prinzip betrifft die Beachtung suffizienter Statistiken bei der Aufstellung eines Schlusses aus einer Beobachtung. Es ergibt sich eigentlich zwingend aus unseren Betrachtungen zur Suffizienz in den Abschnitten 1.2.1 bis 1.2.3 und wird nahezu überall in der induktiven Statistik berücksichtigt. Wir geben für das Suffizienz-Prinzip zwei Fassungen an. Die erste lautet wie folgt.

> *Suffizienz-Prinzip:* Ist T eine beliebige suffiziente Statistik für θ, so sollen zwei Beobachtungen x und x' mit $T(x) = T(x')$ stets zu denselben Schlüssen auf θ führen. (2.3)

Wir wollen den Vorgang, daß eine Beobachtung x einer Stichprobe X gemacht wird, die unter der Verteilungsannahme $\mathfrak{P}$ steht, durch '*Beobachtung x aus dem Experiment* $(X, \mathfrak{P})$' abkürzen, und diese Redewendung auch auf Beobachtungen irgendeiner Zufallsgröße, für die eine Verteilungsannahme vorliegt, übertragen. Als zweite Fassung von (2.3) erhalten wir:

> *Suffizienz-Prinzip:* Ist T suffizient, so soll eine Beobachtung x aus $(X; \mathfrak{P})$ zu denselben Schlüssen führen wie eine Beobachtung $t = T(x)$ aus $(T, \mathfrak{P}^T)$. Wir sagen dazu auch: *Die Experimente* $(X, \mathfrak{P})$ *und* $(T, \mathfrak{P}^T)$ *sind äquivalent.* (2.4)

Nach diesem Prinzip darf ein Schluß (Punktschätzung, Intervallschätzung oder Test) aus einer Stichprobe nur von den Werten einer suffizienten Statistik abhängen. Diese Forderung wird für jede suffiziente Statistik erhoben. Da eine minimalsuffiziente Statistik ihrerseits nur von den Werten einer jeden suffizienten Statistik abhängt, genügt es, im Suffizienz-Prinzip von einer minimalsuffizienten Statistik T auszugehen, falls es eine solche gibt. Die Existenz einer minimalsuffizienten Statistik hängt von der Verteilungsannahme $\mathfrak{P}$ ab; sie ist in den meisten Fällen gesichert, etwa für jede dominierte Verteilungsannahme (vgl. Satz 1.13).

Das Konditional-Prinzip, dem wir uns nun zuwenden, betrifft die Verwendung von ancillary Statistiken bei der Bildung eines Schlusses aus einer Beobachtung. Dieses Prinzip läßt sich aus unserer Behandlung der Ancillarity in Abschnitt 1.2.5 mehr oder weniger stringent begründen, es ist in der induktiven Statistik nicht so allgemein anerkannt wie das Suffizienz-Prinzip, findet aber doch breite Beachtung innerhalb der verschiedensten Inferenzkonzepte. Die folgende Begründung ('Herleitung') des Konditional-Prinzips baut auf den Überlegungen zu Beginn von Abschnitt 1.2.5 auf.

Wir betrachten eine beliebige ancillary Statistik $V = V(X)$ und ergänzen diese durch eine geeignete Statistik $U = U(X)$ zu einer suffizienten Statistik $T = (U, V)$. Dies ist trivialerweise stets möglich durch eine Statistik U, die selbst suffizient ist, kann aber oft auch mit Hilfe einer nichtsuffizienten Statistik U gelingen (vgl. Beispiel 1.27). Nach dem Suffizienz-Prinzip sind $(X, \mathfrak{P})$ und $(T, \mathfrak{P}^T)$ äquivalente Experimente. Wir erinnern daran, daß die Verteilung von V als einer ancillary Statistik nicht von θ abhängt, die Familie $\mathfrak{P}^V$ also nur aus einer einzigen (bekannten!) Verteilung besteht und deswegen aus der alleinigen Beobachtung eines v aus $(V, \mathfrak{P}^V)$ kein Schluß auf θ gewonnen werden kann. Deswegen sollte sich ein Schluß auf θ allein auf den beobachteten Wert von U stützen lassen, allerdings, wie wir in Abschnitt 1.2.5 angeführt haben, unter der zusätzlichen Kenntnisnahme des beobachteten Wertes v von V, das heißt: indem die bedingte Verteilung von U unter $V = v$ bei der Aufstellung des Schlusses berücksichtigt wird. Die Familie dieser von θ abhängigen bedingten Verteilungen wird mit $\mathfrak{P}^{U|v}$ bezeichnet. Unsere Überlegung läuft damit auf die Forderung hinaus, daß eine Beobachtung x zu denselben Schlüssen auf θ führen soll, gleichgültig, ob sie als eine Beobachtung x aus $(X, \mathfrak{P})$ oder als eine Beobachtung $u = U(x)$ aus $(U, \mathfrak{P}^{U|v})$ mit $v = V(x)$ aufgefaßt wird. Genau diese Forderung ist unter Beachtung des verwendeten Suffizienz-Prinzips der Gegenstand des Konditional-Prinzips; man vergleiche dazu (2.6).

Zur Formulierung des Konditional-Prinzips gehen wir unmittelbar von der Statistik T und dem Experiment $(T, \mathfrak{P}^T)$ aus und lassen außer acht, daß T eine suffiziente Statistik im ursprünglichen Experiment $(X, \mathfrak{P})$ ist. Auf diese Weise wird das Konditional-Prinzip unabhängig vom Suffizienz-Prinzip aufgestellt. Wir betrachten also eine Zufallsgröße $T = (U, V)$ mit einer Verteilungsannahme $\mathfrak{P}^T = \{P_\theta^T : \theta \in \Theta\}$ und bezeichnen wieder mit $\mathfrak{P}^{U|v}$ die dazugehörige Familie der bedingten Verteilungen von U unter der Bedingung $V = v$.

> *Konditional-Prinzip:* Besitzt V eine feste, von θ unabhängige Verteilung, so soll eine Beobachtung $t = (u, v)$ von $T = (U, V)$ zu denselben Schlüssen auf θ führen, gleichgültig, ob sie als eine Beobachtung t aus $(T, \mathfrak{P}^T)$ oder als eine Beobachtung u aus $(U, \mathfrak{P}^{U|v})$ aufgefaßt wird. (2.5)

Sei nun $T = (U, V)$ wieder eine suffiziente Statistik für die Verteilungsannahme $\mathfrak{P}$ der ursprünglichen Stichprobe X. Aus dem Suffizienz-Prinzip, dem zufolge $(X, \mathfrak{P})$ und $(T, \mathfrak{P}^T)$ äquivalente Experimente sind, und dem eben formulierten Konditional-Prinzip ergibt sich dann die folgende

> *Kombination von Suffizienz- und Konditional-Prinzip:* Gegeben sei eine Stichprobe X unter einer Verteilungsannahme $\mathfrak{P} = \{P_\theta : \theta \in \Theta\}$ mit einer suffizienten Statistik $T = (U, V)$, in der V ancillary ist. Dann soll eine Beobachtung x zu denselben Schlüssen auf θ führen gleichgültig, ob sie als eine Beobachtung x aus $(X, \mathfrak{P})$ oder als eine Beobachtung $u = U(x)$ aus $(U, \mathfrak{P}^{U|v})$ bei $v = V(x)$ aufgefaßt wird. (2.6)

Damit darf man zur Konstruktion eines Schlußverfahrens unter den gegebenen Voraussetzungen von der folgenden *Zerlegung* der ursprünglichen Beobachtung x aus $(X, \mathfrak{P})$ ausgehen: Zuerst wird aus der Beobachtung x der Wert $v = V(x)$ bestimmt und danach der Schluß allein auf das *bedingte Experiment* $(U, \mathfrak{P}^{U|v})$ gestützt. Auf diese Weise kann die Stichprobe oft besonders stark reduziert werden, nämlich auf die Werte einer Statistik U, die selbst nicht suffizient ist, wenn man U durch eine ancillary Statistik V zu einer minimalsuffizienten Statistik (U, V) ergänzen kann und die Werte von V dadurch berücksichtigt, daß man nach einer Beobachtung x auf das bedingte Experiment $(U, \mathfrak{P}^{U|v})$ mit $v = V(x)$ übergeht.

Das Suffizienz- und das Konditional-Prinzip finden nicht nur innerhalb der verschiedenen Inferenzkonzepte eine sehr unterschiedliche Beachtung, sondern hängen in ihrer Bedeutung auch stark von dem vorliegenden Experiment $(X, \mathfrak{P})$ ab, aus dem die Beobachtung herrührt. Dabei hat das Suffizienz-Prinzip eine sehr allgemeine Bedeutung, seine Forderung richtet sich an beliebige Experimente (suffiziente Statistiken existieren stets), es erlaubt durch den Übergang von $(X, \mathfrak{P})$ auf $(T, \mathfrak{P}^T)$ mit Hilfe einer suffizienten Statistik T eine Reduktion der Stichprobe. In sehr vielen Fällen existiert sogar eine minimalsuffiziente Statistik T, so daß auf diese Weise eine maximale Reduktion erzielt wird. Im Vergleich dazu hat das Konditional-Prinzip eine nur stark eingeschränkte Bedeutung. Es betrifft nämlich streng genommen nur solche

Experimente $(X, \mathfrak{P})$, für die es keine vollständige und suffiziente Statistik gibt. (Zur Erinnerung: Eine vollständige und suffiziente Statistik ist auch minimalsuffizient, aber nicht umgekehrt. Häufig ist eine Verteilungsannahme gegeben, für die eine minimalsuffiziente, aber keine vollständige und suffiziente Statistik existiert. Man vergleiche dazu die Sätze und Beispiele in den Abschnitten 1.2.3, 1.2.4 und 1.2.6.) Zur Erläuterung der genannten Relativierung des Konditional-Prinzips erinnern wir an das Theorem von Basu (Sätze 1.16 und 1.17). Danach erhalten wir, wenn die suffiziente Statistik $T = (U, V)$ in (2.6) vollständig ist, daß die ancillary Statistik V eine Konstante sein muß, also unabhängig von der Beobachtung x ist, so daß $\mathfrak{P}^{U|v} = \mathfrak{P}^U$ gilt. In dieser Situation hat die Berücksichtigung der ancillary Statistik keine Bedeutung, die Statistik U ist selbst suffizient (und vollständig), die Äquivalenz der Experimente $(X, \mathfrak{P})$ und $(U, \mathfrak{P}^U)$ ergibt sich allein aus dem Suffizienz-Prinzip, das Konditional-Prinzip wird überflüssig.

Das dritte eingangs erwähnte Prinzip, das *Invarianzprinzip*, hat eine ähnlich übergreifende Bedeutung für die verschiedenen Inferenzkonzepte wie das Suffizienz- und Konditionalprinzip, ist allerdings in seiner Anwendung auf invariante Verteilungsannahmen $\mathfrak{P}$ beschränkt. Zur Formulierung dieses Prinzips beziehen wir uns auf unsere Überlegungen über invariante Verteilungsannahmen in den Abschnitten 1.1.5 und 1.2.7. Sei $\mathfrak{P} = \{P_\theta : \theta \in \Theta\}$ eine gegenüber einer Gruppe $\mathfrak{G}$ von Transformationen $g : \mathfrak{X} \longrightarrow \mathfrak{X}$ invariante Verteilungsfamilie.

Eine Schätzung U für θ heißt *äquivariant* gegenüber $\mathfrak{G}$, wenn für alle x und $\tilde{x}$ in $\mathfrak{X}$ und alle g in $\mathfrak{G}$ gilt: Aus $U(x) = U(\tilde{x})$ folgt $U(gx) = U(g\tilde{x})$. Bei einer solchen Schätzung ist das Resultat, daß zwei Beobachtungen zu demselben Schätzwert führen, unabhängig davon, ob die Beobachtungen auf der ursprünglichen oder auf der durch g transformierten Skala gemessen werden. Damit lautet das

> *Invarianz-Prinzip für Schätzungen:* Bei einer invarianten Verteilungsannahme sollen äquivariante Schätzungen verwendet werden. (2.7)

Liegt eine gegenüber $\mathfrak{G}$ invariante Verteilungsfamilie $\mathfrak{P}$ vor, so heißt ein *Testproblem* zur Überprüfung der Hypothesen H_0 gegen H_1 *invariant*, wenn die beiden durch H_0 und H_1 bestimmten Teilfamilien $\mathfrak{P}_0 = \{P_\theta : \theta \in H_0\}$ und $\mathfrak{P}_1 = \{P_\theta : \theta \in H_1\}$ jeweils invariant gegenüber $\mathfrak{G}$ sind. Ein *Test* φ heißt *invariant* gegenüber $\mathfrak{G}$, wenn für alle x in $\mathfrak{X}$ und g in $\mathfrak{G}$ gilt: $\varphi(gx) = \varphi(x)$. Bei einem solchen Test ist das Testergebnis unabhängig von der vorherigen Anwendung einer Transformation g auf die Beobachtung x. Damit lautet das

> *Invarianz-Prinzip für Tests:* Bei einem invarianten Testproblem sollen invariante Tests verwendet werden. (2.8)

2.2 Klassische Inferenz

2.2.1 Grundlagen

Eines der wichtigsten, vielleicht das wichtigste Konzept zur Begründung von statistischen Schlüssen aus Beobachtungen stellt die klasssische Inferenz dar. Dieses Konzept hat die moderne Statistik dermaßen stark geprägt, daß oft die klassische Test- und Schätztheorie mit der Test- und Schätztheorie schlechthin gleichgesetzt wird. Ihre wesentlichen Impulse verdankt diese Theorie R. A. Fisher (1890–1962), E. S. Pearson (1895–1980) und J. Neyman (1894–1981).

Die Schwerpunkte der Arbeiten von Neyman und Pearson liegen eindeutig auf dem Gebiet der Testtheorie. Sie enthalten die Fundamente und wichtigsten Bausteine der klassischen Testtheorie, die zu recht auch Neyman-Pearson'sche Testtheorie heißt. Zu nennen sind hier vor allem die Arbeiten Neyman und Pearson [1928, 1933, 1936, 1938] und Neyman [1929, 1935a, 1935b, 1942]. Auf dem Gebiet der Schätztheorie haben Neyman und Pearson mit der Entwicklung von Konfidenzintervallen Bedeutung erlangt; man vergleiche dazu Clopper und Pearson [1934] und Neyman [1935c]. Beachtung verdienen auch die grundsätzlicheren Arbeiten Neyman [1955, 1957] und Pearson [1962] zu Problemen statistischer Inferenz und das Buch Neyman [1950]: 'First Course in Probability and Statistics'. Zusätzlich soll auf die gesammelten Schriften verwiesen werden: Pearson [1966], Neyman [1967] und Neyman und Pearson [1967].

Die Arbeiten R. A. Fisher's umspannen ein äußerst weit gefächertes Gebiet der theoretischen und praktischen Statistik. Stichwortartig seien nur genannt: Inferenzkonzepte (Likelihood-Inferenz, Fiduzial-Inferenz), Probleme der Suffizienz und Information, Maximum-Likelihood-Schätzungen, zahlreiche verschiedene Schätz- und Testverfahren und die Theorie der Versuchsplanung. Stellvertretend soll auf drei Hauptwerke Fisher's hingewiesen werden: Statistical Methods for Research Workers (erste Auflage 1925, 15te Auflage 1973), The Design of Experiments (erste Auflage 1935, achte Auflage 1966) und Statistical Methods and Scientific Inference (erste Auflage 1956, dritte Auflage 1973). Ein Nachdruck aller drei Werke ist noch 1990 erschienen. Das zentrale Interesse Fisher's galt der Ergründung dessen, was unter Unsicherheit zu verstehen ist, und den verschiedenen Arten, die Unsicherheit zu messen; man vergleiche dazu vor allem Fisher [1922, 1930, 1935b, 1935c, 1936, 1956]. Das Forschungsgebiet Fisher's geht damit weit über die klassische Test- und Schätztheorie hinaus, Fisher ist keineswegs ein Anhänger der klassischen Inferenz, er hat vielmehr starke Kontroversen mit Neyman und vor allem Pearson ausgetragen. Gleichwohl haben die Theorien Fisher's zu Suffizienz, Information, Konsistenz und Effizienz und auch die auf ihn zurückgehenden Maximum-Likelihood-Schätzungen – man vergleiche dazu Fisher [1912,

1920, 1922, 1925b, 1934, 1937] – einen entscheidenden Einfluß auf die klassische Schätztheorie ausgeübt (auf die Testtheorie war der Einfluß weniger stark). Die gesammelten Schriften Fisher's wurden von Bennett [1971–1974] herausgegeben, die meisten der vor 1944 erschienenen Arbeiten findet man in Fisher [1950].

Eine treffende Charakterisierung des klassischen Inferenzkonzeptes ergibt sich aus dem Blickwinkel der drei zentralen Fragen an die Auswertung einer Beobachtung, die wir innerhalb unserer grundsätzlichen Betrachtungen über statistische Inferenz im vorangegangenen Abschnitt formuliert haben. Ihre Antworten, die sich aus den folgenden Darstellungen ergeben, lauten hier: In der klassischen Inferenz wird bei der Auswertung von Beobachtungen ein *objektivistischer* Standpunkt eingenommen, ein *kognitivistischer* Zweck verfolgt und eine *frequentistische* Gütebeurteilung vorgenommen.

Grundlage der klassischen Inferenz ist das Grundmodell der induktiven Statistik: Die Beobachtung x ist Realisation einer Zufallsgröße X, über die eine Verteilungsannahme $\mathfrak{P} = \{P_\theta : \theta \in \Theta\}$ vorliegt. Weitere Modellannahmen (objektiver oder subjektiver Art) werden nicht getroffen, die klassische Inferenz kommt mit einem 'sparsamsten' Modell aus. Aus der Beobachtung x sollen Kenntnisse in Form von Aussagen über θ gewonnen werden. Die Güte eines solchen Schlusses wird prinzipiell frequentistisch erfaßt und danach beurteilt, mit welcher Wahrscheinlichkeit das benutzte Schluß*verfahren* zu richtigen oder nahezu richtigen Aussagen führt, wenn man es auf alle möglichen Beobachtungen von X anwenden würde. Dieses frequentistische Prinzip wird in der klassischen Inferenz sehr frei gestaltet, es läßt einen Spielraum für verschiedene konkrete Gütekriterien (frequentistischer Art) offen und schreibt damit nicht unmittelbar vor, welcher Schluß in der jeweiligen Situation als der beste zu verwenden ist. Aufgrund dieser Offenheit können in der klasssischen Schätz- und Testtheorie auch die Schlußverfahren anderer Inferenzkonzepte, vor allem der Likelihood-Inferenz, verwendet werden. Beide Attribute, die Sparsamkeit der Modellannahmen und die Offenheit gegenüber anderen Konzepten, sind aus praktischer Sicht hoch willkommen. Diese Eigenschaften und natürlich die objektivistische und kognitivistische Ausrichtung der klassischen Inferenz erklären die Vormachtstellung, welche die klassische Test- und Schätztheorie in der empirisch wissenschaftlichen Forschung inne hat. Dabei wird allerdings oft übersehen, daß die überzeugenden Vorteile dieser Theorie auch ihren Preis haben: Manche wichtige inferentiellen Begriffe (z.B. die 'Konfidenz' eines Konfidenzintervalles) können innerhalb der klassischen Inferenz nur unzulänglich erklärt werden.

Weitere typische Elemente der klassischen Inferenz werden offenbar, wenn man ihr Verhältnis zum Suffizienz- und Konditional-Prinzip beleuchtet. Dazu die folgenden Bemerkungen.

Das Suffizienz-Prinzip wird in der klassischen Inferenz allgemein berücksichtigt, auch wenn es nicht immer ausdrücklich als Postulat zugrundegelegt wird.

Es werden nur solche Gütekriterien in Betracht gezogen und in die klassische Test- und Schätztheorie eingebaut, die optimale Schlußverfahren nach sich ziehen, welche nur von suffizienten Statistiken abhängen. Anders ausgedrückt: Zu jedem Schlußverfahren der klassischen Inferenz gibt es ein mindestens ebenso gutes, das nur von einer suffizienten Statistik abhängt. (Man vergleiche dazu die Sätze von Rao-Blackwell und Lehmann-Scheffé und insbesondere den Satz von Bahadur.) An eine gewissermaßen natürliche Grenze stößt die Beachtung des Suffizienz-Prinzips nur in solchen Fällen (Verteilungsannahmen), in denen kein optimales Schlußverfahren existiert.

Eine so breite und ungeteilte Zustimmung findet das Konditional-Prinzip in der klassischen Inferenz nicht. Dieses Prinzip erfährt nicht nur die am Ende des letzten Abschnittes erwähnten Relativierungen, sondern wird auch den allgemeinen, frequentistischen Gütekriterien der klassischen Inferenz untergeordnet. Es gibt Situationen (Verteilungsannahmen), in denen ein Schlußverfahren, welches das Konditional-Prinzip verletzt, besser ist im Sinne eines unstrittigen klassischen Gütekriteriums als ein Schlußverfahren, das dem Konditional-Prinzip gehorcht. (Man vergleiche dazu Beispiel 2.2.) In derartigen Konfliktfällen kann das Konditional-Prinzip zugunsten des Gütekriteriums geopfert und das bessere Schlußverfahren benutzt werden, auch wenn dieses dem Konditional-Prinzip nicht genügt.

2.2.2 Klassische Schätzungen und Tests

Wir wollen die Vorgangsweise der klassischen Inferenz nun an Hand von Punktschätzungen, Intervallschätzungen und Tests erläutern. Dazu berufen wir uns auf die in Abschnitt 2.1.3 eingeführten Begriffe und Bezeichnungen.

Eine Punktschätzung $U = U(X)$ für θ steht unter dem Anspruch, möglichst genau zu sein: Mit hoher Wahrscheinlichkeit sollen sich solche Schätzwerte $\hat{\theta} = U(x)$ ergeben, die in der Nähe von θ liegen, also kleine Schätzfehler $\hat{\theta} - \theta$ aufweisen. Um zu präzisieren, was mit 'in der Nähe von θ liegen' oder 'kleine Schätzfehler aufweisen' gemeint ist, bietet sich im Fall eines reellen Parameters die Aussage ' $|\hat{\theta} - \theta| < \epsilon$ ' an, wobei $\epsilon > 0$ eine vorgegebene Zahl nahe bei Null ist. Der Genauigkeitsanspruch an U geht dann in die Forderung über, daß die sogenannten *Überdeckungswahrscheinlichkeiten*

$$P_\theta(|U(X) - \theta| < \epsilon) =: \gamma(\theta; \epsilon) \tag{2.9}$$

von U möglichst groß sein sollen. Im Fall eines Parametervektors kann an die Stelle von $|\hat{\theta}-\theta|$ der euklidische Abstand $||\hat{\theta}-\theta||$ zwischen den Vektoren $\hat{\theta}$ und θ gewählt werden, so daß in (2.9) nur $|U(X) - \theta|$ durch $||U(X) - \theta||$ zu ersetzen wäre. (Generell sind auch andere Abstandsbegriffe verwendbar.) Diesen

Fall stellen wir hier zurück; wir setzen ein reelles θ voraus. Die *allgemeine Tschebyscheff-Ungleichung*, angewandt auf (2.9), lautet:

$$P_\theta(|U(X) - \theta| < \epsilon) \geq 1 - \frac{1}{\epsilon^2} E_\theta[U(X) - \theta]^2 . \tag{2.10}$$

Beweis: Für die Zufallsvariable

$$V := \begin{cases} \epsilon^2 & \text{falls } |U - \theta| \geq \epsilon \\ 0 & \text{sonst} \end{cases}$$

gelten die Beziehungen

$$E_\theta V = \epsilon^2 P_\theta(|U - \theta| \geq \epsilon) \quad \text{und} \quad E_\theta V \leq E_\theta[U - \theta]^2$$

(letztere wegen $V \leq [U - \theta]^2$). Aus beiden zusammen folgt

$$P_\theta(|U - \theta| < \epsilon) = 1 - P_\theta(|U - \theta| \geq \epsilon) \geq 1 - \frac{1}{\epsilon^2} E_\theta[U - \theta]^2 . \qquad \square$$

Gemäß (2.10) besitzt ein Schätzer U für θ dann große Überdeckungswahrscheinlichkeiten, wenn sein sogenannter *Mean-Square-Error* (MSE)

$$MSE(U; \theta) = E_\theta[U(X) - \theta]^2 \tag{2.11}$$

klein ausfällt. Auf diese natürliche Weise kann der Mean-Square-Error als Grundlage oder Kriterium für die Beurteilung einer Schätzung etabliert werden. Darüber hinaus besitzt diese Größe auch 'in sich selbst' eine überzeugende Aussagekraft über die Güte einer Schätzung; ist sie doch als *Erwartungswert des quadrierten Fehlers* ein *a priori* Maß dafür, wie stark der Schätzwert $\hat{\theta}$ vom wahren Wert θ abweichen wird. Es ist daher nicht verwunderlich, daß in der klassischen Schätztheorie der Mean-Square-Error das wichtigste Kriterium zur Beurteilung einer Punktschätzung darstellt. Im Sinn dieses Kriteriums nennt man einen Schätzer U für θ mindestens so gut wie einen Schätzer V für θ, wenn gilt:

$$MSE(U; \theta) \leq MSE(V; \theta) \quad \text{für alle } \theta . \tag{2.12}$$

Unter dem *Bias* (der *Verfälschung* oder *Verzerrung*) eines Schätzers U für θ versteht man die Abweichung zwischen seinem Erwartungswert und dem zu schätzenden Parameter:

$$\text{Bias}_\theta U = E_\theta U - \theta . \tag{2.13}$$

Diese Größe gibt an, wie weit man sich im Mittel (durchschnittlich) verschätzt, wenn man die Schätzung U sehr oft anwendet, also bei häufiger Durchführung des Schätz*verfahrens*. Der Bias ist die systematische (nicht zufallsbedingte) Komponente des Schätzfehlers, kurz gesagt: der *systematische Fehler*. Ein Schätzer U, für den gilt: $\text{Bias}_\theta U = 0$ für alle θ bzw. $E_\theta U = 0$ für alle θ, heißt *unbiased* (*unverfälscht* oder *unverzerrt*) bzw. *erwartungstreu*. Der zufallsbedingte Anteil des Schätzfehlers, kurz der *zufällige Fehler*, wird durch die Varianz des Schätzers erfaßt. Der Gesamtfehler einer Schätzung kommt durch eine Überlagerung von zufälligem und systematischem Fehler zustande. Diese Überlagerung wird durch die folgende *Zerlegung des Mean-Square-Errors* besonders transparent:

$$MSE(U;\theta) = Var_\theta U + (\text{Bias}_\theta U)^2 . \tag{2.14}$$

Für einen erwartungstreuen Schätzer (unbiased estimator) U gilt damit:

$$MSE(U;\theta) = Var_\theta U .$$

Der Nachweis für die Gültigkeit von (2.14) ergibt sich aus:

$$\begin{aligned} E_\theta[U-\theta]^2 &= E_\theta[U - E_\theta U + E_\theta U - \theta]^2 \\ &= E_\theta[U - E_\theta U]^2 + (E_\theta U - \theta)^2 . \end{aligned}$$

Der Mean-Square-Error ist eine Funktion des unbekannten Parameters θ, im allgemeinen schneiden sich die Graphen der Funktionen $MSE(U;\theta)$ und $MSE(V;\theta)$ zweier Schätzer U und V, so daß mit dem MSE-Kriterium allein nicht entschieden werden kann, welcher der beiden Schätzer der bessere ist. Aus dem gleichen Grund kann mit diesem Kriterium allein noch nicht festgelegt werden, was unter einem besten Schätzer verstanden werden soll. Das gelingt erst, wenn das MSE-Kriterium in Verbindung mit anderen Güteanforderungen gebracht wird. Darunter spielt, wie aus der Zerlegung (2.14) vermutet werden kann, die Forderung der Erwartungstreue des Schätzers eine besonders wichtige Rolle. Wir gehen darauf bei der Behandlung von Punktschätzungen im zweiten Band näher ein. Diese Einschränkungen relativieren aber keineswegs die herausragende Bedeutung des Mean-Square-Errors in der klassischen Schätztheorie als *die* Grundlage zur Gütebeurteilung eines Schätzers.

Eine Intervallschätzung $C = C(X) = [C_1(X); C_2(X)]$ für θ steht in der klassischen Inferenz unter der oben (vgl. (2.1)) beschriebenen Forderung, ein *Konfidenzintervall mit einem* vorgegebenen *Vertrauensgrad* γ zu sein, d.h. die sogenannte *Konfidenzbedingung*

$$P_\theta(C(X) \ni \theta) = P_\theta(C_1(X) \le \theta \le C_2(X)) \ge \gamma \quad \text{für alle } \theta \tag{2.15}$$

zu erfüllen. (Mit '$C(X) \ni \theta$' ist die Aussage gemeint, daß $C(X)$ das unbekannte θ enthält.) Um diese Forderung und den darin verwendeten Begriff 'Vertrauensgrad' näher zu erläutern, müssen wir zwischen der a priori und der a posteriori Situation unterscheiden.

Vor der Beobachtung der Stichprobe ist $C = C(X)$ ein zufälliges Intervall, das mit einer gewissen Wahrscheinlichkeit das unbekannte θ enthält. Diese von θ abhängige Wahrscheinlichkeit ist mindestens so groß wie γ, wenn C ein Konfidenzintervall mit dem Vertrauensgrad γ ist. Das bedeutet: Die Wahrscheinlichkeit dafür, daß eine Stichprobe x beobachtet werden wird, für die $\theta \in C(x)$ gilt, ist mindestens so groß wie γ. Damit verdient das *Schlußverfahren* 'Konfidenzintervallschätzung', das in der Aussage '$\theta \in C(x)$' mündet, den Vertrauensgrad γ; es führt mit einer Wahrscheinlichkeit, die mindestens so groß wie γ ist, zu richtigen Aussagen.

Nach der Beobachtung x der Stichprobe ist $C(x)$ ein festes (das 'beobachtete') Intervall, für das die Aussage '$\theta \in C(x)$' entweder richtig oder falsch ist. Eine Wahrscheinlichkeitsaussage für die Aussage '$\theta \in C(x)$' ist nun unzulässig. Gleichwohl wird auch $C(x)$ ein Vertrauens- oder Konfidenzgrad γ zugesprochen. Dazu wird die vor der Beobachtung gültige Wahrscheinlichkeitsaussage (2.15) nach der Beobachtung x in eine 'Konfidenz'aussage *umgedeutet*, nämlich in die Aussage: $C(x)$ enthält θ mit einer '*Konfidenz*', die mindestens so groß wie γ ist. Man nennt *auch* $C(x)$ *ein 'Konfidenz'intervall* für θ. Der Begriff 'Konfidenz' oder 'Vertrauen' bleibt in diesem Zusammenhang undefiniert.

Als Rechtfertigung dieser Umdeutung dient der erwähnte Sachverhalt, daß $C(x)$ mit einem Schlußverfahren gewonnen wurde, das mit einer Wahrscheinlichkeit von mindestens γ zu *richtigen* Konfidenzintervallen führt, d.h. zu solchen, die θ enthalten. Diese Rechtfertigung läßt sich durch die folgende *Häufigkeitsinterpretation des Vertrauensgrades* γ verschärfen: Wendet man das Verfahren der Konfidenzintervallschätzung $C = C(X)$ mit dem Vertrauensgrad γ unabhängig voneinander auf viele verschiedene beobachtete Stichproben x an, so ist der Anteil der richtigen unter den dabei erhaltenen Konfidenzintervallen $C(x)$ nach dem Gesetz der großen Zahlen ungefähr gleich $P_\theta(C(X) \ni \theta)$, auf lange Sicht führt das Verfahren in mindestens $\gamma \cdot 100\%$ aller Fälle zu richtigen Aussagen. Dieser Sicherheitsgrad unter vielen Fällen wird in einen Vertrauensgrad des Einzelfalles uminterpretiert: Auch einem einzelnen beobachteten Konfidenzintervall $C(x)$ wird der Vertrauensgrad γ zugesprochen, weil es einer (fiktiven!) Gesamtheit von Konfidenzintervallen zugerechnet werden kann, in der sich mindestens $\gamma \cdot 100\%$ 'richtige' Konfidenzintervalle (die θ enthalten) befinden.

An dieser Stelle wird ein ganz grundsätzliches Defizit der klassischen Inferenz deutlich: Einem Schluß aus der Stichprobe soll auch nach der Beobachtung (a posteriori Situation) eine 'Glaubwürdigkeit' oder 'Konfidenz' beigemessen werden, als Instrument dazu werden aber nur solche Begriffe und Regeln (nämlich die der Kolmogoroffschen Wahrscheinlichkeitsrechnung) anerkannt, die auf die a priori Situation zutreffen. Dieses Defizit soll durch Umdeutungen oder Interpretationen nach Art der Häufigkeitsinterpretation behoben werden. Dabei werden Argumente benutzt, die eine zwiespältige Haltung erkennen lassen: Auch nach der Beobachtung wird ein Standpunkt vertreten, als ob die Beobachtung noch nicht stattgefunden hätte. Eine begriffliche Klärung (Definition) der *Konfidenz des Einzelschlusses* wird nicht geleistet. Ist diese Konfidenz als reelle Zahl darstellbar? Welchen Rechenregeln gehorcht die Konfidenz? Läßt sich die Konfidenz derart erklären, daß für sie eine Art Gesetz der großen Zahlen und damit eine Häufigkeitsinterpretation gültig ist und auf diese Weise eine Übertragung von Wahrscheinlichkeitsaussagen in der a priori Situation auf Konfidenzaussagen in der a posteriori Situation möglich wird? Mit diesen offenen Fragen bleibt für die a posteriori Beurteilung eines Schlusses ein Grundlagenproblem in der klassischen Inferenz ungelöst. Wir stellen uns im folgenden auf den in der klassischen Schätztheorie üblichen und unproblematischen Standpunkt einer a priori Beurteilung des Schlusses.

Zu einer vorliegenden Verteilungsannahme $\mathfrak{P} = \{P_\theta : \theta \in \Theta\}$ gibt es i.a. unendlich viele verschiedene Konfidenzintervalle für θ mit einem fest vorgegebenem Vertrauensgrad γ. Unter diesen sollen 'gute' und 'schlechte' Konfidenzintervalle unterschieden werden und gegebenenfalls das 'beste' Konfidenzintervall bestimmt und zur Schätzung verwendet werden. Zur Beurteilung der Güte eines Konfidenzintervalles $C = C(X)$ für θ mit dem Vertrauensgrad γ gibt es in der klassischen Schätztheorie im wesentlichen zwei Kriterien.

Das erste besteht in der Forderung, daß ein Konfidenzintervall C mit möglichst kleinen Wahrscheinlichkeiten 'falsche' Parameterwerte enthalten soll. Wird wie bisher mit θ der 'wahre' unbekannte Parameterwert bezeichnet, so ist ein $\theta' \neq \theta$ ein 'falscher' Parameterwert und $P_\theta(C \ni \theta')$ die Wahrscheinlichkeit dafür, daß das Konfidenzintervall C den Parameterwert θ' enthält, wenn θ als wahrer Parameterwert vorliegt. Diese Wahrscheinlichkeiten sind in der sogenannten *Kennfunktion*, besser: *accuracy function*

$$A_C(\theta, \theta') := P_\theta(C(X) \ni \theta') \tag{2.16}$$

von C zusammengefaßt. Für $\theta' = \theta$ steht hier die linke Seite von (2.15), so daß die Konfidenzbedingung auch in der Form '$A_C(\theta, \theta) \geq \gamma$ für alle θ' geschrieben werden kann. Das angedeutete Gütekriterium wird durch den Begriff der Trennschärfe eingeführt, der meist mit der Eigenschaft der Unverfälschtheit in Verbindung gebracht wird. Ein Konfidenzintervall C für θ heißt *unverfälscht* (*unbiased*), wenn gilt:

$$A_C(\theta, \theta') \leq A_C(\theta, \theta) \quad \text{für alle } \theta \text{ und } \theta'. \tag{2.17}$$

Ein solches Konfidenzintervall kann falsche Parameterwerte nicht mit größerer Wahrscheinlichkeit enthalten als richtige. Die Bedingung der Unverfälschtheit stellt eine Mindestanforderung an die Qualität eines Konfidenzintervalles dar. (Verfälschte Konfidenzintervalle sind auf jeden Fall 'schlecht'!) Ein (unverfälschtes) Konfidenzintervall C für θ zum Vertrauensgrad γ heißt *gleichmäßig trennscharf* oder *uniformly most accuracy* ('*UMA*'), wenn für jedes andere (unverfälschte) Konfidenzintervall $\tilde{C}$ für θ zum Vertrauensgrad γ gilt:

$$A_C(\theta, \theta') \leq A_{\tilde{C}}(\theta, \theta') \quad \text{für alle Paare } \theta \neq \theta' . \tag{2.18}$$

Das zweite Kriterium zielt auf die 'Größe' des Konfidenzintervalles $C = C(X)$ und damit auf die bereits angesprochene Präzision der Aussage '$\theta \in C(x)$', die nach der Beobachtung x getroffen wird. Zur Beschreibung des Kriteriums beschränken wir uns auf den Fall eines reellen Parameters. Die Größe von $C(x) = [C_1(x); C_2(x)]$ ist dann die Länge $L_C(x) = C_2(x) - C_1(x)$ des Intervalles und als a priori Maß für die 'Größe' von $C = C(X)$ dient der von θ abhängige Erwartungswert

$$E_\theta L_C(X) = E_\theta[C_2(X) - C_1(X)] \tag{2.19}$$

dieser Länge. Von einem *gleichmäßig präzisesten* (unverfälschten) Konfidenzintervall C für θ zum Vertrauensgrad γ sprechen wir, wenn seine *mittlere Länge* $E_\theta L_C(X)$ für jedes θ minimal ist unter allen (unverfälschten) Konfidenzintervallen für θ zum Vertrauensgrad γ. Zwischen der Kennfunktion und der mittleren Länge eines Konfidenzintervalles $C = C(X)$ gilt für die hier betrachteten beschränkten Konfidenzintervalle unter den üblichen Meßbarkeitsvoraussetzungen an C der auf Pratt [1961] zurückgehende Zusammenhang, der *Satz von Pratt*:

$$E_\theta L_C(X) = \int_{\{\theta' \neq \theta\}} A_C(\theta, \theta') d\theta' . \tag{2.20}$$

Folgerungen: Ein trennscharfes Konfidenzintervall ist auch am präzisesten. Die Umkehrung dieser Aussage ist gültig, wenn stetige accuracy functions vorliegen.

Ein statistischer Test schließlich, wie wir ihn am Ende von Abschnitt 2.1.3 eingeführt haben, wird in der klassischen Inferenz grundsätzlich danach beurteilt, mit welchen Wahrscheinlichkeiten er zu richtigen bzw. falschen Ergebnissen führt. Die Gegenüberstellung der Testergebnisse A_0 und A_1 mit der Wirklichkeit, in der H_0 oder H_1 zutrifft, stellt zunächst eine symmetrische Situation nach Art des folgenden Schemas dar:

		Testergebnis: Die Beobachtung führt zu der	
		Aussage A_0	Aussage A_1
Wirklichkeit:	H_0 trifft zu	richtig	falsch
	H_1 trifft zu	falsch	richtig

Für $\theta \in H_0$ ist Aussage A_0 richtig und A_1 falsch, für $\theta \in H_1$ ist Aussage A_1 richtig und A_0 falsch. Auf diese symmetrische Prüfsituation wird in der klassischen Testtheorie im allgemeinen eine unsymmetrische Betrachtungsweise angewandt. Darauf haben wir am Ende von Abschnitt 2.1.3 bereits hingewiesen. Die Unsymmetrie betrifft insbesondere die Aussagen A_0 und A_1, die in der klassischen Testtheorie sehr unterschiedlich gewichtet werden, wie es in den folgenden Formulierungen zum Ausdruck kommt.

A_0: 'H_0 kann beibehalten werden' bzw. 'H_0 ist mit der Beobachtung vereinbar (H_1 aber eventuell auch)'

A_1: 'H_0 wird abgelehnt, H_1 wird angenommen' bzw. 'aufgrund der Beobachtung ist H_1 signifikant'

Die Aussage A_0 hat (abgesehen davon, daß sie nicht gegen H_0 spricht) eine schillernde Bedeutung, die in Abhängigkeit von der jeweiligen Prüfsituation zwischen einer eindeutigen Annahme von H_0 und einem bloßen 'Unentschieden' zwischen H_0 und H_1 schwanken kann. Jedenfalls stellt A_0 keine Signifikanzaussage dar. Die Aussage A_1 hat dagegen eine eindeutige und scharfe Bedeutung als Entscheidung für H_1. Der Signifikanznachweis von H_1 hat das Gewicht eines statistischen Nachweises ('Beweises') der Richtigkeit von H_1. Will man mit einem Test eine Hypothese als signifikant nachweisen (statistisch absichern), so hat man sie als Alternative H_1 zu formulieren.

In der klassischen Testtheorie nennt man den Bereich K_1 im Stichprobenraum, auf dem die Aussage A_1 erfolgt, den *kritischen Bereich* oder *Ablehnbereich* des Tests und bezeichnet ihn mit K. Entsprechend heißt sein Komplement $K_0 = \bar{K}$ der *Annahmebereich*. Damit hat ein (nichtrandomisierter) Test φ die Gestalt

$$\varphi(x) = \begin{cases} 1 & \text{für} \quad x \in K \quad (\text{Aussage } A_1) \\ 0 & \text{für} \quad x \in \bar{K} \quad (\text{Aussage } A_0)\,. \end{cases} \tag{2.21}$$

Er ist durch die Festlegung seines kritischen Bereiches eindeutig bestimmt.

Die beiden Fehlentscheidungen, die mit der Durchführung eines Tests geschehen können, unterscheidet man nach dem Fehler erster und zweiter Art.

Unter dem *Fehler erster Art* versteht man die fälschliche Ablehnung von H_0, also die Entscheidung für H_1 (Aussage A_1), obwohl in Wirklichkeit H_0 richtig ist. Unter dem *Fehler zweiter Art* versteht man die fälschliche Annahme oder auch nur Beibehaltung von H_0, also das Testergebnis, das in der Aussage A_0 besteht, obwohl in Wirklichkeit H_1 richtig ist. Das Gewicht des Fehlers zweiter Art hängt von der Bedeutung der Aussage A_0 ab: Stellt A_0 eine eindeutige Annahme von H_0 dar, so liegt eine wirkliche Fehlentscheidung vor, wenn man den Fehler zweiter Art begeht; bedeutet A_0 lediglich ein Unentschieden zwischen H_0 und H_1, so liegt mit dem Testergebnis A_0 nur eine unerwünschte oder wertlose, aber keine falsche Aussage vor, wenn in Wirklichkeit H_1 richtig ist. Die Begehung des Fehlers erster Art stellt dagegen stets eine echte Fehlentscheidung dar. Aus diesem Grund werden die beiden Fehlerarten in der klassischen Testtheorie unsymmetrisch behandelt: Der Vermeidung des Fehlers erster Art wird eine Priorität gegenüber des Fehlers zweiter Art eingeräumt. Bevor wir darauf eingehen, stellen wir die möglichen Fehlentscheidungen eines Tests (noch einmal) schematisch dar:

<table>
<tr><td colspan="2" rowspan="2"></td><td colspan="2">Testergebnis: Die Beobachtung führt zu der</td></tr>
<tr><td>Aussage A_0
(keine Signifikanz)</td><td>Aussage A_1
(H_1 ist signifikant)</td></tr>
<tr><td rowspan="2">Wirklichkeit:</td><td>H_0 trifft zu</td><td>kein Fehler</td><td>Fehler erster Art</td></tr>
<tr><td>H_1 trifft zu</td><td>Fehler zweiter Art
(Unerwünschtes Ergebnis)</td><td>kein Fehler
(Erwünschtes Ergebnis)</td></tr>
</table>

Der Fehler erster Art ist Grundlage des *Konstruktionsprinzips* eines Tests: Ein Test ist so zu konstruieren, daß seine Wahrscheinlichkeiten für den Fehler erster Art eine vorgegebene Schranke α (eine nahe bei 0 liegende Zahl zwischen 0 und 1) nicht überschreiten:

$$P_\theta(A_1) = P_\theta(K) \leq \alpha \quad \text{für alle } \theta \in H_0\,. \tag{2.22}$$

Man nennt α das *Signifikanzniveau* oder die *zugelassene Irrtumswahrscheinlichkeit* des Tests. Ein solcher Test heißt *(Signifikanz-)Test zum Niveau α* oder kurz *Niveau-α-Test.* Durch die Bedingung (2.22) – man nennt sie die *Niveau-α-Bedingung* – wird der Fehler erster Art kontrolliert. Wir werden sehen, daß es zweckmäßig ist, einen Niveau-α-Test so zu konstruieren, daß für ihn in (2.22) wenigstens für ein $\theta \in H_0$ das Gleichheitszeichen angenommen wird. Da dies jedoch im allgemeinen nicht gewährleistet werden kann, müssen wir zwischen dem *vorgegebenen* Niveau α und dem *tatsächlichen* Niveau eines

Tests unterscheiden. Ist φ irgendein Test mit dem kritischen Bereich K, so nennen wir

$$\alpha(\varphi) = \alpha(K) := \sup_{\theta \in H_0} P_\theta(K) \tag{2.23}$$

das tatsächliche Niveau oder besser (in Anlehnung an die angelsächsische Literatur) den *Umfang* oder die *Size* des Tests oder des kritischen Bereiches. Ein Test φ ist also genau dann ein Test zum vorgegebenen Niveau α, wenn gilt: $\alpha(\varphi) \leq \alpha$.

Der Fehler zweiter Art ist Grundlage des *Gütekriteriums* eines Tests. Die Wahrscheinlichkeiten für diesen Fehler, also

$$P_\theta(A_0) = P_\theta(\bar{K}) = 1 - P_\theta(K) \quad \text{für } \theta \in H_1\,, \tag{2.24}$$

sollen möglichst klein sein. Diese Forderung konkurriert mit der Niveau-α-Bedingung, mit einem größeren kritischen Bereich K wird im allgemeinen zwar $P_\theta(A_0)$ kleiner, $P_\theta(A_1)$ jedoch größer. Der Anspruch an einen Test, daß seine Wahrscheinlichkeiten für *beide* Fehlerarten klein sein und z.B. unterhalb vorgegebener kleiner Schranken α und β liegen sollen, ist im allgemeinen nicht erfüllbar. Man muß daher einer der beiden Fehlerarten eine Priorität in der Kontrolle einräumen; dazu kommt nach unseren obigen Darlegungen nur der Fehler erster Art in Betracht. Die Forderung nach möglichst kleinen Wahrscheinlichkeiten für den Fehler zweiter Art steht also unter der Vorbedingung (2.22) und kann deswegen genaugenommen nur bedeuten, daß die Wahrscheinlichkeiten für den Fehler zweiter Art nicht unnötig groß sind. Mit dem folgenden Gütekriterium, das in der klassischen Testtheorie zur Beurteilung von Tests im Mittelpunkt steht, werden daher nur solche Tests untereinander verglichen, die das gleiche vorgegebene Niveau α einhalten. Es lautet:

Sind φ und $\tilde{\varphi}$ zwei Tests für H_0 gegen H_1 zum Niveau α, so nennt man φ *mindestens so gut wie* $\tilde{\varphi}$, wenn für jedes $\theta \in H_1$ die Wahrscheinlichkeit für den Fehler zweiter Art beim Test φ nicht größer ist als beim Test $\tilde{\varphi}$.

Dem Gütevergleich zweier Tests und auch der Definition eines besten Tests dient der Begriff der Gütefunktion. Unter der *Gütefunktion (power function)* G_φ eines Tests φ mit dem kritischen Bereich K versteht man die Funktion

$$G_\varphi(\theta) = P_\theta(K) = P_\theta(\varphi(X) = 1)\,, \tag{2.25}$$

also die von θ abhängige Wahrscheinlichkeit für das Testergebnis A_1 (Ablehnung H_0, Annahme von H_1). Für jedes $\theta \in H_0$ stellt $G_\varphi(\theta)$ die Wahrscheinlichkeit für den Fehler erster Art dar, die Niveau-α-Bedingung an den Test φ nimmt die Form

$$G_\varphi(\theta) \leq \alpha \quad \text{für alle } \theta \in H_0 \tag{2.26}$$

an. Für jedes $\theta \in H_1$ stellt $1 - G_\varphi(\theta)$ die Wahrscheinlichkeit für den Fehler zweiter Art dar, die möglichst klein sein soll, und $G_\varphi(\theta)$ die Wahrscheinlichkeit für die richtige und erwünschte Aussage A_1, die mithin möglichst groß sein soll. Man nennt $G_\varphi(\theta)$ die *Macht* oder *power* des Tests an der Stelle $\theta \in H_1$. Sind φ und $\tilde{\varphi}$ zwei Tests für H_0 gegen H_1 zum Niveau α, so ist φ *mindestens so gut* wie $\tilde{\varphi}$, wenn gilt:

$$G_\varphi(\theta) \geq G_{\tilde{\varphi}}(\theta) \quad \text{für alle } \theta \in H_1 . \tag{2.27}$$

Sei Φ_α die Klasse (Menge) aller Niveau-α-Tests für H_0 gegen H_1. Ein Test $\varphi \in \Phi_\alpha$ heißt *gleichmäßig bester* oder *uniformly most powerful* Test (*UMP*-Test), wenn für jeden anderen Test $\tilde{\varphi} \in \Phi_\alpha$ der Vergleich (2.27) gilt.

Ein Test φ für H_0 gegen H_1 heißt *unverfälscht* (*unbiased*), wenn seine Wahrscheinlichkeiten für die Ablehnung von H_0 in jedem Fall, in dem H_0 richtig ist, höchstens so groß sind wie in jedem Fall, in dem H_1 richtig ist, wenn also gilt:

$$G_\varphi(\theta') \leq G_\varphi(\theta) \quad \text{für alle } \theta' \in H_0 \text{ und alle } \theta \in H_1 \tag{2.28}$$

oder mit (2.23) äquivalenterweise

$$\alpha(\varphi) \leq G_\varphi(\theta) \quad \text{für alle } \theta \in H_1 . \tag{2.29}$$

Andernfalls heißt ein Test *verfälscht*. Ein solcher Test kann in dem Sinne zu einer Verfälschung führen, daß er richtige Nullhypothesen mit größerer Wahrscheinlichkeit ablehnt als falsche. Verfälschte Tests sind auf jeden Fall 'schlechte' Tests, sie gelten sogar als 'worser than useless', ihre Anwendung sollte vermieden werden. Andererseits sind unverfälschte Tests nicht stets schon gute Tests, vielmehr stellt die Bedingung der Unverfälschtheit nur eine Mindestanforderung an die Güte eines Tests dar.

Sei Φ_α^u die Klasse aller unverfälschten Niveau-α-Tests für H_0 gegen H_1. (Natürlich gilt $\Phi_\alpha^u \subset \Phi_\alpha$.) Ein Test $\varphi \in \Phi_\alpha^u$ heißt *gleichmäßig bester unverfälschter* oder *uniformly most powerful unbiased* Test (*UMPU*-Test), wenn er mindestens so gut ist wie jeder andere Test $\tilde{\varphi} \in \Phi_\alpha^u$.

Da ein UMP-Test stets unverfälscht ist, erhalten wir: Jeder UMP-Test ist auch UMPU-Test. Die Umkehrung dieser Aussage gilt im allgemeinen nicht: Häufig liegt eine Prüfsituation vor, in der ein UMPU-Test, aber kein UMP-Test existiert.

Entsprechend zu (2.23) führen wir nun auch für die Wahrscheinlichkeiten, mit denen man bei der Durchführung eines Tests φ den Fehler zweiter Art begeht, das Supremum

$$\beta(\varphi) = \sup_{\theta \in H_1} [1 - G_\varphi(\theta)] = 1 - \inf_{\theta \in H_1} G_\varphi(\theta) \tag{2.30}$$

ein. Damit erhalten wir nach (2.29): Ein Test φ ist genau dann unverfälscht, wenn gilt:

$$\beta(\varphi) \leq 1 - \alpha(\varphi). \tag{2.31}$$

In vielen Fällen ist dabei auch für einen gleichmäßig besten unverfälschten Test nur

$$\beta(\varphi) = 1 - \alpha(\varphi) \tag{2.32}$$

erreichbar, nämlich immer dann, wenn $\mathfrak{P}$ durch θ stetig parametrisiert ist – die Gütefunktion ist dann stetig in θ – und sich die beiden Hypothesen H_0 und H_1 als Teilmengen von Θ beliebig nahe kommen (d.h. wenn es eine Folge von Parameterwerten in H_1 gibt, die gegen einen Parameterwert aus H_0 konvergiert). Man vergleiche dazu die Gütefunktion in dem folgenden Beispiel, die in Abbildung 2.1 dargestellt ist. Die Beziehung (2.32) zeigt noch einmal, daß in der Regel nicht beide Fehlerwahrscheinlichkeiten, die für den Fehler erster und zweiter Art, klein gehalten werden können, sondern nur die einen auf Kosten der anderen. Daher macht es, wie schon erwähnt, im allgemeinen keinen Sinn, für die Wahrscheinlichkeiten beider Fehlerarten jeweils zwei Schranken α und β vorzuschreiben, also zu fordern, daß $\alpha(\varphi) \leq \alpha$ *und* $\beta(\varphi) \leq \beta$ ist (wobei natürlich solche Schranken vorgegeben werden, die nahe bei Null liegen, für die also sicherlich $0 < \alpha < 1/2$ und $0 < \beta < 1/2$ gilt).

Am Ende dieses Abschnittes muß noch erwähnt werden, daß das gleiche grundlegende Defizit der klassischen Inferenz, das wir oben im Zusammenhang mit Konfidenzintervallen beschrieben haben, auch bei der Durchführung von Tests oder Punktschätzungen in Erscheinung tritt: In der klassischen Inferenz kann aufgrund ihres frequentistischen Standpunktes immer nur eine a priori Beurteilung der Qualität oder Zuverlässigkeit des Schluß*verfahrens* vorgenommen werden und keine Beurteilung des Gültigkeitsgrades oder der Genauigkeit des *Einzel*schlusses. So läßt sich für eine Punktschätzung U von θ durch ihre Überdeckungswahrscheinlichkeiten und ihren Mean-Square-Error nur abschätzen, mit welchen Wahrscheinlichkeiten das Punktschätzverfahren U solche Schätzwerte liefert, die in der Nähe von θ liegen, nicht aber, wie nahe ein einzelner, aus einer Beobachtung x gewonnener Schätzwert $\hat{\theta}$ bei θ liegt. Und für einen Test φ wird durch seine maximalen Irrtumswahrscheinlichkeiten $\alpha(\varphi)$ und $\beta(\varphi)$ nur abgeschätzt, mit welchen Wahrscheinlichkeiten das Testverfahren φ zu irrtümlichen Ergebnissen führt, nicht aber der Irrtums- oder Zuverlässigkeitsgrad eines einzelnen, aus einer Beobachtung x erzielten Testergebnisses. Bei der Durchführung eines Niveau-α-Tests φ für H_0 gegen H_1 spricht man gleichwohl auch im Einzelfall, wenn φ aufgrund einer Beobachtung x zur Ablehnung von H_0 führt, davon, daß die betreffende Beobachtung x signifkant für H_1 (zu vorgegebenem α) sei.

2.2.3 Beispiele

Wir behandeln hier zwei Beispiele in ausführlicher Form; viele weitere Beispiele werden in den späteren eigentlichen Kapiteln zur klassischen Test- und Schätztheorie besprochen. Das erste Beispiel stellt einen (im großen und ganzen) unproblematischen Fall dar: Die klassischen Grundsätze zur Konstruktion von Inferenzverfahren führen zu eindeutig bestimmten optimalen Schätzungen und Tests, welche die drei oben erwähnten Inferenzprinzipien (Suffizienz-, Konditional- und Invarianz-Prinzip) erfüllen. Das zweite Beispiel stellt dagegen einen wesentlich problematischeren Fall dar; hier ist vor allem die Beachtung des Konditional-Prinzips fragwürdig und sogar die Aufstellung einer Konfidenzschätzung schlechthin diskussionswürdig.

Beispiel 2.1 Schätzungen und Tests bei Normalverteilung

Wir betrachten das Gauß-Experiment des Beispiels 1.4, in welchem $X = (X_1, \ldots, X_n)$ i.i.d. Stichprobe eines $N(\mu; \sigma^2)$-verteilten Untersuchungsmerkmals Y ist.

Fall A: μ unbekannt, σ^2 bekannt

Punktschätzung für μ

Als Punktschätzung für μ bietet sich das Stichprobenmittel $\bar{X}$ an. Diese Schätzung ist erwartungstreu. Ihr Mean-Square-Error lautet

$$MSE(\bar{X}; \mu) = E_\mu[\bar{X} - \mu]^2 = Var\bar{X} = \sigma^2/n\,. \tag{2.33}$$

Er ist unabhängig von μ. Wir werden später (im Kapitel über Punktschätzungen) nachweisen, daß $\bar{X}$ unter allen erwartungstreuen Schätzern für μ den gleichmäßig kleinsten Mean-Square-Error (die gleichmäßig kleinste Varianz) besitzt ('gleichmäßig' bedeutet 'für jedes μ'), in diesem Sinne also der beste Schätzer für μ ist. Diese Optimalitätseigenschaft von $\bar{X}$ (die übrigens auch bei unbekanntem σ^2 gültig bleibt) bedeutet, daß für jeden anderen erwartungstreuen Schätzer V für μ gilt:

$$MSE(\bar{X}; \mu) \leq MSE(V; \mu) \quad \text{für alle } \mu\,.$$

Für einen nichterwartungstreuen Schätzer V muß diese Abschätzung nicht (für alle μ) gültig sein. Zum Beispiel ist der konstante Schätzer $V(x) = c$, der unabhängig von der Beobachtung stets zu dem Schätzwert $\hat{\mu} = c$ führt, ein nichterwartungstreuer, sogar ein denkbar schlechter Schätzer für μ, gleichwohl ist sein Mean-Square-Error $MSE(c; \mu) = (c - \mu)^2$ in der Nähe von c (genau: für alle μ mit $|\mu - c| \leq \sigma/\sqrt{n}$) kleiner als derjenige von $\bar{X}$; man

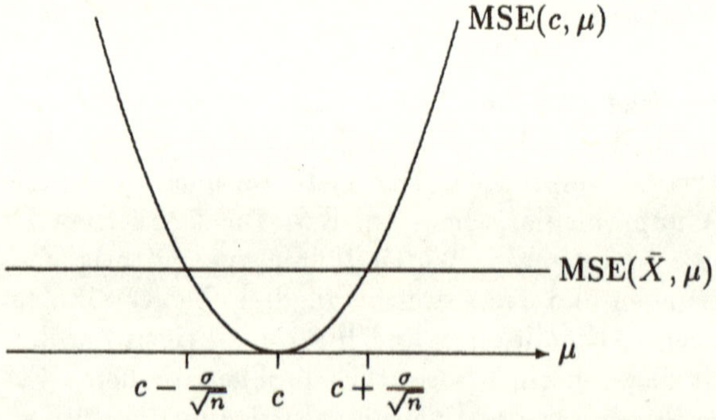

Abbildung 2.1: MSE($\bar{X}, \mu$) und MSE(c, μ) bei Normalverteilung mit bekanntem σ^2

vergleiche dazu auch Abbildung 2.1. Mit dem MSE-Kriterium allein lassen sich $\bar{X}$ und V nicht vergleichen.

Konfidenzintervall für μ

Wegen (1.10) ist $(\bar{X} - \mu)\sqrt{n}/\sigma$ standardnormalverteilt; daher gilt:

$$P_\mu(-\tau_{\alpha/2} \leq (\bar{X} - \mu)\sqrt{n}/\sigma \leq +\tau_{\alpha/2}) = 1 - \alpha$$

für alle μ, wobei $\tau_{\alpha/2}$ das $\frac{\alpha}{2}$-Fraktil der Standardnormalverteilung bezeichnet. Die Auflösung der beiden darin enthaltenen Ungleichungen nach μ zeigt, daß auch die Niveau-Bedingung

$$P_\mu(\bar{X} - \tau_{\alpha/2}\sigma/\sqrt{n} \leq \mu \leq \bar{X} + \tau_{\alpha/2}\sigma/\sqrt{n}) = 1 - \alpha$$

für alle μ erfüllt ist. Also ist

$$C(X) = [\bar{X} - \tau_{\alpha/2}\sigma/\sqrt{n}\ ;\ \bar{X} + \tau_{\alpha/2}\sigma/\sqrt{n}] \tag{2.34}$$

ein Konfidenzintervall für μ zum Vertrauensgrad $\gamma = 1 - \alpha$. Die Länge $L_C(X) = 2\tau_{\alpha/2}\sigma/\sqrt{n}$ ist hier (ausnahmsweise!) unabhängig von der Stichprobe. Für die accuracy function (Kennfunktion) von C erhalten wir den Ausdruck

$$\begin{aligned} A_C(\mu, \mu') &= P_\mu(\bar{X} - \tau_{\alpha/2}\sigma/\sqrt{n} \leq \mu' \leq \bar{X} + \tau_{\alpha/2}\sigma/\sqrt{n}) \\ &= P_\mu(-\tau_{\alpha/2} - d \leq (\bar{X} - \mu)\sqrt{n}/\sigma \leq +\tau_{\alpha/2} - d) \\ &= F(\tau_{\alpha/2} - d) - F(-\tau_{\alpha/2} - d) \end{aligned}$$

mit $d = d(\mu, \mu') = (\mu - \mu')\sqrt{n}/\sigma$ und F als Verteilungsfunktion der Standardnormalverteilung. Diese Kennfunktion hat für jedes feste μ in Abhängigkeit von μ' eine in Abbildung 2.2 wiedergegebene Gestalt. Wir werden später sehen, daß $C(X)$ unter allen unverfälschten Konfidenzintervallen für μ zum Vertrauensgrad γ das gleichmäßig trennscharfe (UMA) und damit auch präziseste Konfidenzintervall ist.

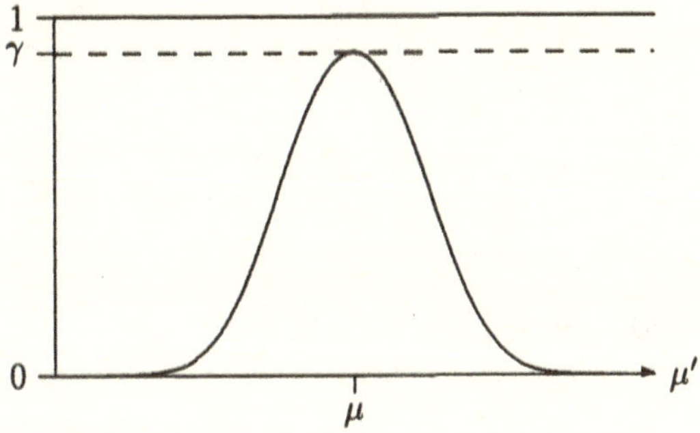

Abbildung 2.2: Kennfunktion des Konfidenzintervalles (2.34) für μ bei Normalverteilung mit bekanntem σ^2

Test für $\mu \leq \mu_0$ gegen $\mu > \mu_0$

Wir überprüfen die Hypothesen $H_0 : \mu \leq \mu_0$ gegen $H_1 : \mu > \mu_0$, wobei μ_0 ein fester bekannter Wert ist (*einseitige Fragestellung*). Als kritischer Bereich (Ablehnbereich) K eines entsprechenden Tests zum Niveau α kann

$$K = \{x : \bar{x} > \mu_0 + \tau_\alpha \sigma/\sqrt{n}\} \tag{2.35}$$

dienen, wobei τ_α das α-Fraktil der Standardnormalverteilung bedeutet. Zur Begründung betrachten wir die Gütefunktion $G_\varphi(\mu)$ des Tests φ mit diesem kritischen Bereich. Da $(\bar{X} - \mu)\sqrt{n}/\sigma$ wieder eine Standardnormalverteilung besitzt (deren Verteilungsfunktion mit F bezeichnet wird), erhalten wir dafür:

$$\begin{aligned} G_\varphi(\mu) &= P_\mu(X \in K) = P_\mu((\bar{X} - \mu)\sqrt{n}/\sigma > (\mu_0 - \mu)\sqrt{n}/\sigma + \tau_\alpha) \\ &= F((\mu - \mu_0)\sqrt{n}/\sigma - \tau_\alpha)\,. \end{aligned}$$

Daran erkennt man: Die Gütefunktion ist stetig und streng monoton wachsend in μ. Sie hat den in Abbildung 2.3 dargestellten Verlauf. Daraus folgt für alle $\mu \leq \mu_0$ (also auf H_0):

$$G_\varphi(\mu) \leq G_\varphi(\mu_0) = F(-\tau_\alpha) = \alpha\,.$$

Also ist φ ein Niveau-α-Test. Außerdem ist φ unverfälscht, wie man an der Monotonie der Gütefunktion erkennt. Für diesen Test ist gerade $\alpha(\varphi) = \alpha$ und $\beta(\varphi) = 1 - \alpha(\varphi)$. Wir werden später sehen, daß φ der gleichmäßig beste (unverfälschte) Test für $\mu \leq \mu_0$ gegen $\mu > \mu_0$ zum Niveau α ist.

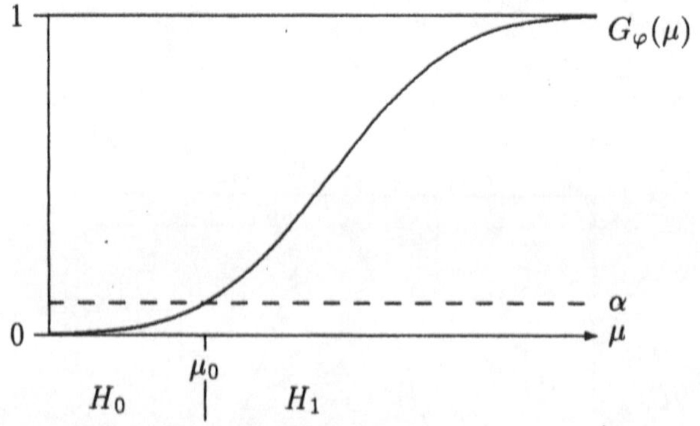

Abbildung 2.3: Gütefunktion des Tests für $H_0 : \mu \leq \mu_0$ gegen $H_1 : \mu > \mu_0$ mit dem kritischen Bereich (2.35) bei Normalverteilung mit bekanntem σ^2

Fall B: μ bekannt, σ^2 unbekannt

Punktschätzung für σ^2

Bei bekanntem μ wird als Punktschätzung für σ^2 die Stichprobenvarianz

$$S_\mu^2 = \frac{1}{n} \sum (X_i - \mu)^2 \tag{2.36}$$

verwendet. Diese Schätzung ist erwartungstreu. Es gilt nämlich: $ES_\mu^2 = \frac{1}{n} \sum E(X_i - \mu)^2 = \frac{1}{n} n\sigma^2 = \sigma^2$. Ihr Mean-Square-Error lautet:

$$MSE(S_\mu^2; \sigma^2) = E[S_\mu^2 - \sigma^2]^2 = VarS_\mu^2 = 2\sigma^4/n\,. \tag{2.37}$$

Denn $Var[X_i - \mu]^2 = E[X_i - \mu]^4 - (E[X_i - \mu]^2)^2 = 3\sigma^4 - \sigma^4 = 2\sigma^4$, woraus

$$VarS_\mu^2 = \frac{1}{n^2} \sum Var[X_i - \mu]^2 = 2\sigma^4/n$$

folgt. Der Mean-Square-Error von S_μ^2 stellt als Funktion von σ^2 eine (auf den Bereich $\sigma^2 > 0$ eingeschränkte) Parabel dar. Auch dieser Schätzer ist optimal in dem Sinne, daß er unter allen erwartungstreuen Schätzern für σ^2 den gleichmäßig kleinsten Mean-Square-Error (die gleichmäßig kleinste Varianz) besitzt.

Konfidenzintervall für σ^2

Es gilt: $nS_\mu^2/\sigma^2 = \sum \left((X_i - \mu)/\sigma\right)^2$ ist die Summe der Quadrate von n unabhängigen standardnormalverteilten Zufallsvariablen und daher χ_n^2-verteilt.

Entsprechend gilt, wenn wir mit b_1 das untere und mit b_2 das obere $\frac{\alpha}{2}$-Fraktil der χ^2_n-Verteilung bezeichnen (vgl. Abbildung 2.4):

$$\begin{aligned} P_{\sigma^2}(b_1 \le nS^2_\mu/\sigma^2 \le b_2) &= 1-\alpha \quad \text{bzw.} \\ P_{\sigma^2}(nS^2_\mu/b_2 \le \sigma^2 \le nS^2_\mu/b_1) &= 1-\alpha\,. \end{aligned}$$

Also ist

$$D(X) = \left[nS^2_\mu/b_2\ ;\ nS^2_\mu/b_1\right] \tag{2.38}$$

ein Konfidenzintervall für σ^2 zum Vertrauensgrad $\gamma = 1-\alpha$.

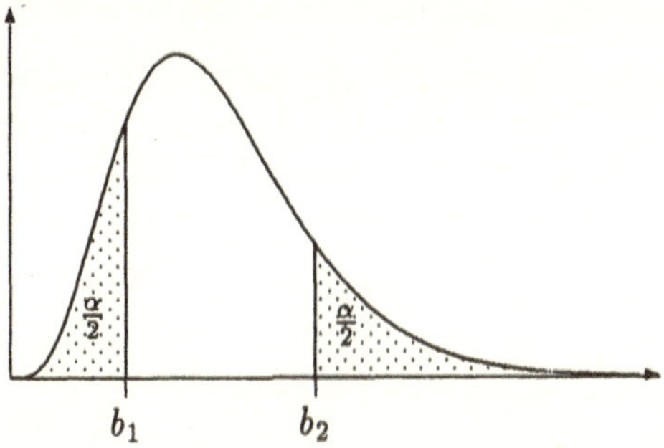

Abbildung 2.4: Dichte der χ^2_n-Verteilung mit unterem und oberem $\alpha/2$-Fraktil b_1 und b_2

Für die accuracy function (Kennfunktion) von C erhalten wir, wenn wir einen von σ^2 abweichenden 'falschen' Parameterwert mit η^2 bezeichnen,

$$\begin{aligned} A_D(\sigma^2,\eta^2) &= P_{\sigma^2}(nS^2_\mu/b_2 \le \eta^2 \le nS^2_\mu/b_1) = 1-\alpha \\ &= P_{\sigma^2}(b_1(\eta/\sigma)^2 \le nS^2_\mu/\sigma^2 \le b_2(\eta/\sigma)^2) \\ &= F(b_2(\eta/\sigma)^2) - F(b_1(\eta/\sigma)^2) \end{aligned}$$

mit F als Verteilungsfunktion der χ^2_n-Verteilung. Nach Konstruktion von D besitzt für $\eta^2 = \sigma^2$ die Kennfunktion den Wert $F(b_2)-F(b_1) = 1-\alpha = \gamma$. Sie hat für jedes feste σ^2 in Abhängigkeit von η^2 eine in Abbildung 2.5 wiedergegebene Gestalt. Das Konfidenzintervall D ist nicht unverfälscht, mit anderen Worten: Die Kennfunktion nimmt (für ein festes σ^2) ihr Maximum nicht an der Stelle $\eta^2 = \sigma^2$ an. Die Verfälschung macht sich allerdings nur für kleine n deutlich und störend bemerkbar und kann für große n vernachlässigt werden. Das Konfidenzintervall (2.38) stimmt asymptotisch mit dem gleichmäßig trennscharfen unter allen unverfälschten Konfidenzintervallen überein.

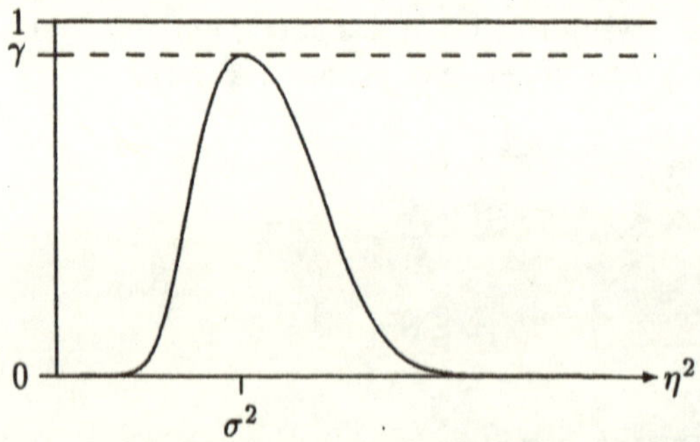

Abbildung 2.5: Kennfunktion des Konfidenzintervalles (2.38) für σ^2 bei Normalverteilung mit bekanntem μ

Test für $\sigma^2 = \sigma_0^2$ gegen $\sigma^2 \neq \sigma_0^2$

Wir konstruieren einen Test φ für die Hypothesen $H_0 : \sigma^2 = \sigma_0^2$ gegen $H_1 : \sigma^2 \neq \sigma_0^2$, wobei σ_0^2 ein fester bekannter Wert ist (*zweiseitige Fragestellung*). Wir beachten wieder, daß nS_μ^2/σ^2 nach χ_n^2 verteilt ist, und bezeichnen wie oben mit b_1 und b_2 die beiden $\frac{\alpha}{2}$-Fraktile dieser Verteilung. Als kritischen Bereich K des Tests φ wählen wir

$$K = \{x : s_\mu^2 < b_1\sigma_0^2/n \quad \text{oder} \quad s_\mu^2 > b_2\sigma_0^2/n\}$$

mit $s_\mu^2 = \frac{1}{n}\sum(x_i - \mu)^2$. Dafür gilt nämlich

$$P_{\sigma_0^2}(X \in K) = 1 - P_{\sigma_0^2}(b_1 \leq nS_\mu^2/\sigma_0^2 \leq b_2) = \alpha\,,$$

so daß ein Niveau-α-Test vorliegt. Dieser Test besitzt die analogen, nicht ganz optimalen Eigenschaften wie das oben angegebene Konfidenzintervall: Der Test ist nicht unverfälscht, stimmt aber asymptotisch mit dem gleichmäßig besten unverfälschten Test überein.

Für die einseitige Fragestellung $H_0 : \sigma^2 \leq \sigma_0^2$ gegen $H_1 : \sigma^2 > \sigma_0^2$ ist der Test φ mit dem kritischen Bereich

$$K = \{x : s_\mu^2 > b\sigma_0^2/n\}$$

der gleichmäßig beste (unverfälschte) Test. Dabei ist b das obere α-Fraktil der χ_n^2-Verteilung.

Fall C: μ und σ^2 unbekannt

Punktschätzungen für μ und σ^2

Als Punktschätzung für μ wird wie oben das Stichprobenmittel $\bar{X}$ verwendet, als Punktschätzung für σ^2 die uns vertraute Stichprobenvarianz

$$S^2 = \frac{1}{n-1}\sum(X_i - \bar{X})^2$$

bei unbekanntem μ (vgl. etwa (1.7) in Beispiel 1.4). Beide Schätzungen sind erwartungstreu und beide sind optimal in dem Sinne, daß sie unter allen erwartungstreuen Schätzungen für μ und σ^2 jeweils den gleichmäßig kleinsten Mean-Square-Error (die gleichmäßig kleinste Varianz) besitzen. Darauf gehen wir in den Kapiteln über Punktschätzungen ausführlich ein. (Die Erwartungstreue von S^2 erhält man mit Hilfe der Zerlegung (1.8), die bezogen auf die entsprechenden Zufallsgrößen lautet:

$$\sum(X_i - \mu)^2 = (n-1)S^2 + n(\bar{X} - \mu)^2 .$$

Bildet man hier auf beiden Seiten den Erwartungswert, so folgt

$$n\sigma^2 = (n-1)ES^2 + n\sigma^2/n\,, \quad \text{also } ES^2 = \sigma^2\,.)$$

Konfidenzintervalle für μ und σ^2

Wir berufen uns auf die Aussagen (1.10) – (1.12) in Beispiel 1.4 und auf den Satz von Student, demzufolge $(\bar{X} - \mu)\sqrt{n}/S$ eine t-Verteilung mit $n-1$ Freiheitsgraden besitzt (Abkürzung: t_{n-1}-Verteilung). Daher gilt für alle $\theta = (\mu, \sigma^2)$:

$$P_\theta(-\zeta_{\alpha/2} \leq (\bar{X} - \mu)\sqrt{n}/S \leq +\zeta_{\alpha/2}) = 1 - \alpha\,,$$

wenn wir mit $\zeta_{\alpha/2}$ das $\frac{\alpha}{2}$-Fraktil der t_{n-1}-Verteilung bezeichnen. (Die t-Verteilung ist symmetrisch um den Nullpunkt.) Damit gilt dann auch

$$P_\theta(\bar{X} - \zeta_{\alpha/2}S/\sqrt{n} \leq \mu \leq \bar{X} + \zeta_{\alpha/2}S/\sqrt{n}) = 1 - \alpha$$

für alle θ, so daß

$$C(X) = [\bar{X} - \zeta_{\alpha/2}S/\sqrt{n}\ ;\ \bar{X} + \zeta_{\alpha/2}S/\sqrt{n}] \tag{2.39}$$

ein Konfidenzintervall für μ zum Vertrauensgrad $\gamma = 1 - \alpha$ darstellt. Im Gegensatz zum Konfidenzintervall (2.34) hängt hier auch die Länge $L_C(X) = 2\zeta_{\alpha/2}S/\sqrt{n}$ des Konfidenzintervalles von der Stichprobe ab. Zur Bestimmung eines Konfidenzintervalles für σ^2 beachten wir, daß nach (1.11) die Größe $(n-1)S^2/\sigma^2$ eine χ^2_n-Verteilung besitzt, so daß wir auf die gleiche Weise wie unter Fall B erhalten:

$$D(X) = \left[(n-1)S^2/b_2\ ;\ (n-1)S^2/b_1\right] \tag{2.40}$$

ist ein Konfidenzintervall für σ^2 zum Vertrauensgrad $\gamma = 1 - \alpha$, wenn wir hier mit b_1 und b_2 das untere bzw. obere $\frac{\alpha}{2}$-Fraktil der χ^2_{n-1}-Verteilung bezeichnen. Die beiden Konfidenzintervalle $C(X)$ und $D(X)$ lassen sich zu einem gemeinsamen Konfidenzbereich für μ und σ^2 kombinieren, allerdings unter einer gewissen Einbuße des Vertrauensgrades. Nach der Bonferroni-Ungleichung gilt nämlich

$$P_\theta(C(X) \ni \mu \text{ und } D(X) \ni \sigma^2) \geq 1 - 2\alpha\,, \tag{2.41}$$

so daß das kartesische Produkt $C(X) \times D(X)$ einen Konfidenzbereich für $\theta = (\mu, \sigma^2)$ darstellt mit einem Vertrauensgrad $\gamma \geq 1 - 2\alpha$ (und natürlich $\gamma \leq 1 - \alpha$).

Tests für μ und σ^2

Zur Prüfung von Hypothesen über μ verwendet man den t-Test (zur Testentscheidung wird die t_{n-1}-verteilte Größe $(\bar{X} - \mu_0)\sqrt{n}/S$ verwendet, wobei μ_0 ein hypothetischer Parameterwert ist), zur Prüfung von Hypothesen über σ^2 den χ^2-Test (zur Testentscheidung wird die χ^2_{n-1}-verteilte Größe $(n-1)S^2/\sigma_0^2$ verwendet, wobei σ_0^2 wieder ein hypothetischer Parameterwert ist). Auf diese Tests gehen wir ausführlicher in den Kapiteln zur Testtheorie ein. □

Beispiel 2.2 Schätzungen für θ bei Gleichverteilung auf $[\theta - \frac{1}{2}; \theta + \frac{1}{2}]$

Wir betrachten die i.i.d. Stichprobe $X = (X_1, \ldots, X_n)$ eines auf dem Intervall $[\theta - \frac{1}{2}; \theta + \frac{1}{2}]$ gleichverteilten (reellwertigen) Untersuchungsmerkmals Y. Für letzteres gilt: $\mu = EY = \theta$ und $\sigma^2 = VarY = 1/12$. Der Parameter θ soll geschätzt werden. Dazu geben wir eine (möglichst gute) Punktschätzung U für θ an und bestimmen (mit Hilfe von U) zwei Konfidenzintervalle für θ zum Vertrauensgrad γ, das eine unter Beachtung des Konditional-Prinzips (*'bedingtes Konfidenzintervall'*) und das zweite ohne Beachtung desselben (*'marginales Konfidenzintervall'*). Überraschenderweise ist hier das marginale Konfidenzintervall besser als das bedingte, wenn man, wie üblich in der klassischen Inferenz, zur Gütebeurteilung die Kennfunktion verwendet. Die dadurch ausgelösten Fragen werden in einer anschließenden Diskussion erörtert. Darin wird ein weiteres, das gleichmäßig trennscharfe unverfälschte Konfidenzintervall mit einbezogen, welches (wie das marginale Konfidenzintervall) das Konditional-Prinzip verletzt. Die Beachtung des Konditional-Prinzips ist hier also problematisch, sie führt zu Unverträglichkeiten mit einem oder sogar dem wesentlichen (frequentistischen!) Gütekriterium in der klassischen Inferenz. Von einem übergeordneten Standpunkt aus stellt sich die Frage, ob man das Konditional-Prinzip zugunsten des frequentistischen Standpunktes opfern soll (um damit in der klassischen Inferenz zu bleiben) oder gerade umgekehrt dem Konditional-Prinzip eine Priorität vor dem frequentistischen Standpunkt einzuräumen ist.

Punktschätzung für θ

Sicherlich ist $\bar{X}$ eine brauchbare Punktschätzung für θ. Sie hat den Erwartungswert θ und den Mean-Square-Error

$$MSE(\bar{X};\theta) = E_\theta[\bar{X}-\theta]^2 = Var_\theta \bar{X} = 1/12n\,.$$

Eine bessere Schätzung für θ ist aber $U = \frac{1}{2}(X_{[1]} + X_{[n]})$. Diese hat aus Symmetriegründen ebenfalls den Erwartungswert θ (vgl. dazu auch (1.64)), aber eine kleinere Varianz als $\bar{X}$. Zur Berechnung der Varianz von U brauchen wir die Dichte von U. Dafür erhalten wir aus (1.65) mit Hilfe des Transformationssatzes (Faltungssatzes) die Gestalt

$$f_U(u;\theta) = \begin{cases} n(1-2|u-\theta|)^{n-1} & \text{falls } |u-\theta| \leq \frac{1}{2} \\ 0 & \text{sonst}\,. \end{cases} \tag{2.42}$$

Daraus ergibt sich (mit Hilfe der Beta-Funktion und ihrer Beziehung zur Gamma-Funktion):

$$\begin{aligned} Var_\theta U &= \int (u-\theta)^2 f_U(u;\theta)du = 2n\int_0^1 (w/2)^2(1-w)^{n-1}d(w/2) \\ &= \frac{1}{4}n\int_0^1 w^2(1-w)^{n-1}dw = \frac{1}{4}n\frac{\Gamma(3)\Gamma(n)}{\Gamma(3+n)} \\ &= \frac{1}{4}n\frac{2!(n-1)!}{(n+2)!} = \frac{1}{2(n+1)(n+2)}\,. \end{aligned}$$

Also gilt:

$$MSE(U;\theta) = E_\theta[U-\theta]^2 = Var_\theta U = 1/2(n+1)(n+2)\,. \tag{2.43}$$

Dieser Mean-Square-Error ist für alle $n > 2$ kleiner als derjenige von $\bar{X}$ und geht mit wachsendem n wesentlich schneller gegen Null als jener. Die Schätzung U ist nicht nur besser als $\bar{X}$, sondern sogar eine optimale Schätzung im folgenden Sinne: U besitzt unter allen Schätzungen, die *äquivariant* sind gegenüber der Gruppe der Translationen, den (gleichmäßig) kleinsten Mean-Square-Error. Ein derartiger Schätzer wird auch *MRE*-Schätzer (minimum risk equivariant) genannt, wobei der Mean-Square-Error als Risikofunktion angesehen wird. (Man vergleiche dazu Lehmann [1991], S. 160.)

Bedingtes Konfidenzintervall für θ

Die Statistik $T = (U, V)$ mit U wie oben und $V = X_{[n]} - X_{[1]}$ ist suffizient, sogar minimalsuffizient, wobei V ancillary ist mit der Dichte

$$f_V(v) = \begin{cases} n(n-1)(1-v)v^{n-2} & \text{falls } 0 \leq v \leq 1 \\ 0 & \text{sonst}. \end{cases} \tag{2.44}$$

Diese Eigenschaften von T und V ergeben sich aus den Beispielen 1.25 (Fall C) und 1.26. Nach dem Konditional-Prinzip (in Kombination mit dem Suffizienz-Prinzip) ist daher eine Intervallschätzung für θ allein auf die bedingte Verteilung von U unter der Bedingung $V = v$ zu stützen. Diese bedingte Verteilung ist die Gleichverteilung auf dem Intervall $[\,\theta - \frac{1}{2}(1-v)\,;\,\theta + \frac{1}{2}(1-v)\,]$ mit der Dichte (2.46). Zum Nachweis dieser sehr plausiblen Aussage gehen wir von der gemeinsamen Verteilung von U und V aus. Deren Dichte ergibt sich aus (1.65) in Beispiel 1.26 mit Hilfe einer einfachen Transformation als

$$f_{U,V}(u, v; \theta) = \begin{cases} n(n-1)v^{n-2} & \text{falls } (u, v) \in M_\theta \\ 0 & \text{sonst} \end{cases} \tag{2.45}$$

mit $M_\theta = \{(u, v) : |u - \theta| \leq \frac{1}{2}(1-v) \text{ und } 0 \leq v \leq 1\}$. Daraus erhalten wir durch Division mit der Dichte $f_V(v)$ aus (2.44) für die bedingte Dichte von U unter $V = v$ die Gestalt

$$f_{U|V}(u|v; \theta) = \begin{cases} 1/(1-v) & \text{falls } |u - \theta| \leq \frac{1}{2}(1-v) \\ 0 & \text{sonst}. \end{cases} \tag{2.46}$$

Aus dieser Verteilung erhalten wir: $P_\theta(|U - \theta| \leq \frac{1}{2}\gamma(1-v) \mid V = v) = \gamma$. Also ist

$$C_v = C_v(U) = \left[U - \frac{1}{2}\gamma(1-v)\ ;\ U + \frac{1}{2}\gamma(1-v)\right] \tag{2.47}$$

für jedes feste v ein Konfidenzintervall für θ zum Vertrauensgrad γ und daher (mit dem Satz von der totalen Wahrscheinlichkeit) auch

$$C = C(U, V) = \left[U - \frac{1}{2}\gamma(1-V)\ ;\ U + \frac{1}{2}\gamma(1-V)\right] \tag{2.48}$$

ein solches Konfidenzintervall für beliebige Werte von V. Dieses auch intuitiv besonders gut begründete Konfidenzintervall geht auf Welch [1939] zurück.

Marginales Konfidenzintervall für θ

Wir bestimmen nun unmittelbar aus der (Marginal-)Verteilung von U allein ein Konfidenzintervall für θ der Form $[U - c; U + c]$. Aus der in (2.42) angegebenen Dichte von U erhalten wir:

$$P_\theta(|U - \theta| \leq c) = 2 \int_0^c n(1 - 2w)^{n-1} dw = 1 - (1 - 2c)^n .$$

Diese Wahrscheinlichkeit wird gleich γ, wenn $c = \frac{1}{2}\left(1 - \sqrt[n]{1-\gamma}\right)$ gewählt wird. Damit lautet das marginale Konfidenzintervall $\tilde{C}$ für θ zum Vertrauensgrad γ:

$$\tilde{C} = \tilde{C}(U) = \left[U - \frac{1}{2}(1 - \sqrt[n]{1-\gamma}) \; ; \; U + \frac{1}{2}(1 - \sqrt[n]{1-\gamma})\right] . \tag{2.49}$$

Dieses Konfidenzintervall hat eine Kennfunktion (accuracy function) $A_{\tilde{C}}(\theta; \theta')$, die für alle $\theta \neq \theta'$ kleiner ist als die Kennfunktion $A_C(\theta; \theta')$ des bedingten Konfidenzintervalles C; man vergleiche dazu Welch [1939], Kiefer [1977] und Stuart und Ord [1991], S. 859.

Diskussion

Die frequentistische Gütebeurteilung eines Konfidenzintervalles durch seine Kennfunktion ist in der klassischen Inferenz allgemein verbindlich. Danach ist das Konfidenzintervall $\tilde{C}$, das unter Verletzung des Konditional-Prinzips konstruiert wurde, besser als das Konfidenzintervall C, das in Einklang mit dem Konditional-Prinzip steht. Als Intervallschätzung für θ hat man daher in der klassischen Inferenz das Intervall $\tilde{C}$ dem Intervall C vorzuziehen. Dieses überraschende Ergebnis zeigt eine Unverträglichkeit oder sogar Widersprüchlichkeit zwischen dem Konditional-Prinzip und dem frequentistischen Standpunkt, ein Umstand, der in der klassischen Inferenz zu einer Relativierung des Konditional-Prinzips führt: Ein Verfahren, das dem Konditional-Prinzip gehorcht, wird der frequentistischen Gütebeurteilung unterworfen und nur dann verwendet, wenn es (im Sinne dieser Beurteilung) kein besseres Verfahren gibt, wobei im Vergleich auch solche Verfahren zugelassen werden, die das Konditional-Prinzip verletzen.

Der Vergleich C und $\tilde{C}$ könnte noch Anlaß für eine weitere Überraschung sein: Das bessere Konfidenzintervall $\tilde{C}$ hängt nur von der nichtsuffizienten Statistik U ab, während in das schlechtere Konfidenzintervall C die Werte der suffizienten Statistik (U, V) eingehen. Wird auf diese Weise also auch das Suffizienz-Prinzip in der klassischen Inferenz relativiert? Die Antwort lautet: Nein! Das Intervall $\tilde{C}$ ist nämlich (unter den Kriterien der klassischen Inferenz) nicht das beste Konfidenzintervall für θ zum Vertrauensgrad γ. Als optimal (unter den hier betrachteten zweiseitigen Konfidenzintervallen) gilt das gleichmäßig trennscharfe unverfälschte Konfidenzintervall C^*. Und dieses Intervall hängt von U und V ab! Es lautet:

$$\begin{aligned} C^* &= [C_1^*; C_2^*] \quad \text{mit} \\ C_1^* &= \max\{U - \tfrac{1}{2}V + d, U + \tfrac{1}{2}V\} - \tfrac{1}{2} \\ C_2^* &= \min\{U - \tfrac{1}{2}V, U + \tfrac{1}{2}V - d\} + \tfrac{1}{2}, \end{aligned} \tag{2.50}$$

wobei d als Lösung der Gleichung

$$\begin{aligned} 2d^n - (2d-1)^n &= 1-\gamma \quad \text{falls } \gamma \leq 1-(1/2)^{n-1} \\ 2d^n &= 1-\gamma \quad \text{falls } \gamma \geq 1-(1/2)^{n-1} \end{aligned}$$

bestimmt ist. Man vergleiche dazu Pratt [1961], Kiefer [1977] oder auch Lehmann [1986], S. 563. In diesem Zusammenhang soll darauf hingewiesen werden, daß für jedes feste v auch das bedingte Intervall C_v ein gleichmäßig trennscharfes unverfälschtes Konfidenzintervall für θ zum Vertrauensgrad γ ist.

Wir betrachten nun die drei Konfidenzintervalle C, $\tilde{C}$ und C^* noch unter einem allgemeineren Gesichtspunkt, der den verschiedenen Inferenzkonzepten übergeordnet ist. Wir diskutieren die beiden Fragen: Wie stark wird in den Konfidenzintervallen die in V enthaltene Information über θ ausgenutzt? Ist es im vorliegenden Fall überhaupt sinnvoll, eine Intervallschätzung in Form eines Konfidenzintervalles zu einem vorgegebenen Vertrauensgrad γ (mit $\gamma < 1$) vorzunehmen? Zur ersten Frage ist zunächst einmal festzuhalten, welche Rolle V bei der Schätzung U für θ aufgrund der gegebenen Verteilungsannahme spielt: Je größer der Wert von V (innerhalb des Einheitsintervalles) ausfällt, desto *genauer und sicherer* wird die Schätzung für θ; im Extremfall $V = 1$ wissen wir mit Sicherheit, daß $\theta = U$ sein muß. Dieser Einfluß von V auf die Schätzung für θ wird bei allen drei Konfidenzintervallen nur unvollkommen berücksichtigt. Am unvollkommensten ist das natürlich bei $\tilde{C}$ der Fall, wo der Wert von V überhaupt keine Beachtung findet, wesentlich weniger unvollkommen bei C und C^*, die den Einfluß, den V auf die *Genauigkeit* der Schätzung ausübt, erschöpfend berücksichtigen: Mit wachsenden Werten von V werden C und C^* kleiner und ziehen sich mit $V \longrightarrow 1$ auf dem Punkt (die Punktschätzung) U zusammen. Andererseits geht der Zuwachs an *Sicherheit*, der mit größeren V-Werten für die Schätzung von θ entsteht, nicht in die Konstruktion der Konfidenzintervalle C und C^* ein – das kann auch gar nicht der Fall sein, da nach der allgemeinen Konstruktion von Konfidenzintervallen C und C^* den fest vorgegebenen (also von V unabhängigen) Vertrauensgrad γ besitzen. (Für C und C^* steht in der Konfidenzbedingung für alle θ das Gleichheitszeichen.) Besonders deutlich wird dieses Defizit bei C^*: Für $V > d$ geht C^* über in das Intervall $\left[U - \frac{1}{2}(1-V); U + \frac{1}{2}(1-V)\right]$, so daß die Aussage resultiert, daß θ mit dem Vertrauensgrad γ zwischen den Werten $U \pm \frac{1}{2}(1-V)$ liegt, tatsächlich aber θ sogar mit Sicherheit (also mit

$\gamma = 1$) zwischen diesen Werten liegt. (In wesentlich abgeschwächter Form gilt ein ähnliches Defizit auch für C; wir kommen darauf in Beispiel 2.6 zurück.)

Nach diesen Betrachtungen erscheint es durchaus angebracht, im vorliegenden Fall ganz auf eine Konfidenzintervallschätzung zu einem Vertrauensgrad γ (mit $\gamma < 1$) zu verzichten und stattdessen die Intervallschätzung

$$D = \left[U - \frac{1}{2}(1 - V) \; ; \; U + \frac{1}{2}(1 - V)\right] \tag{2.51}$$

zu verwenden, für die gilt: Das unbekannte θ liegt *mit Sicherheit* in D. Eine (nicht an der klassischen Inferenz orientierte) Begründung dieser Intervallschätzung wird in dem bereits erwähnten Beispiel 2.6 gegeben.

Die Probleme und offenen Fragen des vorliegenden Beispiels sind kein Einzelfall. Sie treten innerhalb der klassischen Inferenz vielmehr stets dann auf, wenn eine Verteilungsannahme vorliegt, in der θ ein Translationsparameter ist und die Verteilungen einen (von θ abhängigen) beschränkten Träger besitzen. □

2.3 Likelihood-Inferenz

2.3.1 Grundlagen

In enger Verwandtschaft zur klassischen Inferenz steht die auf R. A. Fisher zurückgehende Likelihood-Inferenz. Mit diesem Inferenz-Konzept wird ebenfalls ein kognitivistischer Zweck verfolgt und der objektivistische Standpunkt eingenommen, im Gegensatz zum klassischen Konzept aber eine nichtfrequentistische Beurteilung oder Rechtfertigung des Schlusses aus einer Stichprobe vorgenommen. Entsprechend steht in der Likelihood-Inferenz die a posteriori Situation und die Frage nach dem Gültigkeitsgrad eines Einzelschlusses im Mittelpunkt der Betrachtung. Dazu wird ein komparatives Stützungsmaß, die sogenannte Likelihood oder Likelihood-Funktion eingeführt, mit dem beurteilt werden kann, *wie stark* eine Beobachtung eine Hypothese über den unbekannten Parameter stützt oder *wie gut* eine Beobachtung mit einem einzelnen Parameterwert in Einklang steht. Auf diese Weise kann mit dem Likelihood-Konzept das oben beschriebene Defizit der klassischen Inferenz behoben werden. Darüber hinaus besticht die Likelihood-Inferenz durch ihre Einfachheit und Geschlossenheit. Sie ist nicht (wie die klassische Inferenz) offen für verschiedene Gütekriterien, sondern bezieht sich auf ein einziges, durch das erwähnte Stützungsmaß festgelegte Kriterium und schreibt damit (im Gegensatz zur klassischen Inferenz) unmittelbar vor, wie ein Schluß aus einer vorliegenden Stichprobe zu bilden ist. Diesen konzeptuellen Vorteilen der Likelihood-Theorie steht als Nachteil eine Einschränkung ihrer Anwendbarkeit gegenüber. Das Likelihood-Konzept basiert zwar auf dem gleichen allgemeinen Grundmodell wie die klassische Inferenz, benötigt aber zu seiner Anwendung zusätzliche, einschränkende Modellvoraussetzungen, ist also nicht so allgemein einsetzbar, in seinen Modellannahmen nicht so 'sparsam' wie die klassische Theorie. Zur Entwicklung der Likelihood-Inferenz verweisen wir auf Fisher [1912, 1922, 1934, 1950, 1956], Barnard [1947a, 1947b, 1949, 1974], Barnard, Jenkins und Winsten [1962], Birnbaum [1961, 1962, 1968, 1969], Sprott und Kalbfleisch [1969], Kalbfleisch und Sprott [1970], Kalbfleisch [1971], Sprott [1973a, 1973b] und Berger [1984]. Eine umfassende Darstellung der Grundlagen der Likelihood-Theorie findet man in den Monographien von Hacking [1965], Edwards [1972] sowie Berger und Wolpert [1984].

Die Likelihood-Inferenz geht von dem Grundmodell der induktiven Statistik aus, nach dem die Beobachtung x Realisation einer Zufallsgröße X ist, über die eine Verteilungsannahme $\mathfrak{P} = \{P_\theta : \theta \in \Theta\}$ vorliegt. Dabei wird (im Gegensatz zur klassischen Inferenz) ausschließlich der Fall vorausgesetzt, daß $\mathfrak{P}$ (durch ein σ-finites Maß ν) dominiert ist und somit in der Form

$$\mathfrak{P} = \{f(x;\theta) : \theta \in \Theta\}$$

dargestellt werden kann. In den meisten Fällen wird zusätzlich noch gefordert, daß die ν-Dichte $f(x;\theta)$ stetig in θ ist, also eine im starken Sinne stetig parametrisierte Verteilungsannahme vorliegt. Darüber hinaus werden an die Dichten $f(x;\theta)$ oft noch gewisse Regularitätsvoraussetzungen gestellt, die in die gleiche Richtung wie die Fisher-Regularität gehen, in der Regel aber weniger verlangen als jene.

In der Likelihood-Inferenz werden die a priori und die a posteriori Situation strikt unterschieden und unwiderruflich voneinander getrennt. Vor der Beobachtung von X wird (wie in der klassischen Inferenz) $f(x;\theta)$ für jedes feste (aber unbekannte) θ als Funktion in x aufgefaßt, eben als die Dichte von X, welche die Zufälligkeit der noch anstehenden Beobachtung wahrscheinlichkeitstheoretisch beschreibt.

Nach der Beobachtung von X, wenn x als beobachtete Stichprobe vorliegt, wird $f(x;\theta)$ als Funktion in θ aufgefaßt (x gilt darin als fest gegeben) und die *Likelihood-Funktion* von θ nach der Beobachtung x genannt. Beim Übergang von der a priori auf die a posteriori Situation werden die Rollen von x und θ gerade vertauscht. Für einen bestimmten Parameterwert θ heißt $f(x;\theta)$ die *Likelihood von* θ nach der Beobachtung x. Diese Größe wird als ein Maß dafür angesehen, wie gut der Parameterwert θ mit der Beobachtung x in Einklang steht oder wie plausibel θ im Lichte der Beobachtung x ist. Als intuitive Begründung für diese Auffassung kann das folgende Argument herangezogen werden: Im diskreten Fall gibt für ein festes θ die Likelihood $f(x;\theta)$ an, wie wahrscheinlich es gewesen ist, die Beobachtung x gemacht zu haben, wenn θ der wahre Parameterwert ist. Eine entsprechende Interpretation der Likelihood gilt auch im allgemeinen Fall. Aufgrund dieser Auffassung ist es dann naheliegend, sich bei der Auswertung einer Beobachtung x allein auf die Likelihood-Funktion $f(x;\theta)$ dieser Beobachtung zu stützen.

Diese Grundidee der Likelihood-Inferenz wird in dem sogenannten Likelihood-Prinzip präzisiert und ausgedehnt. Die Präzisierung besteht in der Forderung, daß zwei Beobachtungen x und $\tilde{x}$ mit zueinander *proportionalen* Likelihood-Funktionen zu denselben Schlüssen auf θ führen sollen, daß also (in diesem Sinne) ***proportionale Likelihood-Funktionen als äquivalent*** gelten. Die Ausdehnung besteht darin, daß in dieser Forderung nicht vorausgesetzt wird, daß die beiden Beobachtungen x und $\tilde{x}$ aus demselben Experiment $(X, \mathfrak{P})$ herrühren. Das Likelihood-Prinzip bezieht sich im allgemeinen Fall auf zwei Experimente $(X, \mathfrak{P})$ und $(\tilde{X}, \tilde{\mathfrak{P}})$, wobei für die beiden Verteilungsannahmen $\mathfrak{P} = \{f(x;\theta) : \theta \in \Theta\}$ und $\tilde{\mathfrak{P}} = \{\tilde{f}(x;\theta) : \theta \in \Theta\}$ derselbe Parameter θ unterstellt wird. Eine Beobachtung x aus $(X, \mathfrak{P})$ und eine Beobachtung $\tilde{x}$ aus $(\tilde{X}, \tilde{\mathfrak{P}})$ besitzen genau dann zueinander proportionale Likelihood-Funktionen, wenn gilt:

$$f(x;\theta) = c(x,\tilde{x})\tilde{f}(\tilde{x};\theta) \quad \text{für alle } \theta\,. \tag{2.52}$$

(Der Proportionalitätsfaktor darf von x und $\tilde{x}$ abhängen!) Hierin ist natürlich der Spezialfall enthalten, daß beide Experimente, d.h. f und $\tilde{f}$, übereinstimmen.

Likelihood-Prinzip: Besitzen zwei Beobachtungen x und $\tilde{x}$ zueinander proportionale Likelihood-Funktionen, so sollen sie zu denselben Schlüssen auf θ führen. (2.53)

Wird dieses Prinzip nur für solche Beobachtungen x und $\tilde{x}$ aufgestellt, die aus demselben Experiment stammen, so nennt man es *schwaches* Likelihood-Prinzip. Die Version (2.53) wird in der Literatur auch oft *starkes* Likelihood-Prinzip genannt. Aus beiden Versionen des Likelihood-Prinzips ergibt sich als Folgerung das

Likelihood-Korollar: Ein Schluß aus einer Beobachtung darf nur von der Likelihood-Funktion der Beobachtung abhängen. (2.54)

Notwendigerweise wird damit in der Likelihood-Inferenz der Standpunkt eingenommen, daß die Likelihood-Funktion die gesamte *Information* der Stichprobe über den unbekannten Parameter enthält. Der Begriff 'Information' wird dabei im allgemeinen intuitiv verwendet, ganz ähnlich wie in der Aussage, daß eine suffiziente Statistik die gesamte Information der Stichprobe enthält. Unter der Voraussetzung einer Fisher-regulären Verteilungsannahme läßt sich auch der in der Likelihood-Inferenz verwendete Informationsbegriff durch die *a posteriori Fisher-Information* $I(\theta; x)$ operationalisieren. Als Begründung genügt es, darauf hinzuweisen, daß für zwei zueinander proportionale Likelihood-Funktionen die betreffenden Score-Funktionen und damit auch die a posteriori Fisher-Informationen übereinstimmen.

Mit dem Likelihood-Korollar steht nur fest, *daß* sich ein Schluß aus einer Beobachtung allein auf die Likelihood-Funktion zu stützen hat, nicht aber, *wie* diese Stützung erfolgen soll. Um diese Frage zu beantworten, wird in der Likelihood-Inferenz ein eigenes Stützungsprinzip (im Sinne eines Stützungsmaßes) entwickelt. Dieses ist zwar aufgrund des Likelihood-Prinzips sehr naheliegend und natürlich mit ihm verträglich, läßt sich aber nicht aus dem Likelihood-Prinzip herleiten und stellt deshalb ein zusätzliches Postulat dar, das nicht von jedem Anhänger des Likelihood-Prinzips vertreten zu werden braucht und tatsächlich auch innerhalb der Likelihood-Inferenz umstritten ist. Zur Formulierung des Stützungsprinzips können wir uns auf Beobachtungen aus *einem* Experiment $(X, \mathfrak{P})$ beschränken.

> *Likelihood-Stützungsprinzip:* Nach einer Beobachtung x stellt der Quotient zweier Likelihoods $f(x;\theta)$ und $f(x;\theta')$ ein Maß dafür dar, wie stark die Beobachtung den Parameterwert θ relativ zum Parameterwert θ' stützt. (2.55)

Mit dieser Einführung des Likelihood-Quotienten als Stützungsmaß werden je zwei Parameterwerte θ und θ' in Hinblick auf ihre Plausibilität oder Glaubwürdigkeit nach einer Beobachtung x miteinander vergleichbar. Auf diese Weise ergibt sich aus der Likelihood-Funktion $f(x;\theta)$ nach einer Beobachtung x ein *komparatives Plausibilitätsmaß* auf dem Parameterraum Θ. Dieses impliziert den folgenden, gegenüber (2.55) abgeschwächten

> *Likelihood-Stützungsvergleich:* Ein Parameterwert θ wird von einer Beobachtung x umso stärker gestützt, je größer seine Likelihood $f(x;\theta)$ ausfällt. (2.56)

Natürlich führt auch jede streng monoton wachsende Transformation des Likelihood-Quotienten zu dem gleichen komparativen Plausibilitätsmaß auf Θ. Unter diesen Transformationen ist der Logarithmus besonders gut geeignet: Bei Edwards [1972] wird die Größe $\log[f(x;\theta)/f(x;\theta')]$ als Maß dafür eingeführt, wie stark eine Beobachtung x einen Parameterwert θ relativ zu einem anderen Parameterwert θ' stützt. Diese Größe besitzt die günstige Eigenschaft, sich gegenüber unabhängigen Beobachtungen *additiv* zu verhalten und hat deswegen starke Ähnlichkeit mit einem (relativen!) Informationsmaß.

Erste Ansätze eines Likelihood-Prinzips gehen auf Fisher [1934] zurück. In der vorliegenden Form wird das Likelihood-Prinzip einschließlich seines Stützungsprinzips erstmals bei Barnard [1947a, 1947b, 1949] aufgestellt und untersucht, eine ausführliche Beschreibung und Diskussion einer auf beiden Prinzipien aufbauenden Likelihood-Inferenz wird in Barnard [1967a, 1967b, 1974] durchgeführt. Bei Birnbaum [1961, 1962] wird ebenfalls das Likelihood-Prinzip in seiner obigen Form behandelt, das Stützungsprinzip aber nur sehr eingeschränkt gelten gelassen, nämlich nur für Experimente mit einem zweielementigen Parameterraum ('*binary experiments*').

Das zentrale Anliegen Birnbaums richtet sich auf eine Rechtfertigung des Likelihood-Prinzips durch eine Rückführung dieses Prinzips auf 'fundamentalere' oder 'allgemeinverbindlichere' Regeln. Dazu weist Birnbaum nach, daß aus dem Suffizienz- und Konditional-Prinzip zusammen das Likelihood-Prinzip folgt (*Satz von Birnbaum*). Auch die Umkehrung dieser Aussage wird von Birnbaum nachgewiesen. Auf diese Weise entsteht eine enge Verwandtschaft zwischen der Likelihood-Inferenz und der klassischen Inferenz: Beide Inferenzkonzepte können nur in solchen Situationen zu unterschiedlichen Schlüssen führen, in denen entweder die Voraussetzungen der Likelihood-Inferenz nicht erfüllt sind oder aber innerhalb der klassischen Inferenz das Suffizienz- oder Konditional-Prinzip nicht anerkannt wird. Derartige Situationen stellen allerdings keine seltenen Ausnahmefälle dar, so daß insgesamt nur von einer partiellen Übereinstimmung der beiden Inferenzkonzepte die Rede sein kann.

Die enge Beziehung zwischen dem Likelihood-Prinzip und dem Suffizienz- und Konditional-Prinzip erkennt man ansatzweise schon an der folgenden Faktorisierung der Likelihood-Funktion, die auf dem Neyman-Kriterium aufbaut: Ist T suffizient und V ancillary für $\mathfrak{P} = \{f(x;\theta) : \theta \in \Theta\}$, so läßt sich $f(x;\theta)$ in drei Faktoren zerlegen gemäß

$$f(x;\theta) = h(x)k(v)g(t|v;\theta) \quad \text{für alle } \theta \tag{2.57}$$

mit $v = V(x)$ und $t = T(x)$; darin ist h die bedingte Dichte von X unter $T = t$ und k die Randdichte von V sowie g die bedingte Dichte von T unter $V = v$. Die Dichten h und k hängen nicht von θ ab, so daß die Likelihood-Funktion zur bedingten Dichte von T unter $V = v$ proportional ist. Nach dem Likelihood-Prinzip führt daher die Beobachtung x aus dem Experiment $(X, \mathfrak{P})$ zu denselben Schlüssen auf θ wie die Beobachtung t aus dem Experiment $(T, \mathfrak{P}^{T|v})$ bei $v = V(x)$.

Bevor wir den Satz von Birnbaum ohne Beweis lediglich zitieren, sollen aus den von uns entwickelten Konzepten zwei Sätze aufgestellt und bewiesen werden, die den angesprochenen engen Zusammenhang zwischen dem Likelihood-Prinzip und dem Suffizienz- und Konditional-Prinzip bereits in einem wesentlichen Teil enthalten. Dazu erinnern wir daran, daß in der Likelihood-Inferenz nur dominierte Verteilungsannahmen $\mathfrak{P} = \{f(x;\theta) : \theta \in \Theta\}$ betrachtet werden, so daß die Voraussetzung für die Anwendung des Neyman-Kriteriums und auch des Satzes 1.13 erfüllt ist.

Satz 2.1 *Das schwache Likelihood-Prinzip ist mit dem Suffizienz-Prinzip äquivalent.*

Beweis: a) Wir zeigen, daß aus dem schwachen Likelihood-Prinzip das Suffizienz-Prinzip folgt. Ist T suffizient für $\mathfrak{P}$, so gilt nach dem Neyman-Kriterium (mit Ausnahme einer $\mathfrak{P}$-Nullmenge N) die Faktorisierung

$$f(x;\theta) = h(x)g(T(x);\theta) \quad \text{für alle } \theta\,.$$

Daher besitzen (außerhalb von N) zwei Beobachtungen x und x', für die $T(x) = T(x')$ gilt, zueinander proportionale Likelihood-Funktionen $f(x;\theta)$ und $f(x';\theta)$ und führen deswegen nach dem schwachen Likelihood-Prinzip zu denselben Schlüssen auf θ.
b) Wir zeigen, daß aus dem Suffizienz-Prinzip das schwache Likelihood-Prinzip folgt. Nach Satz 1.13 in Verbindung mit Satz 1.11 gibt es eine für $\mathfrak{P}$ suffiziente (sogar minimalsuffiziente) Statistik Q der Gestalt $Q = (Q_1, Q_2, \ldots)$ mit

$$Q_j(x) = f(x;\theta_j)/f_0(x) \quad \text{und} \quad f_0(x) = \sum 2^{-j} f(x;\theta_j)$$

(wobei $\{\theta_1, \theta_2, \ldots\} \subset \Theta$). Für zwei Beobachtungen x und x' mit proportionalen Likelihood-Funktionen $f(x;\theta)$ und $f(x';\theta)$ gilt daher: $Q_j(x) = Q_j(x')$ für alle j, mithin $Q(x) = Q(x')$. Also führen nach dem Suffizienz-Prinzip beide Beobachtungen zu denselben Schlüssen auf θ. □

Satz 2.2 *Aus dem Likelihood-Prinzip folgt das Konditional-Prinzip.*

Beweis: Sei $T = (U, V)$ eine Zufallsgröße mit der Verteilungsannahme $\mathfrak{P}^T = \{f_T(t;\theta) : \theta \in \Theta\}$, wobei die Komponente V ancillary für $\mathfrak{P}^T$ ist, also eine von θ unabhängige Verteilung besitzt. Mit Ausnahme einer $\mathfrak{P}^T$-Nullmenge N gilt für alle $t = (u, v)$ die Zerlegung

$$f_T(t;\theta) = f_{T|V}(t|v;\theta) f_V(v) = f_{U|V}(u|v;\theta) f_V(v) \quad \text{für alle } \theta\,.$$

Also sind (außerhalb von N) für jede Beobachtung $t = (u, v)$ die Likelihood-Funktionen $f_T(t;\theta)$ und $f_{U|V}(u|v;\theta)$ zueinander proportional, so daß nach dem Likelihood-Prinzip die Beobachtung $t = (u, v)$ aus dem Experiment $(T, \mathfrak{P}^T)$ zu denselben Schlüssen auf θ führt wie die Beobachtung u aus dem Experiment $(U, \mathfrak{P}^{U|v})$. □

Satz 2.3 ***(von Birnbaum)*** *Aus dem Suffizienz- und Konditional-Prinzip folgt das starke Likelihood-Prinzip.*

Verschiedene Beweise dieses Satzes mit Anmerkungen und Modifikationen findet man bei Birnbaum [1962, 1972], Durbin [1970], Kalbfleisch [1975, 1982], Joshi [1976] sowie Berger und Wolpert [1984]. In diesen Arbeiten wird das auf Birnbaum zurückgehende *Konzept der Evidenz* verwendet. Unter der (abstrakten) Größe 'Evidenz' einer Beobachtung x aus einem Experiment $(X, \mathfrak{P})$ kann man sich den 'Gehalt' oder die 'Bedeutung' vorstellen, den die Beobachtung für den Parameter θ besitzt, eine Größe jedenfalls, von der allein ein jeder Schluß von x auf θ abzuhängen hat. Auf das Evidenzkonzept Birnbaums und die Beweise seines Satzes gehen wir nicht näher ein. Wir erwähnen lediglich, daß im ersten Beweis Birnbaums nur der diskrete Fall behandelt wird, in welchem die Verteilungen in $\mathfrak{P}$ diskret sind mit einem gemeinsamen (abzählbarem) Träger. Im nicht diskreten Fall ist durch die Beliebigkeit der Dichtewerte $f(x;\theta)$ auf $\mathfrak{P}$-Nullmengen nicht nur die Beweislage, sondern das Likelihood-Konzept überhaupt komplizierter. Hier können die Werte von $f(x;\theta)$ auch an solchen Stellen x, die real mögliche Beobachtungen darstellen, beliebig festgelegt werden, sofern nur die x-Werte, für die das geschieht, eine $\mathfrak{P}$-Nullmenge bilden. Auf diese Weise haftet der Likelihood (und auch der 'Evidenz') einer Beobachtung x und damit dem Likelihood-Prinzip insgesamt eine gewisse Willkür an. Eine Möglichkeit zur Überwindung dieser Willkür besteht in einer Spezifizierung der Dichten $f(x;\theta)$ auf eine 'kanonische' Gestalt, in der $f(x;\theta)$ für jedes feste θ so 'stetig wie möglich' in x ist. Ein anderer Weg, der von Berger und Wolpert [1984] beschritten wird, verwendet eine (geringfügige) Modifikation des Likelihood-Prinzips auf ein sogenanntes relatives Likelihood-Prinzip. Schließlich ist noch darauf hinzuweisen, daß in der angegebenen Literatur das Konditional-Prinzip in einer etwas anderen, schwächeren(!) Form gefaßt wird als in der von uns festgelegten Fassung (2.5).

2.3.2 Likelihood-Schätzungen und Likelihood-Tests

Auch innerhalb der Likelihood-Inferenz werden zur Auswertung einer Beobachtung Punkt- und Intervallschätzungen vorgenommen oder Tests durchgeführt. Die dazugehörigen Konstruktionsmethoden ergeben sich aus dem Likelihood-Prinzip und führen unmittelbar zu 'Likelihood-optimalen' Verfahren, welche die durch die Beobachtung am stärksten gestützten Parameterwerte auszeichnen. Zusätzliche Gütekriterien wie in der klassischen Inferenz sind nicht erforderlich.

Eine Punktschätzung U für θ soll nach einer Beobachtung x denjenigen Schätzwert $\hat{\theta} = U(x)$ liefern, der durch die Beobachtung am stärksten gestützt wird, für den also die Likelihood-Funktion $f(x;\theta)$ maximal wird. Eine solche Schätzung U, für die also (für jedes feste x) gilt

$$U(x) = \hat{\theta} \quad \text{mit} \quad f(x;\hat{\theta}) = \max_{\theta \in \Theta} f(x;\theta)\,, \tag{2.58}$$

heißt *Maximum-Likelihood-Schätzung* (*ML-Schätzung*) und soll mit U_{ML} bezeichnet werden. Ihre Verwendung ist an die Voraussetzung gebunden, daß für jedes feste x die Likelihood-Funktion $f(x;\theta)$ ein (möglichst eindeutig bestimmtes) globales Maximum bzgl. θ besitzt.

Die Bestimmung einer ML-Schätzung kann nach dem üblichen Verfahren vorgenommen werden, mit dem generell die Maximalstelle einer Funktion bestimmt wird, wenn die dazu erforderlichen Differenzierbarkeitsvoraussetzungen erfüllt sind. Letzteres ist für Fisher-reguläre Verteilungsannahmen gewährleistet. Wir gehen also von einer Fisher-regulären Familie $\mathfrak{P} = \{f(x;\theta) : \theta \in \Theta\}$ aus und nehmen zunächst an, daß der Parameter θ *reell* ist. Nach einer Beobachtung x kann man dann den ML-Schätzwert $\hat{\theta}$ bestimmen, indem man die Ableitung der Likelihood-Funktion $f(x;\theta)$ nach θ bildet und diese gleich Null setzt. Dieser Weg wird in den meisten Fällen vereinfacht, wenn man vorher von $f(x;\theta)$ auf $\log f(x;\theta)$ übergeht und $\hat{\theta}$ als Maximalstelle von $\log f(x;\theta)$ bestimmt. (Weil der Logarithmus eine streng monotone Transformation ist, nehmen $f(x;\theta)$ und $\log f(x;\theta)$ an derselben Stelle $\hat{\theta}$ ihr Maximum an.) Unter der Voraussetzung, daß ein eindeutiges Maximum existiert und nicht am Rande von Θ liegt, erhält man damit $\hat{\theta}$ als Lösung der Gleichung

$$\frac{d}{d\theta} \log f(x;\hat{\theta}) = 0 \tag{2.59}$$

unter Berücksichtigung von

$$\frac{d^2}{d\theta^2} \log f(x;\hat{\theta}) < 0\,. \tag{2.60}$$

Die darin auftretenden Größen sind uns aus Abschnitt 1.3.2 wohlbekannt: Die Ableitung von $\log f(x;\theta)$ ist die Score-Funktion $K(\theta;x)$ der Beobachtung x und die zweite Ableitung von $\log f(x;\theta)$ die negative Fisher-Information $I(\theta;x)$ der Beobachtung x (vgl. (1.80) und (1.83)). Beide Größen beziehen sich auf die a posteriori Situation. Damit lassen sich die Bedingungen (2.59) und (2.60) auch in der Form

$$K(\hat{\theta};x) \;=\; 0\,, \tag{2.61}$$
$$I(\hat{\theta};x) \;>\; 0 \tag{2.62}$$

schreiben. Liegt eine (wieder Fisher-reguläre) Verteilungsannahme mit einem Parameter*vektor* $\theta = (\theta_1, \ldots, \theta_r)$ vor, so ergeben sich zur Bestimmung von $\hat{\theta}$ die analogen Bedingungen für die entsprechenden mehrdimensionalen Größen, wie sie in Abschnitt 1.3.3 eingeführt wurden: Statt der Score-Funktion ist der r-dimensionale Score-Vektor (1.109) zu betrachten, dessen Komponenten $K_i(\theta;x)$ aus den partiellen Ableitungen von $\log f(x;\theta)$ nach θ_i bestehen, und statt der a posteriori Fisher-Information die entsprechende

$(r \times r)$-Informationsmatrix $I(\theta; x)$ in (1.111), deren Elemente aus den negativen zweiten partiellen Ableitungen von $\log f(x;\theta)$ nach θ_i und θ_j gebildet werden. Damit gehen dann die Bedingungen (2.61) und (2.62) über in

$$K_i(\hat{\theta}; x) = \frac{\partial}{\partial \theta_i} \log f(x; \hat{\theta}) = 0 \quad \text{für } i = 1, \ldots, r, \tag{2.63}$$

$$I(\hat{\theta}; x) \text{ ist positiv definit}. \tag{2.64}$$

In diesem Zusammenhang werden die Gleichung (2.59) und auch das Gleichungssystem (2.63) *Likelihood-Gleichung* genannt. In vielen Fällen lassen sich die ML-Schätzungen als Lösungen der Likelihood-Gleichungen explizit bestimmen. Andererseits können dabei aber auch die folgenden typischen Probleme auftreten.

1) Auch im Fall einer Fisher-regulären Verteilungsannahme mit einem eindeutig bestimmten globalem Maximum von $f(x;\theta)$ im Inneren von Θ ist oft die Likelihood-Gleichung nicht explizit lösbar. Dann muß mit iterativen numerischen Methoden, z.B. der Newton-Raphson-Methode, eine Näherung $\tilde{\theta}$ für die Lösung $\hat{\theta}$ berechnet werden. Dabei hat man sich darum zu kümmern, ob und wie schnell die Näherungen mit der Anzahl der Iterationsschritte des numerischen Verfahrens gegen $\hat{\theta}$ konvergieren. Besonders problematisch wird diese Konvergenz, wenn θ mehrdimensional ist oder wenn $f(x;\theta)$ mehrere lokale Maxima im Inneren von Θ besitzt, unter denen das globale Maximum gesucht wird. Darüber hinaus hat für das eigentliche Schätzproblem die Frage eine besondere Bedeutung, wie sich die numerisch bedingte Abweichung zwischen $\tilde{\theta}$ und $\hat{\theta}$ und die zufallsbedingte Abweichung zwischen $\hat{\theta}$ und θ *überlagern*. Solche Überlagerungsprobleme treten typischerweise in praktischen Anwendungen statistischer Methoden auf.

2) Die Likelihood-Gleichungen können zur Bestimmung einer ML-Schätzung nicht verwendet werden, wenn die Likelihood-Funktion $f(x;\theta)$ ihr globales Maximum am Rande von Θ annimmt oder wenn sie nicht nach θ differenzierbar ist. Hier sind fallweise gesonderte Untersuchungen zur Bestimmung der ML-Schätzung erforderlich. Ein einfacher Fall für eine solche Situation wird in Beispiel 2.7 diskutiert. Kompliziertere Beispiele findet man bei Barnett [1982], S. 148, Cox und Hinkley [1986], S. 285, oder Stuart und Ord [1991], S. 704f.. Unter einer allgemeineren und anspruchvolleren Zielsetzung steht die Frage, die auch bei Barnett aufgeworfen wird, ob man eine nicht überall nach θ differenzierbare Dichte $f(x;\theta)$ durch eine glattere, durchwegs nach θ differenzierbare Dichte $\tilde{f}(x;\theta)$ näherungsweise ersetzen kann, ohne daß die beiden entsprechenden ML-Schätzungen zu stark voneinander abweichen. Eine ganz ähnliche Fragestellung ergibt sich, wenn man die Ersetzung einer nicht Fisher-regulären durch eine Fisher-reguläre Verteilungsannahme ins Auge faßt. Diese Probleme können unter Robustheitsuntersuchungen der ML-Schätzungen eingeordnet werden.

3) Es gibt Verteilungsannahmen, seien sie Fisher-regulär oder nicht, deren Likelihood-Funktion $f(x;\theta)$ mehrere gleichgroße (lokale und globale) Maxima aufweist, so daß es mehrere ML-Schätzungen gibt. Innerhalb der Likelihood-Inferenz steht dann kein Kriterium zur Verfügung, das eine unter diesen ML-Schätzungen 'als die beste' auszeichnet. In einer solchen Situation muß offen bleiben, welcher Schätzwert $\hat{\theta}$ für das unbekannte θ aus der Beobachtung verwendet wird. (Man vergleiche dazu das Beispiel 2.8.) Interessanterweise ist diese Situation nicht nur innerhalb der Likelihood-Inferenz unbefriedigend. Auch unter den Gütekriterien der klassischen Inferenz sind die wichtigsten Güteeigenschaften einer ML-Schätzung an die Voraussetzung ihrer Eindeutigkeit gebunden.

Eine Intervallschätzung C für θ soll nach den Richtlinien der Likelihood-Inferenz aus der Angabe solcher θ-Werte bestehen, die aufgrund der Beobachtung x besonders plausibel, deren Likelihoods $f(x;\theta)$ also besonders groß sind. Diese Forderung wird erfüllt, indem man eine positive untere Schranke $\kappa(x)$ für die Likelihoods festlegt und den dazugehörigen Bereich

$$C(x) = \{\theta \in \Theta : f(x;\theta) \geq \kappa(x)\} \tag{2.65}$$

im Parameterraum angibt. Die Schranke $\kappa(x)$ wird im allgemeinen in Abhängigkeit von der Beobachtung x (also a posteriori) festgelegt. Dabei orientiert man sich in der Regel an der ML-Schätzung $\hat{\theta}$, genauer: an dem maximalen Wert $f(x;\hat{\theta})$ der Likelihood-Funktion, indem man die Likelihoods $f(x;\theta)$ auf ihr Maximum $f(x;\hat{\theta})$ bezieht und für den Quotienten $f(x;\theta)/f(x;\hat{\theta})$ eine feste, von x unabhängige untere Schranke κ mit $0 \leq \kappa \leq 1$ vorschreibt. Dies entspricht dem Übergang von der Likelihood-Funktion auf die *normierte Likelihood-Funktion* $f(x;\theta)/f(x;\hat{\theta})$ mit Werten zwischen Null und Eins, die auch schon in Abschnitt 1.3.2 im Zusammenhang mit der Interpretation der Fisher-Information eingeführt wurde. Für die a priori Schranke κ lassen sich ähnlich gut interpretierbare Standardwerte vereinbaren wie für den Vertrauensgrad γ eines Konfidenzintervalles in der klassischen Inferenz. Mit $\kappa(x) = \kappa f(x;\hat{\theta})$ geht (2.65) über in

$$C(x) = \{\theta \in \Theta : f(x;\theta) \geq \kappa f(x;\hat{\theta})\} \tag{2.66}$$

Auf diese Festlegung von $C(x)$ werden wir uns im Folgenden beziehen. Entsprechend sollen die Abbildungen in Abschnitt 2.3.3 die normierten Likelihood-Funktionen wiedergeben. Die dazu erforderliche Voraussetzung, daß $f(x;\theta)$ ein globales Maximum bzgl. θ besitzt, soll erfüllt sein. Im Extremfall $\kappa = 0$ ist $C(x) = \Theta$, im anderen Extremfall $\kappa = 1$ besteht $C(x)$ nur aus der ML-Schätzung $\hat{\theta}$ oder (falls die oben beschriebene Situation 3) vorliegt) aus den ML-Schätzungen $\hat{\theta}$.

Im allgemeinen kann man nicht erwarten, daß $C(x)$, wie gewünscht, ein Intervall ist, sondern nur, daß mit $C(x)$ irgendeine nicht allzu komplizierte Borelsche Teilmenge von Θ vorliegt. Man nennt $C(x)$ einen *Likelihood-Bereich* oder *HL-Bereich* (highest likelihood region) für θ zum Niveau κ. Liegt mit $C(x)$ ein Intervall vor, so heißt es *Likelihood-Intervall* oder *HL-Intervall*. Nach der Beobachtung x wird die Aussage '$\theta \in C(x)$' getroffen. Je größer das vorgegebene κ ist, desto kleiner ist $C(x)$, desto schärfer wird mithin die resultierende Aussage.

Die Konstruktion der Likelihood-Bereiche macht den nichtfrequentistischen a posteriori Standpunkt der Likelihood-Inferenz noch einmal besonders deutlich: $C(x)$ beruht allein auf der Likelihood-Funktion $f(x;\theta)$, die nach der Beobachtung x vorliegt, auch das vorgegebene κ bezieht sich auf diese Likelihood-Funktion. Im Gegensatz zur klassischen Inferenz spielen hier der Likelihood-Bereich $C(X)$ als zufälliger Bereich und seine a priori 'Überdeckungs'-wahrscheinlichkeiten $P_\theta(C(x) \ni \theta)$ keine Rolle.

Ein statistischer Test φ zur Überprüfung zweier Hypothesen H_0 und H_1 stützt sich innerhalb der Likelihood-Inferenz selbstverständlich wiederum nur auf die Likelihood-Funktion $f(x;\theta)$ nach der Beobachtung x. Für zwei einfache Hypothesen $H_0 = \{\theta_0\}$ und $H_1 = \{\theta_1\}$ wird er durchgeführt, indem die beiden Likelihoods $f(x;\theta_0)$ und $f(x;\theta_1)$ miteinander verglichen werden. Zur Testentscheidung wird der *Likelihood-Quotient* $f(x;\theta_1)/f(x;\theta_0)$ verwendet: Ist dieser größer als eine vorgegebene kritische Zahl $k = k(\theta_0, \theta_1)$, so wird H_0 abgelehnt und H_1 angenommen, ist er kleiner als k, so wird H_0 angenommen und H_1 abgelehnt, ist er gleich k, so bleibt die Entscheidung offen. Der Test hat also die Form

$$\varphi(x) = \begin{cases} 1 & \text{falls} \quad f(x;\theta_1) > kf(x;\theta_0) \\ 0 & \text{falls} \quad f(x;\theta_1) < kf(x;\theta_0) \end{cases} \tag{2.67}$$

und wird *Likelihood-Quotienten-Test* (LQ-Test) für $H_0 = \{\theta_0\}$ gegen $H_1 = \{\theta_1\}$ mit der kritischen Zahl k genannt. Der Test hat den kritischen Bereich

$$K = \{x \in \mathfrak{X} : f(x;\theta_1) > kf(x;\theta_0)\}. \tag{2.68}$$

Im Gegensatz zu den Signifikanztests in der klassischen Inferenz bestehen hier die beiden Testergebnisse aus Aussagen, die symmetrisch in H_0 und H_1 sind. Deswegen spricht man bei dem vorliegenden LQ-Test von einem *Alternativtest*. Völlig symmetrisch in H_0 und H_1 wäre dieser Test allerdings nur im Fall $k = 1$. Gegen diese eindeutige Festlegung von k bestehen aus Sicht der Likelihood-Inferenz eigentlich keine Einwände. Gleichwohl möchte man sich mit der Wahl der kritischen Zahl $k > 0$ einen Freiraum schaffen, um die beiden Fehler erster und zweiter Art, falls erforderlich, verschieden behandeln zu könnnen. (Je größer k ist, desto kleiner ist der kritische Bereich

K, desto stärker versucht man mithin, den Fehler erster Art zu vermeiden, und umgekehrt.) Die LQ-Tests nehmen auch in der klassischen Inferenz eine hervorragende Stellung ein: Sie sind unter den dort gültigen frequentistischen Gütekriterien die besten Tests für zwei einfache Hypothesen $H_0 = \{\theta_0\}$ gegen $H_1 = \{\theta_1\}$ (*Fundamentallemma von Neyman und Pearson*, vgl. Satz 2.23). Darauf gehen wir in dem entsprechenden Kapitel über klassische Tests ('Beste Tests bei festem Stichprobenumfang') ausführlich ein. Dort werden wir auch das Problem behandeln, unter welchen (allerdings stark einschränkenden) Voraussetzungen der LQ-Test auf Hypothesen, die nicht mehr einfach sind, verallgemeinert werden kann. Außerdem werden in den betreffenden Kapiteln eine ganze Reihe wichtiger Beispiele besprochen. An dieser Stelle und auch in den folgenden Beispielen werden wir daher auf LQ-Tests nicht weiter eingehen.

2.3.3 Beispiele

Beispiel 2.3 Likelihood-Schätzungen im Bernoulli-Experiment

Im Bernoulli-Experiment liegt eine i.i.d. Stichprobe $X = (X_1, \ldots, X_n)$ mit null-eins-verteilten Zufallsvariablen X_i vor: $P(X_i = 1) = p$ und $P(X_i = 0) = 1 - p$. Parameterraum ist das Einheitsintervall. Die Likelihood-Funktion

$$f(x;p) = p^z(1-p)^{n-z} \quad \text{mit } z = \sum x_i = \text{Anzahl der Erfolge}$$

ist differenzierbar nach p; als Score-Funktion ergibt sich

$$K(p;x) = \frac{d}{dp}\log f(x;p) = \frac{z}{p} - \frac{n-z}{1-p} = \frac{z-np}{p(1-p)}.$$

Daran erkennt man: Im Fall $0 < z < n$ nimmt $f(x;p)$ ihr Maximum im Inneren des Einheitsintervalles an und zwar an der Stelle $\hat{p} = z/n$. In den Fällen $z = 0$ und $z = n$ wird $f(x;p)$ an den Stellen $\hat{p} = 0$ bzw. $\hat{p} = 1$ maximal. Zusammen ergibt sich:

Die Maximum-Likelihood-Schätzung für p ist die relative Häufigkeit $\hat{p} = z/n = \bar{x}$. (2.69)

Das Likelihood-Intervall für p zum Niveau κ beruht auf der Ungleichung $f(x;p) \geq \kappa f(x;\hat{p})$, die genau dann erfüllt ist, wenn p zwischen den Grenzen p_1 und p_2 liegt, die durch

$$f(x;p_1) = f(x;p_2) = \kappa f(x;\hat{p}) \tag{2.70}$$

bestimmt werden. (In den Fällen $z = 0$ und $z = n$ soll dabei $p_1 = 0$ bzw. $p_2 = 1$ gesetzt werden und (2.70) nur als Bedingung für die noch jeweils offene Grenze gelten.) Man vergleiche dazu Abbildung 2.6. Diese Grenzen des Likelihood-Intervalles lassen sich im allgemeinen nur numerisch bestimmen. Eine Ausnahme bietet der symmetrische Fall 'n gerade und $z = n/2$'. Hier ist $\hat{p} = 1/2$ und die Gleichung (2.70) besitzt die exakten Lösungen

$$p_{1/2} = 0.5 \pm 0.5\sqrt{1-\kappa^{2/n}} = \hat{p}\,(1 \pm \sqrt{1-\kappa^{2/n}})\,. \tag{2.71}$$

Dieses Intervall liegt symmetrisch um $\hat{p}$. In allen anderen Fällen ist $\hat{p}$ nicht der Mittelpunkt des Likelihood-Intervalles.

Zahlenbeispiel: $n = 5$ und $z = 3$. Hier ist $\hat{p} = 0.6$. Für $\kappa = 0.5$ erhalten wir das Likelihood-Intervall $[0.3416; 0.8244]$; vergleiche dazu Abbildung 2.6.

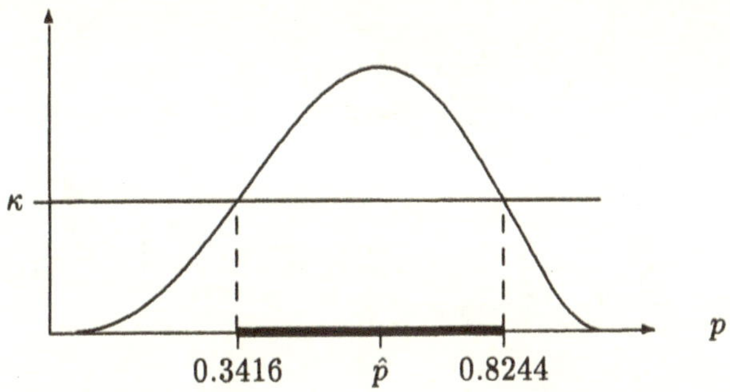

Abbildung 2.6: Normierte Likelihood-Funktion und Likelihood-Intervall im Bernoulli-Experiment für $n = 5$, $z = 3$ und $\kappa = 0.5$

□

Beispiel 2.4 Likelihood-Schätzungen bei Poisson-Verteilung

Wir betrachten die i.i.d. Stichprobe $X = (X_1, \ldots, X_n)$ eines Poisson-verteilten Untersuchungsmerkmals Y mit unbekanntem Parameter $\lambda > 0$ *($Po(\lambda)$-Verteilung)*, d.h.: $P(Y = y) = (\lambda^y/y!)\exp\{-\lambda\}$, $y = 0, 1, 2, \ldots$. Parameterraum ist der $\mathbb{R}^+$, die Likelihoodfunktion lautet

$$f(x;\lambda) = \frac{\lambda^z}{x_1! \cdots x_n!}\exp\{-n\lambda\} \quad \text{mit} \quad z = \sum x_i\,.$$

Als Score-Funktion erhält man

$$K(\lambda;x) = \frac{d}{d\lambda}\log f(x;\lambda) = (z/\lambda) - n\,.$$

Daran erkennt man: Im Fall $z > 0$ wird $f(x;\lambda)$ an der Stelle $\hat{\lambda} = z/n$ maximal. Außerdem wird $f(x;\lambda)$ im Fall $z = 0$ an der Stelle $\hat{\lambda} = 0$ maximal, so daß sich zusammen ergibt:

Die Maximum-Likelihood-Schätzung für λ lautet:

$$\hat{\lambda} = z/n = \bar{x}\,. \tag{2.72}$$

Das Likelihood-Intervall für λ zum Niveau κ beruht auf der Ungleichung $f(x;\lambda \geq \kappa f(x;\hat{\lambda})$, die genau dann erfüllt ist, wenn λ zwischen den Grenzen λ_1 und λ_2 liegt, die durch

$$f(x;\lambda_1) = f(x;\lambda_2) = \kappa f(x;\hat{\lambda}) \tag{2.73}$$

festgelegt sind. (Im Fall $z = 0$ ist dabei $\lambda_1 = 0$ zu setzen und (2.73) nur auf λ_2 anzuwenden.) Diese Grenzen lassen sich im allgemeinen nur numerisch bestimmen.

Zahlenbeispiel: $n = 5$ und $z = 8$. Hier ist $\hat{\lambda} = 8/5 = 1.6$ und für $\kappa = 0.5$ ergibt sich aus (2.73) in guter Näherung das Likelihood-Intervall [1.023 ; 2.361]; vergleiche auch Abbildung 2.7.

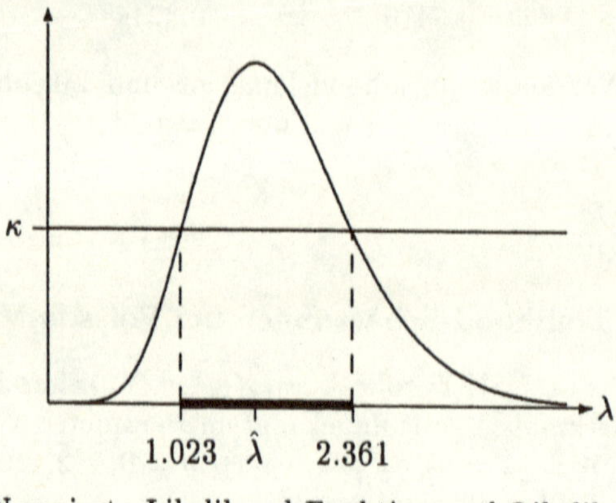

Abbildung 2.7: Normierte Likelihood-Funktion und Likelihood-Intervall bei Poisson-Verteilung für $n = 5$, $z = 8$ und $\kappa = 0.5$

Im Fall $z = 0$ läßt sich (2.73) nach λ_2 auflösen: $\lambda_2 = n^{-1}\log(1/\kappa)$. Wir erhalten hier das (exakte) Likelihood-Intervall

$$\left[0\,;\,\frac{1}{n}\log(1/\kappa)\right]$$

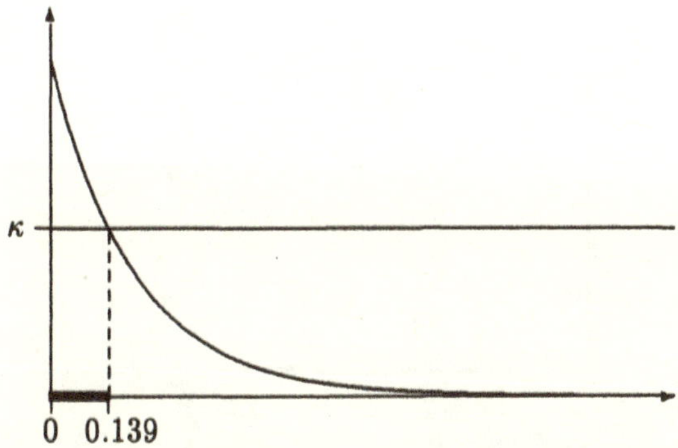

Abbildung 2.8: Normierte Likelihood-Funktion und Likelihood-Intervall bei Poisson-Verteilung für $n = 5$, $z = 0$ und $\kappa = 0.5$

Die ML-Schätzung lautet hier $\hat{\lambda} = 0$ und liegt am Rand des Intervalles. Zahlenbeispiel: Für $n = 5$ und $z = 0$ ergibt sich für $\kappa = 0.5$ das Likelihood-Intervall $[0\,;\,0.139]$; vergleiche auch Abbildung 2.8. □

Beispiel 2.5 Likelihood-Schätzungen bei Normalverteilung

Wir betrachten das Gauß-Experiment: $X = (X_1, \ldots, X_n)$ ist eine i.i.d. Stichprobe eines $N(\mu; \sigma^2)$ verteilten Untersuchungsmerkmals Y. Die Dichte $f(x; \theta)$ hat die in Beispiel 1.4 angegebene Gestalt (1.6) oder (1.9). Wir setzen $n \geq 2$ voraus und gehen o.B.d.A. davon aus, daß in der beobachteten Stichprobe $x = (x_1, \ldots, x_n)$ nicht alle n Werte übereinstimmen.

Fall A: μ unbekannt, σ^2 bekannt

Nach (1.9) hat die Likelihood-Funktion $f(x; \mu)$ die Gestalt

$$f(x;\mu) = \left(\frac{1}{\sigma\sqrt{2\pi}}\right)^n \exp\left\{-\frac{n-1}{2\sigma^2}s^2\right\} \exp\left\{-\frac{n}{2\sigma^2}(\bar{x}-\mu)^2\right\}, \qquad (2.74)$$

an der man erkennt:

$$f(x;\mu) \quad \text{ist proportional zu} \quad \exp\left\{-\frac{n}{2\sigma^2}(\bar{x}-\mu)^2\right\}. \qquad (2.75)$$

Der Verlauf dieser Funktion ist in Abbildung 2.9 dargestellt.

Man erkennt unmittelbar, daß $\hat{\mu} = \bar{x}$ die ML-Schätzung für μ ist. Die Score-Funktion $K(\mu; x)$ und die a posteriori Fisher-Information $I(\mu; x)$ lauten hier (vgl. Beispiel 1.39):

$$K(\mu;x) = n(\bar{x}-\mu)/\sigma^2 \quad \text{bzw.} \quad I(\mu;x) = n/\sigma^2\,.$$

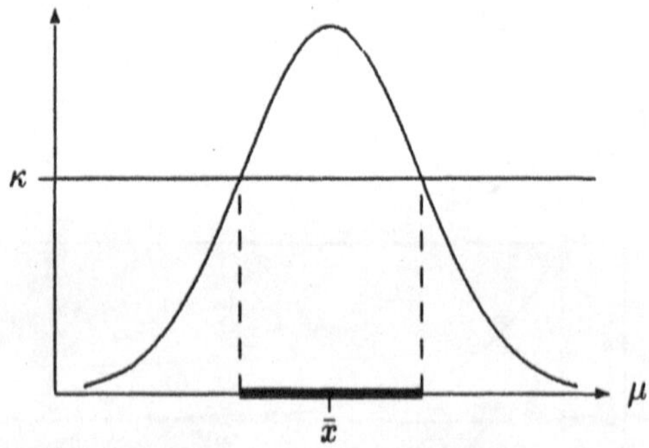

Abbildung 2.9: Normierte Likelihood-Funktion und Likelihood-Intervall (2.77) für μ bei Normalverteilung mit bekanntem σ^2

Für $\hat{\mu} = \bar{x}$ gilt daher: $K(\hat{\mu}; x) = 0$ bei $I(\hat{\mu}; x) > 0$, so daß (2.61) und (2.62) erfüllt sind. Das Maximum der Likelihood-Funktion hat den Wert

$$f(x; \hat{\mu}) = \left(\frac{1}{\sigma\sqrt{2\pi}}\right)^n \exp\left\{-\frac{n-1}{2\sigma^2}s^2\right\}. \tag{2.76}$$

Das Likelihood-Intervall für μ zum Niveau κ beruht auf der Ungleichung $f(x; \mu) \geq \kappa f(x; \hat{\mu})$, die mit (2.74) und (2.76) übergeht in

$$\frac{f(x; \mu)}{f(x; \hat{\mu})} = \exp\left\{-\frac{n}{2\sigma^2}(\bar{x} - \mu)^2\right\} \geq \kappa$$

und genau dann erfüllt ist, wenn gilt:

$$(\bar{x} - \mu)^2 \leq \frac{2\sigma^2}{n} \log(1/\kappa).$$

Damit erhalten wir das Likelihood-Intervall

$$C(x) = \left[\bar{x} - \frac{\sigma}{\sqrt{n}}\sqrt{2\log(1/\kappa)}\ ;\ \bar{x} + \frac{\sigma}{\sqrt{n}}\sqrt{2\log(1/\kappa)}\right]. \tag{2.77}$$

Dieses Intervall stimmt mit dem Konfidenzintervall (2.34) zum Vertrauensgrad $\gamma = 1 - \alpha$ nach der Beobachtung x überein, wenn γ und κ so gewählt werden, daß gilt:

$$\tau_{\alpha/2} = \sqrt{2\log(1/\kappa)} \quad \text{bzw.} \quad \kappa = \exp\left\{-\frac{1}{2}\tau^2_{\alpha/2}\right\}.$$

Fall B: μ bekannt, σ^2 unbekannt

Nach (1.6) hat hier die Likelihood-Funktion $f(x;\sigma^2)$ die Gestalt

$$f(x;\sigma^2) = \left(\frac{1}{2\pi\sigma^2}\right)^{n/2} \exp\left\{-\frac{n}{2\sigma^2}s_\mu^2\right\} \tag{2.78}$$

mit

$$s_\mu^2 = \frac{1}{n}\sum(x_i-\mu)^2 . \tag{2.79}$$

Die Score-Funktion $K(\sigma^2;x)$ und die a posteriori Fisher-Information $I(\sigma^2;x)$ lauten (vgl. Beispiel 1.40)

$$K(\sigma^2;x) = \frac{n}{2\sigma^4}(s_\mu^2-\sigma^2) \quad \text{bzw.} \quad I(\sigma^2;x) = \frac{n}{\sigma^6}(s_\mu^2-\frac{1}{2}\sigma^2),$$

wobei die zweite Beziehung durch Anwendung von (1.83) aus der ersten folgt. Also ist an der Stelle $\sigma^2 = s_\mu^2$ die Score-Funktion gleich Null und die Fisher-Information positiv, so daß nach (2.61) und (2.62) gilt: $\hat{\sigma}^2 = s_\mu^2$ ist die ML-Schätzung für σ^2. Die Likelihood-Funktion $f(x;\sigma^2)$ ist in Abbildung 2.10 dargestellt. Sie ist nicht symmetrisch bezüglich der ML-Schätzung, so daß die Likelihood-Intervalle für σ^2 nicht die Form $s_\mu^2 \pm c$ besitzen.

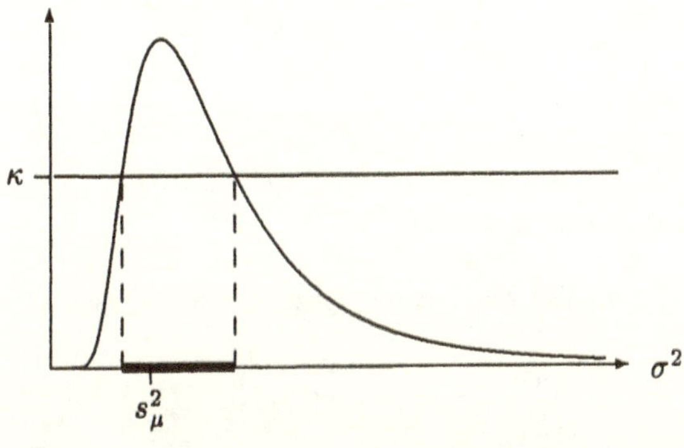

Abbildung 2.10: Normierte Likelihood-Funktion und Likelihood-Intervall (2.81) für σ^2 bei Normalverteilung mit bekanntem μ

Das Likelihood-Intervall $C(x)$ für σ^2 zum Niveau κ beruht auf der Ungleichung $f(x;\sigma^2) \geq \kappa f(x;s_\mu^2)$, die aufgrund der Gestalt von $f(x;\sigma^2)$ genau dann erfüllt ist, wenn σ^2 zwischen den Grenzen c_1 und c_2 liegt, die sich als Lösungen der Gleichung $f(x;\sigma^2) = \kappa f(x;s_\mu^2)$ ergeben. Die Grenzen c_1 und c_2 werden also derart bestimmt, daß

$$f(x;c_1) = f(x;c_2) = \kappa f(x;s_\mu^2) \tag{2.80}$$

gilt. Sie lassen sich nur noch numerisch berechnen. Unter Beachtung von (2.78) geht die Ungleichung $f(x;\sigma^2) \geq \kappa f(x;s_\mu^2)$ über in

$$\left(\frac{s_\mu^2}{\sigma^2}\right)^{\frac{n}{2}} \exp\left\{-\frac{n}{2}\frac{s_\mu^2}{\sigma^2}\right\} \geq \kappa \exp\left\{-\frac{n}{2}\right\}.$$

Setzt man hier $q := s_\mu^2/\sigma^2$ ein, so ergibt sich nach einfacher Umformung:

$$\log q \geq q - \left[1 + \frac{2}{n}\log(1/\kappa)\right].$$

Diese Ungleichung ist genau dann erfüllt, wenn q zwischen den in Abbildung 2.11 festgelegten Grenzen a_1 und a_2 liegt (die natürlich auch nur numerisch bestimmbar sind).

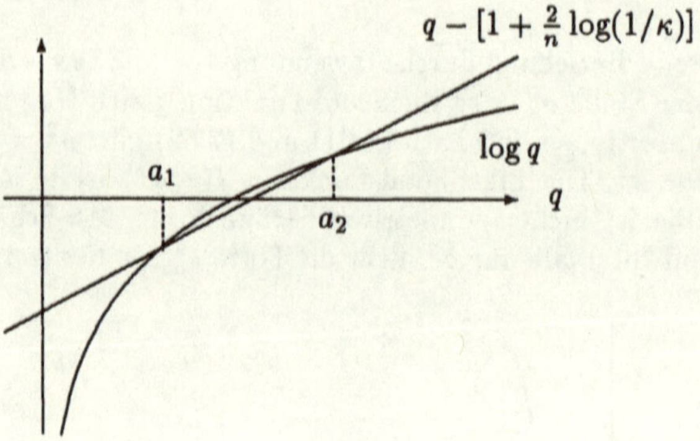

Abbildung 2.11: Zur Bestimmung des Likelihood-Intervalles für σ^2 bei Normalverteilung mit bekanntem μ

Das Likelihood-Intervall $C(x) = [c_1; c_2]$ lautet mit diesen Grenzen:

$$C(x) = [c_1; c_2] = [s_\mu^2/a_2\ ;\ s_\mu^2/a_1]. \tag{2.81}$$

Die Faktoren a_1 und a_2 hängen nur von n und κ, nicht aber von x ab. In einer – allerdings sehr groben – Näherung lauten sie

$$a_1 \approx 1 - \frac{2}{\sqrt{n}}\sqrt{\log(1/\kappa)} \quad \text{und} \quad a_2 \approx 1 + \frac{2}{\sqrt{n}}\sqrt{\log(1/\kappa)}.$$

Fall C: μ und σ^2 unbekannt

Der unbekannte Parameter $\theta = (\mu, \sigma^2)$ ist nun zweidimensional, so daß zur Bestimmung der ML-Schätzung $\hat{\theta} = (\hat{\mu}, \hat{\sigma}^2)$ ein Gleichungssystem der Art

(2.63), bestehend aus zwei Gleichungen, zu lösen ist. Die erste der beiden Gleichungen lautet (vgl. Fall A):

$$K_1(\hat{\theta}; x) = \frac{\partial}{\partial \mu} \log f(x; \hat{\theta}) = n(\bar{x} - \hat{\mu})/\hat{\sigma}^2 = 0$$

und liefert die (von $\hat{\sigma}^2$ unabhängige) Lösung $\hat{\mu} = \bar{x}$. die zweite Gleichung lautet (vgl. Fall B):

$$K_2(\hat{\theta}; x) = \frac{\partial}{\partial \sigma^2} \log f(x; \hat{\theta}) = \frac{n}{2\sigma^4}(s_\mu^2 - \hat{\sigma}^2) = 0$$

und liefert die (von $\hat{\mu}$ abhängige) Lösung

$$\hat{\sigma}^2 = s_{\hat{\mu}}^2 = \frac{1}{n} \sum (x_i - \hat{\mu})^2 = \frac{1}{n} \sum (x_i - \bar{x})^2 . \tag{2.82}$$

Die a posteriori Fishersche Informationsmatrix $I(\theta; x)$ lautet hier:

$$I(\theta; x) = \begin{pmatrix} n/\sigma^2 & n(\bar{x} - \mu)/\sigma^4 \\ n(\bar{x} - \mu)/\sigma^4 & n(s_\mu^2 - \frac{1}{2}\sigma^2)/\sigma^6 \end{pmatrix}$$

Diese geht für $\theta = \hat{\theta} = (\hat{\mu}, \hat{\sigma}^2)$ in die positiv definite Matrix

$$I(\hat{\theta}; x) = \begin{pmatrix} n/\hat{\sigma}^2 & 0 \\ 0 & n/2\hat{\sigma}^4 \end{pmatrix}$$

über. Damit sind die Bedingungen (2.63) und (2.64) erfüllt. Also ist hier $\hat{\sigma}^2 = \frac{1}{n} \sum (x_i - \bar{x})^2$ die ML-Schätzung für σ^2 und (wie in Fall A) $\hat{\mu} = \bar{x}$ diejenige für μ. Die Likelihood-Funktion $f(x; \theta)$ hat die Gestalt (1.6) und ist eine Funktion der beiden Variablen μ und σ^2. Sie ist für jedes feste σ^2 symmetrisch in μ um die Stelle $\bar{x}$, aber für jedes feste μ unsymmetrisch in σ^2. Ein Likelihood-Bereich $C(x)$ für (μ, σ^2) zum Niveau κ ist hier eine zweidimensionale konvexe Teilmenge des Parameterraumes, deren Rand aus solchen (μ, σ^2)-Werten besteht, für die $f(x; \mu, \sigma^2)$ einen konstanten Wert, nämlich den Wert $\kappa f(x; \hat{\mu}, \hat{\sigma}^2)$ besitzt. Die betreffende Bestimmungsgleichung $f(x; \mu, \sigma^2) = \kappa f(x; \hat{\mu}, \hat{\sigma}^2)$ läßt sich wieder nur numerisch lösen. Auf eine nähere Untersuchung der Gestalt dieser Likelihood-Bereiche gehen wir nicht ein. □

Beispiel 2.6 Likelihood-Schätzungen für θ bei Gleichverteilung auf $[\theta - \frac{1}{2}\,;\,\theta + \frac{1}{2}]$

Wir betrachten wie in Beispiel 2.2 die i.i.d. Stichprobe $X = (X_1, \ldots, X_n)$ einer auf dem Intervall $[\theta - \frac{1}{2}\,;\,\theta + \frac{1}{2}]$ gleichverteilten Untersuchungsvariablen Y. Der Parameter $\theta = EY$ soll geschätzt werden. Die Likelihood-Funktion $f(x;\theta)$ lautet

$$f(x;\theta) = \begin{cases} 1 & \text{falls} \quad \theta - \frac{1}{2} \le x_i \le \theta + \frac{1}{2} \text{ für alle } i \\ 0 & \text{sonst} \end{cases}$$

bzw.

$$f(x;\theta) = \begin{cases} 1 & \text{falls} \quad x_{[n]} - \frac{1}{2} \le \theta \le x_{[1]} + \frac{1}{2} \\ 0 & \text{sonst}\,. \end{cases} \tag{2.83}$$

Sie ist in Abbildung 2.12 dargestellt.

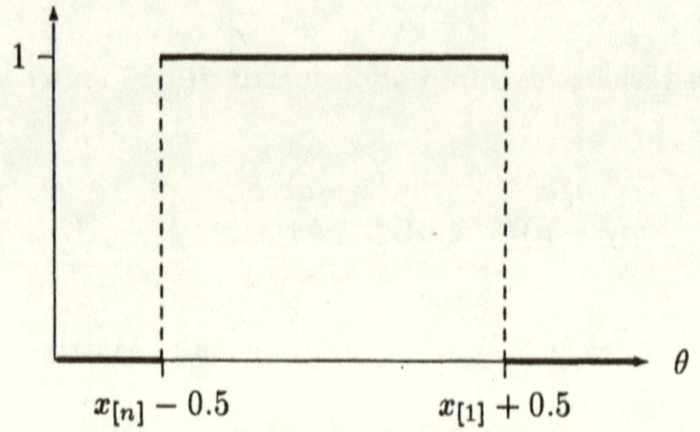

Abbildung 2.12: (Normierte) Likelihood-Funktion für θ bei Gleichverteilung auf $[\theta - 0.5\,;\,\theta + 0.5]$

Jeder Wert $\hat{\theta}$ aus dem Intervall

$$D(x) = [x_{[n]} - \frac{1}{2}\,;\,x_{[1]} + \frac{1}{2}] \tag{2.84}$$

maximiert die Likelihood-Funktion. Mit anderen Worten: Die Menge aller (gleichberechtigten) ML-Schätzungen besteht aus dem Intervall $D(x)$. Innerhalb der Likelihood-Inferenz gibt es keine Möglichkeit, den intuitiv naheliegenden Schätzer

$$U(x) = \frac{1}{2}[x_{[1]} + x_{[n]}]\,, \tag{2.85}$$

den Mittelpunkt des Intervalles $D(x)$, vor den anderen Schätzwerten aus $D(x)$ auszuzeichnen. Dies gelingt nur, indem man die Likelihood-Theorie verläßt und das folgende frequentistische Argument verwendet: Wegen

$$D(x) = [U(x) - \frac{1}{2}(1 - V(x))\,;\, U(x) + \frac{1}{2}(1 - V(x))]$$

mit $V(x) = x_{[n]} - x_{[1]}$ ist $D(x)$ Realisation des Intervalles $D = D(X)$ aus (2.51), dessen Länge $(1 - V)$ mit wachsendem Stichprobenumfang n stochastisch gegen Null konvergiert, so daß sich das Intervall D immer mehr auf seinen Mittelpunkt U zusammenzieht. Weiterhin ist aus der Likelihood-Funktion unmittelbar ersichtlich, daß das Intervall $D(x)$ auch das Likelihood-Intervall für θ zum Niveau κ ist (für alle $0 < \kappa \leq 1$). □

Beispiel 2.7 Likelihood-Schätzungen für θ bei Gleichverteilung auf $[0\,;\,\theta]$

Gegeben sei die i.i.d Stichprobe $X = (X_1, \ldots, X_n)$ einer auf dem Intervall $[0\,;\,\theta]$ gleichverteilten Untersuchungsvariablen Y. Der unbekannte Parameter θ soll geschätzt werden. Wir gehen o.B.d.A. davon aus, daß keine negativen Werte beobachtet werden können. Dann lautet die Likelihood-Funktion:

$$f(x;\theta) = \begin{cases} (1/\theta)^n & \text{falls} \quad 0 \leq x_i \leq \theta \text{ für alle } i \\ 0 & \text{sonst} \end{cases}$$

bzw.

$$f(x;\theta) = \begin{cases} (1/\theta)^n & \text{falls} \quad \theta \geq x_{[n]} \\ 0 & \text{sonst}\,. \end{cases} \tag{2.86}$$

Sie ist in Abbildung 2.13 dargestellt.

An der Gestalt der Funktion erkennt man, daß die eindeutig bestimmte Maximum-Likelihood-Schätzung lautet: $\hat{\theta} = x_{[n]}$. (An der Stelle $\hat{\theta}$ ist die Likelihood-Funktion nicht differenzierbar.) Das Likelihood-Intervall $C(x)$ für θ zum Niveau κ (mit $0 < \kappa \leq 1$) beruht auf der Ungleichung $f(x;\theta) \geq \kappa f(x;\hat{\theta})$, die genau dann erfüllt ist, wenn $(\hat{\theta}/\theta)^n \geq \kappa$ gilt. Es lautet:

$$C(x) = [\; x_{[n]}\,;\, x_{[n]} \,/\, \sqrt[n]{\kappa}\;]\,.$$

Zum Vergleich soll auch das Konfidenzintervall $\tilde{C}(x)$ für θ zum Vertrauensgrad γ angegeben werden. Es lautet:

$$\tilde{C}(x) = \left[x_{[n]}\,;\, x_{[n]} \,/\, \sqrt[n]{1-\gamma} \right].$$

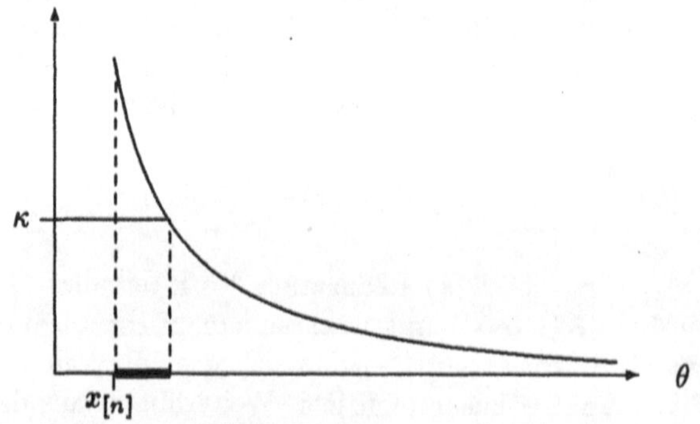

Abbildung 2.13: Normierte Likelihood-Funktion und Likelihood-Intervall für θ bei Gleichverteilung auf $[0; \theta]$ □

Beispiel 2.8 Likelihood-Schätzungen bei Cauchy Verteilung

Sei $X = (X_1, \ldots, X_n)$ die i.i.d. Stichprobe eines reellwertigen Untersuchungsmerkmals Y, das Cauchy-verteilt ist mit der (Lebesgue-)Dichte

$$h(y; \theta) = \frac{1}{\pi} \frac{1}{1 + (y - \theta)^2}.$$

Die Verteilungen von Y bilden eine Lokationsfamilie (vgl. Beispiel 1.15) mit dem Translationsparameter θ, der auch der Median (und der Modus) von Y ist. Die Dichte von Y ist symmetrisch um θ und hat, ähnlich wie die Normalverteilung, die Gestalt einer Glockenkurve, ist aber im Vergleich zur $N(\theta; 1)$-Verteilung in den Außenbereichen wesentlich stärker besetzt (distribution with long or heavy tails); man vergleiche dazu Abbildung 2.14.

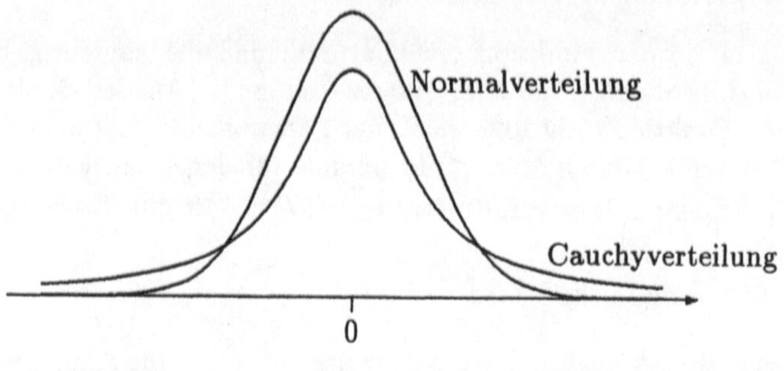

Abbildung 2.14: Dichte der Cauchy-Verteilung mit Median Null und Dichte der $N(0; 1)$-Verteilung

(Allgemein besitzt die Cauchy-Verteilung neben dem Translationsparameter

θ noch einen Skalierungsparameter λ und ihre Dichte lautet

$$h(y;\theta,\lambda) = \frac{1}{\pi}\frac{\lambda}{\lambda^2 + (y-\theta)^2};$$

die Cauchy-Verteilungen stellen eine Lokations-Skalen-Familie dar, vgl. Beispiel 1.15. Wir beschränken uns hier auf den Spezialfall $\lambda = 1$.)

Die Likelihood-Funktion $f(x;\theta)$ der Stichprobe X lautet

$$f(x;\theta) = \left(\frac{1}{\pi}\right)^n \prod_{i=1}^{n} \frac{1}{1+(x_i-\theta)^2}. \tag{2.87}$$

Sie ist überall nach θ differenzierbar. Als Score-Funktion $K(\theta;x)$ ergibt sich

$$K(\theta;x) = \frac{d}{d\theta}\log f(x;\theta) = \sum_{i=1}^{n} \frac{2(x_i-\theta)}{1+(x_i-\theta)^2}. \tag{2.88}$$

Diese hat im allgemeinen mehrere Nullstellen, die Likelihood-Funktion hat also mehrere lokale Maxima (und Minima). Haben die beobachteten Werte $x_1, \ldots, x_n$ untereinander hinreichend große Abstände, so besitzt $f(x;\theta)$ genau n lokale Maxima, jedes von ihnen nahe bei einem der n Beobachtungswerte (vgl. Edwards [1972], Seite 163). Die Nullstellen von $K(\theta;x)$ ergeben sich als Wurzeln eines Polynoms in θ vom Grad $2n-1$ und lassen sich im allgemeinen nur numerisch bestimmen. Damit kann (i.a.) auch die Bestimmung der ML-Schätzung, d.h. des globalen Maximums unter den lokalen Maxima, nur numerisch durchgeführt werden. Ein Verfahren dazu wird bei Barnett [1966] diskutiert. Man kann zeigen, daß ein globales Maximum stets eindeutig bestimmt ist mit Ausnahme des Falles, in dem n eine gerade Zahl ist und genau die Hälfte der Beobachtungswerte mit einer Zahl s und die andere Hälfte mit einer Zahl t ($t \neq s$) zusammenfallen (vgl. Copas [1975]). Wie kompliziert und problematisch in dem vorliegenden Beispiel die Likelihood-Schätzungen sind, wird bereits durch die folgende Diskussion der Fälle $n = 2$, $n = 3$ und $n = 4$ deutlich, in denen sich die ML-Schätzungen (gerade) noch analytisch (ohne numerische Methoden) bestimmen lassen.

Fall $n = 2$

In diesem Fall lautet die Likelihood-Gleichung

$$K(\theta;x) = \frac{2(x_1-\theta)}{1+(x_1-\theta)^2} + \frac{2(x_2-\theta)}{1+(x_2-\theta)^2} = 0. \tag{2.89}$$

Sie geht nach einigen elementaren Umformungen über in

$$(x_1 + x_2 - 2\theta)\,(1 + [x_1 - \theta][x_2 - \theta]) = 0$$

und besitzt stets die Lösung $\theta_0 = (x_1 + x_2)/2 = \bar{x}$. Zwei weitere Lösungen θ_1 und θ_2 existieren im Fall $|x_1 - x_2| > 2$; sie lauten

$$\theta_{1,2} = \bar{x} \pm \frac{1}{2}\sqrt{(x_1 - x_2)^2 - 4}\,. \tag{2.90}$$

Für die Fisher-Information $I(\theta; x) = -\frac{d}{d\theta}K(\theta; x)$ ergibt sich nach elementaren Rechenschritten der Ausdruck

$$I(\theta; x) = \frac{2[1 - (x_1 - \theta)^2]}{[1 + (x_1 - \theta)^2]^2} + \frac{2[1 - (x_2 - \theta)^2]}{[1 + (x_2 - \theta)^2]^2}\,.$$

Setzt man hier $\theta = \theta_0 = \bar{x}$ ein, so erhält man nach einfachen Umformungen die Gleichung

$$I(\theta_0; x) = \frac{4\left(1 - [(x_1 - x_2)/2]^2\right)}{\left(1 + [(x_1 - x_2)/2]^2\right)^2}\,.$$

Daran erkennt man: Genau dann ist $I(\theta_0; x) > 0$, wenn gilt: $|x_1 - x_2| < 2$. In diesem Fall ist die Likelihood-Funktion unimodal (vgl. Abbildung 2.15) und die (eindeutig bestimmte) ML-Schätzung für θ lautet $\hat{\theta} = \bar{x}$. Im umgekehrten Fall $|x_1 - x_2| > 2$ besitzt die Likelihood-Funktion an der Stelle $\theta_0 = \bar{x}$ ein lokales Minimum und an den Stellen θ_1 und θ_2 zwei gleich große lokale und globale Maxima (vgl. Abbildung 2.16). Letzteres erkennt man an (2.87): Einerseits konvergiert $f(x; \theta)$ mit $\theta \longrightarrow \pm\infty$ gegen Null und andererseits ist $f(x; \theta_1) = f(x; \theta_2)$, wie man durch einsetzen von (2.90) in (2.87) nachprüft. Also sind in diesem Fall $\hat{\theta} = \theta_1$ und $\hat{\theta} = \theta_2$ zwei (gleichberechtigte) ML-Schätzungen für θ. Beide liegen innerhalb des von x_1 und x_2 gebildeten Intervalles, θ_1 näher an dem kleineren und θ_2 näher an dem größeren der beiden beobachteten Werte. Im Fall $|x_1 - x_2| = 2$ schließlich stimmen alle drei Schätzungen überein, die Likelihood-Funktion ist unimodal und $\hat{\theta} = \bar{x}$ der eindeutig bestimmte ML-Schätzer für θ. Zusammenfassend lautet die ML-Schätzung:

$$\hat{\theta} = \begin{cases} \bar{x} & \text{falls} \quad |x_1 - x_2| \leq 2 \\ \bar{x} \pm b(x) & \text{falls} \quad |x_1 - x_2| > 2 \end{cases} \tag{2.91}$$

mit $b(x) = \frac{1}{2}\sqrt{(x_1 - x_2)^2 - 4}$ gemäß (2.90). Diese Situation ist nicht deswegen problematisch, weil $\hat{\theta}$ für Beobachtungen mit $|x_1 - x_2| \leq 2$ anders ausfällt als für Beobachtungen mit $|x_1 - x_2| > 2$, sondern weil sie im letzteren Fall nicht eindeutig bestimmt ist und daher offen bleibt, ob das unbekannte θ durch $\bar{x} + b(x)$ oder durch $\bar{x} - b(x)$ zu schätzen ist. Das Auftreten dieser Unbestimmtheit hängt von den Werten der Zufallsgröße $X_1 - X_2$ ab. (Die Verteilung von $X_1 - X_2$ ist unabhängig von θ, die Statistik $X_1 - X_2$ ist ancillary, die Statistik $(\bar{X}, X_1 - X_2)$ ist suffizient, aber nicht vollständig.) Als Likelihood-Bereich $C(x)$ zum Niveau κ $(0 \leq \kappa \leq 1)$, der gemäß (2.66) zu konstruieren ist, ergibt sich für Beobachtungen mit unimodaler Likelihood-Funktion, also im Fall $|x_1 - x_2| \leq 2$, wunschgemäß ein Intervall (vgl. Abbildung 2.15).

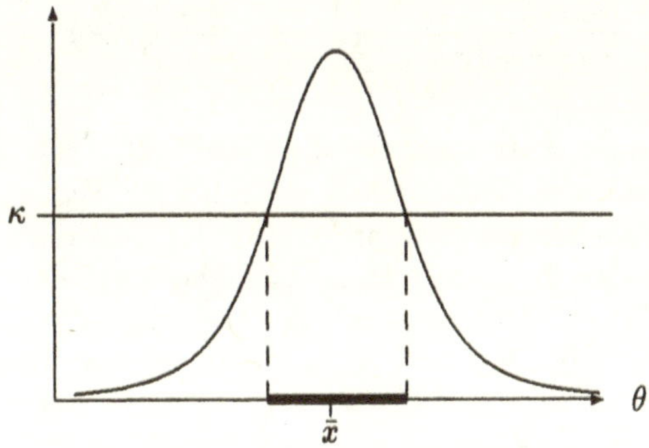

Abbildung 2.15: Normierte Likelihood-Funktion und Likelihood-Intervall für θ (zum Niveau $\kappa = 0.8$) bei Cauchy-Verteilung für $n = 2$ und $x_1 = -0.5$ und $x_2 = +0.5$ (Fall '$|x_1 - x_2| \leq 2$')

Im Fall $|x_1 - x_2| > 2$ dagegen, in dem die Likelihood-Funktion bimodal (mit zwei gleich großen Maxima) ist, besteht $C(x)$ aus zwei Intervallen, jedenfalls dann, wenn κ nicht zu nahe bei Null liegt (vgl. Abbildung 2.16); und zwar

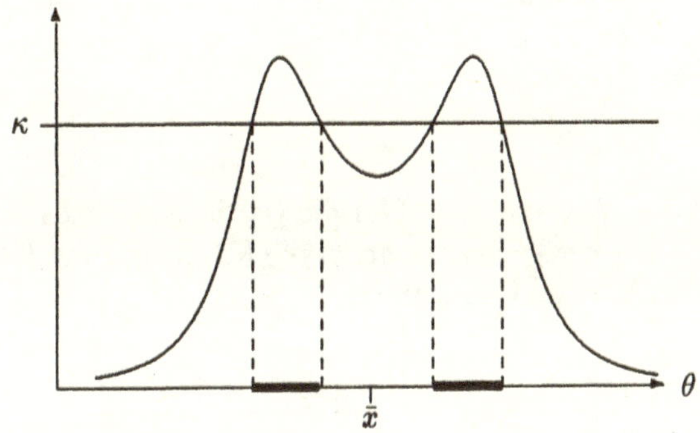

Abbildung 2.16: Normierte Likelihood-Funktion und Likelihood-Intervall für θ (zum Niveau $\kappa = 0.8$) bei Cauchy-Verteilung für $n = 2$ und $x_1 = -2$ und $x_2 = +2$ (Fall '$|x_1 - x_2| > 2$')

gehört gerade eine gewisse Umgebung von $\bar{x}$ nicht zu dem Likelihood-Bereich.

Eine solche nicht zusammenhängende Bereichsschätzung ist für die Praxis befremdlich.

Fall $n = 3$

In diesem Fall besitzt die Likelihood-Funktion stets ein eindeutig bestimmtes globales (!) Maximum. Geht man o.B.d.A. von drei Beobachtungswerten x_1, x_2 und x_3 aus, mit $x_1 < x_2 < x_3$, so lautet die ML-Schätzung $\hat{\theta}$ für θ (vgl. Ferguson [1978]):

$$\hat{\theta} = \frac{x_1(x_3 - x_2)^2 + x_2(x_3 - x_1)^2 + x_3(x_2 - x_1)^2}{(x_3 - x_2)^2 + (x_3 - x_1)^2 + (x_2 - x_1)^2}.$$

Sie ist ein gewogenes Mittel aus den drei Beobachtungswerten und liegt damit zwischen x_1 und x_3. Dabei erhält der mittlere Wert x_2 stets das größte Gewicht. (Die Gewichte sind proportional zu den quadrierten Abständen der jeweils beiden anderen Werte.) Doch auch diese auf den ersten Blick unproblematische ML-Schätzung enthält gewisse Ungereimtheiten, um nicht zu sagen: Paradoxien. Sie hängt auf 'paradoxe' Weise vom Verhalten der beiden Extremwerte x_1 und x_3 ab, ein Umstand, auf den Ferguson bereits hinweist. Betrachten wir z.B. die Werte $x_1 = -1$, $x_2 = 0$ und $x_3 > 0$ beliebig, so lautet $\hat{\theta}$:

$$\hat{\theta} = \frac{x_3(1 - x_3)}{2(x_3^2 + x_3 + 1)}.$$

Für $x_3 = +1$ erhalten wir das plausible Ergebnis $\hat{\theta} = 0$. Für $x_3 > 1$ aber wird $\hat{\theta} < 0$ und konvergiert monoton fallend gegen den Wert $\hat{\theta} = -1/2$, wenn $x_3 \longrightarrow +\infty$. Die gerade umgekehrte Anomalie erhalten wir im Fall $x_2 = 0$ und $x_3 = +1$, wenn x_1 gegen $-\infty$ wandert: $\hat{\theta}$ konvergiert dann monoton wachsend gegen $+1/2$.

Fall $n = 4$

Wir gehen o.B.d.A. davon aus, daß für die vier beobachteten Werte x_1, x_2, x_3 und x_4 gilt: $x_1 < x_2 < x_3 < x_4$. Dann ist die ML-Schätzung $\hat{\theta}$ für θ eindeutig bestimmt; sie lautet (vgl. Ferguson [1978]):

$$\hat{\theta} = \frac{x_2 x_4 - x_1 x_3}{x_4 - x_3 + x_2 - x_1} = \frac{x_2(x_4 - x_3) + x_3(x_2 - x_1)}{x_4 - x_3 + x_2 - x_1}$$

und ist ein gewogenes Mittel der beiden mittleren Beobachtungswerte x_2 und x_3 mit Gewichten, die proportional sind zum Abstand des gegenteiligen Extremwertes zu seinem Nachbarwert. Auch hier treten ähnliche 'Paradoxien' wie im Fall $n = 3$ auf. □

2.4 Bayes-Inferenz

2.4.1 Grundlagen

Der englische Theologe und Reverend Thomas Bayes (1701–1761) verfaßte zwei Arbeiten zu Problemen der Wahrscheinlichkeitstheorie bzw. statistischen Inferenz; beide wurden erst posthum in den Jahren 1763 und 1764 durch seinen Freund Richard Price (1723–1791) in den Philosophical Transactions der Royal Society veröffentlicht. Die berühmt gewordene erste Arbeit 'An essay towards solving a problem in the doctrine of chance' wurde 1958 in den Biometrika erneut publiziert (mit Kommentaren von G. A. Barnard). Warum sind diese Arbeiten so bedeutungsvoll, wodurch konnten sie ein Tor zu einer ersten eigenständigen, heute breit entwickelten Inferenztheorie öffnen? Die Antwort lautet: Weil in ihnen ein sehr einfacher (vielleicht zu einfacher?) Ansatz (nämlich die bekannte Bayessche Formel zusammen mit einer Ausformulierung des Prinzips vom unzureichenden Grund) für die Lösung der folgenden Probleme entwickelt wird:

1) Auf welche Weise kann ein *vor* der Beobachtung vorhandenes (subjektives oder objektives) Vorwissen über den Parameter, das sogenannte *a priori Wissen*, ausgedrückt und in den Schluß aus der Beobachtung einbezogen werden?

2) Wie läßt sich das *Prinzip vom unzureichenden Grund* in der statistischen Inferenz anwenden? Nach diesem Prinzip geht man in einer Situation, in der vor der Beobachtung keine Kenntnisse oder Informationen (in Form einer Plausibilitätsbewertung) über den Parameter vorliegen (Situation eines *a priori Nichtwissens*) davon aus, daß alle möglichen Parameterwerte 'gleich wahrscheinlich' oder 'gleich plausibel' sind. Dieser Umstand soll bei dem Schluß aus der Beobachtung berücksichtigt werden.

3) Welches Konzept einer *inversen Wahrscheinlichkeit* ist als Basis eines allgemeinen Inferenzkonzeptes geeignet? Dazu die folgende Erklärung: Bezeichnen wir mit B eine Beobachtung und mit H eine Hypothese über die Wahrscheinlichkeitsverteilung, unter der die Beobachtung steht (so daß die 'bedingte' Wahrscheinlichkeit $P(B|H)$ als bekannt angenommen wird), so versteht man unter der zu $P(B|H)$ inversen Wahrscheinlichkeit die 'bedingte' Wahrscheinlichkeit $P(H|B)$, also die Wahrscheinlichkeit für das Zutreffen der Hypothese nach oder aufgrund der Beobachtung. Die Bedeutung solcher Hypothesenwahrscheinlichkeiten für ein Inferenzkonzept ist offensichtlich.

4) Wodurch soll schließlich der Kenntnisstand über den Parameter *nach* der Beobachtung, das sogenannte *a posteriori Wissen*, wiedergegeben werden? Hier ist zu beachten, daß in das a posteriori Wissen sowohl das a priori Wissen als auch die Information aus der Beobachtung eingehen sollen. Eine Antwort auf diese Frage wird auf natürliche Weise durch die in Frage 3) angesprochenen Hypothesenwahrscheinlichkeiten präjudiziert.

Innerhalb der Bayes-Inferenz werden diese vier Fragen auf ganz charakteristische Weise beantwortet. Diese Antworten – wir werden sie etwas weiter unten als *Bayes-Postulate* formulieren – überraschen durch ihre Einfachheit und logische Stringenz, die Bayes-Inferenz wird sich als ein bestechend klares und in sich geschlossenes (allerdings nicht problemfreies!) Inferenzkonzept erweisen. Bevor wir darauf eingehen, müssen wir uns mit dem operationalen Kernstück dieses Konzeptes befassen, der Bayesschen Formel (Theorem von Bayes). Wir geben diese bekannte Formel zunächst für einen abstrakten Wahrscheinlichkeitsraum $(\Omega, \mathfrak{A}, P)$ in der heute üblichen Form an und beziehen uns noch nicht auf ein statistisches Inferenzproblem. In ihrer einfachsten Version lautet sie:

Satz 2.4 ***(Bayes-Formel für Ereignisse)*** *Gegeben sei eine disjunkte Zerlegung $\Omega = A_1 \cup \ldots \cup A_k$ mit $P(A_i) \neq 0$ für jedes $i = 1, \ldots, k$ und ein weiteres Ereignis A mit $P(A) \neq 0$. Dann gilt für jedes feste i die Bayessche Formel*

$$P(A_i|A) = \frac{P(A|A_i)P(A_i)}{\sum P(A|A_{i'})P(A_{i'})} = \frac{1}{P(A)} P(A|A_i)P(A_i)\,. \tag{2.92}$$

Zur allgemeinen Fassung der Bayesschen Formel gehen wir von zwei Zufallsgrößen X und Y auf $(\Omega, \mathfrak{A}, P)$ aus mit $X : \Omega \longrightarrow \mathbb{R}_\ell$ und $Y : \Omega \longrightarrow \mathbb{R}_r$ und bezeichnen im Folgenden mit ν ein σ-finites Maß auf dem $\mathbb{R}_\ell$ und mit λ ein solches auf dem $\mathbb{R}_r$. Wie üblich sei $\nu \otimes \lambda$ das entsprechende Produktmaß auf dem $\mathbb{R}_{\ell+r}$.

Satz 2.5 ***(Bayes-Formel für Dichten)***

a) Wird die gemeinsame Verteilung von X und Y durch $\nu \otimes \lambda$ dominiert, so werden die bedingten Verteilungen von X unter $Y = y$ durch ν und die bedingten Verteilungen von Y unter $X = x$ durch λ dominiert und für die entsprechenden Dichten gilt die Bayessche Formel

$$f_{Y|X}(y|x) = \frac{1}{f_X(x)} f_{X|Y}(x|y) f_Y(y)\,, \tag{2.93}$$

wobei $f_X(x) = \int f_{X|Y}(x|y) f_Y(y) d\nu$ eingesetzt werden kann.

b) Werden die bedingten Verteilungen von X unter $Y = y$ durch ν dominiert und die Verteilung von Y durch λ, so wird die gemeinsame Verteilung von X und Y durch $\nu \otimes \lambda$ dominiert und für die entsprechenden Dichten gilt die (zu (2.93) äquivalente) Formel

$$f_{X,Y}(x, y) = f_{X|Y}(x|y) f_Y(y)\,. \tag{2.94}$$

Der Faktor $1/f_X(x)$ auf der rechten Seite in (2.93) spielt die Rolle eines Normierungsfaktors; er bewirkt, daß für jedes feste x das λ-Integral über die linke Seite von (2.93) den Wert 1 hat. In diesem Sinne können wir (2.93) auch in der Form

$$f_{Y|X}(y|x) = c(x) f_{X|Y}(x|y) f_Y(y) \tag{2.95}$$

schreiben. Den Beweis für die Gültigkeit der Bayes-Formel findet man in den einschlägigen Lehrbüchern zur Wahrscheinlichkeitstheorie, wobei allerdings die Formel (2.93) oft nur für Lebesgue-Dichten nachgewiesen wird; man vergleiche dazu etwa Rényi [1966], Seiten 70 und 231, oder Richter [1966], Seite 296. Den Beweis zu (2.93) für beliebige Dichten findet man z.B. bei Witting [1985], Seiten 321f.. Die Bayes-Formel ist eine mehr oder weniger direkte Folgerung aus der Definition einer bedingten Wahrscheinlichkeit bzw. bedingten Verteilung.

Die Bayes-Inferenz, die wir nun beschreiben wollen, ermöglicht die Einbeziehung subjektiven Vorwissens in den Schluß aus der Beobachtung und steht mit dieser subjektiven Komponente in einem Gegensatz zum objektivistischen Standpunkt der klassischen Inferenz und der Likelihood-Inferenz. Das Bayes-Konzept ist in erster Linie auf den Kenntnisstand des Betrachters ausgerichtet. Damit verfolgt dieses Konzept einen kognitivistischen Zweck. In diesem Punkt stimmt es mit der klassischen Inferenz und der Likelihood-Inferenz überein. Darüber hinaus verwendet es in Übereinstimmung mit der Likelihood-Inferenz (aber im Gegensatz zur klassischen Inferenz) eine nichtfrequentistische Beurteilungsweise der Güte eines Schlusses. Insgesamt steht damit die Bayes-Inferenz der Likelihood-Inferenz wesentlich näher als der klassischen Inferenz. Als formale (!) Verallgemeinerung werden wir in Abschnitt 2.6 auch eine entscheidungstheoretisch orientierte Bayes-Inferenz kennenlernen, innerhalb der neben dem subjektivistischen auch der objektivistische Standpunkt vertretbar ist. Hier aber soll die Bayes-Inferenz in ihrer ursprünglichen ('reinen') Form als ein kognitivistisches, subjektivistisches und nichtfrequentistisches Inferenz-Konzept behandelt werden.

Zur Beschreibung des stochastischen Verhaltens der Beobachtung wird auch innerhalb der Bayes-Inferenz der objektivistische Standpunkt eingenommen und das Grundmodell der Statistik verwendet mit einer Verteilungsannahme $\mathfrak{P} = \{P_\theta : \theta \in \Theta\}$ über die zu beobachtende Stichprobe X. Dabei geht man in der Regel von der Voraussetzung aus, daß $\mathfrak{P}$ durch ein (σ-finites) Maß ν dominiert wird. Dieser Annahme schließen wir uns an, so daß wie innerhalb der Likelihood-Inferenz die Verteilungsannahme in der Form

$$\mathfrak{P} \doteq \{f(x;\theta) : \theta \in \Theta\}$$

mit $f(x;\theta)$ als ν-Dichte von P_θ dargestellt werden kann. Wie stets ist der

Parameterraum Θ Teilmenge des $\mathbb{R}_r$. Die Grundlage der Bayes-Inferenz, das sogenannte *Bayes-Prinzip*, besteht aus drei Postulaten ('Axiomen').

> *Erstes Bayes-Postulat:* Das vor der Beobachtung vorhandene Vorwissen über den Parameter wird durch eine Wahrscheinlichkeitsverteilung auf dem Parameterraum, der sogenannten *a priori Verteilung* auf Θ, wiedergegeben. (2.96)

Jede Verteilung auf Θ kann durch ein (geeignetes σ-finites) Maß λ auf dem $\mathbb{R}_r$ dominiert werden, so daß wir o.B.d.A. die a priori Verteilung durch ihre λ-Dichte $\pi = \pi(\theta)$ festlegen dürfen. In den meisten Fällen ist dabei λ das r-dimensionale Lebesgue-Maß. Wenn wir im Folgenden von der 'a priori Verteilung π' sprechen, meinen wir eine Verteilung auf Θ mit der λ-Dichte $\pi = \pi(\theta)$.

> *Zweites Bayes-Postulat:* Für jedes feste θ wird die Verteilung P_θ von X mit einer bedingten Verteilung von X unter θ und entsprechend $f(x;\theta)$ mit der dazugehörigen bedingten Dichte $f(x|\theta)$ identifiziert. (2.97)

In diesem Zusammenhang soll die Verteilung P_θ auch *Modellverteilung* heißen; sie entspricht unseren Modellvorstellungen über Stichprobe und Grundgesamtheit. Darüber hinaus wird auch innerhalb der Bayes-Inferenz die Dichte $f(x|\theta) = f(x;\theta)$ nach einer Beobachtung x als eine Funktion in θ aufgefaßt und die *Likelihood-Funktion* der Beobachtung genannt.

> *Drittes Bayes-Postulat:* Das nach der Beobachtung x vorhandene Wissen über den Parameter wird durch die nach der Bayes-Formel bestimmte bedingte Verteilung des Parameters unter der Bedingung $X = x$, der sogenannten *a posteriori Verteilung* auf Θ, wiedergegeben. (2.98)

Setzt man in Satz 2.5 für X die Stichprobe und für Y den Parameter ein, so erkennt man, daß die a posteriori Verteilung durch dasselbe Maß λ dominiert wird wie die a priori Verteilung. Die λ-Dichte der a posteriori Verteilung, also die bedingte Dichte des Parameters unter der Bedingung $X = x$, bezeichnen wir mit $\pi(\theta|x)$ und sprechen im Folgenden von der 'a posteriori Verteilung $\pi(\theta|x)$'. Dafür ergibt sich nach der Bayesschen Formel die Beziehung:

$$\pi(\theta|x) = c(x)f(x|\theta)\pi(\theta) \tag{2.99}$$

mit dem Normierungsfaktor $c(x) = \left[\int_\Theta f(x|\theta)\pi(\theta)d\lambda\right]^{-1}$.

Dieser sehr einfache und höchst operationale Zusammenhang ist wohl der eigentliche Grund für die Beliebtheit und Fruchtbarkeit der Bayes-Inferenz.

Er lautet in Worten: Die a posteriori Verteilung $\pi(\theta|x)$ ist proportional zu dem Produkt aus der Likelihood-Funktion $f(x|\theta)$ und der a priori Verteilung $\pi(\theta)$.

Als Konsequenz aus dem dritten Postulat ergibt sich (in Analogie zu (2.54) innerhalb der Likelihood-Inferenz) das

Bayes-Korollar: Ein Schluß aus einer Beobachtung darf nur von der a posteriori Verteilung abhängen. (2.100)

An der Darstellung (2.99) der a posteriori Verteilung erkennt man unmittelbar den folgenden Zusammenhang: Haben zwei Beobachtungen x und $\tilde{x}$ zueinander proportionale Likelihood-Funktionen $f(x|\theta)$ und $f(\tilde{x}|\theta)$, so stimmen ihre a posteriori Verteilungen $\pi(\theta|x)$ und $\pi(\theta|\tilde{x})$ überein, so daß nach dem Bayes-Korollar die Beobachtungen x und $\tilde{x}$ zu denselben Schlüssen auf θ führen. Also ergibt sich aus dem Bayes-Prinzip das Likelihood-Prinzip. Zusammen mit den Sätzen 2.1 und 2.2 erhalten wir den

Satz 2.6 *Aus dem Bayes-Prinzip folgt das Likelihood-Prinzip und damit auch das Suffizienz- und Konditional-Prinzip.*

Innerhalb der Bayes-Inferenz stellt die Angabe der a posteriori Verteilung einen speziellen, sogar besonders grundsätzlichen Schluß aus der Beobachtung dar. Daher muß sich wegen der durch Satz 2.6 gewährleisteten Gültigkeit des Suffizienz-Prinzips die a posteriori Verteilung $\pi(\theta|x)$ allein durch den Wert $t = T(x)$ bestimmen lassen, wenn T irgendeine suffiziente Statistik ist. Diesen Sachverhalt wollen wir auch unmittelbar nachweisen, ohne Bezugnahme auf das Likelihood-Prinzip wie im Beweis zu Satz 2.6 geschehen. Für eine suffiziente Statistik T gilt nach dem Neyman-Kriterium (genauer: nach dem Zusatz zum Neyman-Kriterium in Satz 1.7) die Zerlegung

$$f(x;\theta) = h(x)g(T(x);\theta) = h(x)g(t;\theta)$$

mit $t = T(x)$ und $g(t;\theta)$ als Dichte von T. Damit ergibt sich aus (2.99):

$$\pi(\theta|x) = c(x)h(x)g(t|\theta)\pi(\theta) \quad \text{mit } t = T(x)\,.$$

Wegen der Normierung

$$1 = \int_\Theta \pi(\theta|x)d\lambda = c(x)h(x)\int_\Theta g(t|\theta)\pi(\theta)d\lambda$$

hängt auch der Faktor $c(x)h(x)$ nur von $t = T(x)$ ab, so daß wir $c(x)h(x) = \tilde{c}(t)$ setzen dürfen. Also folgt wie behauptet die Darstellung:

$$\pi(\theta|x) = \pi(\theta|t) = \tilde{c}(t)g(t|\theta)\pi(\theta) \quad \text{mit } t = T(x). \tag{2.101}$$

Die drei Bayes-Postulate unterscheiden sich in ihrer Bedeutung voneinander, sie bewegen sich sozusagen auf verschiedenen 'philosophischen Ebenen'.

Das erste Postulat ist *epistemisch* orientiert, es dient der Beschreibung von Kenntnissen. Dazu werden nach diesem Postulat Verteilungen auf dem Parameterraum eingesetzt. Eine solche Verteilung stellt in diesem Zusammenhang ein abstraktes (deskriptives) Instrument dar, durch das ausgedrückt werden soll, wie plausibel die verschiedenen Parameterwerte dem Betrachter aufgrund seiner Vorkenntnisse erscheinen. Mit der Angabe einer Verteilung des Parameters ist hier keine Behauptung oder Annahme über die 'Natur' des Parameters verbunden, etwa darüber, ob der Parameter vom Zufall abhängt (eine Zufallsgröße ist) oder eine deterministische Größe darstellt, ja nicht einmal darüber, ob der Parameter überhaupt verschiedene Werte annehmen, also 'schwanken' kann, oder einen eindeutig feststehenden, unbekannten Wert besitzt, ein Standpunkt, der innerhalb der Bayes-Inferenz vorherrscht. Die Verteilung des Parameters beschreibt nicht ein *Verhalten* des Parameters, sondern unser *Wissen* über ihn.

Das zweite Postulat ist *ontologisch* orientiert, es enthält eine Feststellung über die 'Natur' des Parameters. In diesem Postulat wird festgelegt, auf welche Weise der Parameter auf die Beobachtung einwirkt. Dies soll so geschehen, als ob der Parameter eine Zufallsgröße wäre, deren Einfluß auf die Stichprobe X durch die bedingte Verteilung $f(x|\theta)$ beschrieben werden kann. Damit erfährt der Parameter (und auch seine a priori Verteilung) gegenüber dem ersten Postulat einen Bedeutungswandel (im Sinne einer Interpretationsverschärfung). Dies wird besonders deutlich, wenn man diejenige Folgerung aus dem zweiten Postulat betrachtet, die sich nach der Bayes-Formel in der Version von Satz 2.5b) ergibt: Auf dem Produktraum $\mathfrak{X} \times \Theta$ existiert eine gemeinsame Verteilung von Stichprobe und Parameter mit der Dichte $f(x, \theta) = f(x|\theta)\pi(\theta)$. Hier erscheinen Stichprobe und Parameter als gleichartige, ihrem Wesen nach symmetrische Größen.

Das dritte Postulat ist *pragmatisch* orientiert, es legt die Berechnungsformel fest, nach der das a posteriori Wissen (in Form der a posteriori Verteilung) bestimmt wird. Neue Annahmen über die 'Natur' des Parameters gehen hier nicht ein. Der in diesem Postulat festgelegte Übergang von der a priori auf die a posteriori Verteilung stellt einen Lernvorgang durch die Beobachtung dar, eine Aktualisierung ('updating') der a priori Verteilung durch die Beobachtung. Dieses für die Bayes-Inferenz charakteristische *Dazulernen aus der Beobachtung* wird nach der Bayesschen Formel vollzogen. *Dieser Lernvorgang stellt den ersten, fundamentalen Schluß aus der Beobachtung dar.* (Unter der sehr naheliegenden, eigentlich zwingenden Annahme, daß der Wissensstand über θ nach der Beobachtung x überhaupt durch eine Verteilung auf Θ ausgedrückt wird, läßt sich das dritte Postulat als eine Folgerung aus den ersten beiden Postulaten nachweisen.)

Grundsatz und Basis der Bayes-Inferenz besteht in der Forderung, ein vorhandenes Wissen über den Parameter durch eine Verteilung auf dem Parameterraum wiederzugeben. Diese Forderung kann zu Problemen und Unzumutbarkeiten führen, die vor allem dann auftreten können, wenn das a priori Wissen wiedergegeben werden soll (erstes Postulat): Wie kann ein eventuell sehr vages und ungenaues Vorwissen durch ein so scharfes Instrument wie eine Verteilung wiedergegeben werden? Wie soll insbesondere ein a priori Nichtwissen durch eine Verteilung ausgedrückt werden? Setzt nicht die Angabe einer a priori Verteilung stets ein gewisses Vorwissen voraus? Stellt nicht auch eine a priori Gleichverteilung auf Θ, wie sie sich nach dem Prinzip vom unzureichenden Grund ergeben kann, einen ganz bestimmten Kenntnisstand über θ dar?

Eine in vielen Fällen zufriedenstellende Antwort auf die Fragen, welche die Situation eines a priori Nichtwissens betreffen, wird durch die Einbeziehung sogenannter *nichtinformativer a priori Verteilungen* gegeben, die wir in Abschnitt 2.5 besprechen. Es handelt sich dabei um Vorbewertungen auf dem Parameterraum, die i.a. keine Wahrscheinlichkeitsverteilungen mehr darstellen, sondern nur nichtnormierte Maße sind, sogenannte *uneigentliche* Verteilungen. (Zum Beispiel kann ein a priori Nichtwissen über den Mittelwert μ einer Grundgesamtheit durch das Lebesgue-Maß auf $\mathbb{R} = \Theta$ ausgedrückt werden.) Die Zulassung uneigentlicher Verteilungen als a priori Verteilungen macht in formal technischer Hinsicht keine Schwierigkeiten, insbesondere bleibt für solche Verteilungen die Bayes-Formel gültig. Eine vollständige Lösung der eigentlichen Inferenz-Probleme, die mit dem Prinzip vom unzureichenden Grund zusammenhängen, wird aber, wie wir in Abschnitt 2.5 sehen werden, auch unter Verwendung nichtinformativer a priori Verteilungen nicht erreicht.

Ähnliches gilt für die erste Frage, nämlich ob und wie ein Betrachter sein Vorwissen über den Parameter überhaupt durch eine Wahrscheinlichkeitsverteilung auf dem Parameterraum ausdrücken kann. Die Einführung *fiktiver Wetten* kann hier zwar sehr hilfreich sein: Der Betrachter soll sich vorstellen, daß ihm eine Wette darauf angeboten wird, daß θ nicht größer als ein vorgegebener Wert ξ ist, und in Abhängigkeit vom angebotenen Wettquotienten entscheiden zu müssen, ob er auf die Wette eingeht; als seine a priori Wahrscheinlichkeit dafür, daß θ nicht größer als ξ ist, wird dann der kleinste Wettquotient festgelegt, zu dem er gerade noch bereit ist, auf die Wette einzugehen; diese Wahrscheinlichkeit entspricht dem Wert $\Pi(\xi)$ der Verteilungsfunktion Π der a priori Verteilung π des Betrachters. Anschließend wird dieses fiktive Wettangebot für verschiedene ξ-Werte durchgespielt und auf diese Weise versucht, die Verteilungsfunktion Π zu approximieren. Unklar und offen bleibt aber, ob sich der Betrachter gegenüber dieser Approximation *konsistent* verhält, d.h. ob seine kumulierten Wettquotienten die Eigenschaften einer diskreten Verteilungsfunktion besitzen, die darüber hinaus bei Verfeinerung des Wertebereichs von ξ gegen 'seine' (unbewußte) a priori Verteilungsfunktion konvergiert.

Wir wenden uns nun noch einmal dem erwähnten Lernvorgang der Bayes-Inferenz zu, der in dem Übergang von der a priori auf die a posteriori Verteilung besteht. Dieses Dazulernen aus einer Beobachtung x kann durch eine weitere Beobachtung y auf folgende Weise iteriert werden.

Erster Lernvorgang: Gegeben ist eine a priori Verteilung $\pi(\theta)$ auf dem Parameterraum Θ. Beobachtet wird die Realisation x einer Stichprobe X mit der Verteilungsannahme $\{f_1(x;\theta) : \theta \in \Theta\}$. Ergebnis ist die a posteriori Verteilung

$$\pi_1(\theta|x) = c_1(x) f_1(x|\theta)\pi(\theta) .$$

Diese stellt den Wissensstand nach der Beobachtung x dar und ist daher für die zweite Beobachtung als a priori Verteilung festzulegen.

Zweiter Lernvorgang: Gegeben ist die a priori Verteilung $\pi_1(\theta|x)$. Beobachtet wird die Realisation y einer Stichprobe Y mit der Verteilungsannahme $\{f_2(y;\theta) : \theta \in \Theta\}$, die denselben Parameterraum wie diejenige von X besitzt. Dabei wird angenommen, daß X und Y unabhängig sind, so daß die Dichten $g(y;\theta)$ nicht von x abhängen. Ergebnis ist dann die (auch von der ersten Beobachtung x abhängige) a posteriori Verteilung

$$\pi_2^x(\theta|y) = c_2(x,y) f_2(y|\theta)\pi_1(\theta|x) .$$

Die letzte a posteriori Verteilung stellt den Wissensstand nach beiden Beobachtungen (x *und* y) dar und muß daher, wenn die Bayes-Inferenz widerspruchsfrei (*konsistent*) sein soll, mit derjenigen a posteriori Verteilung $\pi(\theta|(x,y))$ übereinstimmen, die man erhält, wenn von vornherein beide Beobachtungen auf einmal ausgewertet werden. Daß dies der Fall ist, ergibt sich wie folgt durch Einsetzen von $\pi_1(\theta|x)$ in $\pi_2^x(\theta|y)$, wenn man berücksichtigt, daß $f_1(x;\theta)f_2(y;\theta)$ wegen der Unabhängigkeit von X und Y mit der gemeinsamen Dichte $f((x,y)|\theta)$ von X und Y übereinstimmt:

$$\begin{aligned} \pi_2^x(\theta|y) &= c_2(x,y) f_2(y|\theta) c_1(x) f_1(x|\theta)\pi(\theta) \\ &= c(x,y) f((x,y)|\theta)\pi(\theta) \\ &= \pi(\theta|(x,y)) . \end{aligned}$$

Diese *Konsistenzbedingung* ist auch dann erfüllt, wenn die beiden Beobachtungen voneinander abhängig sind. (Der entsprechende Nachweis ergibt sich analog, wenn man nur in der Verteilungsannahme von Y die Dichten $f_2(y;\theta)$ durch die bedingten Dichten $f_2(y|x;\theta)$ ersetzt.)

2.4.2 Ein Standardbeispiel

Wir betrachten das *Bernoulli-Experiment.* Ein Zufallsexperiment, bei dem ein Ereignis A mit Wahrscheinlichkeit p eintritt, wird n mal unabhängig voneinander durchgeführt. Die i.i.d. Stichprobe $X = (X_1, \ldots, X_n)$ besteht aus null-eins-verteilten Zufallsvariablen mit $P(X_i = 1) = p$ und $P(X_i = 0) = 1 - p$, ihre Dichte (Wahrscheinlichkeitsfunktion) lautet

$$f(x;p) = p^z(1-p)^{n-z} \quad \text{mit } z = \sum x_i\,, \tag{2.102}$$

der Parameter ist $\theta = p$, der Parameterraum Θ das offene Einheitsintervall (die Werte $p = 0$ und $p = 1$ sollen ausgeschlossen sein).

Wir nehmen an, daß als a priori Verteilung auf Θ eine Beta-Verteilung mit den (bekannten!) Parametern a und b vorliegt, Bezeichnung: *Beta*$(a;b)$*-Verteilung.* Diese Verteilung ist (Lebesgue-)stetig mit der Dichte

$$\pi(p) = \frac{1}{B(a;b)}p^{a-1}(1-p)^{b-1} \quad \text{für } 0 < p < 1 \tag{2.103}$$

(und $\pi(p) = 0$ sonst). Der Nenner des Normierungsfaktors $1/B(a;b)$ besteht aus der (vollständigen) Beta-Funktion

$$B(a;b) = \int_0^1 p^{a-1}(1-p)^{b-1}dp\,.$$

Die Parameter a und b sind positive reelle Zahlen. Der Erwartungswert und die Varianz der Beta$(a;b)$-Verteilung lauten

$$\text{Erwartungswert} = \frac{a}{a+b} \quad \text{bzw. Varianz} = \frac{ab}{(a+b)^2(a+b+1)}\,. \tag{2.104}$$

Für $a \geq 1$ und $b \geq 1$ mit $ab > 1$ ist die Beta$(a;b)$-Verteilung unimodal mit

$$\text{Modalwert} = \frac{a-1}{a+b-2}\,. \tag{2.105}$$

Die Beta-Funktion steht mit der (vollständigen) Gamma-Funktion

$$\Gamma(v) = \int_0^\infty t^{v-1}e^{-t}dt \quad (v > 0)$$

in der Beziehung

$$B(a;b) = \Gamma(a)\Gamma(b)/\Gamma(a+b)\,.$$

Für natürliche Zahlen v ist $\Gamma(v) = (v-1)!$, so daß für natürliche Parameterwerte a und b gilt:

$$\pi(p) = \frac{(a+b-1)!}{(a-1)!(b-1)!}\, p^{a-1}(1-p)^{b-1}$$

(Polynom in p vom Grad $a+b-2$). In Abbildung 2.17 sind die Dichten einiger Beta-Verteilungen dargestellt. Daraus wird ersichtlich, daß die Familie der Beta-Verteilungen reichhaltig genug ist, um mit einer dieser Verteilungen das Vorwisssen eines Betrachters wiederzugeben. Das erste Bayes-Postulat kann auf diese Weise als erfüllt gelten.

Nach dem zweiten Bayes-Postulat identifizieren wir $f(x;p)$ mit der bedingten Dichte $f(x|p)$. Entsprechendes gilt für die suffiziente Statistik $Z := \sum X_i =$ 'Anzahl der Erfolge'. Ihre Binomialverteilung wird als bedingte Verteilung, ihre Dichte (Wahrscheinlichkeitsfunktion) $g(z;p)$ als bedingte Dichte $g(z|p)$ aufgefaßt:

$$g(z;p) = g(z|p) = \binom{n}{z} p^z (1-p)^{n-z}\,.$$

In Anwendung des dritten Bayes-Postulates bestimmen wir die a posteriori Verteilung $\pi(p|x)$ nach der Beobachtung x. Mit (2.102) und (2.103) erhalten wir dafür gemäß (2.99):

$$\pi(p|x) = c(x) f(x|p)\pi(p) = \frac{c(x)}{B(a;b)} p^{a+z-1}(1-p)^{b+n-z-1}\,.$$

Daran erkennt man im Vergleich mit (2.103), daß es sich hier um eine Beta-Verteilung mit den Parametern $a+z$ und $b+n-z$ handelt, so daß der Faktor $c(x)/B(a;b)$ mit dem Normierungsfaktor $1/B(a+z;b+n-z)$ dieser Verteilung übereinstimmen muß, d.h.: $c(x) = B(a;b)/B(a+z;b+n-z)$. Wegen der Suffizienz von Z hängt die a posteriori Verteilung nur von z ab. Wir halten fest:

> Nach der Beobachtung x mit z Erfolgen und $n-z$ Mißerfolgen erhält man als a posteriori Verteilung auf dem Parameterraum die Beta$(a+z;b+n-z)$-Verteilung. (2.106)

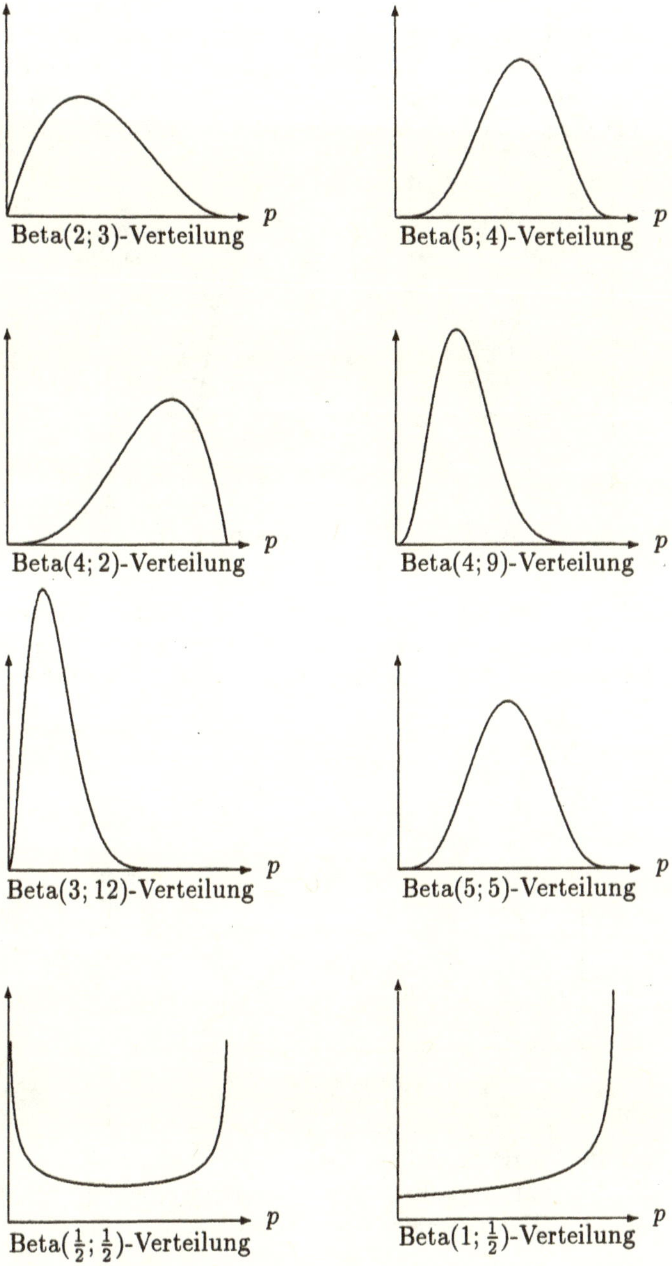

Abbildung 2.17: Einige Beta(a; b)-Verteilungen.
Die Beta(1; 1)-Verteilung ist die Gleichverteilung. Die an der Senkrechten im Punkt 0.5 gespiegelte Dichte einer Beta(a; b)-Verteilung ist die Beta(b; a)-Verteilung.

Der Lernvorgang der Bayes-Inferenz, die Aktualisierung der a priori Verteilung durch die Beobachtung, besteht hier in dem Übergang von der $Beta(a; b)$- auf die $Beta(a + z; b + n - z)$-Verteilung, a priori und a posteriori Verteilung sind Beta-Verteilungen, aktualisiert werden die Parameter der a priori Verteilung. (Man vergleiche dazu Abbildungen 2.18 und 2.19.)

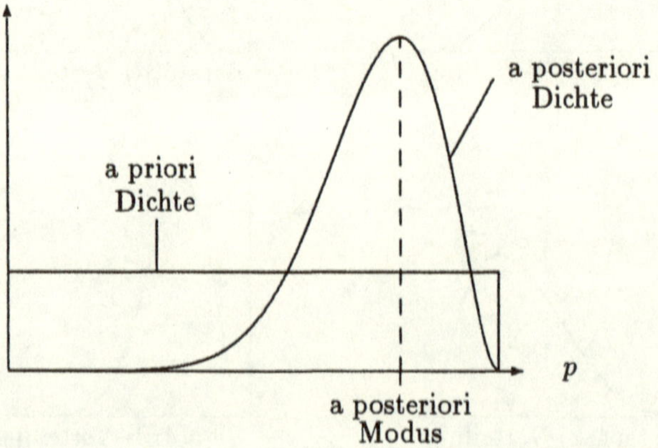

Abbildung 2.18: Übergang von der Beta(1; 1)-Verteilung (Gleichverteilung) als a priori Verteilung auf die Beta(9; 3)-Verteilung als a posteriori Verteilung nach der Beobachtung von $z = 8$ Erfolgen unter $n = 10$ Versuchen

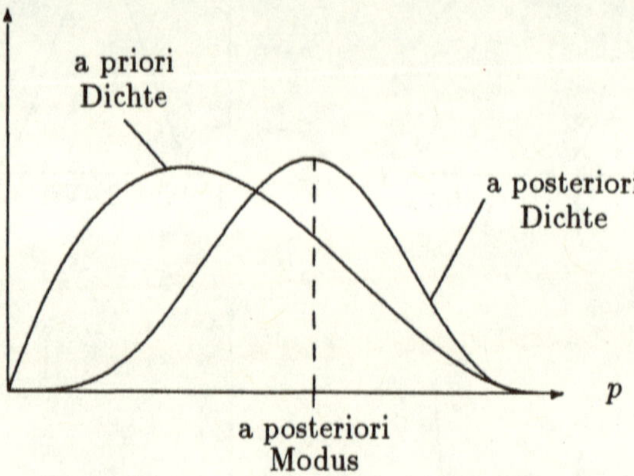

Abbildung 2.19: Übergang von der Beta(2; 3)-Verteilung als a priori Verteilung auf die Beta(5; 4)-Verteilung als a posteriori Verteilung nach der Beobachtung von $z = 3$ Erfolgen unter $n = 4$ Versuchen

Entsprechend besteht eine Iteration des Lernvorgangs aus einer schrittweisen Aktualisierung der Parameter durch die jeweilige Beobachtung: Besteht die erste Beobachtung aus n_1 Versuchen mit z_1 Erfolgen, so wird die $Beta(a; b)$- auf die $Beta(a + z_1, b + n_1 - z_1)$-Verteilung aktualisiert, besteht die anschließende zweite Beobachtung aus n_2-Versuchen mit z_2 Erfolgen, so wird die

$Beta(a+z_1; b+n_1-z_1)$- auf die $Beta(a+z_1+z_2; b+n_1-z_1+n_2-z_2)$-Verteilung aktualisiert. Letztere stimmt mit der $Beta(a+z; b+n-z)$-Verteilung überein (wobei $z = z_1+z_2$ und $n = n_1+n_2$ zu setzen ist), die man erhält, wenn beide Beobachtungen auf einmal zur Aktualisierung herangezogen werden.

Die hier vorliegende Situation, in der a priori und a posteriori Verteilung denselben Verteilungstyp besitzen, stellt einen besonders günstigen Fall dar; a priori Verteilung und Modellverteilung passen besonders gut zusammen, man sagt, die a priori Verteilung sei zu der Modellverteilung konjugiert. (Man vergleiche dazu (2.103) und (2.102): Die a priori Verteilung $\pi(p)$ und die Modellverteilung $f(x;p)$ sind beide Polynome in p vom Typ $p^j(1-p)^k$.) Der Begriff 'Konjugiertheit' bezieht sich dabei nicht auf einzelne Verteilungen, sondern auf Verteilungsfamilien. Allgemein erklärt man:

Eine Verteilungsfamilie $\mathfrak{V}$ von a priori Verteilungen heißt *zu einer Verteilungsannahme* $\mathfrak{P}$ über die Stichprobe X *konjugiert*, wenn für jede a priori Verteilung aus $\mathfrak{V}$ und jede Modellverteilung aus $\mathfrak{P}$ die a posteriori Verteilung wieder zu $\mathfrak{V}$ gehört. Man sagt dann auch: $\mathfrak{V}$ und $\mathfrak{P}$ bilden ein *konjugiertes Paar*. Entsprechend wird für eine Statistik $T = T(X)$ die Konjugiertheit von $\mathfrak{V}$ zu der Verteilungsfamilie $\mathfrak{P}^T$ erklärt. Ist T suffizient, so ist die Konjugiertheit von $\mathfrak{V}$ zu $\mathfrak{P}$ mit derjenigen von $\mathfrak{V}$ zu $\mathfrak{P}^T$ äquivalent.

Im vorliegenden Beispiel gilt: Die Familie der Beta-Verteilungen und die Familie der Binomialverteilungen bilden ein konjugiertes Paar.

Auch im allgemeinen Fall eines konjugierten Paares vollzieht sich der Lernvorgang und seine Iteration ähnlich einfach und durchsichtig wie in dem hier vorliegenden Beispiel: Aktualisiert werden jeweils die Parameter der a priori Verteilung.

2.4.3 Bayes-Schätzungen und Bayes-Tests

Der erste fundamentale Schluß aus der Beobachtung einer Stichprobe besteht innerhalb der Bayes-Inferenz aus der Angabe der a posteriori Verteilung, genauer: aus dem Übergang (Lernvorgang) von der a priori auf die a posteriori Verteilung. Darüber hinaus sind aber auch Schätzungen und Tests, quasi als nachgeordnete zweite Schlüsse, in der Bayes-Inferenz ebenso üblich und verbreitet wie in der klassischen Inferenz und der Likelihood-Theorie. Diese Schlüsse aus der Beobachtung dürfen sich innerhalb der Bayes-Inferenz nur auf die a posteriori Verteilung stützen. Sie werden ganz ähnlich konstruiert wie die Schätzungen und Tests innerhalb der Likelihood-Inferenz, wobei an die Stelle der Likelihood-Funktion die a posteriori Verteilung tritt. Die entsprechenden Konstruktionsmethoden ergeben sich unmittelbar aus den Bayes-Postulaten, zu ihrer Festlegung bedarf es keiner zusätzlichen Gütekriterien.

Eine Punktschätzung U für θ soll nach der Beobachtung x denjenigen Schätzwert $\hat{\theta} = U(x)$ liefern, für den die a posteriori Verteilung am stärksten spricht, d.h. $\pi(\theta|x)$ maximal wird. Eine solche Schätzung U, für die also (für jedes feste x)

$$U(x) = \hat{\theta} \qquad \text{mit} \qquad \pi(\hat{\theta}|x) = \max_{\theta \in \Theta} \pi(\theta|x) \tag{2.107}$$

gilt, heißt *(reine) Bayes-Schätzung* oder *Maximum-Posterior-Density-Schätzung (MPD-Schätzung)* und soll mit U_{MP} bezeichnet werden.

Die Bestimmung einer Bayes-Schätzung kann nach dem üblichen Verfahren vorgenommen werden, mit dem generell das Maximum einer Funktion (hier der Dichte einer a posteriori Verteilung) bestimmt wird. Auf die dabei auftretenden Probleme sind wir in Abschnitt 2.3.2 eingegangen. In vielen Fällen gilt: Die a posteriori Verteilung ist unimodal, die *Bayes-Schätzung ist der Modalwert der a posteriori Verteilung.*

Weiterhin ergibt sich aus (2.99) die folgende Verbindungsbrücke zwischen Bayes- und Likelihood-Schätzungen:

Satz 2.7 *Liegt als a priori Verteilung eine Gleichverteilung auf dem Parameterraum vor, so stimmt die (reine) Bayes-Schätzung mit der Maximum-Likelihood-Schätzung überein.*

In Abschitt 2.5 werden wir unter den entscheidungstheoretisch orientierten Schätzungen ebenfalls Bayes-Schätzungen kennenlernen. Diese entscheidungstheoretisch fundierten Bayes-Schätzungen stimmen im allgemeinen nicht mit den hier definierten 'reinen' Bayes-Schätzungen überein.

Eine Intervallschätzung C für θ soll innerhalb der Bayes-Inferenz zwei Forderungen genügen; beide richten sich an die a posteriori Situation, betreffen mithin das Schätzintervall oder allgemein den Schätzbereich $C(x)$ für θ nach einer Beobachtung x. Die erste Forderung lautet: Für jedes feste x soll $C(x)$ aus solchen θ-Werten bestehen, für welche die a posteriori Dichte $\pi(\theta|x)$ möglichst groß ist. Die zweite lautet: Für jedes feste x soll die a posteriori Wahrscheinlichkeit dafür, daß θ in $C(x)$ liegt, eine vorgegebene Schranke γ $(0 < \gamma < 1)$ nicht unterschreiten. Beide Forderungen werden erfüllt, wenn man $C(x)$ in der Form

$$C(x) = \{\theta : \pi(\theta|x) \geq b\} \tag{2.108}$$

wählt, wobei $b = b(x)$ als eine möglichst große untere Schranke festgelegt wird, für die gerade noch

$$\int_{C(x)} \pi(\theta|x) d\lambda \geq \gamma \tag{2.109}$$

gilt. Ein solcher Bereich $C(x)$ heißt *Bayes-Bereich* oder *HPD-Bereich* (highest posterior density region) für θ *zum Vertrauens- oder Glaubwürdigkeitsgrad* γ. Liegt mit $C(x)$ ein Intervall vor, so spricht man von einem Bayes- oder HPD-*Intervall.* Einen Bereich $C(x)$, der nur die Forderung (2.109) erfüllt, nennen wir in Anlehnung an die englischsprachige Literatur *credible region.*

Man beachte, daß die linke Seite in (2.109) mit $C(x)$ aus (2.108) eine monoton fallende Funktion in b darstellt. Ist diese darüber hinaus auch stetig in b, so gilt für das gesuchte maximale b gerade das Gleichheitszeichen in (2.109). Eine dafür hinreichende Bedingung, nämlich daß $\pi(\theta|x)$ eine in θ stetige Lebesgue-Dichte darstellt, ist in den meisten Fällen erfüllt. Dann ist ein HPD-Bereich $\{\theta : \pi(\theta|x) \geq b\}$ zum Vertrauensgrad γ durch die Bedingung

$$\int_{\{\theta:\pi(\theta|x)\geq b\}} \pi(\theta|x)d\lambda = \gamma \tag{2.110}$$

eindeutig bestimmt. In diesem Regelfall, von dem wir im Folgenden stets ausgehen, spricht man von einem Bayes-Bereich oder HPD-Bereich *mit* dem Glaubwürdigkeitsgrad γ oder kurz von einem γ-HPD-Bereich. Dabei spielt es keine Rolle, ob man zu vorgegebenem γ das betreffende b bestimmt oder zuerst b festlegt und anschließend das dazugehörige γ berechnet. Eine Veranschaulichung eines HPD-Bereiches enthält Abbildung 2.20, Beispiele folgen im nächsten Abschnitt.

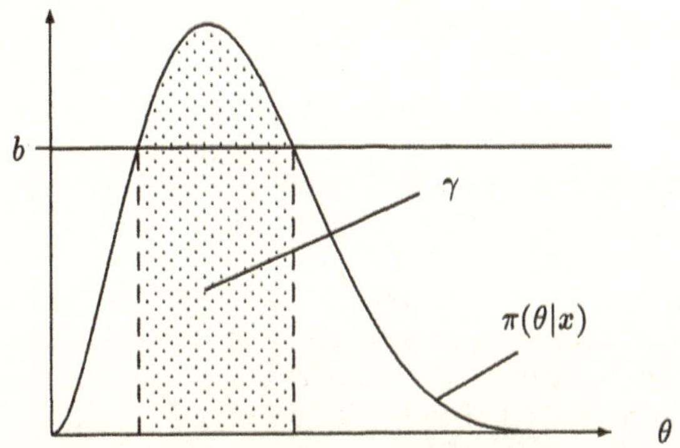

Abbildung 2.20: Zur Definition eines HPD-Bereiches

Im Spezialfall einer Gleichverteilung als a priori Verteilung ist $\pi(\theta|x)$ proportional zur Likelihood-Funktion $f(x;\theta)$, so daß bei geeigneter Wahl von κ und b gilt:

$$\{\theta : \pi(\theta|x) \geq b\} = \{\theta : f(x;\theta) \geq \kappa\}.$$

(Man beachte, daß b und κ von x abhängen.) Der Vergleich mit (2.65) zeigt, daß in diesem Fall Bayes-Intervalle und Likelihood-Intervalle übereinstimmen.

Anders ausgedrückt: *Likelihood-Intervalle (HL-Intervalle) sind spezielle Bayes-Intervalle (HPD-Intervalle).*

Der Vertrauensgrad γ eines Bayes-Bereiches und der Vertrauensgrad γ eines Konfidenzbereiches sind ganz verschiedene Größen mit unterschiedlichen Bedeutungen und Interpretationen. Darum ist es empfehlenswert, für diese beiden Größen verschiedene Namen zu verwenden und bei Bayes-Bereichen von einem Glaubwürdigkeitsgrad γ und bei Konfidenzbereichen von einem Konfidenzniveau γ zu sprechen.

Das Konfidenzniveau γ eines Konfidenzbereiches $C(X)$ beruht ausschließlich auf der objektiven Modellverteilung (Verteilungsannahme $\mathfrak{P}$) der Stichprobe X und stellt die objektive a priori Überdeckungswahrscheinlichkeit

$$\gamma = P_\theta(C(X) \ni \theta) \quad \text{für alle } \theta$$

dar. (Der Einfachheit halber gehen wir hier von einem Konfidenzbereich $C(X)$ aus, für den in der Konfidenzbedingung (2.15) für alle θ das Gleichheitszeichen steht.) Damit wird das *Schlußverfahren* 'Konfidenzschätzung' bewertet: Das Konfidenzniveau stellt die Wahrscheinlichkeit dafür dar, daß eine Stichprobe beobachtet wird, für die der daraus berechnete Konfidenzbereich den Parameter überdeckt. Nach einer Beobachtung x ist für den realisierten Konfidenzbereich $C(x)$ eine solche Wahrscheinlichkeitsaussage sinnlos, das Ergebnis der Konfidenzschätzung, die Aussage '$\theta \in C(x)$', ist entweder richtig oder falsch. Eine Bewertung des Einzelschlusses '$\theta \in C(x)$' durch γ ist nur mit Hilfe der etwas vagen Umdeutung des Konfidenzniveaus erreichbar, die auf der Häufigkeitsinterpretation von γ beruht; man vergleiche dazu Abschnitt 2.2.2. Die Instrumente der klassischen Inferenz erlauben in erster Linie nur eine Beurteilung des Schlußverfahrens und nicht des Einzelschlusses.

Der Glaubwürdigkeitsgrad γ eines Bayes-Bereiches $C(x)$ beruht auf der a posteriori Verteilung und stellt eine 'echte' Wahrscheinlichkeit auch und gerade nach der Beobachtung x dar, nämlich die a posteriori Wahrscheinlichkeit dafür, daß θ in $C(x)$ liegt. Der Betrachter ist sich nach der Beobachtung x sicher, daß die Aussage '$\theta \in C(x)$' mit der Wahrscheinlichkeit γ zutrifft. Bei diesem Schluß werden seine subjektive a priori Verteilung und die objektive Modellverteilung des Stichprobenexperimentes berücksichtigt. Beide Arten von Unsicherheiten, sowohl die in den Vorkenntnissen vorhandene als auch die durch die Beobachtung bedingte, gehen in den Bayes-Schluß ein. Durch den Glaubwürdigkeitsgrad γ wird der *Einzelschluß nach der Beobachtung x* bewertet. Eine Häufigkeitsinterpretation von γ ist nicht nur überflüssig sondern sogar sinnlos. Der Betrachter kann nämlich nach einer Beobachtung nicht mehr von derselben a priori Verteilung ausgehen wie vor der Beobachtung. Der Lernvorgang der Bayes-Inferenz läßt sich nicht strikt wiederholen, sondern nur (wie oben beschrieben) iterieren, d.h. mehrmals nacheinander mit sukzessiv aktualisierten a priori Verteilungen durchführen. Die Bayes-Inferenz ist in erster Linie auf den Einzelschluß und seine Bewertung ausgerichtet.

Ein statistischer Test φ zur Überprüfung zweier Hypothesen H_0 und H_1 wird innerhalb der Bayes-Inferenz eigentlich nur dann zur Auswertung einer Beobachtung herangezogen, wenn sich der Betrachter in einer konkreten Entscheidungssituation mit bekannten Verlusten für Fehlentscheidungen befindet. Diese entscheidungstheoretisch fundierten Bayes-Tests lernen wir in Abschnitt 2.6 kennen. Gleichwohl ist es nützlich, auch solche Bayes-Tests vorzustellen, die innerhalb der hier betrachteten nichtentscheidungstheoretischen Bayes-Inferenz zur Anwendung kommen. Ein solcher *reiner Bayes-Test* besteht für zwei einfache Hypothesen $H_0 = \{\theta_0\}$ und $H_1 = \{\theta_1\}$ in dem Vergleich der beiden Werte $\pi(\theta_0|x)$ und $\pi(\theta_1|x)$ der a posteriori Dichte $\pi(\theta|x)$: Ist der Quotient $\pi(\theta_1|x)/\pi(\theta_0|x)$ größer als eine gewisse kritische Zahl k, so wird H_0 abgelehnt und H_1 angenommen, ist er kleiner als k, so fällt die Entscheidung gerade umgekehrt aus, ist er gleich k, so bleibt die Entscheidung offen. Der Test hat also die Form

$$\varphi(x) = \begin{cases} 1 & \text{falls} \quad \pi(\theta_1|x) > k\pi(\theta_0|x) \\ 0 & \text{falls} \quad \pi(\theta_1|x) < k\pi(\theta_0|x) . \end{cases} \tag{2.111}$$

Wegen (2.99) geht diese über in

$$\varphi(x) = \begin{cases} 1 & \text{falls} \quad f(x|\theta_1) > \tilde{k} f(x|\theta_0) \\ 0 & \text{falls} \quad f(x|\theta_1) < \tilde{k} f(x|\theta_0) \end{cases}$$

mit $\tilde{k} = k\pi(\theta_0)/\pi(\theta_1)$. Also hat der reine Bayes-Test die Gestalt (2.67) eines Likelihood-Quotienten-Tests. Ähnliches gilt für die Verallgemeinerung reiner Bayes-Tests auf zusammengesetzte Hypothesen. Man erkennt an dieser Stelle einmal mehr die starke Verwandtschaft zwischen Bayes-Inferenz und Likelihood-Inferenz.

Reine Bayes-Tests können in formaler Hinsicht als Spezialfälle entscheidungstheoretisch fundierter Bayes-Tests angesehen werden. Auf eine nähere Behandlung reiner Bayes-Tests, auch auf Beispiele solcher Tests, müssen wir daher hier nicht eingehen, sondern verweisen auf Abschnitt 2.6.

2.4.4 Beispiele

Beispiel 2.9 Bayes-Schätzungen im Bernoulli-Experiment

Wir betrachten das Standardbeispiel aus Abschnitt 2.4.2 mit Beta-Verteilung und Binomialverteilung als konjugiertem Paar.

a) Bayes-Schätzungen (allgemein)

Mit einer Beta$(a;b)$-Verteilung als a priori Verteilung ergibt sich nach einer Beobachtung x mit z Erfolgen unter n Versuchen die Beta$(a+z;b+n-z)$-Verteilung mit der Dichte

$$\pi(p|x) = \pi(p|z) = \frac{p^{a+z-1}(1-p)^{b+n-z-1}}{B(a+z;b+n-z)} \tag{2.112}$$

als a posteriori Verteilung (vgl. (2.106)). Wir setzen $n \geq 2$ voraus. In den meisten Fällen, nämlich wenn $a+z \geq 1$ und $b+n-z \geq 1$ sind, ist $\pi(p|x)$ unimodal, so daß sich für diesen Regelfall mit Hilfe von (2.105) die *Bayes-Schätzung*

$$\hat{p} = \frac{a+z-1}{a+b+n-2} \tag{2.113}$$

ergibt. Der Fall '$a+z \leq 1$' und '$b+n-z \leq 1$' kann nicht auftreten. Im Fall $a+z \leq 1$ ist $z=0$ und $b+n-z > 1$, die Dichte $\pi(p|x)$ wird an der Stelle $\hat{p} = 0$ maximal, sie verläuft monoton fallend in p. (Aus (2.113) würde sich hier ein Schätzwert $\hat{p} \leq 0$ ergeben). Im Fall $b+n-z \leq 1$ ist $z=n$ und $a+z > 1$, die Dichte $\pi(p|x)$ wird an der Stelle $\hat{p} = 1$ maximal, sie verläuft monoton wachsend in p. (Aus (2.113) würde sich hier ein Schätzwert $\hat{p} \geq 1$ ergeben). Dabei soll in beiden Fällen für das Maximum (besser: Supremum) auch der Wert $+\infty$ zugelassen sein. Zusammenfassend erhalten wir: *Die (reine) Bayes-Schätzung für p ist die bei 0 und 1 kupierte Schätzung $\hat{p}$ in (2.113).*

Für $a \geq 1$ und $b \geq 1$ mit $a+b > 2$ ist die a priori Verteilung unimodal mit dem Modalwert $(a-1)/(a+b-2)$. In diesem Fall läßt sich die Bayes-Schätzung $\hat{p}$ mit Hilfe der Darstellung

$$\hat{p} = \frac{a+b-2}{a+b+n-2} \cdot \frac{a-1}{a+b-2} + \frac{n}{a+b+n-2} \cdot \frac{z}{n}$$

(die sich unmittelbar aus (2.113) ergibt) auf besonders anschauliche Weise interpretieren: Sie ist ein gewogenes Mittel aus dem a priori Modalwert und der ML-Schätzung z/n. Dabei fällt das Gewicht von z/n umso größer aus, desto größer der Stichprobenumfang n ist; für sehr großes n ist $\hat{p} \approx z/n$.

Das Bayes-Intervall (HPD-Intervall) für p zum Glaubwürdigkeitsgrad γ besitzt die Grenzen p_1 und p_2, die durch die beiden folgenden Beziehungen festgelegt sind:

$$\pi(p_1|x) = \pi(p_2|x) \quad \text{und} \quad \int_{p_1}^{p_2} \pi(p|x)dp = \gamma\,. \tag{2.114}$$

Diese Grenzen lassen sich im allgemeinen nur numerisch bestimmen. Dabei können die Werte des Integrals in (2.114) in Abhängigkeit von p_1 und p_2 aus einer Vertafelung der Beta-Verteilung gewonnen werden. Die Verteilungsfunktion einer Beta$(a;b)$-Verteilung stimmt bis auf den Normierungsfaktor $1/B(a;b)$ mit der sogenannten unvollständigen Beta-Funktion

$$B(a;b;y) = \int_0^y t^{a-1}(1-t)^{b-1}dt$$

überein, die zum erstenmal von Karl Pearson 1922 vertafelt wurde. (Neuauflagen mit umfangreicheren Tafeln in: Pearson und Hartley, Vol. 1 [1966]; Pearson, K. [1968]; Rechenalgorithmus zur Berechnung von $B(a;b;y)$ im IMSL-Package [1977] basierend auf Bosten und Battiste [1974].)

Zahlenbeispiel: $a = 2$, $b = 3$, $n = 4$, $z = 3$. A priori Verteilung ist die Beta$(2;3)$-Verteilung, als a posteriori Verteilung ergibt sich die Beta$(5;4)$-Verteilung mit der Dichte $\pi(p|z) = 280p^4(1-p)^3$. Die Bayes-Schätzung lautet $\hat{p} = 4/7$. Als HPD-Intervall für p zum Vertrauensgrad $\gamma = 0.80$ ergibt sich in guter Näherung $[0.356; 0.770]$.

Im allgemeinen liegt die Bayes-Schätzung $\hat{p}$ nicht in der Mitte eines HPD-Intervalles $[p_1;p_2]$. Dies ist vielmehr nur dann der Fall, wenn die a posteriori Verteilung symmetrisch (um 0.5) ist. Dieser Fall liegt vor, wenn $n+b-a$ eine gerade natürliche Zahl ist und $z = (n+b-a)/2$ beobachtet wird, als a posteriori Verteilung ergibt sich dann die Beta$(k;k)$-Verteilung mit $k = (n+a+b)/2$, die Bayes-Schätzung lautet $\hat{p} = 1/2$ und die Grenzen p_1 und p_2 stellen das untere und obere $(1-\gamma)/2$-Fraktil der a posteriori Verteilung dar.

Zahlenbeispiel: $a = 2$, $b = 3$, $n = 5$, $z = 3$. Als a posteriori Verteilung ergibt sich die Beta$(5;5)$-Verteilung, die Bayes-Schätzung lautet $\hat{p} = 1/2$ und als HPD-Intervall für p zum Vertrauensgrad $\gamma = 0.8$ erhalten wir $[0.301; 0.699]$.

Auch im Regelfall einer unsymmetrischen a posteriori Verteilung verwendet man zur Bestimmung eines Bayes-Intervalles $[p_1;p_2]$ zum Glaubwürdigkeitsgrad γ oft das untere und obere $(1-\gamma)/2$-Fraktil der a posteriori Verteilung. Diese Vorgangsweise stellt jedoch nur ein relativ grobes Näherungsverfahren dar; im obigen Zahlenbeispiel $a = 2$, $b = 3$, $n = 4$ und $z = 3$ würde man danach $[0.345; 0.760]$ an Stelle von $[0.356; 0.770]$ erhalten. Außerdem stehen solche 'equal tail regions' in einem gewissen Widerspruch zum dritten Bayes-Postulat, durch das eigentlich impliziert wird, die a posteriori Verteilung als eine Plausibilitätsbewertung auf dem Parameterraum aufzufassen und Parameterwerte p mit hohen Dichtewerten $\pi(p|x)$ auszuzeichnen. Auf diese Weise ergeben sich dann zwingend die oben angeführten HPD-Intervalle als Bayes-Intervalle. 'Equal tail regions' sind keine HPD-Bereiche, sondern nur credible regions.

b) Bayes-Schätzungen (bei a priori Gleichverteilung)

Liegt als a priori Verteilung die Gleichverteilung (Beta(1; 1)-Verteilung) zugrunde, so ergibt sich aus (2.106) die Beta($z + 1; n - z + 1$)-Verteilung als a posteriori Verteilung; sie besitzt die Dichte

$$\pi(p|z) = \frac{(n+1)!}{z!(n-z)!} p^z (1-p)^{n-z} = (n+1)\binom{n}{z} p^z (1-p)^{n-z} .$$

Als Bayes-Schätzung für p ergibt sich in Übereinstimmung mit der Maximum-Likelihood-Schätzung die relative Häufigkeit $\hat{p} = z/n$. Auch die Bayes-Intervalle zum Glaubwürdigkeitsgrad γ und die Likelihood-Intervalle zum Niveau κ fallen zusammen, wenn γ passend zu κ gewählt wird oder umgekehrt. So ist in dem in Beispiel 2.3 angegebenem Zahlenbeispiel $n = 5$ und $z = 3$ das Likelihood-Intervall $[0.3416; 0.8244]$ zum Vertrauensgrad $\kappa = 0.5$ ein Bayes-Intervall zum Glaubwürdigkeitsgrad

$$\gamma = \int_{0.3416}^{0.8244} \pi(p|z)dp = \int_{0.3416}^{0.8244} 60p^3(1-p)^2 dp \approx 0.82 .$$

Andererseits ergibt sich z.B. für den Glaubwürdigkeitsgrad $\gamma = 0.5$ das Bayes-Intervall $[p_1; p_2] = [0.468; 0.723]$, welches ein Likelihood-Intervall zum Niveau

$$\kappa = \frac{f(x; p_1)}{f(x; \hat{p})} = \frac{f(x; 0.468)}{f(x; 0.6)} \approx 0.84$$

darstellt. (Natürlich gilt auch $f(x; 0.723)/f(x; 0.6) \approx 0.84$.) □

Beispiel 2.10 Bayes-Schätzungen bei Poisson-Verteilung

Für die i.i.d. Stichprobe $X = (X_1, \ldots, X_n)$ eines $Po(\lambda)$-verteilten Untersuchungsmerkmals (vergleiche Beispiel 2.4) lautet die Likelihood-Funktion

$$f(x; \lambda) = f(x|\lambda) = \frac{\lambda^z}{x_1! \cdots x_n!} e^{-n\lambda} \quad \text{mit} \quad z = \sum x_i .$$

Als dazu passende, d.h. konjugierte a priori Verteilung auf dem Parameterraum bietet sich die Gamma-Verteilung mit den Parametern $a > 0$ und $b > 0$ an, Abkürzung: $Gam(a; b)$-Verteilung. Diese besitzt die (Lebesgue-)Dichte

$$\pi(\lambda) = \frac{b^a}{\Gamma(a)} \lambda^{a-1} e^{-b\lambda} . \tag{2.115}$$

Die *standardisierte Form* der Gamma-Verteilung liegt im Fall $b = 1$ vor, ihre Dichte lautet

$$\pi(\lambda) = \frac{1}{\Gamma(a)} \lambda^{a-1} e^{-\lambda},$$

ihre Verteilungsfunktion stimmt bis auf den Normierungsfaktor $1/\Gamma(a)$ mit der sogenannten unvollständigen Gammafunktion

$$\Gamma(a; y) = \int_0^y t^{a-1} e^{-t} dt$$

überein. Vertafelungen dieser Verteilung findet man bei Pearson [1922], Harter [1964, 1969, 1971], Khamis und Rudert [1965] sowie Pearson und Hartley [1972]. Aus der Vertafelung der standardisierten Gamma-Verteilungen (in Abhängigkeit vom Parameter a) erhält man die entsprechenden Werte einer allgemeinen Gamma-Verteilung mit Hilfe der folgenden Transformationsregel: Ist U nach $Gam(a; 1)$ verteilt, so ist $V = U/b$ nach $Gam(a; b)$ verteilt. Als Spezialfälle der Gamma-Verteilung ergeben sich für $a = 1$ die Exponentialverteilung mit dem Parameter b und für $a = k/2$, $b = 1/2$ die χ^2-Verteilung mit k Freiheitsgraden.

Erwartungswert und Varianz der $Gam(a; b)$-Verteilung lauten

$$\text{Erwartungswert} = a/b \quad \text{bzw.} \quad \text{Varianz} = a/b^2 . \tag{2.116}$$

Für $a \geq 1$ ist die $Gam(a; b)$-Verteilung unimodal mit dem

$$\text{Modalwert} = (a-1)/b . \tag{2.117}$$

Als a posteriori Verteilung ergibt sich gemäß (2.99):

$$\pi(\lambda|x) = c(x) f(x|\lambda) \pi(\lambda) = \frac{c(x) b^a}{x_1! \cdots x_n! \Gamma(a)} \lambda^{a+z-1} e^{-(b+n)\lambda} .$$

Der Vergleich mit (2.115) liefert das Ergebnis:

> Die a posteriori Verteilung nach der Beobachtung x mit $z = \sum x_i$ ist die $Gam(a + z; b + n)$-Verteilung. (2.118)

Daraus ergibt sich im Fall $a + z \geq 1$ mit Hilfe von (2.117) die (reine) Bayes-Schätzung

$$\hat{\lambda} = \frac{a + z - 1}{b + n} . \tag{2.119}$$

Im Fall $a + z < 1$ ist $z = 0$ und $a < 1$, die Dichte $\pi(\lambda|x)$ ist monoton fallend in λ und wird für $\lambda \to 0$ maximal (mit dem Supremum ∞), so daß wir $\hat{\lambda} = 0$ als Bayes-Schätzung erhalten. Aus (2.119) würde sich in diesem Fall ein negativer Schätzwert ergeben. Zusammenfassend folgt: *Die (reine) Bayes-Schätzung für λ ist die bei 0 kupierte Schätzung $\hat{\lambda}$ in (2.119).*

Im Fall $a \geq 1$ ist die Bayes-Schätzung $\hat{\lambda}$ darstellbar als gewogenes Mittel aus dem a priori Modalwert $(a-1)/b$ und der Maximum-Likelihood-Schätzung z/n; es gilt nämlich:

$$\hat{\lambda} = \frac{b}{b+n} \cdot \frac{a-1}{b} + \frac{n}{b+n} \cdot \frac{z}{n}. \tag{2.120}$$

Je größer der Stichprobenumfang n ist, desto größer ist das Gewicht von z/n innerhalb von $\hat{\lambda}$, mit wachsendem n geht die Bayes-Schätzung in die Maximum-Likelihood-Schätzung über.

Im Spezialfall $a = 1$ ist die a priori Verteilung eine Exponentialverteilung mit dem Modalwert 0, als Bayes-Schätzung ergibt sich die mit dem Faktor $n/(b+n)$ multiplizierte ML-Schätzung z/n.

Das Bayes-Intervall (HPD-Intervall) für λ zum Glaubwürdigkeitsgrad γ besitzt die durch

$$\pi(\lambda_1|x) = \pi(\lambda_2|x) \quad \text{und} \quad \int_{\lambda_1}^{\lambda_2} \pi(\lambda|x)d\lambda \tag{2.121}$$

eindeutig bestimmten Grenzen λ_1 und λ_2. Diese lassen sich (unter Verwendung der Vertafelungen der Gamma-Verteilung) wieder nur numerisch bestimmen. Wegen der Unsymmetrie der Gamma-Verteilung fällt die Bayes-Schätzung $\hat{\lambda}$ nicht mit dem Mittelpunkt des Bayes-Intervalles zusammen.

Ist $2a$ eine natürliche Zahl, so können die Bayes-Intervalle auch aus einer Vertafelung der χ^2-Verteilung ermittelt werden. Dann gilt nämlich: Ist V eine nach der a posteriori Verteilung $Gam(a+z; b+n)$ verteilte Zufallsvariable, so besitzt $2(b+n)V$ die χ^2-Verteilung mit $2(a+z)$ Freiheitsgraden.

Zahlenbeispiel: $a = 0.5$, $b = 1$, $n = 4$, $z = 5$. Als a posteriori Verteilung ergibt sich die $Gam(5.5; 5)$-Verteilung, die Bayes-Schätzung für λ lautet $\hat{\lambda} = 0.9$. Für eine $Gam(5.5; 5)$-verteilte Größe V besitzt $10V$ die $Gam(11/2; 1/2)$-Verteilung, also die χ^2_{11}-Verteilung. Aus einer Vertafelung dieser Verteilung ergibt sich als Bayes-Intervall für λ zum Glaubwürdigkeitsgrad $\gamma = 0.94$ in brauchbarer Näherung das Intervall $[0.305; 1.967]$. Wegen der Unsymmetrie der a posteriori Verteilung ist dieses Intervall kein 'equal tail' Intervall; vielmehr befindet sich unterhalb von 0.305 die a posteriori Wahrscheinlichkeit 0.01 und oberhalb von 1.967 die a posteriori Wahrscheinlichkeit 0.05. □

Beispiel 2.11 Bayes-Schätzungen bei Normalverteilung

Wir betrachten das Gauß-Experiment: $X = (X_1, \ldots, X_n)$ ist eine i.i.d. Stichprobe eines $N(\mu; \sigma^2)$-verteilten Untersuchungsmerkmals Y (vergleiche auch Beispiele 2.1 und 2.5). Je nachdem, ob μ und/oder σ^2 unbekannt sind, unterscheiden wir die üblichen drei Fälle und legen (mit Ausnahme des dritten Falles) konjugierte a priori Verteilungen zugrunde. Die Parameter dieser Verteilungen sollen natürlich bekannt sein.

Fall A: μ unbekannt, σ^2 bekannt

Als a priori Verteilung für μ (auf dem Parameterraum $\mathbb{R}$) wird die $N(\nu; \varrho^2)$-Verteilung festgelegt; für ihre Dichte $\pi(\mu)$ gilt:

$$\pi(\mu) \sim \exp\left\{-\frac{1}{2\varrho^2}(\mu - \nu)^2\right\} . \tag{2.122}$$

Für die Likelihood-Funktion $f(x|\mu)$ gilt nach (2.75):

$$f(x|\mu) \sim \exp\left\{-\frac{n}{2\sigma^2}(\bar{x} - \mu)^2\right\} . \tag{2.123}$$

(Dabei steht hier und im Folgenden '$\sim$' für 'proportional zu', wobei – mit Ausnahme von (2.122) – die verwendeten Proportionalitätsfaktoren auch von x abhängen.) Aus (2.122) und (2.123) ergibt sich für die a posteriori Dichte:

$$\pi(\mu|x) \sim f(x|\mu)\pi(\mu) \sim \exp\left\{-\frac{n}{2\sigma^2}(\bar{x} - \mu)^2 - \frac{1}{2\varrho^2}(\mu - \nu)^2\right\} .$$

Daraus erhält man nach einer elementaren Umformung die Proportionalitätsbeziehung:

$$\pi(\mu|x) \sim \exp\left\{-\frac{\varrho^2 + \sigma^2/n}{2\varrho^2\sigma^2/n}\left[\mu - \frac{\bar{x}\varrho^2 + \nu\sigma^2/n}{\varrho^2 + \sigma^2/n}\right]^2\right\} .$$

Daran erkennt man:

> Die a posteriori Verteilung für μ nach der Beobachtung x (mit dem Stichprobenmittel $\bar{x}$) ist ebenfalls wieder eine Normalverteilung, nämlich die $N\left(\frac{\bar{x}\varrho^2+\nu\sigma^2/n}{\varrho^2+\sigma^2/n} ; \frac{\varrho^2\sigma^2/n}{\varrho^2+\sigma^2/n}\right)$-Verteilung. (2.124)

Modalwert und Erwartungswert dieser Verteilung fallen zusammen, als (reine) Bayes-Schätzung $\hat{\mu}$ ergibt sich also der in (2.124) angeführte Erwartungswert; dafür erhalten wir auch die Darstellung

$$\hat{\mu} = \frac{\varrho^2}{\varrho^2 + \sigma^2/n}\,\bar{x} + \frac{\sigma^2/n}{\varrho^2 + \sigma^2/n}\,\nu . \tag{2.125}$$

Diese Bayes-Schätzung für μ ist ein gewogenes Mittel aus dem Stichprobenmittel $\bar{x}$ und dem a priori Mittelwert ν. Die darin auftretenden Gewichte hängen von der Varianz ϱ^2 der a priori Verteilung und von der Varianz σ^2/n des Stichprobenmittels $\bar{X}$ ab; erstere ist ein Maß für die Unsicherheit des a priori Wissens, letztere ein Maß für die Unsicherheit des Stichprobenexperimentes und wird deshalb auch kurz Stichprobenvarianz genannt. Die Gewichte in der Bayes-Schätzung (2.125) lassen sich sehr schön interpretieren und verleihen der Bayes-Schätzung $\hat{\mu}$ höchst plausible Eigenschaften: Ist die a priori Varianz ϱ^2 groß gegenüber der Stichprobenvarianz σ^2/n, das Vorwissen über μ also relativ unsicher oder vage gegenüber der Stichprobeninformation, so ist in der Schätzung $\hat{\mu}$ das Gewicht von $\bar{x}$ groß gegenüber demjenigen von ν und es ergibt sich tendenziell $\hat{\mu} \approx \bar{x}$; sowohl mit $n \longrightarrow \infty$ als auch mit $\varrho^2 \longrightarrow \infty$ (falls diese Gedankenexperimente erlaubt sind) strebt $\hat{\mu}$ gegen $\bar{x}$. Ist umgekehrt ϱ^2 klein gegenüber σ^2/n, das Vorwissen über μ also relativ sicher oder scharf, so ist das Gewicht von $\bar{x}$ klein gegenüber dem von ν und es ergibt sich tendenziell $\hat{\mu} \approx \nu$. Im Spezialfall $\varrho^2 \approx \sigma^2/n$ erhält man $\hat{\mu} \approx \frac{1}{2}(\bar{x} + \nu)$.

Das Bayes-Intervall $C(x)$ für μ zum Glaubwürdigkeitsgrad γ ist wegen der Symmetrie der a posteriori Verteilung einfach zu bestimmen: Es hat $\hat{\mu}$ als Mittelpunkt, seine Grenzen stimmen mit dem unteren und oberen $(1-\gamma)/2$-Fraktil der a posteriori Verteilung überein. Mit $\alpha = 1 - \gamma$ erhalten wir aus (2.124) für $C(x)$ die Darstellung

$$C(x) = \left[\hat{\mu} - \tau_{\alpha/2}\sqrt{\frac{\varrho^2\sigma^2/n}{\varrho^2 + \sigma^2/n}} \; ; \; \hat{\mu} + \tau_{\alpha/2}\sqrt{\frac{\varrho^2\sigma^2/n}{\varrho^2 + \sigma^2/n}} \right] \tag{2.126}$$

(mit $\tau_{\alpha/2}$ als dem $\alpha/2$-Fraktil der Standardnormalverteilung). Dieses Intervall besitzt die (von x unabhängige) Länge

$$2\tau_{\alpha/2}\sqrt{\frac{\varrho^2\sigma^2/n}{\varrho^2 + \sigma^2/n}} = 2\tau_{\alpha/2}\frac{\sigma}{\sqrt{n}}\sqrt{\frac{\varrho^2}{\varrho^2 + \sigma^2/n}} \, .$$

Diese stimmt bis auf den Faktor $\sqrt{\varrho^2/(\varrho^2 + \sigma^2/n)}$ mit der Länge des klassischen Konfidenzintervalles (2.33) überein. Dieser Faktor ist kleiner als Eins, so daß das Bayes-Intervall kürzer ist als das klassische Konfidenzintervall. Dieser Sachverhalt ist eine unmittelbare Folgerung daraus, daß die Varianz der a posteriori Verteilung kleiner ist als die Stichprobenvarianz σ^2/n und sich von ihr eben um den Faktor $\varrho^2/(\varrho^2 + \sigma^2/n)$ unterscheidet. Darüber hinaus ist die Varianz der a posteriori Verteilung auch kleiner als die der a priori Verteilung.

Der Vergleich zwischen a posteriori Varianz und Stichprobenvarianz und der damit verbundene Längenvergleich von Bayes-Intervall und Konfidenzintervall konnte hier deswegen auf so einfache und direkte Weise gelingen, weil sowohl die a posteriori Varianz als auch die Stichprobenvarianz konstant sind.

Diese Situation stellt einen Ausnahmefall dar. In den meisten Fällen hängt nämlich die a posteriori Varianz von der Beobachtung x und die Stichprobenvarianz vom (unbekannten) Parameter θ ab, so daß ein Vergleich dieser beiden Größen wesentlich komplizierter wird und im allgemeinen keineswegs so eindeutig ausfällt wie in dem vorliegenden Beispiel.

Ähnliches gilt in abgeschwächter Form auch für den Vergleich von a priori und a posteriori Varianz: Daß, wie in dem vorliegenden Beispiel, die a posteriori Varianz kleiner als die a priori Varianz ausfällt, ist kein allgemein gültiger Sachverhalt. Hier ist wegen der Konstanz der a priori Varianz der Vergleich allerdings einfacher als oben und führt wenigstens bei hinreichend großem Stichprobenumfang zu einem eindeutigen Ergebnis. Im allgemeinen kann man nämlich bei einer i.i.d. Stichprobe vom Umfang n davon ausgehen, daß die a posteriori Varianz mit $n \to \infty$ gegen Null konvergiert (und zwar gleichmäßig in x), so daß tendenziell gilt: Für hinreichend großes n ist die a posteriori Varianz kleiner als die a priori Varianz, die durch die Beobachtung gewonnene Sicherheit 'schlägt durch'. Bei kleinem n konkurriert die Beobachtung mit dem Vorwissen des Betrachters relativ stark, der Vergleich der beiden Varianzen wird dann wesentlich durch die Beobachtung beeinflußt. Hier ist in der Regel die a posteriori Varianz nur dann kleiner als die a priori Varianz, wenn der Betrachter sein Vorwissen durch die Beobachtung im wesentlichen bestätigt findet, nicht aber, wenn die Beobachtung dem Vorwissen tendenziell zu widersprechen scheint. Im letzteren Fall ist der Wissensstand des Betrachters nach der Beobachtung unsicherer als vor der Beobachtung, entsprechend kann die a posteriori Varianz größer als die a priori Varianz ausfallen. Der Betrachter lernt zwar durch eine Beobachtung dazu, das Dazulernen kann aber auch zu größerer Unsicherheit führen.

Fall B: μ bekannt, σ^2 unbekannt

Hier besitzt die Verteilungsannahme die Likelihood-Funktion (vgl. (2.78) in Beispiel 2.5 oder (1.6) in Beispiel 1.4)

$$f(x;\sigma^2) = f(x|\sigma^2) = (1/2\pi\sigma^2)^{n/2} \exp\{-ns_\mu^2/2\sigma^2\}$$

mit $s_\mu^2 = \frac{1}{n}\sum(x_i - \mu)^2$ als Stichprobenvarianz bei bekanntem μ. Die dazugehörige konjugierte a priori Verteilung für σ^2 ist die *invertierte Gamma-Verteilung IGam (a;b)* mit positiven (bekannten) Parametern a und b, gegeben durch die Dichte

$$\pi(\sigma^2) = \frac{1}{\Gamma(a)b^a}\frac{1}{(\sigma^2)^{a+1}} \exp\{-1/b\sigma^2\}, \quad 0 < \sigma^2 < \infty. \tag{2.127}$$

Sie besitzt den Modalwert $1/(a+1)b$. (Hinweis: Eine Zufallsvariable Y besitzt genau dann eine invertierte Gamma-Verteilung mit den Parametern a und b, wenn $1/Y$ eine Gamma-Verteilung mit denselben Parametern besitzt.) Für die a posteriori Dichte erhalten wir:

$$\begin{aligned}\pi(\sigma^2|x) &\sim f(x|\sigma^2)\pi(\sigma^2)\\ &\sim \frac{1}{(\sigma^2)^{a+1+n/2}}\exp\left\{-\left[\frac{ns_\mu^2}{2}+\frac{1}{b}\right]\frac{1}{\sigma^2}\right\}.\end{aligned}$$

Als a posteriori Verteilung liegt also, wie der Vergleich mit (2.127) zeigt, die $IGam(a+n/2\,;\,[ns_\mu^2/2+1/b]^{-1})$-Verteilung vor. Die Bayes-Schätzung $\widehat{\sigma^2}$ ist der Modalwert dieser Verteilung, d.h.:

$$\widehat{\sigma^2}=\frac{ns_\mu^2/2+1/b}{a+1+n/2}=\frac{n}{n+2(a+1)}\cdot s_\mu^2+\frac{2(a+1)}{n+2(a+1)}\cdot\frac{1}{(a+1)b} \quad (2.128)$$

Die Schätzung ist ein gewogenes Mittel aus der Stichprobenvarianz s_μ^2 und dem a priori Modalwert $1/(a+1)b$. Dabei fällt das Gewicht von s_μ^2 umso größer aus, desto größer der Stichprobenumfang n ist; für sehr großes n ist also $\widehat{\sigma^2}\approx s_\mu^2$.

Das Bayes-Intervall $[\sigma_1^2\,;\,\sigma_2^2]$ für σ^2 zum Vertrauensgrad γ ist durch die Bedingungen

$$\pi(\sigma_1^2|x)=\pi(\sigma_2^2|x) \quad \text{und} \quad \int_{\sigma_1^2}^{\sigma_2^2}\pi(\sigma^2|x)d\sigma^2=\gamma$$

festgelegt, seine Grenzen lassen sich nur numerisch bestimmen. Dazu ist es vorteilhaft, statt σ^2 den Parameter $1/\sigma^2$ zu betrachten, der eine Gamma-Verteilung als a posteriori Verteilung besitzt, und das entsprechende Bayes-Intervall mit Hilfe von Vertafelungen der Gamma-Verteilung (vgl. dazu die in Beipiel 2.10 angegebenen Tafelwerte) zu bestimmen.

Fall C: μ **und** σ^2 **unbekannt**

Als a priori Verteilung für den zweidimensionalen Parameter $\theta=(\mu,\sigma^2)$ legen wir die Produktverteilung aus der $N(\nu;\varrho^2)$-Verteilung (als Verteilung für μ) und der $IGam(a;b)$-Verteilung (als Verteilung für σ^2) zugrunde. Damit wird eine 'a priori Unabhängigkeit' zwischen μ und σ^2 unterstellt, d.h. die Vorkenntnisse über μ hängen nicht von σ^2 ab und umgekehrt. Die a posteriori Verteilung $\pi(\theta|x)$ zerlegen wir gemäß (2.94) in das Produkt aus der bedingten (a posteriori) Verteilung $\pi(\mu|\sigma^2;x)$ von μ unter σ^2 und der nichtbedingten (a posteriori) Verteilung $\pi(\sigma^2|x)$:

$$\pi((\mu;\sigma^2)|x)=\pi(\mu|\sigma^2;x)\pi(\sigma^2|x)\,. \quad (2.129)$$

Man beachte, daß in der a posteriori Situation μ und σ^2 nicht mehr unabhängig sind!

In der Faktorisierung (2.129) ergibt sich für $\pi(\mu|\sigma^2; x)$ wieder die Normalverteilung (2.124) und für $\pi(\sigma^2|x)$ eine invertierte Gamma-Verteilung, nun aber mit den Parametern $a + (n-1))/2$ und $[(n-1)s^2/2 + 1/b]^{-1}$, wobei $s^2 = \sum(x_i - \bar{x})^2/(n-1)$ die Stichprobenvarianz bei unbekanntem μ ist.

Für die Bayes-Schätzung von μ erhalten wir daraus die gleiche Schätzformel (2.125) wie in Fall A, wobei 'nur' an Stelle des unbekannten σ^2 die Bayes-Schätzung für σ^2 einzusetzen ist, besser: einzusetzen wäre. Diese Bayes-Schätzung ist aber wesentlich komplizierter und läßt sich nicht mehr in geschlossener Form angeben. Als Ersatz könnte man, so wird z.B. bei Casella und Berger [1990], S. 335, vorgeschlagen, den Modalwert der a posteriori Randverteilung für σ^2 allein verwenden. Diese Randverteilung ergibt sich durch Integration von (2.129) über μ. Da $\pi(\sigma^2|x)$ nicht von μ abhängt, ergibt sich bei dieser Integration wiederum $\pi(\sigma^2|x)$. Also wird der Modalwert von $\pi(\sigma^2|x)$, d.h.

$$\frac{(n-1)s^2/2 + 1/b}{a + 1 + (n-1)/2} = \frac{n-1}{n+2a+1} \cdot s^2 + \frac{2(a+1)}{n+2a+1} \cdot \frac{1}{(a+1)b} \tag{2.130}$$

als Ersatz für die Bayes-Schätzung von σ^2 herangezogen. Diese Schätzung ist wieder ein gewogenes Mittel aus der Stichprobenvarianz s^2 und dem a priori Modalwert $1/(a+1)b$. Darin haben sich die Gewichte im Vergleich zur Schätzung (2.128) geringfügig zugunsten des a priori Modalwertes und zu ungunsten der Stichprobenvarianz verschoben; dies entspricht der hier vorliegenden Situation, in der die Stichprobeninformation gegenüber Fall B etwas unsicherer geworden ist. Mit wachsendem n macht sich diese Verschiebung immer weniger bemerkbar, die Gewichte besitzen die gleichen asymptotischen Eigenschaften wie die in (2.128). Die Schätzung (2.130) scheint allerdings nur dann einigermaßen genau mit der echten Bayes-Schätzung übereinzustimmen, wenn $\bar{x}$ nicht zu stark von ν abweicht.

Die Bayes-Bereiche für $(\mu; \sigma^2)$, also simultane HPD-Bereiche für μ und σ^2, sind noch wesentlich schwieriger zu bestimmen als die Bayes-Schätzungen. Wir gehen darauf nicht näher ein. Beschränkt man sich auf Bayes-Bereiche für σ^2 allein, so kann wieder die a posteriori Randverteilung $\pi(\sigma^2|x)$ verwendet und damit wie unter Fall B verfahren werden. Allerdings sind diese Bereiche nur credible regions für σ^2 und keine 'echten' HPD-Bereiche; denn die σ^2-Werte, für die $\pi(\sigma^2|x)$ groß wird, müssen nicht (als zweite Komponente) genau mit den $(\mu; \sigma^2)$-Werten zusammenfallen, für die $\pi((\mu; \sigma^2)|x)$ groß wird, genauer: Die Projektion der Menge $\{(\mu; \sigma^2) : \pi((\mu; \sigma^2)|x) \geq b\}$ auf die σ^2-Achse fällt nicht mit der Menge $\{\sigma^2 : \pi(\sigma^2|x) \geq b\}$ zusammen.

Die Bestimmung der Bayes-Schätzungen $\hat{\mu}$ und $\widehat{\sigma^2}$, also des Modalwertes von $\pi((\mu;\sigma^2)|x)$, ist hier deswegen so kompliziert, weil die Maximierung von $\pi((\mu;\sigma^2)|x)$ nicht unabhängig voneinander nach μ und σ^2 getrennt vorgenommen werden kann. Dieses Problem läßt sich vermeiden, wenn man für μ eine nichtinformative a priori Verteilung, nämlich das Lebesgue-Maß auf $\mathbb{R}$ (die 'Gleichverteilung' auf $\mathbb{R}$) zugrunde legt. Dann ist die a posteriori Verteilung von $(\mu;\sigma^2)$ für jedes feste σ^2 symmetrisch um $\bar{x}$ (und nicht um den von σ^2 abhängigen Erwartungswert (2.125)), so daß die Bayes-Schätzung für μ unabhängig von σ^2 einfach $\hat{\mu} = \bar{x}$ lautet (und mit der Maximum-Likelihood-Schätzung übereinstimmt). Darauf kommen wir im nächsten Abschnitt noch einmal zurück. □

Beispiel 2.12 Bayes-Schätzungen bei Gleichverteilung

Gegeben sei die i.i.d. Stichprobe $X = (X_1,\ldots,X_n)$ eines auf dem Intervall $[0;\theta]$ gleichverteilten Untersuchungsmerkmals Y. Als a priori Verteilung für θ legen wir die Pareto-Verteilung mit den Parametern $a > 0$ und $b > 0$ zugrunde, Abkürzung: $Par(a;b)$-Verteilung. Diese Verteilung besitzt die Dichte

$$\pi(\theta) = \begin{cases} ab^a/\theta^{a+1} & \text{für } \theta \geq b \\ 0 & \text{sonst}\,. \end{cases} \tag{2.131}$$

Ihr Modus ist gleich b. Der Erwartungswert der $Par(a;b)$-Verteilung existiert für $a > 1$ und lautet $ab/(a-1)$, die Varianz existiert für $a > 2$ und hat den Wert $ab^2/(a-1)^2(a-2)$. Die Dichte der Stichprobe X lautet

$$f(x;\theta) = f(x|\theta) = \begin{cases} 1/\theta^n & \text{falls } T(x) \leq \theta \\ 0 & \text{sonst} \end{cases}$$

mit der suffizienten Statistik $T(x) = x_{[n]} = \max\{x_1,\ldots,x_n\}$, vergleiche Fall A in den Beispielen 1.12 und 1.25. Nach der Beobachtung x mit $T(x) = x_{[n]}$ erhalten wir für die a posteriori Verteilung die Beziehung

$$\pi(\theta|x) = \pi(\theta|x_{[n]}) \sim f(x|\theta)\pi(\theta) \sim 1/\theta^{a+n+1}$$

falls $\theta \geq \max\{b;x_{[n]}\}$ und $\pi(\theta|x) = 0$ sonst. Somit liegt als a posteriori Verteilung die $Par(a+n;\max\{b;x_{[n]}\})$-Verteilung vor. Die als a priori Verteilung angenommene Pareto-Verteilung ist also zur vorliegenden Gleichverteilung (Verteilungsannahme über die Stichprobe) konjugiert. Die *Bayes-Schätzung* $\hat{\theta}$ für θ ist der Modus der a posteriori Verteilung, d.h. hier:

$$\hat{\theta} = \max\{b;x_{[n]}\}\,. \tag{2.132}$$

Die Dichte der a posteriori Verteilung läßt sich mit Hilfe von $\hat{\theta}$ auf die explizite Gestalt

$$\pi(\theta|x) = \begin{cases} (a+n)\hat{\theta}^{a+n}/\theta^{a+n+1} & \text{für } \theta \geq \hat{\theta} \\ 0 & \text{sonst} \end{cases} \tag{2.133}$$

bringen. Sie ist für alle $\theta > \hat{\theta}$ monoton fallend. Daher hat ein *Bayes-Bereich* $C(x)$ für θ zum Glaubwürdigkeitsgrad γ die Gestalt eines Intervalles der Form $C(x) = [\hat{\theta}; \theta_0]$, wobei $\theta_0 = \theta_0(x)$ eindeutig bestimmt ist durch

$$\int_{\hat{\theta}}^{\theta_0} \pi(\theta|x)d\theta = \gamma \quad \text{bzw.} \quad \int_{\theta_0}^{\infty} \pi(\theta|x)d\theta = \left(\frac{\hat{\theta}}{\theta_0}\right)^{a+n} = 1-\gamma\,.$$

Daraus ergibt sich: $\theta_0 = \hat{\theta}/\sqrt[(a+n)]{1-\gamma}$. Das *Bayes-Intervall* (HPD-Intervall) lautet also:

$$C(x) = \left[\hat{\theta}\ ;\ \hat{\theta}/\sqrt[(a+n)]{1-\gamma}\right]. \tag{2.134}$$

Zum Vergleich: Das Konfidenzintervall $\tilde{C}(x)$ für θ zum Vertrauensgrad γ lautet

$$\tilde{C}(x) = \left[x_{[n]}\ ;\ x_{[n]}/\sqrt[n]{1-\gamma}\right]. \qquad \square$$

2.5 Nichtinformative a priori Verteilungen

2.5.1 Einführung

In diesem Abschnitt behandeln wir das schon mehrfach angesprochene Problem, auf welche Weise ein *a priori Nichtwissen* über den Parameter θ beschrieben werden kann oder soll. Wir haben bereits darauf hingewiesen, daß dazu 'echte' Wahrscheinlichkeitsverteilungen (*normierte* Maße) nicht mehr ausreichen, sondern 'unechte', sogenannte *uneigentliche (improper)* Verteilungen auf Θ hinzugezogen werden müssen. Unter solchen 'Verteilungen' versteht man nichtendliche (also nicht normierbare) Maße, die aber noch σ-finit sein sollen; ihre (Radon-Nikodym-)Dichten $\pi(\theta)$ bezüglich eines geeigneten (σ-finiten) dominierenden Maßes λ sind nichtnegative, reellwertige Funktionen, deren Integral über Θ den Wert $+\infty$ besitzt. Die 'echten' Verteilungen auf Θ werden auch *eigentliche* Verteilungen genannt.

Das Erfordernis, auch uneigentliche Verteilungen zur Beschreibung eines a priori Nichtwissens einbeziehen zu müssen, ist nach dem Prinzip vom unzureichenden Grund sehr einleuchtend. Besagt dieses Prinzip doch, daß ein Nichtwissen durch eine Gleichverteilung auszudrücken ist, eigentliche Gleichverteilungen auf Θ aber gar nicht existieren müssen, z.B. dann nicht, wenn Θ ein unbeschränktes Intervall ist.

Im Fall $\Theta = \mathbb{R}$ etwa wird man das Lebesgue-Maß als a priori 'Verteilung' in Betracht ziehen, um ein a priori Nichtwissen auszudrücken; dieses Maß ordnet jedem Intervall in $\mathbb{R}$ seine Länge als Wert zu unabhängig davon, wo sich das Intervall innerhalb von $\mathbb{R}$ befindet; daher wird kein θ-Bereich vor einem anderen θ-Bereich ausgezeichnet, der Betrachter ist gegenüber den θ-Werten neutral, ein Standpunkt, der sein a priori Nichtwissen widerspiegelt. (Das Lebesgue-Maß λ auf $\mathbb{R}$ besitzt gegenüber sich selbst als dominierendem Maß die Dichte $\pi(\theta) \equiv 1$ mit $\int 1 d\lambda = \lambda(\mathbb{R}) = +\infty$.) Wir definieren allgemein:

Sei Θ ein unbeschränktes Intervall im $\mathbb{R}_r$ und λ_r das r-dimensionale Lebesgue-Maß. Unter einer *uneigentlichen (stetigen) Gleichverteilung* auf Θ versteht man ein Maß auf Θ, das stetig gegenüber λ_r ist mit der Dichte

$$\pi(\theta) = \begin{cases} c & \text{für } \theta \in \Theta \\ 0 & \text{sonst}. \end{cases} \tag{2.135}$$

Dabei ist es üblich, $c = 1$ zu wählen, so daß diese uneigentliche Verteilung mit dem auf Θ eingeschränkten Lebesgue-Maß λ_r zusammenfällt. Ist Θ ein beschränktes Intervall im $\mathbb{R}_r$, also $\lambda_r(\Theta) < \infty$, so ist die stetige Gleichverteilung auf Θ eine gegenüber λ_r stetige *eigentliche* Verteilung mit der Dichte π wie in (2.135) und der Normierung $c = 1/\lambda_r(\Theta)$. Ist Θ eine abzählbare unendliche Menge, so versteht man unter der uneigentlichen (diskreten) Gleichverteilung auf Θ das Zählmaß auf Θ. Diskrete uneigentliche Verteilungen spielen allerdings nur eine untergeordnete Rolle.

Überraschenderweise wird sich herausstellen, daß neben den Gleichverteilungen auch andere (eigentliche oder uneigentliche) Verteilungen zur Beschreibung eines a priori Nichtwissens sehr gut geeignet sind und dazu oft sogar bessere Dienste leisten als eine Gleichverteilung. Letzteres kann auch dann der Fall sein, wenn Θ beschränkt ist und eine eigentliche Gleichverteilung existiert. In solchen Fällen ist das *Prinzip vom unzureichenden Grund fragwürdig oder widersprüchlich.* Dieser Umstand verliert seine Überraschung, wenn man sich der folgenden *allgemeinen* Problemlage bewußt wird, die bei der Anwendung des Prinzips vom unzureichenden Grund *zwangsläufig* entsteht.

Die Parametrisierung einer Verteilungsannahme ist weitgehend willkürlich: Der Parameter θ hat lediglich die Aufgabe, die Verteilung der Stichprobe eindeutig festzulegen, jede eineindeutige Transformation $\varphi(\theta)$ auf einen anderen Parameter $\eta = \varphi(\theta)$ leistet denselben Dienst. Ein a priori Nichtwissen bedeutet, daß man über θ genauso wenig weiß wie über η und daher nach dem Prinzip vom unzureichenden Grund sowohl für θ als auch für η eine (eigentliche oder uneigentliche) a priori Gleichverteilung zugrunde zu legen hat. Das ist aber nur im Sonderfall eines endlichen Parameterraumes oder einer linearen Transformation φ möglich. In allen anderen Fällen führt die Anwendung des Prinzips zu dem Widerspruch, daß eine Gleichverteilung für θ unvereinbar ist mit einer Gleichverteilung für $\eta = \varphi(\theta)$ und umgekehrt.

Beispielsweise könnte man im Bernoulli-Experiment den Parameter $\theta = p$ der Binomialverteilung durch den Parameter $\eta = \varphi(p) = 1/p$ ersetzen. Die Gleichverteilung für θ auf dem Parameterraum auf $\Theta = [0;1]$ geht aber nicht in eine Gleichverteilung für η auf dem transformierten Parameterraum $\varphi(\Theta) = [1;+\infty)$ über, sondern in eine Verteilung mit der Dichte $\pi(\eta) = 1/\eta^2$. Ähnliches passiert, wenn man im Gauß-Experiment den Parameter σ^2 durch σ ersetzt: Eine (uneigentliche) Gleichverteilung für σ^2 auf dem Intervall $(0;\infty)$ mit der Dichte $\pi(\sigma^2) \equiv 1$ geht nicht in eine (uneigentliche) Gleichverteilung für σ auf dem (hier gleichen) Intervall $(0;\infty)$ über, sondern in eine (uneigentliche) Verteilung mit der Dichte $\pi(\sigma) = 2\sigma$. Auf die Probleme und Widersprüche, die mit einer nach dem Prinzip vom unzureichenden Grund vorgenommenen Gleichverteilungsannahme verbunden sind, macht auch das folgende Beispiel besonders drastisch aufmerksam.

Beispiel 2.13 Bertrandsches Paradoxon

Wie groß ist die Wahrscheinlichkeit dafür, daß die Länge Y einer 'willkürlich gezogenen' Sehne im Einheitskreis größer ist als die Seite des eingeschriebenen gleichseitigen Dreiecks? Die Seitenlänge dieses Dreiecks beträgt $\sqrt{3}$; gesucht ist also die Wahrscheinlichkeit $P(Y > \sqrt{3})$. Diese ergibt sich aus der Verteilung von Y. Um letztere zu bestimmen, müssen wir präzisieren, was unter einer 'willkürlich gezogenen' Sehne zu verstehen ist, genauer: welche Lagen der Sehne als gleichwahrscheinlich betrachtet werden. Dazu gibt es mehrere Möglichkeiten (Gleichwahrscheinlichkeitsannahmen), die zu verschiedenen Verteilungen von Y mit unterschiedlichen Werten für $P(Y > \sqrt{3})$ führen. Dieses 'Paradox' wird in Bertrand [1907] vorgeführt und diskutiert.

Gleichwahrscheinlichkeitsannahme A: Die Mittelpunkte M der Sehnen sind auf der Kreisscheibe gleichverteilt.

Jede Sehne ist durch ihren Mittelpunkt M festgelegt. Hat dieser vom Kreismittelpunkt den Abstand r, so gilt für die Länge Y der betreffenden Sehne: $Y = 2\sqrt{1-r^2}$ (vergleiche Abbildung 2.21). Daher tritt das Ereignis '$Y \leq y$' genau dann ein, wenn $2\sqrt{1-r^2} \leq y$, d.h. $r^2 \geq 1 - y^2/4$ ist. Und letzteres ist genau dann der Fall, wenn M außerhalb des Kreises K_ρ mit dem Radius $\rho = \sqrt{1-y^2/4}$ liegt, der konzentrisch im Einheitskreis K_1 liegt. Die Wahrscheinlichkeit dafür ist unter der angenommenen Gleichverteilung für

M gleich dem Anteil der Fläche des Kreisringes $K_1 \setminus K_\rho$ an der Fläche von K_1, also gleich $1 - \rho^2 = y^2/4$. Die Verteilungsfunktion von Y lautet also

$$F(y) = P(Y \leq y) = y^2/4 \qquad (0 \leq y \leq 2)$$

und als Dichte von Y ergibt sich daraus

$$f(y) = y/2 \qquad (0 \leq y \leq 2).$$

Insbesondere ist $P(Y > \sqrt{3}) = 1 - 3/4 = 1/4$.

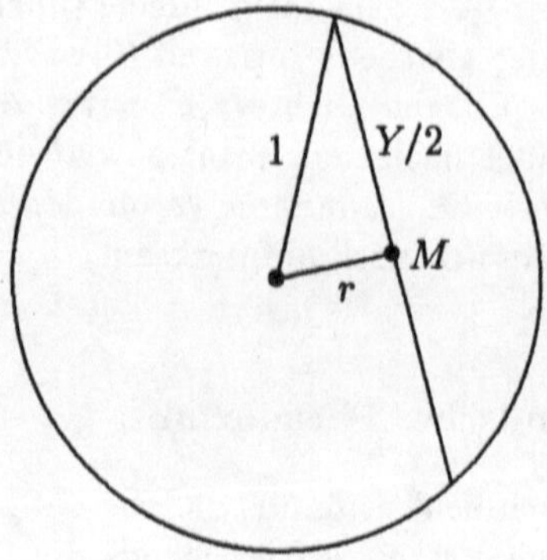

Abbildung 2.21: Bertrand'sches Paradoxon.
Gleichwahrscheinlichkeitsannahme für M

Gleichwahrscheinlichkeitsannahme B: Die beiden Endpunkte P_1 und P_2 der Sehnen sind voneinander unabhängig auf der Kreisperipherie gleichverteilt.

Jede Sehne ist durch ihre beiden Endpunkte P_1 und P_2 festgelegt. Ist α der Öffnungswinkel zwischen den beiden Punkten, $0 \leq \alpha \leq \pi$, so gilt gemäß Abbildung 2.22 für die Länge Y der Sehne die Beziehung $Y = 2\sin(\alpha/2)$.

Also tritt das Ereignis '$Y \leq y$' genau dann ein, wenn $2\sin(\alpha/2) \leq y$, d.h. $\alpha \leq 2\arcsin(y/2)$ ist. Unter der angenommenen Gleichverteilung von P_1 und P_2 ist der Öffnungswinkel α auf dem Intervall $[0;\pi]$ gleichverteilt. Damit erhalten wir für die Verteilungsfunktion von Y die Gestalt

$$F(y) = P(Y \leq y) = \frac{2}{\pi}\arcsin(y/2) \qquad (0 \leq y \leq 2)$$

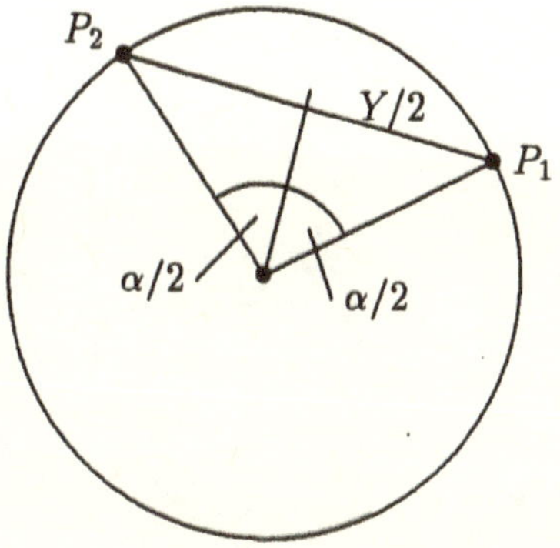

Abbildung 2.22: Bertrand'sches Paradoxon.
Gleichwahrscheinlichkeitsannahme für P_1 und P_2

und als Dichte von Y ergibt sich

$$f(y) = \frac{1}{\pi}\frac{1}{\sqrt{1-y^2/4}} \qquad (0 \le y \le 2).$$

Insbesondere ist $P(Y > \sqrt{3}) = 1 - \frac{2}{\pi}\arcsin(\sqrt{3}/2) = 1/3$.

Gleichwahrscheinlichkeitsannahme C: Die Polarkoordinaten r und ϕ der Sehne sind auf $[0;1] \times [0;2\pi]$ gleichverteilt.

Jede Sehne ist durch ihre Polarkoordinaten r und ϕ festgelegt, $0 \le r \le 1$ und $0 \le \phi \le 2\pi$ (vergleiche Abbildung 2.23); für ihre Länge Y gilt (wie unter **A**): $Y = 2\sqrt{1-r^2}$. Da diese unabhängig von ϕ ist, ergibt sich die Verteilung von Y allein aus der angenommenen Gleichverteilung von r; für die Verteilungsfunktion von Y erhalten wir damit

$$\begin{aligned} F(y) &= P(Y \le y) = P(2\sqrt{1-r^2} \le y) \\ &= P(r \ge \sqrt{1-y^2/4}) = 1 - \sqrt{1-y^2/4} \qquad (0 \le y \le 2). \end{aligned}$$

Als Dichte von Y ergibt sich daraus

$$f(y) = \frac{1}{4}\frac{y}{\sqrt{1-y^2/4}} \qquad (0 \le y \le 2).$$

Insbesondere ist $P(Y > \sqrt{3}) = 1 - (1 - \sqrt{1/4}) = 1/2$.

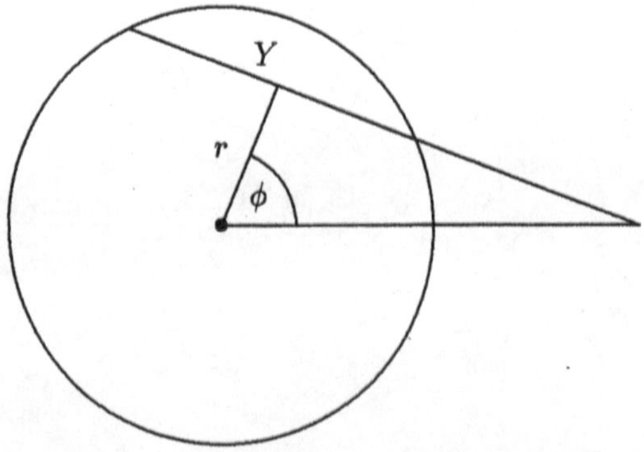

Abbildung 2.23: Bertrand'sches Paradoxon.
Gleichwahrscheinlichkeitsannahme für r und ϕ □

Die Widersprüche und Paradoxien, die mit der Anwendung des Prinzips vom unzureichenden Grund verbunden sind, wären bestenfalls in solchen Situationen überwindbar, in denen eine ganz bestimmte Parametrisierung der Verteilungsannahme ausgezeichnet werden kann und quasi zu einem *natürlichen Parameter* führt, dessen Werte dann als gleichverteilt angenommen werden. Besteht beispielsweise die Verteilungsannahme $\{f(x;\theta) : \theta \in \Theta\}$ aus einer Exponentialfamilie in $T = T(x)$ und $\gamma = \gamma(\theta)$, so könnte man (wie in Abschnitt 1.1.3 formal bereits vollzogen) γ als den natürlichen Parameter erklären, der auf dem Parameterraum $\gamma(\Theta)$ a priori gleichverteilt ist, wenn keine Vorkenntnisse über γ vorhanden sind. Doch selbst in solchen, für 'eindeutige' Parametrisierungen besonders vorteilhaften Fällen von Exponentialfamilien ist die Auszeichnung eines natürlichen Parameters γ als eindeutig bestimmter Objektträger eines a priori Nichtwissens kaum zu rechtfertigen. In erster Linie dient nämlich γ der Charakterisierung der Dichten $f(x;\theta)$ in einer bestimmten funktionalen Gestalt und erfährt durch diesen Zweck seine Auszeichnung und nicht als Instrument der Beschreibung des Wissenszustandes.

Zusammenfassend ist festzustellen: Das Prinzip vom unzureichenden Grund ist in der Regel nicht oder kaum dazu geeignet, eine nichtinformative a priori Verteilung auszuzeichnen. Damit entsteht ein Bedarf nach anderen Prinzipien oder Regeln zur Festlegung einer solchen a priori Verteilung. Auch diese Regeln werden oft zu uneigentlichen a priori Verteilungen, aber nur noch in bestimmten Situationen zu einer (eigentlichen oder uneigentlichen) Gleichverteilung auf dem Parameterraum führen. Bevor wir uns diesen Regeln zuwenden, müssen wir das Bayes-Prinzip mit seinen drei Bayes-Postulaten (2.96) bis (2.98) auf uneigentliche a priori Verteilungen ausweiten.

Bayes-Prinzip für uneigentliche a priori Verteilungen: Das vor der Beobachtung vorhandene Vorwissen über θ kann auch durch eine uneigentliche Verteilung auf Θ (mit einer λ-Dichte $\pi(\theta)$) wiedergegeben werden. Die Dichte $f(x;\theta)$ von X bei gegebenem θ wird dann wie eine bedingte Dichte $f(x|\theta)$ von X unter θ interpretiert. Für jede Beobachtung x mit

$$\int_{\Theta} f(x;\theta)\pi(\theta)d\lambda < \infty \tag{2.136}$$

wird das nach der Beobachtung vorhandene Wissen über θ durch die sogenannte a posteriori Verteilung auf θ dargestellt; diese eigentliche (!) Verteilung besitzt die Dichte

$$\pi(\theta|x) = c(x)f(x|\theta)\pi(\theta) \tag{2.137}$$

mit dem Normierungsfaktor $c(x) = \left[\int_{\Theta} f(x|\theta)\pi(\theta)d\lambda\right]^{-1}$ und wird als bedingte Verteilung von θ unter x interpretiert.

Die Beziehung (2.137) stellt die *Bayes-Formel für uneigentliche a priori Verteilungen* dar. Sie entspricht genau der Beziehung (2.99) für eigentliche a priori Verteilungen. Damit wird sichergestellt, daß man unter der Voraussetzung (2.136) die uneigentlichen a priori Verteilungen genauso auf a posteriori Verteilungen 'umrechnet' wie die eigentlichen.

Die Bayes-Formel für uneigentliche Verteilungen wurde hier als ein Postulat innerhalb des Bayes-Prinzips aufgestellt; eigentlich hat diese Formel jedoch den Rang eines Satzes, der sich in der Tat innerhalb einer Theorie bedingter Maße auch beweisen läßt; man vergleiche dazu Hartigan [1983]; allerdings ist diese Theorie umstritten und wenig verbreitet, insbesondere bleibt die Interpretation bedingter (nichtnormierter) Maße unklar. Wir gehen darauf nicht näher ein, sondern führen zwei andere Argumente für die angegebene Ausdehnung der Bayes-Formel auf uneigentliche Verteilungen ins Feld.

Das erste besteht darin, daß in der Situation nach der Beobachtung Informationen über θ vorhanden sind und deswegen die a posteriori Verteilung eine informative und damit eigentliche Verteilung auf Θ sein muß oder soll. Daraus ergibt sich die Verwendung des Normierungsfaktors $c(x)$ in (2.137), die eine Einschränkung auf solche Beobachtungen x mit sich bringt, für die $c(x)$ endlich ist (vergleiche (2.136)). Oft wird diese Bedingung noch verschärft durch die folgende

> *Forderung:* Eine uneigentliche a priori Verteilung $\pi(\theta)$ ist nur dann *zugelassen*, wenn sie für *jede* mögliche Beobachtung x die Bedingung (2.136) erfüllt. (2.138)

Das zweite Argument beruht auf dem Umstand, daß eine uneigentliche (σ-finite) a priori Verteilung π durch eine Folge *endlicher* (a priori) Maße π_k approximiert werden kann, d.h. $\pi_k \longrightarrow \pi$ (im Sinne der schwachen Konvergenz). Dann erscheint es sinnvoll oder sogar notwendig, daß diese Approximation auch für die entsprechenden a posteriori Verteilungen gilt. Genauer bedeutet das Folgendes: Wir dürfen annehmen, daß π_k und π durch dasselbe Maß λ dominiert werden und daß für die entsprechenden λ-Dichten $\pi_k(\theta)$ und $\pi(\theta)$ gilt: $\pi_k(\theta)$ konvergiert monoton wachsend gegen $\pi(\theta)$. Die λ-Dichten $\pi_k(\theta)$ können durch den Faktor $b_k := \left[\int \pi_k(\theta)d\lambda\right]^{-1}$ auf die eigentlichen a priori Verteilungen $b_k\pi_k(\theta)$ normiert werden. Dazu gehören nach der 'klassischen' Bayes-Formel die folgenden a posteriori Verteilungen:

$$\pi_k(\theta|x) = \frac{f(x|\theta)b_k\pi_k(\theta)}{\int_\Theta f(x|\theta)b_k\pi_k(\theta)d\lambda} = c_k(x)f(x|\theta)\pi_k(\theta)$$

mit $c_k(x) = \left[\int_\Theta f(x|\theta)\pi_k(\theta)d\lambda\right]^{-1}$. Für $k \to \infty$ ergibt sich daraus unter der Voraussetzung (2.136) nach dem Satz von der monotonen Konvergenz:

$$\pi_k(\theta|x) \longrightarrow c(x)f(x|\theta)\pi(\theta)$$

mit $c(x) = \left[\int_\Theta f(x|\theta)\pi(\theta)d\lambda\right]^{-1}$. Damit erhalten wir unter der Gültigkeit von (2.137) den geforderten Approximationsnachweis $\pi_k(\theta|x) \to \pi(\theta|x)$.

Beispiel 2.14 Haldane's a priori Verteilung im Bernoulli-Experiment

Als a priori Verteilung für den Parameter p im Bernoulli-Experiment (Parameterraum Θ ist das offene Einheitsintervall) schlägt Haldane [1948] die uneigentliche Verteilung mit der Dichte

$$\pi(p) = \frac{1}{p(1-p)} \qquad (0 < p < 1) \tag{2.139}$$

vor. Für die Wahl dieser Verteilung als nichtinformative a priori Verteilung lassen sich die beiden folgenden Argumente anführen.

1) Die Verteilungsannahme des Bernoulli-Experimentes stellt eine Exponentialfamilie in $\gamma = \gamma(p) = \log[p/(1-p)]$ und $T(x) = \sum x_i$ dar, vergleiche Beispiel 1.7. Legt man als nichtinformative a priori Verteilung für γ die uneigentliche Gleichverteilung auf dem transformierten Parameterraum $\gamma(\Theta) = \mathbb{R}$ zugrunde, so erhält man durch Rücktransformation auf p wegen $d\gamma(p)/dp = 1/p(1-p)$ gerade die Verteilung mit der Dichte (2.139).

2) Wir betrachten als eigentliche a priori Verteilungen auf Θ die *Beta*$(a;b)$-Verteilungen (vergleiche Abschnitt 2.4.2 und Beispiel 2.9) und suchen darunter diejenige, die möglichst wenig Information enthält. Dazu betrachten wir die Varianzen der Beta$(a;b)$-Verteilungen und interpretieren diese hier ausnahmsweise einmal im Sinne eines Informationsmaßes (Unsicherheitsmaßes): Eine Verteilung gilt als um so weniger informativ, desto größer ihre Varianz ist. Da außerdem eine nichtinformative Verteilung auf Θ symmetrisch sein sollte, lautet die Aufgabe: Gesucht ist diejenige symmetrische Beta-Verteilung, die unter allen (beliebigen) Beta-Verteilungen die größte Varianz besitzt. Die Varianzen (2.104) der Beta$(a;b)$-Verteilungen besitzen das Supremum $1/4$, es wird als Grenzwert für $a \to 0$ von den Varianzen $1/4(2a+1)$ der symmetrischen Beta$(a;a)$-Verteilungen angenommen. Die Dichten dieser Verteilungen konvergieren für $a \to 0$ aber gerade gegen die Dichte (2.139) von Haldane's a priori Verteilung. (Hinweis: Verwendet man zur Charakterisierung der Information einer Verteilung nicht ihre Varianz, sondern die tauglicheren Informationsbegriffe aus Abschnitt 1.3, so ergeben sich andere nichtinformative a priori Verteilungen; vergleiche dazu vor allem Beispiel 2.18.)

Aus Haldane's uneigentlicher a priori Verteilung $\pi(p)$ erhält man gemäß (2.137) für die a posteriori Verteilung $\pi(p|z)$ nach einer Beobachtung x mit z Erfolgen unter n Versuchen die Beziehung

$$\begin{aligned}\pi(p|z) &= c(x)f(x|p)\pi(p) = c(z)p^z(1-p)^{n-z}\,[p(1-p)]^{-1} \\ &= c(z)p^{z-1}(1-p)^{n-z-1}.\end{aligned}$$

Dies ist die Dichte der *Beta*$(z;n-z)$-Verteilung mit dem Normierungsfaktor $c(z) = 1/B(z;n-z) = z\binom{n-1}{z}$. Ausgenommen sind dabei allerdings die Beobachtungen $z = 0$ und $z = n$, für welche die Bedingung (2.136) verletzt ist, so daß keine eigentliche a posteriori Verteilung existiert. Die Forderung (2.138) wird also von Haldane's a priori Verteilung nicht erfüllt. Dieser Umstand (Einschränkung auf Beobachtungen mit $0 < z < n$) stellt einen ernst zu nehmenden Einwand gegen die Verwendung von Haldane's a priori Verteilung dar, so daß empfohlen wird, statt dieser eine andere nichtinformative a priori Verteilung zu benutzen (siehe Beispiel 2.18). Angesichts der beiden oben vorgestellten Begründungen für Haldane's a priori Verteilung, von denen wenigstens die erste ganz überzeugend erscheint, fällt diese Empfehlung etwas zwiespältig aus. Auf das hier sichtbar werdende Dilemma bei der Wahl einer nichtinformativen a priori Verteilung gehen wir (auch in Beispiel 2.18 und vor allem im Beispiel 2.21) noch näher ein. □

Wir kommen nun zu den bereits angekündigten Regeln zur Festlegung nichtinformativer a priori Verteilungen. Wir beschreiben diese Regeln, auch die mit ihnen verbundenen Probleme, zunächst jede für sich und stellen sie als quasi gleichberechtigt konkurrierende Prinzipien nebeneinander. Anschließend wird dann in Abschnitt 2.5.7 eine zusammenfassende und vergleichende Beurteilung vorgenommen.

2.5.2 Bayes-Laplace-Regel: Prinzip vom unzureichenden Grund

Die älteste Regel zur Festlegung einer nichtinformativen a priori Verteilung geht auf Bayes [1763] und Laplace [1814] zurück. Sie besteht in dem bereits erwähnten Prinzip vom unzureichenden Grund. Nach diesem Prinzip wird eine völlige Unkenntnis über einen Parameter θ dadurch charakterisiert, daß kein hinreichender Grund bekannt ist, irgendeinen Parameterwert gegenüber einem anderen als glaubwürdiger zu bewerten, als nichtinformative a priori Verteilung wird eine (eigentliche oder uneigentliche) *Gleichverteilung auf* Θ festgelegt. Das Prinzip führt zu den oben beschriebenen Widersprüchen und Paradoxien, wenn man die Verteilungsannahme auf einen Parameter $\eta = \varphi(\theta)$ umparametrisiert, wobei φ eine eineindeutige Parametertransformation ist: Die Gleichverteilung auf Θ geht dann im allgemeinen nicht in eine Gleichverteilung auf $\varphi(\Theta)$ über, die Gleichverteilungsannahme ist nicht invariant gegenüber eineindeutigen Parametertransformationen. Diese Probleme treten dann nicht auf, wenn Θ endlich ist, sagen wir $\Theta = \{\theta_1, \ldots, \theta_N\}$. In diesem Fall gilt für jede eineindeutige Transformation φ auf Θ mit $\eta_j = \varphi(\theta_j)$ trivialerweise die Beziehung

$$\pi(\eta_j) = \pi(\theta_j) \qquad j = 1, \ldots, N. \tag{2.140}$$

Dabei ist π eine beliebige a priori Dichte (Wahrscheinlichkeitsfunktion) auf Θ. Bei endlichem Parameterraum ist also jede a priori Verteilung, insbesondere auch die Gleichverteilung, invariant gegenüber eineindeutigen Transformationen, das Prinzip vom unzureichenden Grund kann widerspruchsfrei angewandt werden, die Gleichverteilung auf Θ ist die eindeutig bestimmte nichtinformative a priori Verteilung. Diese Auszeichnung der Gleichverteilung (auf einem endlichen Parameterraum) ergibt sich auch aus der folgenden, informationstheoretisch begründeten Regel.

2.5.3 Jaynes-Regel: Maximale a priori Entropie

In Abschnitt 1.3.1 haben wir den Begriff der Entropie einer Verteilung behandelt. Diese Größe stellt ein Maß für die Unbestimmtheit einer Verteilung dar, also dafür, inwieweit eine gegebene Verteilung die Werte der betreffenden Zufallsgröße noch offen oder unbestimmt läßt. Wird ein vorhandenes Vorwissen über einen unbekannten Parameter θ durch eine a priori Verteilung π auf dem Parameterraum Θ ausgedrückt, so mißt die Entropie $H(\pi)$ der Verteilung π, wie unbestimmt oder unscharf das Vorwissen ist, wie gering mit anderen Worten die in π enthaltene Information über θ ist; je größer $H(\pi)$ ist, desto geringer ist diese Information. Daher ist es naheliegend, eine a priori Verteilung als nichtinformativ aufzufassen, wenn sie unter allen in Frage kommenden a priori Verteilungen *maximale Entropie* besitzt. Diese Auffassung wird bei Jaynes [1968] zu einer Regel (eigentlich einem ganzen Regelwerk) für die Festlegung nichtinformativer a priori Verteilungen ausgeformt. Nach dieser Regel muß man zuerst einmal eine geeignete (hinreichend große) Klasse $\mathfrak{V}$ von a priori Verteilungen festlegen, innerhalb der diejenige mit maximaler Entropie überhaupt bestimmt werden kann. Denn in der Menge *aller* a priori Verteilungen ist dies nur in bestimmten Sonderfällen möglich (z.B. dann, wenn Θ endlich ist). Die Wahl von $\mathfrak{V}$ hängt von der Gestalt des Parameterraumes Θ, unter Umständen aber auch von der Verteilungsannahme $\mathfrak{P}$ ab. Darüber hinaus ist vorgesehen, daß $\mathfrak{V}$ auch durch solche Restriktionen festgelegt werden kann, die aus gewissen Teilkenntnissen über θ (zusammenfassend *partielle Information* genannt) bestehen (z.B. aus der Kenntnis des Erwartungswertes der a priori Verteilung). Grundsätzlich beschränkt man sich bei der Maximierung der Entropie stets auf *eigentliche* a priori Verteilungen. Darüber hinaus unterscheidet man strikt zwischen dem diskreten und stetigen Fall. Andere Fälle werden nicht in Betracht gezogen. Diese Unterscheidung ist schon allein deswegen erforderlich, weil diskrete und stetige Verteilungen in Hinblick auf ihre Entropie gar nicht miteinander vergleichbar sind; man betrachte dazu die entsprechenden Überlegungen in Abschnitt 1.3.1 zur Einführung der Entropie von stetigen Verteilungen.

Im diskreten Fall besteht Θ aus höchstens abzählbar unendlich vielen Werten $\theta_1, \theta_2, \ldots, \theta_j, \ldots$, eine a priori Verteilung π ist dann eine diskrete Verteilung, die mit ihrer Wahrscheinlichkeitsfunktion $\pi(\theta_j)$ identifiziert wird, ihre Entropie $H(\pi)$ lautet nach der Shannon'schen Formel (1.72)

$$H(\pi) = -\sum \pi(\theta_j) \log \pi(\theta_j)\,. \tag{2.141}$$

(Wir verwenden in diesem Abschnitt den natürlichen an Stelle des dualen Logarithmus; die Ergebnisse bleiben davon unberührt.)

Im Spezialfall eines *endlichen* Parameterraumes $\Theta = \{\theta_1, \ldots, \theta_N\}$ können wir zur Maximierung der Entropie den Extremalsatz 1.24 anwenden und erhalten die (diskrete) Gleichverteilung auf Θ als die eindeutig bestimmte a priori Verteilung mit maximaler Entropie (unter *allen* Verteilungen auf Θ). Also gilt der

Satz 2.8 *Nach der Jaynes-Regel ist die nichtinformative Verteilung auf einem endlichen Parameterraum Θ die Gleichverteilung auf Θ.*

Eine Beschränkung auf eine Teilklasse $\mathfrak{V}$ von Verteilungen ist hier (zur Sicherung der Existenz einer Verteilung mit maximaler Entropie) nicht erforderlich. Das Prinzip der Entropiemaximierung und das Prinzip vom unzureichenden Grund führen bei endlichen Parameterräumen zu demselben Ergebnis.

Besteht Θ aus *abzählbar unendlich vielen* Werten, so kommt man zur Maximierung der Entropie nicht mehr ohne eine Beschränkung der Menge aller Verteilungen auf eine Teilklasse $\mathfrak{V}$ aus. Zur Festlegung von $\mathfrak{V}$ wird eine partielle Vorinformation vorausgesetzt, die aus m Restriktionen der Form

$$E_\pi\left[\psi_k(\theta)\right] = \sum_{j=1}^{\infty} \psi_k(\theta_j)\pi(\theta_j) = \mu_k \qquad (k = 1, \ldots, m) \tag{2.142}$$

besteht. Darin sind $\psi_k(\theta)$ bekannte (reellwertige) Funktionen und μ_k ihre bekannten a priori Erwartungswerte. Die Maximierung der Entropie $H(\pi)$ unter den Nebenbedingungen (2.142) (und natürlich unter $\sum \pi(\theta_j) = 1$) stellt ein bekanntes Problem der Variationsrechnung dar. Seine Lösung hat allgemein die Gestalt

$$\pi(\theta_j) = \frac{\exp\left\{\sum_{k=1}^{m} c_k\psi_k(\theta_j)\right\}}{\sum_{j=1}^{\infty} \exp\left\{\sum_{k=1}^{m} c_k\psi_k(\theta_j)\right\}}\,; \tag{2.143}$$

dabei werden die Zahlen c_k aus den Bedingungen (2.142) als Lagrange'sche Multiplikatoren bestimmt. Ist der Nenner in (2.143) endlich, so stellt diese Lösung die gesuchte eindeutig bestimmte a priori Verteilung mit maximaler Entropie dar. (Natürlich läßt sich diese Vorgangsweise mit der Lösung (2.143) auch auf endliche Parameterräume anwenden.)

Beispiel 2.15 Geometrische Verteilung als Verteilung mit maximaler Entropie

Gegeben sei der Parameterraum $\Theta = \mathbb{N} = \{1, 2, \ldots\}$. Bekannt sei, daß der a priori Erwartungswert des Parameters gleich μ ist, weitere Kenntnisse über die a priori Verteilung liegen nicht vor. Die Restriktionen (2.142) bestehen dann aus der einen Gleichung

$$E_\pi[\theta] = \sum_\theta \theta\pi(\theta) = \mu$$

($m = 1$, $\psi_1(\theta) = \theta$ und $\mu_1 = \mu > 1$). Nach (2.143) hat dann die a priori Verteilung mit maximaler Entropie (unter der gegebenen Restriktion) eine Dichte (Wahrscheinlichkeitsfunktion) der Gestalt

$$\pi(\theta) = \frac{\exp\{c\theta\}}{\sum_{\theta=1}^{\infty} \exp\{c\theta\}} = \frac{p^\theta}{\sum_{\theta=1}^{\infty} p^\theta} \qquad \text{mit } p = e^c\,.$$

Darin ist der Nenner genau dann endlich, wenn $p < 1$ ist. Unter dieser Voraussetzung geht $\pi(\theta)$ wegen $\sum_{\theta=1}^{\infty} p^\theta = p/(1-p)$ über in

$$\pi(\theta) = (1-p)p^{\theta-1}.$$

Also liegt eine Geometrische Verteilung mit dem Parameter p vor. Deren Erwartungswert ist gleich $1/p$, so daß $p = 1/\mu$ in der Tat kleiner als 1 ist. Für c ergibt sich der Wert $c = -\log\mu$. (Die Nebenbedingung sorgt dafür, daß $\pi(\theta)$ eine eigentliche Verteilung wird.) □

Im stetigen Fall besteht Θ aus einem (beschränkten oder unbeschränkten) Intervall und die a priori Verteilung π aus einer (Lebesgue-)stetigen Verteilung, die mit ihrer Dichte $\pi(\theta)$ identifiziert wird. Die Entropie $H(\pi)$ lautet dann nach der Shannon-Formel (1.76) oder (1.77):

$$H(\pi) = -\int \pi(\theta)\log\pi(\theta)d\theta. \tag{2.144}$$

Ist Θ ein *beschränktes eindimensionales* Intervall $[a;b]$, so können wir zur Maximierung der Entropie den Extremalsatz 1.25 heranziehen und erhalten die (stetige) Gleichverteilung auf Θ als die (eindeutig bestimmte) a priori Verteilung mit maximaler Entropie (unter allen stetigen Verteilungen auf Θ). Damit gilt der

Satz 2.9 *Nach der Jaynes-Regel ist die nichtinformative Verteilung auf dem Parameterraum $\Theta = [a;b]$ die stetige Gleichverteilung auf Θ.*

Hier liefert die Entropiemaximierung wieder dasselbe Ergebnis wie das Prinzip vom unzureichenden Grund. Damit treten dann allerdings auch die oben beschriebenen Widersprüche und Paradoxien auf, die mit dem Prinzip vom unzureichenden Grund verbunden sind, und aus dem Umstand herrühren, daß die Gleichverteilung nicht invariant ist gegenüber eineindeutigen Transformationen.

Ist Θ ein *unbeschränktes eindimensionales* Intervall, so ist die Maximierung der Entropie nur noch auf einer Teilklasse $\mathfrak{V}$ der (Lebesgue-)stetigen Verteilungen auf Θ möglich. Zur Festlegung von $\mathfrak{V}$ wird dann eine partielle Vorinformation vorausgesetzt, die aus m Restriktionen der Form

$$E_\pi[\psi_k(\theta)] = \int_\Theta \psi_k(\theta)\pi(\theta)d\theta = \mu_k \qquad (k = 1,\ldots,m) \tag{2.145}$$

besteht. Darin sind wie in (2.142) die Funktionen $\psi_k(\theta)$ und ihre a priori Erwartungswerte μ_k vorgegeben. Die Maximierung von $H(\pi)$ unter den Nebenbedingungen (2.145) (und natürlich unter $\int_\Theta \pi(\theta)d\theta = 1$) hat allgemein eine Lösung der Gestalt

$$\pi(\theta) = \frac{\exp\left\{\sum_{k=1}^{m} c_k \psi_k(\theta)\right\}}{\int_\Theta \exp\left\{\sum_{k=1}^{m} c_k \psi_k(\theta)\right\} d\theta}, \tag{2.146}$$

wobei c_k wieder die Lagrange'schen Multiplikatoren der Nebenbedingungen bedeuten. Ist der Nenner in (2.146) endlich, so stellt diese Lösung die gesuchte, eindeutig bestimmte (eigentliche) a priori Verteilung mit maximaler Entropie dar.

Beispiel 2.16 Exponentialverteilung als Verteilung mit maximaler Entropie

Gegeben sei der Parameterraum $\Theta = \mathbb{R}_+$ (Menge der positiven reellen Zahlen, ein- oder ausschließlich der Null). Es sollen nur (Lebesgue-)stetige a priori Verteilungen auf Θ in Betracht gezogen werden. Darüber hinaus sei bekannt, daß der a priori Erwartungswert des Parameters gleich μ ist. Die Restriktionen (2.145) bestehen hier aus der einen Gleichung

$$E_\pi[\theta] = \int_\Theta \theta\pi(\theta)d\theta = \mu$$

($m = 1$, $\psi_1(\theta) = \theta$ und $\mu_1 = \mu > 0$). Die a priori Verteilung mit maximaler Entropie (unter dieser Nebenbedingung) hat dann nach (2.146) eine (Lebesgue-) Dichte der Gestalt

$$\pi(\theta) = \frac{\exp\{c\theta\}}{\int_0^\infty \exp\{c\theta\}\, d\theta}.$$

Darin ist der Nenner genau dann endlich, wenn c negativ ist. Unter dieser Voraussetzung geht $\pi(\theta)$ wegen $\int_0^\infty \exp\{c\theta\}d\theta = -1/c$ über in

$$\pi(\theta) = -ce^{c\theta}.$$

Also liegt eine Exponentialverteilung mit dem Parameter $\lambda = -c$ vor. Deren Erwartungswert ist gleich $1/\lambda$, so daß $\lambda = 1/\mu$ sein muß und damit $c = -1/\mu$

in der Tat negativ ist. (Die Nebenbedingung gewährleistet, daß die Maximierung der Entropie zu einer eigentlichen Verteilung führt!) Als Ergebnis halten wir fest:

> Unter allen (eindimensionalen) stetigen Verteilungen auf dem $\mathbb{R}_+$ mit dem Erwartungswert μ hat die $Expo(1/\mu)$-Verteilung maximale Entropie. (2.147)

Beispiel 2.17 Normalverteilung als Verteilung mit maximaler Entropie

Gegeben sei der Parameterraum $\Theta = \mathbb{R}$. Es sollen wieder nur (Lebesgue-) stetige a priori Verteilungen auf Θ in Betracht gezogen werden. Als partielle Vorinformation sind die Werte μ und σ^2 der a priori Verteilung gegeben. Die Restriktionen (2.145) bestehen hier aus den beiden Gleichungen

$$E_\pi[\theta] = \int \theta\pi(\theta)d\theta = \mu$$

$$E_\pi\left[\theta^2\right] = \int \theta^2\pi(\theta)d\theta = \sigma^2 + \mu^2$$

($m = 2$, $\psi_1(\theta) = \theta$, $\mu_1 = \mu$, $\psi_2(\theta) = \theta^2$, $\mu_2 = \sigma^2 + \mu^2$). Die a priori Verteilung mit maximaler Entropie (unter diesen Nebenbedingungen) hat dann nach (2.146) eine (Lebesgue-)stetige Dichte der Gestalt

$$\pi(\theta) = \frac{\exp\left\{c_1\theta + c_2\theta^2\right\}}{\int \exp\left\{c_1\theta + c_2\theta^2\right\}d\theta},$$

die wegen $c_1\theta + c_2\theta^2 = c_2(\theta - c_1/2c_2)^2 - c_1^2/4c_2^2$ übergeht in

$$\pi(\theta) = \frac{\exp\left\{c_2[\theta - c_1/2c_2]^2\right\}}{\int \exp\left\{c_2[\theta - c_1/2c_2]^2\right\}d\theta}.$$

Darin ist der Nenner genau dann endlich, wenn c_2 negativ ist. Unter dieser Voraussetzung ist $\pi(\theta)$ die Dichte einer Normalverteilung, genauer: der $N(c_1/2c_2\,; -1/2c_2)$-Verteilung. Aus den Nebenbedingungen ergeben sich für c_1 und c_2 die Werte $c_1 = -\mu/\sigma^2$ und $c_2 = -1/2\sigma^2$. Insbesondere ist c_2 in der Tat negativ. (Die Nebenbedingungen gewährleisten wieder, daß die Maximierung der Entropie zu einer eigentlichen Verteilung führt. Dafür wäre übrigens die erste der beiden Nebenbedingungen nicht hinreichend gewesen.) □

Als Ergebnis halten wir fest:

Satz 2.10 *Unter allen (eindimensionalen) stetigen Verteilungen auf $\mathbb{R}$ mit dem Erwartungswert μ und der Varianz σ^2, μ und σ^2 fest vorgegeben, hat die $N(\mu; \sigma^2)$-Verteilung maximale Entropie.*

Diese Extremaleigenschaft der Normalverteilung wird bei Rényi [1966], S. 486f., im Zusammenhang mit dem zentralen Grenzwertsatz diskutiert und damit eine Beziehung zum zweiten Hauptsatz der Wärmelehre hergestellt. Auf diese beiden wichtigen Anwendungen des Extremalsatzes Satz 2.10 kann hier nur verwiesen werden. Der Extremalsatz Satz 2.10 läßt sich auf mehrdimensionale Verteilungen verallgemeinern: Die k-dimensionale $N(\vec{\mu}; C)$-Verteilung ist diejenige Verteilung, die unter allen stetigen Verteilungen auf dem $\mathbb{R}_k$ mit Erwartungswertvektor $\vec{\mu}$ und Kovarianzmatrix C maximale Entropie besitzt.

Auch im Fall der Maximierung der Entropie unter Nebenbedingungen ist aber die erhaltene Verteilung mit maximaler Entropie wieder nicht invariant (genauer: nicht äquivariant) gegenüber eineindeutigen Parametertransformationen $\varphi(\theta)$: Wird zuerst die Entropie der Verteilung von θ maximiert und danach θ in $\varphi(\theta)$ transformiert, so erhält man im allgemeinen eine andere Verteilung als diejenige, die sich ergibt, wenn man zuerst θ in $\varphi(\theta)$ transformiert und anschließend die Entropie der Verteilung von $\varphi(\theta)$ maximiert. Damit treten hier die gleichen Widersprüche auf wie im Fall $\Theta = [a; b]$, in dem die Maximierung der Entropie ohne Nebenbedingungen zur (stetigen) Gleichverteilung auf Θ führt.

Diese Widersprüche und Probleme im stetigen Fall haben ihre Wurzeln im Entropiebegriff selbst: Die Shannonsche Entropie ist nur für diskrete, nicht aber für stetige Verteilungen invariant gegenüber eineindeutigen Transformationen. Der Entropie- und damit auch der Informationsbegriff nach Shannon (Information gleich negativer Entropie) verliert beim Übergang vom diskreten auf den stetigen Fall eine wesentliche Komponente seiner inhaltlichen Bedeutung, nämlich diejenige, ein Maß für die mittlere Länge einer Nachricht (Zeichenfolge) zu sein, aus der die Information (Aufhebung der Entropie) besteht. Dieses Defizit (wir sind darauf bereits in Abschnitt 1.3.1 näher eingegangen) macht sich bei Anwendung einer eineindeutigen Transformation besonders drastisch bemerkbar: Besteht die Nachricht auf der Mitteilung, welche Realisation y einer Zufallsgröße Y, die auf $\mathbb{R}$ stetig verteilt ist, beobachtet wurde, so entsteht das Paradoxon, daß die Information der Nachricht y und diejenige der Nachricht $\varphi(y)$ im allgemeinen verschieden sind, obwohl doch bei einer eineindeutigen Transformation φ in der Angabe von $\varphi(y)$ derselbe Informations'gehalt' steckt wie in der Angabe von y. Aufgrund dieses Sachverhaltes erscheint der Informationsbegriff für den stetigen Fall unbefriedigend oder sogar untauglich.

2.5.4 Jeffreys-Regel: Prinzip der Invarianz

Zur Überwindung der Widersprüche und Probleme, die das Prinzip vom unzureichenden Grund und auch die Jaynes-Regel bei Parametertransformationen im stetigen Fall mit sich bringen, dient die Forderung nach einer invarianten Festlegung einer nichtinformativen a priori Verteilung gegenüber eineindeutigen Parametertransformationen (Reparametrisierungen). Sie lautet:

> *Prinzip der Invarianz:* Eine Regel zur Festlegung einer nichtinformativen a priori Verteilung soll in folgendem Sinne invariant gegenüber eineindeutigen Parametertransformationen $\varphi(\theta)$ sein: Wird für den Parameter θ nach der betreffenden Regel die nichtinformative a priori Verteilung $\pi(\theta)$ bestimmt und anschließend θ in $\varphi(\theta)$ transformiert, so soll die so entstehende Verteilung von $\varphi(\theta)$ dieselbe sein wie diejenige, die sich ergibt, wenn zuerst θ in $\varphi(\theta)$ transformiert und dann die Regel auf $\varphi(\theta)$ angewandt wird. (2.148)

Schematische Darstellung ('J' steht für 'Regel zur Festlegung einer nichtinformativen a priori Verteilung', $\pi(\theta)$ ist wie stets die a priori Verteilung von θ und $\pi_\varphi(\eta)$ diejenige von $\eta = \varphi(\theta)$):

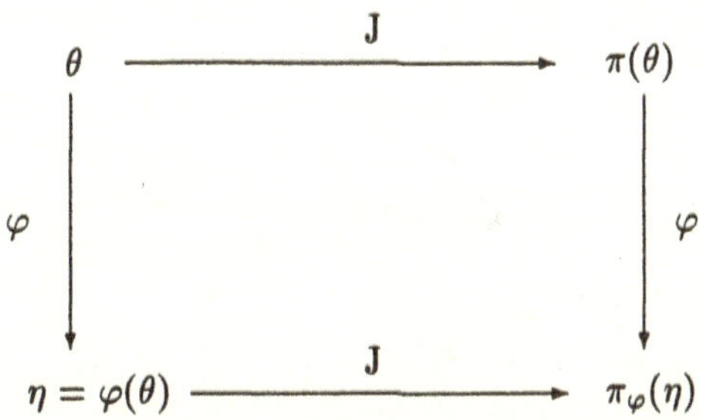

Dabei sind unter diesen Invarianzgesichtspunkten sowohl eigentliche als auch uneigentliche a priori Verteilungen zugelassen. Das Prinzip der Invarianz wurde von Jeffreys [1946, 1961, 1973] in die Diskussion und Problematik über nichtinformative a priori Verteilungen eingebracht. Von ihm stammt auch eine Regel zur Bestimmung einer nichtinformativen a priori Verteilung, die berühmte *Jeffreys-Regel*, welche dem Invarianzprinzip Genüge leistet. Mit dieser Regel ist eine entscheidende Veränderung in der Betrachtungsweise nichtinformativer a priori Verteilungen verbunden: Die betreffende a priori Verteilung wird nicht nur in Abhängigkeit vom vorhandenen Parameterraum Θ gesehen, wie es bisher der Fall war, sondern auch in Abhängigkeit von der zugrundeliegenden Verteilungsannahme $\mathfrak{P}$ und damit vom gesamten Stichprobenexperiment $(X, \mathfrak{P})$. Die Regel ist eng mit der Fisher-Information verbunden, setzt also Fisher-reguläre Verteilungsannahmen voraus. (Zur Fisher-Regularität und zur Fisher-Information siehe Abschnitte 1.3.2 und 1.3.3.)

Jeffreys-Regel: Gegeben sei eine Fisher-reguläre Verteilungsannahme $\mathfrak{P} = \{f(x;\theta) : \theta \in \Theta\}$ mit der Fisher-Information bzw. Fisher-Informationsmatrix $I(\theta)$. Als nichtinformative a priori Verteilung wird die Verteilung festgelegt, deren Dichte (2.149)

a) proportional ist zu $\sqrt{I(\theta)}$, falls θ reell ist.

b) proportional ist zu $\sqrt{\det I(\theta)}$, falls θ vektoriell ist.

Anmerkung zu a): Mit $I(\theta)$ ist die Fisher-Information der gesamten Stichprobe X gemeint, die wir auch mit $I_X(\theta)$ bezeichnet haben. Im Fall einer i.i.d. Stichprobe $X = (X_1, \ldots, X_n)$ dürfen wir wegen Satz 1.28c) an Stelle von $I_X(\theta)$ auch einfach $I_{X_1}(\theta)$ verwenden, die nichtinformative a priori Verteilung ist in diesem Regelfall unabhängig von n. Die Invarianz der Regel a) ergibt sich aus (1.103). Die dazu erforderliche Einschränkung auf differenzierbare (eineindeutige) Parametertransformationen $\eta = \varphi(\theta)$ erfolgt ohne Beschränkung der Allgemeinheit, wenn man berücksichtigt, daß auch die durch η parametrisierte Verteilungsannahme Fisher-regulär sein soll.

Anmerkung zu b): Auch hier ist mit $I(\theta) = I_X(\theta)$ die Fishersche Informationsmatrix der gesamten Stichprobe X gemeint, die im Fall einer i.i.d. Stichprobe wegen (1.117) durch die Informationsmatrix $I_{X_1}(\theta)$ ersetzt werden darf. Die Eigenschaft der Invarianz der Regel b) folgt aus (1.118). Die dazu notwendigen Differenzierbarkeitsvoraussetzungen von $\eta = \varphi(\theta)$ können (unter Berücksichtigung der Fisher-Regularität) wieder ohne Beschränkung der Allgemeinheit als erfüllt gelten.

Unter den angegebenen Voraussetzungen erhalten wir unter a) und b):

Satz 2.11 *Die Jeffreys-Regel erfüllt das Invarianz-Prinzip.*

Mit Fug und Recht kann die Invarianzeigenschaft (2.148) als eine notwendige Forderung an eine Regel zur Bestimmung einer nichtinformativen a priori Verteilung angesehen werden. Eine hinreichende Bedingung zur eindeutigen Festlegung einer solchen Regel stellt diese Forderung allerdings nicht dar: Es gibt eine ganze Reihe verschiedener Regeln, welche die gewünschte Invarianzeigenschaft besitzen. Auf diese Weise erfährt Jeffreys' Regel durch ihre Invarianzeigenschaft zwar eine gewisse Rechtfertigung, aber noch keine intuitive Begründung oder Charakterisierung. Dieses Versäumnis soll nun nachgeholt werden.

Im eindimensionalen Fall baut die Charakterisierung der Jeffreys-Regel unmittelbar auf Eigenschaften und Interpretationen der Fisher-Information $I(\theta)$ auf, die wir in Abschnitt 1.3.2 behandelt haben. In der Interpretation von $I(\theta)$ als Trenninformation (Interpretation a) in 1.3.2) haben wir festgestellt, daß $I(\theta)$ als Erwartungswert der quadrierten Score-Funktion $K(\theta; X)$ ein Maß dafür darstellt, wie gut man in der Umgebung von θ die Dichten $f(x;\theta)$ trennen kann. Durch $I(\theta)$ wird damit so etwas wie ein lokales quadriertes Abstandsmaß auf den Dichten festgelegt. Genauer betrachtet folgt aus (1.80) für kleine Unterschiede $\Delta\theta$ die Beziehung

$$\log f(x;\theta + \Delta\theta) - \log f(x;\theta) \approx K(\theta;x)\,\Delta\,\theta\,, \tag{2.150}$$

so daß $\sqrt{I(\theta)} = \sqrt{E_\theta K^2(\theta;X)}$ als eine natürliche 'mittlere' Längeneinheit aufgefaßt werden kann, in der die Abstände zwischen $\log f(x;\theta + \Delta\theta)$ und $\log f(x;\theta)$ in Abhängigkeit von $\Delta\theta$ gemessen werden. (Wegen $E_\theta K(\theta;X) = 0$ wird hier ähnlich wie bei der Bildung der Varianz oder des Mean-Square-Errors zuerst $K(\theta;X)$ quadriert und dann der Erwartungswert gebildet; die anschließende Wurzelziehung erfolgt zur Einhaltung der vorhandenen Skala des Parameters.) Noch deutlicher wird dieser Sachverhalt durch die Interpretation von $I(\theta)$ mit Hilfe der Shannon-Information, konkret: der Kullback-Leibler-Information (Interpretation d) in 1.3.2). Die Kullback-Leibler-Information $KL(\theta;\theta')$ für θ relativ zu θ' ist erklärt worden als

$$KL(\theta;\theta') = E_\theta \log[f(X;\theta)/f(X;\theta')] \tag{2.151}$$

und dient als Maß für den Unterschied der Shannon-Information bzw. Shannon-Entropie zwischen den beiden Verteilungen $f(x;\theta)$ und $f(x;\theta')$. Dafür gilt in einer Umgebung von θ, d.h. für kleine $\Delta\theta$, gemäß (1.88) die Beziehung

$$KL(\theta;\theta + \Delta\theta) \approx \tfrac{1}{2} \cdot I(\theta) \cdot [\Delta\theta]^2\;. \tag{2.152}$$

Wie in (2.150) ergibt sich hier: Will man den Unterschied, den eine Veränderung von θ um $\Delta\theta$ auf die Verteilung bewirkt, proportional, d.h. in Einheiten von $\Delta\theta$ messen, so ist die dazugehörige natürliche Längeneinheit proportional zu $\sqrt{I(\theta)}$.

Die Beziehungen (2.150) und (2.152) beschreiben lokal (in einer Umgebung von θ), wie stark sich eine Verschiebung von θ um $\Delta\theta$ auf die Verteilung $f(x;\theta)$ auswirkt, wenn man den Unterschied zwischen $f(x;\theta)$ und $f(x;\theta+\Delta\theta)$ informationstheoretisch erfaßt und relativ zu $\Delta\theta$ mißt: $\sqrt{I(\theta)}$ ist der entsprechende Proportionalitätsfaktor und damit ein 'natürliches' Maß für das a priori Gewicht oder die a priori Bedeutung des Parameters θ. Konsequenterweise wird dann die a priori Dichte $\pi(\theta)$ proportional zu $\sqrt{I(\theta)}$ gewählt, wenn keine a priori Kenntnisse über θ vorliegen. In diesem Zusammenhang spielt die Dichte $\pi(\theta)$ in erster Linie die Rolle einer allgemeinen Gewichtsfunktion auf Θ und erst in zweiter Hinsicht diejenige einer Wahrscheinlichkeitsverteilung. Folgerichtig muß $\pi(\theta)$ nicht notwendig normierbar sein, als a priori Verteilungen sind auch uneigentliche Verteilungen zugelassen.

Im mehrdimensionalen Fall geht man zur Charakterisierung der Jeffreys-Regel von den entsprechenden Verallgemeinerungen der Beziehungen (2.150) bzw. (2.152) auf Parametervektoren $\theta = (\theta_1, \ldots, \theta_r)$ aus. Diese lauten, wenn wir $\Delta\theta = (\Delta\theta_1, \ldots, \Delta\theta_r)$ setzen und wie in Abschnitt 1.3.3 mit $K(\theta; x)$ den r-dimensionalen (Zeilen-)Score-Vektor (1.109) und mit $I(\theta)$ die $(r \times r)$-dimensionierte Fishersche Informationsmatrix (1.112) bezeichnen:

$$f(x; \theta + \Delta\theta) - f(x; \theta) \approx K(\theta; x)(\Delta\theta)' \tag{2.153}$$

$$KL(\theta; \theta + \Delta\theta) \approx \frac{1}{2}(\Delta\theta) I(\theta) (\Delta\theta)' . \tag{2.154}$$

Im Gegensatz zum eindimensionalen Fall ergibt sich daraus aber nicht schon unmittelbar genau eine (notwendigerweise reellwertige) Gewichtsfunktion $\pi(\theta)$ auf Θ, die den Unterschied zwischen $f(x; \theta)$ und $f(x; \theta + \Delta\theta)$ informationstheoretisch beschreibt und (asymptotisch) proportional zu $\Delta\theta$, d.h. linear in $\Delta\theta$ mißt. Zur Gewinnung einer solchen Gewichtsfunktion hätte man nämlich von der Matrix $I(\theta)$ auf die Wurzelmatrix $[I(\theta)]^{1/2}$ überzugehen (zu jeder positiv semidefiniten symmetrischen Matrix A gibt es eine eindeutig bestimmte symmetrische Matrix B mit $B^2 = A$) und aus dieser Wurzelmatrix eine reellwertige Gewichtsfunktion zu bilden. Letzteres ist jedoch auf *verschiedene* Weise möglich. Eine dieser Möglichkeiten ist die Bildung der Determinante von $[I(\theta)]^{1/2}$, die wegen $\det[I(\theta)]^{1/2} = \sqrt{\det I(\theta)}$ zu der Jeffreys-Regel $\pi(\theta) \sim \sqrt{\det I(\theta)}$ führt. Eine andere wäre die Bildung der Spur von $[I(\theta)]^{1/2}$, wonach die Regel zur Festlegung einer nichtinformativen a priori Verteilung lautete: $\pi(\theta) \sim \mathrm{spur}[I(\theta)]^{1/2}$. Beide Regeln lassen sich mit Hilfe der Eigenwerte $\lambda_1(\theta), \ldots, \lambda_r(\theta)$ der Matrix $I(\theta)$ auf die Gestalt

$$\pi(\theta) \sim \sqrt{\det I(\theta)} = \prod_{i=1}^{r} \sqrt{\lambda_i(\theta)} \tag{2.155}$$

$$\pi(\theta) \sim \mathrm{spur}[I(\theta)]^{1/2} = \sum_{i=1}^{r} \sqrt{\lambda_i(\theta)} \tag{2.156}$$

bringen. Eine weitere Regel entsteht, wenn man in (2.155) statt der Quadratwurzel die r-te Wurzel verwendet, womit

$$\pi(\theta) \sim \sqrt[r]{\lambda_1(\theta) \cdots \lambda_r(\theta)} \tag{2.157}$$

folgt. Man erkennt, daß diese Regeln auf jeweils verschiedene Weise das Prinzip berücksichtigen, die nichtinformative a priori Dichte in Form einer mittleren natürlichen Skaleneinheit ('Längen'- oder 'Volumen'einheit) festzulegen (einer Einheit für die Skala, auf welcher der Unterschied zwischen $f(x; \theta)$ und $f(x; \theta + \Delta\theta)$ informationstheoretisch und linear in $\Delta\theta$ gemessen wird). Im mehrdimensionalen Fall gibt es dazu eben verschiedene, auf $I(\theta)$ aufbauende Skalierungsmöglichkeiten mit entsprechenden Regeln zur Festlegung einer nichtinformativen a priori Verteilung. Unter diesen zeichnet sich die Jeffreys-Regel durch die geforderte Invarianzeigenschaft aus.

Trotz dieser gelungenen Charakterisierung der Jeffreys-Regel stellt sich in den folgenden Beispielen heraus, daß die Anwendung dieser Regel im mehrdimensionalen Fall zu Ungereimtheiten oder Widersprüchlichkeiten ('Paradoxien') führen kann, die im eindimensionalen Fall nicht auftreten. Entsprechend stößt die Jeffreys-Regel im eindimensionalen Fall auf breite, nahezu ungeteilte Zustimmung, im mehrdimensionalen Fall dagegen auch auf Skepsis, Kritik oder sogar Ablehnung.

Beispiel 2.18 Jeffreys' a priori Verteilung im Bernoulli-Experiment

Im Bernoulli-Experiment lautet die Fisher-Information $I(p) = n/p(1-p)$; man vergleiche dazu (1.98) in Beispiel 1.38. Damit liefert die Jeffreys-Regel eine a priori Dichte $\pi(p)$, die proportional zu $1/\sqrt{p(1-p)}$ ist. Nach entsprechender Normierung, die in diesem Fall möglich ist, ergibt sich eine eigentliche Verteilung mit der Dichte

$$\pi(p) = \frac{1}{\pi\sqrt{p(1-p)}} . \tag{2.158}$$

(Im Nenner der rechten Seite steht die Kreiskonstante $\pi = 3.14159...$) Diese nichtinformative a priori Verteilung ist eine Beta-Verteilung mit den Parametern $a = b = 1/2$ (man vergleiche dazu Abschnitt 2.4.2 und Abbildung 2.17). Erwartungswert und Varianz dieser Verteilung lauten 1/2 und 1/8. Diese Verteilung besitzt weder maximale Entropie noch maximale Varianz unter allen symmetrischen Beta-Verteilungen. Zum Vergleich: Maximale Entropie besitzt die Beta(1; 1)-Verteilung (Gleichverteilung); das Maximum (genauer: Supremum) der Varianzen aller Beta-Verteilungen ist 1/4. Aus (2.158) ergibt sich als a posteriori Verteilung für p (nach einer Beobachtung von z Erfolgen unter n Versuchen) die Beta$(z+\frac{1}{2}; n-z+\frac{1}{2})$-Verteilung. □

Beispiel 2.19 Jefffreys' a priori Verteilung bei Poisson-Verteilung

Sei $X = (X_1, \ldots, X_n)$ die i.i.d. Stichprobe eines $Po(\lambda)$-verteilten Untersuchungsmerkmals mit unbekanntem Parameter $\lambda > 0$. Nach Beispiel 2.4 lautet die Score-Funktion dieser Stichprobe $K(\lambda; x) = (z/\lambda) - n$ mit $z = \sum x_i$. Daraus ergibt sich die Fisher-Information $I(\lambda) = Var K(\lambda; X) = Var Z/\lambda^2 = n/\lambda$. Also liefert die Jeffreys-Regel eine a priori Dichte, die proportional zu $1/\sqrt{\lambda}$ ist. Wegen $\int_0^\infty (1/\sqrt{\lambda})d\lambda = \infty$ ist diese Dichte nicht normierbar, der Proportionalitätsfaktor kann einfach gleich Eins gesetzt werden, als nichtinformative a priori Verteilung ergibt sich die uneigentliche Verteilung mit der Dichte

$$\pi(\lambda) = 1/\sqrt{\lambda} . \tag{2.159}$$

Daraus ergibt sich als a posteriori Verteilung für λ nach einer Beobachtung x eine Gamma-Verteilung, genauer: die $Gam(z+\frac{1}{2};n)$-Verteilung (vgl. Beispiel 2.10). □

Beispiel 2.20 Jefffreys' a priori Verteilung bei Multinomialverteilung

Ein Zufallsexperiment, dessen Ergebnismenge in r Ereignisse $A_1,\ldots,A_r$ zerlegt ist, wird n mal unabhängig voneinander durchgeführt. Die Wahrscheinlichkeiten $p_1 = P(A_1),\ldots,p_r = P(A_r)$ mit $p_1+\ldots+p_r = 1$ sind unbekannt. Die suffiziente Statistik $Z = (Z_1,\ldots,Z_r)$ mit Z_i = Häufigkeit von A_i unter den n Versuchen ($i = 1,\ldots,r$) ist multinomialverteilt mit den Parametern n und $p_1,\ldots,p_r$. Der unbekannte Parameter $\theta = (p_1,\ldots,p_{r-1})$ hat die Dimension $r-1$. Die dazugehörige Informationsmatrix wurde im Beispiel 1.42 bestimmt, es handelt sich um eine $(r-1)\times(r-1)$-Matrix mit der Determinante $n^{r-1}/(p_1\cdots p_r)$. Also liefert die Jeffreys-Regel als nichtinformative a priori Verteilung für θ eine eigentliche Verteilung mit der Dichte

$$\pi(p_1,\ldots,p_{r-1}) = c/\sqrt{p_1\cdots p_r} \tag{2.160}$$

wobei auf der rechten Seite $p_r = 1-(p_1+\ldots+p_{r-1})$ einzusetzen ist. Die Verteilung gehört zur Familie der *Dirichlet-Verteilungen*, die eine Ausdehnung der Beta-Verteilungen auf Dimensionen größer als Eins darstellt. (Man vergleiche dazu etwa Bernardo und Smith [1994], S. 134 f.. Der Normierungsfaktor c in (2.160) ist gleich $\Gamma(r/2)/\pi^{r/2}$.) Auch die dazugehörigen a posteriori Verteilungen sind Dirichlet-Verteilungen. Die Familie der Dirichlet-Verteilungen ist zur Familie der Multinomialverteilungen konjugiert. In diesem Beispiel eines mehrdimensionalen Parameters ergeben sich aus der Anwendung der Jeffreys-Regel keine Probleme oder Widersprüche: Aus (2.160) ergibt sich als eindimensionale a priori Randverteilung eines p_i die Beta(1/2; 1/2)-Verteilung, aus der mehrdimensionalen a posteriori Verteilung für θ erhält man als eindimensionale Randverteilung für p_i die Beta$(z_i+\frac{1}{2}; n-z_i+\frac{1}{2})$-Verteilung. Daher ergibt sich für eine Komponente p_i von $(p_1,\ldots,p_{r-1})$ genau die Situation des Beispiels 2.18, unabhängig davon, ob man für p_i von vornherein den Spezialfall $r=2$ zugrundelegt oder p_i als Komponente von $(p_1,\ldots,p_{r-1})$ auffaßt, die sich aus (2.160) ergebende mehrdimensionale a posteriori Verteilung bestimmt und daraus anschließend die Randverteilung für p_i bildet. Kurz gesagt: Die Jeffreys-Regel ist in diesem Fall invariant gegenüber einer Veränderung der Dimension des Parameters. Genauer ausgedrückt bildet eine solche Veränderung eine *Projektion* des Parameters auf eine niedrigere Dimension und einen damit verbundenen Übergang von der Gesamt- auf eine Marginalverteilung des Parameters. Eine Projektion ist natürlich keine eineindeutige Transformation, so daß die in diesem Beispiel gültige Invarianz keineswegs selbstverständlich ist. (Siehe dazu das allgemeine *Marginalisierungsproblem*

(2.167).) Liegt keine solche Invarianz vor, so ergeben sich grundlegende Probleme und Widersprüche (vergleiche dazu Teil D des folgenden Beispiels). □

Beispiel 2.21 Jeffreys' a priori Verteilungen im Gauß-Experiment

Sei $X = (X_1, \ldots, X_n)$ die i.i.d. Stichprobe eines $N(\mu; \sigma^2)$-verteilten Untersuchungsmerkmals. Wir beziehen uns auf die Berechnungen der Fisher-Information in den Beipielen 1.39–1.41.

A) Bei bekanntem σ^2 ist die Fisher-Information $I(\mu) = n/\sigma^2$ eine Konstante, Jeffreys' a priori Dichte ist also ebenfalls eine Konstante, die (o.B.d.A.) gleich Eins gesetzt werden kann. Als nichtinformative a priori Verteilung für μ ergibt sich die uneigentliche *Gleichverteilung* $\pi(\mu) = 1$ auf $\mathbb{R}$. Als a posteriori Verteilung für μ nach der Beobachtung x ergibt sich dann eine eigentliche Verteilung, deren Dichte $\pi(\mu|x)$ proportional zur Likelihood-Funktion ist; an (2.75) in Beispiel 2.5 erkennt man, daß es sich dabei um die $N(\bar{x}; \sigma^2/n)$-Verteilung handelt.

B) Bei bekanntem μ lautet die Fisher-Information $I(\sigma^2) = n/2\sigma^4$. Also liefert die Jeffreys-Regel, angewandt auf den Parameter σ^2, eine a priori Dichte, die proportional zu $1/\sigma^2$ ist. Wegen $\int_0^\infty (1/\sigma^2) d\sigma^2 = \infty$ liegt eine uneigentliche Verteilung vor, der Proportionalitätsfaktor kann wieder gleich Eins gesetzt werden, die nichtinformative a priori Verteilung für den Parameter σ^2 hat damit die Dichte

$$\pi_{\sigma^2}(\sigma^2) = 1/\sigma^2 . \tag{2.161}$$

Daraus ergibt sich (wegen $(1/\sigma^2)d\sigma^2 = (2/\sigma)d\sigma \sim (1/\sigma)d\sigma$) für den Parameter σ eine uneigentliche Verteilung mit der Dichte

$$\pi_\sigma = 1/\sigma . \tag{2.162}$$

Aufgrund der Invarianz der Jeffreys-Regel muß sich dieselbe Verteilung für σ ergeben, wenn man von vornherein die Verteilungsannahme durch σ parametrisiert hätte: Die Fisher-Information für σ ist nach (1.106) gleich $2n/\sigma^2$, ihre Wurzel ist proportional zu $1/\sigma$. Die Verteilung (2.162) ist für σ genauso nichtinformativ wie die Verteilung (2.161) für σ^2, in diesem Sinne sind beide Verteilungen äquivalent.

Als a posteriori Verteilung für σ^2 nach der Beobachtung x ergibt sich aus (2.161) eine eigentliche Verteilung mit einer Dichte $\pi(\sigma^2|x)$ der Gestalt

$$\pi(\sigma^2|x) \sim \left(\frac{1}{\sigma^2}\right)^{\frac{n+2}{2}} \exp\left\{-ns_\mu^2/2\sigma^2\right\} \tag{2.163}$$

mit $s_\mu^2 = \frac{1}{n}\sum(x_i - \mu)^2$. An (2.127) in Beispiel 2.11 erkennt man, daß eine invertierte Gamma-Verteilung vorliegt, genauer: die $IGam(n/2; 2/ns_\mu^2)$-Verteilung. (Hinweis: Die a posteriori Verteilung für den Parameter σ ist eine invertierte verallgemeinerte Gamma-Verteilung.)

C) Sind μ und σ^2 unbekannt, so ergibt sich für den Parameter $\theta = (\mu, \sigma^2)$ die Informationsmatrix (1.119) in Beispiel 1.41 mit der Determinante $n^2/2\sigma^6$. Die Jeffreys-Regel liefert als nichtinformative a priori Verteilung für θ eine uneigentliche Verteilung mit der Dichte

$$\pi_\theta(\mu, \sigma^2) = 1/\sigma^3\,. \tag{2.164}$$

Daraus ergibt sich (da $(1/\sigma^3)d\mu d\sigma^2 = (1/\sigma^3)d\mu 2\sigma d\sigma \sim (1/\sigma^2)d\mu d\sigma$) für den Parameter $\eta = (\mu, \sigma)$ eine uneigentliche Verteilung mit der Dichte

$$\pi_\eta(\mu, \sigma) = 1/\sigma^2\,. \tag{2.165}$$

Die Informationsmatrix $I(\mu, \sigma)$ für den Parameter η lautet

$$I(\mu,\sigma) = \begin{pmatrix} n/\sigma^2 & 0 \\ 0 & 2n/\sigma^2 \end{pmatrix},$$

ihre Determinante ist gleich $2n^2/\sigma^4$, deren Wurzel ist proportional zu $1/\sigma^2$, so daß sich dieselbe Verteilung (2.165) für η ergibt, wenn man von vornherein die Verteilungsannahme durch η parametrisiert hätte (Invarianzeigenschaft). Die Verteilung (2.165) ist für den Parameter (μ, σ) genauso nichtinformativ wie die Verteilung (2.164) für den Parameter (μ, σ^2); beide Verteilungen sind in diesem Sinne wieder äquivalent.

Als a posteriori Verteilung für (μ, σ^2) nach der Beobachtung x ergibt sich aus (2.164) eine eigentliche Verteilung mit einer Dichte $\pi(\mu, \sigma^2|x)$ der Form

$$\begin{aligned}\pi(\mu,\sigma^2|x) &\sim \left(\tfrac{1}{\sigma^2}\right)^{\frac{n+3}{2}} \exp\left\{-\sum(x_i-\mu)^2/2\sigma^2\right\} \\ &= \left(\tfrac{1}{\sigma^2}\right)^{\frac{n+3}{2}} \exp\left\{-(n-1)s^2/2\sigma^2\right\} \exp\left\{-n(\bar{x}-\mu)^2/2\sigma^2\right\}\end{aligned}$$

mit $s^2 = \frac{1}{n-1}\sum(x_i - \bar{x})^2$. Wegen $\int \exp\left\{-n(\bar{x}-\mu)^2/2\sigma^2\right\} d\mu = \sigma\sqrt{2\pi}$ folgt daraus, daß die a posteriori (Rand-)Dichte von σ^2 allein die Form

$$\pi(\sigma^2|x) \sim \left(\frac{1}{\sigma^2}\right)^{\frac{n+2}{2}} \exp\left\{-(n-1)s^2/2\sigma^2\right\} \tag{2.166}$$

besitzt, mithin eine $IGam(n/2; 2/(n-1)s^2)$-Verteilung darstellt. (Hinweis: Die a posteriori Verteilung für den Parameter σ ist wieder eine invertierte verallgemeinerte Gamma-Verteilung.)

D) Probleme (Paradoxa): Aus einer Gegenüberstellung der drei behandelten Fälle A)–C) ergeben sich die folgenden Probleme bzw. Widersprüche:

1) Für die gemeinsame Verteilung von μ und σ ergibt sich unter C) die Dichte $\pi(\mu, \sigma) = 1/\sigma^2$. Diese ist unabhängig von μ. Also müßte nach den Regeln der Wahrscheinlichkeitsrechnung σ als unabhängig von μ gelten und die bedingte Verteilung von σ unter μ ebenfalls die Dichte $\pi(\sigma|\mu) = 1/\sigma^2$ besitzen. Andererseits müßte $\pi(\sigma|\mu)$ mit der Dichte von σ bei bekanntem μ, also mit (2.162) unter B) übereinstimmen, was aber nicht der Fall ist. (Der gleiche Widerspruch entsteht, wenn man σ^2 an Stelle von σ verwendet.) Aus diesem Problem ergibt sich folgendes Dilemma ('Trilemma'): Entweder sind für nichtinformative Verteilungen nicht alle Regeln der Wahrscheinlichkeitsrechnung gültig. Oder die nichtinformative Verteilung eines Parameters bei Bekanntheit eines zweiten Parameters ist im allgemeinen nicht identisch mit der entsprechenden bedingten nichtinformativen Verteilung. Oder aber die Jeffreys-Regel darf auf mehrdimensionale Parameter nicht bedenkenlos angewandt werden. Diese letzte Auflösung des Dilemmas wird in der einschlägigen Literatur zur Bayes-Inferenz empfohlen: Im vorliegenden Fall wird die Anwendung der *Lindley-Bernardo-Regel* bevorzugt, die zu sogenannten Referenz-Verteilungen als a priori Verteilungen führt.

2) Bei bekanntem μ, also unter B), erhalten wir aus (2.163) mit Hilfe des Transformationssatzes für Dichten, daß ns_μ^2/σ^2 a posteriori nach χ_n^2 verteilt ist. Bei unbekanntem μ, also unter C), ergibt sich somit wegen (2.166), daß $(n-1)s^2/\sigma^2$ a posteriori ebenfalls χ_n^2 verteilt ist. Dises Ergebnis überrascht nicht nur, sondern wird weitgehend als nicht akzeptabel angesehen. Im allgemeinen sollte man nämlich, wenn man von bekanntem auf unbekanntes μ übergeht und entsprechend ns_μ^2 durch $(n-1)s^2$ ersetzt, einen Freiheitsgrad verlieren. Das ist hier nicht der Fall. Unter anderem ergibt sich daraus die 'paradoxe' Situation, daß man zur Bestimmung von HPD-Intervallen ('Konfidenz'intervallen) für σ^2 dieselben unteren und oberen Fraktile der χ_n^2-Verteilung zu verwenden hat, unabhängig davon, ob μ bekannt ist oder nicht. (Der gleiche Sachverhalt ergibt sich, wenn man statt σ^2 den Parameter σ verwendet hätte.) Zur Vermeidung einer solchen als unzumutbar empfundenen Situation entsteht wieder ein ähnliches Dilemma wie unter 1): Entweder können für nichtinformative a priori Verteilungen und den dazugehörigen a posteriori Verteilungen nicht alle Regeln der Wahrscheinlichkeitsrechnung zutreffen oder aber die Jeffreys-Regel ist auf mehrdimensionale Parameter nicht allgemein anwendbar. Die zweite Lösung des Konfliktes ist offensichtlich die angenehmere. Im vorliegenden Beispiel wird in der Situation C) empfohlen, statt Jeffreys' a priori Verteilung (2.164) für (μ, σ^2) die Verteilung mit der Dichte $\pi(\mu, \sigma^2) = 1/\sigma^2$ als nichtinformative a priori Verteilung zu verwen-

den (Referenz-Verteilung nach dem Lindley-Bernardo-Ansatz). Diese bewirkt dann, daß unter C) die a posteriori Verteilung von $(n-1)s^2/\sigma^2$ die χ^2_{n-1}-Verteilung ist.

3) Nach Jeffreys-Regel geht beim Übergang von bekanntem auf unbekanntes μ die a priori Dichte (2.162) in die a priori Dichte (2.165) über; sie unterscheiden sich um den Faktor $1/\sigma$. Dieser Unterschied ist letztlich die Ursache für die unter 1) und 2) beschriebenen Dilemmata. Dieser Sachverhalt kann auf das Stichprobenmodell der einfachen Varianzanalyse verallgemeinert werden, die betreffenden Dilemmata verschärfen sich dann noch. Dazu der folgende Hinweis: Bei der einfachen Varianzanalyse liegen k unabhängige Stichproben vor, jede von ihnen ist i.i.d. Stichprobe eines $N(\mu_j;\sigma^2)$-verteilten Untersuchungsmerkmals Y_j, $j=1,\ldots,k$. Die dazugehörige Informationsmatrix des Parameters $\theta=(\mu_1,\ldots,\mu_k,\sigma)$ besitzt die Determinante $2n^{k+1}/\sigma^{2k+2}$, nach der Jeffreys-Regel ergibt sich daraus eine nichtinformative a priori Verteilung mit der Dichte $\pi(\mu_1,\ldots,\mu_k,\sigma)=1/\sigma^{k+1}$. Diese Verteilung und damit auch diejenige des Parameters σ hängt von k ab, ein Umstand, der in einem Widerspruch zu der Versuchsanordnung steht, die der einfachen Varianzanalyse in der Regel unterliegt: Eine Grundgesamtheit (ein Kollektiv) mit unbekannter Varianz σ^2 wird mehr oder weniger willkürlich in k Schichten (Gruppen) mit unbekannten Mittelwerten $\mu_1,\ldots,\mu_k$ eingeteilt, wobei darauf geachtet wird, daß in jeder Schicht die gleiche Varianz σ^2 herrscht; dann ist anzunehmen, daß ein a priori Wissen oder Nichtwissen über die Varianz bzw. die Standardabweichung σ der Grundgesamtheit unabhängig ist von der Anzahl k der gebildeten Schichten. □

Die in diesem Beispiel unter D) vorgestellten offenen Fragen und Widersprüchlichkeiten sind Gegenstand des folgenden allgemeinen Problems, das bei der Definition nichtinformativer a priori Verteilungen mehrdimensionaler Parameter besondere Bedeutung hat.

> *Marginalisierungsproblem:* Ist die Regel zur Festlegung einer nichtinformativen a priori Verteilung invariant gegenüber der Bildung von Marginalverteilungen (d.h. gegenüber Projektionen des Parameters)? (2.167)

Zur Verdeutlichung betrachten wir den Fall eines zweidimensionalen Parameters $\theta=(\theta_1,\theta_2)$, die Projektionsabbildung $(\theta_1,\theta_2)\to\theta_1$ auf die erste Komponente von θ und irgendeine Regel 'J' zur Festlegung einer nichtinformativen a priori Verteilung: Die Invarianz von J gegenüber der Projektion bedeutet, daß sich für θ_1 dieselbe nichtinformative Verteilung $\pi_1(\theta_1)$ ergibt, unabhängig davon, ob man zuerst von θ auf θ_1 übergeht und dann J unmittelbar auf θ_1 anwendet, oder ob man zuerst die Regel J auf θ anwendet, mit ihr die nichtinformative Verteilung $\pi(\theta_1,\theta_2)$ bestimmt und dann $\pi_1(\theta_1)$ als Marginalverteilung von $\pi(\theta_1,\theta_2)$ festlegt. Man erkennt, wie sinnvoll, um nicht zu sagen zwingend es ist, diese Invarianzeigenschaft von einer Regel J einzufordern. In ganz besonderer Weise ist dies der Fall, wenn es sich bei θ_2 um einen nuisance Parameter handelt. Bei Vorliegen einer solchen Invarianz können die in Beispiel 2.21 vorhandenen Probleme nicht auftreten.

Die Jeffreys-Regel ist im allgemeinen nicht invariant gegenüber der Bildung von Marginalverteilungen und stellt (in diesem Sinne) keine Lösung des Marginalisierungsproblems dar. Aus diesem Grund kann sie im Fall mehrdimensionaler Parameter auch nicht allgemein zur Festlegung nichtinformativer a priori Verteilungen empfohlen werden. Ihre Anwendung bleibt vielmehr solchen Fällen vorbehalten, in denen (wie in Beispiel 2.20) die betreffende Invarianzeigenschaft gegeben ist. Diese Fälle zeichnen sich anscheinend dadurch aus, daß in ihnen die Komponenten $\theta_1, \ldots, \theta_r$ des Parameters θ eine bestimmte Symmetrieeigenschaft aufweisen, d.h. eine gleiche inhaltliche (statistische oder wahrscheinlichkeitstheoretische) Bedeutung innerhalb des vorliegenden Inferenzproblems besitzen. Eine solche Symmetrie kann zusätzlich durch die Eigenschaft charakterisiert werden, daß die betreffende Verteilungsannahme invariant ist gegenüber Vertauschungen der $\theta_1, \ldots, \theta_r$.

2.5.5 Lindley-Bernardo-Regel: Maximaler Informationsgewinn

Wir behandeln hier eine Regel zur Festlegung nichtinformativer a priori Verteilungen, die auf D. V. Lindley zurückgeht und von J. M. Bernardo zu einem tragfähigen Ansatz ausgebaut wurde; man vergleiche dazu Lindley [1956, 1961, 1965, 1971], Bernardo [1975, 1979a, 1979b, 1981], Berger, Bernardo und Mendoza [1989] sowie Berger [1992]. Die nach dieser Regel bestimmten a priori Verteilungen heißen Referenz-Verteilungen (reference distributions), das dahinter stehende Konzept ist zu einer sogenannten Referenz-Analysis ausgebaut worden (vergleiche dazu vor allem Bernardo und Smith [1994], Abschnitt 5.4). Das Konzept baut (wie die Jaynes-Regel) auf dem Shannonschen Entropiebegriff auf, in seinem Mittelpunkt steht aber nun nicht allein die Entropie der a priori Verteilung (wie bei Jaynes), sondern auch diejenige der a posteriori Verteilung. Dreh- und Angelpunkt des Konzeptes ist die Differenz zwischen a priori und a posteriori Entropie, also die durch die Beobachtung erreichte Entropieabnahme bzw. Informationszunahme. Die Grundidee der Lindley-Bernardo-Regel lautet kurz gesagt: Diejenige a priori Verteilung gilt als nichtinformativ, für die unter allen sonstigen a priori Verteilungen der Informationsgewinn durch die Beobachtung maximal ist. Anders ausgedrückt: Das a priori Wissen ist dann am kleinsten, wenn der Erkenntnisgewinn aus der Beobachtung am größten ist.

Dieser sehr plausible Ansatz wird im Folgenden genauer ausgeführt. Dazu beschränken wir uns aus darstellungstechnischen Gründen auf den stetigen Fall, die Betrachtungen lassen sich unmittelbar auf den diskreten Fall übertragen. Wir erinnern an den Begriff der Shannon-Information bzw. Entropie einer Verteilung, wie er in Abschnitt 1.3.1 im Umfeld von (1.76) eingeführt wurde.

Die Entropie $H(\pi)$ einer a priori Verteilung π mit der Dichte $\pi(\theta)$ ist im stetigen Fall gegeben durch

$$H(\pi) = -\int \pi(\theta) \log \pi(\theta) d\theta = E_\pi \left[-\log \pi(\theta) \right] .$$

Darin ist die Größe $-\log \pi(\theta)$, über die der Erwartungswert E_π bzgl. π gebildet wird, für jedes feste θ ein Maß für die Information der Nachricht, die in der Bekanntgabe des wahren Parameterwertes besteht. Diese Nachricht ist um so informativer, je 'unwahrscheinlicher' oder 'unbestimmter' der betreffende Parameterwert a priori, d.h. innerhalb der a priori Verteilung π (gewesen) ist. Daher können wir $-\log \pi(\theta)$ auch als *lokale Entropie* von θ auffassen, $H(\pi)$ ist dann als globale oder totale Entropie anzusehen. Entsprechendes gilt für die a posteriori Situation, in der die betreffenden Größen von der vorliegenden Beobachtung x, insbesondere also auch vom Stichprobenumfang n abhängen:

$$H_n(\pi_x) = -\int \pi_n(\theta|x) \log \pi_n(\theta|x) d\theta = E_{\pi_x} \left[-\log \pi_n(\theta|x) \right]$$

ist die (totale) Entropie einer a posteriori Verteilung π_x mit der Dichte $\pi_n(\theta|x)$ und $-\log \pi_n(\theta|x)$ die lokale Entropie von θ nach einer Beobachtung x. Der Entropieunterschied zwischen a priori und a posteriori Situation wird nun nicht durch die Differenz $H(\pi) - H_n(\pi_x)$ beschrieben, wie es auf den ersten Blick sinnvoll erscheinen könnte, sondern durch den mit der a posteriori Verteilung gebildeten Erwartungswert der lokalen Entropiedifferenzen $-\log \pi(\theta) - (-\log \pi_n(\theta|x)) = \log(\pi_n(\theta|x)/\pi(\theta))$, also durch die Größe

$$H_n(\pi|x) := \int \left[\log \frac{\pi_n(\theta|x)}{\pi(\theta)} \right] \pi_n(\theta|x) d\theta . \tag{2.168}$$

Die lokalen Entropiedifferenzen werden dabei mit der a posteriori Dichte gewichtet, der Entropieunterschied zwischen a priori und a posteriori Situation wird also aus der a posteriori Sicht beurteilt. Liegt eine a priori Verteilung mit sehr geringem Informationsgehalt vor, so kann man davon ausgehen, daß der Entropieunterschied $H_n(\pi|x)$ positiv ist, die Beobachtung also zu einer Entropieabnahme (Informationszunahme) führt. Dann gibt $H_n(\pi|x)$ an, zu welchem (globalen) Informationsgewinn die Beobachtung geführt hat.

Die Konstruktion, nach der $H_n(\pi|x)$ gebildet worden ist, haben wir unter dem Begriff 'Kullback-Leibler-Information' bereits in Abschnitt 1.3.2 kennengelernt (vgl. dazu auch (2.151) im vorliegenden Abschnitt). Wir abstrahieren die dort angegebene Definition und erklären für zwei beliebige Verteilungen P und Q auf einem (abstrakten) Meßraum $(\Omega, \mathfrak{A})$ die *Kullback-Leibler-Information $KL(P;Q)$ von P relativ zu Q* folgendermaßen: Wird P durch Q dominiert und bezeichnet dP/dQ die Radon-Nikodym-Dichte von P bzgl. Q, so definiert man

$$KL(P;Q) := E_P \log(dP/dQ). \tag{2.169}$$

E_P bezeichnet den mit der Verteilung P gebildeten Erwartungswert. Wird P nicht durch Q dominiert, so setzt man $KL(P;Q) := \infty$. Man nennt $KL(P;Q)$ auch den *Informationsunterschied (information divergence, discrimation information)* von P relativ zu Q. Auch die Bezeichnung Kullback-Leibler-'Abstand' ist für $KL(P;Q)$ üblich. Man beachte aber, daß durch $KL(P;Q)$ keine Metrik auf der Menge der Verteilungen auf $(\Omega, \mathfrak{A})$ definiert ist; $KL(P;Q)$ ist nämlich nicht symmetrisch in P und Q und erfüllt auch nicht die Dreiecksungleichung. Andererseits besitzt $KL(P;Q)$ doch eine gewisse Ähnlichkeit mit einer Metrik durch die folgende, für Metriken typische Eigenschaft: Die durch den Kullback-Leibler-'Abstand' erklärten ϵ-Umgebungen $\{P : KL(P;Q) \leq \epsilon\}$ von Q sind konvex.

Man kann o.B.d.A. davon ausgehen, daß P und Q durch ein gemeinsames (σ-finites) Maß λ dominiert werden, z.B. durch $\lambda = \frac{1}{2}(P+Q)$. Ist $f(\omega)$ die λ-Dichte von P und $g(\omega)$ diejenige von Q, so geht (2.169) wegen $dP = f d\lambda$ und $dQ = g d\lambda$ über in

$$KL(P;Q) = \int \left[\log \frac{f(\omega)}{g(\omega)}\right] f(\omega) d\lambda. \tag{2.170}$$

Steht fest, welches dominierende Maß λ verwendet wird, so schreiben wir auch $KL(f;g)$ oder $KL(f(\omega); g(\omega))$ an Stelle von $KL(P;Q)$. Aus (2.170) in Vergleich mit (2.168) erhalten wir die Beziehung

$$H_n(\pi|x) = KL(\pi_x; \pi) = KL(\pi_n(\theta|x); \pi(\theta)), \tag{2.171}$$

d.h. die Größe $H_n(\pi|x)$ stimmt mit der Kullback-Leibler-Information der a posteriori Verteilung π_x relativ zur a priori Verteilung π überein. Der Informationsgewinn $H_n(\pi|x)$ durch die Beobachtung x ist besonders groß, wenn die a priori Verteilung π besonders wenig informativ ist. Also könnte man versuchen, eine nichtinformative a priori Verteilung durch Maximierung von $H_n(\pi|x)$ festzulegen. Dieser Versuch scheitert aber daran, daß auf diese Weise die nichtinformative Verteilung von der Beobachtung x abhängig werden würde, also keine wirkliche *a priori* Verteilung mehr wäre. Daher muß man, vor der betreffenden Maximierung, aus $H_n(\pi|x)$ eine Größe bilden, die unabhängig von x den *Informationsgewinn des Stichprobenexperimentes* insgesamt beschreibt. Dazu bietet sich die Bildung des Erwartungwertes von $H_n(\pi|x)$ über x bzgl. der (von θ unabhängigen!) Randverteilung von X an. Letztere besitzt die Dichte

$$r_n(x) = \int_{\Theta} f(x|\theta)\pi(\theta)d\theta\,. \tag{2.172}$$

Diese Randverteilung wird von demselben Maß ν dominiert, das auch die Verteilungsannahme $\{f(x|\theta) : \theta \in \Theta\}$ dominiert. Damit wird zur Beurteilung des Informationsgewinns, den man mit der Durchführung des Stichprobenexperimentes zu erzielen erwarten kann, die Größe

$$IG_n(\pi) = \int_{\mathfrak{X}} H_n(\pi|x)r_n(x)d\nu \tag{2.173}$$

maßgeblich. Diese hängt nun zwar nicht mehr von x, aber immer noch von n ab. Die Maximierung von $IG_n(\pi)$ würde daher zu einer (nichtinformativen) a priori Verteilung π_n^* führen, die vom Stichprobenumfang n abhängt. Dieser unerwünschte, um nicht zu sagen sinnlose Sachverhalt läßt sich durch den Grenzübergang $n \to \infty$ beseitigen. Damit erhält man schließlich die

> *Lindley-Bernardo-Regel:* Eine a priori Verteilung π^* ist nichtinformativ, wenn sie Grenzverteilung einer Folge von a priori Verteilungen π_n^* ist, für die gilt: π_n^* maximiert $IG_n(\pi)$ für jedes feste n. (2.174)

Die Konvergenz $\pi_n^* \to \pi^*$ wird dabei als punktweise Konvergenz der Dichten $\pi_n^*(\theta)$ gegen die Dichte $\pi^*(\theta)$ verstanden. Diese Konvergenzart ist wesentlich stärker als die sonst übliche Verteilungskonvergenz; aus der Konvergenz der Dichten folgt die Konvergenz der Verteilungsfunktionen für jedes ihrer Argumente (und nicht nur für die Stetigkeitsstellen der Grenzverteilungsfunktion). Unter gewissen (schwachen) Regularitätsvoraussetzungen ist die Konvergenz von Dichten $g_n \to g$ äquivalent damit, daß für den dazugehörigen Kullback-Leibler-'Abstand' gilt: $KL(g_n; g) \to 0$ (*Kullback-Leibler-Konvergenz*).

Der Grenzübergang $\pi_n^* \to \pi^*$ läßt sich für i.i.d. Stichproben auch inhaltlich begründen: Aus sehr vielen unabhängigen Beobachtungen können wir den Parameter θ praktisch genau kennenlernen (man denke etwa an eine konsistente Schätzung für θ), so daß $IG_n(\pi)$ dann im wesentlichen nur noch die a priori Entropie enthält, so daß für hinreichend große n gilt:

$$\pi_n^* \approx \pi^* \quad \text{und} \quad IG_n(\pi) \approx \text{ a priori Entropie}$$

und auf diese Weise π_n^* für große n interpretiert werden kann wie eine a priori Verteilung mit maximaler Entropie. Man erkennt an diesem Zusammenhang eine enge Beziehung zwischen dem Lindley-Bernardo-Ansatz und der Jaynes-Regel. Allerdings stimmt $\lim_{n\to\infty} \pi_n^*$ im allgemeinen nicht mit der a priori Verteilung maximaler Entropie überein. Der Grenzübergang $n \to \infty$ wird nämlich so vorgenommen, daß zuerst $IG_n(\pi)$ durch π^* maximiert und anschließend $\lim_{n\to\infty} \pi_n^*$ betrachtet wird; daß man nicht umgekehrt zuerst den Grenzwert $\lim_{n\to\infty} IG_n(\pi)$ bildet und anschließend $\lim_{n\to\infty} IG_n(\pi)$ maximiert, wie es für die Übereinstimmung von π^* mit der a priori Verteilung maximaler Entropie erforderlich wäre, hat seinen Grund darin, daß $\lim_{n\to\infty} IG_n(\pi)$ typischerweise gleich Unendlich ist, nämlich immer dann, wenn der Parameterraum Θ ein nicht beschränktes Intervall ist.

Die Lindley-Bernardo-Regel läßt sich allerdings nicht unmittelbar zur Bestimmung nichtinformativer a priori Verteilungen einsetzen. Dafür gibt es zwei Gründe. Erstens ist nach dieser Regel nicht mehr gewährleistet, daß die a posteriori Verteilungen, die zu nichtinformativen a priori Verteilungen gehören, eigentliche (d.h. normierte) Verteilungen darstellen. (Letzteres sollte aber stets der Fall sein, auf die entsprechende Forderung (2.138) wird auch hier nicht verzichtet.) Und zweitens stellt die Maximierung von $IG_n(\pi)$ ein sehr kompliziertes Problem dar, das in der Regel nicht mehr explizit, sondern nur noch approximativ lösbar ist. Die Lindley-Bernardo-Regel muß daher auf eine Fassung gebracht werden, welche die beiden angesprochenen Probleme überwindet. Eine solche Fassung, die dann natürlich nicht völlig gleichbedeutend mit (2.174) sein kann, wurde von Bernardo [1979] entwickelt. Die darin festgelegten nichtinformativen a priori Verteilungen nennt Bernardo *Referenz-Verteilungen*. In der folgenden Definition beziehen wir uns in Übereinstimmung mit Bernardo auf i.i.d. Stichproben $X = (X_1, \ldots, X_n)$ vom Umfang n eines reellwertigen Untersuchungsmerkmals Y mit der Dichte $h(y|\theta)$, so daß $f(x|\theta) = \prod_{i=1}^n h(x_i|\theta)$ gilt.

Zu jedem festen n sei eine a priori Verteilung mit der Dichte $\pi_n^*(\theta)$ gegeben, die $IG_n(\pi)$ maximiert. Die dazugehörige a posteriori Verteilung *nach einer einzelnen Beobachtung* $Y = y$ besitzt die Dichte $\pi_n^*(\theta|y) \sim h(y|\theta)\pi_n^*(\theta)$. Dann heißt eine eigentliche a posteriori Verteilung mit der Dichte

$$\pi^*(\theta|y) = \lim_{n\to\infty} \pi_n^*(\theta|y) \tag{2.175}$$

Referenz-a-posteriori-Verteilung nach der Beobachtung y. Die dazugehörige a priori Verteilung, deren Dichte $\pi^*(\theta)$ also die Beziehung

$$\pi^*(\theta|y) \sim h(y|\theta)\pi^*(\theta) \tag{2.176}$$

erfüllt, heißt *Referenz-a-priori-Verteilung*. Schematische Darstellung ('$\Longrightarrow$' bedeutet 'impliziert' und '$\longrightarrow$' bedeutet 'konvergiert'):

$$\begin{array}{ccc} \pi_n^*(\theta) & & \pi^*(\theta) \\ \Downarrow & & \Uparrow \\ \pi_n^*(\theta|y) & \longrightarrow & \pi^*(\theta|y) \end{array}$$

Man beachte, daß dabei im allgemeinen *nicht* $\pi_n^*(\theta) \longrightarrow \pi^*(\theta)$ gilt. Im Gegensatz zur Regel (2.174) wird hier der Grenzübergang $n \longrightarrow \infty$ nicht für die a priori, sondern für die a posteriori Verteilungen $\pi_n^*(\theta|y)$ vorgenommen. Diese werden auf eine einzelne Beobachtung y bezogen, damit die Bedingung '$Y = y$', unter der $\pi_n^*(\theta|y)$ steht, unabhängig von n ist, eine Eigenschaft, die zur Festlegung des Grenzwertes (2.175) notwendig ist. Die Verlagerung von der a priori auf die a posteriori Situation bewirkt (oder erzwingt definitorisch), daß es sich bei den a posteriori Verteilungen um eigentliche Verteilungen handelt. Im allgemeinen sind nämlich $\pi_n^*(\theta|y)$ und auch $\pi^*(\theta|y)$ auf ganz natürliche Weise eigentliche Verteilungen, so daß die betreffenden Voraussetzungen in der Definition der Referenz-a-posteriori-Verteilung entfallen können. Damit ist das erste der beiden genannten Probleme, die Gewährleistung *eigentlicher* a posteriori Verteilungen, gelöst.

Das zweite, schwierigere Problem besteht in der wenigstens approximativen Bestimmung einer Dichte $\pi_n^*(\theta)$, die den Informationsgewinn $IG_n(\theta)$ maximiert. Dazu betrachten wir jetzt wieder irgendeine a priori Verteilung $\pi(\theta)$ und die dazugehörige a posteriori Verteilung $\pi_n(\theta|x)$ nach einer Beobachtung x der Stichprobe X. Mit Hilfe der 'Dichte'

$$g_n(\theta) := \exp\left\{\int_{\mathfrak{X}} f(x|\theta) \log \pi(\theta|x) d\nu\right\} \tag{2.177}$$

läßt sich $IG_n(\pi)$ auf die Gestalt

$$IG_n(\pi) = \int_{\Theta} \left[\log \frac{g_n(\theta)}{\pi(\theta)}\right] \pi(\theta) d\theta$$

bringen. Nach der Jensenschen Ungleichung gilt (vergleiche dazu auch den Beweis zum stetigen Extremalsatz in Abschnitt 1.3.1)

$$IG_n(\pi) = E_\pi \left[\log \frac{g_n(\theta)}{\pi(\theta)}\right] \leq \log E_\pi \left[\frac{g_n(\theta)}{\pi(\theta)}\right] = \log \int g_n(\theta) d\theta\,,$$

wobei genau dann das Gleichheitszeichen angenommen wird, wenn $g_n(\theta)/\pi(\theta)$ fast überall konstant ist. Also maximiert eine a priori Verteilung $\pi_n^*(\theta)$ die Größe $IG_n(\pi)$, wenn ihre Dichte proportional zu $g_n(\theta)$ ist, d.h. wenn

$$\pi_n^*(\theta) = a_n g_n(\theta)\,. \tag{2.178}$$

Diese Bedingung an $\pi_n^*(\theta)$ legt die gesuchte a priori Verteilung allerdings nur implizit fest. Die 'Dichte' $g_n(\theta)$ auf der rechten Seite in (2.178) hängt nämlich über die a posteriori Verteilung $\pi_n^*(\theta|x)$, die zu $\pi_n^*(\theta)$ gehört, selbst wieder von $\pi_n^*(\theta)$ ab. Berücksichtigt man diesen Sachverhalt, so lautet die genaue Fassung von (2.178):

$$\pi_n^*(\theta) = a_n \exp\left\{\int_{\mathfrak{X}} f(x|\theta) \log \pi_n^*(\theta|x) d\nu\right\} \tag{2.179}$$

mit $\pi_n^*(\theta|x) \sim f(x|\theta)\pi_n^*(\theta)$. Diese Gleichung läßt sich in der Regel nicht nach $\pi_n^*(\theta)$ auflösen, so daß keine explizite Angabe von $\pi_n^*(\theta)$ möglich ist. Statt dessen wird von Bernardo der folgende approximative Lösungsweg vorgeschlagen (vgl. Bernardo und Smith [1994], S. 305f.), der allerdings an gewisse zusätzliche Voraussetzungen gebunden ist.

Ausgangspunkt ist die für i.i.d. Stichproben sehr plausible Annahme, daß in der Beziehung $\pi_n^*(\theta|x) \sim f(x|\theta)\pi_n^*(\theta)$ das Produkt auf der rechten Seite für hinreichend große n im wesentlichen durch die Likelihood-Funktion $f(x|\theta)$ bestimmt wird, wenn $\pi_n^*(\theta)$ a priori nichtinformativ ist, d.h. daß die betreffende a posteriori Verteilung $\pi_n^*(\theta|x)$ durch die Likelihood-'Verteilung'

$$\pi_n^\circ(\theta|x) = f(x|\theta)/\int f(x|\theta)d\theta \tag{2.180}$$

approximiert werden kann und zwar im Sinne von

$$KL(\pi_n^\circ(\theta|x); \pi_n^*(\theta|x)) \longrightarrow 0 \quad \text{für (fast) alle } x\,. \tag{2.181}$$

Die Likelihood-'Verteilung' läßt sich natürlich nur definieren, wenn das Integral im Nenner von (2.180) endlich ist. Die Verteilung $\pi_n^\circ(\theta|x)$ wird als eine a posteriori Verteilung aufgefaßt und dient als Ersatz für die unbekannte Verteilung $\pi_n^*(\theta|x)$. Da $\pi_n^\circ(\theta|x)$ selbst nicht von irgendeiner a priori Verteilung abhängt, kann gemäß (2.179), also durch

$$\pi_n^\circ(\theta) := a_n \exp\left\{\int_{\mathfrak{X}} f(x|\theta) \log \pi_n^\circ(\theta|x) d\nu\right\} \tag{2.182}$$

eine a priori Verteilung explizit bestimmt werden. Dafür gilt wegen $\pi_n^\circ(\theta|x) \approx \pi_n^*(\theta|x)$ die gewünschte Approximation $\pi_n^\circ(\theta) \approx \pi_n^*(\theta)$. Weiterhin konvergieren unter gewissen Regularitätsvoraussetzungen die mit $\pi_n^\circ(\theta)$ gebildeten 'Ersatz'-Referenz-a-posteriori-Verteilungen $\tilde{\pi}_n(\theta|y) \sim h(y|\theta)\pi_n^\circ(\theta)$ gegen dieselbe Grenzverteilung $\pi^*(\theta|y)$ wie die unbekannten 'echten' Referenz-a-posteriori-Verteilungen $\pi_n^*(\theta|y)$ und zwar wieder im Sinne von

$$KL(\tilde{\pi}_n(\theta|y); \pi^*(\theta|y)) \longrightarrow 0 \quad \text{für (fast) alle } y\,. \tag{2.183}$$

Dann ist

$$\pi^*(\theta|y) = \lim_{n\to\infty} \tilde{\pi}_n(\theta|y) \tag{2.184}$$

eine Referenz-a-posteriori-Verteilung und entsprechend $\pi^*(\theta)$ mit $\pi^*(\theta|y) \sim h(y|\theta)\pi^*(\theta)$ eine Referenz-a-priori-Verteilung. (Der unter (2.181) und (2.183) verwendete Konvergenzbegriff entspricht gerade der Kullback-Leibler-Konvergenz und ist der in diesem Zusammenhang 'natürliche', informationstheoretisch begründete Konvergenzbegriff.)

Auf den ersten Blick scheint die entscheidende Voraussetzung (2.181) gar nicht nachprüfbar zu sein, weil ja $\pi_n^*(\theta|x)$ unbekannt ist. Dieses Defizit läßt sich aber durch die folgende Überlegung beheben. Unter gewissen Konsistenzbedingungen, die für i.i.d. Stichproben im allgemeinen erfüllt sind, konvergiert *für jede a priori Verteilung* $\pi(\theta) > 0$, insbesondere also auch für die unbekannte Referenz-a-priori-Verteilung $\pi^*(\theta)$, die entsprechende a posteriori Verteilung $\pi_n(\theta|x)$ gegen dieselbe feste Grenzverteilung, gegen die auch $\pi_n^*(\theta|x)$ konvergiert. Dieses Konvergenzverhalten ist unter den gegebenen Regularitätsvoraussetzungen dann auch im Sinne der Kullback-Leibler-Konvergenz gültig. Also läßt sich (2.181) nachprüfen, indem man für $\pi_n^*(\theta|x)$ irgendeine andere a posteriori Verteilung $\pi_n(\theta|x)$ einsetzt.

An dem angegebenen Verfahren der Bestimmung einer Referenz-a-posteriori-Verteilung erkennt man, daß anstelle der Likelihood-'Verteilung' aus (2.180) auch irgendeine andere a posteriori Verteilung $\pi_n^o(\theta|x)$ verwendet werden kann, sofern diese $\pi_n^*(\theta|x)$ approximiert und *unabhängig von einer a priori Verteilung* festgelegt werden kann. Bernardo spricht in diesem Zusammenhang bei $\pi_n^o(\theta|x)$ von irgendeiner asymptotischen Approximation an *die* a posteriori Verteilung und meint mit letzterer die oben genannte feste Grenzverteilung, gegen die $\pi_n^*(\theta|x)$ oder auch irgendein $\pi_n(\theta|x)$ unabhängig von der zugrundegelegten a priori Verteilung konvergieren. Ist $\pi_n^o(\theta|x)$ eine solche Approximation, so kann, wie bei Bernardo und Smith [1994], S. 307, gezeigt wird, die Referenz-a-priori-Verteilung $\pi^*(\theta)$ auf die explizite Gestalt

$$\pi^*(\theta) = a \lim_{n\to\infty} [g_n^o(\theta)/g_n^o(\theta_0)] \quad \text{mit} \tag{2.185}$$

$$g_n^o(\theta) = \exp\left\{\int_{\mathfrak{X}} f(x|\theta) \log \pi_n^o(\theta|x) d\nu\right\} \tag{2.186}$$

gebracht werden, wobei a eine positive Konstante und θ_0 ein beliebiger fester Wert in Θ ist; vorausgesetzt wird dabei, daß der Grenzwert in (2.185) im Sinne der Kullback-Leibler-Konvergenz existiert. Der Beweis von (2.185) ergibt sich wegen $\pi^*(\theta|y) \sim h(y|\theta)\pi^*(\theta)$ und (2.184) unmittelbar aus $\tilde{\pi}(\theta|y) \sim h(y|\theta)\pi_n^o(\theta)$ und (2.182).

Beispiel 2.22 Gleichverteilung als Referenz-a-priori-Verteilung bei endlichem Θ

Wir gehen von einem endlichen Parameterraum $\Theta = \{\theta_1, \ldots, \theta_N\}$ aus und betrachten i.i.d. Stichproben $X = (X_1, \ldots, X_n)$ eines beliebig verteilten reellwertigen Untersuchungsmerkmals Y mit den Dichten $h(y|\theta)$, $\theta \in \Theta$. Aus darstellungstechnischen Gründen nehmen wir zwar an, daß es sich dabei um Lebesgue-Dichten handelt, die Ergebnisse hängen jedoch von dieser Annahme nicht ab. Die Verteilungen von X besitzen die (Lebesgue-)Dichten

$$f(x|\theta) = \prod_{i=1}^{n} h(x_i|\theta)\,, \quad \theta \in \Theta\,.$$

Den unbekannten wahren Wert des Parameters θ bezeichnen wir mit θ_k. Sei $\pi(\theta)$ irgendeine a priori Verteilung auf Θ mit $\pi(\theta) > 0$ für alle θ. Für die dazugehörigen a posteriori Verteilungen $\pi_n(\theta|x) \sim f(x|\theta)\pi(\theta)$ gilt dann (für fast alle x):

$$\lim_{n\to\infty} \pi_n(\theta|x) = \begin{cases} 1 & \text{falls} \quad \theta = \theta_k \\ 0 & \text{falls} \quad \theta \neq \theta_k\,. \end{cases} \tag{2.187}$$

Grenzverteilung ist also die Einpunktverteilung im Punkt θ_k. Der Beweis dieser Aussage beruht auf der Darstellung

$$\begin{aligned} \pi_n(\theta|x) &= \frac{f(x|\theta)\pi(\theta)}{\sum_{j=1}^{N} f(x|\theta_j)\pi(\theta_j)} = \frac{f(x|\theta)\pi(\theta)/f(x|\theta_k)}{\sum_{j=1}^{N} f(x|\theta_j)\pi(\theta_j)/f(x|\theta_k)} \\ &= \frac{\exp\{\log\pi(\theta) + T_n(x;\theta)\}}{\sum_{j=1}^{N} \exp\{\log\pi(\theta_j) + T_n(x;\theta_j)\}} \qquad \text{mit} \\ T_n(x;\theta) &:= \sum_{i=1}^{n} \log\frac{h(x_i|\theta)}{h(x_i|\theta_k)}\,. \end{aligned}$$

Für jedes feste θ ist $T_n(x;\theta)$ also eine Summe von n unabhängigen identisch verteilten Zufallsvariablen; daher konvergiert T_n/n nach dem starken Gesetz der großen Zahlen für fast alle x gegen den Erwartungswert eines Summanden von T_n, also gegen $E_{\theta_k} \log(h(Y|\theta)/h(Y|\theta_k))$, d.h.:

$$\lim_{n\to\infty} \frac{1}{n} T_n(x;\theta) = \int \left[\log\frac{h(y|\theta)}{h(y|\theta_k)}\right] h(y|\theta_k)dy$$

für fast alle x. In dieser Beziehung ist die rechte Seite kleiner als Null für $\theta \neq \theta_k$ und gleich Null für $\theta = \theta_k$. (Diese Abschätzung erhält man z.B. mit Hilfe der Jensenschen Ungleichung.) Daher gilt (für fast alle x):

$$\lim_{n\to\infty} T_n(x;\theta) = \begin{cases} 0 & \text{falls} \quad \theta = \theta_k \\ -\infty & \text{falls} \quad \theta \neq \theta_k\,. \end{cases}$$

Daraus folgt dann wegen der angegebenen Darstellung von $\pi_n(\theta|x)$ die Behauptung (2.187).

Wendet man nun (2.187) auf $g_n^\circ(\theta_k)$ in (2.186) an (dies dürfen wir tun, weil die für (2.187) zugrundegelegte a priori Verteilung $\pi(\theta)$ beliebig war), so erhält man $\lim_{n\to\infty} g_n^\circ(\theta_k) = 1$ und daher aus (2.185) mit θ_j anstelle von θ_0:

$$\pi^*(\theta_k) = a \lim_{n\to\infty} [g_n^\circ(\theta_k)/g_n^\circ(\theta_j)] = a / \lim_{n\to\infty} g_n^\circ(\theta_j).$$

Also muß $\lim_{n\to\infty} g_n^\circ(\theta_j)$ für alle θ_j denselben positiven Wert besitzen. Daraus ergibt sich, wenn man (2.185) auf $\pi^*(\theta_j)$ anwendet (nun mit θ_k anstelle von θ_0), daß auch $\pi^*(\theta_j)$ unabhängig von j ist. Als Ergebnis erhalten wir: π^* ist die Gleichverteilung auf Θ. □

Satz 2.12 *Die Referenz-a-priori-Verteilung auf einem endlichen Parameterraum Θ ist die Gleichverteilung auf Θ.*

Die Bestimmung und Untersuchung von Referenz-Verteilungen ist kompliziert und aufwendig, deshalb verzichten wir hier sowohl auf weitere Beispiele als auch auf den Nachweis allgemeiner Eigenschaften dieser Verteilungen, sondern verweisen dazu auf Bernardo und Smith [1994], Abschnitt 5.4. Wir wollen aber wenigstens die folgenden, besonders wichtigen der dort bewiesenen Eigenschaften angeben.

1) Referenz-Verteilungen sind invariant (äquivariant) gegenüber eineindeutigen Parametertransformationen. Genauer: Eine a priori und auch eine a posteriori Referenz-Verteilung ist im diskreten Fall invariant gegenüber eineindeutigen und im stetigen Fall äquivariant gegenüber eineindeutigen und differenzierbaren Parametertransformationen. (Der Beweis ergibt sich im diskreten Fall aus Beispiel 2.22 und im stetigen Fall aus dem Transformationssatz für Dichten.) Die Lindley-Bernardo-Regel erfüllt also das Invarianz-Prinzip (2.148), im stetigen Fall unter der gleichen Einschränkung auf differenzierbare Transformationen wie die Jeffreys-Regel.

2) Im eindimensionalen Fall ($\Theta \subset \mathbb{R}$) liefern die Lindley-Bernardo-Regel und die Jeffreys-Regel dieselben nichtinformativen a priori Verteilungen, wenn eine Fisher-reguläre Verteilungsannahme mit asymptotisch normalen a posteriori Verteilungen vorliegt. Die letzte Voraussetzung kann im vorliegenden Zusammenhang eigentlich als erfüllt angenommen werden. Sie besagt, daß für jede a priori Verteilung $\pi(\theta) > 0$ die entsprechende a posteriori Verteilung $\pi_n(\theta|x)$ durch die Dichte der $N(\hat{\theta}; 1/I(\hat{\theta}; x))$-Verteilung approximiert werden kann, wobei $\hat{\theta}$ die Maximum-Likelihood-Schätzung und $I(\theta; x)$ die Fisher-Information nach der Beobachtung $x = (x_1, \ldots, x_n)$ sind. Wegen der entsprechenden Approximation (1.87) der Likelihood-Funktion $f(x|\theta)$, die

unter den gegebenen Regularitätsbedingungen Gültigkeit hat, ist die geforderte Asymptotik von $\pi_n(\theta|x)$ immer dann erfüllt, wenn $\pi_n(\theta|x)$ und $f(x|\theta)$ asymptotisch proportional sind. Letzteres aber wurde zur Bestimmung von Referenz-Verteilungen sowieso unterstellt.

3) Im mehrdimensionalen Fall ($\Theta \subset \mathbb{R}_r$) enthält die Lindley-Bernardo-Regel die Möglichkeit einer Differenzierung der Komponenten von $\theta = (\theta_1, \ldots, \theta_r)$ in Hinblick auf ihre Bedeutung, die sie für das betreffende Inferenzproblem besitzen. Die Referenz-Verteilungen basieren auf einer entsprechenden Anordnung der $\theta_1, \ldots, \theta_r$ (nach fallender inferentieller Bedeutung) und hängen im allgemeinen von dieser vorgegebenen, situationsbedingten Anordnung ab. Diese Abhängigkeit stört natürlich dann, wenn einige Parameter unter den $\theta_1, \ldots, \theta_r$ das gleiche inferentielle Interesse besitzen, in diesem Sinne also symmetrisch sind. Daher sollte man in solchen Situationen fordern, daß die Referenz-Verteilungen invariant gegenüber der Vertauschung von symmetrischen Parametern sind. (Diese Forderung ist im allgemeinen jedoch nicht erfüllt, auch dann nicht, wenn die betreffende Symmetrieeigenschaft wie unter 4) präzisiert wird.) In allen anderen Fällen ist aber die Abhängigkeit der Referenz-Verteilung von der inferentiellen Bedeutung der Parameter intuitiv einleuchtend und sogar erwünscht. Insbesondere gilt dies für die Differenzierung nach 'interessierenden Parametern' und 'nuisance Parametern'. Besteht z.B. im Fall $r = 2$ der Parameter $\theta = (\theta_1, \theta_2)$ aus dem interessierenden Parameter θ_1 und dem nuisance Parameter θ_2, so wird auch die Referenz-Verteilung für θ von vornherein auf die Situation ausgerichtet, in der aus der Stichprobe nur ein Schluß auf θ_1 gewonnen werden soll und sich der durch die Stichprobe entstehende Informationsgewinn allein auf den Parameter θ_1 bezieht. Dazu wird eine *bedingte* Referenz-a-priori-Verteilung $\pi^*(\theta_1|\theta_2)$ und eine *marginale* Referenz-a-priori-Verteilung $\pi^*(\theta_2)$ erklärt, die dem allgemeinen Multiplikationssatz $\pi^*(\theta_1|\theta_2)\pi^*(\theta_2) = \pi^*(\theta_1, \theta_2)$ der Wahrscheinlichkeitsrechnung gehorchen. Auf diese Weise kann denn (wenigstens wenn zusätzliche Regularitätsvoraussetzungen erfüllt sind) auch das *Marginalisierungsproblem* (2.167) durch die Lindley-Bernardo-Regel gelöst werden. Beispielsweise erhält man im Gauß-Experiment (Beispiel 2.21) für den Parameter $\theta = (\mu, \sigma^2)$ die Referenz-a-priori-Verteilung $\pi(\mu, \sigma^2) = 1/\sigma^2$, die nicht mit Jeffreys' a priori Verteilung (2.164) übereinstimmt; durch diese Referenz-Verteilung werden sowohl das Marginalisierungsproblem als auch die übrigen Widersprüchlichkeiten ('Paradoxa') überwunden, die in Teil D) des Beispiels 2.21 beschrieben sind. Der Lindley-Bernardo-Ansatz für mehrdimensionale Parameter ist auf solche Fälle zugeschnitten, in denen unter den einzelnen Parametern $\theta_1, \ldots, \theta_r$ keine Symmetrie herrscht; das sind gerade die Fälle, für welche die Jeffreys-Regel keine Lösung des Marginalisierungsproblems darstellt und deswegen nicht empfohlen werden kann. In diesem Sinne ergänzen sich die beiden genannten Regeln.

4) Im mehrdimensionalen Fall liefern die Lindley-Bernardo-Regel und die Jeffreys-Regel im allgemeinen verschiedene nichtinformative a priori Vertei-

lungen für $\theta = (\theta_1, \ldots, \theta_r)$. Dieser Fall tritt sogar dann auf, wenn die einzelnen Parameter $\theta_1, \ldots, \theta_r$ symmetrisch sind und zwar nicht nur im Sinne einer inferentiellen Gleichberechtigung, sondern auch im strengen Sinne einer Invarianz der Verteilungsannahme gegenüber Vertauschung der $\theta_1, \ldots, \theta_r$. Als ein Beispiel dafür kann das *Multinomialmodell* (Beispiel 2.20) mit dem Parameter $\theta = (p_1, \ldots, p_{r-1})$ und $p_r := 1 - p_1 - \ldots - p_{r-1}$ herangezogen werden. Hier liefert die Jeffreys-Regel die a priori Dichte *(Dirichlet-Verteilung)*

$$c / \sqrt{p_1 \cdots p_{r-1} p_r}$$

(vgl. (2.160) in Beispiel 2.20), während die Referenz-a-priori-Verteilung die Dichte

$$c / \sqrt{p_1(1-p_1)p_2(1-p_1-p_2) \cdots p_{r-1}(1-p_1-\ldots-p_{r-1})} \tag{2.188}$$

besitzt (vgl. Bernardo und Smith [1994], S. 336). Im Gegensatz zu Jeffreys' a priori Verteilung ist die Referenz-a-priori-Verteilung nicht symmetrisch in $p_1, \ldots, p_{r-1}, p_r$, ein Umstand, der die Anwendung der Lindley-Bernardo-Regel bedenklich erscheinen läßt. Die zu den beiden angegebenen a priori Verteilungen gehörenden a posteriori Verteilungen unterscheiden sich natürlich ebenfalls. Gleichwohl stimmen für jedes feste p_i die beiden dazugehörigen (eindimensionalen) Marginal-a-posteriori-Verteilungen von p_i überein; dabei handelt es sich um die in Beispiel 2.20 angegebene $Beta(z_i + \frac{1}{2}; n - z_i + \frac{1}{2})$-Verteilung.

2.5.6 Box-Tiao-Regel: Data Translated Likelihoods

Zu guter Letzt wollen wir hier eine Regel zur Festlegung nichtinformativer a priori Verteilungen vorstellen, die auf G.E.P. Box und G.C. Tiao zurückgeht und bei Box und Tiao [1973], Abschnitt 1.3, ausführlich behandelt wird. Ausgangspunkt ist wieder eine (durch ein σ-finites Maß ν) dominierte Verteilungsannahme $\mathfrak{P} = \{f(x|\theta) : \theta \in \Theta\}$ über eine Stichprobe $X = (X_1, \ldots, X_n)$. Nach einer Beobachtung x wird $f(x|\theta)$ wie üblich als Likelihood-Funktion in θ aufgefaßt und kurz mit 'Likelihood' bezeichnet. Wir gehen zunächst davon aus, daß θ ein reeller Parameter ist. Grundlage der Box-Tiao-Regel ist die Voraussetzung sogenannter data translated likelihoods im Sinne der folgenden Definition:

Eine Verteilungsannahme $\{f(x|\theta) : \theta \in \Theta\}$ besitzt *(exact) data translated likelihoods in η und T*, wenn es eine eineindeutige und differenzierbare Parametertransformation $\eta = \varphi(\theta)$ mit $\varphi(\Theta) = \mathbb{R}$ und eine Stichprobenfunktion $t = T(x)$ mit $T(\mathfrak{X}) = \mathbb{R}$ gibt, durch welche die Likelihoods auf die Form

$$f(x|\theta) = k(x)g(\varphi(\theta) - T(x)) \sim g(\eta - t) \tag{2.189}$$

gebracht werden können. Dabei soll g eine feste, a priori bekannte Funktion sein.

Nach dem Neyman-Kriterium folgt aus der in (2.189) vorliegenden Faktorisierung die Suffizienz von T, nach dem Zusatz zum Neyman-Kriterium dürfen wir davon ausgehen, daß dabei der zweite Faktor die Dichte von T und der erste Faktor die bedingte Dichte von X unter $T = t$ darstellt. Mit der Reparametrisierung $\eta = \varphi(\theta)$ gilt also $f_T(t|\eta) = g(\eta - t)$, die Familie $\mathfrak{P}^T = \{g(\eta - t) : \eta \in \mathbb{R}\}$ bildet eine Lokationsfamilie in η (vgl. Beispiel 1.15, Fall A) und die Familie

$$\mathfrak{L}^T = \{g(\eta - t) : t \in \mathbb{R}\} \tag{2.190}$$

der dazugehörigen Likelihoods eine Lokationsfamilie in t. Eine Veränderung der Daten x bewirkt also lediglich eine Verschiebung (Translation) der Likelihood $g(\eta - t)$, wobei $t = T(x)$ die Rolle des Translationsparameters übernimmt. Dieses einfache Lokationsmodell gilt für das Stichprobenexperiment $(T; \mathfrak{P})$, das wegen der Suffizienz von T mit dem ursprünglichen Experiment $(X; \mathfrak{P})$ äquivalent ist. Für die ursprünglichen Likelihoods $f(x|\theta)$ besteht die beschriebene Translationseigenschaft in $t = T(x)$ auch bei der Reparametrisierung $\eta = \varphi(\theta)$ erst nach einer der beiden folgenden Normierungen auf $f^*(x|\theta)$, die allerdings nur unter (geringfügigen) zusätzlichen Voraussetzungen vorgenommen werden können.

Existiert zu jeder Beobachtung x die eindeutig bestimmte Maximum-Likelihood-Schätzung $\hat{\theta}$, wobei $f(x|\hat{\theta}) < \infty$ gelten soll, so ist die (auf Werte zwischen 0 und 1) *normierte Likelihood-Funktion* erklärt als $f^*(x|\theta) = f(x|\theta)/f(x|\hat{\theta})$. Diese Normierung haben wir in Abschnitt 1.3.2 im Zusammenhang mit Interpretationen der Fisher-Information bereits kennengelernt.

Besitzt für jede feste Beobachtung x das Integral $\int f(x|\theta)d\theta$ einen endlichen Wert $m(x)$, so ist die (auf die Fläche 1) *normierte Likelihood-Funktion* erklärt als $f^*(x|\theta) = f(x|\theta)/m(x)$. Würde man $f^*(x|\theta)$ wie eine Dichte interpretieren und damit eine 'Verteilung' auf Θ erklären, so könnte man diese als eine Fiduzial-Verteilung im Sinne von Fisher [1935a] auffassen.

Im Zusammenhang mit der Box-Tiao-Regel gelten für beide Arten der Normierung von $f(x|\theta)$ dieselben Aussagen, so daß hier eine übereinstimmende Bezeichnung mit $f^*(x|\theta)$ erlaubt ist. Innerhalb der Likelihood- und Bayes-Inferenz sind $f(x|\theta)$ und $f^*(x|\theta)$ äquivalent, beide stimmen bis auf einen nur von x abhängigen Proportionalitätsfaktor überein, beide führen (zu einer gegebenen a priori Verteilung) auf dieselbe a posteriori Verteilung. Wir gehen im Folgenden davon aus, daß die beiden Voraussetzungen für die Bildung der beiden Versionen von $f^*(x|\theta)$ erfüllt sind. Aus der zweiten Voraussetzung, der Endlichkeit von $\int f(x|\theta)d\theta$, folgt

$$\int g(\eta - t)d\eta < \infty \qquad \text{für jedes feste } t\,. \tag{2.191}$$

Liegt eine Verteilungsannahme mit data translated likelihoods vor, so ergibt sich aus (2.189) bei der Reparametrisierung $\eta = \varphi(\theta)$

$$f^*(x|\eta) = kg(\eta - t) \qquad \text{mit} \qquad t = T(x)\,, \tag{2.192}$$

wobei k eine (von η und x unabhängige) Konstante ist. Also bewirkt eine Veränderung der Daten x eine Verschiebung der *normierten* Likelihood, wobei $t = T(x)$ wieder die Rolle des Verschiebungsparameters spielt. (Vergleiche dazu auch die Abbildungen in den folgenden Beispielen.) Nebenbei bemerkt bilden die $f^*(x|\eta)$ im allgemeinen aber keine strenge Lokationsfamilie (im Sinne von Beispiel 1.15), wie es für die Dichten $f_T(t|\eta)$ der Fall ist.

Ist nun π eine (eigentliche oder uneigentliche) a priori Verteilung für den Parameter η mit der Lebesgue-Dichte $\pi(\eta)$, so erhalten wir für die a posteriori Verteilungen die Dichten

$$\pi(\eta|t) = c(t)g(\eta - t)\pi(\eta)\,, \tag{2.193}$$

die wir zur Familie

$$\mathfrak{P}^\pi = \{c(t)g(\eta - t)\pi(\eta) : t \in \mathbb{R}\} \tag{2.194}$$

zusammenfassen. Dabei soll es sich gemäß der allgemeinen Forderung (2.138) stets um eigentliche Verteilungen handeln, für jedes feste t soll also gelten:

$$c^{-1}(t) = \int g(\eta - t)\pi(\eta)d\eta < \infty\,. \tag{2.195}$$

Die Familie $\mathfrak{P}^\pi$ sollte, so fordern Box und Tiao, dieselbe Invarianzstruktur wie die Familie $\mathfrak{L}^T$ besitzen, also ebenfalls eine Lokalisationsfamilie mit dem Translationsparameter t bilden, wenn kein a priori Wissen über η vorliegt, durch das die betreffende Translationsbeziehung $\pi(\eta - a|t) = \pi(\eta|t + a)$ gestört werden könnte (a ist eine beliebige Konstante). Mit anderen Worten: Für eine *nichtinformative* a priori Verteilung π müssen die a posteriori Verteilungen (2.193) die Beziehung

$$\begin{aligned} c(t)g(\eta - a - t)\pi(\eta - a) &= c(t + a)g(\eta - t - a)\pi(\eta)\,, \text{ d.h.} \\ c(t)\pi(\eta - a) &= c(t + a)\pi(\eta) \end{aligned} \tag{2.196}$$

erfüllen. Dies ist der Fall, wenn $\pi(\eta)$ die uneigentliche Gleichverteilung auf $\mathbb{R}$ ist. Denn erstens ist für $\pi(\eta) \equiv 1$ wegen (2.191) die Voraussetzung (2.195) erfüllt und zweitens ist für $\pi(\eta) \equiv 1$ auch $c(t) \equiv c$, denn

$$c^{-1}(t+a) = \int g(\eta - t - a)d\eta = \int g(\eta - t)d\eta = c^{-1}(t)\,.$$

Zusammen folgt die Gültigkeit von (2.196). Für $\pi(\eta) \equiv 1$ ergibt sich $\pi(\eta|t) = cg(\eta-t)$, so daß die Familien $\mathfrak{P}^\pi$ und $\mathfrak{L}^T$ nicht nur dieselbe Struktur besitzen, sondern sogar (abgesehen vom Normierungsfaktor c) übereinstimmen.

Es gibt auch keine andere a priori Verteilung $\pi(\eta)$ als die Gleichverteilung mit der geforderten Eigenschaft (2.196), sofern man $\pi(\eta)$ überhaupt unabhängig von g festlegt und dazu nur differenzierbare Dichten $\pi(\eta)$ verwendet. (Beide Annahmen dürfen o.B.d.A. getroffen werden.) Aus (2.196) ergibt sich nämlich die Beziehung $\pi(\eta)/\pi(\eta-a) = c(t)/c(t+a)$, so daß die beiden darin genannten Quotienten jeweils nur von a abhängen können. Damit haben dann $\pi(\eta)$ und $c(t)$ die Form

$$\pi(\eta) = \alpha_1 \exp\{\beta\eta\} \quad \text{und} \quad c(t) = \alpha_2 \exp\{-\beta t\}\,.$$

Daraus ergibt sich wegen (2.195)

$$1 = \int c(t)g(\eta - t)\pi(\eta)d\eta = \alpha_1\alpha_2 \int g(\eta - t)\exp\{\beta(\eta - t)\}d\eta\,.$$

Also muß das letzte Integral, das sich über $\mathbb{R}$ erstreckt, für jedes feste t einen endlichen Wert besitzen. Setzt man aber für $g(\eta-t)$ die Laplace-Verteilungen mit beliebigem Skalierungsparameter γ ein, so gibt es zu jedem $\beta \neq 0$ ein $\gamma < |\beta|$, für welches das betreffende Integral nicht mehr endlich ist. Der einzig 'erlaubte' Fall $\beta = 0$ stellt also gerade die Gleichverteilung dar.

Zusammenfassend erhalten wir: Eine Verteilungsannahme mit data translated likelihoods in $\eta = \varphi(\theta)$ führt zu einer Gleichverteilung auf $\mathbb{R}$ als nichtinformativer a priori Verteilung für η. Daraus ergibt sich dann für den ursprünglichen Parameter θ die nichtinformative a priori Verteilung

$$\pi(\theta) \sim |d\eta/d\theta| = |\varphi'(\theta)|\,. \tag{2.197}$$

Unglücklicherweise stellen Verteilungsannahmen mit (exact) data translated likelihoods eine seltene Ausnahme dar. Für eine i.i.d. Stichprobe $X = (X_1, \ldots, X_n)$ einer Zufallsvariablen Y, deren Verteilung einen vom (reellen) Parameter θ unabhängigen Träger besitzt, gilt nämlich der folgende, auf Dynkin [1951] und Ferguson [1967] zurückgehende Zusammenhang (vgl. auch

Kass [1990]): Die Dichten $f(x|\theta)$ bilden dann und nur dann data translated likelihoods, wenn Y normalverteilt ist (wobei μ oder σ^2 bekannt ist) oder wenn Y eine logarithmische Gamma-Verteilung besitzt (wobei nur ein Parameter, der Lokationsparameter, unbekannt ist). Um das schöne Ergebnis (2.197) nicht auf die beiden genannten Verteilungsmodelle einschränken zu müssen, wurde die entscheidende Bedingung (2.189) in der Definition von data translated likelihoods wesentlich abgeschwächt. Dazu sind verschiedene Ansätze entwickelt worden, die zu unterschiedlichen Erweiterungen (im Sinne von Abschwächungen) des Begriffes 'data translated likelihoods' geführt haben.

Eine erste Erweiterung stammt von Box und Tiao selbst (vgl. wieder Box und Tiao [1973], Abschnitt 1.3). Sie beruht auf der erheblich schwächeren Forderung, daß die Beziehung (2.189) nur noch näherungsweise erfüllt sein muß, und führt zu sogenannten approximate data translated likelihoods im Sinne der folgenden Definition:

Eine Verteilungsannahme $\{f(x|\theta) : \theta \in \Theta\}$ besitzt (lokal) *approximative data translated likelihoods in* η *und* T, wenn Transformationen $\eta = \varphi(\theta)$ und $t = T(x)$ mit den oben genannten Eigenschaften existieren, so daß für alle θ in einer Umgebung der ML-Schätzung $\hat{\theta}$ gilt

$$f(x|\theta) \approx k(x)g(\varphi(\theta) - T(x)) \tag{2.198}$$

bzw. nach der Reparametrisierung $\eta = \varphi(\theta)$

$$f^*(x|\eta) \approx kg(\eta - t) \qquad \text{mit } t = T(x)\,. \tag{2.199}$$

Von *asymptotisch* (lokal) approximativen data translated likelihoods spricht man, wenn die Gültigkeit dieser Näherung nur für hinreichend große n mit beliebig nahe bei 1 liegender Wahrscheinlichkeit gefordert wird. Schreibweise:

$$f(x|\theta) \overset{a}{\approx} k(x)g\,(\varphi(\theta) - T(x)) \tag{2.200}$$

bzw.

$$f^*(x|\eta) \overset{a}{\approx} kg\,(\eta - t) \qquad \text{mit } t = T(x)\ . \tag{2.201}$$

Die Näherungen (2.199) und (2.201) sollen für alle η in einer Umgebung der ML-Schätzung $\hat{\eta}$ gültig sein. Dabei wird von der Beziehung $\hat{\eta} = \widehat{\varphi(\theta)} = \varphi(\hat{\theta})$ (*Äquivarianz der ML-Schätzung*) Gebrauch gemacht.

Ist nun $\{f(x|\theta) : \theta \in \Theta\}$ eine Verteilungsannahme mit (lokal) approximativen oder auch nur asymptotisch (lokal) approximativen likelihoods in η und T, so ergibt sich für die Festlegung einer nichtinformativen a priori Verteilung $\pi(\eta)$ für den Parameter η dieselbe Regel wie im Fall von exakten data translated likelihoods. In der Situation (2.198) ergibt sich zwar zunächst nur, daß $\pi(\eta)$ in einer Umgebung von $\hat{\eta}$ konstant, also 'locally uniform' sein muß; da aber $\pi(\eta)$ unabhängig von der Beobachtung, also auch von $\hat{\eta}$, festzulegen ist, folgt die Konstanz von $\pi(\eta)$ auf ganz $\mathbb{R}$ ('globally uniform'). Weiterhin sollte $\pi(\eta)$ auch unabhängig von n sein, so daß die Situation (2.200) zu derselben Verteilung $\pi(\eta)$ wie die Situation (2.198) führen muß.

Eine zweite Erweiterung geht auf Kass [1990] zurück. Hier wird nicht mehr gefordert, daß die Funktion g in der Beziehung (2.189) a priori bekannt sein muß, sondern zugelassen, daß sie über eine *ancillary Statistik* V von der Beobachtung x abhängen darf. Diese Abhängigkeit von dem beobachteten Wert $v = V(x)$ drücken wir durch die Schreibweise g_v aus. Nach Kass bilden dann die Dichten $f(x|\theta)$ exakte data translated likelihoods *im erweiterten Sinne*, wenn eine Darstellung der Form

$$f(x|\theta) = k(x)\, g_v\left(\varphi(\theta) - T(x)\right) \sim g_v(\eta - t) \qquad (2.202)$$

möglich ist. Dabei sollen die Transformationen $\eta = \varphi(\theta)$ und $t = T(x)$ wieder die oben beschriebenen Eigenschaften besitzen. Dieser erweiterte Begriff von exact data translated likelihoods besitzt die gleichen Konsequenzen für die Wahl einer nichtinformativen a priori Verteilung $\pi(\eta)$ wie der ursprüngliche Begriff. Unmittelbar ergibt sich diese Übereinstimmung zunächst zwar nur für das bedingte Stichprobenexperiment $(X; \mathfrak{P}^{X|v})$ oder $(T; \mathfrak{P}^{T|v})$; da aber $\pi(\eta)$ unabhängig von $v = V(x)$ sein muß, folgt daraus die Übereinstimmung auch für das ursprüngliche Experiment.

Der Ansatz, für die Bildung der Funktion g auch ancillary Statistiken zuzulassen, hat sich als sehr sinnvoll und wirksam erwiesen (vgl. vor allem Beispiel 2.26a)). Er kann im Fall mehrdimensionaler Parameter (mit Hilfe von partiellen ancillary Statistiken nach Lehmann [1986], S. 546f.) noch differenzierter ausgestaltet werden (vgl. dazu wieder Kass [1990] und auch Beispiel 2.23, Fall C).

Eine dritte Erweiterung des Begriffes 'data translated likelihoods' bietet sich nun auf ganz natürliche Weise an. Sie besteht in einer Kombination der ersten beiden beschriebenen Erweiterungen und bedeutet kurz gesagt, daß die Beziehung (2.202) nur noch (asymptotisch) approximativ erfüllt zu sein braucht. Dieser Ansatz wird ebenfalls bei Kass [1990] behandelt.

Wir fassen unsere Überlegung zusammen und erhalten die

Box-Tiao-Regel: Gegeben sei eine Verteilungsannahme $\{f(x|\theta) : \theta \in \Theta\}$ mit data translated likelihoods in $\eta = \varphi(\theta)$ und $t = T(x)$ in irgendeiner der angegebenen Versionen. Dann wird als nichtinformative a priori Verteilung für den Parameter η die Gleichverteilung auf $\mathbb{R} = \varphi(\Theta)$ festgelegt. Damit besitzt die nichtinformative a priori Verteilung für θ die Dichte $\pi(\theta)) \sim |\varphi'(\theta)|$. (2.203)

Wie groß das Feld für die Anwendung dieser Regel ist, geht aus den beiden Aussagen des folgenden Satzes hervor, der sich auf i.i.d. Stichproben $X = (X_1, \ldots, X_n)$ bezieht:

Satz 2.13 *a) Jede einparametrige Exponentialfamilie besitzt (lokal) approximative data translated likelihoods.*

b) Jede einparametrige Fisher-reguläre Verteilungsannahme besitzt asymptotisch (lokal) approximative data translated likelihoods.

Die Beweise zu diesen Aussagen findet man bei Box und Tiao [1973], S. 36ff. und Kass [1990]. Sie beruhen auf der Normalapproximation der Likelihood, die für Fisher-reguläre Verteilungsfamilien (erst recht also für Exponentialfamilien) stets möglich ist. Diese Normalapproximation haben wir im Zusammenhang mit Interpretationen der Fisher-Information in Abschnitt 1.3.2 hergeleitet und in (1.86) und (1.87) dargestellt. Wir skizzieren hier den Beweis der Aussage Satz 2.13b).

Nach (1.86) gilt für alle θ in einer Umgebung von $\hat{\theta}$:

$$f^*(x|\theta) = \frac{f(x|\theta)}{f(x|\hat{\theta})} \approx \exp\left\{-\frac{1}{2}I(\hat{\theta};x)[\theta - \hat{\theta}]^2\right\}.$$

$I(\theta;x)$ ist dabei die Fisher-Information der Beobachtung x. Für eine i.i.d. Stichprobe $X = (X_1, \ldots, X_n)$ einer Variablen Y ist $I(\theta;X) = \sum I(\theta;X_i)$, so daß nach dem Gesetz der großen Zahlen $\frac{1}{n}I(\theta;X)$ gegen den Erwartungswert $EI(\theta;Y) =: I(\theta)$, d.h. gegen die erwartete Fisher-Information für eine einzige Beobachtung von Y (stochastisch oder fast sicher) konvergiert. Wegen der Konsistenz der ML-Schätzung $\hat{\theta}$ bleibt diese Konvergenz erhalten, wenn man in $I(\theta;X)$ den Parameter θ durch die Schätzung $\hat{\theta}$ ersetzt. Also gilt im Sinne der stochastischen Konvergenz: $\frac{1}{n}I(\hat{\theta};x) \to I(\theta)$. Damit folgt:

$$f^*(x|\theta) \overset{a}{\approx} \exp\left\{-\frac{1}{2}I(\theta)[\theta - \hat{\theta}]^2\right\}. \tag{2.204}$$

Auf der rechten Seite steht hier (bis auf einen konstanten Proportionalitätsfaktor) die Dichte einer Normalverteilung, genauer der $N(\hat{\theta};\tau^2(\theta)/n)$-Verteilung. Dabei ist $\tau^2(\theta) := 1/I(\theta)$ die sogenannte *asymptotische Varianz*. Diese Normalapproximation schreiben wir symbolisch als

$$f^*(x|\theta) \overset{a}{\sim} N(\hat{\theta};\tau^2(\theta)/n)\,. \tag{2.205}$$

Hier würden auf der rechten Seite exakte data translated likelihoods stehen, wenn $\tau^2(\theta)$ unabhängig von θ wäre. Diesen Sachverhalt aber kann man mit Hilfe sogenannter *varianzstabilisierender* Transformationen $\eta = \varphi(\theta)$ stets herbeiführen. Diese Bezeichnung erhalten solche (eineindeutigen und differenzierbaren) Transformationen, für die nach der Reparametrisierung $\eta = \varphi(\theta)$ gilt: $I(\eta)$ und daher auch $\tau^2(\eta)$ sind konstant. Wegen $\hat{\eta} = \varphi(\hat{\theta})$ geht dann (2.205) über in

$$f^*(x|\eta) \overset{a}{\sim} N(\hat{\eta};\tau^2/n)\,. \tag{2.206}$$

Hier stehen nun auf der rechten Seite exakte data translated likelihoods in η und $\hat{\eta}$. Damit wird der Beweis von Satz 2.13b) durch den Nachweis der Existenz einer varianzstabilisierenden Transformation beendet. Eine solche Transformation existiert aber nicht nur unter den gegebenen Regularitätsvoraussetzungen, sondern läßt sich sogar konstruktiv angeben. Denn nach (1.103) ist $I(\eta) = I(\theta)/[\varphi'(\theta)]^2$ mit $\theta = \varphi^{-1}(\eta)$, so daß die Bedingung '$I(\eta) =$ konstant' erfüllt ist, wenn $[\varphi'(\theta)]^2 \sim I(\theta)$, d.h.

$$\varphi(\theta) \sim \int_{\alpha}^{\theta} \sqrt{I(\tilde{\theta})}\, d\tilde{\theta}\,. \tag{2.207}$$

(Dabei steht α für die untere Grenze des Intervalles $\Theta \in \mathbb{R}$. Aufgrund der Fisher-Regularität der Verteilungsannahme ist Θ ein Intervall und das Integral in (2.207) existent.)

Aus (2.207) ergibt sich: $\varphi'(\theta) = \sqrt{I(\theta)}$; damit erhalten wir die folgende, bemerkenswerte Übereinstimmung der Box-Tiao- mit der Jeffreys-Regel:

Satz 2.14 *Für einparametrige Fisher-reguläre Verteilungsannahmen mit der Fisher-Information $I(\theta)$ liefern die Box-Tiao-Regel und die Jeffreys-Regel die gleichen nichtinformativen a priori Verteilungen $\pi(\theta) \sim \sqrt{I(\theta)}$.*

Nach dieser ausführlichen Behandlung des eindimensionalen Falles ($\Theta \in \mathbb{R}$) genügen für den mehrdimensionalen Fall ($\Theta \in \mathbb{R}_r$) die folgenden kurzen Bemerkungen:

Die oben definierten Versionen des Begriffes data translated likelihoods lassen sich unmittelbar auf Parametervektoren $\theta = (\theta_1, \ldots, \theta_r)$ übertragen, wenn man in (2.189) eine eineindeutige Abbildung $\varphi : \Theta \to \mathbb{R}_r$ mit $\varphi(\Theta) = \mathbb{R}_r$ und eine Statistik $T : \mathfrak{X} \to \mathbb{R}_r$ mit $T(\mathfrak{X}) = \mathbb{R}_r$ zugrundelegt. Dabei soll jede Komponente von $\eta = \varphi(\theta)$ nach jeder Komponente von θ partiell differenzierbar sein und die Jakobische Funktionaldeterminante $\Delta(\theta)$ nirgends verschwinden. Die Funktion $g = g(\eta - t)$ in (2.189) hängt nur von der Differenz der Vektoren η und t ab, das Stichprobenexperiment $(T; \mathfrak{P}^T)$ stellt ein Lokationsmodell in η dar, in dem jede Komponente von η Translationsparameter für die betreffende Komponente von T ist. Entsprechendes gilt für die Familie $\mathfrak{L}^T$ der Likelihoods $g(\eta - t)$ mit gerade vertauschten Rollen von η und t. Liegt eine mehrparametrige Verteilungsannahme mit data translated likelihoods (in irgendeiner Version) vor, so wird als nichtinformative a priori Verteilung für η wieder die (uneigentliche) Gleichverteilung auf dem $\mathbb{R}_r$ gewählt. Für den Parametervektor θ ergibt sich dann die nichtinformative a priori Verteilung $\pi(\theta) \sim |\Delta(\theta)|$. Die Aussagen Satz 2.13a) und Satz 2.13b) sind im mehrdimensionalen Fall allerdings nicht mehr gültig. Dies hat unter anderem seinen Grund darin, daß im mehrdimensionalen Fall varianzstabilisierende Transformationen im allgemeinen nicht mehr existieren.

Beispiel 2.23 Data translated likelihoods und nichtinformative a priori Verteilungen bei der Normalverteilung

Wir betrachten das Gauß-Experiment: $X = (X_1, \ldots, X_n)$ ist i.i.d. Stichprobe eines $N(\mu; \sigma^2)$-verteilten Untersuchungsmerkmals Y.

Fall A: μ unbekannt, σ^2 bekannt

Für die Likelihood-Funktion $f(x|\mu)$ ergibt sich nach (1.9) in Beispiel 1.4 die Darstellung

$$f(x|\mu) = k(x) \exp\left\{-\frac{n}{2\sigma^2}(\mu - \bar{x})^2\right\}. \tag{2.208}$$

Also liegen exakte data translated likelihoods in μ und $\bar{x}$ vor, als nichtinformative a priori Verteilung für μ ergibt sich die (uneigentliche) Gleichverteilung auf $\mathbb{R}$. (Vergleiche dazu Abbildung 2.24. Hinweis: Nicht die Likelihoods selbst, sondern die normierten Likelihoods $f^*(x|\mu)$ bilden eine Lokationsfamilie.)

Fall B: μ bekannt, σ^2 unbekannt

Die Likelihood-Funktion $f(x|\sigma^2)$ lautet

$$f(x|\sigma^2) = \left(\frac{1}{\sigma\sqrt{2\pi}}\right)^n \exp\left\{-\frac{1}{2}\sum\left(\frac{x_i - \mu}{\sigma}\right)^2\right\}.$$

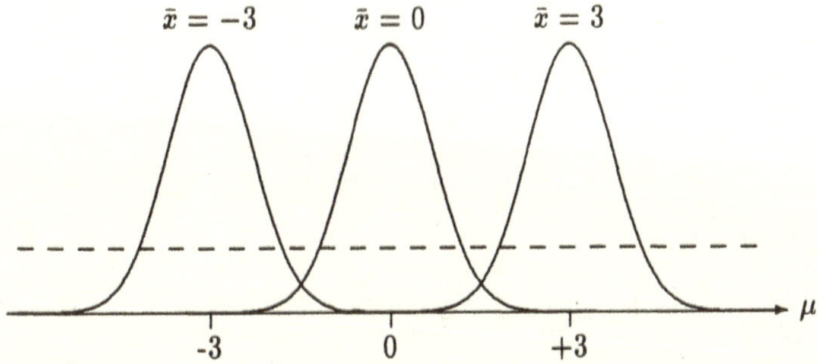

Abbildung 2.24: Normierte Likelihoods (durchgezogene Kurven) und nichtinformative a priori Verteilung (gestrichelte Linie) für μ bei Normalverteilung mit bekanntem σ^2

Wir betrachten $S^2_\mu = \sum (X_i - \mu)^2 / n$, die Stichprobenvarianz bei bekanntem μ mit der Realisation s^2_μ nach der Beobachtung x, multiplizieren $f(x|\sigma^2)$ mit $(s_\mu)^n$ und erhalten (mit '$\sim$' für 'proportional mit konstantem Proportionalitätsfaktor'):

$$f(x|\sigma^2) \sim (s_\mu/\sigma)^n \exp\left\{-\frac{n}{2}(s_\mu/\sigma)^2\right\} .$$

Mit $\eta = \log \sigma$ und $t = T(x) = \log s_\mu$ ergibt sich daraus

$$f(x|\eta) \sim \exp\left\{-n(\eta - t) - \frac{n}{2}\exp\{-2(\eta - t)\}\right\} . \tag{2.209}$$

Also liegen exakte data translated likelihoods in $\eta = \log \sigma$ und $T = \log S_\mu$ vor (vgl. Abbildungen 2.25 und 2.26), als nichtinformative a priori Verteilung für den Parameter η ergibt sich die (uneigentliche) Gleichverteilung auf $\mathbb{R}$. Für den Parameter σ erhalten wir daraus die nichtinformative a priori Verteilung

$$\pi(\sigma) \sim |d\eta/d\sigma| = 1/\sigma \tag{2.210}$$

und für σ^2 die nichtinformative Verteilung $\pi(\sigma^2) \sim 1/\sigma^2$. Diese Verteilungen stimmen gemäß Satz 2.14 mit Jeffreys' nichtinformativen a priori Verteilungen überein (vgl. Beispiel 1.21), Fall B).

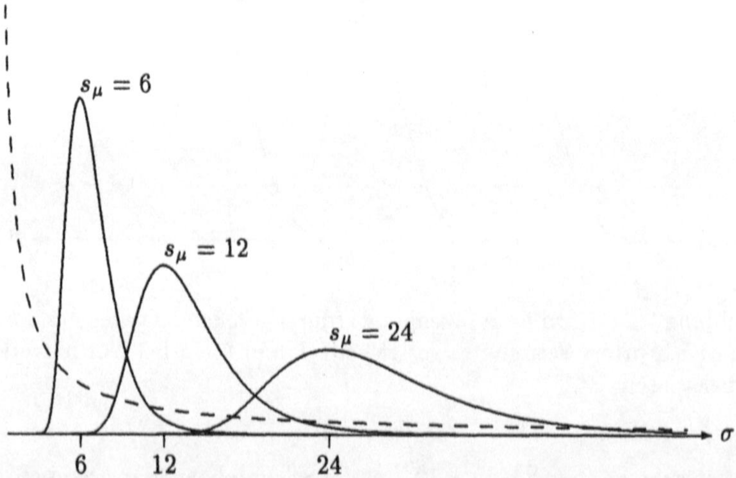

Abbildung 2.25: Flächennormierte Likelihoods (durchgezogene Kurven) und nichtinformative a priori Verteilung (gestrichelte Kurve) für σ bei Normalverteilung mit bekanntem μ

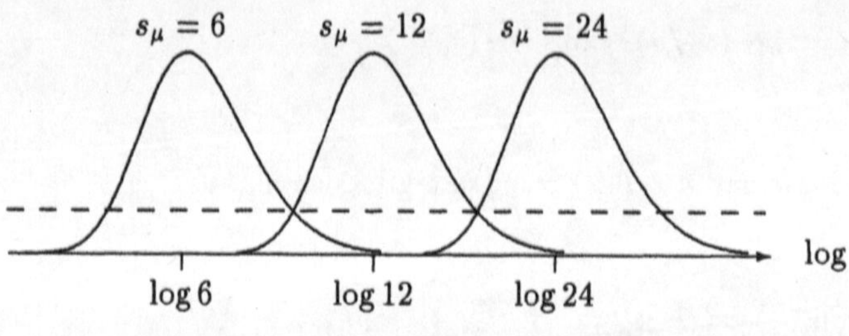

Abbildung 2.26: Flächennormierte Likelihoods (durchgezogene Kurven) und nichtinformative a priori Verteilung (gestrichelte Linie) für $\log \sigma$ bei Normalverteilung mit bekanntem μ

Fall C: μ und σ^2 unbekannt

Mit $S^2 = \sum(X_i - \bar{X})^2/(n-1)$, der Stichprobenvarianz bei unbekanntem μ, und ihrer Realisation s^2 nach der Beobachtung x, gilt für die Likelihood-Funktion $f(x|\mu, \sigma^2)$ die Darstellung

$$f(x|\mu, \sigma^2) = \left(\frac{1}{\sigma\sqrt{2\pi}}\right)^n \exp\left\{-\frac{n-1}{2\sigma^2}s^2 - \frac{n}{2\sigma^2}(\mu - \bar{x})^2\right\}$$

(vgl. wieder (1.9) in 1.4). Durch Multiplikation mit s^n erhalten wir:

$$f(x|\mu,\sigma^2) \sim \left(\frac{s}{\sigma}\right)^n \exp\left\{-\frac{n-1}{2}\left(\frac{s}{\sigma}\right)^2 - \frac{n(\mu-\bar{x})^2}{2s^2}\left(\frac{s}{\sigma}\right)^2\right\}.$$

Diese Beziehung kann auf die folgende Form umgeschrieben werden:

$$f(x\,|\,\mu,\sigma^2) \sim f_1(\bar{x},s|\mu,\sigma)\cdot f_2(s|\sigma) \qquad \text{mit}$$

$$f_1(\bar{x},s\,|\,\mu,\sigma) = \exp\left\{-\frac{n}{2}\left(\frac{\mu-\bar{x}}{s}\right)^2 \exp\left\{-2\left(\log\sigma - \log s\right)\right\}\right\}$$

$$f_2(s|\sigma) = \exp\left\{-n(\log\sigma - \log s) - \frac{n-1}{2}\exp\left\{-2\left(\log\sigma - \log s\right)\right\}\right\}.$$

Damit ergibt sich für die Likelihoods eine Darstellung der Form

$$f(x\,|\,\mu,\sigma^2) \sim g_1\left(\frac{\mu-\bar{x}}{s}, \log\sigma - \log s\right)\cdot g_2\left(\log\sigma - \log s\right). \qquad (2.211)$$

Diese hat so weit wie möglich, aber nicht in exaktem Sinne die Form von data translated likelihoods in $\eta = (\mu, \log\sigma)$ und $T = (\bar{X}, \log S)$ bzw. $t = (\bar{x}, \log s)$. Eine Abweichung von exakten data translated likelihoods entsteht allein durch das erste Argument $(\mu - \bar{x})/s$ der Funktion g_1, das nicht nur die Differenz $\mu - \bar{x}$, sondern auch noch den Faktor $1/s$ enthält. Dieser Faktor hängt von der Realisation der Statistik S ab, die nicht ancillary (nicht einmal partiell ancillary) ist. Also liegen mit (2.211) auch keine data translated likelihoods im erweiterten Sinne nach Kass vor. Darüber hinaus läßt die Darstellung (2.211) auch nicht den Schluß zu, daß die Funktionen $f(x|\mu,\sigma^2)$ approximative data translated likelihoods bilden, auch nicht im asymptotisch (lokalem) Sinne. Die Anwendung der Box-Tiao-Regel auf mehrdimensionale Parameter stößt also schon im klassischen Beispiel einer Normalverteilung an gewisse Grenzen. Der Gebrauch dieser Regel läßt sich hier nur unter einer Abschwächung ihrer Voraussetzungen rechtfertigen, die über die oben geschilderten Erweiterungen des Begriffes data translated likelihoods noch hinausgeht. Diese Abschwächung läuft darauf hinaus, daß die Approximation (2.198) nur noch für ganz bestimmte Umgebungen der ML-Schätzung gefordert wird, die durch die Geometrie der Informationsmatrix festgelegt sind (vgl. Kass [1989, 1990] oder auch Box und Tiao [1973], S. 50). Die Einschränkung der zugelassenen Umgebungen betrifft im vorliegenden Beispiel nur das erste Argument von g_1 und bedeutet vereinfacht ausgedrückt, daß die Eigenschaft 'data translated in μ und $\bar{X}$' nur für jeweils festes $S^2 = s^2$ gefordert wird. Auf diese Weise ergibt sich nach der Box-Tiao-Regel als nichtinformative a priori Verteilung für den Parameter $\eta = (\mu, \log \sigma)$ die (uneigentliche) Gleichverteilung auf dem $\mathbb{R}_2$ und für den Parameter (μ, σ) die Verteilung

$$\pi(\mu, \sigma) \sim 1/\sigma \,. \tag{2.212}$$

Vergleicht man dieses Ergebnis mit den nichtinformativen Verteilungen für μ bzw. σ in den Fällen A und B, so stellt sich heraus, daß μ und σ a priori unabhängig sind. Hätte man diese a priori Unabhängigkeit von vornherein vorausgesetzt, so hätte sich (2.212) aus den Fällen A und B ableiten lassen. Die Verteilung (2.212) ergibt sich auch nach dem Lindley-Bernardo-Ansatz. Sie stimmt aber nicht mit Jeffreys' nichtinformativer Verteilung (2.165) überein. Nach der Jeffreys-Regel sind μ und σ a priori abhängig. □

Beispiel 2.24 Data translated likelihoods und nichtinformative a priori Verteilung bei der Binomialverteilung

Im Bernoulli-Experiment ist die $B(n;p)$-verteilte Statistik $Z = \sum X_i$ (= Anzahl der Erfolge) suffizient. Die Likelihood-Funktion nach einer Beobachtung $x = (x_1, \ldots, x_n)$ mit $z = \sum x_i$ lautet

$$f(x|p) = p^z(1-p)^{n-z} \sim f_Z(z|p) \,.$$

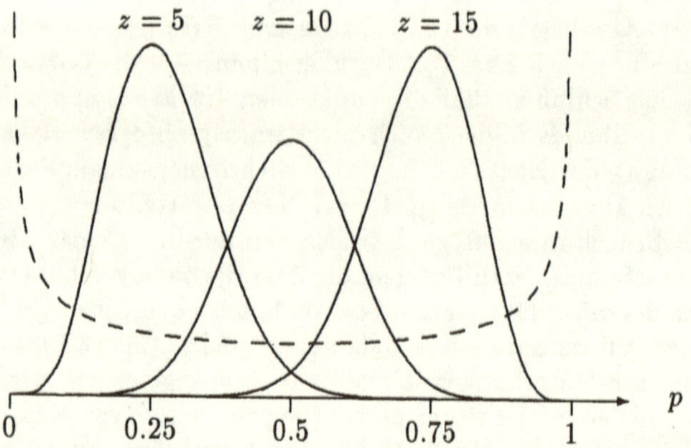

Abbildung 2.27: Flächennormierte Likelihoods (durchgezogene Kurven) und nichtinformative a priori Verteilung (gestrichelte Kurve) für p bei der Binomialverteilung ($n = 20$)

Es liegt eine einparametrige Exponentialfamilie und damit eine Fisher-reguläre Verteilungsannahme vor. Also bilden die $f(x|p)$ nach Satz 2.13b) asymptotisch (lokal) approximative data translated likelihoods und zwar gemäß (2.207) wegen $I(p) = [p(1-p)]^{-1}$ in

$$\eta = \varphi(p) = \int_0^p [\tilde{p}(1-\tilde{p}]^{-1/2}\, d\tilde{p} = \arcsin\sqrt{p} \tag{2.213}$$

(vgl. dazu Abbildungen 2.27 und 2.28). Als nichtinformative a priori Verteilung für η ergibt sich die Gleichverteilung auf $\mathbb{R}$, die nichtinformative Verteilung für den Parameter p lautet

$$\pi(p) \sim 1/\sqrt{p(1-p)}\,. \tag{2.214}$$

Diese stimmt gemäß Satz 2.14 wieder mit Jeffreys' nichtinformativer Verteilung (2.158) überein.

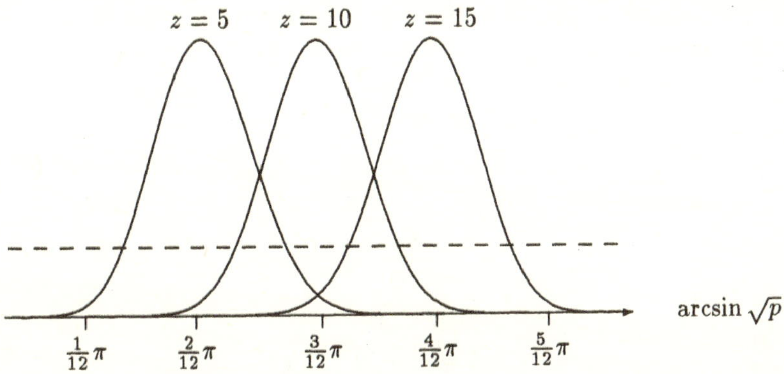

Abbildung 2.28: Flächennormierte Likelihoods (durchgezogene Kurven) und nichtinformative a priori Verteilung (gestrichelte Kurve) für $\arcsin\sqrt{p}$ bei der Binomialverteilung ($n = 20$) □

Beispiel 2.25 Data translated likelihoods und nichtinformative a priori Verteilung bei der Poisson-Verteilung

Gegeben sei eine i.i.d. Stichprobe $X = (X_1, \ldots, X_n)$ eines $Po(\lambda)$-verteilten Untersuchungsmerkmals Y (vgl. Beispiele 2.4 und 2.19). Für die Likelihood-Funktion $f(x|\lambda)$ nach einer Beobachtung $x = (x_1, \ldots, x_n)$ mit $z = \sum x_i$ gilt:

$$f(x|\lambda) \sim \lambda^z e^{-n\lambda}\,.$$

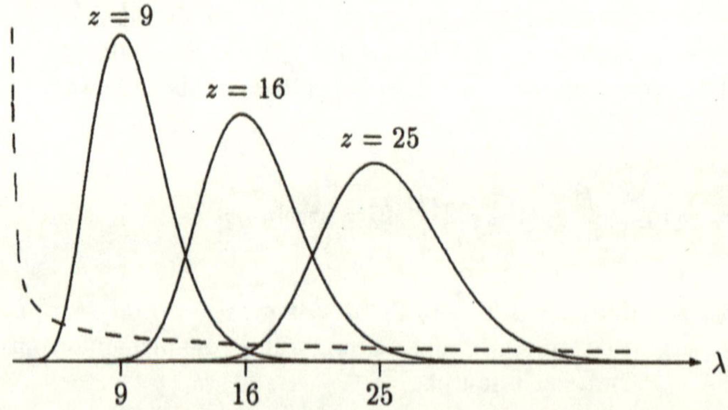

Abbildung 2.29: Flächennormierte Likelihoods (durchgezogene Kurven) und nichtinformative a priori Verteilung (gestrichelte Linie) für λ bei der Poissonverteilung ($n = 1$)

Es liegt wieder eine einparametrige, Fisher-reguläre Verteilungsannahme vor. Die Fisher-Information *einer* Beobachtung von Y ist $I(\lambda) = 1/\lambda$. Damit erhalten wir nach der Box-Tiao-Regel für den Parameter λ gemäß Satz 2.14 die nichtinformative a priori Verteilung

$$\pi(\lambda) \sim 1/\sqrt{\lambda}. \tag{2.215}$$

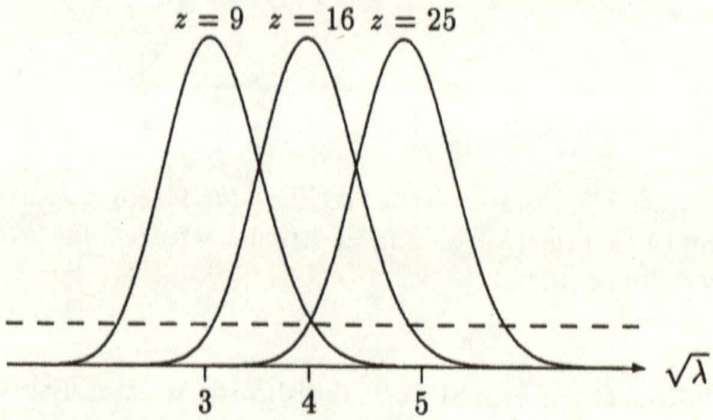

Abbildung 2.30: Flächennormierte Likelihoods (durchgezogene Kurven) und nichtinformative a priori Verteilung (gestrichelte Linie) für $\sqrt{\lambda}$ bei der Poissonverteilung ($n = 1$)

Die Dichten $f(x|\lambda)$ bilden nach Satz 2.13b) und (2.207) asymptotisch (lokal) approximative data translated likelihoods in

$$\eta = \varphi(\lambda) = \int_0^\lambda \left[1/\sqrt{\tilde{\lambda}}\right] d\tilde{\lambda} \sim \sqrt{\lambda} \tag{2.216}$$

(vgl. dazu Abbildungen 2.29 und 2.30). Hier liegt allerdings eine geringfügige Verletzung der Voraussetzungen des Box-Tiao-Ansatzes vor: Der Parameter η durchläuft nur die positive reelle Halbachse und nicht, wie in (2.203) verlangt, die Menge aller reellen Zahlen. Die Gleichverteilung als nichtinformative a priori Verteilung für η ist damit nicht ganz plausibel, die Anwendung der Box-Tiao-Regel nicht völlig gerechtfertigt. □

Beispiel 2.26 Data translated likelihoods und nichtinformative a priori Verteilungen in allgemeinen Lokations- und Skalenfamilien

Wir betrachten die i.i.d. Stichprobe $X = (X_1, \ldots, X_n)$ einer Zufallsvariablen Y mit der Verteilungsfunktion $H(y|\theta)$ und der Lebesgue-Dichte $h(y|\theta)$. Wie in Beispiel 1.15 untersuchen wir Lokations- und Skalenfamilien.

a) Lokationsfamilie

Die Verteilung von Y sei bis auf einen Lokationsparameter $\theta \in \mathbb{R}$ bekannt, d.h.: $h(y|\theta) = h_0(y-\theta)$ mit bekanntem $h_0(y) = h(y|0)$. Die Dichten von Y bilden exakte data translated likelihoods in θ und Y. Die Likelihood-Funktionen der Stichprobe lauten

$$f(x|\theta) = \prod_{i=1}^{n} h_0(x_i - \theta)\,. \tag{2.217}$$

Diese bilden im allgemeinen keine exakten data translated likelihoods, wohl aber exakte data translated likelihoods im erweiterten Sinne nach Kass. Der dazugehörige Beweis, den man bei Kass [1990] findet, stützt sich im wesentlichen auf den Umstand (vgl. Cox und Hinkley [1986], S. 221), daß die $(n-1)$-dimensionale Statistik

$$V = V(X) = (X_{[2]} - X_{[1]}, \ldots, X_{[n]} - X_{[n-1]})$$

ancillary ist. Berücksichtigt man außerdem, daß die Maximum-Likelihood-Schätzung $\hat{\theta} = T(x)$ zusammen mit V suffizient ist und daß die bedingten Verteilungen von T unter $V = v$ wiederum eine Lokationsfamilie bilden, so kann die Beziehung

$$f(x|\theta) \sim g_v(\theta - \hat{\theta}) \tag{2.218}$$

nachgewiesen werden, so daß gemäß (2.202) exakte data translated likelihoods im erweiterten Sinne in θ und $\hat{\theta}$ vorliegen. Die Box-Tiao-Regel liefert damit als nichtinformative a priori Verteilung für den Parameter θ die Gleichverteilung auf $\mathbb{R}$.

b) Skalenfamilie

Die Verteilung von Y sei bis auf einen Skalenparameter $\theta \in \mathbb{R}^+$ bekannt, d.h.: $h(y|\theta) = \theta^{-1}h_1(y/\theta)$ mit bekanntem $h_1(y) = h(y|1)$. Wir transformieren Y in $Z = \log|Y|$ und θ in $\eta = \log\theta$. Die Dichten $h_Z(z|\eta)$ haben nach dem Dichtetransformationssatz die Gestalt

$$h_Z(z|\eta) = \exp\{z-\eta\}\left[h_1(\exp\{z-\eta\}) + h_1(-\exp\{z-\eta\})\right]$$

und bilden daher eine Lokationsfamilie in η. Eine i.i.d. Stichprobe von Y geht in eine i.i.d. Stichprobe von Z über. Letztere besitzt aufgrund des Ergebnisses unter a) exakte data translated likelihoods im erweiterten Sinne nach Kass und zwar in η und $\hat{\eta} = \log\hat{\theta}$. Als nichtinformative a priori Verteilung für η liefert die Box-Tiao-Regel die Gleichverteilung auf $\mathbb{R}$; für den Parameter θ erhalten wir somit die nichtinformative Verteilung

$$\pi(\theta) \sim 1/\theta\,. \tag{2.219}$$

c) Lokations-Skalen-Familie

Die Verteilung von Y sei bis auf einen Lokationsparameter $\mu \in \mathbb{R}$ und einen Skalenparameter $\sigma \in \mathbb{R}^+$ bekannt, d.h.: $h(y|\mu;\sigma) = \sigma^{-1}h_*([y-\mu]/\sigma)$ mit bekanntem $h_*(y) = h(y|0;1)$. Die Dichten

$$f(x|\mu;\sigma) = \left(\frac{1}{\sigma}\right)^n \prod_{i=1}^{n} h_*([x_i-\mu]/\sigma)$$

der Stichprobe X bilden keine data translated likelihoods, auch nicht im (asymptotisch lokal) approximativen Sinne nach Box und Tiao oder im erweiterten Sinne nach Kass. (Vergleiche dazu Beispiel 2.23, Fall C).) Dieses negative Resultat kann auch nicht durch geeignete Transformationen von Y bzw. $\theta = (\mu,\sigma)$ gewendet werden. Die Anwendung der Box-Tiao-Regel läßt sich nur rechtfertigen, wenn man den Begriff data translated likelihoods noch weiter abschwächt (etwa wie in Beispiel 2.23 Fall C) angedeutet) oder aber als zusätzliche Voraussetzung fordert, daß die nichtinformative a priori Verteilung des einen Parameters unabhängig davon festgelegt wird, welche Kenntnisse über den anderen Parameter vorliegen. Box und Tiao und auch Kass schlagen diese Voraussetzung als klarste Bedingung zur Rechtfertigung der Box-Tiao-Regel vor. Auf diese Weise kann man dann die nichtinformativen a priori Verteilungen von μ und σ getrennt (wie unter a) und b) geschehen) festlegen und erhält für (μ,σ) als nichtinformative a priori Verteilung das Produkt der beiden einzelnen Verteilungen, d.h. wie oben in Beispiel 2.23 Fall C die Dichte $\pi(\mu,\sigma) \sim 1/\sigma$. □

2.5.7 Vergleich, Kritik, Ausblick

In den vorangegangenen Abschnitten haben wir die fünf wichtigsten Verfahren zur Bestimmung nichtinformativer a priori Verteilungen vorgestellt. Diese Verfahren sollen nun miteinander verglichen und kritisch gewürdigt werden. Dabei kommen auch einige der bereits vorgebrachten Argumente und durchgerechneten Beispiele wieder zur Sprache. Die kritische Würdigung mündet in einen grundsätzlichen Einwand gegen alle (auch die oben nicht behandelten) Ansätze zur Festlegung nichtinformativer Verteilungen, nämlich der berechtigten Frage, ob es denn überhaupt sinnvoll ist, den Zustand völliger Unkenntnis durch *eine* Verteilung zu beschreiben. Eine mögliche Antwort auf diese Frage, die allerdings den Rahmen der herkömmlichen Bayes-Inferenz sprengen würde, lautet kurz gesagt: Nein, dazu ist vielmehr eine (ganz bestimmte) *Menge* von Verteilungen zu verwenden! Darauf gehen wir am Ende dieses Abschnittes in einem Ausblick näher ein. Vorab jedoch noch zwei Bemerkungen.

Die erste Bemerkung betrifft die besondere Bedeutung nichtinformativer a priori Verteilungen für die statistische Inferenz insgesamt. Diese Verteilungen spielen nicht nur, wie oben dargelegt, eine hervorragende Rolle innerhalb der Bayes-Inferenz, sondern stellen auch eine Brücke dar, auf der Anhänger der klassischen Inferenz und der Likelihood-Inferenz, also 'Objektivisten', einen Zugang zur Bayes-Inferenz und deren reichhaltigem Arsenal an Schätz- und Testverfahren haben. Nichtinformative a priori Verteilungen sind nämlich notwendigerweise unabhängig von irgendwelchen (subjektiven) Vorkenntnissen des Betrachters, weil solche situationsbedingt nicht vorhanden sind, und können daher als objektive Verteilungen aufgefaßt werden. Strenggenommen ergibt sich daraus das Gebot, daß zu einem vorliegenden Stichprobenexperiment die nichtinformative a priori Verteilung eindeutig bestimmt sein muß.

Die zweite Bemerkung betrifft die zentralen Stützpfeiler, auf die sich die oben beschriebenen Regeln zur Festlegung nichtinformativer Verteilungen gründen. Hier lassen sich im wesentlichen zwei Argumentationsbasen erkennen, eine informationstheoretische (bei den Regeln nach Jaynes und Lindley-Bernardo) und eine invarianztheoretische (bei den Regeln nach Jeffreys und Box-Tiao). Für die Bayes-Laplace-Regel können im Fall eines endlichen Parameterraumes beide Argumentationsfelder angeführt werden. Die gleichen Stützpfeiler besitzen auch die meisten der oben nicht behandelten Regeln zur Bestimmung nichtinformativer a priori Verteilungen. Zu erwähnen sind hier vor allem die informationstheoretisch gestützten Regeln nach Akaide [1983] und Zellner [1977] und die invarianztheoretisch begründeten Regeln nach Hartigan [1964], Stone [1965] und Villegas [1971, 1977]. Andere Ansätze zur Gewinnung von nichtinformativen Verteilungen, die sich nicht (in erster Linie!) auf informations- oder invarianztheoretische Argumente stützen, sind unter den Namen 'conjugate class methods' und 'decision theoretic methods' bekannt. Im ersten Fall bezieht sich der Ansatz auf eine bestimmte Klasse konjugierter a priori Verteilungen, in der nach gewissen Regeln eine nichtinformative Verteilung ausgezeichnet wird; im allgemeinen handelt es sich dabei um eine uneigentliche Verteilung, die als Grenzverteilung einer Folge von Verteilungen aus der zugrundegelegten konjugierten Klasse definiert ist und sich daher nicht 'in' sondern nur 'am Rand' der Klasse befindet; derartige Regeln findet man bei Novick und Hall [1965] und Novick [1969], ein Beispiel dazu ist Haldane's nichtinformative a priori Verteilung im Bernoulli-Experiment, siehe Beispiel 2.14. Auf entscheidungstheoretische Ansätze zur Bestimmung nichtinformativer Verteilungen gehen wir in Abschnitt 2.6 näher ein. Einen ausgezeichneten (auch kritischen!) Überblick über die verschiedenen Ansätze für nichtinformative Verteilungen findet man bei Kass und Wasserman [1996].

a) Vergleiche

Alle genannten Ansätze zur Bestimmung einer nichtinformativen Verteilung verfolgen das Ziel, die a priori Situation, in der keine Vorkenntnisse über den Parameter θ vorhanden sind, durch *eine* Verteilung auf dem Parameterraum Θ zu charakterisieren. Unter dieser Zielsetzung, einer Generalprämisse für die Anwendung der Bayes-Inferenz, ergeben sich aus unseren obigen Betrachtungen über die fünf wichtigsten derartigen Ansätze die folgenden vergleichenden Beurteilungen.

1) *Ist Θ endlich*, so ist die *Bayes-Laplace-Regel* zur Festlegung einer nichtinformativen Verteilung am überzeugendsten und zwar sowohl unter invarianz- als auch unter informationstheoretischen Gesichtspunkten. Sie ist invariant gegenüber Reparametrisierungen und führt zu a priori Verteilungen mit maximaler Entropie. Die Bayes-Laplace-Regel fällt hier mit der Jaynes-Regel und der Lindley-Bernardo-Regel zusammen, letztere sind mithin genauso überzeugend, die Jeffreys- und die Box-Tiao-Regel sind wegen ihrer Regularitätsvoraussetzungen nicht anwendbar.

2) *Ist Θ abzählbar unendlich*, so ist *keine* der angegebenen Regeln überzeugend. Die Bayes-Laplace-Regel ist nicht erfolgreich anwendbar, weil auf einem solchen Θ eine Gleichverteilung als a priori Verteilung sinnlos ist. (Eine eigentliche Gleichverteilung existiert nicht und eine uneigentliche Gleichverteilung würde im allgemeinen auch zu einer uneigentlichen a posteriori Verteilung führen und damit im Widerspruch zu der Forderung (2.138) stehen.) Die Jaynes-Regel führt bei abzählbar unendlichem Θ nur dann zu einem Erfolg, wenn ganz bestimmte partielle Vorinformationen vorliegen, eine Voraussetzung, die mit der Situation eines a priori Nichtwissens unverträglich ist. Ähnliches gilt für die Lindley-Bernardo-Regel. (Auch zu ihrer erfolgreichen Anwendung müssen bei abzählbar unendlichem Θ die zugelassenen a priori Verteilungen durch gewisse Vorinformationen über θ eingeschränkt werden.) Die Jeffreys- und die Box-Tiao-Regel sind wieder wegen ihrer Regularitätsvoraussetzungen nicht anwendbar. Einen Ausweg aus dieser unbefriedigenden

Situation bietet im Spezialfall $\Theta = \mathbb{N}$ der Ansatz von Rissanen [1983], der informationstheoretisch, genauer kodierungstheoretisch begründet ist und zu der nichtinformativen Verteilung $\pi(\theta) \sim [\theta \cdot (\log \theta) \cdot (\log\log \theta) \cdots]^{-1}$ führt (wobei in dem Produkt nur die endlich vielen positiven Faktoren berücksichtigt werden). Auch gegen diesen Ansatz lassen sich aber wieder stichhaltige Argumente ins Feld führen (vgl. wieder Kass und Wasserman [1996]). Ein anderer, allerdings ebenfalls problematischer Ausweg, der von Bernardo und Smith [1994] vorgeschlagen wird, besteht in einer geeigneten Einbettung des vorliegenden diskreten in einen stetigen Fall.

3) *Ist* Θ *ein Intervall im* $\mathbb{R}_1$ und liegt eine Fisher-reguläre Verteilungsannahme vor, so ist die *Jeffreys-Regel* zur Definition einer nichtinformativen Verteilung am überzeugendsten. Sie ist ihrer Konstruktion nach invariant gegenüber Reparametrisierungen und führt auch zu a priori Verteilungen, die sich als 'möglichst wenig informativ' interpretieren lassen. Letzteres ist der Fall, weil sich hier nach der Jeffreys-Regel dieselben a priori Verteilungen ergeben wie nach der Regel von Lindley-Bernardo, so daß Jeffreys' nichtinformative Verteilungen auch die informationstheoretischen Ansätze des Lindley-Bernardo-Ansatzes erfüllen. Darüber hinaus stimmen Jeffreys' Verteilungen mit den nichtinformativen Verteilungen nach der Box-Tiao-Regel überein und erhalten auf diese Weise eine zusätzliche Rechtfertigung im Fall einer Verteilungsannahme mit data translated likelihoods. Wegen der genannten Übereinstimmungen sind natürlich die Regeln nach Lindley-Bernardo und Box-Tiao ebenso überzeugend. Ihnen gegenüber hat aber die Jeffreys-Regel den Vorteil einer direkten und relativ einfachen Berechenbarkeit nichtinformativer a priori Verteilungen. Die Regeln nach Bayes-Laplace und Jaynes sind hier ungeeignet, da beide nicht invariant gegenüber Reparametrisierungen sind.

4) *Ist* Θ *ein Intervall im* $\mathbb{R}_r$ (mit $r \geq 2$), so besteht auch bei Fisher-regulären Verteilungsannahmen keine Hoffnung auf eine klare Überlegenheit einer Regel, die eindeutig zu empfehlen wäre, oft nicht einmal eine Hoffnung auf eine zweifelsfreie Angabe einer nichtinformativen Verteilung überhaupt. Die Regeln nach Bayes-Laplace und Jaynes kommen aus den unter 3) genannten Grund wiederum nicht in Betracht, die Jeffreys-Regel ist wegen ihrer Marginalisierungsprobleme nicht überzeugend, die Lindley-Bernardo-Regel benötigt gewisse a priori Kenntnisse über die relative Bedeutung der einzelnen Parameterkomponenten und die Box-Tiao-Regel ist in den meisten Fällen wegen ihrer sehr strengen Voraussetzung nicht anwendbar (approximative data translated likelihoods liegen schon bei Lokations-Skalen-Familien nicht vor). Eine eindeutige Empfehlung kann eigentlich nur in den beiden folgenden Fällen ausgesprochen werden: Im Fall $r = 2$ ist bei Vorliegen eines nuissance Parameters die *Lindley-Bernardo-Regel* überzeugend; und im Fall einer Verteilungsannahme, deren Dichten $f(x|\theta)$ symmetrisch in den Komponenten von $\theta = (\theta_1, \ldots, \theta_r)$ sind, ist die *Jeffreys-Regel* überzeugend. In allen anderen Fällen stößt die Bestimmung einer nichtinformativen Verteilung auf ganz grundsätzliche Probleme, die ihre Ursache in der wesentlich komplexeren topologischen Struktur des $\mathbb{R}_r$ gegenüber dem $\mathbb{R}_1$ haben. Erst wenn man den $\mathbb{R}_r$ nicht mit der üblichen euklidischen Metrik versieht, sondern mit einer durch die Fishersche Informationsmatrix $I(\theta)$ definierten Metrik (in der $\sqrt{\det I(\theta)}$ die natürliche Volumeneinheit ist), gewinnt die *Jeffreys-Regel* eine entscheidende Überzeugungskraft (vergleiche dazu Kass [1989, 1990] sowie Kass und Wassermann [1996]). Die Wahl dieser Metrik und die damit verbundene Auszeichnung der Jeffreys-Regel hat vor allem für die asymptotische Inferenz eine entscheidende Bedeutung, weil hier die Fisher-Information eine zentrale Rolle spielt. Eine andere, wesentlich einfachere Überwindung des Problems, eine nichtinformative Verteilung für $\theta = (\theta_1, \ldots, \theta_r)$ zu bestimmen, ist an die einschneidende Voraussetzung gebunden, daß die einzelnen Parameterkomponenten $\theta_1, \ldots, \theta_r$ a priori unabhängig sind. Dann ergibt sich eine r-dimensionale a priori Verteilung für θ als das Produkt der r eindimensionalen a priori Verteilungen für die $\theta_1, \ldots, \theta_r$, so daß die Bestimmung einer nichtinformativen Verteilung für θ auf den eindimensionalen Fall zurückgespielt werden kann.

5) Die Regeln von Jeffreys, Lindley-Bernardo und Box-Tiao hängen von der gegebenen Verteilungsannahme $\mathfrak{P} = \{f(x|\theta) : \theta \in \Theta\}$ ab, d.h. vom Parameterraum Θ *und* den vorliegenden Dichten $f(x|\theta)$, die Regeln von Bayes-Laplace und Jaynes dagegen *nur* vom Parameterraum Θ. Daraus ergeben sich die folgenden Konsequenzen vor allem für die Konstruktion und Verwendung nichtinformativer a priori Verteilungen innerhalb der Likelihood-Inferenz: Die a priori Verteilungen nach Jeffreys, Lindley-Bernardo und Box-Tiao führen zu a posteriori Verteilungen, die das (starke!) *Likelihood-Prinzip* (2.53) verletzen, während dies für die a priori Verteilungen nach Bayes-Laplace und Jaynes nicht der Fall ist. Zur genaueren Formulierung des Sachverhaltes betrachten wir zwei Verteilungsannahmen $\mathfrak{P}_1$ und $\mathfrak{P}_2$ mit demselben Parameterraum Θ und zwei nichtinformativen a priori Verteilungen $\pi_1(\theta)$ und $\pi_2(\theta)$. Dann überträgt sich eine Proportionalität zwischen den Likelihood-Funktionen nur dann auf eine solche zwischen den betreffenden a posteriori Verteilungen $\pi_1(\theta|x)$ und $\pi_2(\theta|x)$, wenn $\pi_1(\theta) = c\pi_2(\theta)$ gilt, d.h. (o.B.d.A. bei uneigentlichen a priori Verteilungen) wenn $\pi_1(\theta)$ und $\pi_2(\theta)$ übereinstimmen. Letzteres bedeutet, daß $\pi_1(\theta)$ und $\pi_2(\theta)$ unabhängig von $\mathfrak{P}_1$ und $\mathfrak{P}_2$ festzulegen sind, damit zwei Stichprobenexperimente, die innerhalb der Likelihood-Inferenz nach dem Likelihood-Prinzip äquivalent sind, diese Eigenschaft auch innerhalb der Bayes-Inferenz besitzen. (Satz 2.6, nach dem aus dem Bayes-Prinzip das Likelihood-Prinzip folgt, ist nur dann gültig, wenn die a priori Verteilung unabhängig von $\mathfrak{P}$ festgelegt wird.)

Beispiel: Als erstes Stichprobenexperiment X sei wieder das Bernoulli-Experiment (Binomialverteilung) mit der Beobachtung von z Erfolgen unter n Versuchen gegeben (z zufällig, n fest). Jeffreys' nichtinformative Verteilung für den Parameter p lautet $\pi_1(p) \sim 1/\sqrt{p(1-p)}$ (siehe Beispiel 2.18). Als zweites Stichprobenexperiment betrachten wir ebenfalls unabhängige Wiederholungen eines Zufallsexperimentes, bei dem ein Ereignis (ein Erfolg) mit unbekannter Wahrscheinlichkeit p eintritt, geben aber nun die Anzahl z der Erfolge fest vor und beobachten die Anzahl n der dazu erforderlichen Versuche (z fest, n zufällig). Hier ist n Realisation einer Zufallsgröße N mit einer sogenannten *negativen Binomialverteilung*:

$$f(n|p) = P(N = n) = \binom{n+z-1}{z-1} p^z (1-p)^{n-z} .$$

Nach der Beobachtung n ist die Likelihood-Funktion $f(n|p)$ proportional zur Likelihood-Funktion $p^z(1-p)^{n-z}$ des Bernoulli-Experimentes nach der Beobachtung z. Also sind innerhalb der Likelihood-Inferenz die beiden Experimente äquivalent. Im zweiten Experiment ergibt sich nach der Jeffreys-Regel die nichtinformative a priori Verteilung $\pi_2(p) \sim 1/p\sqrt{1-p}$ (die Fisher-Information einer Beobachtung von N lautet $z/p^2(1-p)$). Die Verteilungen $\pi_1(p)$ und $\pi_2(p)$ stimmen nicht überein (sie sind nicht zueinander proportional), auch die beiden a posteriori Verteilungen weichen (bei festen n und z) voneinander ab. Daher sind innerhalb der Bayes-Inferenz bei Anwendung der Jeffreys-Regel die beiden Stichprobenexperimente nicht äquivalent. □

Die hier durchgeführten Betrachtungen zum Likelihood-Prinzip beziehen sich auf die starke Version (2.53) dieses Prinzips. Sie haben zur Konsequenz, daß Anhänger des starken Likelihood-Prinzips und damit Vertreter der Likelihood-Inferenz die Regeln von Jeffreys, Lindley-Bernardo oder Box-Tiao nicht benutzen dürfen. Nach dem Satz von Birnbaum (Satz 2.3 in Abschnitt 2.3.1) gilt dieses Verbot für jedes Inferenz-Konzept, in dem das Suffizienz- und das Konditional-Prinzip gemeinsam anerkannt werden. Auf diese Weise erfahren die nichtinformativen Verteilungen in ihrer Funktion als Brücke zwischen der Bayes-Inferenz und anderen Inferenz-Konzepten, insbesondere der Likelihood-Inferenz, eine entscheidende Einschränkung. Von dieser Relativierung nicht betroffen sind solche Inferenz-Konzepte wie die klassische Inferenz, in der weder das starke Likelihood-Prinzip noch das Konditional-Prinzip allgemeine Anerkennung finden. Das schwache Likelihood-Prinzip und das Suffizienz-Prinzip (beide Prinzipien beziehen sich auf eine feste Verteilungsannahme $\mathfrak{P}$) werden von keiner Regel zur Festlegung einer nichtinformativen Verteilung tangiert.

b) Kritik

Bei der Erklärung und Definition des Begriffes einer nichtinformativen Verteilung bleiben eine ganze Reihe zentraler Fragen unbeantwortet. Diese ungelösten Probleme, die oben bereits angesprochen wurden, können in die drei folgenden Kritikpunkte und Einwände zusammengefaßt werden.

1) Nichteindeutigkeit einer nichtinformativen Verteilung

Eine nichtinformative a priori Verteilung sollte zu einer gegebenen Verteilungsannahme $\mathfrak{P}$ eigentlich stets eindeutig bestimmbar sein, so daß von *der zu* $\mathfrak{P}$ *gehörigen* nichtinformativen Verteilung gesprochen werden kann. Auf dieses Gebot der Eindeutigkeit haben wir zu Beginn dieses Abschnittes bereits hingewiesen. Das Gebot ist nicht nur, wie dort angeführt, unter dem Gesichtspunkt der Objektivität einer nichtinformativen Verteilung begründet, sondern auch durch die Forderung, daß in der Situation eines a priori Nichtwissens die a posteriori Verteilung, die den Wissensstand nach der Beobachtung wiedergibt, nicht von einer mehr oder weniger willkürlichen Festlegung der a priori Verteilung beeinflußt werden darf. Von diesem Eindeutigkeitspostulat ist die vorhandene Theorie nichtinformativer Verteilungen weit entfernt: Die Bestimmung einer Verteilung, die ein a priori Nichtwissen beschreiben soll, hängt nicht nur von $\mathfrak{P}$ ab, sondern wird auch durch die Wahl einer speziellen Regel beeinflußt, nach der eine solche Verteilung definiert wird. Dazu sind in der Literatur neben den oben behandelten fünf bekanntesten Regeln noch mindestens weitere zwölf vorhanden. Natürlich führen nicht stets zwei verschiedene Regeln auch zu zwei verschiedenen nichtinformativen Verteilungen, wohl aber lassen sich unter den bekannten Regeln im allgemeinen solche finden, aus denen zu gegebenem $\mathfrak{P}$ verschiedene a priori Verteilungen resultieren. Eine Ausnahme von dieser Vieldeutigkeit stellen nur Verteilungsannahmen mit endlichen Parameterräumen dar: Hier erscheint unter jeder anwendbaren Regel die Gleichverteilung als nichtinformativ. Offensichtlich läßt sich das Problem der Definition einer nichtinformativen a priori Verteilung nur im endlichen Fall eindeutig lösen.

Beispiele: Im *Bernoulli-Experiment* haben wir für den Parameter p der Binomialverteilung die folgenden drei a priori Verteilungen als nichtinformative Verteilungen hergeleitet: $\pi(p) \equiv 1$ nach Bayes-Laplace oder Jaynes, $\pi(p) \sim 1/p(1-p)$ nach Haldane (conjugate class analysis, siehe Beispiel 2.14) und $\pi(p) \sim 1/\sqrt{p(1-p)}$ nach Jeffreys, Lindley-Bernardo oder Box-Tiao (vgl. Beispiele 2.18 und 2.24). Diese führen nach einer Beobachtung von z Erfolgen unter n Versuchen zu den drei Bayes-Schätzungen (Modus der a posteriori Verteilungen): $\hat{p} = z/n$, $\hat{p} = (z-1)/(n+z-2)$ und $\hat{p} = (z-0.5)/(n+z-1)$. Der Schluß aus der Stichprobe hängt davon ab, auf welche Weise das a priori Nichtwissen formuliert wird. ('Unkenntnis $\neq$ Unkenntnis', ein Paradoxon?) Ähnliche Mehrdeutigkeitsprobleme ergaben sich für den Parameter (μ, σ^2) im *Gauß-Experiment* (siehe Beispiel 2.21 und 2.23). Auch für den Parameter λ einer *Poisson-Verteilung* sind (mindestens) zwei unterschiedliche nichtinformative a priori Verteilungen sinnvoll, nämlich $\pi(\lambda) = 1\sqrt{\lambda}$ nach Jeffreys oder Box-Tiao (vgl. Beispiel 2.19 und 2.25) und $\pi(\lambda) = 1/\lambda$ nach der conjugate class analysis (als uneigentliche Grenzverteilung von Gamma-Verteilungen, die zu den Poisson-Verteilungen konjugiert sind, siehe Beispiel 2.10) oder nach Jaynes [1968] aufgrund einer speziellen, auf die Poisson-Verteilungen ausgerichteten Invarianzforderung. □

2) Charakterisierung von Nichtwissen durch Indifferenz

Eine nichtinformative Verteilung soll eine a priori Situation charakterisieren, in der keine Kenntnisse über den Parameter vorhanden sind. Nicht dieser eigentliche Zweck bestimmt jedoch in erster Linie Form und Eigenschaften einer nichtinformativen Verteilung, sondern eine Regel, nach der die Verteilung konstruiert wird. Solche Regeln haben aber weniger die vorhandene Informationslosigkeit zum Gegenstand als vielmehr *Indifferenz-* und *Symmetrieprinzipien*. Im wesentlichen charakterisiert eine nichtinformative Verteilung eine a priori Situation, in der (aus subjektiven oder objektiven Gründen) eine Unvoreingenommenheit oder Indifferenz gegenüber den in Frage kommenden Parameterwerten herrscht. Statt von nichtinformativen könnte eher von *indifferenten a priori Verteilungen* gesprochen werden.

Besonders einfach und klar läßt sich dieser Sachverhalt an der Bayes-Laplace-Regel erkennen. Hier wird nach dem Prinzip vom unzureichenden Grund die Situation eines a priori Nichtwissens dadurch charakterisiert, daß kein Grund vorhanden sei, irgendeinen Parameterwert vor einem anderen als glaubwürdiger auszuzeichnen, eine Charakterisierung, die mit der Indifferenz gegenüber den möglichen Parameterwerten zusammenfällt und zur Gleichverteilung als nichtinformativer (besser: indifferenter) Verteilung führt. Das Prinzip vom unzureichenden Grund sollte daher treffender mit *Indifferenzprinzip* bezeichnet werden, ein Vorschlag, der bereits bei Keynes [1921] zu finden ist. Genau genommen ist bei einem a priori Nichtwissen auch kein Grund bekannt, *nicht* indifferent gegenüber den Parameterwerten zu sein, so daß eigentlich auch jede andere a priori Verteilung in Frage käme. Die Gleichverteilung stellt nicht so sehr eine Form des Nichtwissens als vielmehr eine bestimmte Form von Wissen dar, nämlich den Tatbestand einer Indifferenz. Dafür muß eigentlich ein Grund vorhanden sein (z.B. die Erfüllung gewisser Symmetriebedingungen). Diese Rechtfertigung der Gleichverteilungsannahme wird mit der Bezeichnung 'Prinzip vom *zureichenden* Grund', die auf Cournot (1801–1877) zurückgeht, besser getroffen als mit dem auf Laplace zurückgehenden Namen 'Prinzip vom unzureichenden Grund'. Die Auszeichnung der Gleichverteilung allein aufgrund von a priori Nichtwissen ist nicht gerechtfertigt.

Ähnlich ist die Situation für die anderen Regeln zur Definition einer nichtinformativen Verteilung: Ein Indifferenz- oder Symmetrieprinzip ist bei den invarianztheoretisch begründeten Regeln (nach Jeffreys oder Box-Tiao o.a.) in ihren Ansätzen, also immanent vorhanden (Invarianzforderungen sind als Indifferenz- oder Symmetriebedingungen gegenüber Reparametrisierungen interpretierbar) und bei den informationstheoretisch begründeten Regeln (nach Jaynes oder Lindley-Bernardo o.a.) an ihren Ergebnissen erkennbar (sie bestehen wie bei der Bayes-Laplace-Regel aus einer Gleichverteilung oder aber aus Verteilungen, die irgendeinem Invarianzprinzip genügen).

3) Konventionscharakter einer nichtinformativen Verteilung

Keine nichtinformative Verteilung ist informationslos. Jede eigentliche oder uneigentliche a priori Verteilung für einen Parameter θ stellt vielmehr eine ganz spezielle Form von Wissen dar, bei einer eigentlichen Verteilung besteht dieses in der Kenntnis von Wahrscheinlichkeiten, bei einer uneigentlichen in der von 'Bewertungen' (Maßen) für die Parameterwerte. Daher erscheint es nicht angemessen oder sogar unlogisch, wie Plackett [1966] S. 252 meint, zur Beschreibung von Nichtwissen überhaupt eine Verteilung zu verwenden. Besteht beispielsweise der Parameterraum aus dem Einheitsintervall und wird als nichtinformative Verteilung die Gleichverteilung festgelegt, so werden den beiden Intervallen $[0; 0.2]$ und $[0.8; 1]$ gleiche Wahrscheinlichkeiten zugeordnet, was sicherlich ein Stück Information bedeutet. Das Gleiche gilt im Fall der nichtinformativen Verteilung $\pi(\theta) \sim 1/\theta$ auf dem Parameterraum $\mathbb{R}^+$ für die beiden Intervalle $[1; 2]$ und $[2; 4]$. Genauer betrachtet enthält jede nichtinformative Verteilung sogar sehr viel Information. Aufgrund dieses Widerspruches ist die Theorie nichtinformativer Verteilungen allerdings nicht überflüssig oder wertlos, man muß sie nur dem eigentlichen Ziel verpflichten, dem sie wirklich dient, der Charakterisierung von Indifferenz und Symmetrie (wie oben beschrieben) oder noch einfacher und allgemeiner: der Entwicklung von objektiven Regeln zur Definition einer a priori Verteilung für solche Situationen, in denen sonst keine a priori Verteilung bekannt wäre, um eine Bayes-Analyse durchführen zu können. (Eine andere Möglichkeit bietet in einem solchen Fall die Durchführung einer empirischen Bayes-Analyse, auf die wir in Abschnitt 2.6.6 eingehen.) Läßt man einmal Indifferenzbetrachtungen außer acht, so stellt die Verwendung nichtinformativer Verteilungen lediglich eine *Konvention* innerhalb der Bayes-Inferenz dar. Bei Kass und Wasserman [1996] und Carlin und Louis [1996] wird deswegen für 'nichtinformative' Verteilungen ein anderer Name empfohlen. Sie schlagen dazu die Bezeichnungen 'reference prior' (in einem allgemeineren Sinn als bei Bernardo), 'default prior', 'conventional prior' oder 'generic prior' vor.

Zusammenfassung: Nichtinformative Verteilungen dienen in erster Linie der Beschreibung von a priori Situationen, in denen Indifferenzverhalten oder Symmetriebedingungen vorliegen. Darüber hinaus stellen sie eine Konvention dar, nach der objektive a priori Verteilungen bestimmt werden können. Gegen die Verwendung nichtinformativer Verteilungen zur Charakterisierung eines a priori Nichtwissens bestehen aber Einwände. Diese besitzen als gemeinsame Wurzel das Axiom, Nichtwissen durch eine Verteilung ausdrücken zu können. Die Hartnäckigkeit, mit der an diesem Axiom wie an einem Dogma festgehalten wird, hat einen triftigen Grund: Es ermöglicht eine Rechtfertigung für die Anwendung der Bayes-Inferenz auch in solchen Fällen, in denen keine a priori Kenntnisse vorhanden sind. Das dahinterstehende Motiv ist in der allgemeinen Anziehungskraft der Bayes-Inferenz zu finden, die letztlich auf der Einfachheit der Regel (der Bayesschen Formel) beruht, nach der

Vorkenntnisse und Stichprobeninformation miteinander kombiniert werden können.

c) Ausblick

Wir haben gesehen, daß der verführerische Ansatz, ein a priori Nichtwissen durch eine Verteilung wiederzugeben, zu Widersprüchen führt, mindestens aber auf ernste Vorbehalte stößt. Welches Instrument könnte aber an Stelle einer Verteilung zur Beschreibung von Nichtwissen eingesetzt werden? Auf diese Frage gibt es verschiedene, mehr oder weniger befriedigende Antworten. Jede von ihnen führt aus dem Gebäude der klassischen Wahrscheinlichkeitsrechnung hinaus und mündet in eine Theorie zur Beschreibung von Unsicherheit. Offensichtlich lassen sich Begriffe wie Unsicherheit, Ungenauigkeit, Unschärfe, Stärke oder Schwäche von Wissen, Klarheit oder Unklarheit von Kenntnissen o.a. nicht mehr in der herkömmlichen (Kolmogoroffschen) Wahrscheinlichkeitstheorie adäquat behandeln.

Eine Verallgemeinerung der bisherigen Wahrscheinlichkeitsrechnung, in der auch Probleme unsicheren Wissens behandelt werden können, stellt die Theorie der Intervallwahrscheinlichkeit von Weichselberger [1998/99] dar. In dieser Theorie wird einem Ereignis A als Wahrscheinlichkeit ein Intervall innerhalb des Einheitsintervalles $[0;1]$ zugeordnet. Je größer dieses Intervall ist, desto geringer ist die vorhandene Information über die Chancen des Eintretens von A, kurz gesagt: desto weniger ist (aus stochastischer Sicht) über A bekannt. Bei völliger Unkenntnis fällt die Intervallwahrscheinlichkeit mit dem ganzen Einheitsintervall zusammen. Weichselberger überträgt diesen begrifflichen Ansatz einer Intervallwahrscheinlichkeit auch auf Verteilungen von Zufallsgrößen und a priori Verteilungen von Parametern. Auf diese Weise wird ein vorhandenes Vorwissen über eine Zufallsgröße oder einen Parameter grundsätzlich durch eine Menge von Verteilungen ausgedrückt, die ihrem Typ nach ebenfalls eine Art Intervall darstellt, das mit Hilfe einer geeigneten Metrik auf der Menge aller Verteilungen konstruiert wird. Eine solche Verteilungsmenge fällt umso größer aus, desto geringer die betreffenden Vorkenntnisse sind. Nach diesem Konzept ist es naheliegend, eine a priori Situation, in der überhaupt keine Kenntnisse über den Parameter θ vorhanden sind, durch die Menge *aller* a priori Verteilungen auf dem Parameterraum Θ zu beschreiben.

Neben der Theorie einer Intervallwahrscheinlichkeit von Weichselberger sind einige andere Ansätze oder Theorien bekannt, in denen ebenfalls *Verteilungsmengen* zur Beschreibung von unsicherem oder unpräzisem a priori Wissen eingesetzt werden. Zu nennen sind hier die Entscheidungstheorie bei *linearer partieller Information* nach Kofler und Menges [1976, 1980] sowie Kofler [1989], die *'Robust Bayes Analysis'* von Berger [1984, 1990], die Bayes-Inferenz bei *unpräzisen a priori Wahrscheinlichkeiten* nach Walley [1991, 1995b, 1996] und die Bayes-Analyse für *Intervalle von a priori Maßen* bei De Robertis und Hartigan [1981] und Coolen [1994]. Dabei werden zur Charakterisierung einer unsicheren a priori Situation folgende Typen von Verteilungsmengen verwendet: Bei Kofler und Menges konvexe Polyeder von a priori Wahrscheinlichkeiten, bei Walley Wahrscheinlichkeitsintervalle, bei DeRobertis, Hartigan und Coolen Intervalle von Wahrscheinlichkeitsdichten und bei Berger fünf verschiedene Typen von Verteilungsklassen, konjugierte Klassen, Umgebungsklassen, Klassen mit approximativ spezifizierten Momenten, Verteilungsklassen auf Sub-σ-Algebren und die schon erwähnten Dichte-Intervalle. Jeder dieser Ansätze führt zu der Konsequenz, daß wie bei Weichselberger [1998/99] die Situation eines a priori Nichtwissens zunächst einmal durch die Menge *aller* Verteilungen auf Θ dargestellt wird.

Bei dieser Darstellung von Nichtwissen ist allerdings zu berücksichtigen, daß gewisse minimale Vorkenntnisse über θ stets vorhanden sind, nämlich die Kenntnis des Parameterraumes Θ. Daher sind nur solche a priori Verteilungen π sinnvoll, deren Träger mit Θ zusammenfallen (und nicht solche, deren Träger eine echte Teilmenge von Θ bilden). Mit dieser ganz natürlichen Einschränkung erhalten wir zur Charakterisierung der Situation eines a priori Nichtwissens die Verteilungsmenge

$$\Pi = \{\pi : \pi \text{ beliebige a priori Verteilung mit Träger } \Theta\} . \tag{2.220}$$

Diese Beschreibung von Nichtwissen entspricht eigentlich genau den vertrauten Richtlinien, nach der eine Verteilungsannahme über eine Stichprobe X bei gegebenem Stichprobenraum $\mathfrak{X}$ festgelegt wird: Sind über das Stichprobenexperiment keine Kenntnisse vorhanden, so wird als Verteilungsannahme die Menge aller Verteilungen mit dem Träger $\mathfrak{X}$ zugrundegelegt.

Die 'natürliche' nichtinformative a priori Klasse Π erweist sich im allgemeinen noch als 'etwas zu groß' und muß (wenigstens für nichtdiskrete Parameterräume Θ) auf eine 'etwas' kleinere Klasse eingeschränkt werden. Solche Einschränkungen hängen von der gegebenen Verteilungsannahme $\mathfrak{P} = \{f(x|\theta) : \theta \in \Theta\}$ ab und ergeben sich aus bestimmten Anforderungen an die Klasse

$$\Pi_x^n = \{\pi(\theta|x) \sim f(x|\theta)\pi(\theta) : \pi \in \Pi\} \tag{2.221}$$

der betreffenden a posteriori Verteilungen. Diese Klasse stellt (in Abhängigkeit von Π) den Kenntnisstand über den Parameter θ nach einer Beobachtung x dar. Die Anforderungen sollen Eigenschaften von Π_x^n gewährleisten, auf die in Hinblick auf eine sinnvolle Bayes-Inferenz nicht verzichtet werden kann. Besonders zwingend erscheint in diesem Zusammenhang die folgende

> *Konsistenzbedingung:* Für i.i.d. Stichproben soll sich mit wachsendem Stichprobenumfang n die Klasse Π_x^n auf eine einzige a posteriori Verteilung zusammenziehen, nämlich auf die Einpunktverteilung im wahren (unbekannten) Parameterwert.

Diese Bedingung ist bei diskretem Θ für jede a priori Verteilung $\pi \in \Pi$ erfüllt. Den Nachweis dazu haben wir für endliches Θ in Beispiel 2.22 gebracht; er läßt sich unmittelbar auf abzählbar unendliches θ übertragen. Für ein überabzählbares Θ, also vor allem im stetigen Fall, in dem Θ ein Intervall im $\mathbb{R}_r$ ist, kann die Erfüllung der Konsistenzbedingung nur unter gewissen Regularitätsvoraussetzungen an die Verteilungsannahme $\mathfrak{P}$ *und* die zugelassenen a priori Verteilungen π nachgewiesen werden. (Hinreichende Regularitätsvoraussetzungen sind im wesentlichen, daß der Modus $\hat{\theta}$ der a posteriori Verteilung $\pi(\theta|x)$ eindeutig existiert und sowohl $f(x|\theta)$ als auch $\pi(\theta)$ in einer Umgebung von $\hat{\theta}$ zweimal stetig differenzierbar sind.) In solchen Fällen muß die nichtinformative Klasse Π auf die Klasse Π^* der betreffenden regulären a priori Verteilungen eingeschränkt werden. Eine deutlich stärkere Einschränkung auf eine a priori Klasse $\Pi^{**} \subset \Pi^*$ wird erforderlich, wenn man verlangt, daß die betreffende Konvergenz der a posteriori Verteilungen gegen die Einpunktverteilung *gleichmäßig auf* Π^{**} erfolgt. Diese Forderung verbindet man intuitiv bereits mit der oben ausgesprochenen Konsistenzbedingung, in der das 'Zusammenziehen' der Klasse Π_x^n eigentlich im Sinne einer gleichmäßigen Konvergenz der a posteriori Verteilungen zu interpretieren ist. Auch unter solchen zusätzlichen Einschränkungen kann aber die verbleibende Klasse Π^{**} der zugelassenen a priori Verteilungen immer noch hinreichend groß gewählt werden, um das gesteckte Ziel der Charakterisierung von a priori Nichtwissen zu erreichen.

2.6 Entscheidungstheoretische Inferenz

2.6.1 Grundlagen

Die *Entscheidungstheorie* hat allgemeine Konzepte und Methoden zum Gegenstand, nach denen optimale Entscheidungen zwischen Handlungsalternativen (Aktionen) getroffen werden können. Dazu sind für die verschiedenen Entscheidungssituationen bestimmte typische Modelle entwickelt worden, unter denen das folgende *Standardmodell* einen breiten Anwendungsrahmen aufspannt.

Ein Entscheidungsträger soll aus verschiedenen Aktionen a die beste auswählen. Die Menge der zur Verfügung stehenden Aktionen, der sogenannte *Aktionenraum* $\mathbb{A}$, ist ihm bekannt. Der Nutzen oder Schaden, den eine Aktion mit sich bringt, wird durch einen Parameter θ beeinflußt, der den 'Umwelt'- oder 'System'zustand, d.h. die realen Verhältnisse beschreibt, auf welche die Aktion bei ihrer Durchführung trifft. Die Menge der möglichen Parameterwerte (Systemzustände), der *Parameterraum* Θ, ist bekannt. In der Regel handelt es sich bei θ um einen z.B. r-dimensionalen Parametervektor, so daß $\Theta \subseteq \mathbb{R}_r$ ist. Der Entscheidungsträger kennt eine reellwertige *Verlustfunktion*

$L(a;\theta)$, die für die vorliegende Entscheidungssituation maßgeblich ist: $L(a;\theta)$ gibt den Verlust an, der entsteht, wenn bei Vorliegen des Systemzustandes θ die Aktion a durchgeführt wird (negativer Verlust = Gewinn). Die Verlustfunktion soll nach unten beschränkt sein (unendlich hohe Gewinne sind ausgeschlossen).

Je nachdem, welche Vorkenntnisse über den Parameter θ vorhanden sind, werden die drei folgenden Arten von Entscheidungssituationen unterschieden: Liegen über θ keine Kenntnisse vor, so spricht man von einer (vollständigen) *Unsicherheitssituation*, ist für θ eine Wahrscheinlichkeitsverteilung, also eine a priori Verteilung π auf Θ bekannt, spricht man von einer ***Risikosituation*** oder auch ***Bayes-Situation***, und ist von θ der wahre Parameterwert θ_0 bekannt, redet man von einer *Sicherheitssituation*. Oft wird die Risiko- oder Bayes-Situation noch danach unterschieden, ob die vorliegende a priori Verteilung π objektiv oder subjektiv begründet ist und für den ersten Fall die Bezeichnung Risiko-Situation, für den zweiten der Name Bayes-Situation verwendet. Diese Unterscheidung ist unnötig, da in beiden Fällen die gleichen entscheidungstheoretischen Konzepte angewandt werden.

Die Sicherheitssituation spielt in der Statistik naturgemäß keine besondere Rolle. Hier hängt die Verlustfunktion wegen $L(a;\theta) = L(a;\theta_0)$ nur von a ab, die Bestimmung einer optimalen Aktion stellt ein rein deterministisches Optimierungsproblem dar der Art: 'Minimiere den Verlust unter gewissen Nebenbedingungen'. Auf die Sicherheitssituation gehen wir im Folgenden nicht ein. Dasselbe gilt für einen weiteren Typ von Entscheidungssituation, der *Spielsituation*. Hier wird das Entscheidungsproblem durch ein Zwei-Personen-Spiel beschrieben: Der eine Spieler ist der Entscheidungsträger, seine Spielzüge sind die Aktionen a, der andere Spieler ist die 'Umwelt' oder das 'System', seine Spielzüge sind die Parameterwerte θ. Derartige Probleme werden in der *Spieltheorie* behandelt, die nicht nur ein großes Teilgebiet, sondern auch eine historische Wurzel der Entscheidungstheorie darstellt.

Mit dem soweit vorgestellten Standardmodell der Entscheidungstheorie lassen sich nur sogenannte *No-Data-Probleme* behandeln, in denen keine Beobachtungen von Stichproben vorgesehen sind, durch die in der Unsicherheits- oder Risikosituation Informationen über den unbekannten Parameter gewonnen werden könnten. Formal betrachtet besteht das Standardmodell aus dem Tripel $(\mathbb{A}, \Theta, L)$, wobei in der Risikosituation als vierter Baustein noch die a priori Verteilung π hinzukommt.

Die *statistische Entscheidungstheorie* ist solchen Entscheidungsproblemen der Unsicherheits- oder Risikosituation gewidmet, in denen die Wahl einer Aktion a auf die Beobachtung x einer Stichprobe X gestützt wird. In diesen *Data-Problemen* soll die Beobachtung in erster Linie Auskunft über den unbekannten Parameter geben, die Entscheidung wird unter Berücksichtigung dieser Auskunft, 'im Lichte der Beobachtung x' getroffen. Dazu wird das

Standardmodell durch die Hinzunahme eines Stichprobenmodells wie folgt erweitert.

Über die Stichprobe X ist eine Verteilungsannahme $\mathfrak{P} = \{P_\theta : \theta \in \Theta\}$ gegeben, die durch denselben Parameter θ parametrisiert ist, der auch den Umwelt- oder Systemzustand beschreibt, auf den eine Aktion a trifft. Die Beobachtung der Stichprobe und der Verlust einer Aktion sollen also von demselben Parameter gesteuert werden. Formal besteht ein statistisches Entscheidungsmodell (die gegebene Entscheidungssituation, das Entscheidungsproblem) aus dem Quadrupel $(\mathbb{A}, \Theta, L, \mathfrak{P})$, ggf. noch unter Hinzunahme einer a priori Verteilung π.

Die Wahl einer Aktion a soll in Abhängigkeit von der Beobachtung x vorgenommen werden. Die Abhängigkeit wird durch eine Abbildung d vom Stichprobenraum $\mathfrak{X}$ in den Aktionenraum $\mathbb{A}$ beschrieben: $d(x) = a$ legt die Aktion fest, die nach der Beobachtung x durchzuführen ist. Man nennt d eine *Entscheidungsfunktion (decision function)* oder eine *Strategie*. Das Entscheidungsproblem besteht dann in der Bestimmung einer möglichst guten oder sogar optimalen Strategie. Damit wird die Einführung eines geeigneten Gütekriteriums erforderlich, das den Gütevergleich zweier Strategien und die Definition einer optimalen Strategie ermöglicht. Dazu sind für die typischen Entscheidungssituationen verschiedene Gütekriterien entwickelt worden. Diese besitzen eine gemeinsame Grundlage: die gegebene Verlustfunktion $L(a;\theta)$ und die darauf aufbauende

$$\textit{Risikofunktion} \qquad R(d;\theta) = E_\theta L(d(X);\theta)\,. \tag{2.222}$$

Diese Funktion bezieht sich auf die a priori Situation und gibt in Abhängigkeit von θ an, wie groß der Erwartungswert des Verlustes bei Verwendung der Strategie d ist, mit welchem Verlust man also im Mittel nach der Beobachtung rechnen muß. Die Risikofunktion hängt auf doppelte Weise von θ ab, einmal beeinflußt θ den Verlust $L(d(X);\theta)$, zum anderen bestimmt θ die Verteilung, mit welcher der Erwartungswert E_θ gebildet wird.

In die Verlustfunktion L können auch die Kosten des Stichprobenexperimentes (Kosten der Informationsbeschaffung) selbst mit einbezogen werden. Dann dient eine Lösung des Entscheidungsproblems nicht nur der Bestimmung einer möglichst guten Strategie, sondern auch einer Beantwortung der folgenden Fragen: Lohnt sich die Durchführung des Stichprobenexperimentes überhaupt? Wenn ja, welcher Umfang sollte für die betreffende Stichprobe eingeplant werden? (Man vergleiche dazu das folgende Beispiel 2.27.) Auf diese Weise wird die Entscheidungssituation zu einem typischen Problem der Versuchsplanung (Design of Experiments): Das Stichprobenexperiment und die dazugehörige Strategie werden gemeinsam optimiert. Die Versuchsplanung geht auf Fisher [1935a] zurück, modernere Lehrbücher zur Versuchsplanung, in denen ein entscheidungstheoretisches Konzept statistischer Experimente entwickelt wird, sind Krafft [1978], Heyer [1982] und auch Strasser [1985]. Auf eine solche Ausdehnung oder Anwendung der Entscheidungstheorie auf die Versuchsplanung können wir hier nicht eingehen. Wir legen bei der Behandlung eines statistischen Entscheidungsproblems stets ein fest gegebenes Stichprobenexperiment zugrunde.

Beispiel 2.27 Qualitätskontrolle, Wareneingangsprüfung

Eine Firma erhält eine umfangreiche Lieferung von N elektronischen Bauelementen. Sie kann die Lieferung annehmen (Aktion a_0) oder zurückweisen (Aktion a_1). Als Qualitätsmerkmal dient der Anteil p (= unbekannter Parameter θ) der schlechten Stücke in der Lieferung. Bei Annahme der Lieferung muß die Firma mit einem Verlust in Höhe von c_1 DM pro schlechtem Stück rechnen, bei Zurückweisung der Lieferung entstehen Fixkosten in Höhe von c_2 DM. Die Firma macht ihre Entscheidung von der Beobachtung einer Stichprobe vom Umfang n abhängig; dafür entstehen Kosten in Höhe von c_3n+c_4 DM. Damit ergibt sich die Verlustfunktion

$$L(a;p) = \begin{cases} c_1pN + c_3n + c_4 & \text{für} \quad a = a_0 \\ c_2 + c_3n + c_4 & \text{für} \quad a = a_1 \,. \end{cases}$$

Offensichtlich ist die Entscheidung unabhängig von c_4, so daß wir $c_4 = 0$ setzen dürfen. Die Firma wählt eine Strategie d_n der Form

$$d_n(z) = \begin{cases} a_0 & \text{falls} \quad z \leq k \\ a_1 & \text{falls} \quad z > k \,, \end{cases}$$

wobei z die beobachtete Anzahl der schlechten Stücke in der Stichprobe und k eine noch festzulegende nichtnegative ganze Zahl ist. Die Strategie hat die Gestalt eines Tests mit der kritischen Zahl k. Die Risikofunktion der Strategie d lautet, wenn Z die Zufallsvariable 'Anzahl der schlechten Stücke in der Stichprobe' bezeichnet:

$$\begin{aligned} R(d_n;p) &= E_pL(d_n(Z);p) \\ &= (c_1pN + c_3n)P(Z \leq k) + (c_2 + c_3n)P(Z > k) \\ &= c_2 + c_3n + (c_1pN - c_2)P(Z \leq k) \,. \end{aligned}$$

Wir können voraussetzen, daß Z die $B(n;p)$-Verteilung besitzt, die Risikofunktion demnach übergeht in

$$R(d_n;p) = c_2 + c_3n + (c_1pN - c_2)\sum_{z=0}^{k}\binom{n}{z}p^z(1-p)^{n-z} \,.$$

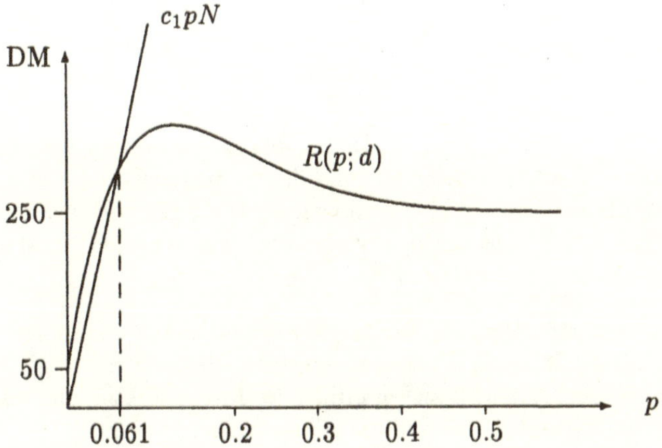

Abbildung 2.31: Risikofunktion $R(d_n;p)$ des Beispiels 2.27 für den Fall $c_1 = 0.5$, $c_2 = 200$, $c_3 = 5$ und $n = 10$ sowie $N = 10000$. Die Risikofunktion schneidet an der Stelle $p = 0.061$ die Gerade c_1Np. Letztere stellt die Risikofunktion der Strategie 'Annahme der Lieferung ohne Stichprobenkontrolle' dar. Daher wäre es für $p < 0.061$ günstiger, die Lieferung ungeprüft anzunehmen, erst für $p > 0.061$ lohnt sich die gegebene stichprobenweise Überprüfung.

Die Strategie d_n, d.h. der Stichprobenumfang n und die kritische Zahl k sind so zu bestimmen, daß die Risikofunktion 'möglichst günstig' verläuft; man vergleiche dazu Abbildung 2.31 mit der dort angegebenen Diskussion. □

Das Standardmodell (No-Data-Problem) der Entscheidungstheorie kann als Spezialfall des statistischen Entscheidungsmodells (Data-Problems) aufgefaßt werden, indem man nämlich für die Stichprobe X nur eine einzige mögliche Beobachtung x_0 zuläßt. Der Stichprobenraum $\mathfrak{X}$ besteht dann nur aus dem Wert x_0 (entsprechend ist P_θ die Einpunktverteilung im Punkt x_0 für alle θ), eine Entscheidungsfunktion d fällt mit einer bestimmten Aktion $a_0 = d(x_0)$ zusammen und die Risikofunktion von d stimmt mit der Verlustfunktion von a_0 überein. Die folgenden Gütevergleiche und Optimalitätsbegriffe des Data-Problems lassen sich also auch auf das No-Data-Problem anwenden.

Mit der Risikofunktion allein ist zunächst nur ein sehr begrenzter Gütevergleich zwischen Strategien möglich, nämlich nur in solchen Fällen, in denen sich die Risikofunktionen $R(d_1;\theta)$ und $R(d_2;\theta)$ zweier Strategien d_1 und d_2 nicht schneiden, für die also entweder $R(d_1;\theta) \leq R(d_2;\theta)$ für alle θ oder $R(d_1;\theta) \geq R(d_2;\theta)$ für alle θ gilt. In diesen Fällen erklärt man:

Eine Strategie d_1 heißt *mindestens so gut* wie eine Strategie d_2, wenn gilt : $R(d_1;\theta) \leq R(d_2;\theta)$ für alle θ. Eine Strategie d_1 heißt *besser als* eine Strategie d_2, wenn d_1 mindestens so gut wie d_2 ist und wenn für mindestens ein θ gilt: $R(d_1;\theta) < R(d_2;\theta)$; man sagt dazu auch: d_1 *dominiert* d_2. In diesem Fall wird d_1 der Vorzug vor d_2 gegeben, die Strategie d_2 wird nicht verwendet. Eine Strategie, die durch eine andere Stragtegie dominiert wird, heißt *unzulässig*. Umgekehrt nennt man eine Strategie *zulässig*, wenn sie durch keine andere Strategie dominiert wird. Zwei Strategien mit übereinstimmenden Risikofunktionen heißen *äquivalent*. Diese Vergleichskriterien beziehen sich auf die vorliegende Risikofunktion, also auf die vorausgesetzte Verteilungsannahme und zugrundegelegte Verlustfunktion. In einer gegebenen Entscheidungssituation kann man sich bei der Suche nach einer besten Strategie auf die *Klasse der zulässigen Strategien* beschränken.

Die soeben erklärten Vergleichskriterien reichen jedoch noch nicht aus, um in der Klasse aller zulässigen Strategien eine oder die beste Strategie auszuzeichnen. In der Regel schneiden sich nämlich die Risikofunktionen zweier zulässiger Strategien d_1 und d_2, so daß die Vergleichskriterien gar nicht anwendbar sind und d_1 und d_2 unvergleichbar bleiben. (In diesen Fällen ist weder d_1 besser als d_2, noch ist d_2 besser als d_1.) Ursache für diese Unvergleichbarkeit ist die bestehende Abhängigkeit der Risikofunktion vom unbekannten Parameter θ. (Eine Vergleichbarkeit liegt nur in dem Ausnahmefall vor, in dem die beiden zulässigen Strategien äquivalent, also gleich gut sind, und daher von vornherein miteinander identifiziert werden könnten.) Um einen allgemeinen Gütevergleich und damit die Definition einer optimalen Strategie zu ermöglichen, muß man aus der Risikofunktion ein gröberes, von θ unabhängiges Gütekriterium konstruieren und dem Vergleich zugrundelegen. Die beiden wichtigsten Kriterien dieser Art sind das Minimax- und das Bayes-Kriterium.

Das *Minimax-Kriterium* wird in der Unsicherheitssituation verwendet, von einer a priori Verteilung wird kein Gebrauch gemacht. Zu einer Strategie d wird das maximale (genauer: supremale) Risiko $\sup_\theta R(d;\theta)$ betrachtet; dieser Wert stellt den größten zu erwartenden Verlust dar, der bei der Benutzung von d erlitten werden kann, repräsentiert also den schlimmsten Fall, der bei Vorliegen des für die Strategie d ungünstigsten Parameterwertes eintritt. Das Minimax-Kriterium (Minimax-Prinzip) lautet: Eine Strategie d_1 wird einer Strategie d_2 vorgezogen, wenn gilt: $\sup_\theta R(d_1;\theta) < \sup_\theta R(d_2;\theta)$; eine Strategie d^* ist optimal, wenn gilt:

$$\sup_\theta R(d^*;\theta) = \inf_d \sup_\theta R(d;\theta)\,. \tag{2.223}$$

Die Strategie d^* heißt *Minimax-Strategie*. Die Größe auf der rechten Seite von (2.223) wird der *Minimax-Wert* des betreffenden Entscheidungsproblems genannt. (Ersetzt man hier 'inf' durch 'min' und 'sup' durch 'max', so erklärt sich die Bezeichnung 'Minimax'.) Das Minimax-Kriterium bedeutet: Minimiere den größten zu erwartenden Schaden! Ein Entscheidungsträger, der sich nach diesem Kriterium richtet, besitzt eine pessimistische Grundhaltung.

Dem umgekehrten Fall eines optimistischen Entscheidungsträgers entspricht die Anwendung eines *Minimin-Kriteriums*. Hier wird eine Strategie d nach ihrem minimalen Risiko $\inf_\theta R(d;\theta)$ beurteilt und eine Strategie d_1 einer Strategie d_2 vorgezogen, wenn gilt: $\inf_\theta R(d_1;\theta) < \inf_\theta R(d_2;\theta)$; entsprechend wird dann als optimale Strategie eine *Minimin-Strategie* d^* verwendet, d.h. eine Strategie mit

$$\inf_\theta R(d^*;\theta) = \inf_d \inf_\theta R(d;\theta)\,. \tag{2.224}$$

Die optimistische Einstellung, die diesem Kriterium unterliegt, kommt deutlicher zum Ausdruck, wenn man statt des Verlustes den Gewinn betrachtet, den eine Strategie mit sich bringt, wobei wieder Gewinn als negativer Verlust definiert ist. Damit nämlich bedeutet das Minimin-Kriterium: Maximiere den größten zu erwartenden Gewinn! Dieses Kriterium und auch das Minimax-Kriterium sind Spezialfälle des sogenannten *Hurwicz-Kriteriums*, das eine Position zwischen optimistischer und pessimistischer Einstellung ermöglicht. Dazu wird ein sogenannter Pessimismusparameter λ eingeführt ($0 \leq \lambda \leq 1$) und eine Strategie d nach dem Wert

$$H_\lambda(d) = \lambda \sup_\theta R(d;\theta) + (1-\lambda)\inf_\theta R(d;\theta) \tag{2.225}$$

beurteilt. Eine Strategie d_1 wird danach einer Strategie d_2 vorgezogen, wenn $H_\lambda(d_1)$ kleiner als $H_\lambda(d_2)$ ausfällt, eine Strategie d^* ist *Hurwicz-optimal* (heißt *Hurwicz-Strategie*), wenn $H_\lambda(d^*)$ minimal ist. Der Parameter λ ist vom Entscheidungsträger vorzugeben und drückt seinen Standort auf einer Pessimismus/Optimismus-Skala aus. Der Extremfall $\lambda = 1$ führt zum Minimax-Kriterium, der Extremfall $\lambda = 0$ zum Minimin-Kriterium.

Im No-Data-Problem bestehen die definierten optimalen Strategien aus Aktionen und werden Minimax-*Aktion*, Minimin-*Aktion* und Hurwicz-*Aktion* genannt.

Das *Bayes-Kriterium* wird in der Risikosituation verwendet, seine Anwendung setzt die Kenntnis einer a priori Verteilung π auf Θ voraus. Hier wird eine Strategie d nach ihrem Risikoerwartungswert $E_\pi R(d;\theta)$ beurteilt, wobei der Erwartungswert E_π über θ mit der a priori Verteilung π gebildet wird. Man nennt die Größe

$$r(d;\pi) := E_\pi R(d;\theta) \tag{2.226}$$

das *(a priori) Bayes-Risiko* von d bezüglich π. Das Bayes-Kriterium (bezogen auf eine feste a priori Verteilung π) lautet: Eine Strategie d_1 wird einer Strategie d_2 vorgezogen, wenn gilt: $r(d_1;\pi) < r(d_2;\pi)$; eine Strategie d^* ist optimal, wenn gilt:

$$r(d^*;\pi) = \inf_d r(d;\pi)\,. \tag{2.227}$$

Man nennt d^* *Bayes-Strategie* bezüglich π. Die Größe $r(\pi) = r(d^*; \pi)$ heißt der *Bayes-Risiko-Wert* des betreffenden Entscheidungsproblems. Im No-Data-Problem besteht die Bayes-Strategie d^* aus einer Aktion a^* und wird Bayes-*Aktion* oder Bernoulli-*Aktion* genannt.

Nach einer Beobachtung x geht die a priori Verteilung π in die a posteriori Verteilung π_x über und $L(d(x); \theta)$ stellt den tatsächlichen Verlust dar, der bei Vorliegen von θ erlitten wird, wenn die Strategie d benutzt wird. Der mit π_x gebildete Erwartungswert dieses Verlustes, also die von θ unabhängige Größe

$$r(d(x); \pi_x) := E_{\pi_x} L(d(x); \theta) \tag{2.228}$$

heißt das *a posteriori Bayes-Risiko* von d bezüglich π_x (oder auch bzgl. π).

Zwischen dem a priori und a posteriori Bayes-Risiko besteht ein wichtiger fundamentaler Zusammenhang: Das a priori Risiko ist der Erwartungswert des a posteriori Risikos. Zur Herleitung dieses Zusammenhangs gehen wir von den üblichen Voraussetzungen an die Risikosituation aus, die uns auch schon aus der Behandlung der Bayes-Inferenz vertraut sind: Die Verteilungsannahme $\mathfrak{P}$ soll durch ein σ-finites Maß ν dominiert werden, die ν-Dichten $f(x; \theta)$ der Verteilung P_θ werden als bedingte Dichten $f(x|\theta)$ aufgefaßt, die a priori Verteilung π soll durch ein σ-finites Maß λ dominiert werden, $\pi(\theta)$ ist die λ-Dichte von π. Dann wird auch die a posteriori Verteilung π_x nach einer Beobachtung x durch das Maß λ dominiert und besitzt nach der Bayesschen Formel die Dichte

$$\pi(\theta|x) = c(x) f(x|\theta) \pi(\theta) \tag{2.229}$$

mit $c(x)$ als Normierungsfaktor. Wir bezeichnen mit $f_X(x)$ die Dichte der Randverteilung von X, die ebenfalls durch ν dominiert wird. Dann besteht die Beziehung (vgl. auch (2.99)):

$$f_X(x) = \int_\Theta f(x|\theta)\pi(\theta) d\lambda = c^{-1}(x)\,. \tag{2.230}$$

Die dazugehörige Randverteilung selbst bezeichnen wir mit Q_X. Der Integrand $f(x|\theta)\pi(\theta)$ in (2.230) stellt die Dichte der gemeinsamen Verteilung von X und θ dar.

Anmerkung: Es ist keineswegs selbstverständlich, von einer gemeinsamen Verteilung der Stichprobe und des Parameters zu sprechen und daraus die Randverteilung Q_X zu bilden. Streng genommen sind nämlich Stichprobe und Parameter sehr verschiedener Natur, die Beobachtung einer Stichprobe stellt ein reales Zufallsexperiment dar, auf die dazugehörige Verteilung ist die Häufigkeitsinterpretation anwendbar, die Frage dagegen, welchen 'wahren' Wert der unbekannte Parameter besitzt, ist nicht Gegenstand eines realen Zufallsexperimentes, die Verteilung des Parameters soll den Kenntnisstand des Betrachters über θ beschreiben und ist im allgemeinen nicht frequentistisch interpretierbar. Damit muß eine gemeinsame Verteilung von Stichprobe und Parameter (und auch die Randverteilung Q_X) als schwer interpretierbares, formales Kunstprodukt erscheinen. Die Rechtfertigung einer solchen Begriffsbildung ergibt sich aus dem zweiten Bayes-Postulat (2.97), das die Verteilung von X bei gegebenem θ als die bedingte Verteilung von X unter der Bedingung θ festlegt und damit den Begriff einer gemeinsamen Verteilung von X und θ als das Produkt aus dieser bedingten Verteilung und der a priori Verteilung von θ definiert. (Man vergleiche dazu auch die Bemerkungen zu den Bayes-Postulaten in Abschnitt 2.4.1.) Die Gültigkeit des zweiten Bayes-Postulates haben wir mit der Identifizierung von $f(x;\theta)$ als $f(x|\theta)$ vorausgesetzt. Da mit der Forderung nach der Kenntnis einer a priori Verteilung π auch das erste Postulat (2.96) als erfüllt anzusehen ist, erhalten wir:

> Innerhalb der statistischen Entscheidungstheorie wird für die Risikosituation die Gültigkeit der ersten beiden Bayes-Postulate vorausgesetzt. (2.231)

Wir setzen schließlich noch voraus, daß die Funktionen $L(d(x);\theta)$ und $f(x|\theta)$ auf dem Raum $\mathfrak{X} \times \Theta$ produktmeßbar sind (bzgl. der auf $\mathfrak{X}$ und Θ gegebenen Borelschen σ-Algebren). Diese 'technische' Voraussetzung, die in der Praxis stets als erfüllt gelten kann, erlaubt die Anwendung des Satzes von Fubini, d.h. die Vertauschung der Integrale $\int_\Theta$ und $\int_\mathfrak{X}$ über $L(d(x);\theta)f(x|\theta)\pi(\theta)$, von der in der folgenden Gleichungskette Gebrauch gemacht wird. Für das a priori Bayes-Risiko erhalten wir damit aus (2.222), (2.226), (2.229) und (2.230):

$$\begin{aligned} r(d;\pi) &= E_\pi E_\theta L(d(x);\theta) \\ &= \int_\Theta \left[\int_\mathfrak{X} L(d(x);\theta)f(x|\theta)d\nu\right] \pi(\theta)d\lambda \\ &= \int_\mathfrak{X} \left[\int_\Theta L(d(x);\theta)\pi(\theta|x)d\lambda\right] f_X(x)d\nu \\ &= \int_\mathfrak{X} E_{\pi_x} L(d(x);\theta)f_X(x)d\nu . \end{aligned}$$

Gemäß (2.228) stellt dieses Ergebnis den angekündigten Zusammenhang

$$r(d;\pi) = \int_\mathfrak{X} r(d(x);\pi_x)f_X(x)d\nu = \int_\mathfrak{X} r(d(x);\pi_x)dQ_X \qquad (2.232)$$

dar: *Das a priori Bayes-Risiko ist der mit der Randverteilung Q_X gebildete Erwartungswert des a posteriori Bayes-Risikos.* Daraus ergibt sich der

Satz 2.15 *(Hauptsatz über Bayes-Strategien) Eine Strategie d^* ist genau dann Bayes-Strategie bezüglich π, wenn $d^*(x)$ für (Q_X-fast) jedes x das a posteriori Bayes-Risiko bezüglich π_x minimiert.*

Beweis (nach Witting [1985], S. 86): Ist für eine Strategie d^* das a posteriori Risiko $r(d^*(x);\pi_x)$ für (Q_X-fast) jedes x minimal, so ist das gemäß (2.232) auch für das a priori Risiko $r(d^*;\pi)$ der Fall, d.h.: d^* ist Bayes-Strategie. Die Umkehrung wird indirekt bewiesen. Angenommen, es gibt zu einer Bayes-Strategie d^* eine Strategie d_0 und eine Menge $B \subset \mathfrak{X}$ mit $Q_X(B) > 0$, so daß für alle $x \in B$ gilt: $r(d_0(x);\pi_x) < r(d^*(x);\pi_x)$. Dann würde für die aus d^* und d_0 zusammengesetzte Strategie

$$d_1(x) := \begin{cases} d_0(x) & \text{für } x \in B \\ d^*(x) & \text{für } x \in \bar{B} = \mathfrak{X} \setminus B \end{cases}$$

gemäß (2.232) folgen:

$$\begin{aligned} r(d^*;\pi) &= \int_B r(d^*(x);\pi_x) f_X(x) d\nu + \int_{\bar{B}} r(d^*(x);\pi_x) f_X(x) d\nu \\ &> \int_B r(d_0(x);\pi_x) f_X(x) d\nu + \int_{\bar{B}} r(d^*(x);\pi_x) f_X(x) d\nu \\ &= r(d_1;\pi) \end{aligned}$$

im Widerspruch zur Voraussetzung, daß d^* Bayes-Strategie ist. □

Aus diesem Satz ergeben sich die beiden folgenden, bemerkenswerten Konsequenzen für die statistische Entscheidungstheorie in der Risikosituation.

Erstens kann die Bestimmung einer Bayes-Strategie d^* von der a priori auf die a posteriori Situation und damit von dem Data-Problem $(\mathbb{A},\Theta,L,\mathfrak{P},\pi)$ auf das No-Data-Problem $(\mathbb{A},\Theta,L,\pi_x)$ verschoben werden. Die Anwendung von d^* stellt damit eine in der Praxis gewünschte behavioristische Regel dar: Führe nach der Beobachtung x die Bayes-*Aktion* $d^*(x)$ durch.

Zweitens hängen Bayes-Strategien nur von der a posteriori Verteilung ab und genügen daher dem dritten Bayes-Postulat (2.98), insbesondere dem Bayes-Korollar (2.100). Also haben zusammen mit (2.231) *alle drei Bayes-Postulate* innerhalb der statistischen Entscheidungstheorie für die Risikosituation Gültigkeit, wenn man, wie allgemein üblich, das Bayes-Kriterium als verbindliches Optimalitätskriterium zugrundelegt ('Risikosituation = Bayes-Situation'). *Einem Anhänger der Bayes-Inferenz stehen damit auch die entscheidungstheoretisch begründeten Bayes-Strategien bei der Auswertung einer Stichprobe zur Verfügung.*

2.6.2 Über Bayes- und Minimax-Strategien

In diesem Abschnitt werden die wichtigsten Eigenschaften von Bayes- und Minimax-Strategien behandelt, die Frage nach Zulässigkeit dieser Strategien und nach der Beziehung zwischen ihnen.

Satz 2.16 ***(Über die Zulässigkeit von Bayes-Strategien)*** *Gegeben sei ein statistisches Entscheidungsproblem* $(\mathbb{A}, \Theta, L, \mathfrak{P}, \pi)$ *der Risikosituation. Für eine Bayes-Strategie* d^* *bzgl.* π *mit endlichem Bayes-Risiko* $r(d^*;\pi)$ *gelten die Aussagen:*

a) Ist d^* *(bis auf Äquivalenz) eindeutig bestimmt, so ist* d^* *zulässig.*

b) Ist Θ *abzählbar und* $\pi(\{\theta\}) > 0$ *für alle* θ*, so ist* d^* *zulässig.*

c) Ist Θ *ein Intervall im* $\mathbb{R}_r$*, besitzt* π *den Träger* Θ *und ist für jede Strategie* d *die Risikofunktion* $R(d;\theta)$ *stetig in* θ*, so ist* d^* *zulässig.*

Beweis: Zu a): Sei d eine Strategie mit $R(d;\theta) \leq R(d^*;\theta)$ für alle θ. Dann ist auch $r(d;\pi) \leq r(d^*;\pi)$ und daher, weil d^* Bayes-Strategie ist, $r(d;\pi) = r(d^*;\pi)$. Damit ist auch d eine Bayes-Strategie bzgl. π, so daß wegen der vorausgesetzten Eindeutigkeit d und d^* äquivalent sind. Also kann d^* durch d nicht dominiert werden. In diesen Beweis geht die Voraussetzung der Endlichkeit von $r(d^*;\pi)$ nicht ein.

Zu b): Angenommen, d^* ist unzulässig. Dann gibt es eine Strategie d und ein $\theta_0 \in \Theta$ mit

$$R(d;\theta) \leq R(d^*;\theta) \quad \text{für alle } \theta \quad \text{und} \quad R(d;\theta_0) < R(d^*;\theta_0)\,.$$

Wegen $\pi(\{\theta_0\}) > 0$ folgt daraus (wegen der Endlichkeit von $r(d^*;\pi)$)

$$r(d;\pi) = \sum_\theta R(d;\theta)\pi(\{\theta\}) < \sum_\theta R(d^*;\theta)\pi(\{\theta\}) = r(d^*;\pi)$$

im Widerspruch dazu, daß d^* Bayes-Strategie ist.

Zu c): Angenommen, d^* ist unzulässig. Dann gibt es wieder eine Strategie d und ein $\theta_0 \in \Theta$ mit

$$R(d;\theta) \leq R(d^*;\theta) \quad \text{für alle } \theta \quad \text{und} \quad R(d;\theta_0) < R(d^*;\theta_0)\,.$$

Daraus folgt wegen der Stetigkeit der Risikofunktionen, daß ein $\epsilon > 0$ und eine Umgebung $U(\theta_0)$ von θ_0 existieren mit

$$R(d;\theta) \leq R(d^*;\theta) - \epsilon \quad \text{für alle } \theta \in U(\theta_0) \cap \Theta =: V\,.$$

Dabei enthält V eine nichtleere offene Teilmenge von Θ, so daß, weil Θ der Träger von π ist, $\pi(V)$ nicht Null ist. Zusammen erhalten wir damit (wegen der Endlichkeit von $r(d^*; \pi)$):

$$\begin{aligned} r(d;\pi) &= \int_{\Theta \setminus V} R(d;\theta)d\pi + \int_V R(d;\theta)d\pi \\ &\leq \int_\Theta R(d^*;\theta)d\pi \; - \; \epsilon \cdot \pi(V) = r(d^*;\pi) - \epsilon \cdot \pi(V) \end{aligned}$$

also $r(d;\pi) < r(d^*;\pi)$ im Widerspruch dazu, daß d^* Bayes-Strategie ist. □

Mit Satz 2.16 läßt sich in den meisten Fällen die Zulässigkeit einer Bayes-Strategie d^* nachweisen. Dazu hat man entweder die Eindeutigkeit von d^* zu beweisen und kann sich dann auf die Aussage a) des Satzes berufen oder, wenn dies nicht gelingt, fallweise die Aussagen b) oder c) anzuwenden. Die Aussage b) betrifft eine Situation, die den Namen 'diskreter Fall', die Aussage c) eine solche, die den Namen 'stetiger Fall' rechtfertigt. Die Voraussetzung unter b), nämlich $\pi(\{\theta\}) > 0$ für alle θ, spricht für sich und ist bei abzählbarem Θ eigentlich stets erfüllbar. Wir müssen darauf nicht weiter eingehen. Die drei Voraussetzungen unter c) bedürfen dagegen noch einer kurzen, ergänzenden Erläuterung. Daraus wird dann auch erkennbar, daß sich die Aussage c) weitaus häufiger anwenden läßt, als diese scheinbar sehr einschränkenden Voraussetzungen vermuten lassen.

Die erste Voraussetzung, daß Θ ein Intervall im $\mathbb{R}_r$ ist, impliziert insbesondere, daß Θ ein topologischer Raum mit der auf dem $\mathbb{R}_r$ gültigen euklidischen Metrik ist. Davon wurde im Beweis zu c) Gebrauch gemacht. Diese Voraussetzung läßt sich auf die Prämisse abschwächen, daß Θ irgendein metrischer (topologischer) Raum ist; man vergleiche dazu Witting [1985], S. 88 f.. Damit darf die Aussage c) nicht nur auf Intervalle, sondern auf beliebige Parameterräume $\Theta \subseteq \mathbb{R}_r$ angewandt werden, wenn man Θ mit der Spurtopologie des $\mathbb{R}_r$ auf Θ versieht. Wird in diesem Sinne Θ als neue Grundmenge eines topologischen Raumes aufgefaßt, so ist Θ selbst eine offene und abgeschlossene Menge in diesem Raum.

Die zweite Voraussetzung, daß Θ der (topologische) Träger von π ist, bedeutet definitionsgemäß, daß Θ die kleinste abgeschlossene Menge mit $\pi(\Theta) = 1$ ist, also keine abgeschlossene echte Teilmenge $C \subset \Theta$ mit $\pi(C) = 1$ existiert. Äquivalent dazu ist die Aussage, die im Beweis zu c) benutzt wurde, daß für jede nichtleere offene Teilmenge $D \subset \Theta$ gilt: $\pi(D) > 0$. Aus der Erläuterung zur ersten Voraussetzung ergibt sich, daß Θ als Teilmenge des $\mathbb{R}_r$ keine abgeschlossene Menge sein muß, um die Rolle eines Trägers von π übernehmen zu können. Nebenbei bemerkt zeigen die Erläuterungen zu den ersten beiden Voraussetzungen, daß der diskrete Fall der Aussage b) nur eine spezielle Version des stetigen Falles der Aussage c) darstellt.

Die dritte Voraussetzung, daß jede Strategie d eine in θ stetige Risikofunktion $R(d;\theta)$ besitzt, ist in vielen Standardsituationen der statistischen Entscheidungstheorie erfüllt, z.B. immer dann, wenn ein reguläres Entscheidungsproblem $(\mathbb{A}, \Theta, L, \mathfrak{P})$ im Sinne der folgenden Definition vorliegt: $(\mathbb{A}, \Theta, L, \mathfrak{P})$ mit $\Theta \subseteq \mathbb{R}_r$ heißt *regulär*, wenn gilt:

(1) Für jedes $a \in \mathbb{A}$ ist $L(a;\theta)$ stetig auf Θ.
(2) $\mathfrak{P}$ wird durch ein (σ-finites) Maß ν dominiert.
(3) Für (ν-fast) jedes x ist die ν-Dichte $f(x;\theta)$ stetig auf Θ. (2.233)
(4) Die Funktionen $L(d(x);\theta) \cdot f(x;\theta)$ sind gleichgradig integrierbar bzgl ν.

Aus diesen Eigenschaften folgt die Stetigkeit der Risikofunktion auf Θ. Der Beweis dieser Aussage ergibt sich aus einem Satz über gleichgradig integrierbare Funktionen bei Bauer [1990], S. 145f.. (Dort wird in § 21 die gleichgradige Integrierbarkeit einer Menge von Funktionen definiert und ausführlich behandelt.) Die Eigenschaften (2) und (3) in (2.233) bedeuten übrigens gerade, daß $\mathfrak{P}$ durch θ (im starken Sinne) stetig parametrisierbar ist; vergleiche dazu Abschnitt 1.1.2. Andere hinreichende Voraussetzungen für die Stetigkeit der Risikofunktionen findet man bei Ferguson [1967], Abschnitt 3.7 und Berger [1985], Abschnitt 8.8. In diesen Voraussetzungen sind üblicherweise die Bedingungen (1)–(3) aus (2.233) enthalten, nur die Bedingung (4) wird durch eine andere (schärfere) Forderung ersetzt, z.B. durch

(5) $L(a;\theta)$ ist beschränkt.

Eine wesentlich schwächere Forderung als (5) lautet:

Zu jeder Strategie d gibt es eine ν-integrable Funktion $h(x)$ mit $L(d(x);\theta)f(x;\theta) \leq h(x)$ für alle θ. (2.234)

Daraus ergibt sich unter den Voraussetzungen (1)–(3) in (2.233) die Stetigkeit der Risikofunktion auf Θ nach dem Satz von der majorisierten Konvergenz (Lebesguescher Konvergenzsatz).

Zusammen mit diesen Erläuterungen bedeutet 2.16: *Bayes-Strategien sind in der Regel zulässige Strategien.* Von dieser Regel gibt es auch Ausnahmen; entsprechende Gegenbeispiele findet man wieder bei Ferguson [1967], S. 61 (unzulässige Bayes-Strategie mit endlichem Bayes-Risiko) und Berger [1985], S. 254 (unzulässige Bayes-Strategie mit unendlichem Bayes-Risiko).

Satz 2.17 ***(Über Minimax-Strategien)*** *In einem statistischen Entscheidungsproblem* $(\mathbb{A}, \Theta, L, \mathfrak{P})$ *der Unsicherheitssituation gilt:*

a) Eine (bis auf Äquivalenz) eindeutig bestimmte Minimax-Strategie d^* *ist zulässig.*

b) Eine zulässige Strategie d_0 *mit konstanter Risiko-Funktion* $R(d_0;\theta)$ *ist Minimax-Strategie.*

Beweis: Zu a): Sei d eine Strategie mit $R(d;\theta) \leq R(d^*;\theta)$ für alle θ. Dann ist auch $\sup_\theta R(d;\theta) \leq \sup_\theta R(d^*;\theta)$ und daher, weil d^* Minimax-Strategie ist, $\sup_\theta R(d;\theta) = \sup_\theta R(d^*;\theta)$. Dann ist auch d eine Minimax-Strategie, so daß wegen der vorausgesetzten Eindeutigkeit d und d^* äquivalent sind. Also kann d^* nicht durch d dominiert werden. Zu b): Angenommen, d_0 ist keine Minimax-Strategie. Dann gibt es eine Strategie d mit $\sup_\theta R(d;\theta) < \sup_\theta R(d_0;\theta)$. Daraus folgt wegen $\sup_\theta R(d_0;\theta) = c = R(d_0;\theta)$ für alle θ (mit einer Konstanten $c \leq \infty$): $R(d;\theta) < R(d_0;\theta)$ für alle θ im Widerspruch zur Zulässigkeit von d_0. □

Bisher sind wir bei der Betrachtung einer Bayes-Strategie von einer Risikosituation ausgegangen, in der eine bestimmte a priori Verteilung π bekannt ist, und haben mit d^* die Bayes-Strategie bezüglich dieser a priori Verteilung bezeichnet. Die Tatsache, daß eine solche Strategie nach Satz 2.16 in der Regel zulässig ist, macht ihre Anwendung innerhalb der Unsicherheitssituation interessant, in der keine a priori Verteilung bekannt ist. Um auch in diesen Fällen über Bayes-Strategien verfügen zu können, wird die Situation der Unkenntnis einer bestimmten a priori Verteilung durch die Zulassung sämtlicher a priori Verteilungen charakterisiert: In der Unsicherheitssituation wird die Menge Π aller a priori Verteilungen π auf Θ zugrundegelegt und zu jedem $\pi \in \Pi$ die betreffende Bayes-Strategie d^*_π betrachtet. Die a priori Verteilung π erhält auf diese Weise den Status eines zusätzlichen unbekannten Parameters. In einem vorliegenden Entscheidungsproblem $(\mathbb{A}, \Theta, L, \mathfrak{P})$ unter Unsicherheit bekommt die *Klasse* $D^* = \{d^*_\pi : \pi \in \Pi\}$ *der Bayes-Strategien* (innerhalb der Menge D aller Strategien d) aus zwei Gründen eine herausragende Bedeutung.

Der erste Grund besteht darin, daß sich mit Hilfe von D^* sogenannte vollständige Klassen von Strategien konstruieren lassen. Eine Klasse $C \subset D$ heißt *vollständig* (complete), wenn es zu jeder Strategie $d \in D \setminus C$ eine Strategie $d_0 \in C$ gibt, die d dominiert. Eine Klasse $C \subset D$ heißt *minimalvollständig* (minimal complete), wenn C vollständig ist und wenn keine echte Teilmenge von C vollständig ist. Eine vollständige Klasse enthält alle zulässigen Strategien, eine minimalvollständige Klasse besteht gerade aus den zulässigen Strategien. Ein dritter Vollständigkeitsbegriff lautet: Eine Klasse $C \subset D$ heißt *wesentlich vollständig* (essentially complete), wenn es zu jeder Strategie $d \in D \setminus C$ eine Strategie $d_0 \in C$ gibt, die d dominiert oder mit d äquivalent ist. Für eine wesentlich vollständige Klasse C gilt: Zu jeder zulässigen Strategie $d \in D \setminus C$ gibt es eine äquivalente Strategie in C. Bei der Suche nach optimalen Strategien kann man sich auf wesentlich vollständige Klassen beschränken. Der Zusammenhang zwischen D^* und (wesentlich) vollständigen Klassen C ist Gegenstand des sogenannten *Complete Class Theorems.* Dieses Theorem besagt, daß unter gewissen Regularitätsvoraussetzungen (Beschränktheits- und Stetigkeitsbedingungen) die Klasse D^* durch Hinzunahme ihrer 'Grenzwerte' d^* zu einer wesentlich vollständigen Klasse wird. Ein solcher 'Grenzwert' d^* wird erweiterte oder approximative Bayes-Strategie genannt. Darauf gehen wir am Ende dieses Abschnittes näher ein. Entscheidend ist dabei, daß für die Grenzwertbildung auch solche Folgen von Bayes-Strategien $d^*_{\pi_n}$ zugelassen werden, die zu a priori Verteilungen π_n gehören, die gegen eine *uneigentliche* Verteilung auf Θ konvergieren. Von dem Complete Class Theorem gibt es eine ganze Reihe verschiedener Versionen. Wir verweisen dazu wieder auf Ferguson [1967], Abschnitt 2.10 und Berger [1985], Chapter 8, sowie auf Wald [1950], Le Cam [1955], Strasser [1985], Chapter 8 und Robert [1994], Chapter 6.

Der zweite Grund für die Bedeutung der Klasse D^* besteht darin, daß sich (wenigstens in vielen Fällen) mit Hilfe der Bayes-Strategien der Klasse D^* auch die gesuchten Minimax-Strategien konstruieren lassen. Dieser Zusammenhang, der in enger Beziehung zum Complete Class Theorem steht, soll nun noch näher untersucht werden.

Die Beziehung zwischen Bayes- und Minimax-Strategien beruht auf sogenannten ungünstigsten a priori Verteilungen. Eine solche Verteilung stellt, wie aus der folgenden Definition hervorgeht, den für den Anwender einer Bayes-Strategie ungünstigsten Fall unter allen a priori Verteilungen dar: Ein $\pi_0 \in \Pi$ heißt *ungünstigste a priori Verteilung*, wenn gilt

$$r(d^*_{\pi_0}; \pi_0) \geq r(d^*_{\pi}; \pi) \quad \text{für alle} \quad \pi \in \Pi \tag{2.235}$$

Satz 2.18 ***(Beziehung zwischen Bayes- und Minimax-Strategien)***

a) Gibt es eine a priori Verteilung π_0 mit einer Bayes-Strategie $d^*_{\pi_0}$, deren Risikofunktion die Bedingung

$$R(d^*_{\pi_0}; \theta) \leq r(d^*_{\pi_0}; \pi_0) \quad \textit{für alle } \theta \tag{2.236}$$

erfüllt, so ist $d^*_{\pi_0}$ eine Minimax-Strategie und π_0 eine ungünstigste a priori Verteilung.

b) Eine Bayes-Strategie mit konstanter Risikofunktion ist eine Minimax-Strategie. Die dazugehörige a priori Verteilung ist ungünstigste Verteilung.

Beweis: Zu a): Angenommen, $d^*_{\pi_0}$ ist keine Minimax-Strategie. Dann gibt es eine Strategie d mit $\sup_\theta R(d;\theta) < \sup_\theta R(d^*_{\pi_0};\theta)$. Daraus folgt wegen (2.236):

$$r(d;\pi_0) \leq \sup_\theta R(d;\theta) < \sup_\theta R(d^*_{\pi_0};\theta) \leq r(d^*_{\pi_0};\pi_0)$$

im Widerspruch dazu, daß $d^*_{\pi_0}$ Bayes-Strategie bzgl. π_0 ist. Also ist $d^*_{\pi_0}$ Minimax-Strategie. Weiterhin ergibt sich mit Hilfe von (2.236) für jedes $\pi \in \Pi$ die Abschätzung

$$r(d^*_\pi;\pi) \leq r(d^*_{\pi_0};\pi) \leq \sup_\theta R(d^*_{\pi_0};\theta) \leq r(d^*_{\pi_0};\pi_0),$$

so daß π_0 ungünstigste a priori Verteilung ist. Zu b): Eine Bayes-Strategie mit konstanter Risikofunktion erfüllt (2.236). □

Existiert für ein Entscheidungsproblem eine ungünstigste a priori Verteilung, so kann eine Minimax-Strategie nach Satz 2.18a) auf folgendem Weg bestimmt werden: Im ersten Schritt ist eine ungünstigste a priori Verteilung π_0 zu erraten, d.h. auf Verdacht anzugeben. Im zweiten Schritt wird die dazugehörige Bayes-Strategie $d^*_{\pi_0}$ bestimmt. Im dritten Schritt ist dann für $d^*_{\pi_0}$ die Bedingung (2.236) nachzuprüfen; ist diese erfüllt, so ist π_0 tatsächlich ungünstigste a priori Verteilung und $d^*_{\pi_0}$ Minimax-Strategie. Dieser Weg kann nach Teil b) des Satzes erheblich verkürzt werden, wenn es gelingt, eine a priori Verteilung π_0 zu finden, deren Bayes-Strategie $d^*_{\pi_0}$ eine konstante Risikofunktion besitzt. Beide Wege können aber nur dann erfolgreich sein, wenn überhaupt eine ungünstigste a priori Verteilung vorhanden ist.

Existiert für ein Entscheidungsproblem keine ungünstigste a priori Verteilung π_0, so läßt sich sehr häufig wenigstens eine Folge von a priori Verteilungen π_m finden, welche approximativ die gleichen Eigenschaften wie ein ungünstigstes π_0 besitzt; eine solche Folge kann dann, wie Satz 2.19 zeigen wird, an Stelle von π_0 in Satz 2.18 verwendet werden. In Verallgemeinerung des Begriffes einer ungünstigsten a priori Verteilung definiert man: Eine Folge $\pi_m \in \Pi$ heißt *ungünstigste Folge von a priori Verteilungen*, wenn gilt

$$\lim_{m\to\infty} r(d^*_{\pi_m};\pi_m) \geq r(d^*_\pi;\pi) \quad \text{für alle } \pi \in \Pi\,. \tag{2.237}$$

Dabei wird vorausgesetzt, daß der Grenzwert auf der linken Seite dieser Ungleichung existiert. In den meisten Fällen, in denen keine ungünstigste a priori Verteilung π_0 selbst existiert, gibt es wenigstens eine ungünstigste Folge von a priori Verteilungen π_m. Für eine solche Folge gilt im allgemeinen: π_m konvergiert gegen eine uneigentliche a priori Verteilung π°, die dann *ungünstigste uneigentliche Verteilung* genannt wird. Man beachte, daß Π die Menge aller eigentlichen Verteilungen auf Θ bezeichnet, eine ungünstigste Folge also stets aus eigentlichen a priori Verteilungen π_m besteht.

Die entsprechende Verallgemeinerung des Begriffes einer Bayes-Strategie, der auch Grenzwerte von Folgen von Bayes-Strategien umfaßt, lautet folgendermaßen: Eine Strategie d^* heißt *erweiterte* oder *approximative Bayes-Strategie* (extended Bayes rule), wenn es eine Folge $\pi_m \in \Pi$ gibt mit

$$\lim_{m\to\infty} r(d^*;\pi_m) = \lim_{m\to\infty} r(d^*_{\pi_m};\pi_m)\,. \tag{2.238}$$

Auch hier wird vorausgesetzt, daß die beiden Grenzwerte existieren. Als Verallgemeinerung von Satz 2.18 gilt der bereits angekündigte

Satz 2.19 ***(Approximation von Minimax- durch Bayes-Strategien)***

a) Besteht zwischen einer Folge von a priori Verteilungen π_m mit existierendem $\lim_{m\to\infty} r(d^*_{\pi_m};\pi_m)$ und einer Strategie d^* mit der Risikofunktion $R(d^*;\theta)$ die Beziehung

$$R(d^*;\theta) \leq \lim_{m\to\infty} r(d^*_{\pi_m};\pi_m) \quad \textit{für alle } \theta\,, \tag{2.239}$$

so ist d^* eine Minimax-Strategie und π_m eine ungünstigste Folge von a priori Verteilungen.

b) Eine erweiterte Bayes-Strategie mit konstanter Risikofunktion ist eine Minimax-Strategie. Die dazugehörige Folge von a priori Verteilungen bildet eine ungünstigste Folge.

Beweis: Zu a): Für eine beliebige Strategie d gilt die Abschätzung

$$\sup_\theta R(d;\theta) \geq E_{\pi_m} R(d;\theta) = r(d;\pi_m) \geq r(d^*_{\pi_m};\pi_m) \quad \text{für alle } m\,.$$

Daraus folgt wegen (2.239):

$$\sup_\theta R(d;\theta) \geq \lim_{m\to\infty} r(d^*_{\pi_m};\pi_m) \geq \sup_\theta R(d^*;\theta)\,.$$

Also ist d^* Minimax-Strategie. Für ein beliebiges $\pi \in \Pi$ erhalten wir mit Hilfe von (2.239) die Abschätzung

$$r(d^*_\pi;\pi) \leq r(d^*;\pi) = E_\pi R(d^*;\theta) \leq \sup_\theta R(d^*;\theta) \leq \lim_{m\to\infty} r(d^*_{\pi_m};\pi_m)\,.$$

Also ist π_m eine ungünstigste Folge von a priori Verteilungen. Zu b): Für eine erweiterte Bayes-Strategie d^* mit konstanter Risikofunktion sind die unter a) genannten Voraussetzungen erfüllt. □

Zum Schluß noch einige Literaturhinweise zu den Abschnitten 2.6.1 und 2.6.2. Die allgemeine (nichtstatistische) Entscheidungstheorie geht auf v. Neumann und Morgenstern [1944] zurück, die statistische Entscheidungstheorie wurde von Wald [1950] begründet, beide Teilgebiete werden in den anschließenden Monographien zur Entscheidungstheorie in der Regel gemeinsam dargestellt. Zu nennen sind hier aus den frühen Jahren vor allem Savage [1951, 1954],

Blackwell und Girshick [1954], Luce und Raiffa [1957], Chernoff und Moses [1959], Karlin [1959] sowie Raiffa und Schlaifer [1961]. Diese Werke haben zusammen mit Wald [1950] die Entwicklung der Entscheidungstheorie ganz wesentlich geprägt und dieser Theorie ihre auch heute noch in Grundzügen gültige Gestalt gegeben. Ein erstaunlich modernes Lehrbuch der statistischen Entscheidungstheorie stellt bereits Ferguson [1967] dar, eine lesenswerte Abhandlung der verschiedenen Entscheidungskriterien des No-Data-Problems findet man bei Schneeweiß [1967], empfehlenswert ist auch die sehr gut lesbare Monographie von Bamberg [1972]. Spätere Arbeiten befassen sich vor allem mit Verallgemeinerungen und asymptotischen Problemen der statistischen Entscheidungstheorie, die Ergebnisse sind in die meisten modernen Lehrbücher der mathematischen Statistik eingeflossen; zu nennen sind hier insbesondere Lehmann [1986, 1991], Strasser [1985], Witting [1985], Pfanzagl [1994] sowie Witting und Müller-Funk [1995]. In geschlossener Form findet man die moderne statistische Entscheidungstheorie bei Berger [1985] und Pratt, Raiffa und Schlaifer [1995] oder auch in einigen Lehrbüchern zur Bayes-Inferenz, etwa bei Robert [1994].

2.6.3 Statistische Inferenz als Entscheidungsproblem

Statistische Inferenzverfahren, in der Regel Schätzungen und Tests, stellen Schlüsse aus der Beobachtung x einer Stichprobe X dar, die zu *Aussagen* über die unbekannte Verteilung von X führen. Mit statistischen Entscheidungsverfahren (Entscheidungsfunktionen, Strategien) sollen *Entscheidungen* zwischen verschiedenen Handlungsalternativen (Aktionen) herbeigeführt werden, die sich ebenfalls auf die Beobachtung x einer Stichprobe X stützen. Auf eine Gegenüberstellung der beiden Grundtypen 'statistical inference' und 'statistical decision' sind wir bereits in Abschnitt 2.1.2 (Frage 1) eingegangen. Dort wurde in der Diskussion über 'inference versus decision' bereits angedeutet, wie 'inference' formal auch als 'decision' aufgefaßt werden kann, nämlich indem die zu gewinnenden Aussagen wie mögliche Aktionen einer Entscheidungssituation behandelt werden. Diese Umformulierung eines Inferenz- in ein Entscheidungsproblem ist Gegenstand dieses Abschnittes.

Ein statistisches Enscheidungsproblem wird, wie oben ausgeführt, durch ein Quadrupel $(\mathbb{A}, \Theta, L, \mathfrak{P})$ dargestellt, wobei ggf. noch eine a priori Verteilung π auf Θ hinzukommt. Wie sind die Komponenten des Quadrupels zu verstehen, wenn mit ihm ein Inferenzproblem beschrieben werden soll? Offensichtlich müssen die Komponenten $\mathfrak{P}$ und Θ nicht uminterpretiert werden, sowohl im Entscheidungs- wie auch im Inferenzproblem dient die Verteilungsannahme $\mathfrak{P} = \{P_\theta : \theta \in \Theta\}$ mit dem Parameterraum Θ der Modellierung des Stichprobenexperimentes. Auch die im Entscheidungsproblem vorhandene Doppelfunktion des Parameters (einerseits die Verteilung von X, andererseits den Verlust einer Aktion a zu bestimmen) ist, wie wir sehen werden, im entsprechenden Inferenzproblem vorhanden. Eine vorhandene a priori Verteilung π hat ebenfalls in beiden Problemtypen die gleiche Bedeutung. Also sind nur die Komponenten $\mathbb{A}$ und L in geeigneter, d.h. inferenztypischer Form festzulegen. Dies geschieht durch die folgenden allgemeinen Maßregeln:

Der Aktionenraum $\mathbb{A}$ soll aus allen möglichen Aussagen ('Aktionen') a bestehen, die innerhalb des betreffenden Inferenzproblems als Ergebnisse eines Schlusses aus der Beobachtung x in Betracht gezogen werden. Ein Schluß aus der Beobachtung x ist dann identifizierbar mit einer (meßbaren) Abbildung d vom Stichprobenraum $\mathfrak{X}$ in den Aktionenraum $\mathbb{A}$, also mit einer Entscheidungsfunktion oder Strategie $d = d(x)$. Die Verlustfunktion $L(a;\theta)$ schließlich ist so festzulegen, daß die dazugehörige Risikofunktion $R(d;\theta)$ eines Schlusses d eine Grundlage für die betreffenden inferenztheoretischen Gütekriterien bietet und auf diese Weise entscheidungstheoretische Gütevergleiche auch inferenzstatistisch interpretierbar werden. Ziel ist dabei eine möglichst weitgehende Übereinstimmung von entscheidungstheoretischen und inferenzstatistischen Optimalitätsvorstellungen.

Diese allgemeinen Maßregeln sollen nun für Punktschätzungen, Intervallschätzungen und Tests genauer ausgestaltet werden. Wir gehen von einer Verteilungsannahme $\mathfrak{P} = \{P_\theta : \theta \in \Theta\}$ mit $\Theta \subseteq \mathbb{R}_r$ aus und verwenden die in Abschnitt 2.1.3 erklärten Begriffe. Wir beschränken uns auch hier wieder auf Schätzungen für bzw. Tests über den unbekannten Parameter θ selbst.

a) Punktschätzungen als Entscheidungsproblem

Unter einer Punktschätzung (Schätzung, Schätzfunktion) für θ versteht man eine (meßbare) Abbildung U vom Stichprobenraum $\mathfrak{X}$ in den $\mathbb{R}_r$, die jedem $x \in \mathfrak{X}$ eine Schätzwert $\hat{\theta} = U(x)$ zuordnet. Die Menge der als sinnvoll erachteten Schätzwerte bezeichnen wir mit $\hat{\Theta}$. Diese Teilmenge des $\mathbb{R}_r$ ist unabhängig von einer bestimmten Schätzfunktion U von vornherein festzulegen, jede Schätzfunktion U ist eine Abbildung von $\mathfrak{X}$ in $\hat{\Theta}$, die Menge $\hat{\Theta}$ stellt die Ergebnismenge des Inferenzproblems 'Punktschätzung für θ' dar. Im allgemeinen gilt $\hat{\Theta} = \Theta$. In der entscheidungstheoretischen Auffassung dieses Inferenzproblems wird $\hat{\Theta}$ mit dem Aktionenraum $\mathbb{A}$, ein Schätzwert $\hat{\theta}$ mit einer Aktion a und eine Schätzfunktion $U : \mathfrak{X} \longrightarrow \hat{\Theta}$ mit einer Entscheidungsfunktion oder Strategie $d : \mathfrak{X} \longrightarrow \mathbb{A}$ identifiziert. Als inferenzstatistisch interpretierbare Verlustfunktionen $L(a;\theta) = L(\hat{\theta};\theta)$ kommen solche Funktionen in Frage, die den Verlust in Abhängigkeit vom Schätzfehler $\hat{\theta}-\theta$ bewerten. Zur Beschreibung solcher Funktionen beschränken wir uns zunächst auf den Fall eines reellen Parameters. Am meisten verbreitet in der Schätztheorie ist die *quadratische Verlustfunktion (squared error)*

$$L(\hat{\theta};\theta) = [\hat{\theta} - \theta]^2 \tag{2.240}$$

oder etwas allgemeiner die *gewogene* quadratische Verlustfunktion (weighted squared error)

$$L(\hat{\theta};\theta) = q(\theta)[\hat{\theta} - \theta]^2 \tag{2.241}$$

mit einer Gewichtsfunktion $q(\theta) \geq 0$. Für die quadratische Verlustfunktion (2.240) ergibt sich als Risikofunktion $R(U;\theta)$ eines Schätzers U für θ gerade der Mean-Square-Error von U (vgl. (2.11) in Abschnitt 2.2.2):

$$R(U;\theta) = E_\theta\,[U(X) - \theta]^2 = MSE(U;\theta)\,. \tag{2.242}$$

Diese Übereinstimmung ist der eigentliche Grund für die überragende Bedeutung der quadratischen Verlustfunktion in der entscheidungstheoretischen Fassung von Schätzproblemen. Eine etwas geringere Bedeutung hat die *absolute Verlustfunktion (absolute error)* oder *Betragsverlustfunktion*:

$$L(\hat{\theta};\theta) = |\hat{\theta} - \theta|\,, \tag{2.243}$$

die wieder durch Multiplikation mit einer Gewichtsfunktion $q(\theta) \geq 0$ verallgemeinert werden kann. Die dazugehörige Risikofunktion eines Schätzers U für θ ist

$$R(U;\theta) = E_\theta|U(X) - \theta|\,.$$

Beide Verlustfunktionen, die quadratische und die absolute, sind (auch in ihrer gewogenen Form) Spezialfälle konvexer Verlustfunktionen.

Eine Verlustfunktion $L(\hat{\theta};\theta)$ heißt ***konvex***, wenn sie für jedes feste θ eine konvexe Funktion in $\hat{\theta}$ ist; letzteres bedeutet, daß $\hat{\Theta}$ ein (beschränktes oder unbeschränktes) Intervall in $\mathbb{R}$ ist und für je zwei $\hat{\theta}_1 < \hat{\theta}_2$ in $\hat{\Theta}$ und jedes $0 < \lambda < 1$ (bei jeweils festem θ) gilt:

$$L(\,\lambda\hat{\theta}_1 + (1-\lambda)\hat{\theta}_2\ ;\ \theta\,) \leq \lambda L(\hat{\theta}_1;\theta) + (1-\lambda)L(\hat{\theta}_2;\theta)\,.$$

Wird darin für keine der betreffenden Werte $\hat{\theta}_1, \hat{\theta}_2$ und λ das Gleichheitszeichen angenommen, so heißt die Verlustfunktion ***strikt konvex***. Die Konvexität einer Funktion bedeutet, daß jede Sekante (Verbindungslinie zwischen zwei Punkten auf dem Graphen der Funktion) oberhalb des Graphen verläuft.

Die quadratische Verlustfunktion ist strikt konvex, die absolute Verlustfunktion konvex, aber nicht strikt konvex. Ein Beispiel für eine nicht konvexe

Verlustfunktion, die gleichwohl eine Rolle in der entscheidungstheoretisch orientierten Schätztheorie spielt, ist die *Toleranz-Verlustfunktion*

$$L(\hat{\theta};\theta) = \begin{cases} 0 & \text{falls} \quad |\hat{\theta}-\theta| \leq \epsilon \\ 1 & \text{falls} \quad |\hat{\theta}-\theta| > \epsilon\,; \end{cases} \tag{2.244}$$

dabei ist $\epsilon > 0$ eine vorgegebene Toleranzschranke. Die dazugehörige Risikofunktion $R(U;\theta)$ eines Schätzers U für θ lautet

$$R(U;\theta) = E_\theta L(U;\theta) = P_\theta(|U-\theta| > \epsilon)\,, \tag{2.245}$$

so daß $1 - R(U;\theta) = P_\theta(|U-\theta| \leq \epsilon)$ eine Überdeckungswahrscheinlichkeit darstellt (vgl. auch Abschnitt 2.2.2); je kleiner $R(U;\theta)$ ist, desto größer ist die Überdeckungswahrscheinlichkeit. Die drei hier vorgestellten Verlustfunktionen sind in Abbildung 2.32 dargestellt.

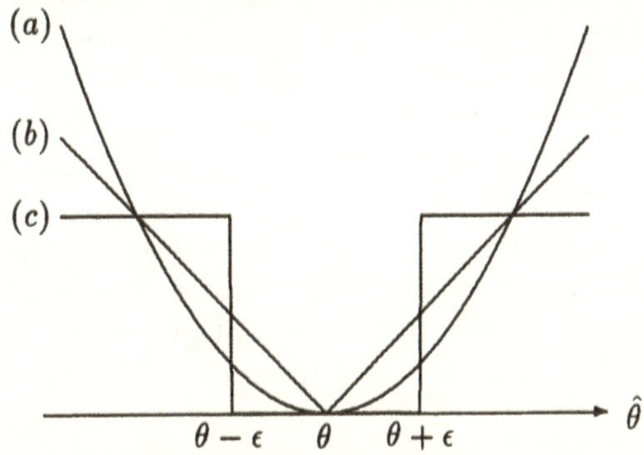

Abbildung 2.32: Quadratische Verlustfunktion (a), absolute Verlustfunktion (b) und Toleranz-Verlustfunktion (c) als Funktionen in $\hat{\theta}$ bei festem θ.

Im Fall eines vektoriellen Parameters verwendet man den euklidischen Abstand $||\hat{\theta}-\theta||$ an Stelle von $|\hat{\theta}-\theta|$, damit lassen sich die drei Verlustfunktionen (2.240), (2.243) und (2.244) unmittelbar auf den mehrdimensionalen Fall übertragen. Die Verallgemeinerung der gewogenen quadratischen Verlustfunktion (2.241) auf r-dimensionale Parametervektoren führt auf eine quadratische Form

$$L(\hat{\theta};\theta) = [\hat{\theta}-\theta]Q(\theta)[\hat{\theta}-\theta]'$$

mit einer (von θ abhängigen) positiv semidefiniten $(r \times r)$-Matrix $Q(\theta)$. Diese quadratische Form stellt eine Verallgemeinerung des euklidischen Abstandes dar. In ihr können die Komponenten des Schätzfehlers unterschiedlich gewichtet werden.

Unsere Überlegungen haben gezeigt, daß sich das Inferenzproblem 'Punktschätzung' auf adäquate Weise als Entscheidungsproblem darstellen läßt. Dabei können die Gütekriterien der klassischen Inferenz unmittelbar auf entscheidungstheoretische Optimalitätskriterien übertragen werden, wenn man eine der angegebenen Verlustfunktionen zugrundelegt. Darauf gehen wir in Abschnitt 2.6.4 näher ein.

b) Intervallschätzungen als Entscheidungsproblem

Unter einer Intervallschätzung für θ versteht man eine Abbildung C auf dem Stichprobenraum $\mathfrak{X}$, die jedem $x \in \mathfrak{X}$ ein Intervall $C(x) = [C_1(x); C_2(x)]$ als Teilmenge des $\mathbb{R}_r$ zuordnet. Die Menge aller in Frage kommenden Intervalle im $\mathbb{R}_r$ bezeichnen wir mit $\mathfrak{C}$; in dieser Menge soll stets auch ein Intervall J_0 mit $J_0 \supseteq \Theta$ enthalten sein. Die Menge $\mathfrak{C}$ ist unabhängig von einer bestimmten Intervallschätzung C von vornherein festzulegen, jede Intervallschätzung ist eine Abbildung von $\mathfrak{X}$ in $\mathfrak{C}$. Die Menge $\mathfrak{C}$ stellt die Ergebnismenge des Inferenzproblems 'Intervallschätzung für θ' dar. Ist Θ selbst ein Intervall im $\mathbb{R}_r$, so besteht $\mathfrak{C}$ im allgemeinen aus allen Teilintervallen von Θ; dann ist $J_0 = \Theta$. In der entscheidungstheoretischen Auffassung einer Intervallschätzung wird $\mathfrak{C}$ mit dem Aktionenraum $\mathbb{A}$, ein zu $\mathfrak{C}$ gehöriges Intervall mit einer Aktion a und eine Intervallschätzung $C : \mathfrak{X} \longrightarrow \mathfrak{C}$ mit einer Entscheidungsfunktion oder Strategie $d : \mathfrak{X} \longrightarrow \mathbb{A}$ identifiziert. Zur inferenzstatistischen Beurteilung einer Intervallschätzung sind nach den Überlegungen in Abschnitt 2.2.2 immer *zwei* Verlustfunktionen L_1 und L_2 *gemeinsam* erforderlich. Beide beziehen sich auf das Ergebnis einer Intervallschätzung, die Aussage '$\theta \in C(x)$'. Die eine hat die Unsicherheit (bzw. Sicherheit), die andere die Ungenauigkeit (bzw. Präzision) der Aussage zum Gegenstand. Als erste kommt eigentlich nur die Verlustfunktion

$$L_1(C(x);\theta) = \begin{cases} 0 & \text{falls} \quad \theta \in C(x) \\ 1 & \text{falls} \quad \theta \notin C(x) \end{cases} \tag{2.246}$$

in Frage. Diese führt zu der Risikofunktion

$$R_1(C;\theta) = P_\theta(C(X) \not\ni \theta) = 1 - P_\theta(C(X) \ni \theta)\,. \tag{2.247}$$

Je kleiner $R_1(C;\theta)$ ist, desto sicherer oder glaubwürdiger ist die Aussage '$\theta \in C(x)$'. Als zweite Verlustfunktion bietet sich die (von θ unabhängige) Funktion

$$L_2(C(x);\theta) = \lambda_r(C(x)) \tag{2.248}$$

an, in der das 'Volumen' oder die 'Länge' von $C(x)$ durch das r-dimensionale Lebesgue-Maß λ_r gemessen wird. Je kleiner $\lambda_r(C(x))$ ist, desto präziser ist die Aussage '$\theta \in C(x)$'. Die dazugehörige (von θ abhängige) Risikofunktion lautet:

$$R_2(C;\theta) = E_\theta \lambda_r(C(X)). \tag{2.249}$$

Sie ist ein a priori Maß für die Ungenauigkeit der Intervallschätzung C. Möglichst präzise Intervallschätzungen sind solche, für die $R_2(C;\theta)$ möglichst klein ausfällt.

Eine Definition einer optimalen Intervallschätzung C^*, die sich allein auf die Verlustfunktion L_1 stützt, also aus der Forderung 'minimiere $R_1(C;\theta)$' besteht, führt zu der trivialen Lösung $C^*(x) = J_0 \supseteq \Theta$ für alle x mit der Risikofunktion $R_1(C^*;\theta) \equiv 0$. Andererseits führt eine Definition von C^*, die sich allein auf L_2 bezieht, also die Minimierung von $R_2(C;\theta)$ beinhaltet, zu der trivialen Lösung $C^* = \oslash$ (leere Menge), ebenfalls mit der Risikofunktion $R_2(C^*;\theta) \equiv 0$.

Eine sinnvolle Definition einer optimalen Intervallschätzung kommt erst zustande, wenn *beide* Verlustfunktionen mit den dazugehörigen Risikofunktionen in die Definition einbezogen werden. Die beiden damit verbundenen Zielvorstellungen, die Minimierung von $R_1(C;\theta)$ *und* $R_2(C;\theta)$, konkurrieren miteinander. Das eine Ziel ist nur auf Kosten des anderen erreichbar und umgekehrt. Auf diese Konkurrenz zwischen der Sicherheit und der Genauigkeit der Aussage '$\theta \in C(x)$' sind wir bereits in Abschnitt 2.1.3 eingegangen. Die innerhalb der Schätztheorie vorherrschende Lösung dieses Konkurrenzproblems beruht auf dem folgenden Ansatz: Die eine Risikofunktion wird minimiert unter der Nebenbedingung, daß die Werte der anderen Risikofunktion eine vorgegebene Schranke nicht überschreiten und damit unter Kontrolle sind. Üblicherweise übernimmt dabei $R_1(C;\theta)$ die Rolle der Risikofunktion in der Nebenbedingung; diese lautet also:

$$R_1(C;\theta) \leq \alpha \quad \text{für alle } \theta \tag{2.250}$$

mit einer vorgegebenen Schranke α, $0 < \alpha < 1$ (α nahe bei Null). Wegen (2.247) wird durch diese Forderung gerade ein *Konfidenzintervall zum Vertrauensgrad* $\gamma = 1 - \alpha$ festgelegt. Unter allen solchen Intervallschätzungen gilt dann diejenige als die beste, für die $R_2(C;\theta)$ minimal ist für jedes θ. Auf diese Weise erhält man als optimale Intervallschätzung C^* das *gleichmäßig präziseste* Konfidenzintervall zum Vertrauensgrad $\gamma = 1 - \alpha$, das auch in der klassischen Schätztheorie (vgl. Abschnitt 2.2.2) als optimal gilt. Nach dem Satz von Pratt (vgl. (2.20) mit Folgerungen) stimmen diese optimalen Konfidenzintervalle mit den *gleichmäßig trennscharfen* Konfidenzintervallen zum Vertrauensgrad γ überein und erfüllen damit das zentrale klassische Optimalitätskriterium. Allerdings ist die Übereinstimmung von gleichmäßig präzisesten mit gleichmäßig trennscharfen Konfidenzintervallen an gewisse Regularitätsvoraussetzungen gebunden, insbesondere an die Voraussetzung stetiger accuracy functions. Es gibt keine Verlustfunktion der Form $L(C(x);\theta)$, deren Risikofunktion unmittelbar mit der accuracy function übereinstimmt.

Das Inferenzproblem 'Intervallschätzung' läßt sich nicht ganz so harmonisch und adäquat in die statistische Entscheidungstheorie einbetten wie die Inferenzprobleme 'Punktschätzung' und 'Test'. Das betrifft vor allem das Gütekriterium der gleichmäßigen Trennschärfe eines Konfidenzintervalles, das nur unvollständig und indirekt (über seine Beziehung zu gleichmäßig präzisesten Konfidenzintervallen) in die Entscheidungstheorie eingebracht werden kann. Darüber hinaus ist das entscheidungstheoretische Konzept einer Intervallschätzung durch die dazu erforderliche Verwendung eines Verlustfunktionen*paares* (L_1, L_2) relativ kompliziert. Aus diesen Gründen werden Intervallschätzungen (und erst recht ihre Verallgemeinerungen, die Bereichsschätzungen) im allgemeinen nicht entscheidungstheoretisch behandelt. Auch wir werden im Folgenden nicht weiter darauf eingehen.

c) Tests als Entscheidungsproblem

Ein (nichtrandomisierter) Test φ für die Nullhypothese $H_0 \subset \Theta$ gegen die Alternativhypothese $H_1 \subset \Theta$ kann nach einer Beobachtung x zu den Ergebnissen (Aussagen) A_0 = 'H_0 wird bestätigt' oder A_1 = 'H_1 wird bestätigt' führen. Er wird durch seinen kritischen Bereich K im Stichprobenraum $\mathfrak{X}$ festgelegt und besitzt die Form

$$\varphi(x) = \begin{cases} 1 & \text{für } x \in K \quad \text{(Aussage } A_1) \\ 0 & \text{für } x \notin K \quad \text{(Aussage } A_0). \end{cases}$$

Die entscheidungstheoretische Betrachtungsweise eines Testproblems ist besonders naheliegend und einfach: Die beiden möglichen Testergebinsse A_0 und A_1 werden als Aktionen a aufgefaßt und bilden den Aktionenraum $\mathbb{A} = \{A_0, A_1\}$, ein Test φ ist dann unmittelbar mit einer Entscheidungsfunktion $d : \mathfrak{X} \longrightarrow \mathbb{A}$ identifizierbar und die Risikofunktion $R(\varphi;\theta)$ eines Tests φ bzgl. irgendeiner Verlustfunktion $L(a;\theta)$ hat die Gestalt

$$R(\varphi;\theta) = L(A_0;\theta)P_\theta(X \notin K) + L(A_1;\theta)P_\theta(X \in K)$$

bzw. unter Verwendung der Gütefunktion $G_\varphi(\theta) = P_\theta(X \in K)$ von φ

$$R(\varphi;\theta) = L(A_0;\theta) + [L(A_1;\theta) - L(A_0;\theta)]\, G_\varphi(\theta)\,. \tag{2.251}$$

Als Verlustfunktion kommt dabei eigentlich nur eine Funktion der Form

$$\begin{aligned} L(A_0;\theta) &= \begin{cases} v_{00} & \text{für } \theta \in H_0 \\ v_{10} & \text{für } \theta \in H_1\,, \end{cases} \\ L(A_1;\theta) &= \begin{cases} v_{01} & \text{für } \theta \in H_0 \\ v_{11} & \text{für } \theta \in H_1 \end{cases} \end{aligned} \tag{2.252}$$

in Frage. Die Bewertung der Testergebnisse durch diese Verlustfunktion entspricht dem folgenden Schema (vergleiche Abschnitt 2.2.2):

	Testergebnis A_0	Testergebnis A_1
$\theta \in H_0$	Richtige Aussage v_{00}	Fehler erster Art v_{01}
$\theta \in H_1$	Fehler zweiter Art v_{10}	Richtige Aussage v_{11}

(2.253)

Dabei ist sinnvollerweise $v_{01} > \max\{v_{00}, v_{11}\}$ und $v_{10} > \max\{v_{00}, v_{11}\}$ vorauszusetzen. Mit dieser Verlustfunktion geht die Risikofunktion über in

$$R(\varphi;\theta) = \begin{cases} v_{00} + [v_{01} - v_{00}]G_\varphi(\theta) & \text{für } \theta \in H_0 \\ v_{11} + [v_{10} - v_{11}](1 - G_\varphi(\theta)) & \text{für } \theta \in H_1 \,. \end{cases} \tag{2.254}$$

Die beiden (positiven) Differenzen $c_0 := v_{01} - v_{00}$ und $c_1 := v_{10} - v_{11}$ stellen die 'Strafen' für die Fehler erster bzw. zweiter Art dar: Im Fall $\theta \in H_0$ ist v_{00} ein unvermeidbarer Verlust und $c_0 = v_{01} - v_{00}$ der darüber hinausgehende vermeidbare Verlust, der durch das falsche Testergebnis A_1 gegenüber dem richtigen Testergebnis A_0 zustandekommt; man nennt c_0 den *Regret* (die Größe des Bedauerns) von A_1 gegenüber A_0. Entsprechend ist im Fall $\theta \in H_1$ die Größe v_{11} ein unvermeidbarer Verlust und $c_1 = v_{10} - v_{11}$ der Regret von A_0 gegenüber A_1.

Werden die beiden richtigen Aussagen in (2.253) als gewünschte Testergebnisse *gleich* bewertet, so kann man ohne Beschränkung der Allgemeinheit von $v_{00} = v_{11} = 0$ ausgehen und die sogenannte *Neyman-Pearson-Verlustfunktion*

$$L(A_0;\theta) = \begin{cases} 0 & \text{für} \quad \theta \in H_0 \\ c_1 & \text{für} \quad \theta \in H_1 \,, \end{cases}$$
$$L(A_1;\theta) = \begin{cases} c_0 & \text{für} \quad \theta \in H_0 \\ 0 & \text{für} \quad \theta \in H_1 \end{cases} \tag{2.255}$$

mit $c_0 > 0$ und $c_1 > 0$ zugrundelegen: Richtige Testergebnisse bringen keinen Verlust, falsche Testergebnisse die Verluste c_1 bzw. c_0 mit sich. Die dazugehörige Risikofunktion lautet

$$R(\varphi;\theta) = \begin{cases} c_0 G_\varphi(\theta) & \text{für} \quad \theta \in H_0 \\ c_1[1 - G_\varphi(\theta)] & \text{für} \quad \theta \in H_1 \,. \end{cases} \tag{2.256}$$

Durch die direkten und einfachen Beziehungen (2.251) und (2.256) zwischen der Risikofunktion und der Gütefunktion eines Tests können die inferenzstatistischen Gütekriterien aus Abschnitt 2.2.2 (die sich auf die Gütefunktion eines Tests beziehen) unmittelbar in entscheidungstheoretische Optimalitätskriterien (die sich auf die Risikofunktion beziehen) übersetzt werden. Das Inferenzproblem 'Test' läßt sich auf besonders adäquate und natürliche Weise entscheidungstheoretisch behandeln. Darauf gehen wir in Abschnitt 2.6.5 genauer ein.

2.6.4 Bayes- und Minimax-Schätzungen

Wir betrachten Punktschätzungen U für den Parameter θ einer Verteilungsannahme $\mathfrak{P} = \{P_\theta : \theta \in \Theta\}$. Diese sollen durch eine Verlustfunktion $L(\hat{\theta};\theta)$ beurteilt werden. Die Risikofunktion von U lautet $R(U;\theta) = E_\theta L(U;\theta)$, das Bayes-Risiko von U bezüglich einer a priori Verteilung π lautet $r(U;\pi) = E_\pi R(U;\theta)$. Eine Schätzung U^* heißt *Minimax-Schätzung* bzgl. L, wenn gilt:

$$\sup_\theta R(U^*;\theta) = \inf_U \sup_\theta R(U;\theta) .$$

Eine Schätzung U_π^* heißt *Bayes-Schätzung bzgl.* π und L, wenn gilt:

$$r(U^*;\pi) = \inf_U r(U;\pi) .$$

Mit π_x bezeichnen wir die a posteriori Verteilung, die sich nach der Beobachtung x aus der a priori Verteilung π ergibt. Wir beschränken uns auf einen reellen Parameter θ und und setzen voraus, daß die im folgenden Satz genannten Parameter von π_x wohldefiniert und endlich sind.

Satz 2.20 ***(Bestimmung von Bayes-Schätzern)***

a) Als Bayes-Schätzung $U_\pi^*(x)$ bzgl. der quadratischen Verlustfunktion ergibt sich der Erwartungswert der a posteriori Verteilung.

b) Als Bayes-Schätzung $U_\pi^*(x)$ bzgl. der absoluten Verlustfunktion ergibt sich der Median der a posteriori Verteilung.

c) Als Bayes-Schätzung $U_\pi^*(x)$ bzgl. der Toleranz-Verlustfunktion mit der Toleranzschranke ϵ ergibt sich der Mittelpunkt des HPD-Intervalles der Länge 2ϵ mit maximalem Glaubwürdigkeitsgrad.

d) Als Bayes-Schätzung $U_\pi^*(x)$ bzgl. einer Toleranz-Verlustfunktion mit einer Toleranzschranke ϵ nahe bei Null ergibt sich näherungsweise der Modalwert der a posteriori Verteilung.

Beweis: Zu a): Das a posteriori Bayes-Risiko eines Schätzers U bzgl. π_x lautet im Fall einer quadratischen Verlustfunktion

$$r(U(x); \pi_x) = E_{\pi_x}[\theta - U(x)]^2 .$$

Dieses wird minimal, wenn man für $U(x)$ den Erwartungswert von π_x einsetzt (Minimalitätseigenschaft des Erwartungswertes bzgl. des mittleren quadratischen Abstandes). Daraus folgt mit Hilfe des Hauptsatzes über Bayes-Strategien die Behauptung. Die Aussage b) ergibt sich in gleicher Weise aufgrund der Minimalitätseigenschaft des Medians bzgl. des mittleren absoluten Abstandes. Die Aussage c) folgt aus der Definition von HPD-Intervallen (vgl. Abschnitt 2.4.3) ebenfalls mit Hilfe des Hauptsatzes. Die Aussage d) ist eine Folgerung aus c). □

Der Satz 2.20 versetzt uns in die Lage, für die wichtigsten Verlustfunktionen nicht nur die Bayes- sondern auch die Minimax-Schätzer zu bestimmen. Letzteres ist der Fall wegen der in den Sätzen 2.18 und 2.19 nachgewiesenen Beziehungen zwischen Bayes- und Minimax-Strategien.

Beispiel 2.28 Bayes- und Minimax-Schätzer im Bernoulli-Experiment

Wir betrachten das Bernoulli-Experiment mit der $B(n;p)$-verteilten Zufallsgröße $Z = \sum X_i$ = Anzahl der Erfolge und legen als a priori Verteilung π für den Parameter p die $Beta(a;b)$-Verteilung zugrunde. (Man vergleiche dazu das Standardbeispiel des Abschnittes 2.4.2 und das Beispiel 2.9; die Ergebnisse der beiden Beispiele werden im Folgenden verwendet.) Nach einer Beobachtung x mit z Erfolgen erhält man als a posteriori Verteilung $\pi_x = \pi_z$ die $Beta(a+z; b+n-z)$-Verteilung. Geschätzt werden soll p.

a) Quadratische Verlustfunktion

Wir legen die quadratische Verlustfunktion $L(\hat{p};p) = (\hat{p}-p)^2$ zugrunde. Nach (2.104) erhalten wir für den Erwartungswert der a posteriori Verteilung die Größe $(a+z)/(a+b+n)$. Damit ergibt sich gemäß Satz 2.20a) der

$$\text{Bayes-Schätzer} \qquad U_\pi^* = \frac{Z+a}{n+a+b} . \tag{2.257}$$

Die Risikofunktion dieses Schätzers lautet

$$\begin{aligned} R(U_\pi^*;p) &= MSE(U_\pi^*;p) = Var_p U_\pi^* + (Bias_p U_\pi^*)^2 \\ &= \frac{np(1-p)}{(n+a+b)^2} + \left(\frac{np+a}{n+a+b} - p\right)^2 \end{aligned}$$

$$= \frac{np(1-p) + [a-(a+b)p]^2}{(n+a+b)^2}.$$

Setzt man hier $a = b = \sqrt{n}/2$ ein, so erhält man für die Risikofunktion den konstanten Wert $1/4(1+\sqrt{n})^2$. Damit ergibt sich nach Satz 2.18b) der

$$\text{Minimax-Schätzer} \qquad U^* = \frac{Z + \frac{1}{2}\sqrt{n}}{n + \sqrt{n}} \tag{2.258}$$

mit der Risikofunktion

$$R(U^*; p) = 1/4(1+\sqrt{n})^2.$$

Außerdem ergibt sich die $Beta(\frac{1}{2}\sqrt{n}; \frac{1}{2}\sqrt{n})$-Verteilung als ungünstigste a priori Verteilung. Wir vergleichen in Abbildung 2.33 diese konstante Risikofunktion des Minimax-Schätzers mit der Risikofunktion des Bayes-Schätzers bzgl. der a priori Gleichverteilung ($Beta(1; 1)$-Verteilung).

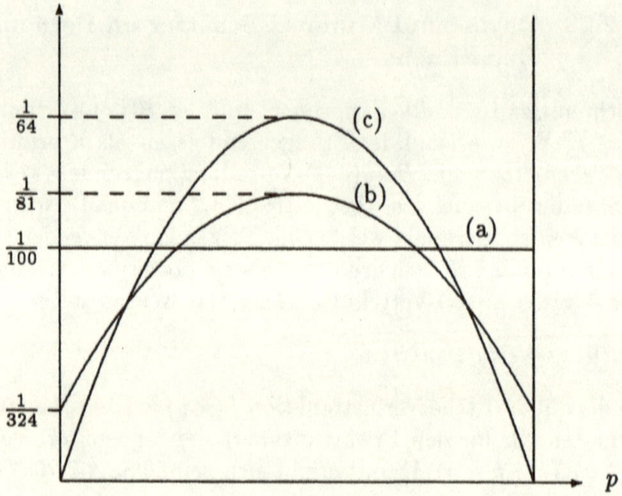

Abbildung 2.33: Risikofunktionen bei quadratischer Verlustfunktion im Bernoulli-Experiment ($n = 16$): (a) Risikofunktion des Minimax-Schätzers, (b) Risikofunktion des Bayes-Schätzers zur a priori Gleichverteilung, (c) Risikofunktion des klasssischen Schätzers (Relative Häufigkeit)

Dafür ergibt sich

$$U_\pi^* = \frac{Z+1}{n+2} \qquad \text{mit} \qquad R(U_\pi^*; p) = \frac{np(1-p) + (1-2p)^2}{(n+2)^2}.$$

Darüber hinaus wird in den Vergleich noch die Risikofunktion $R(\bar{X};p) = p(1-p)/n$ des klassischen Schätzers $\bar{X} = Z/n$ (= Relative Häufigkeit) mit einbezogen.

b) Absolute Verlustfunktion

Für die absolute Verlustfunktion $L(\hat{p};p) = |\hat{p}-p|$ ergibt sich nach Satz 2.20b) als Bayes-Schätzer $U_\pi^*(z)$ der Median $m(z)$ der $Beta(a+z;b+n-z)$-Verteilung. Er läßt sich nicht in geschlossener Form (als Funktion von a, b, n und z) angeben, sondern muß numerisch bestimmt oder aus einer Tafel der Verteilungsfunktion der Beta-Verteilung (vgl. Beispiel 2.9) abgelesen werden. Als Anhaltspunkt für den Wert des Medians kann die Lageregel für unsymmetrische, unimodale Verteilungen herangezogen werden. Danach gilt für $a+z>1$ und $a+b+n-z>1$: Der Median $m(z)$ liegt zwischen dem Modus $(a+z-1)/(a+b+n-2)$ und dem Erwartungswert $(a+z)/(a+b+n)$ der a posteriori Verteilung.

c) Toleranz-Verlustfunktion

Wir legen eine Toleranz-Verlustfunktion zugrunde, deren Toleranzschranke ϵ nahe bei Null liegt. Nach Satz 2.20d) ergibt sich als Bayes-Schätzung näherungsweise der Modus der a posteriori Verteilung, also der reine Bayes-Schätzer (2.113) in Beispiel 2.9:

$$\text{Bayes-Schätzer} \qquad U_\pi^* \approx \frac{Z+a-1}{n+a+b-2}. \tag{2.259}$$

Die dazugehörige Risikofunktion, die sich aus (2.245) ableitet, kann wieder nur numerisch (mit Hilfe der Fraktile der $Beta$-Verteilung) bestimmt werden. Im Fall einer a priori Gleichverteilung ist $U_\pi^* \approx Z/n$.

d) Gewogene quadratische Verlustfunktion

Mit der quadratischen Verlustfunktion $L(\hat{p};p) = (\hat{p}-p)^2/p(1-p)$, die wir nun zugrunde legen wollen, wird ein Schätzfehler umso stärker bestraft, desto näher p bei Null oder Eins liegt. Für diese Verlustfunktion besitzt der klassische Schätzer $\bar{X} = Z/n$ eine konstante Risikofunktion:

$$R(\bar{X};p) = E_p \frac{(\bar{X}-p)^2}{p(1-p)} = \frac{1}{n}.$$

Wir zeigen, daß $\bar{X}$ der Bayes-Schätzer bzgl. der a priori Gleichverteilung π ist. Mit Satz 2.20a) folgt dann, daß $\bar{X}$ *ein Minimax-Schätzer bzgl.* L ist.

Aus der a priori Gleichverteilung ergibt sich nach einer Beobachtung von z Erfolgen unter n Versuchen die $Beta(z+1;n-z+1)$-Verteilung mit der

Dichte

$$\pi_z(p) = \frac{(n+1)!}{z!(n-z)!} p^z (1-p)^{n-z} \qquad (0 \le p \le 1)$$

als a posteriori Verteilung. Damit lautet das a posteriori Bayes-Risiko eines Schätzers U

$$r(U(z); \pi_z) = E_{\pi_z} \frac{(U(z)-p)^2}{p(1-p)}$$

$$= \frac{(n+1)n}{z(n-z)} \int_0^1 (p - U(z))^2 \frac{(n-1)!}{(z-1)!(n-z-1)!} p^{z-1}(1-p)^{n-z-1} dp$$

(für alle $0 < z < n$). Darin stimmt das Integral mit dem Erwartungswert von $(p - U(z))^2$ überein, wenn dieser Erwartungswert mit der $Beta(z; n-z)$-Verteilung gebildet wird. Das Integral wird daher minimal, wenn für $U(z)$ der Erwartungswert der $Beta(z; n-z)$-Verteilung, d.h. $U(z) = z/n$ eingesetzt wird. (Im Fall $z = 0$ geht das a posteriori Risiko über in

$$r(U(z); \pi_z) = (n+1) \int_0^1 (p - U(z))^2 p^{-1} (1-p)^{n-1} dp\,;$$

es hat für alle $U(z) \neq 0$ den Wert Unendlich und nur für $U(z) = 0$ einen endlichen Wert, so daß auch hier für $U(z) = z/n$ das a posteriori Risiko minimal wird. Ganz analog zeigt man, daß im Fall $z = n$ das a posteriori Risiko minimal wird, wenn $U(z) = 1$ eingesetzt wird.) Zusammenfassend ergibt sich für alle $0 \le z \le n$, daß $U(z) = z/n$ das a posteriori Risiko minimiert, also Z/n nach dem Hauptsatz 2.15 der Bayes-Schätzer ist. □

Beispiel 2.29 Bayes- und Minimax-Schätzer im Gauß-Experiment

Wir betrachten die i.i.d. Stichprobe $X = (X_1, \ldots, X_n)$ eines $N(\mu; \sigma^2)$-verteilten Untersuchungsmerkmals Y mit bekannter Varianz σ^2. Als a priori Verteilung π für den Parameter μ legen wir die $N(\nu; \varrho^2)$-Verteilung fest. Die a posteriori Verteilung für μ nach einer Beobachtung x mit dem Stichprobenmittel $\bar{x}$ ist die

$$N\left(\frac{\varrho^2}{\varrho^2 + \sigma^2/n}\bar{x} + \frac{\sigma^2/n}{\varrho^2 + \sigma^2/n}\nu\,;\ \frac{\varrho^2\sigma^2/n}{\varrho^2 + \sigma^2/n}\right)\text{-Verteilung}\,.$$

Man vergleiche dazu Beispiel 2.11, Fall A. Geschätzt werden soll μ. Wir legen die quadratische Verlustfunktion $L(\hat{\mu}; \mu) = (\hat{\mu} - \mu)^2$ zugrunde. Nach Satz 2.20a) ergibt sich der

$$\text{Bayes-Schätzer} \qquad U_\pi^* = \frac{\varrho^2}{\varrho^2 + \sigma^2/n}\bar{X} + \frac{\sigma^2/n}{\varrho^2 + \sigma^2/n}\nu\,. \tag{2.260}$$

Wegen der Symmetrie der a posteriori Verteilung stimmt U_π^* mit dem reinen Bayes-Schätzer (Modalwert der a posteriori Verteilung) überein. (Denselben Bayes-Schätzer erhält man auch, wenn man die absolute Verlustfunktion oder die Toleranzverlustfunktion zugrunde legt.) Der Schätzer (2.260) hat die Form eines gewogenen Mittels

$$U_\pi^* = \lambda \bar{X} + (1-\lambda)\nu$$

mit dem Gewicht $\lambda = \varrho^2/(\varrho^2 + \sigma^2/n)$, wobei $0 < \lambda < 1$ gilt. (Zur Diskussion des Gewichtes λ vergleiche Beispiel 2.11, Fall A.) Die Risikofunktion von U_π^* lautet

$$R(U_\pi^*; \mu) = \lambda^2 \frac{\sigma^2}{n} + (\lambda\mu + (1-\lambda)\nu - \mu)^2 = \lambda^2 \frac{\sigma^2}{n} + (1-\lambda)^2(\mu-\nu)^2 .$$

Sie wird mit $\lambda \to 1$ (d.h. $\varrho^2 \to \infty$) unabhängig von μ. Daher ergibt sich nach Satz 2.19b) der

Minimax-Schätzer $\quad U^* = \bar{X} \quad$ (Klassischer Schätzer) .

Dieser besitzt die konstante Risikofunktion $R(\bar{X}; \mu) = \sigma^2/n$. In der folgenden

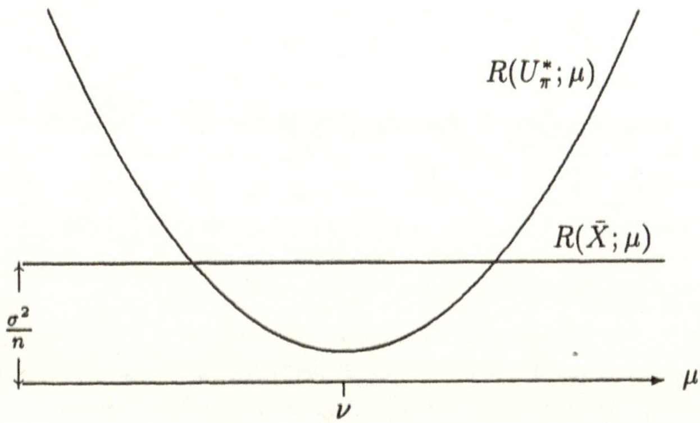

Abbildung 2.34: Risikofunktion des Minimax-Schätzers $\bar{X}$ und des Bayes-Schätzers U_π^* (mit $\varrho^2 = \sigma^2/n$, d.h. $\lambda = 1/2$) im Gauß-Experiment bei quadratischer Verlustfunktion

Abbildung 2.34 werden die Risikofunktionen von Bayes- und Minimax-Schätzer verglichen. Nach Satz 2.19b) bildet die Folge der $N(\nu; \varrho_m^2)$-Verteilungen mit $\varrho_m^2 \to \infty$ eine ungünstigste Folge von a priori Verteilungen. Diese konvergiert hier nicht gegen eine uneigentliche a priori Verteilung, sondern gegen eine 'degenerierte' Verteilung mit der Dichte Null. □

2.6.5 Bayes- und Minimax-Tests

Wir betrachten statistische Tests φ für zwei Hypothesen H_0 und H_1 über den Parameter θ einer Verteilungsannahme $\mathfrak{P} = \{P_\theta : \theta \in \Theta\}$. Dabei sind H_0 und H_1 (und natürlich $\mathfrak{P}$) fest gegeben. Wir legen eine Verlustfunktion L zugrunde, mit der die Tests beurteilt werden sollen, die Risikofunktion $R(\varphi;\theta)$ eines Tests φ ist in (2.251) gegeben. Im allgemeinen hat L die Form (2.252) mit Risikofunktionen des Typs (2.254). Oft gehen wir auch von der etwas spezielleren Neyman-Pearson-Verlustfunktion (2.255) mit der Risikofunktion (2.256) aus. Das Bayes-Risiko $r(\varphi;\pi)$ bezüglich einer a priori Verteilung π auf Θ ist $r(\varphi;\pi) = E_\pi R(\varphi;\theta)$. Ein Test φ^* heißt *Minimax-Test* bzgl L, wenn gilt

$$\sup_\theta R(\varphi^*;\theta) = \inf_\varphi \sup_\theta R(\varphi;\theta)\,.$$

Ein Test φ_π^* heißt *Bayes-Test bzgl.* π und L, wenn gilt:

$$r(\varphi^*;\pi) = \inf_\varphi r(\varphi;\pi)\,.$$

Bayes- und Minimax-Tests lassen sich nicht mehr auf so allgemeine Weise konstruieren wie es für Bayes- und Minimax-Schätzungen (vgl. Abschnitt 2.6.4) der Fall ist. Die Frage nach der Existenz von Bayes- und Minimax-Tests und der Möglichkeit ihrer Bestimmung hängt ganz entscheidend von der Komplexität der Hypothesen H_0 und H_1 ab. Dazu kann als erste, sehr grobe Richtlinie die Unterscheidung zwischen einfachen und zusammengesetzten Hypothesen dienen. Eine Hypothese heißt *einfach (simple)*, wenn sie einelementig ist, und *zusammengesetzt (composite)*, wenn sie mehrelementig ist. Durch eine einfache Hypothese wird die unbekannte Verteilung der Stichprobe vollständig spezifiziert, für zusammengesetzte Hypothesen ist dies nicht der Fall. Von einem *einfachen Alternativproblem* spricht man, wenn zwei einfache Hypothesen H_0 und H_1 überprüft werden sollen. In einer solchen Prüfsituation sind Bayes- und Minimax-Tests besonders leicht bestimmbar, ihre Existenz ist gewährleistet, der Bayes-Test kann stets als ein nichtrandomisierter (praxisüblicher) Test angegeben werden, der Minimax-Test hat die gleiche einfache Form wie ein Bayes-Test, ist aber unter Umständen nur als randomisierter Test wählbar. In Testproblemen mit zusammengesetzten Hypothesen ergeben sich für Bayes-Tests ähnlich einfache Aussagen (wobei nur die Gestalt des Tests etwas komplizierter ausfällt), während für Minimax-Tests die Ergebnislage deutlich komplexer ist.

a) Einfache Hypothesen

Wir betrachten das einfache Alternativproblem mit den Hypothesen $H_0 = \{\theta_0\}$ und $H_1 = \{\theta_1\}$. Die dazugehörigen Stichprobenverteilungen P_{θ_0} und P_{θ_1}

können (o.B.d.A.) durch ihre Dichte $f(x|\theta_0)$ und $f(x|\theta_1)$ bzgl. eines gemeinsamen dominierenden Maßes ν dargestellt werden. Als a priori Verteilung π kann in dieser Prüfsituation (o.B.d.A.) eine diskrete Verteilung mit der Wahrscheinlichkeitsfunktion $\pi(\theta_0) \neq 0$, $\pi(\theta_1) \neq 0$ und $\pi(\theta_0) + \pi(\theta_1) = 1$ festgelegt werden. Die a posteriori Verteilung π_x nach einer Beobachtung x ist dann ebenfalls diskret mit der Wahrscheinlichkeitsfunktion

$$\pi(\theta_0|x) \sim f(x|\theta_0)\pi(\theta_0) \qquad \text{und} \qquad \pi(\theta_1|x) \sim f(x|\theta_1)\pi(\theta_1). \tag{2.261}$$

Wir legen die allgemeine Verlustfunktion (2.252) zugrunde. Das a posteriori Bayes-Risiko eines Tests φ lautet dann:

$$\begin{aligned} r(\varphi(x);\pi_x) &= E_{\pi_x} L(\varphi(x);\theta) \\ &= \begin{cases} v_{00}\pi(\theta_0|x) + v_{10}\pi(\theta_1|x) & \text{falls} \quad \varphi(x) = 0 \\ v_{01}\pi(\theta_0|x) + v_{11}\pi(\theta_1|x) & \text{falls} \quad \varphi(x) = 1. \end{cases} \end{aligned}$$

Diese Größe nimmt für jedes feste x (in Abhängigkeit davon, ob $\varphi(x)$ gleich Null oder Eins ist) nur zwei verschiedene Werte an. Sie wird also minimal, wenn jeweils der kleinere der beiden Werte angenommen wird. Der Test φ_π^*, der das a posteriori Bayes-Risiko minimiert, muß daher die folgende Gestalt haben: $\varphi_\pi^*(x) = 0$, falls

$$v_{00}\pi(\theta_0|x) + v_{10}\pi(\theta_1|x) < v_{01}\pi(\theta_0|x) + v_{11}\pi(\theta_1|x)$$

und $\varphi_\pi^* = 1$, falls

$$v_{00}\pi(\theta_0|x) + v_{10}\pi(\theta_1|x) > v_{01}\pi(\theta_0|x) + v_{11}\pi(\theta_1|x).$$

Die letzte Ungleichung ist äquivalent mit

$$\pi(\theta_1|x) > \frac{v_{01} - v_{00}}{v_{10} - v_{11}}\pi(\theta_0|x) = \frac{c_0}{c_1}\pi(\theta_0|x)$$

wobei $c_0 = v_{01} - v_{00}$ und $c_1 = v_{10} - v_{11}$ die aus der Verlustfunktion gebildeten Regrets sind. Mit $k = c_0/c_1$, dem Verhältnis der Regrets, lautet daher der Test:

$$\varphi_\pi^*(x) = \begin{cases} 1 & \text{falls} \quad \pi(\theta_1|x) > k\pi(\theta_0|x) \\ 0 & \text{falls} \quad \pi(\theta_1|x) < k\pi(\theta_0|x) \end{cases} \tag{2.262}$$

und $\varphi_\pi^*(x)$ beliebig, falls $\pi(\theta_1|x) = k\pi(\theta_0|x)$, ein Zusatz, auf den bei der Bestimmung von Bayes-Tests verzichtet werden kann. (Das a posteriori und auch das a priori Bayes-Risiko von φ_π^* hängt nicht davon ab, wie φ_π^* auf der Menge $\{x \in \mathfrak{X} : \pi(\theta_1|x) = k\pi(\theta_0|x)\}$ festgelegt wird.) Der Test φ_π^* hat die bereits in (2.111) angegebene Form eines reinen Bayes-Tests. Unter Verwendung von $\pi(\theta_0|x) = 1 - \pi(\theta_1|x)$ erhält man aus (2.262) für φ_π^* auch die Darstellung

$$\varphi_\pi^*(x) = \begin{cases} 1 & \text{falls} \quad \pi(\theta_1|x) > \dfrac{c_0}{c_0 + c_1} \\ 0 & \text{falls} \quad \pi(\theta_1|x) < \dfrac{c_0}{c_0 + c_1} \,. \end{cases} \tag{2.263}$$

Darin übernimmt der Anteil des Regrets für den Fehler erster Art am Gesamtregret für die Fehler erster und zweiter Art die Rolle einer kritischen Zahl. Hieran wie auch schon an (2.262) selbst erkennt man die folgende sinnvolle ('rationale') Wirkungsweise des Tests φ_π^*: Je kleiner der Anteil von c_0 an $c_0 + c_1$ (d.h. je kleiner c_0 relativ zu c_1) ist, desto eher führt der Test zur Ablehnung von H_0 (Bestätigung von H_1) und umgekehrt.

Mit (2.261) erhalten wir aus (2.262) für φ_π^* die Gestalt

$$\varphi_\pi^*(x) = \begin{cases} 1 & \text{falls} \quad f(x|\theta_1) > k_\pi f(x|\theta_0) \\ 0 & \text{falls} \quad f(x|\theta_1) < k_\pi f(x|\theta_0) \end{cases} \tag{2.264}$$

mit der kritischen Zahl $k_\pi := c_0\pi(\theta_0)/c_1\pi(\theta_1)$. Im Zähler von k_π steht der a priori Erwartungswert des Regrets der Aktion (Entscheidung) A_1 (wenn man diese Aktion ohne die Beobachtung einer Stichprobe ergreifen würde), im Nenner von k_π der entsprechende Erwartungswert des Regrets der Aktion A_0. An (2.264) ist φ_π^* als ein *Likelihood-Quotienten-Test (LQ-Test)* erkennbar, wie wir ihn am Ende von Abschnitt 2.3.2 in (2.67) eingeführt haben.

In jede der drei (äquivalenten) Darstellungen (2.262)–(2.264) des Tests φ_π^* gehen von der Verlustfunktion nur die beiden Regrets c_0 und c_1 ein. Daher würde sich derselbe Test φ_π^* ergeben, wenn man statt der allgemeinen die Neyman-Pearsonsche Verlustfunktion (2.255) zugrundegelegt hätte. In dem folgenden Satz, durch den unsere Überlegungen mit Hilfe des Hauptsatzes über Bayes-Strategien zusammengefaßt werden, dürfen wir daher von vornherein von der Neyman-Pearson-Verlustfunktion ausgehen.

Satz 2.21 ***(Bayes-Test für einfache Hypothesen):*** *Der Bayes-Test φ_π^* für das einfache Alternativproblem $H_0 : \theta = \theta_0$ gegen $H_1 : \theta = \theta_1$ bzgl. der a priori Verteilung π und der Neyman-Pearson-Verlustfunktion ist der Likelihood-Quotienten-Test mit der kritischen Zahl $k_\pi = c_0\pi(\theta_0)/c_1\pi(\theta_1)$.*

Wir wollen nun die Risikofunktion von φ_π^* untersuchen. Zu ihrer Bestimmung müssen wir auf die ursprüngliche allgemeine Verlustfunktion (2.252) zurückgreifen. (Die Risikofunktion hängt nicht nur von den Regrets ab!) Darüber hinaus ist die Risikofunktion nicht mehr unabhängig davon, wie der Test φ_π^* auf der Menge $\{x \in \mathfrak{X} : \pi(\theta_1|x) = k\pi(\theta_0|x)\}$ festgelegt wird. Der Einfachheit halber beschränken wir uns hier auf solche Versionen von φ_π^* mit

$$\varphi_\pi^*(x) = 0 \qquad \text{falls} \qquad \pi(\theta_1|x) = k\pi(\theta_0|x)\,.$$

Diese Beschränkung steht in Einklang mit unserer generellen Einschränkung auf die Betrachtung nichtrandomisierter (üblicher) Tests der Form (2.21) mit einem strikten Ablehnbereich K und dessen Komplement $\bar{K}$ als (striktem) Annahmebereich. Dann ist nach (2.25)

$$G_{\varphi_\pi^*}(\theta) = P_\theta(\varphi_\pi^*(X) = 1) \quad \text{und} \quad 1 - G_{\varphi_\pi^*}(\theta) = P_\theta(\varphi_\pi^*(X) = 0)\,.$$

Mit $\alpha = \alpha(\varphi_\pi^*) = G_{\varphi_\pi^*}(\theta_0)$ als Wahrscheinlichkeit für den Fehler erster Art und $\beta = \beta(\varphi_\pi^*) = 1 - G_{\varphi_\pi^*}(\theta_1)$ als Wahrscheinlichkeit für den Fehler 2. Art erhalten wir nach (2.254) für φ_π^* die Risikofunktion

$$R(\varphi_\pi^*;\theta) = \begin{cases} v_{00} + (v_{01} - v_{00})\alpha = v_{00} + c_0\alpha & \text{für} \quad \theta = \theta_0 \\ v_{11} + (v_{10} - v_{11})\beta = v_{11} + c_1\beta & \text{für} \quad \theta = \theta_1\,. \end{cases} \tag{2.265}$$

Die Risikofunktion ist konstant, wenn ihre beiden Werte übereinstimmen. Damit erhalten wir nach Satz 2.18b) den folgenden

Satz 2.22 ***(Minimax-Test für einfache Hypothesen)*** *Für das einfache Alternativproblem $H_0 : \theta = \theta_0$ gegen $H_1 : \theta = \theta_1$ betrachten wir den Likelihood-Quotienten-Test der Form*

$$\varphi^*(x) = \begin{cases} 1 & \textit{falls} \quad f(x|\theta_1) > \kappa f(x|\theta_0) \\ 0 & \textit{falls} \quad f(x|\theta_1) \le \kappa f(x|\theta_0) \end{cases} \tag{2.266}$$

mit seinen Fehlerwahrscheinlichkeiten $\alpha = \alpha(\varphi^*)$ und $\beta = \beta(\varphi^*)$. Dieser Test ist Minimax-Test bzgl. der allgemeinen Verlustfunktion (2.252), wenn κ so gewählt wird, daß gilt:

$$v_{00} + c_0\alpha = v_{11} + c_1\beta\,. \tag{2.267}$$

Im Fall der Neyman-Pearson-Verlustfunktion (2.255) geht diese Bedingung über in

$$\alpha/\beta = c_1/c_0\,. \tag{2.268}$$

Die Bedingung (2.267) und erst recht die Bedingung (2.268) kann für einen LQ-Test der Form (2.266) stets dann erfüllt werden, wenn der Likelihood-Quotient $Q(X) := f(X|\theta_1)/f(X|\theta_0)$ als Zufallsgröße sowohl im Fall $\theta = \theta_0$ als auch im Fall $\theta = \theta_1$ eine stetige Verteilungsfunktion besitzt. In diesem 'stetigen Fall' ist also die Existenz eines Minimax-Tests in der Gestalt (2.266) gewährleistet. Im allgemeinen (nicht stetigen) Fall kann dies nur unter Einbeziehung randomisierter Tests garantiert werden. Eine solche Vervollständigung der Testtheorie kann jedoch innerhalb des hier gesteckten Rahmens nicht behandelt werden; wir verweisen dazu vielmehr auf Witting [1985], Abschnitt 2.3.1. Die Bedingung (2.267) zeigt, daß der Minimax-Test (im Gegensatz zum Bayes-Test) nicht nur von den beiden Regrets c_0 und c_1 abhängt. Zur Bestimmung eines Minimax-Tests darf man sich daher im allgemeinen nicht auf die Neyman-Pearson-Verlustfunktion beschränken.

Aus unseren Überlegungen erhalten wir schließlich auch noch die Optimalität des Likelihood-Quotienten-Tests *im Sinne der klassischen Inferenz* (vgl. Abschnitt 2.2.2). Dieses Ergebnis, auf das wir am Ende von Abschnitt 2.3.2 bereits hingewiesen haben, stellt das berühmte *Fundamentallemma von Neyman und Pearson* dar:

Satz 2.23 ***(Fundamentallemma)*** *Für das einfache Alternativproblem $H_0 : \theta = \theta_0$ gegen $H_1 : \theta = \theta_1$ betrachten wir einen Likelihood-Quotienten-Test der Form*

$$\varphi^*(x) = \begin{cases} 1 & \textit{falls} \quad f(x;\theta_1) > \kappa f(x;\theta_0) \\ 0 & \textit{falls} \quad f(x;\theta_1) \le \kappa f(x;\theta_0) \end{cases}$$

mit irgendeiner kritischen Zahl $0 < \kappa < +\infty$ und seinen Fehlerwahrscheinlichkeiten $\alpha(\varphi^*)$ und $\beta(\varphi^*)$. Es gibt keinen Test φ für H_0 gegen H_1 mit Fehlerwahrscheinlichkeiten $\alpha(\varphi)$ und $\beta(\varphi)$, für die gilt:

$$\begin{aligned} &\alpha(\varphi) \le \alpha(\varphi^*) \quad \textit{und} \quad \beta(\varphi) < \beta(\varphi^*) \\ \textit{oder} \quad & \\ &\alpha(\varphi) < \alpha(\varphi^*) \quad \textit{und} \quad \beta(\varphi) \le \beta(\varphi^*)\,. \end{aligned} \tag{2.269}$$

Beweis: Nach Satz 2.21 ist der angegebene LQ-Test φ^* ein Bayes-Test bzgl. der a priori Verteilung π mit $\pi(\theta_0) = \kappa/(1+\kappa)$ und $\pi(\theta_1) = 1/(1+\kappa)$ und der Neyman-Pearson-Verlustfunktion mit $c_0 = c_1 = 1$. (In diesem Fall ist nämlich $k_\pi = \kappa$.) Das Bayes-Risiko von φ^* lautet gemäß (2.265):

$$r(\varphi^*;\pi) = \alpha(\varphi^*)\pi(\theta_0) + \beta(\varphi^*)\pi(\theta_1) = \frac{\kappa\alpha(\varphi^*) + \beta(\varphi^*)}{1+\kappa}\,.$$

Das Bayes-Risiko eines Tests φ mit den Fehlerwahrscheinlichkeiten $\alpha(\varphi)$ und $\beta(\varphi)$ lautet entsprechend

$$r(\varphi;\pi) = \frac{\kappa\alpha(\varphi) + \beta(\varphi)}{1+\kappa}.$$

Aus (2.269) ergäbe sich $r(\varphi;\pi) < r(\varphi^*;\pi)$ im Widerspruch dazu, daß φ^* ein Bayes-Test ist. □

b) Zusammengesetzte Hypothesen

In realen Situationen liegen regelmäßig Testprobleme mit zusammengesetzten Hypothesen H_0 und H_1 vor. Solche allgemeinen Prüfsituationen sollen die beiden folgenden, relativ schwachen Voraussetzungen erfüllen: Erstens soll die vorliegende Verteilungsannahme $\mathfrak{P}$ dominiert sein mit Dichten $f(x|\theta)$, die auf $\mathfrak{X} \times \Theta$ produktmeßbar sind (bzgl. der auf $\mathfrak{X}$ und Θ gegebenen Borelschen σ-Algebren), und zweitens sollen nur solche a priori Verteilungen π auf Θ in Betracht gezogen werden, für die $\pi(H_0) \neq 0$, $\pi(H_1) \neq 0$ und $\pi(H_0 \cup H_1) = 1$ gilt. Die zweite Voraussetzung ist eigentlich selbstverständlich, die erste ist uns bereits am Ende von Abschnitt 2.6.1 als Voraussetzung für die Gültigkeit des Hauptsatzes über Bayes-Strategien begegnet. Unter diesen ganz natürlichen Prämissen gilt der folgende

Satz 2.24 ***(Bayes-Test für zusammengesetzte Hypothesen)*** *Der Bayes-Test φ^*_π für H_0 gegen H_1 bzgl. der a priori Verteilung π und der Neyman-Pearson-Verlustfunktion (2.255) hat die Gestalt*

$$\varphi^*_\pi(x) = \begin{cases} 1 & \textit{falls} \quad \pi_x(H_1) > \dfrac{c_0}{c_0+c_1} \\[2ex] 0 & \textit{falls} \quad \pi_x(H_1) < \dfrac{c_0}{c_0+c_1} \end{cases} \tag{2.270}$$

mit π_x als a posteriori Verteilung nach der Beobachtung x.

Beweis: Das a posteriori Bayes-Risiko eines Tests φ lautet (bzgl. der gegebenen Verlustfunktion L)

$$r(\varphi(x);\pi_x) = E_{\pi_x} L(\varphi(x);\theta) = \begin{cases} c_1\pi_x(H_1) & \text{falls} \quad \varphi(x) = 0 \\[2ex] c_0\pi_x(H_0) & \text{falls} \quad \varphi(x) = 1\,. \end{cases}$$

Dieses wird durch einen Test φ^*_π genau dann minimiert, wenn

$$\varphi^*_\pi(x) = \begin{cases} 1 & \text{falls} \quad c_1\pi_x(H_1) > c_0\pi_x(H_0) \\[2ex] 0 & \text{falls} \quad c_1\pi_x(H_1) < c_0\pi_x(H_0)\,. \end{cases}$$

Wegen $\pi_x(H_0) = 1 - \pi_x(H_1)$ ist $c_1\pi_x(H_1) > c_0\pi_x(H_0)$ äquivalent mit der Ungleichung $\pi_x(H_1) > c_0/(c_0+c_1)$. Daraus folgt zusammen mit dem Hauptsatz 2.15 die behauptete Gestalt des Bayes-Tests. □

Man erkennt unmittelbar, daß (2.270) eine direkte Verallgemeinerung von (2.263) darstellt, also Satz 2.24 eine Verallgemeinerung von Satz 2.21 bedeutet. Der Test in Satz 2.24 kann daher als *verallgemeinerter Likelihood-Quotienten-Test* bezeichnet werden. Eine strikt symmetrische Darstellung erhält dieser Test (und auch sein Spezialfall (2.263)), wenn man berücksichtigt, daß $\pi_x(H_1) < c_0/(c_0+c_1)$ genau dann gilt, wenn $\pi_x(H_0) > c_1/(c_0+c_1)$, und damit (2.270) übergeht in

$$\varphi_\pi^*(x) = \begin{cases} 1 & \text{falls} \quad \pi_x(H_1) > \dfrac{c_0}{c_0+c_1} \\ 0 & \text{falls} \quad \pi_x(H_0) > \dfrac{c_1}{c_0+c_1}\,. \end{cases} \tag{2.271}$$

Im Fall $c_0 = c_1$ (symmetrische Verlustfunktion) stellt dieser Test eine Entscheidung für die *a posteriori wahrscheinlichere* Hypothese dar.

Schließlich ergibt sich aus Satz 2.24 noch, daß unter den gegebenen Voraussetzungen ein Bayes-Test stets existiert und als nichtrandomisierter Test wählbar ist.

Minimax-Tests für zusammengesetzte Hypothesen sind wesentlich schwerer in den Griff zu bekommen als Bayes-Tests. Man kann zwar zeigen, daß unter den gegebenen Voraussetzungen an $\mathfrak{P}$ und unter Zulassung randomisierter Tests ein Minimax-Test stets existiert (vgl. Witting [1985], Abschnitt 2.5.3, Satz 2.92), die Bestimmung eines solchen Tests erfordert jedoch zusätzliche Annahmen und ist selbst dann noch recht kompliziert. Zur Konstruktion von Minimax-Tests stehen die beiden folgenden, jeweils nur beschränkt einsetzbaren Methoden zur Verfügung.

Die erste Methode verwendet ungünstigste a priori Verteilungen, wie wir sie aus Abschnitt 2.6.2 kennen, ihre Grundlage ist Satz 2.18. Dabei sollen die ungünstigsten Verteilungen wie überhaupt alle a priori Verteilungen π in der Bayesschen Testtheorie eigentliche Verteilungen auf Θ sein mit $\pi(H_0) \neq 0$, $\pi(H_1) \neq 0$ und $\pi(H_0 \cup H_1) = 1$. Existiert eine ungünstigste a priori Verteilung π_0, so hat der Minimax-Test φ^* bzgl. der Neyman-Pearson-Verlustfunktion (auf die wir uns hier der Einfachheit halber beschränken) unter bestimmten zusätzlichen Voraussetzungen (vgl. Witting [1985], Abschnitt 2.5.3) die Gestalt (2.270) eines Bayes-Tests bzgl. π_0, also die Form eines verallgemeinerten Likelihood-Quotienten-Tests. Um auf diese Weise einen Minimax-Test φ^* bestimmen zu können, ist die Existenz und vor allem Kenntnis von π_0 erforderlich, eine Forderung, die in vielen Fällen große Probleme bereitet. Zur Beschreibung dieser Problemlage ist es zweckmäßig, danach zu unterscheiden, ob π_0 einen endlichen Träger besitzt oder nicht.

Gibt es eine ungünstigste a priori Verteilung mit endlichem Träger (eine hinreichende Voraussetzung dafür ist die Endlichkeit der beiden Hypothesen H_0 und H_1), so kann man (oft erfolgreich) versuchen, den Träger und die Wahrscheinlichkeitsfunktion von π_0 durch 'gezieltes Raten' zu bestimmen. Der Versuch gelingt vor allem dann, wenn der Träger von π_0 nur aus einigen wenigen Punkten in H_0 und H_1 besteht. In der Regel müssen dazu die beiden Hypothesen H_0 und H_1 einen positiven Abstand (im Sinne einer geeigneten Metrik) besitzen. (Geeignete Abstandsmaße sind hier der Kullback-Leibler-'Abstand' KL aus Abschnitt 2.5.5, obwohl es sich bei ihm nur um eine Pseudometrik handelt, oder auch der Totalvariationsabstand, der den Unterschied zweier Verteilungen P_0 und P_1 durch $\sup_B |P_0(B) - P_1(B)|$ mißt und eine echte Metrik ist.)

Eine sehr einfache Prüfsituation dieser Art liegt vor, wenn eine Verteilungsannahme mit streng monotonen Dichtequotienten gegeben ist und die Hypothesen die Form $H_0 : \theta \leq \theta_0$ gegen $H_1 : \theta \geq \theta_1$ bei $\theta_0 < \theta_1$ aufweisen (einseitige Fragestellung mit dem offenen Intervall $(\theta_0; \theta_1)$ als *Indifferenzzone*). Hier besitzen H_0 und H_1 einen positiven Abstand und die Punkte θ_0 und θ_1 bilden den Träger einer ungünstigsten a priori Verteilung π_0, wobei die Werte $\pi_0(\theta_0) \neq 0$ und $\pi_0(\theta_1) \neq 0$ beliebig sind. (Man vergleiche dazu den letzten Teil in Beispiel 2.30.)

Haben H_0 und H_1 keinen positiven Abstand, so degeneriert eine ungünstigste a priori Verteilung π_0 in der Regel auf eine Einpunktverteilung in einem Punkt θ_0, in dem sich H_0 und H_1 berühren. Dann ist die Voraussetzung '$\pi_0(H_0) \neq 0$ *und* $\pi_0(H_1) \neq 0$' verletzt und π_0 zur Konstruktion eines Minimax-Tests nicht mehr verwendbar. Beispiele solcher Prüfsituationen sind die einseitige Fragestellung '$\theta \leq \theta_0$ gegen $\theta > \theta_0$' und die zweiseitige Fragestellung '$\theta = \theta_0$ gegen $\theta \neq \theta_0$' bei einer stetig parametrisierten Verteilungsannahme mit monotonen Dichtequotienten. Wendet man hier das Minimax-Kriterium an, so erhält man das unbefriedigende Ergebnis, daß *jeder* unverfälschte Niveau-α-Test (mit $\alpha = c_1/(c_0 + c_1)$) ein Minimax-Test ist. (Der angegebene α-Wert ergibt sich aus der Bedingung $\alpha/\beta = c_1/c_0$ wegen dem hier vorliegenden Fall $\beta = 1 - \alpha$, vgl. (2.32) in Abschnitt 2.2.2.) In dieser (unendlichen) Menge von unverfälschten Tests befinden sich (sehr) gute und (sehr) schlechte Tests, nur eben keine verfälschten ('worse than useless') Tests (vgl. Abschnitt 2.2.2), das Minimax-Kriterium läßt die Frage nach einem möglichst guten Test völlig offen (vgl. dazu auch Beispiel 2.30b)). Diese Situation ist typisch für Hypothesen mit degenerierter ungünstigster a priori Verteilung.

Gibt es keine ungünstigste a priori Verteilung mit endlichem, wohl aber eine solche mit unendlichem Träger, so ist es nur in Ausnahmefällen möglich, die ungünstigste a priori Verteilung π_0 durch 'gezieltes Raten' zu bestimmen. (Ein solcher Ausnahmefall wird bei Witting [1985], S. 279 studiert.) Sieht man einmal von diesen Schwierigkeiten ab und geht einfach von der gewünschten

Darstellung $\varphi^* = \varphi^*_{\pi_0}$ des Minimax-Tests als Bayes-Test aus, so folgt (mit Ausnahme von π_0-Nullmengen!) die jeweilige Konstanz der Risikofunktion $R(\varphi^*;\theta)$ auf H_0 bzw. H_1 und daraus wegen der besonderen Form (2.256) der Risikofunktion die entsprechende Konstanz der Gütefunktion (vgl. Witting [1985], S. 284), d.h.:

$$\begin{aligned} G_{\varphi^*}(\theta) &= \alpha && \text{für } \pi_0\text{-fast alle } \theta \in H_0 \\ G_{\varphi^*}(\theta) &= 1-\beta && \text{für } \pi_0\text{-fast alle } \theta \in H_1 \end{aligned}$$

mit $\alpha/\beta = c_1/c_0$. Daraus ergibt sich unter bestimmten zusätzlichen Voraussetzungen (der unendliche Träger von π_0 darf innerhalb von H_0 und H_1 nicht 'zu klein' sein, $G_{\varphi^*}(\theta)$ hat gewisse Regularitätseigenschaften zu besitzen), daß $G_{\varphi^*}(\theta)$ auf ganz H_0 den konstanten Wert α und auf ganz H_1 den konstanten Wert $1-\beta$ besitzt. Berühren sich dann auch noch H_0 und H_1, so folgt (wenn $G_{\varphi^*}(\theta)$ wenigstens stetig ist) die Konstanz von $G_{\varphi^*}(\theta)$ auf ganz $H_0 \cup H_1$. Einen solchen Test aber, der nicht besser ist als der triviale Test $\varphi(x) \equiv \alpha$, würde man nicht verwenden wollen. Diese Überlegung soll zeigen, daß im Fall einer ungünstigsten a priori Verteilung π_0 mit unendlichem Träger das Minimax-Kriterium unter Umständen zu einem in der Praxis unbrauchbaren Test führt. Diese unbefriedigende Situation läßt sich vermeiden, wenn man Verlustfunktionen zugrundelegt, die nicht auf H_0 und H_1 konstant sind.

Die zweite Methode verwendet ungünstigste Paare von Verteilungen. Um eine Vorstellung dieses Begriffes zu geben, betrachten wir die durch die beiden Hypothesen H_0 und H_1 festgelegten Teilmengen $\mathfrak{P}_0 = \{P_\theta : \theta \in H_0\}$ und $\mathfrak{P}_1 = \{P_\theta : \theta \in H_1\}$ der Verteilungsannahme $\mathfrak{P}$. Anschaulich ausgedrückt versteht man unter einem ungünstigsten Paar (P_0, P_1) für die beiden gegebenen Hypothesen zwei Verteilungen $P_0 \in \mathfrak{P}_0$ und $P_1 \in \mathfrak{P}_1$, die durch einen Test schwerer unterschieden werden können als irgend zwei andere Verteilungen $P_0' \in \mathfrak{P}_0$ und $P_1' \in \mathfrak{P}_1$. Eine genaue Definition dieses Begriffes findet man bei Witting [1985], Abschnitt 2.3.2, eine wichtige und nützliche Verallgemeinerung bei Augustin [1998]. Ist (P_0, P_1) ein ungünstigstes Paar für die zusammengesetzten Hypothesen H_0 und H_1, so kann die Bestimmung eines Minimax-Tests für H_0 gegen H_1 auf diejenige eines Minimax-Tests für die einfachen Hypothesen $\{P_0\}$ gegen $\{P_1\}$ zurückgeführt werden. Ähnliches gilt auch für andere Typen optimaler Tests. Diese elegante Reduktion von zusammengesetzten auf einfache Hypothesen ist an die Existenz und insbesondere Kenntnis eines ungünstigsten Paares gebunden. Verfahren und Beispiele zur Konstruktion ungünstigster Paare (P_0, P_1) und vor allem deren Likelihood-Quotienten dP_1/dP_0, auf die es zur Bestimmung optimaler Tests allein ankommt, findet man bei Huber [1965, 1981], Huber und Strassen [1973], Österreicher [1974, 1978], Rieder [1977, 1994], Hafner [1982, 1987, 1993] und Augustin [1998]. In diesen Arbeiten wird auch intensiv auf die mit ungünstigsten Paaren verbundene Bestimmung optimaler Tests (darunter auch Minimax-Tests) eingegangen.

Es stellt sich heraus, daß nicht für beliebige, sondern nur für ganz bestimmte Arten von Hypothesen ein ungünstigstes Paar existiert und konstruktiv angegeben werden kann. Diese Art von Hypothesen kann auf sehr allgemeine Weise durch die folgende Charakterisierung von $\mathfrak{P}_0$ und $\mathfrak{P}_1$ mit Hilfe sogenannter Choquet-Kapazitäten W_0 und W_1 auf $(\mathfrak{X}, \mathfrak{B})$ beschrieben werden:

$$\begin{aligned} \mathfrak{P}_0 &= \{ P \in \mathfrak{M} : P(B) \leq W_0(B) \quad \text{für alle } B \in \mathfrak{B} \} \\ \mathfrak{P}_1 &= \{ P \in \mathfrak{M} : P(B) \leq W_1(B) \quad \text{für alle } B \in \mathfrak{B} \} \end{aligned} \tag{2.272}$$

($\mathfrak{X}$ = Stichprobenraum, $\mathfrak{B}$ = Borelsche σ-Algebra auf $\mathfrak{X}$, $\mathfrak{M}$ = Menge *aller* Wahrscheinlichkeitsverteilungen auf $(\mathfrak{X}; \mathfrak{B})$; $\mathfrak{P}_0$ und $\mathfrak{P}_1$ werden als Teilmengen von $\mathfrak{M}$ betrachtet, eine spezielle Verteilungsannahme $\mathfrak{P}$ spielt hier keine Rolle.) Eine *Choquet-Kapazität* W hat mit Ausnahme der Additivität dieselben Eigenschaften wie eine Wahrscheinlichkeitsverteilung: W ist eine reellwertige, normierte, monotone und stetige Mengenfunktion auf $\mathfrak{X}$, die (statt additiv zu sein) *zweifach alternierend* ist, d.h. für alle B_1 und B_2 aus $\mathfrak{B}$ die Bedingung

$$W(B_1 \cup B_2) + W(B_1 \cap B_2) \leq W(B_1) + W(B_2) \tag{2.273}$$

erfüllt. Hypothesen der Form (2.272) sind zweiseitig abgegrenzte *Umgebungshypothesen* (und damit nicht, wie man vermuten könnte, Verallgemeinerungen von einseitigen Fragestellungen). Aus $P(B_1) \leq W_0(B)$ für alle B folgt nämlich auch $P(B) = 1 - P(\bar{B}) \geq 1 - W_0(\bar{B})$ für alle B (mit $\bar{B}$ als Komplement von B), so daß gilt:

$$\mathfrak{P}_0 = \{ P \in \mathfrak{M} : 1 - W_0(\bar{B}) \leq P(B) \leq W_0(B) \quad \text{für alle } B \in \mathfrak{B} \} .$$

Entsprechend ergibt sich

$$\mathfrak{P}_1 = \{ P \in \mathfrak{M} : 1 - W_1(\bar{B}) \leq P(B) \leq W_1(B) \quad \text{für alle } B \in \mathfrak{B} \} .$$

Passen in (2.272) $\mathfrak{P}_0$ und W_0 derart gut zusammen, daß für jedes $B \in \mathfrak{B}$ sogar

$$\sup_{P \in \mathfrak{P}_0} P(B) = W_0(B) \quad \text{und} \quad \inf_{P \in \mathfrak{P}_0} P(B) = 1 - W_0(\bar{B})$$

gilt, so nennt man W_0 die *obere* 'Wahrscheinlichkeit' und die durch $V_0(B) := 1 - W_0(\bar{B})$ definierte Mengenfunktion die *untere 'Wahrscheinlichkeit'* von $\mathfrak{P}_0$. (Diese Situation stellt einen besonderen Spezialfall dar; die Mengenfunktion $\sup_{P \in \mathfrak{P}_0} P(B)$ ist nämlich im allgemeinen keine Choquet-Kapazität. Außerdem sei erwähnt, daß die Mengenfunktion V_0 alle Eigenschaften von W_0 mit Ausnahme von (2.273) besitzt, so daß V_0 und erst recht $\inf_{P\in\mathfrak{P}_0} P(B)$ im allgemeinen ebenfalls keine Choquet-Kapazitäten sind.) Die ganz entsprechenden Erklärungen und Aussagen gelten für W_1 bezüglich $\mathfrak{P}_1$.

Umgebungshypothesen der Form (2.272) spielen bei der Untersuchung der Robustheit von Tests eine entscheidende Rolle (vgl. dazu vor allem Huber [1981], Chap. 10). Als Grundlage dafür ist die Arbeit von Huber und Strassen [1973] anzusehen, in der auch die Frage nach der Existenz eines ungünstigsten Paares behandelt wird, die mit der Robustheit von Tests in engem Zusammenhang steht. Ein zentrales Ergebnis dieser Arbeit stellt das bekannte *Huber-Strassen-Theorem* dar, demzufolge für Hypothesen der Gestalt (2.272) stets ein ungünstigstes Paar existiert. Wesentliche Verallgemeinerungen des Huber-Strassen-Theorems findet man bei Augustin [1998].

Beispiel 2.30 Bayes- und Minimax-Tests im Gauß-Experiment

Wir betrachten die i.i.d. Stichprobe $X = (X_1, \ldots, X_n)$ eines $N(\mu; \sigma^2)$-verteilten Untersuchungsmerkmals Y mit bekannter Varianz σ^2 und behandeln als Hypothesen über das unbekannte μ das einfache Alternativproblem und die einseitige Fragestellung. In beiden Fällen legen wir die Neyman-Pearson-Verlustfunktion (2.255) mit den Verlusten (Regrets) c_0 für den Fehler erster und c_1 für den Fehler zweiter Art zugrunde.

a) $H_0 : \mu = \mu_0$ gegen $H_1 : \mu = \mu_1$ bei $\mu_0 < \mu_1$

Auf $H_0 \cup H_1$ legen wir eine a priori Verteilung π mit zwei von Null verschiedenen Wahrscheinlichkeiten $\pi(\mu_0)$ und $\pi(\mu_1)$ zugrunde, $\pi(\mu_0) + \pi(\mu_1) = 1$. Der Bayes-Test φ_π^* hat die in (2.264) angegebene Gestalt eines Likelihood-Quotienten-Tests mit der kritischen Zahl $k_\pi = c_0\pi(\mu_0)/c_1\pi(\mu_1)$. Der betreffende Likelihood-Quotient $Q(x) = f(x|\mu_1)/f(x|\mu_0)$ lautet hier (vgl. etwa (2.75)):

$$\begin{aligned} Q(x) &= \exp\left\{-\frac{n}{2\sigma^2}\left[(\bar{x}-\mu_1)^2 - (\bar{x}-\mu_0)^2\right]\right\} \\ &= \exp\left\{-\frac{n}{2\sigma^2}\left[\mu_1^2 - \mu_0^2\right]\right\} \cdot \exp\left\{\frac{n}{\sigma^2}\left[\mu_1 - \mu_0\right]\bar{x}\right\}. \end{aligned}$$

Daher gilt $Q(x) > k_\pi$ genau dann, wenn

$$\begin{aligned} \frac{n}{\sigma^2}\left[\mu_1 - \mu_0\right]\bar{x} &> \log k_\pi + \frac{n}{2\sigma^2}\left[\mu_1^2 - \mu_0^2\right] \quad \text{bzw.} \\ \bar{x} &> \frac{\mu_0 + \mu_1}{2} + \frac{\sigma^2 \log k_\pi}{n(\mu_1 - \mu_0)}. \end{aligned}$$

Damit erhalten wir den Bayes-Test φ_π^* in der Form

$$\varphi_\pi^*(x) = \begin{cases} 1 & \text{falls} \quad \bar{x} > \frac{1}{2}(\mu_0 + \mu_1) + b_\pi \\ 0 & \text{falls} \quad \bar{x} < \frac{1}{2}(\mu_0 + \mu_1) + b_\pi \end{cases} \qquad (2.274)$$

mit $b_\pi = (\sigma^2 \log k_\pi)/n(\mu_1 - \mu_0)$.

Im Fall $k_\pi > 1$ ist $b_\pi > 0$: Hier ist $c_0\pi(\mu_0)$, die Verlusterwartung für den Fehler erster Art, größer als $c_1\pi(\mu_1)$, die Verlusterwartung für den Fehler zweiter Art; entsprechend vorsichtig oder zurückhaltend, ausgedrückt durch den positiven Wert von b_π, verfährt der Test mit der Ablehnung von H_0. Im Fall $k_\pi < 1$ ist $b_\pi < 0$, es liegt der gerade umgekehrte Sachverhalt vor. Im Fall $k_\pi = 1$ ist $b_\pi = 0$: Hier liegt gegenüber den beiden Fehlerarten eine strikte a priori Neutralität vor, der Bayes-Test lautet entsprechenderweise

$$\varphi_\pi^*(x) = \begin{cases} 1 & \text{falls} \quad \bar{x} > \frac{1}{2}(\mu_0 + \mu_1) \\ 0 & \text{falls} \quad \bar{x} < \frac{1}{2}(\mu_0 + \mu_1) \, . \end{cases}$$

Der beste klassische Niveau-α-Test φ_π^* für H_0 gegen H_1 hat die Gestalt

$$\varphi_\alpha^*(x) = \begin{cases} 1 & \text{falls} \quad \bar{x} > \mu_0 + \tau_\alpha \sigma/\sqrt{n} \\ 0 & \text{falls} \quad \bar{x} < \mu_0 + \tau_\alpha \sigma/\sqrt{n} \, . \end{cases} \tag{2.275}$$

Er stimmt mit dem Bayes-Test (2.274) überein, wenn

$$\mu_0 + \tau_\alpha \sigma/\sqrt{n} = \frac{1}{2}(\mu_0 + \mu_1) + b_\pi \, . \tag{2.276}$$

Bei gegebener Übereinstimmung erhalten wir damit aus den oben beschriebenen Eigenschaften des Bayes-Tests die folgenden Aussagen über die Fehlerwahrscheinlichkeiten α und β des klassischen Tests: Im Fall $k_\pi > 1$ (d.h. $b_\pi > 0$) wird $\mu_0 + \tau_\alpha\sigma/\sqrt{n} > \frac{1}{2}(\mu_0 + \mu_1)$ und damit $\alpha < \beta$. Im Fall $k_\pi < 1$ wird entsprechend $\alpha > \beta$ und im Fall $k_\pi = 1$ (strikte Neutralität) ist $\alpha = \beta$. Auf diese Weise läßt sich das Verhältnis k_π der a priori Verlusterwartungen durch das Verhältnis α/β der Fehlerwahrscheinlichkeiten interpretieren. Diese exakte Übereinstimmung zwischen φ_α^* und φ_π^* stellt jedoch einen mehr oder weniger künstlichen, durch die Bedingung (2.276) erzwungenen Sonderfall dar. Dieser Sonderfall und auch die ähnliche Form (2.275) und (2.274) von φ_α^* und φ_π^* (beide Tests verwenden aus der Beobachtung x das Stichprobenmittel $\bar{x}$ und führen für große $\bar{x}$-Werte zur Ablehnung von H_0) dürfen aber nicht über den folgenden, ganz wesentlichen Unterschied ihrer Konstruktion hinwegtäuschen:

Die kritische Zahl $\mu_0+\tau_\alpha\sigma/\sqrt{n}$ des klassischen Tests φ_α^* hängt nur von α und μ_0 ab, der Wert μ_1 der Alternative H_1 geht nicht ein. Das bedeutet, daß in der klassischen Inferenz zur Prüfung von $\mu = \mu_0$ gegen $\mu = \mu_1$ für alle $\mu_1 > \mu_0$ derselbe Test φ_α^* (als bester Test) verwendet wird, unabhängig davon, welchen

Abstand μ_1 von μ_0 hat. Dieser Sachverhalt kann durchaus als ärgerlich oder sogar sinnwidrig eingestuft werden. Man halte sich dazu nur vor Augen, daß sogar im Fall $\mu_1 \to \mu_0$ der Test φ_α^* unverändert bleibt. Ganz anders ist die Situation für den Bayes-Test φ_π^*. In seine kritische Zahl $\frac{1}{2}(\mu_0 + \mu_1) + b_\pi$ gehen (neben dem Verhältnis k_π der beiden Verlusterwartungen) beide Werte μ_0 und μ_1 (gerade auch in die Größe b_π) ein. Hier ändert sich der Test, wenn sich allein der Wert μ_1 der Alternative ändert. Dabei ist b_π gerade umgekehrt proportional zum (positiven) Abstand $\mu_1 - \mu_0$. Daher gilt im Fall $k_\pi > 1$: Für sehr kleine Abstände zwischen μ_0 und μ_1 führt der Test erst für sehr große $\bar{x}$-Werte zur Ablehnung von H_0. (Im Fall $k_\pi < 1$ gilt die umgekehrte Regel.) Bei dem Grenzübergang $\mu_1 \to \mu_0$ degeneriert der Test auf die Gestalt $\varphi_\pi^* \equiv 0$ (im Fall $k_\pi > 1$) oder $\varphi_\pi^* \equiv 1$ (im Fall $k_\pi < 0$). Dieses Verhalten des Bayes-Tests in Abhängigkeit von $\mu_1 - \mu_0$ wird dem einfachen Alternativproblem wesentlich gerechter als das des klassischen besten Tests.

Schließlich geben wir auch noch den Minimax-Test φ^* für die vorliegenden Hypothesen $\mu = \mu_0$ gegen $\mu = \mu_1$ an. Er hat nach Satz 2.22 die gleiche Gestalt wie ein Bayes-Test (nämlich die eines Likelihood-Quotienten-Tests) und lautet daher nach (2.274):

$$\varphi^*(x) = \begin{cases} 1 & \text{falls} \quad \bar{x} > \frac{1}{2}(\mu_0 + \mu_1) + b \\ \\ 0 & \text{falls} \quad \bar{x} < \frac{1}{2}(\mu_0 + \mu_1) + b \,, \end{cases} \tag{2.277}$$

wobei b so festgelegt wird, daß für die beiden Fehlerwahrscheinlichkeiten $\alpha = \alpha(\varphi^*)$ und $\beta = \beta(\varphi^*)$ gerade $\alpha/\beta = c_1/c_0$ gilt. Die explizite Angabe von b in Abhängigkeit von c_0 und c_1 erfolgt mit Hilfe einer Vertafelung der Standardnormalverteilung. Im Spezialfall $c_0 = c_1$ ist wegen der gegebenen Symmetriebedingungen $b = 0$, so daß $\varphi^*(x)$ mit dem Bayes-Test bei strikter Neutralität übereinstimmt.

b) $H_0 : \mu \leq \mu_0$ gegen $H_1 : \mu > \mu_0$

Auf $H_0 \cup H_1 = \mathbb{R}$ legen wir als a priori Verteilung π für das unbekannte μ die $N(\nu; \varrho^2)$-Verteilung zugrunde. Wir setzen $\lambda = \varrho^2/(\varrho^2 + \sigma^2/n)$. Dann ergibt sich wie in Beispiel 2.29 nach der Beobachtung $X = x$ mit dem Stichprobenmittel $\bar{x}$ die a posteriori Verteilung

$$\pi_x = N\left(\lambda\bar{x} + [1-\lambda]\nu \; ; \; \lambda\sigma^2/n\right) .$$

Die a posteriori Wahrscheinlichkeit $\pi_x(H_1)$, die als Prüfgröße des Bayes-Tests (2.270) erscheint, lautet damit

$$\pi_x(H_1) = P(\mu > \mu_0 | \bar{x}) = P\left(Z > \frac{\mu_0 - \lambda\bar{x} - [1-\lambda]\nu}{\sigma\sqrt{\lambda/n}} \mid \bar{x} \right) ,$$

wobei Z nach $N(0;1)$-verteilt ist. (Genauer: die bedingte Verteilung von Z unter $\bar{X} = \bar{x}$ ist die $N(0;1)$-Verteilung). Sei $\delta := c_0/(c_0 + c_1)$ und τ_δ das obere δ-Fraktil der $N(0;1)$-Verteilung. Dann ist in (2.270) die Ungleichung $\pi_x(H_1) > c_0/(c_0 + c_1)$ genau dann erfüllt, wenn gilt:

$$\frac{\mu_0 - \lambda\bar{x} - [1-\lambda]\nu}{\sigma\sqrt{\lambda/n}} < \tau_\delta ,$$

d.h.

$$\mu_0 - [1-\lambda]\nu - \tau_\delta\sigma\sqrt{\lambda/n} < \lambda\bar{x}$$

bzw.

$$\bar{x} > \mu_0 + \frac{1-\lambda}{\lambda}(\mu_0 - \nu) - \tau_\delta\frac{\sigma}{\sqrt{n\lambda}} .$$

Damit erhalten wir den Bayes-Test

$$\varphi_\pi^*(x) = \begin{cases} 1 & \text{falls} \quad \bar{x} > \mu_0 + d_\pi \\ 0 & \text{falls} \quad \bar{x} < \mu_0 + d_\pi \end{cases} \tag{2.278}$$

mit

$$d_\pi = d_\pi(c_0, c_1) = \frac{1-\lambda}{\lambda}(\mu_0 - \nu) - \tau_\delta\frac{\sigma}{\sqrt{\lambda n}} .$$

Wie zu erwarten hängt die kritische Zahl $\mu_0 + d_\pi$ des Tests über d_π von den beiden Verlusten (Regrets) c_0 und c_1 ab, mit denen die Fehler erster und zweiter Art bestraft werden. Diese 'Strafen' gehen über δ in das Fraktil τ_δ ein. Für $c_0 < c_1$ ist $\tau_\delta > 0$ und für $c_0 > c_1$ ist $\tau_\delta < 0$. Im Spezialfall $c_0 = c_1$ ist $\tau_\delta = 0$, so daß die Gestalt des Tests nur von μ_0, ν und λ abhängt; ist dann auch noch $\nu = \mu_0$, so ist $d_\pi = 0$ und φ_π^* geht über in

$$\varphi_\pi^*(x) = \begin{cases} 1 & \text{falls} \quad \bar{x} > \mu_0 \\ 0 & \text{falls} \quad \bar{x} < \mu_0 . \end{cases}$$

In Beispiel 2.1 (Fall A) haben wir für die gegebene Prüfsituation den klassischen gleichmäßig besten Niveau-α-Test φ_α^* kennengelernt. Dieser (wie der betreffende Test unter a)) hat die Gestalt

$$\varphi_\alpha^*(x) = \begin{cases} 1 & \text{falls} \quad \bar{x} > \mu_0 + \tau_\alpha\sigma/\sqrt{n} \\ 0 & \text{falls} \quad \bar{x} < \mu_0 + \tau_\alpha\sigma/\sqrt{n} , \end{cases} \tag{2.279}$$

stimmt also formal mit φ_π^* überein. Im Fall $\alpha = 1 - \delta = c_1/(c_0 + c_1)$ und $\lambda \to 1$ geht φ_π^* in φ_α^* über; dabei ist $\lambda \to 1$ äquivalent mit $n \to \infty$ oder mit $\varrho^2 \to \infty$. (Für $\varrho^2 \to \infty$ konvergiert die a priori Verteilung gegen die degenerierte Verteilung mit der Dichte Null; vgl. Beispiel 2.29.)

Die formale (und ggf. approximative) Übereinstimmung zwischen φ_α^* und φ_π^* darf aber auch hier wieder nicht über den fundamentalen Unterschied in der Konstruktion von φ_α^* und φ_π^* hinwegtäuschen: In die kritische Zahl des Tests φ_α^* geht neben μ_0 nur die vorgegebene Wahrscheinlichkeit α für den Fehler erster Art ein, der Fehler zweiter Art findet darin keine Berücksichtigung. Dagegen gehen in die kritische Zahl des Tests φ_π^* beide Fehlerarten (über ihre Strafen c_0 und c_1) ein. Auch hier scheint der Bayes-Test der Prüfsituation gerechter zu werden als der klassische (beste) Test.

Die Frage nach einem Minimax-Test φ^* führt in der vorliegenden Prüfsituation zu der folgenden, relativ unbefriedigenden Antwort, auf die oben bereits hingewiesen wurde: *Jeder* unverfälschte Niveau-α-Test mit $\alpha = c_1/(c_0+c_1)$ ist ein Minimax-Test! In dieser (unendlichen) Menge von Tests befinden sich gute und schlechte Tests, ein besonders guter unter ihnen ist der gleichmäßig beste Test φ_α^* aus (2.279), ein besonders schlechter der triviale Test $\varphi^*(x) \equiv \alpha$. Das Minimax-Kriterium zeichnet hier keinen Test als (eindeutig bestimmten) optimalen Test aus, sondern verbietet nur die Durchführung eines verfälschten Tests, der in Abschnitt 2.2.2 als 'worser than useless' interpretiert wurde. Die hier vorliegende Unbestimmtheit oder Unverbindlichkeit des Minimax-Kriteriums hat seinen Grund darin, daß für die gegebenen Hypothesen $\mu \leq \mu_0$ gegen $\mu > \mu_0$ keine 'echte' ungünstigste a priori Verteilung und auch kein 'echtes' Paar ungünstigster Verteilungen existiert. Die einzige a priori Verteilung, die als ungünstigste Verteilung π_0 in Frage käme, ist die Einpunktverteilung im Punkt μ_0, die aber wegen $\pi_0(H_1) = 0$ ausgeschlossen werden muß. Und für ein Paar ungünstigster Verteilungen kann nur ein Repräsentant aus H_0, nämlich die $N(\mu_0; \sigma^2)$-Verteilung, gefunden werden, ein entsprechender Repräsentant aus H_1 fehlt.

Wesentlich zugänglicher oder adäquater für das Minimax-Kriterium ist die *einseitige Fragestellung mit Indifferenzzone*: Hier werden $H_0 : \mu \leq \mu_0$ gegen $H_1 : \mu \geq \mu_1$ bei $\mu_0 < \mu_1$ getestet, das zwischen H_0 und H_1 liegende Intervall $(\mu_0; \mu_1)$ ist eine Indifferenzzone. Da außerdem eine Verteilungsannahme mit monotonen Dichtequotienten vorliegt, existieren für diese Hypothesen sowohl ungünstigste a priori Verteilungen, nämlich eine jede Verteilung π_0 auf dem Träger $\{\mu_0, \mu_1\}$ mit $\pi_0(\mu_0) \neq 0$ und $\pi_0(\mu_1) \neq 0$, als auch ein Paar ungünstigster Verteilungen selbst, nämlich das Paar $(N(\mu_0; \sigma^2)\,;\, N(\mu_1; \sigma^2))$. Damit kann das Testen von $\mu \leq \mu_0$ gegen $\mu \geq \mu_1$ auf das Testen von $\mu = \mu_0$ gegen $\mu = \mu_1$ reduziert werden, so daß wir den Test φ^* aus (2.277) nicht nur wie unter a) als Minimax-Test für $\mu = \mu_0$ gegen $\mu = \mu_1$, sondern auch als Minimax-Test für $\mu \leq \mu_0$ gegen $\mu \geq \mu_1$ erhalten. Wie bereits betont, hängt dieser Test sowohl von μ_0 als auch von μ_1 ab. Für $\mu_1 \to \mu_0$ degeneriert er auf den Test $\varphi^*(x) \equiv 0$ oder $\varphi^*(x) \equiv 1$ und bietet damit keine Möglichkeit, die einseitige Fragestellung ohne Indifferenzzone zu behandeln. □

2.6.6 Empirische Bayes-Inferenz

Das sehr umfangreiche Gebiet der Bayes-Inferenz gliedert sich in zwei Teilgebiete, der reinen (d.h. nichtentscheidungstheoretischen) Bayes-Inferenz, die in Abschnitt 2.4 behandelt wurde, und der entscheidungstheoretischen Bayes-Inferenz, die im vorliegenden Abschnitt 2.6 (vor allem unter 2.6.3 bis 2.6.5) dargestellt wurde. Beide Teilgebiete werden durch Methoden der empirischen Bayes-Inferenz ergänzt, auf die wir hier am Ende des Abschnittes noch kurz eingehen wollen. Die empirischen Bayes-Methoden gehen auf Robbins [1955, 1964] zurück und stellen heute ein breit ausgebautes Gebiet der statistischen Inferenzmethoden dar. Man vergleiche dazu Maritz [1970], Morris [1983], Berger [1985], Abschnitt 4.5, Maritz und Lwin [1989] und Robert [1994], Chapter 8.

Das bekannte Grundproblem der Bayes-Inferenz lautet allgemein: 'Woher kommen die a priori Verteilungen?' und ganz konkret: 'welche a priori Verteilung stellt ein a priori Nichtwissen dar?'. Wir haben oben gesehen, daß dieses Grundproblem wenigstens bei Einnahme eines objektivistischen Standpunktes keine widerspruchsfreie Lösung besitzt, so daß die meisten empirischen Forscher streng genommen keine Bayes-Verfahren anwenden dürften. Dieses Dilemma kann mit Hilfe empirischer Methoden überwunden werden.

Die Hauptanziehungskraft der empirischen Bayes-Inferenz besteht darin, daß in diesem Inferenzkonzept eine unbekannte a priori Verteilung empirisch geschätzt werden kann. Da außerdem empirische Bayes-Verfahren oft eine Vereinfachung der eigentlichen Bayes-Verfahren ermöglichen und mit letzteren asymptotisch (für große Stichprobenumfänge) übereinstimmen, erfreut sich die empirische Bayes-Inferenz in der Praxis einer außerordentlichen Beliebtheit. Gleichzeitig muß betont werden, daß empirische Bayes-Methoden den Rahmen des Bayesschen Inferenzkonzeptes sprengen und auch keinem der beiden anderen Inferenzkonzepte, der klassischen Inferenz oder der Likelihood-Inferenz, angehören. Vielmehr werden aus allen drei genannten Inferenzkonzepten gewisse Bausteine in empirische Bayes-Verfahren einbezogen, so daß die empirische Bayes-Inferenz irgenwo zwischen oder über der klassischen Inferenz, Likelihood-Inferenz und Bayes-Inferenz schwebt und keine strenge, eigenständige konzeptuelle Grundlage besitzt.

In den folgenden kurzen Ausführungen beschränken wir uns auf parametrische empirische Bayes-Verfahren. Ausgangspunkt ist eine Stichprobe $X = (X_1, \ldots, X_n)$ mit einer parametrischen dominierten Verteilungsannahme $\mathfrak{P}$ mit den Dichten $f(x|\theta)$, $\theta \in \Theta$. Wir nehmen zunächst wie in der eigentlichen Bayes-Inferenz an, daß eine a priori Verteilung π mit der Dichte $\pi(\theta)$ gegeben ist. Dabei soll es sich der Einfachheit halber um eine Lebesgue-Dichte handeln. Dann ist aufgrund der Bayes-Postulate das Produkt $f(x|\theta)\pi(\theta)$ als eine gemeinsame Dichte der Stichprobe und des Parameters auffaßbar, so daß

$$\bar{f}(x) = \int f(x|\theta)\pi(\theta)d\theta \tag{2.280}$$

die Randdichte (Dichte der Marginalverteilung) von X ist. Nun soll aber (im Gegensatz zur eigentlichen Bayes-Inferenz) π nicht (vollständig) bekannt sein. Man kann vielmehr nur eine Klasse Π von Verteilungen auf Θ angeben, zu der π mit Sicherheit gehört. Statt einer Verteilung π wird also eine Verteilungsananhme Π zugrundegelegt. Oft kann man dazu die Klasse der zu $\mathfrak{P}$ konjugierten a priori Verteilungen wählen. Die Familie Π soll durch einen Parameter η parametrisiert sein und durch das Lebesgue-Maß dominiert werden. Mit $\pi(\theta;\eta)$ bezeichnen wir die Dichten der Verteilungen $\pi \in \Pi$. Dann geht (2.280) über in

$$\bar{f}(x;\eta) = \int f(x|\theta)\pi(\theta;\eta)d\theta\,. \tag{2.281}$$

Die Marginalverteilung von X besitzt also den unbekannten (a priori) Parameter η. Sie kann ebenfalls als eine Verteilung der Stichprobe X aufgefaßt werden. Dieser Sachverhalt bietet die Grundlage für das folgende *Prinzip der empirischen Bayes-Inferenz*:

Die Marginalverteilungen von X werden als eine besondere Verteilungsannahme der Stichprobe aufgefaßt; sie besitzt die Dichten oder Likelihood-Funktionen $\bar{f}(x;\eta)$ aus (2.281). Damit wird aus der Beobachtung x der unbekannte Parameter η der a priori Verteilung geschätzt. Zur Gewinnung eines solchen Schätzwertes $\hat{\eta}$ werden (möglichst gute) Schätzer der klassischen Inferenz oder (bevorzugterweise) der Maximum-Likelihood-Schätzer eingesetzt. Anschließend wird $\hat{\eta}$ verwendet, um den eigentlich interessierenden Parameter θ (oder allgemeiner: $\delta(\theta)$) zu schätzen oder zu testen. Dazu hat man eine der beiden folgenden Methoden anzuwenden.

Erste Methode: Zuerst wird mit Hilfe von $\hat{\eta}$ eine Schätzung $\hat{\pi}$ der unbekannten a priori Verteilung in Form der Dichteschätzung $\hat{\pi}(\theta) = \pi(\theta;\hat{\eta})$ vorgenommen und danach mit diesem $\hat{\pi}$ ein (reines oder entscheidungstheoretisches) Bayessches Test- oder Schätzverfahren für θ durchgeführt.

Zweite Methode: Zuerst wird in Abhängigkeit von dem unbekannten η ein Bayessches Test- oder Schätzverfahren konstruiert und danach das darin auftretende η durch die Schätzung $\hat{\eta}$ ersetzt.

Beide Methoden führen unter gewissen Regularitätsannahmen zu übereinstimmenden Ergebnissen.

Die Berechnung von $\bar{f}(x;\eta)$ kann für eine i.i.d. Stichprobe $X = (X_1, \ldots, X_n)$ folgendermaßen vereinfacht werden: Für jede Stichprobenvariable X_i, deren Dichte wir mit $h(x_i|\theta)$ bezeichnen, wird die Marginalverteilungsdichte

$$\bar{h}(x_i;\eta) = \int h(x_i|\theta)\pi(\theta;\eta)d\theta \tag{2.282}$$

berechnet und anschließend die Beziehung

$$\bar{f}(x;\eta) = \bar{h}(x_1;\eta)\cdots\bar{h}(x_n;\eta) \tag{2.283}$$

verwendet.

Die Beziehungen (2.282) und (2.283) gelten auch dann, wenn die Verteilungen der $X_1, \ldots, X_n$ unterschiedliche Parameterwerte $\theta_1, \ldots, \theta_n$ besitzen, die dazugehörigen Dichten also mit $h(x_1|\theta_1), \ldots, h(x_n|\theta_n)$ zu notieren sind, sofern nur für jedes dieser θ_i dieselbe a priori Verteilung gültig ist. Auch für solche nicht mehr identisch verteilten (unabhängigen) Stichprobenvariablen kann eine Beobachtung $x = (x_1, \ldots, x_n)$ im Marginalverteilungsmodell (2.283) als Realisation einer i.i.d. Stichprobe aufgefaßt werden. Mit dieser überraschend einfachen Erfassung nicht identisch verteilter Stichproben sind empirische Bayes-Verfahren auf besonders elegante Weise auch in Mehrstichprobenproblemen und Superpopulationsmodellen einsetzbar.

Darüber hinaus besitzt die empirische Bayes-Inferenz die folgende komfortable Einrichtung: Sie läßt eine *Aufsplittung der Stichprobe* in zwei Teile zu, einen Teil, der in die Schätzung $\hat{\eta}$ eingeht, und einen, der für das Test- oder Schätzverfahren für θ verwendet wird. Dabei ist man in der Frage, ob und (wenn ja) wie die Stichprobe aufzuteilen ist, relativ ungebunden. Durch diese Freiheit (zusammen mit der Wahlfreiheit bei der Schätzung $\hat{\eta}$) wird die empirische Bayes-Inferenz besonders reichhaltig und vielseitig.

Beispiel 2.31 Empirische Bayes-Schätzer bei Poisson-Verteilung

Gegeben sei eine i.i.d. Stichprobe mit $Po(\lambda)$-verteilten Stichprobenvariablen. Für die a priori Verteilungen π des Parameters λ legen wir die Klasse II der $Expo(\eta)$-Verteilungen auf dem $\mathbb{R}^+$ fest, d.h.:

$$\pi(\lambda;\eta) = \eta e^{-\eta\lambda}\,.$$

(Man vergleiche dazu Besipiel 2.10.) Die Stichprobe, die den Gesamtumfang $n + m$ besitzen soll, wird in zwei Teile gesplittet, eine Teilstichprobe $X = (X_1, \ldots, X_n)$, aus der η geschätzt wird, und eine Teilstichprobe

$Y = (Y_1, \ldots, Y_m)$, mit der anschließend λ geschätzt werden soll. Die Stichprobenvariable X_1 aus der Teilstichprobe X hat die Dichte (Wahrscheinlichkeitsfunktion)

$$h(x_1|\lambda) = \frac{\lambda^{x_1}}{x_1!} e^{-\lambda} .$$

Also lautet die gemeinsame Dichte von X_1 und dem Parameter λ

$$h(x_1|\lambda)\pi(\lambda;\eta) = \frac{\eta}{x_1!} \lambda^{x_1} e^{-[\eta+1]\lambda} .$$

Sie ist als Funktion in λ (bei festem x_1 und für jedes feste η) proportional zur Dichte der $Gam(x_1 + 1; \eta + 1)$-Verteilung. Damit erhalten wir für die Dichte der Marginalverteilung von X_1 die Gestalt

$$\begin{aligned} \bar{h}(x_1;\eta) &= \int_0^\infty h(x_1|\lambda)\pi(\lambda;\eta)d\lambda \\ &= \frac{\eta}{x_1!} \frac{\Gamma(x_1+1)}{(\eta+1)^{x_1+1}} = \frac{\eta}{\eta+1} \left(\frac{1}{\eta+1} \right)^{x_1} . \end{aligned}$$

Die Marginalverteilung von X_1 ist also die geometrische Verteilung (auf dem Träger $\{0, 1, 2, \ldots\}$) mit dem Parameter $\eta/(\eta + 1)$. Die Marginalverteilung der Teilstichprobe X besitzt damit die Dichte

$$\bar{f}_X(x;\eta) = \left(\frac{\eta}{\eta+1} \right)^n \left(\frac{1}{\eta+1} \right)^{\sum x_i} . \tag{2.284}$$

Daraus ergibt sich wegen

$$\frac{d}{d\eta} \log \bar{f}_X(x;\eta) = \frac{n}{\eta(\eta+1)} - \frac{\sum x_i}{\eta+1}$$

die Maximum-Likelihood-Schätzung

$$\hat{\eta} = \frac{n}{\sum x_i} = 1/\bar{x} .$$

Für die Teilstichprobe Y verwenden wir nun $\hat{\pi}(\lambda) = \pi(\lambda;\hat{\eta})$ als a priori Verteilung für λ. Damit erhalten wir nach einer Beobachtung $y = (y_1, \ldots, y_m)$ als a posteriori Verteilung für λ die

$$Gam(1 + m\bar{y}\,; m + 1/\bar{x}) - \text{Verteilung} . \tag{2.285}$$

(Man vergleiche Beispiel 2.10, insbesondere (2.118).)

Ist für die Beurteilung einer Schätzung von λ keine Verlustfunktion vorgesehen, so dient der *Modus* dieser a posteriori Verteilung als (reine) empirische Bayes-Schätzung $\hat{\lambda}_{EB}$; wegen (2.117) ergibt sich dann aus (2.285)

$$\hat{\lambda}_{EB} = \frac{m\bar{y}}{m + 1/\bar{x}} = \frac{m\bar{x}}{m\bar{x} + 1}\bar{y}\,.$$

Wird zur Beurteilung einer Schätzung die quadratische Verlustfunktion zugrundegelegt, so ergibt sich der *Erwartungswert* der a posteriori Verteilung (2.285) als (entscheidungstheoretischer) empirischer Bayes-Schätzer $\hat{\lambda}_{EB}$; wegen (2.216) erhält man dann

$$\hat{\lambda}_{EB} = \frac{1 + m\bar{y}}{m + 1/\bar{x}} = \frac{m\bar{x}}{m\bar{x} + 1}(\bar{y} + 1/m)\,.$$

□

Beispiel 2.32 Empirische Bayes-Schätzer bei mehrdimensionaler Normalverteilung (James-Stein-Schätzer, Stein-Paradoxon)

Wir betrachten die folgende (schwache) Verallgemeinerung von Beispiel 2.29 auf ein mehrdimensionales Untersuchungsmerkmal. Gegeben sei die i.i.d. Stichprobe $X = (X_1, \ldots, X_n)$ eines r-dimensionalen, normalverteilten Untersuchungsmerkmals $Y = (Y_1, \ldots, Y_r)$ mit unbekanntem Erwartungswertvektor $\mu = (\mu_1, \ldots, \mu_r)$ und der bekannten Kovarianzmatrix $C = \sigma^2 I_r$ mit I_r als der $(r \times r)$-Einheitsmatrix. Der Zufallsvektor Y besitzt also unabhängige, $N(\mu_j; \sigma^2)$-verteilte Komponenten Y_j und von jeder Komponente Y_j liegt eine i.i.d. Stichprobe $(X_{1j}, \ldots, X_{nj})$ vor. Ohne Beschränkung der Allgemeinheit setzen wir $\sigma^2/n = 1$ voraus, so daß die Stichprobenmittel $\bar{X}_j = \sum_{i=1}^n X_{ij}/n$ die Varianz 1 besitzen $(j = 1, \ldots, r)$ und die suffiziente (und vollständige) Statistik $T = (\bar{X}_1, \ldots, \bar{X}_r)$ nach $N(\mu; I_r)$ verteilt ist. Als a priori Verteilung für μ legen wir die $N(0; \rho^2 I_r)$-Verteilung fest. Zur Schätzung $\hat{\mu} = (\hat{\mu}_1, \ldots, \hat{\mu}_r)$ von μ wird die rein quadratische Verlustfunktion

$$L(\hat{\mu}; \mu) = \sum_{j=1}^{r} (\hat{\mu}_j - \mu_j)^2 = \| \hat{\mu} - \mu \|^2$$

zugrundegelegt. (Hier und im Folgenden wird mit $\| \cdot \|$ die euklidische Norm im $\mathbb{R}_r$ bezeichnet.) Wie schon im letzten Beispiel sollen auch hier die Schätzungen für μ durch die Angabe der Schätzwerte aus der beobachteten Stichprobe

x notiert werden (a posteriori Standpunkt). Aus den Ergebnissen von Beispiel 2.29 erhalten wir als a posteriori Verteilung für μ_j die

$$N\left(\frac{\rho^2}{1+\rho^2}\,\bar{x}_j\,;\,\frac{\rho^2}{1+\rho^2}\right) - \text{Verteilung}$$

und als Bayes-Schätzung für μ_j (in Abhängigkeit von ρ^2) die Größe

$$U_j^* = \frac{\rho^2}{1+\rho^2}\,\bar{x}_j \tag{2.286}$$

mit $\bar{x}_j = \frac{1}{n}\sum_{i=1}^n x_{ij}$. Damit ist $U^* = (U_1^*,\ldots,U_r^*)$ der (simultane) Bayes-Schätzer für $\mu = (\mu_1,\ldots,\mu_r)$.

Zur Bestimmung der empirischen Bayes-Schätzer für μ_j bzw. μ dürfen wir von der Marginalverteilung von T ausgehen. (Wegen der Suffizienz von T unterscheiden sich nämlich die beiden Marginalverteilungen von X und T nur um einen von ρ^2 unabhängigen Faktor, so daß auch im Marginalverteilungsmodell die Suffizienz von T gewährleistet ist und daher die ML-Schätzung oder anderweitig optimale Schätzungen für ρ^2 oder auch für eine Transformation von ρ^2 nur von T abhängen.) Aus der Dichte von T, nämlich

$$g(t|\mu) = \left(1/\sqrt{2\pi}\right)^r \exp\left\{-\frac{1}{2}\,\|\,t-\mu\,\|^2\right\}$$

und der a priori Dichte

$$\pi(\mu;\rho^2) = \left(1/\sqrt{2\pi\rho^2}\right)^r \exp\left\{-\frac{1}{2\rho^2}\,\|\,\mu\,\|^2\right\}$$

ergibt sich nach elementaren Umformungen die Beziehung

$$g(t|\mu)\,\pi(\mu;\rho^2) = \left(1/\sqrt{2\pi(1+\rho^2)}\right)^r \exp\left\{-\tfrac{1}{2(1+\rho^2)}\,\|\,t\,\|^2\right\}$$

$$\times\left(1/\sqrt{2\pi\tfrac{\rho^2}{1+\rho^2}}\right)^r \exp\left\{-\tfrac{1+\rho^2}{2\rho^2}\,\|\,\mu-\tfrac{\rho^2}{1+\rho^2}\,t\,\|^2\right\}.$$

Darin ist der erste Faktor (der nicht von μ abhängt) die Dichte der r-dimensionalen $N\left(0\,;\,[1+\rho^2]I_r\right)$-Verteilung und der zweite Faktor (als Funktion in μ bei festem t) die Dichte der r-dimensionalen

$$N\left(t\cdot\rho^2/(1+\rho^2);\;\; [\rho^2/(1+\rho^2)]I_r\right)\text{-Verteilung}.$$

Letzterer wird nach Integration über μ gleich 1. Ersterer stellt mithin die Marginaldichte $\bar{g}(t;\rho^2) = \int g(t|\mu)\pi(\mu;\rho^2)d\mu$ dar. Wir erhalten:

Die Marginalverteilung von $T = (\bar{X}_1, \ldots, \bar{X}_r)$ ist die $N\left(0\,;\,[1+\rho^2]I_r\right)$-Verteilung. Ihre Dichte lautet

$$\bar{g}(t;\rho^2) = \left(1/\sqrt{2\pi(1+\rho^2)}\right)^r \exp\left\{-\frac{1}{2(1+\rho^2)} \parallel t \parallel^2\right\}. \tag{2.287}$$

Daraus ergibt sich wegen

$$\frac{d}{d\rho^2}\log\bar{g}(t;\rho^2) = -r/2(1+\rho^2) + \parallel t \parallel^2 /2(1+\rho^2)^2$$

unter Beachtung der Nebenbedingung $1+\rho^2 > 1$ die Maximum-Likelihood-Schätzung

$$\widehat{\rho^2} = \begin{cases} (\parallel t \parallel^2 /r) - 1 & \text{falls } \parallel t \parallel^2 > r \\ 0 & \text{sonst}. \end{cases}$$

Setzt man diese in (2.286) ein, so erhält man für μ_j den empirischen Bayes-Schätzer

$$U_j^{EB} = \left[1 - \frac{r}{\parallel t \parallel^2}\right]^+ \bar{x}_j$$

mit $[a]^+ = \max\{a;0\}$ für $a \in \mathbb{R}$. Man beachte, daß in diese Schätzung für μ_j nicht nur das Stichprobenmittel $\bar{x}_j$ eingeht, sondern über $t = (\bar{x}_1, \ldots, \bar{x}_r)$ auch alle übrigen Stichprobenmittel. (Grund: ρ^2 wurde aus der Gesamtstichprobe geschätzt.) Als empirischer Bayes-Schätzer für μ ergibt sich

$$U^{EB} = \left[1 - \frac{r}{\parallel (\bar{x}_1, \ldots, \bar{x}_r) \parallel^2}\right]^+ (\bar{x}_1, \ldots, \bar{x}_r). \tag{2.288}$$

Dieser ist in der Literatur als ein *gestutzter (truncated) James-Stein-Schätzer* bekannt.

Einen anderen empirischen Bayes-Schätzer für μ_j bzw. μ erhält man, wenn man für den Parameter $\rho^2/(1+\rho^2)$, der als Faktor vor $\bar{x}_j$ in der Bayes-Schätzung (2.286) steht, den erwartungstreuen Schätzer mit der kleinsten

Varianz, d.h. den in der klassischen Inferenz besten Schätzer verwendet. Dieser Schätzer, wir bezeichnen ihn mit $V = V(t)$, hat für $r \geq 3$ die Form

$$V(t) = 1 - (r-2)/\parallel t \parallel^2 .$$

Begründung: Im Marginalverteilungsmodell (2.287) ist die Zufallsgröße $Z := \parallel T \parallel^2 /(1+\rho^2)$ nach χ^2_r- verteilt; damit ergibt sich, wenn wir mit $k_r(z)$ die Dichte dieser Verteilung bezeichnen, für $r \geq 3$ die Beziehung

$$E(1/Z) = \int \frac{1}{z} k_r(z)dz = \frac{1}{r-2} \int k_{r-2}(z)dz = \frac{1}{r-2},$$

so daß sich $E((r-2)/\parallel T \parallel^2) = 1/(1+\rho^2) = 1 - \rho^2/(1+\rho^2)$ und damit die Erwartungstreue von V ergibt. Die Eigenschaft, daß V unter allen (für $\rho^2/(1+\rho^2)$) erwartungstreuen Schätzern die kleinste Varianz besitzt, folgt aus der Suffizienz und Vollständigkeit von T. (Der dahinter stehende Satz von Lehmann-Scheffé wird im zweiten Band behandelt.) Einsetzen von $V(t)$ in (2.286) liefert für μ_j den empirischen Bayes-Schätzer

$$U_j^{EB} = \left(1 - \frac{r-2}{\parallel t \parallel^2}\right) x_j .$$

Damit ergibt sich unter Beachtung von $t = (\bar{x}_1, \ldots, \bar{x}_r)$ als empirischer Bayes-Schätzer für μ die Größe

$$U^{EB} = \left(1 - \frac{r-2}{\parallel (\bar{x}_1, \ldots, \bar{x}_r) \parallel^2}\right) (\bar{x}_1, \ldots, \bar{x}_r) =: U^{JS} . \qquad (2.289)$$

Dieser ist in der Literatur als der (ursprüngliche, nicht gestutzte) *James-Stein-Schätzer* bekannt. Er wird erstmals in der Arbeit von James und Stein [1961] vorgestellt. Dort wird die folgende, überraschende Eigenschaft dieses Schätzers nachgewiesen: Der James-Stein-Schätzer dominiert für $r \geq 3$ den üblichen klassischen Schätzer $T = (\bar{X}_1, \ldots, \bar{X}_r)$ für μ bzgl. der zugrundegelegten quadratischen Verlustfunktion, er besitzt für jedes μ eine kleinere Risikofunktion als T, d.h.:

$$E_\mu \parallel U^{JS} - \mu \parallel^2 < E_\mu \parallel T - \mu \parallel^2 \quad \text{für alle } \mu .$$

(Nebenbei bemerkt ist $E_\mu \parallel T - \mu \parallel^2$ gleich r und damit konstant.) Für $r \geq 3$ erweist sich damit der klassische Schätzer als unzulässig. Dieser unerwartete Sachverhalt wird bereits bei Stein [1955] nachgewiesen. Er ist vor allem deswegen überraschend ('paradox'), weil für $r \leq 2$ der klassische Schätzer zulässig ist, wie ebenfalls bei Stein [1955] gezeigt wird. Auf diese Weise ergibt sich das sogenannte *Stein-Paradoxon*: Die Frage nach der Zulässigkeit des klassischen Schätzers hängt von der Dimension r ab.

Die Dominanz des James-Stein-Schätzers (2.289) gegenüber dem klassischen Schätzer ist auch deswegen überraschend, weil der James-Stein-Schätzer ein sehr befremdliches Verhalten aufweist, wenn der beobachtete Mittelwertsvektor $(\bar{x}_1, \ldots, \bar{x}_r)$ nahe am Nullpunkt liegt: Der Faktor, mit dem in (2.289) der Vektor $(\bar{x}_1, \ldots, \bar{x}_r)$ multipliziert wird, ist dann negativ und geht sogar gegen $-\infty$, wenn $\| (\bar{x}_1, \ldots, \bar{x}_r) \|$ gegen 0 geht. Eine wesentliche Verbesserung des James-Stein-Schätzer erhält man, wenn man ihn am Nullpunkt (Nullvektor) stutzt, also nur seinen positiven Teil verwendet: Der Schätzer

$$U_+^{JS} := \left[1 - \frac{r-2}{\| (x_1, \ldots, x_r) \|^2}\right]^+ (\bar{x}_1, \ldots, \bar{x}_r) \tag{2.290}$$

besitzt eine Risikofunktion, die für alle μ kleiner ist als diejenige von U^{EB} aus (2.289); diese Verkleinerung der Risikofunktion fällt für μ-Werte nahe bei Null besonders deutlich aus. Der James-Stein-Schätzer selbst ist also auch unzulässig.

Der gestutzte James-Stein-Schätzer U_+^{JS} ist mit dem in (2.288) angegebenen gestutzten James-Stein-Schätzer unvergleichbar (die beiden Schätzer besitzen Risikofunktionen, die sich schneiden). Der Schätzer (2.288) dominiert ebenfalls den klassischen Schätzer, allerdings erst für $r \geq 4$. (Man vergleiche dazu Lehmann [1991], Chap.4, Theorem 6.1.) Alle angegebenen Schätzer sind für $r \geq 3$ unzulässig. Dieses unbefriedigende Resultat ist letztlich darauf zurückzuführen, daß in der vorliegenden Situation kein eindeutig bestimmter Minimax-Schätzer für μ existiert. Neben dem klassischen Schätzer sind auch die oben angegebenen Schätzer (für $r \geq 3$ bzw. $r \geq 4$) Minimax-Schätzer. Bei Baranchick [1970] wird eine sehr umfangreiche Klasse von Schätzern angegeben, die Minimax-Schätzer für μ sind. Die Klasse enthält auch sämtliche gestutzten oder ungestutzten James-Stein-Schätzer. Strawderman [1971] konnte zeigen, daß in dieser Klasse auch stets ein zulässiger Schätzer existiert, allerdings erst für $r \geq 6$. Die übrigen Fragen müssen offen bleiben. Man erkennt, wie kompliziert Schätzprobleme für mehrdimensionale Parameter werden können. □

Verzeichnis der Beispiele

Verzeichnis der Abbildungen

Literaturverzeichnis

Akaide, H. (1983). On minimum information prior distributions, *Ann. Inst. Statist. Math.* **356**: 139–149.

Andersen, E. B. (1970). Asymptotic properties of conditional maximum-likelihood estimators, *Journal of the Royal Statistical Society B* **32**: 283–301.

Ash, R. (1965). *Information Theory*, number 19 in *Interscience tracts in pure and applied mathematics*, J. Wiley and Sons, New York, London.

Augustin, T. (1998). *Optimale Tests bei Intervallwahrscheinlichkeit*, Vandenhoeck und Ruprecht, Göttingen.

Bamberg, G. (1972). *Statistische Entscheidungstheorie*, Physica-Verlag, Würzburg, Wien.

Baranchick, A. J. (1970). A family of minimax estimators of the mean of a multivariate normal distribution, *Ann. Math. Statist.* **41**: 642–645.

Barnard, G. A. (1947a). A review of 'Sequential Analysis' by Abraham Wald, *Journal of the American Statistical Association* **42**: 658–669.

Barnard, G. A. (1947b). The meaning of significance level, *Biometrika* **34**: 179–182.

Barnard, G. A. (1949). Statistical inference (with discussion), *Journal of the Royal Statistical Society B* **11**: 115–139.

Barnard, G. A. (1967a). The Use of the Likelihood Function in Statistical Practice, *Proc. 5th Berkeley Symp. on Math. Statist. and Prob.*, University of California Press, Berkeley, Los Angeles, London.

Barnard, G. A. (1967b). The Bayesian controversy in statistical inference, *Jour. Inst. Actuaries* **93**: 229–269.

Barnard, G. A. (1974). On likelihood. In the 'Poceedings of the Conference on Foundational Questions in Statistical Inference', O. Barndorff-Nielsen, P. Blaesild, and G. Schou (eds.), *Technical report*, Department of Theoretical Statistics, University of Aarhus.

Barnard, G. A., Jenkins, G. M. and Winsten, C. B. (1962). Likelihood inference and time series, *Journal of the Royal Statistical Society A* **125**: 321–372.

Barndorff-Nielsen, O. (1978). *Information and Exponential Families in Statistical Theory*, J. Wiley and Sons, New York.

Barndorff-Nielsen, O. and Pedersen, K. (1968). Sufficient data reduction and exponential families, *Mathematica Scandinavica* **22**: 197–202.

Barnett, V. (1966). Evaluation of the maximum likelihood estimator when the likelihood equation has multiple roots, *Biometrika* **53**: 151–165.

Barnett, V. (1982). *Comparative Statistical Inference*, J. Wiley and Sons, Chichester.

Basu, D. (1978). On partial sufficiency: A review, *Journal of Statistical Planning and Inference* **2**: 1–14.

Bauer, H. (1990). *Maß- und Integrationstheorie*, Walter de Gruyter, Berlin, New York.

Bauer, H. (1991). *Wahrscheinlichkeitstheorie*, Walter de Gruyter, Berlin, New York.

Bayes, T. (1763). An essay towards solving a problem in the doctrine of chances, *Philosophical Transactions* **53**: 370–418. Wiederabgedruckt in: Biometrika 45: 296–315, (1958).

Bayes, T. (1764). A demonstration of the second rule in the essay towards the solution of a problem in the doctrine of chances, *Philosophical Transactions* **54**: 296–325.

Bennett, J. H. (ed.) (1971-74). *Collected Papers of R. A. Fisher*, University of Australia, Adelaide.

Berger, J. O. (1984). Robust bayesian viewpoint, *in* J. Kandane (ed.), *Robustness of Bayesian Analysis*, North Holland, Amsterdam, pp. 63–144.

Berger, J. O. (1985). *Statistical Decision Theory and Bayesian Analysis*, Springer Verlag, New York, Heidelberg.

Berger, J. O. (1990). Robust bayesian analysis: Sensitivity to the prior, *Journal of Statistical Planning and Inference* **25**: 303–328.

Berger, J. O. (1992). On the development of reference priors, *in* J. M. Bernardo, J. O. Berger, A. D. David and A. Smith (eds), *Bayesian Statistics 4*, University Press, Oxford.

Berger, J. O., Bernardo, J. M. and Mendoza, M. (1989). On priors that maximize expected information, *in* J. Klein and J. Lee (eds), *Recent Developments in Statistics and their Applications*, Freedom Academy, Seoul. pp. 1–20.

Berger, J. O. and Wolpert, R. (1984). The likelihood principle, *Lecture Notes-Monograph Series 6*, Institute of Mathematical Statistics, Hayward, California.

Berk, R. H. (1972). Consistency and asymptotic normality of MLE's for exponential models, *The Annals of Mathematical Statistics* **43**: 193–204.

Bernardo, J. M. (1975). Non-informative prior distributions: a subjectivist approach, *Statist. Inst.* **46**: 94–97.

Bernardo, J. M. (1979). Reference posterior distributions for Bayesian inference, *Journal of the Royal Statistical Society B* **41**: 113–147.

Bernardo, J. M. (1981). Reference decisions, *Symposia Mathematica* **25**: 85–94.

Bernardo, J. M. and Smith, A. F. M. (1994). *Bayesian Theory*, J. Wiley and Sons, New York.

Bertrand, J. (1907). *Calcul des Probabilités*, Paris.

Billingsley, P. (1995). *Probability and Measure*, third edn, J. Wiley and Sons, New York.

Birnbaum, A. (1961). On the foundations of statistical inference: Binary experiments, *The Annals of Mathematical Statistics* **32**: 414–435.

Birnbaum, A. (1962). On the foundations of statistical inference (with discussion), *Journal of the American Statistical Association* **57**: 269–306.

Birnbaum, A. (1968). Likelihood, *International Encyclopedia of the Social Sciences* **9**.

Birnbaum, A. (1969). Concepts of statistical evidence, *in* S. Morgenbesser, P. Suppes and M. White (eds), *Philosophy, Science and Method: Essays in Honor of Ernest Nagel*, St. Martin's Press, New York.

Birnbaum, A. (1972). More on concepts of statistical evidence, *Journal of the American Statistical Association* **67**: 358–361.

Blackwell, D. and Girshick, M. A. (1954). *Theory of Games and Statistical Decisions*, J. Wiley and Sons, New York, London.

Boltzmann, L. (1896). *Vorlesungen über Gastheorie*, Johann Ambrosius Barth, Leipzig.

Borges, R. and Pfanzagl, J. (1963). A characterization of the one parameter exponential family of distributions by monotonicity of likelihood ratios, *Zeitschrift für Wahrscheinlichkeitstheorie und verwandte Gebiete* **2**: 111–117.

Bosten, N. E. and Battiste, E. L. (1974). Remark on Algorithm 179 (s14): Incomplete beta ratio, *Communications of the Association for Computing Machinery* **17**: 156–157.

Box, G. E. P. and Tiao, G. C. (1973). *Bayesian Inference in Statistical Analysis*, Addison-Wesley, Reading, MA.

Brown, L. (1964). Sufficient statistics in the case of independent random variables, *The Annals of Mathematical Statistics* **35**: 1456–1474.

Buchanan, B. G. and Shortlife, E. H. (1985). *Rule-based Expert Systems. The MYCIN Experiments of the Stanford Heuristic Programming Project*, Reading, MA, 2 edn, Addison-Wesley.

Carlin, B. P. and Louis, T. A. (1996). *Bayes and Empirical Bayes Methods for Data Analysis*, Chapman and Hall, London, New York.

Carnap, R. (1945). On inductive logic, *Philosophy of Science* **12**: 72–97.

Carnap, R. (1952). *The Continuum of Inductive Methods*, University of Chicago-Press, Chicago.

Carnap, R. and Jeffrey, R. C. (eds) (1971). *Studies in Inductive Logic and Probability*, Vol. 1, University of California Press, Berkeley, Los Angeles, London.

Carnap, R. and Stegmüller, W. (1958). *Induktive Logik und Wahrscheinlichkeit*, Springer Verlag, Wien.

Carroll, R. J., Ruppert, D. and Stefanski, L. A. (1995). *Measurement Error in Nonlinear Models*, Monographs on Statistics and Applied Probability 63, Chapman and Hall, London.

Casella, G. and Berger, R. L. (1990). *Statistical Inference*, Wadsworth and Brooks/Cole Advanced Books and Software, Pacific Grove, Califonia.

Charras, A. and Eeden, C. (1991). Bayes and admissibility properties of estimators in truncated parameter spaces, *Canadian Journal of Statistics* **19**: 121–134.

Chernoff, H. and Moses, L. E. (1959). *Elementary Decision Theory*, J. Wiley and Sons, New York, London.

Choquet, G. (1953/54). Theory of capacities, *Ann. Inst. Fourier* **5**: 131–295.

Clopper, C. J. and Pearson, E. S. (1934). The use of confidence or fiducial limits illustrated in the case of the binomial, *Biometrika* **26**: 404–13.

Coolen, F. P. A. (1994). Bounds for expected loss in bayesian decision theory with imprecise prior probabilities, *The Statistician* **43**: 371–379.

Copas, J. B. (1975). On the unimodality of the likelihood for the Cauchy distribution, *Biometrika* **62**: 701–704.

Cox, D. R. and Hinkley, D. V. (1986). *Theoretical Statistics*, Chapman and Hall, New York.

Darmois, G. (1935). Sur les lois de probabilité a estimation exhaustive, *C. R. Acad. Sci., Paris* **260**: 1265–1266.

De Robertis, L. and Hartigan, J. A. (1981). Bayesian inference using intervals of measures, *The Annals of Statistics* **9**: 235–244.

Denny, J. L. (1964). A continuous real-valued function on E^n almost everywhere $1-1$, *Fund. Math.* **55**: 95–99.

Durbin, J. (1970). On Birnbaum's theorem on the relation between sufficiency, conditionality and likelihood, *Journal of the American Statistical Association* **65**: 395–398.

Dynkin, E. B. (1951). Necessary and sufficient statistics for a family of probability distributions, *Uspeki Math. Nauk* **6**: 17–40.

Dynkin, E. B. (1961). Necessary and sufficient statistics for a family of probability distributions, *Select. Transl. Math. Stat. and Prob.* **1**: 23–41.

Edwards, A. W. F. (1972). *Likelihood*, Cambridge University Press, Cambridge.

Essler, W. K. (1970). *Induktive Logik*, Karl Alber, Freiburg, München.

Ferguson, T. (1967). *Mathematical Statistics: A Decision Theoretic Approach*, Academic Press, New York.

Ferguson, T. (1978). Maximum likelihood estimates of the parameters of the Cauchy distribution for samples of size 3 and 4, *Journal of the American Statistical Association* **73**: 211–213.

Feyerabend, P. K. (1978). *Der wissenschaftstheoretische Realismus und die Autorität der Wissenschaft*, F. Vieweg und Sohn, Braunschweig, Wiesbaden.

Fine, T. L. (1973). *Theories of Probability. An Examination of Foundations*, Academic Press, New York.

Finetti de, B. (1937). La prévision: ses lois logiques, ses sources subjectives, *Ann. Inst,. H. Poincaré, Paris* **7**: 1–68.

Finetti de, B. (1964). Foresight: Its logical laws, its subjective sources, *in* H. E. Kyburg and H. E. Smokler (eds), *Studies in Subjective Probability*, J. Wiley and Sons, New York, London.

Finetti de, B. (1972). *Probability, induction and statistics*, J. Wiley and Sons, New York.

Fisher, R. A. (1912). On the absolute criterion for fitting frequency curves, *Mess. of Math.* **41**: 155.

Fisher, R. A. (1920). A mathematical examination of the methods of determining the accuracy of an observation by the mean error and by the mean square error, *Monthly Notices R. Astr. Soc.* **80**: 758–770.

Fisher, R. A. (1922). On the mathematical foundations of theoretical statistics, *Philos. Trans. Roy. Soc. London, Ser. A* **222**: 309–368.

Fisher, R. A. (1925a). *Statistical Methods for Research Workers*, Hafner Publishing Company, New York. 15te Auflage 1973.

Fisher, R. A. (1925b). Theory of statistical estimation, *Proc. Cambridge Philos. Soc.* **22, Pt. 5**: 700–725.

Fisher, R. A. (1930). Inverse probability, *Proc. Cambridge Philos. Soc.* **26**: 528–535.

Fisher, R. A. (1934). The concepts of inverse probability and fiducial probability referring to unknown parameters, *Proc. Roy. Soc., A* **139**: 343–348.

Fisher, R. A. (1935a). *The Design of Experiments*, Hafner Publishing Company, New York. Achte Auflage 1966.

Fisher, R. A. (1935b). The fiducial argument in statistical inference, *Annals of Eugenics* **VI**: 842–856.

Fisher, R. A. (1935c). The logic of inductive inference, *Journal of the Royal Statistical Society* **XCVII**: 39–54.

Fisher, R. A. (1936). Uncertain inference, *Proc. of the American Academy of Arts amd Sciences* **71**: 245–258.

Fisher, R. A. (1937). Professor Karl Pearson and the method of moments, *Annals of Eugenics* **VII**: 303–318.

Fisher, R. A. (1950). *Contributions to Mathematical Statistics*, J. Wiley and Sons, New York.

Fisher, R. A. (1956). *Statistical Methods and Scientific Inference*, Hafner Press, A Division of Macmillan Publishing Co., Inc., New York. Dritte Auflage 1973.

Fisher, R. A. (1990). *Statistical Methods, Experimental Design and Scientific Inference*, Oxford University Press, New York. Nachdruck.

Fuller, W. A. (1987). *Measurement Error Models*, J. Wiley and Sons, New York.

Gänssler, P. and Stute, W. (1977). *Wahrscheinlichkeitstheorie*, Springer Verlag, Berlin, Heidelberg.

Godambe, V. P. and Sprott, D. A. (eds) (1971). *The Logical Foundations of Statistical Inference*, Holt, Rinehart and Winston, Toronto, Montreal.

Hacking, I. (1965). *Logic of Statistical Inference*, Cambridge University Press, Cambridge.

Hacking, I. (1975). *The Emergence of Probability*, Cambridge University Press, Cambridge.

Hafner, R. (1982). Simple construction of least favourable pairs of distributions and of robust tests for Prokhorov-Neighbourhoods, *Math. Operationsforsch. Statist., Ser. Statistics* **13**: 33–46.

Hafner, R. (1987). Construction of minimax-tests for bounded families of distribution-functions, *in* W. Sendler (ed.), *Contributions to Stochastics*, Physica-Verlag, Heidelberg, pp. 1–23.

Hafner, R. (1993). Construction of minimax-tests for bounded families of probability-densities, *Metrika* **40**: 1–23.

Haldane, J. B. S. (1948). A note on inverse probability, *Proc. Camb. Phil. Soc.* **28**: 55–61.

Hall, W. J., Wijsman, R. A. and Ghosh, J. K. (1965). The relationship between sufficiency and invariance with applications in sequential analysis, *The Annals of Mathematical Statistics* **36**: 575–614.

Hampel, F. R., Ronchetti, E. M., Rousseeuw, P. J. and Stahel, W. A. (1986). *Robust Statistics: The Approach Based on Influence Functions*, J. Wiley and Sons, New York.

Harter, H. L. (1964). *New Tables of the Incomplete Gamma Function Ratio and of Percentage Points of the Chi-square and Beta Distributions*, Government Printing Office, Washington, DC.

Harter, H. L. (1969). A new table of percentage points of the Pearson type iii distribution, *Technometrics* **11**: 177–187.

Harter, H. L. (1971). More percentage points of the Pearson type iii distribution, *Technometrics* **13**: 203–204.

Hartigan, J. A. (1964). Invariant prior distributions, *The Annals of Mathematical Statistics* **36**: 836–845.

Hartigan, J. A. (1983). *Bayes Theory*, Springer Verlag, New York.

Hartley, R. V. (1928). Transmission of information, *BellSyst. Techn. Jour.* **7**: 535–563.

Hempel, C. G. (1962). Deductive-nomological versus statistical explanation, *in* H. Feigl and G. Maxwell (eds), *Current Issues in the Philosophy of Science*, New York.

Hempel, C. G. (1965). *Aspects of Scientific Explanation*, New York, London.

Heyer, H. (1982). *Theory of Statistical Experiments*, Springer Verlag, Berlin, Heidelberg, New York.

Hipp, C. (1974). Sufficient statistics and exponential families, *The Annals of Statistics* **2**: 1283–1292.

Hipp, C. (1975). Note on the paper "Transformation groups and sufficient statistics" by J. Pfanzagl, *The Annals of Mathematical Statistics* **3**: 478–482.

Hooper, P. M. (1982). Sufficiency and invariance in confidence set estimation, *The Annals of Statistics* **10**: 549–555.

Huber, P. J. (1965). A robust version of the probability ratio test, *Annals of Mathematical Statistics* **36**: 1753–1758.

Huber, P. J. (1973). The use of Choquet capacities in statistics, *Bulletin of the International Statistical Institute* **XLV, Book 4**: 181–188.

Huber, P. J. (1981). *Robust Statistics*, J. Wiley and Sons, New York.

Huber, P. J. and Strassen, V. (1973). Minimax tests and the Neyman-Pearson lemma for capacities, *The Annals of Statistics* **1**: 251–263.

Hume, D. (1739). *A Treatise on Human Nature, Being an Attempt to Introduce the Experimental Method of Reasoning into Moral Subjects*, London.

Hume, D. (1748). *An Enquiry Concerning Human Understanding*, London.

Institute of Mathematical and Statistical Libraries (1977). *Packages*, IMSL, Houston, Texas.

James, W. and Stein, C. (1961). Estimation with quadratic loss, *Proc. Fourth Berkeley Symp. Math. Statist. Probab.*, Vol. 1, University of California Press, Berkeley, pp. 361–380.

Jaynes, E. T. (1968). Prior probabilities, *IEEE Trans. Syst. Sci. Cyber* **4**: 227–241.

Jeffrey, R. C. (1980). *Studies in Inductive Logic and Probability*, Vol. 2, University of California Press, Berkeley, Los Angeles, London.

Jeffreys, H. (1946). An invariant form for the prior probability in estimation problems, *Proc. Roy. Soc. A* **186**: 453–461.

Jeffreys, H. (1961). *Theory of Probability*, Oxford University Press, London.

Jeffreys, H. (1973). *Scientific Inference*, Cambridge University Press, London. Erste Auflage 1931.

Joshi, V. M. (1976). A note on Birnbaum's theory of the likelihood principle, *Journal of the American Statistical Association* **71**: 345–346.

Kalbfleisch, J. D. (1971). Likelihood methods of prediction, *in* V. P. Godambe and D. A. Sprott (eds), *Foundations of Statistical Inference*, Holt, Rinehart and Winston, Toronto.

Kalbfleisch, J. D. (1982). Ancillary statistics, *in* S. Kotz and N. L. Johnson (eds), *Encyclopedia of Statistical Sciences, Volume 1*, J. Wiley and Sons, New York.

Kalbfleisch, J. D. and Sprott, D. A. (1970). Application of likelihood methods to models involving large numbers of parameters (with discussion), *Journal of the Royal Statistical Society B* **32**: 175–208.

Kalbfleisch, J. D. and Sprott, D. A. (1975). Sufficiency and conditionality, *Biometrika* **62**: 251–268.

Karlin, S. (1959). *Mathematical Methods and Theory of Games, Programming and Economics*, Addison-Wesley Publishing, Cambridge Mass., London.

Kass, R. E. (1989). The geometry of asymptotic inference, *Statistical Science* **4**: 188–234.

Kass, R. E. (1990). Data translated likelihood and Jeffreys's rule, *Biometrika* **77**: 107–114.

Kass, R. E. and Wasserman, L. (1996). The selection of prior distributions by formal rules, *Journal of the American Statistical Association* **91**: 1343–1370.

Kester, A. D. M. (1980). *Some large deviation results in statistics*, CWI Tract, Amsterdam.

Keynes, J. M. (1921). *A Treatise on Probability, Volume VIII*, The Royal Economic Society, Macmillan Press, London.

Khamis, S. H. and Rudert, W. (1965). *Tables of the Incomplete Gamma Function Ratio*, Justus von Leibig, Darmstadt.

Kiefer, J. (1977). Conditional confidence statements and confidence estimators, *Journal of the American Statistical Association* **72**: 789–807.

Kofler, E. (1989). *Prognosen und Stabilität bei unvollständiger Information*, Campus Verlag, Frankfurt, New York.

Kofler, E. and Menges, G. (1976). *Entscheidungen bei unvollständiger Information*, Springer Verlag, New York.

Kofler, E. and Menges, G. (1980). Fuzzy sets and non-stochastic linear partial information, *Statistische Hefte* **4**: 246–260.

Kofler, E., Menges, G., Fahrion, R., Huschens, S. and Kuss, U. (1980). Stochastische partielle Information (SPI), *Statistische Hefte* **21**: 160–167.

Koopman, L. H. (1936). On distributions admitting a sufficient statistic, *Trans. Amer. Math. Soc.* **39**: 399–409.

Krafft, O. (1978). *Lineare statistische Modelle und optimale Versuchspläne*, Vandenhoeck und Ruprecht, Göttingen.

Kruse, R. and Meyer, K. D. (1987). *Statistics with Vague Data*, Reidel Publishing Company, Dordrecht, Boston.

Kuhn, T. S. (1962). *The Structure of Scientific Revolutions*, 2 edn, Chicago. Deutsche Übersetzung in zweiter (verbesserter!) Auflage bei Suhrkamp, Frankfurt, 1976.

Kuhn, T. S. (1977). *Die Entstehung des Neuen: Studien zur Struktur der Wissenschaftsgeschichte*, Lorenz Krüger, Suhrkamp, Frankfurt a. M.

Kullback, S. (1959). *Information Theory and Statistics*, J. Wiley and Sons, London.

Kyburg, H. E. (1974). *The Logical Foundations of Statistical Inference*, Reidel Publishing Company, Dordrecht, Boston.

Kyburg, H. E. and Smokler, H. E. (eds) (1964). *Studies in Subjective Probability*, J. Wiley and Sons, New York.

Lakatos, I. (1968a). Changes in the problem of inductive logic, *in* I. Lakatos (ed.), *The Problem of Inductive Logic*, North-Holland Publishing Company, Amsterdam.

Lakatos, I. (1970). Falsification and the methodology of scientific research programmes, *in* I. Lakatos and A. Musgrave (eds), *Criticism and the Growth of Knowledge*, Cambridge University Press, Cambridge.

Lakatos, I. (ed.) (1968b). *The Problem of Inductive Logic*, North-Holland Publishing Company, Amsterdam.

Landers, D. and Rogge, L. (1973). On sufficiency and invariance, *The Annals of Statistics* **1**: 543–544.

Laplace de, P. S. (1814). *Essai Philosophique sur les Probabilités*, Courcier, Paris.

Le Cam, L. (1955). An extension of Wald's theory of statistical decision functions, *The Annals of Mathematical Statistics* **26**: 69–81.

Leamer, E. E. (1994). *Study Econometrics*, Economists of the Twentieth Century, Edward Elgar, England, USA.

Lehmann, E. L. (1981). An interpretation of completeness and Basu's theorem, *Journal of the American Statistical Association* **76**: 335–340.

Lehmann, E. L. (1986). *Testing Statistical Hypotheses*, 2 edn, J. Wiley and Sons, New York.

Lehmann, E. L. (1991). *Theory of Point Estimation*, reprint edn, Wadsworth and Brooks/Cole Statistics/Probability Series.

Lehmann, E. L. and Scholz, F. W. (1992). Ancillarity, *Current Issues in Statistical Inference: Essays in Honor of D. Basu*, Malay Ghosh and Pramod K. Pathak.

Lindley, D. V. (1956). On a measure of information provided by an experiment, *The Annals of Mathematical Statistics* **27**: 986–1005.

Lindley, D. V. (1965). *Introduction to Probability and Statistics from a Bayesian Viewpoint*, Cambridge Universtiy Press, London.

Lindley, D. V. (1971). The estimation of many parameters, *in* V. P. Godambe and D. A. Sprott (eds), *Foundations of Statistical Inference*, Holt, Rinehart and Winston, Toronto, pp. 435–453.

Loève, M. (1977). *Probability Theory I*, van Nostrand Reinhold Company, New York.

Loève, M. (1978). *Probability Theory II*, van Nostrand Reinhold Company, New York.

Luce, R. D. and Raiffa, H. (1957). *Games and Decisions*, J. Wiley and Sons, New York, London.

Maritz, J. S. (1970). *Empirical Bayes Methods*, Methuen, London.

Maritz, J. S. and Lwin, T. (1989). *Empirical Bayes Methods*, 2 edn, Chapman and Hall, London.

Menges, G. (1973). Inference and decision, *Selecta Statistica Canadiana* **1**: 1–16.

Moors, I. J. A. (1981). Inadmissibility of linearly invariant estimators in truncated parameter spaces, *Journal of the American Statistical Association* **76**: 910–915.

Morris, C. (1983). Parametric empirical Bayes inference: theory and applications, *Journal of the American Statistical Association* **78**: 47–65.

Nakhaeizadeh, G. and Vollmer, K.-H. (eds) (1990). *Neuere Entwicklungen in der Angewandten Ökonometrie*, Wirtschaftswissenschaftliche Beiträge 23, Physica-Verlag, Heidelberg.

Neumann v., J. and Morgenstern, O. (1944). *Theory of Games and Economic Behaviour*, Princeton University Press, Princeton.

Neyman, J. (1929). Contribution to the theory of certain test criteria, *Bull. de l'Institut International de Statistique* pp. 3–48.

Neyman, J. (1935a). Su un teorema concernente le cosidette statistiche sufficienti, *Giornale dell Instituto Italiano degli Atturari* **6**: 320–34.

Neyman, J. (1935b). On the problem of confidence intervals, *The Annals of Mathematical Statistics* **6**: 111–16.

Neyman, J. (1935c). Sur la vérification des hypothèses statistiques composées, *Bul. Soc. Math. de France* **63**: 246–66.

Neyman, J. (1942). Basic ideas and some recent results of the theory of testing statistcal hypotheses, *Journal of the Royal Statistical Society* **105**: 292–327.

Neyman, J. (1950). *First Course in Probability and Statistics*, Henry Holt and Company, Inc., New York.

Neyman, J. (1955). Problem of inductive inference, *Communications on Pure and Applied Mathematics* **8**: 13–45.

Neyman, J. (1957). 'inductive behavior' as a basic concept of philosophy of science, *Rev. Inst. Intl. de Stat.* **25**: 7–22.

Neyman, J. (1967). *A Selection of Early Statistical Papers of J. Neyman*, Cambridge University Press, London.

Neyman, J. and Pearson, E. S. (1928). On the use and interpretation of certain test criteria for purposes of statistical inference, *Biometrika* **20A**: Part I, 175–240, Part II, 263–94.

Neyman, J. and Pearson, E. S. (1933). On the problem of the most efficient tests of statistical hypotheses, *Phil. Trans.* **231**: 289–337.

Neyman, J. and Pearson, E. S. (1936). Contributions to the theory of testing statistical hypotheses, *Statistical Research Memoirs* **1**: 113–37.

Neyman, J. and Pearson, E. S. (1938). Note on some points in 'Student's' paper on 'Comparison between balanced and random arrangements of field plots', *Biometrika* **29**: 380–388.

Neyman, J. and Pearson, E. S. (1967). *Joint Statistical Papers*, University of California Press, Berkeley, Los Angeles.

Neyman, J. and Scott, E. L. (eds) (1961). *The use of prior probability distributions in statistical inference and decision*, Vol. 1, Proc. Fourth Berkeley Symp., Univ. California Press, Berkeley. p. 453–468.

Novick, M. R. (1969). Multiparameter bayesian indifference procedures, *Journal of the Royal Statistical Society B* **31**: 29–64.

Novick, M. R. and Hall, W. J. (1965). A bayesian indifference procedure, *Journal of the American Statistical Association* **60**: 1104–1117.

Österreicher, F. (1978). On the construction of least favourable pairs of distributions, *Zur Wahrscheinlichkeitstheorie verw. Gebiete* **43**: 49–55.

Österreicher, F. (ed.) (1974). *On the existence of least favourable pairs of distributions*, Transactions of the 7-th Prague Conference on Information Theory.

Pearson, E. S. (1962). Some thoughts on statistical inference, *The Annals of Mathematical Statistics* **33**: 394–403.

Pearson, E. S. (1966). *The Selected Papers of E. S. Pearson*, University of California Press, Berkeley, Los Angeles.

Pearson, E. S. and Hartley, H. O. (1966). *Biometrika Tables for Statisticians, Volume I*, Cambridge University Press, London.

Pearson, E. S. and Hartley, H. O. (1972). *Biometrika Tables For Statisticians, Volume II*, Cambridge University Press, London.

Pearson, K. (1922). *Tables of the incomplete gamma-function*, His Majesty's Stationary Office, London.

Pearson, K. (1968). *Tables of the incomplete beta-function*, 2 edn, His Majesty's Stationary Office, London.

Pfanzagl, J. (1968). *Theory of Measurement*, Physica-Verlag, Würzburg.

Pfanzagl, J. (1972). Transformation groups and sufficient statistics, *The Annals of Mathematical Statistics* **43**: 553–568.

Pfanzagl, J. (1988). *Elementare Wahrscheinlichkeitsrechnung*, Walter de Gruyter, Berlin.

Pfanzagl, J. (1994). *Parametric Statistical Theory*, W. de Gruyter, Berlin, New York.

Pitman, E. J. G. (1936). Sufficient statistics and intrinsic accuracy, *Proc. Cambridge Philos. Soc.* **32**: 567–579.

Plackett, R. L. (1966). Current trends in statistical inference, *Journal of the Royal Statistical Society A* **129**: 249–267.

Popper, K. R. (1935). *Logik der Forschung*, Springer Verlag, Wien. (Erschienen bereits 1934.) Zehnte Auflage 1994 bei Mohr, Tübingen.

Popper, K. R. (1959). *The Logic of Scientific Discovery (Übersetzung von Popper [1935])*, Hutchinson, London; Basic Books Inc., New York. Zehnte Auflage 1980.

Pratt, J. W. (1961). Length of confidence intervals, *Journal of the American Statistical Association* **56**: 260–272.

Pratt, J. W., Raiffa, H. and Schlaifer, R. (1995). *Statistical Decision Theory*, The MIT Press, Cambridge, Massachusetts, London, England.

Raiffa, H. and Schlaifer, R. (1961). *Applied Statistical Decision Theory*, The M.I.T. Press, Cambridge Mass., London.

Ramsey, F. P. (1926). Truth and probability, *Studies in Subjective Probability*, J. Wiley and Sons (1964).

Reichenbach, H. (1938). On probability and induction, *Philosophy of Science* **5**: 21–45.

Reichenbach, H. (1983). *Erfahrung und Prognose*, Vieweg, Braunschweig, Wiesbaden.

Rényi, A. (1966). *Wahrscheinlichkeitsrechnung mit einem Anhang über Informationstheorie*, Hochschulbücher für Mathematik, Band 54, VEB Deutscher Verlag der Wissenschaften, Berlin.

Richter, H. (1966). *Wahrscheinlichkeitstheorie*, Springer Verlag, Berlin.

Richter, H. (1972). Eine einfache Axiomatik der subjektiven Wahrscheinlichkeit, *Instituto Nazionale di Alta Mathematica, Symposia Mathematica* **IX**: 59–77.

Richter, H. (1974/75). Die historische und logische Verbindung zwischen Wettbegriff und Wahrscheinlichkeit, *Blätter der Deutschen Gesellschaft für Versicherungsmathematik* **XI/XII**: 311–318 / 481–490.

Rieder, H. (1977). Least favorable pairs for special capacities, *The Annals of Statistics* **5**: 909–921.

Rieder, H. (1994). *Robust Asymptotic Statistics*, Springer Verlag, New York.

Rissanen, J. (1964). The empirical Bayes approach to statistical decision problems, *The Annals of Mathematical Statistics* **35**: 1–20.

Rissanen, J. (1983). A universal prior for integers and estimation by minimum description length, *The Annals of Statistics* **11**: 416–431.

Robbins, H. (1955). An empirical Bayes approach to statistics, *Third Berkeley Symp. Math. Statist. Probab.*, Vol. 1, University of California Press, Berkeley.

Robert, C. P. (1994). *The Bayesian Choice*, Springer Verlag, New York.

Rüschendorf, L. (1988). *Asymptotische Statistik*, Teubner Verlag, Stuttgart.

Savage, L. J. (1951). The theory of statistical decisions, *Journal of the American Statistical Association* **46**: 55–67.

Savage, L. J. (1954). *The Foundations of Statistics*, J. Wiley and Sons, New York, London.

Schneeweiß, H. (1967). *Entscheidungskriterien bei Risiko*, Springer-Verlag, Heidelberg, Wien.

Schneeweiß, H. and Mittag, H.-J. (1986). *Lineare Modelle mit fehlerbehafteten Daten*, Physica-Verlag, Heidelberg, Wien.

Shafer, G. (1976). *A Mathematical Theory of Evidence*, Princeton University Press, New Jersey.

Shannon, E. (1948). A mathematical theory of communication, *BellSyst. Techn. Jour.* **27**: 379–423, 623–653.

Shannon, E. and Weaver, W. (1949). The mathematical theory of communication, *Technical report*, University of Illinois Press, Urbana.

Sneed, J. D. (1971). *The Logical Structure of Mathematical Physics*, Reidel Publishing Company, Dordrecht, Holland.

Sprott, D. A. (1973a). Normal likelihoods and their relation to large sample theory of estimation, *Biometrika* **60**: 457–465.

Sprott, D. A. (1973b). Practical uses of the likelihood function, *Inference and Decision*, University Press of Canada, Toronto.

Sprott, D. A. and Kalbfleisch, J. D. (1969). Examples of likelihoods and comparisons with point estimates and large sample approximations, *Journal of the American Statistical Association* **64**: 468–484.

Stegmüller, W. (1971). Das Problem der Induktion: Hume's Herausforderung und moderne Antworten, *in* H. Lenk (ed.), *Neue Aspekte der Wissenschaftstheorie*, Braunschweig, pp. 13–74.

Stegmüller, W. (1973a). *Probleme und Resultate der Wissenschaftstheorie und Analytischen Philosophie (Band II): Theorie und Erfahrung, 2. Halbband*, Springer Verlag, New York, Berlin, Heidelberg.

Stegmüller, W. (1973b). *Probleme und Resultate der Wissenschaftstheorie und Analytischen Philosophie (Band IV): Studienausgabe D: 'Jenseits von Popper und Carnap': Die logischen Grundlagen des statistischen Schließens*, Springer Verlag, New York, Berlin, Heidelberg.

Stegmüller, W. (1973c). *Probleme und Resultate der Wissenschaftstheorie und Analytischen Philosophie (Band IV): Personelle und Statistische Wahrscheinlichkeit, Halbband I*, Springer Verlag, New York, Berlin, Heidelberg.

Stegmüller, W. (1980). *Neue Wege der Wissenschaftsphilosophie*, Springer Verlag, New York, Berlin, Heidelberg.

Stein, C. (1955). Inadmissibility of the usual estimator for the mean of a multivariate normal distribution, *Proc. Third Berkeley Symp. Math. Statist. Probab.*, Vol. 1, University of California Press, Berkeley, pp. 197–206.

Stirzaker, D. (1994). *Elementary Probability*, Cambridge University Press, London.

Stone, M. (1965). Right Haar measures for convergence in probability to invariant posterior distributions, *The Annals of Mathematical Statistics* **36**: 440–453.

Strasser, H. (1985). *Mathematical Theory of Statistics*, Walter de Gruyter, New York, Berlin.

Strawderman, W. E. (1971). Proper Bayes minimax estimators of the multivariate normal mean, *Ann. Math. Statist.* **42**: 385–388.

Stuart, A. and Ord, J. K. (1991). *Kendall's Advanced Theory of Statistics, Volume II, Classical Inference and Relationship*, 5 edn, Charles Griffin and Company Limited, London.

Viertl, R. (1996). *Statistical Methods for Non-Precise Data*, CRC Press, Boca Raton.

Villegas, C. (1971). On Haar priors, *in* V. P. Godambe and D. A. Sprott (eds), *Foundations of Statistical Inference*, Holt, Rinehart and Winston, Toronto, pp. 409–416.

Villegas, C. (1977). On the representation of ignorance, *Journal of the American Statistical Association* **72**: 651–654.

Wald, A. (1950). *Statistical Decision Functions*, J. Wiley and Sons, New York, London.

Walley, P. (1991). *Statistical Reasoning with Imprecise Probabilities*, Chapman and Hall, London.

Walley, P. (1996a). Measures of uncertainty in expert systems, *Artif. Intell.* **83**: 1–58.

Walley, P. (1996b). Inferences from multinomial data: learning about a bag of marbles (with discussion), *Journal of the Royal Statistical Society B* **58**: 3–57.

Walley, P. (1997). A bounded derivative model for prior ignorance about a real-valued parameter, *Scand. J. of Statist.* **24**: 463–483.

Weichselberger, K. (1995). Axiomatic foundations of the theory of interval-probability, *in* V. Mammitzsch and H. Schneeweiß (eds), *Symposia Gaussiana, Proceedings of the 2nd Gauss Symposium, Conference B: Statistical Sciences*, Walter de Gruyter, Berlin, New York, pp. 47–64.

Weichselberger, K. (1996). Interval-probability on finite sample-spaces, *in* H. Rieder (ed.), *Robust Statistics, Data Analysis and Computer Intensive Methods, In Honor of P. Huber's 60th Birthday, Lecture Notes in Statistics*, Vol. 109, Springer Verlag, New York, pp. 391–409.

Weichselberger, K. (1998/99). Elementare Grundbegriffe einer allgemeineren Wahrscheinlichkeitsrechnung. In Vorbereitung.

Weichselberger, K. and Pöhlmann, S. (1990). A methodology for uncertainty in knowledge-based systems, *Lecture Notes in Artificial Intelligence* **419**: 1990.

Welch, B. L. (1939). On confidence limits and sufficiency, with particular reference to parameters of location, *The Annals of Mathematical Statistics* **10**: 58–69.

Wiener, N. (1948). Cybernetics or control and communication in the animal and the machine, *Technical Report 1053*, Act. Sci. Indust., Hermann et Cie.

Wiener, N. (1950). *The Human Use of Human Beings*, Houghton Mifflin Co., Boston.

Witting, H. (1985). *Mathematische Statistik I, Parametrische Verfahren bei festem Stichprobenumfang*, Teubner Verlag, Stuttgart.

Witting, H. and Müller-Funk, U. (1995). *Mathematische Statistik II, Asymptotische Statistik: Parametrische Modelle und nichtparametrische Funktionale*, Teubner Verlag, Stuttgart.

Wright v., G. H. (1965). *The Logical Problem of Induction*, second edn, Basil blackwell, Oxford.

Zacks, S. (1971). *The Theory of Statistical Inference*, J. Wiley and Sons, New York, London.

Zadeh, L. A. (1965). Fuzzy sets, *Information and Control* **8**: 338–353.

Zellner, A. (1977). Maximal data information prior distributions, *in* A. Aykac and C. Brumat (eds), *New Developments in the Applications of Bayesian Methods*, Amsterdam: North-Holland, pp. 211–232.

Namenverzeichnis

Sachverzeichnis

www.ingramcontent.com/pod-product-compliance
Lightning Source LLC
LaVergne TN
LVHW091041021026
849161LV00002BA/275

* 9 7 8 3 4 8 6 2 3 6 5 0 7 *